探索

余玉花 ◎ 著

余玉花文集

华东师范大学出版社

·上海·

图书在版编目（CIP）数据

探索：余玉花文集/余玉花著. --上海：华东师
范大学出版社，2024. --（上海高校思想政治理论课教
学名师文选）. -- ISBN 978 - 7 - 5760 - 5079 - 0

Ⅰ.G641 - 53

中国国家版本馆 CIP 数据核字第 20241U0L80 号

探索——余玉花文集

著　　者	余玉花	
策划编辑	黄诗韵	
责任编辑	黄诗韵	
责任校对	樊　慧　时东明	
装帧设计	卢晓红	

出版发行　华东师范大学出版社
社　　址　上海市中山北路 3663 号　邮编 200062
网　　址　www.ecnupress.com.cn
电　　话　021 - 60821666　行政传真 021 - 62572105
客服电话　021 - 62865537　门市(邮购)电话 021 - 62869887
地　　址　上海市中山北路 3663 号华东师范大学校内先锋路口
网　　店　http://hdsdcbs.tmall.com

印刷者　常熟高专印刷有限公司
开　　本　787 毫米 × 1092 毫米　1/16
印　　张　40
字　　数　688 千字
版　　次　2024 年 7 月第 1 版
印　　次　2024 年 7 月第 1 次
书　　号　ISBN 978 - 7 - 5760 - 5079 - 0
定　　价　198.00 元

出版人　王 焰

（如发现本版图书有印订质量问题，请寄回本社客服中心调换或电话 021 - 62865537 联系）

目　录

第六编　时论之探　/ 599

第一编

理 论 之 探

论马克思主义的理论创新[*]

在党的十五届五中全会上，江泽民同志提出了马克思主义理论创新的思想。这一思想的重大意义在于：指出了我党解决新时期所面临的重大历史课题的理论条件。马克思主义强调理论对实践的指导作用，正确理论的指导是党的事业能够成功发展的关键，这是被党的历史所证明了的。今天，我们党的发展正处在历史的转折关头，不仅理论的指导显得分外重要，而且需要提出把握时代发展方向的新理论，从而推动马克思主义理论的发展，指导党不断从胜利走向新的胜利。学习江泽民同志的这一思想，把握理论创新的深刻内涵，认识理论创新对党在新时期发展的意义是非常必要的。

一

理论创新是马克思主义理论的应有之义，是马克思主义科学认识论、真理论的必然推理。创新意味着不断突破自己，不停留在原来的水平上。马克思主义认为，任何理论都不具有永恒的真理性，理论对实践的指导作用和效果也是相对的。这是因为，理论来源于社会实践的需要，而社会生活是变化的，不是一成不变的，随着实践的变动，原有理论的某些内容将会失去对实践的指导作用，新的实践又提出建立新理论的需要，马克思主义理论也同样需要不断更新和发展。马克思主义的创始人从来没有把自己的理论看成是终级真理，恩格斯在《路德维希·费尔巴哈与德国古典哲学的终结》一文中指出辩证法的革命性应在于"彻底否定了关于人的思维和

*　余玉花.论马克思主义的理论创新［J］.社会主义研究，2002（02）：3 - 5.

行动的一切结果具有最终性质的看法"①。马克思、恩格斯正是以辩证发展的观点来看待人类一切思维成果，包括马克思主义的理论，认为陈旧的理论应当为更有说服力的新理论所代替，那就意味理论是需要不断突破、不断创新的。

事实上，马克思主义本身就是理论创新的结果。从马克思主义的产生来看，是一个吸取与批判、破旧与创新的过程。马克思主义的创始人一方面继承吸取了人类优秀文化的思想成果，另一方面他们根据当时科学发展的成就和工人运动发展趋势，辩证批判"已有思想材料"，不拘泥于思想权威的理论结论，勇于理论突破，创造性地提出无产阶级新世界观理论。正是这崭新的理论，被称为"幽灵"的共产主义思想，对人类社会的发展产生了重大的影响。毫无疑问，不能否认马克思主义理论与先前思想家理论的联系。但是，相对于德国古典哲学，马克思主义的辩证唯物主义是人类哲学理论的一大突破；相对于18世纪的唯物主义，马克思主义的历史唯物主义是历史学理论的重大突破；马克思主义的剩余价值理论是对英国古典经济学理论的质的突破；至于马克思主义的社会主义思想更是打破了空想社会主义的道德幻想，在社会物质经济基础上奠定了社会主义科学的内涵。

马克思主义又是在理论创新中不断开拓了自己发展的道路，赋予自己极大的生命力。正如江泽民同志所指出的："马克思主义的生命力，就是在于它在实践中能够不断创新。马克思主义理论的每一次重大突破，社会主义实践的每一次历史性飞跃，都是马克思主义基本原理与具体实践相结合进行理论创新的结果。"② 当资本主义发展到世界化的阶段，列宁根据历史发展的新格局、新特点大胆推断"在资本主义的薄弱环节发生革命"，社会主义"将首先在一个或者几个国家中获得胜利"③，并以此成功地指导了十月革命，建立了世界上第一个社会主义国家。列宁主义理论不仅是对马克思主义的继承，更是对马克思主义理论的创新和发展。特别值得一提的是中国共产党对马克思主义理论创造性的发展。以毛泽东为代表的老一辈革命家，在解决中国革命问题时，不拘泥于马克思主义文献中的某些现成的结论，而是根据当时世界革命的形势，特别是根据中国半封建半殖民地的国情，努力探索中国革命问

---

① 恩格斯.路德维希·费尔巴哈和德国古典哲学的终结［M］.人民出版社，1972：7.

② 江泽民.在庆祝建党八十周年大会上的讲话［J］.求是，2001（13）.

③ 中共中央马克思恩格斯列宁斯大林著作编译局.列宁选集：第2卷［M］.北京：人民出版社，1960：873.

题的马克思主义见解，产生了以新民主主义论为主要理论成果的毛泽东思想，这是马克思主义理论的又一个伟大的创新。在毛泽东思想指导下，中国共产党领导中国人民推翻了三座大山，建立了新中国。如果说毛泽东思想主要是马克思主义在中国革命问题上的理论创新，那么，邓小平理论则是社会主义中国如何走向现代化的马克思主义的理论创新。社会主义现代化问题是执政的中国共产党面临的一个新课题，如何从理论上正确回答社会主义建设问题，关系到我们党能否推进社会主义发展，是中国能否强盛的重要前提。邓小平同志审时度势，提出了一系列突破性的论断，如社会主义的本质、"三个有利于"标准、科学技术是第一生产力、社会主义初级阶段的理论、社会主义也可以搞市场经济等，特别是关于社会主义市场经济的理论是最了不起的理论创新。没有实事求是的态度，没有思想解放的观念，没有破除迷信的魄力，是不可能有这些理论创新的。正是邓小平对马克思主义创造性的发展，中国共产党才能在国际共产主义运动低潮之时仍发展壮大，中国社会主义事业仍呈现蒸蒸日上、蓬勃发展的态势。

二

马克思主义理论创新的实质是要在实践中发展马克思主义，不断开辟真理的道路，提高马克思主义理论把握现实的力量。马克思主义之所以需要理论创新，不断发展，这是马克思主义实践本性决定的。马克思主义坚持实践第一、理论来自实践、理论符合实践的观点。从这一观点出发不难发现，社会历史的每一次重大变化、社会主义实践的每一重大突破不仅提供了马克思主义理论发展的可能性，同时也必然提出马克思主义理论发展的要求，马克思主义只有回应时代的要求，才能站在时代的前列，充分发挥社会实践指导者和领导者的作用。而马克思主义所应有的历史地位则取决于马克思主义自身对时代领悟和与时俱进的理论水平，这就提出了马克思主义自我更新即理论创新的问题。当然，理论创新并不是改变马克思主义的理论，而是要以新的思想、新的时代内容丰富马克思主义的思想宝库，提升马克思主义的理论境界，回答时代提出的实践课题。倘若理论不能及时随实践的变化而有所创新，继续抱着已有的本本不放，或者固守某些条条，甚至把马克思主义理论神圣化，这不仅不能坚持马克思主义，而且会阻碍马克思主义发展，进而损害党的事业发展，这无论在我党历史上还是在国际共运史上都曾有过深刻的教训。可见，理论创新事关马克思主义能否发展、社会主义事业能否继续的大问题。可以说，只有理论创新，才能赋予马克思主义发展的内涵。在实践基础上的理论创新，当是马克思主义理论发展的基本要求。

创新则意味着有所创造，不满足于现有的结论，敢于提出马克思主义新的见解。但是，理论创新并不是简单的"标新立异"，它的基础始终是实践，理论创新的目的是为了使马克思主义理论与社会实践的发展相一致。同样，理论创新的源泉也来自于实践，创新的理论是否具有真理性，最后还必须接受实践的检验。离开实践，理论将成为无根之木、无水之泉。这里关键的问题是理论创新达到的真理性。并非创新的理论就一定是正确的理论，只有符合实际生活的创新思想才是真理性的理论，这样的理论才具有时代的生命力。可见，理论创新不能脱离实践，理论创新必须符合实践，这是马克思主义理论创新必须遵循的基本原则。

理论创新完全可能突破原有理论的体系框架，说一些"我们老祖宗没有讲过的话"①，得出一些新结论。但这并不意味着理论创新可以背离马克思主义的思想，恰恰相反，理论是在马克思主义基础上的创新，创新理论的思想实质仍是马克思主义的。无论是列宁主义、毛泽东思想，还是邓小平理论，都是马克思主义理论创新的产物，尽管上述理论表述的形式、理论的内容与原创马克思主义有很大的不同，但其精神实质仍与马克思主义一脉相承。马克思主义作为科学的世界观，其基本精神在马克思主义理论创新过程中始终要坚持。那种试图以"创新"为名来否定马克思主义的现实性，或者背离马克思主义基本精神的所谓理论创新皆是错误的。

三

马克思主义理论创新的问题在今天更具有紧迫性。这是因为社会主义进入一个新时代，执政的共产党面临一系列急需解决的新问题，这些问题能否解决，关系到党的领导地位是否巩固、社会主义事业能否继续前进的大问题，而这些问题在马克

---

① 中共中央文献编辑委员会.邓小平文选：第2卷［M］.北京：人民出版社，1993：91.

思主义本本中没有现成的答案，必须通过马克思主义理论创新来解决。

中国社会主义列车驶进 21 世纪，面对的是一个全新的世界，同时也面对着社会主义如何自我认识、如何发展、如何具有信仰凝聚力的严峻问题。20 世纪 80 年代，邓小平率先打破对社会主义的僵化理解，提出了"社会主义的任务最根本的一条就是发展生产力，搞现代化建设""社会主义也可以搞市场经济"的正确论断。社会主义初级阶段的理论能使人们客观地看待中国的问题，从而恢复了广大群众对社会主义的信心，对我们党的信赖，克服了由于"文革"而引发的信仰危机。改革开放、经济建设的巨大成就证明了邓小平理论的正确性。

但是，20 世纪 90 年代以后，国际和国内的形势又发生了很大的变化。国际上，苏联解体、东欧剧变，社会主义遭到了严重挫折。同时，以信息技术为龙头的高新科技革命再一次让西方资本主义国家占了先，进一步拉开了与社会主义国家的发展距离，经济全球化更是对社会主义国家提出了新的挑战。西方国家对社会主义国家的颠覆活动更是变本加厉，它们使出种种手段，在政治、文化、经济诸多方面向社会主义中国输出资本主义的思想意识。在国内，虽然"两个文明"都取得了很大的成就，但也存在着非常尖锐的矛盾。第一，初级阶段和市场经济的理论解决了私有经济存在的合理性，并使这部分经济有了长足的发展，但国有大中型企业经济效益尚未有大的起色，公私经济发展的反差未免使人产生某种困惑和疑问。第二，一部分人的暴富和国有企业结构调整致使大批下岗员工的贫困形成的反差，使贫富差距的矛盾突出，如何共同致富的疑问加深。第三，部分党员干部的经济犯罪和个别企业领导班子的"群蛀"现象使腐败问题突出，腐败在一定程度上损害了党的领导形象。第四，社会主义理念的宣传与实际政策之间的不一致，在一定程度上模糊了社会主义的认识。

上述国际国内问题的相互影响不断冲击、模糊着人们的思想认识。在经济全球化的形势下，如何认识社会主义历史性仍是一个待解决的问题，而且是马克思主义必须要解决的现实课题。如果我们党的理论不解决或不能解决这个时代课题，则难以消除人们对社会主义的疑虑，难免发生信念动摇的结果。

正是鉴于社会主义发展过程中发生的种种新问题，江泽民同志提出马克思主义理论创新的要求是非常及时而重要的。江泽民同志身体力行，总结了中国共产党发展的历史经验教训，提出了"三个代表"的思想。"三个代表"是新时期党建问题的理论创新，提出了在错综复杂的新形势下党如何执政不败的基本原则，为党的建设指出了方向。"三个代表"的理论与马克思主义是一脉相承的，同时又是对马克思主义政党学说的发展和创新。

但是，马克思主义理论创新的任务远远未完成，社会主义命运的问题仍然不可回避，也是无法回避的。为此，江泽民同志又提出了"四个如何认识"的问题，这确实抓住了社会主义问题的实质，是当前马克思主义理论创新的主要内容。

毫无疑问，马克思主义理论创新决不是轻而易举之事，必然会碰到各种困难，有各方面的阻力，甚至于失败，这是我们在讨论理论创新时必须思考到的问题。理论创新是思想认识上的变革，首先遇到的是对原有观念的冲击，由此必然引起新旧观念的冲突。尽管社会生活在变化，人们的观念或早或迟也要变化，然而，观念变化的滞后性、原有定势性会影响人们理论创见的激情和对新观念的接受度。以社会主义市场经济的问题为例。多少年来，人们已经形成了资本主义市场无政府主义、社会主义有计划生产的观念，虽然改革开放后人们的经济活动实际上已经按市场规律在运作，但一旦提出社会主义市场经济的概念还是引起了轩然大波，"姓社"还是"姓资"的争论激烈异常，直到邓小平南巡之后，社会主义可以搞市场经济的观点才被人们接受。可见，从创新理论的提出到被人们接受是多么不容易。理论创新者不仅必须具备非凡的睿智，而且必须具备非凡的勇气，在旧的思想观念势力汹涌之时不后退、不气馁，坚持真理的立场，不然，理论创新可能半途夭折。其次，理论创新是对马克思主义理论的突破和推进，则更需要创新主体的理论创新自觉性，认识到理论创新是时代赋予马克思主义理论工作者的神圣使命，敢于迎接时代挑战。当然，承担起理论创新的重任仅有自觉性还是不够的，还需要有理论创新的能力、魄力和各项知识与实践的积累。虽说是时势造就英雄，但是只有在主体条件具备的前提下，时势才能造就英雄。再次，马克思主义理论创新是一件大工程，仅仅依靠少数人的工作是难以完成的，需要一大批马克思主义理论工作者的共同努力、齐心奋斗才能完成。以毛泽东思想形成为例，从建党之始，党内有多少知识才俊为追寻中国革命的真理殚精竭虑、呕心沥血，他们用心血甚至生命写成的一篇篇、一部部关于中国马克思主义的理论见解，为毛泽东概括总结新民主主义理论做出了不可磨灭的理论贡献。今天，马克思主义理论创新的任务更为艰苦复杂，需要集中全党的理论智慧，才能解答 21 世纪中国社会主义的理论课题。为此，十五大号召全党："坚持邓小平理论，在实践中继续丰富和创造性地发展这个理论，这是党中央领导集体和全党同志的庄严历史责任。"全党同志，特别是党的理论工作者应自觉地、非常刻苦地研究马克思主义，研究中国社会主义发展的问题，为马克思主义理论创新做出应有的贡献。

论邓小平关于科学社会主义
理论实践本质的思想 *

　　科学社会主义是马克思主义不同于其他社会学说的理论成果，是马克思主义理论中直接体现社会实践的理论成果，亦是马克思主义承负的伟大历史使命。离开这一点，马克思主义理论便只有工具的价值（认识世界），而不存有目的的价值（改造世界）。任何马克思主义的后继者都不能回避科学社会主义的问题，都必须在历史提供的时空条件下去解决社会主义科学性的问题，否则就不是真正意义上的马克思主义。邓小平对马克思主义的一个重大贡献，就是他在 20 世纪的后半叶中国社会的改革过程中，以中国人民群众伟大的社会实践及其成果推进了科学社会主义运动，从而发展了科学社会主义的理论。

一

　　在科学社会主义理论指导下的社会主义运动发展至今，可以分为两大部分：革命部分和建设部分。马克思主义创始人马克思、恩格斯以及后来的列宁，他们的社会主义理论主要是关于无产阶级革命的问题，这与他们当时所处的无产阶级革命斗争的环境及其任务不无关系。尽管他们也有一些关于革命成功后社会主义国家方面的理论，如马克思的《哥达纲领批判》，但所论的大多是关于政权等上层建筑领域内的问题，没有像《资本论》中对社会的经济基础有很深入的研究，因为他们没有也

*　余玉花.论邓小平关于科学社会主义理论实践本质的思想［J］.马克思主义研究，2004（06）：57‐61.

不可能有建设社会主义的实际资料。因此，关于社会主义建设的思想大多是一种科学的逻辑推理，缺乏实践的基础。列宁虽然关注到社会主义建设的问题，特别是落后国家社会主义经济发展过渡问题，但是他过早逝世，自然也不可能建立起系统的社会主义建设的理论。应该承认，斯大林的社会主义建设的理论在苏联曾经是成功的（虽然并不完善），否则也不可能形成与美国抗争的实力。问题在于，苏联社会主义模式是否具有普遍性？勿庸违言，当时苏联社会主义模式被视作普遍性真理而为绝大多数社会主义国家所认可。虽然中国革命的成功使毛泽东的中国特色革命的理论被世界所认可，但是这种特色性只被限定在革命的范围内，人们认为社会主义建设各个国家都应该是一样的，按照某种理论设定的模式来进行。然而，一旦某种社会主义模式被普遍化，对非原模式国家来说，其社会主义的科学性必然会受到一定的影响。中国"文革"之后，对模式化社会主义的科学性提出了置疑。置疑的意义在于，提出了社会主义建设的普遍性与特殊性的关系，即在中国如何建设社会主义的问题。这是进入改革开放时期中国共产党所面临的重大课题，也是党能否领导中国人民沿着科学社会主义的道路继续前进的大问题。邓小平理论对科学社会主义的重大贡献在于他坚持科学社会主义实践的本质，提出并论证了中国特色社会主义的理论，开社会主义建设特殊性理论之先河。这是继毛泽东中国特色革命理论之后又一个中国特色理论。不同的是，邓小平的特色理论所涉及的是社会主义建设领域。这一理论对科学社会主义的价值在于，再一次以中国社会主义成功的实践证实了马克思社会主义的科学性，昭示了社会主义的强大生命力。

坚持在实践中探讨中国社会主义建设之路是邓小平理论的出发点，"坚持以中国问题为中心，以中国自己的实践为基础，坚持和发展马克思主义、科学社会主义"。邓小平在研究中国社会主义问题之时，中国社会主义建设存在着两大棘手的问题：第一，中国社会主义曾经是依照苏联高度集中统一的计划经济模式来进行的，经过二十多年运作，其僵化的缺陷已暴露无遗；第二，对社会主义认识模糊不清，将社会主义目标的精神性与现实性对立起来，社会主义的口号取代了社会主义实际的活动，以革命的手段运用于生产建设。前者是中国经济运行的现实，后者是观念认识问题，但两者相互影响。这两大问题的实质要害是同样的，那就是脱离中国社会发展的实际，偏离科学社会主义的轨道。对于邓小平来说，解决这两大问题的重要性显而易见，关系到中国能否坚持社会主义道路的大问题。邓小平的思路是遵循唯物史观的思想路线，从中国的实际出发去探索中国社会主义发展的问题。

在社会主义的门槛里来讨论什么是社会主义的问题是一件十分有趣但是不可回避的事，这也说明以往对社会主义理解有不明晰之处，至少是不确切的。邓小平说："社会主义究竟是个什么样子，苏联搞了很多年，也没有完全搞清楚。"①邓小平对什么是社会主义的理论思考不是作理论逻辑的解读，而是从人们的利益需要为解题的出发。首先，社会主义基于什么提出来的？中国为什么要走社会主义道路？社会主义是不是共产党人的一种精神爱好？对于这些问题，邓小平认为，社会主义是基于利益的考量而提出来的，着眼于最广大民众利益的需要和满足，离开人民群众利益的社会主义不是真正的社会主义，最多是空洞的社会主义。用邓小平朴实的话语来说，老百姓为什么跟共产党走社会主义道路？因为社会主义能给老百姓带来经济上的利益。社会主义要能够产生巨大的吸引力，则必须具有超越资本主义的优势，这个优势最主要体现在经济实力以及使老百姓获得经济实惠，提高人民的经济生活水平。因此，社会主义不是纯粹的精神目标，而是具有实际经济利益的目标。正是基于此，邓小平批判"穷社会主义""精神共产主义"的理论，提出贫穷不是社会主义的论断②。

其次，怎么来达到富强社会主义的目标？邓小平坚持生产力是社会发展的第一要素，强调"社会主义必须大力发展生产力，逐步消灭贫穷，不断提高人民的生活水平"。生产力的观点是马克思科学社会主义的基本观点，"人们所达到的生产力的总和决定着社会状况"③。但是，这个重要的真理一度被忽略了，阶级斗争的思维模式使生产力发展显得微不足道。然而，主观的意愿不可能改变客观的运动法则，对生产力的漠视给中国社会主义带来的损害之大难以估量。之所以漠视生产力发展，还与一种模糊的观点有关，那就是把社会主义等同于某种先进的生产关系，又把先进的生产关系确定为纯粹的公有制。现在看来，这也是一种脱离社会实践的主观推测。且不说马克思从未将生产关系的先进性予以某种规定，并以此衡量社会主义的标准，只是强调生产关系对生产力的适合性，强调生产关系一旦对生产力形成桎梏

① 中共中央文献编辑委员会.邓小平文选：第 3 卷 [M].北京：人民出版社，1993：139.
② 中共中央文献编辑委员会.邓小平文选：第 3 卷 [M].北京：人民出版社，1993：10.
③ 中共中央马克思恩格斯列宁斯大林著作编译局.马克思恩格斯选集：第 1 卷 [M].北京：人民出版社，1972：34.

则或早或迟要发生变革，而生产关系的变革始终以生产力发展的要求为标准。单独的生产关系本身无所谓先进与落后，虽然它也有历史形态，但是离开生产力发展要求的主轴，生产关系就是空洞的、无意义的。事实上，生产关系始终离不开生产力，或是适合它，产生积极的推动作用；或是背离它，产生对其阻碍的力量。中国社会主义发展的历史证明，违背生产力发展规律的政治举措，包括大力推进所谓"先进的"生产关系不仅不能促进社会生产力的发展，反而起到了相反的作用。邓小平正是总结了中国社会主义建设中的经验教训，认为发展生产力是社会主义的主要任务，而从中国这样一个经济落后的国家的实际出发，生产力的问题更是中国社会主义发展的第一要务。

如果说上述社会主义思想还属于在原创马克思主义体系范围内的"拨乱反正"的话，那么社会主义初级阶段的思想则是邓小平对科学社会主义的伟大创新。这一创新思想是从中国社会主义实践中形成的。现在学术界有人认为，社会主义初级阶段的思想，马克思、列宁等包括毛泽东都曾有不同程度的思想表述，如马克思在《哥达纲领批判》中提出的共产主义的两个阶段，列宁《国家与革命》对两个阶段的确定等。应该说，这些思想对邓小平肯定有启发，但这还只是邓小平初级阶段理论形成的流，其最直接的源泉是对中国国情的客观认识以及中国社会主义建设的经验教训。

社会主义初级阶段的理论涉及的还是社会主义的普遍性和特殊性的关系问题。现在有些研究者把初级阶段理论上升为一个普遍的原理，看做是经济落后国家建设社会主义必经的阶段。此论断的真理性尚待实践来检验。笔者认为有一点是确定无疑的，邓小平关于社会主义初级阶段的理论是针对中国社会主义发展而提出来的，是基于中国国情作出的科学判断。近代以来，中国社会积弱，在世界现代化边缘徘徊是个不争的事实，"一穷二白""底子薄、人口多"形象地勾勒出中国落后的状态。这与马克思关于在发达资本主义基础上脱胎出来的社会主义有天壤之别，甚至不同于归属资本主义落后阵营的苏俄。虽然中国已经跨进了社会主义的大门，但是继续前进则有先天基础的不足，这意味着中国不可能按照社会主义的一般进程和要求来建设社会主义。邓小平的中国社会主义初级阶段理论最本质的价值不在于对社会主义作阶段的划分，而是提出中国建设社会主义的特殊性。这个特殊性是由中国国情决定的，符合这一国情的社会主义建设则有成功的可能，不符合这一国情的社会主义建设则必败无疑。五十多年来，中国社会主义建设的正反经验已经证实了这一真理。这二十多年来，我党根据社会主义初级阶段的理论，根据中国社会发展的实际情况制定党的基本路线和政策，中国社会主义才有了长足的发展。社会主义初级阶段理论所提出的特殊国家（特别是落后国家）依据其特殊国情进行特殊社会主义建设的思想是邓小平对科学社会主义的理论创新和伟大贡献。

二

在实践中探索社会主义，在实践中丰富社会主义思想是邓小平理论最大的特点。如果说关于"什么是社会主义"，关于社会主义初级阶段的思想还是基于对以往社会主义经验教训总结的话，那么"怎样建设社会主义"的思想则完全是中国改革开放、社会主义现代化实践的理论成果。现代中国怎样建设社会主义，没有现成的答案，除了在实践中探索，别无他法。再加上"怎样建设社会主义"直接关系现实社会发展的方方面面，因而具有更强的实践性、更富有中国特色。

"文革"之后，照搬苏联模式的社会主义建设的弊端已暴露无遗，改革原有的经济体制势所必然。问题在于，如何改革？从何处入手？这是摆在立志改革的中国共产党面前的一个难题。要知道，改革在当时中国还是一件陌生的事，人们对改革所要带来的利益冲击还缺乏充分的思想准备和承受能力。一子不慎，可能满盘皆输。然而，马克思主义实践的观点赋予中国共产党以极大的智慧。邓小平仔细研究了中国的现状：中国人口多、百分之八十是农民，农村经济落后不仅影响农民生活水平的提高，更牵制了国民经济的发展，因此农村改革应是中国改革的切入口。同时，安徽凤阳农民"包产到户"这一自发改革获得良好效果的经验给邓小平极大的启发，邓小平一方面给予鼓励和支持，另一方面及时总结农民的实践经验，通过党的决议，开始了中国农村"家庭承包责任制"的经济改革，由此揭开了现代中国改革运动的序幕，进而由农村而及城市，由经济体制而及政治体制，改革深入到中国社会生活的各个方面，给中国经济和社会发展带来了极大的活力。对于广大人民群众的改革创举和积极成就，邓小平及时总结，给予高度的评价，并从理论上阐述了改革对社会主义发展的意义，提出"改革也是解放生产力"的著名论断。他认为："改革的性质同过去的革命一样，也是为了扫除发展社会生产力的障碍，使中国摆脱贫穷落后的状态。"① 因此，改革不仅没有伤害社会主义本质，反而搞活了社会主义。

　　与改革同步进行的是对外开放。世界性的交往是马克思社会主义的应有之义，但是冷战时期世界两大阵营的对抗客观上限制了人们的思想。至于中国，由于历史上长时期的闭关锁国以及新中国建立后帝国主义的封锁，封闭的思维更为普遍。邓小平对外开放的思想和战略带领中国从长期的封闭状态中走出来，走向世界。毫无疑问，开放思想体现了邓小平作为战略家的雄才大略，但是开放思想并不完全建立在个人魄力上，更是邓小平务实世界观的结果。首先，对外开放要具有可能性，这个可能性来自中国以外的世界。邓小平根据当时世界发展的大势，提出和平与发展是这个时代的主题，不同意识形态国家之间的交往不仅是可能的，而且相互都有这个需要，这使中国对外开放的战略有了可能性的依据。其次，对外开放能给中国带来好处，有利于中国社会主义建设。这是对外开放的目的所在。对外开放当时也意味着一种风险，是福是祸很难预测，毕竟中国与世界隔离了太久，有人害怕打开"潘朵拉魔盒"。邓小平仔细权衡对外开放的各种利弊，认为利大于弊，只要我们坚持社会主义不动摇，对外开放不会影响国家社会主义的性质，相反能给中国的发展带来实际的利益。事实证明，中国对外开放是成功的。社会主义中国并没有在与资本主义的交往中垮掉，却在国际舞台上显示出其愈益强大的力量。

　　在"怎样建设社会主义"的探索中，邓小平对科学社会主义理论的一大贡献是对市场经济的重新认识，提出社会主义经济建设手段创新的思想。长期以来，将社会主义与计划经济的联系已经形成了某种理论的权威定势，与此相应的理论则把市场经济归于资本主义的独有专利。但是，中国的经济改革从一开始就意味着走向市场、开拓市场，而对外开放则是进入更大的世界市场。同时，中国经济改革市场化不仅是一种趋势，而且越来越显示出市场给中国经济带来的巨大收益。现实与理论的巨大反差成为中国共产党不得不解的一道难题：究竟是服从理论还是尊重事实？面对权威理论的压力，面对来自党内的政治责难，邓小平坚持马克思主义实践的原则，坚持让事实说话。从 1978 年改革开始到 1992 年这十多年间，中国社会主义在实践中得出令人信服的答案。1992 年在南巡过程中，邓小平讲出了老祖宗没有讲过的话："计划经济不等于社会主义，资本主义也有计划；市场经济不等于资本主义，

---

①　中共中央文献编辑委员会.邓小平文选：第 3 卷［M］.北京：人民出版社，1993：135.

社会主义也有市场。计划和市场都是经济手段。"① 这一思想的理论创新在于：第一，否定了把某种经济体制的形式或手段作为某种经济制度的本质。社会主义理论不仅要研究经济制度的问题，更要研究经济制度发展的形式、手段和途径。第二，社会主义与资本主义的对立不是全面的，除了本质方面的对立，在非本质方面存在着共性的方面，不要把一些有效的技术手段因资本主义先用而视之为资本主义独有的东西而加以排斥，只要有利于社会主义发展，"就必须大胆吸收和借鉴人类社会创造的一切文明成果，吸收和借鉴当今世界各国包括资本主义发达国家的一切反映现代社会化生产规律的先进经营方式、管理方法"②。根据邓小平社会主义市场经济的思想，党的十四大正式确定：我国经济改革的目标是建立社会主义市场经济体制。从此，在科学社会主义理论中又增添了一份全新的思想成果。

邓小平关于怎样建设社会主义的思想是非常丰富的，远远不止于上述内容。这些丰富的思想成果都产生于中国社会主义建设的实践，实践性贯穿于邓小平思想的全部，是邓小平理论最突出的本质特点，也是邓小平理论能够成为世界科学社会主义思想财富的根据所在。

---

① 中共中央文献编辑委员会.邓小平文选：第 3 卷 ［M］.北京：人民出版社，1993：373.
② 中共中央文献编辑委员会.邓小平文选：第 3 卷 ［M］.北京：人民出版社，1993：373.

论邓小平理论的实践本性[*]

　　党的十五大确立邓小平理论为党的指导思想，要求在改革开放和社会主义现代化建设的新时期，用邓小平理论来指导整个事业和各项工作。唯物辩证法告诉我们，具有真理性的理论对现实的指导力量源自其实践的内质。邓小平理论之所以成为当代中国的马克思主义，成为指导中国特色社会主义建设的真理，皆因为邓小平理论是当代中国社会主义建设实践经验的正确概括，从理论的高度为社会主义建设的实践提供解决问题的思路。邓小平理论博大宏伟，精论迭出，但都贯彻着理论最本质的特点，那就是邓小平理论的实践本性。

一

　　马克思主义坚持实践对理论的决定意义，认为"实践的观点是辩证唯物论的认识论之第一的和基本的观点"①。实践第一的观点，首先强调实践是理论的源泉，思想是对现实的反映和提炼。任何一种理论的产生都带着某种目的，马克思主义理论的建立归根到底是为了满足人民群众实践的需要。这就要求马克思主义理论必须真实地反映实践，探索实践发展的规律，预示实践发展的未来，为人民群众的实践提供理论指导。这意味着真理性的思想只能来自实践，在实践中才能认识真理和把握真理。从实践中形成理论，这是马克思主义理论的基本要求。邓小平理论正是在当代中国社会主义实践中形成的，其形成的过程恰是当代中国社会主义实践的过程。

---

* 　余玉花.论邓小平理论的实践本性［M］//陆炳炎.辉煌的历程　科学的理论——纪念党的十一届三中全会20周年论文集.上海：华东师范大学出版社，1998：91-99.

① 　毛泽东.毛泽东选集：第1卷［M］.北京：人民出版社，1991：284.

邓小平理论即建设有中国特色社会主义理论，其历史源头和逻辑起点是党的十一届三中全会。1978年，"文革"虽已结束，但"两个凡是"的观点仍紧紧地束缚着人们的思想，社会主义中国举步维艰。真理标准问题的讨论激起了思想解放运动的浪潮。党及时召开了十一届三中全会，邓小平明确指出："只有解放思想，坚持实事求是，一切从实际出发，理论联系实际，我们的社会主义现代化建设才能顺利发展，我们党的马列主义、毛泽东思想的理论也才能顺利发展。"① 思想解放运动的实质是：党和国家制定路线、方针、政策是从实际出发呢，还是从本本或某种僵化的教条出发？邓小平坚持马克思主义实事求是的思想路线，反对僵化的"两个凡是"，尖锐地指出："一个党，一个国家，一个民族，如果一切从本本出发，思想僵化，迷信盛行，那它就不能前进，它的生机就停止了，就要亡党亡国。"因此，"关于真理标准问题的争论……是个关系到党和国家的前途和命运的问题"②。思想解放运动的历史意义在于其恢复和贯彻了马克思主义实事求是的思想路线，为以后的中国经济体制改革乃至社会的全面改革奠定了强有力的思想基础。

邓小平坚持实事求是的原则，在考察现实国情的基础上，提出了社会主义初级阶段的理论。所谓初级阶段，即指社会主义还处于一个不发达的阶段。不发达主要表现为社会生产力水平低下，经济落后，人民生活水平不高。据此，邓小平提出：发展经济提高生产力是压倒一切的中心任务。但是，生产力的高速发展不是自然实现的，需要相应的生产关系作保障。然而，过去存在着"生产关系越公越好"的"左"的认识。事实证明这些认识是错误的。要实现生产力高速发展，就必须改革妨碍生产力发展的生产关系，使其与生产力发展相一致。当时，中国广大的农村已悄然开始了以家庭联产承包责任制为特征的改革运动。邓小平及时总结农村经济改革的经验，并将改革推向整个社会，"改革是全面的改革，不仅经济、政治，还包括科技、教育等各行各业。"③ 邓小平的改革思想是社会主义初级阶段理论的逻辑结论，

---

① 中共中央文献编辑委员会.邓小平文选：第2卷（第2版）[M].北京：人民出版社，1994：143.

② 中共中央文献编辑委员会.邓小平文选：第2卷（第2版）[M].北京：人民出版社，1994：143.

③ 中共中央文献编辑委员会.邓小平文选：第2卷（第2版）[M].北京：人民出版社，1994：117.

也是中国社会改革现实经验的总结及其理论概括，从实践出发论证了社会主义如何发展的问题。

邓小平关于社会主义市场经济的理论也是实践的产物。社会主义能否搞市场经济？马克思主义创始人没有明确的说法。长期以来，人们一直把社会主义与计划相联系，把资本主义与市场相联系。但是，几十年实行计划经济并没有带来令人鼓舞的成果，相反却显现出僵化、繁琐的弊端。社会主义是否只有搞计划经济这一条路？市场经济是否属于资本主义的专利？有远见的经济学家已经提出市场经济的必要性，但也有人引述马克思对资本主义商品经济的批判而坚持市场经济姓"资"的观点，甚至把计划和市场的问题提高到是否坚持社会主义的高度。对于这场争论，邓小平坚持让实践来回答的态度。中国经济发展的实践表明，自党的十一届三中全会以来，随着经济改革的深化，计划经济已逐步向市场经济转变。在变化过程中，市场的作用和活力已经显现，那些市场作用发挥好的沿海地区，经济搞得活，很快富了起来。这些地方的社会主义性质变了没有？为了弄清这个问题，邓小平于1992年亲自巡视南方城市，考察市场经济对社会主义的利弊。考察的结果邓小平得出如下的结论：第一，计划与市场不是社会主义与资本主义的本质区别，"计划经济不等于社会主义，资本主义也有计划；市场经济不等于资本主义，社会主义也有市场。计划和市场都是经济手段"①，市场经济完全可以为社会主义所用。第二，社会主义的本质是解放生产力，发展生产力，消灭剥削，消除两极分化，最终达到共同富裕。为了达到最终的目标，就必须大胆吸收和借鉴人类社会创造的一切文明成果，包括资本主义国家的各种先进的方式、方法。第三，判断姓"资"或姓"社"的标准是：是否有利于发展社会主义社会的生产力，是否有利于增强社会主义国家的综合国力，是否有利于提高人民的生活水平。结论：社会主义完全可以搞市场经济。

二

理论来源于实践，但不是实践简单的描述和反应，理论应当高于实践，因为理

---

① 中共中央文献编辑委员会.邓小平文选：第2卷（第2版）[M].北京：人民出版社，1994：373.

论负有指导实践的使命，因此理论应当包含着创造，包含着理想价值，预示着未来，"是能给人以最高福祉者"①。马克思主义十分重视理论的作用，重视理论的创造性、预见性和指导性。理论不同于现存实践，是理性抽象的产物，是思想的精华。这是否意味着理论的创造内涵是任意确定的？马克思主义的回答是否定的，认为理论的理想性或思维创意都不应脱离现实的条件。但是，理论要达到理想性与现实性的统一并非易事，理论创作者要有深入实际、亲临实践的丰富经验，要有洞察一切的睿智和高瞻远瞩的眼光，以及高超的理论修养和知识才华。理论的思想性与现实性的统一是马克思主义理论实践本性的基本要求。在邓小平理论中，理想性与现实性达到了高度的统一，充分体现了邓小平理论的实践本性。

理论的理想性即某种判断和预见，内涵着人的目的和追求，因而使理论魅力无穷。但也因为人的主观目的使然，往往可能出现脱离实际的偏差，使理论难以实践。理论的现实性虽然不是理论建设的目的，但却是理论建设不可缺少的条件，也是理想能够实现的基础。邓小平在理论的创建中坚持在现实基础上构筑未来的理想蓝图。例如，实现现代化分"三步走"的战略构想，就是根据中国社会经济发展的现状，充分考虑到中国实现现代化各种可能性的前提下提出来的。最终目标是宏伟的，但从中国现有的条件和实力来看，实现这个目标必须要有长期性与艰巨性的考虑。同时，分三步走设计阶段性目标，也正是为了使宏伟的目标建立在"一步一个脚印，十年一个台阶"更为扎实可行的基础上。为了实现"三步走"的战略，邓小平又根据中国的实际，提出农业、能源和交通、教育和科学三个战略重点的思想。农业是我国国民经济发展的基础，必须牢牢抓住农业不放；能源和交通是现代化发展不可缺少的条件，又是我国经济发展中的薄弱环节，必须加快建设速度；教育和科学是现代化的关键，"国力的强弱，经济发展后劲的大小，越来越取决于劳动者的素质，取决于知识分子的数量和质量"②。总之，"三步走"的理想目标建立在现实可能性基础上，具有实现的可能性。

"一国两制"是邓小平解决祖国统一的伟大构想，这是一个前无古人的理论创见。这个伟大创见使我们领略到了邓小平作为战略家的非凡胆略和作为实践家的务

---

① 黑格尔.小逻辑［M］.北京：商务印书馆，1980：29.
② 中共中央文献编辑委员会.邓小平文选：第 2 卷（第 2 版）［M］.北京：人民出版社，1994：120.

实精神，以及作为思想家将理想与现实巧妙融合的高超艺术。众所周知，公元前221 年秦始皇统一中国以来，统一始终是中国历史发展的主流。但近代以来，国力衰弱，外强入侵，国土肢解。人民经过百年奋战，在中国共产党的领导下，于 1949年建立了新中国，但香港、澳门仍被外人所占，台湾因国民党控权，与大陆分隔。多少年来，凡中华民族子孙，都希望中国能统一。完成祖国统一大业是全体中华同胞梦寐以求的共同理想，更是中国共产党为之奋斗的目标。可是，如何实现理想，解决分裂的状况？邓小平提出了"一国两制"的方式来实现祖国和平统一。那就是，在坚持一个中国即中华人民共和国的前提下，国家的主体实行社会主义制度，香港、澳门、台湾可以保持原有的资本主义制度长期不变。邓小平认为，和平解决统一问题，要具体地考虑到各方面的情况，既要照顾历史，又要承认现状。香港的问题"就必须既考虑到香港的实际情况，也考虑到中国的实际情况和英国的实际情况，就是说，我们解决问题的办法要使三方面都能接受"。而"三方面都能接受的只能是'一国两制'，……除此以外没有其他办法"。台湾问题也要"充分考虑了台湾当局和台湾人民的处境、利益和前途，是完全公平合理的"①。邓小平还十分细致地设计了和平统一的具体方案、步骤、必须坚持的原则和必要的让步，使"一国两制"的设想更接近现实，更具有操作性和成功的可能性。1997 年 7 月 1 日，香港成功回归，证明了邓小平和平统一祖国理论的科学性，透射出理论实践本性的现实力量，是理论的理想性和现实性相结合的典型。

三

马克思主义认为，理论是重要的，"然而马克思主义看重理论，正是，也仅仅是，因为它能够指导行动"②。理论指导实践，这是马克思主义进行理论建设的目的，也是马克思主义理论实践本性的所在。但是，并不是任何理论都能指导实践。理论能否指导实践，首先取决于理论的内容：一是看其是否符合实际。如果理论与实际脱离，缺乏两者沟通的桥梁，那么理论便失去了指导的对象，成为毛泽东所讲

① 中共中央宣传部.邓小平同志建设有中国特色社会主义理论学习纲要［M］.北京：学习出版社，1995：81.
② 毛泽东.毛泽东选集：第 1 卷［M］.北京：人民出版社，1991：292.

的"无的放矢"，既然没有"的"，放"矢"也就毫无意义了。二是看其是否高于实践。所谓高于实践，如前所述，在理性求"是"的基础上提出预见和设想。没有预见和设想的平庸的理论不具有指导的价值，也不可能实施指导。三是理论能否揭示事物的本质，抓住事物的根本。这是理论深刻性、彻底性的体现，也是理论能够指导实践的根本所在。所谓理论的深刻性、彻底性，即是指理论的探索必须进入到实际的深处，善于发现问题，把握住事物实质性的矛盾，为解决实际问题提供依据。如果接触实际，只浮在表面，并不深入，其实并没有掌握真正的情况，难以使理论产生指导实践的力量。理论的深刻性除了深入实际之外，还需要理论工作者要有敏捷的思考力，能够在实践中求得规律性，提出解决问题的对策和办法。

邓小平理论实践本性非常突出的一点是邓小平理论对实践的指导性强。邓小平理论的深刻性和彻底性使其具有对实践强而有效的指导作用。

邓小平理论主要论述建设有中国特色社会主义问题，实际上就是中国如何搞社会主义的问题。应该说，这个问题建国以后就提出来了，但理论上一直没有搞清楚。邓小平理论之所以能够开出解决现代中国问题的药方，成为我党的指导思想，关键是邓小平理论能够深入中国的实际，真切地探明中国国情，进而十分准确地抓住了中国问题的症结所在。抓住了事物的根本，问题就能迎刃而解。邓小平认为，走社会主义道路是中国人民历史的选择，这是中国的现实；另一方面，中国贫穷落后也是中国的现实。如何在经济落后的国家建设社会主义？社会主义制度是先进的，但社会生产力却是落后的，哪一个是解决问题的着手点呢？社会主义必须坚持，在这一点上没有退路，而且社会主义还需要先进生产力为其后盾。显而易见，解决中国问题的出路只能是发展生产力。邓小平认为，发展经济改变落后是中国问题的根本之解，"中国解决所有问题的关键是要靠自己的发展"①。要坚持社会主义，体现其优越性，只有靠发展；不屈服于强权，维护世界和平，振兴中华民族，必须靠发展；国内各种问题的解决，保持安定团结，必须靠发展；至于和平统一祖国、建设社会主义精神文明等，均离不开发展。总之，"发展才是硬道理"②。在发展经济这个前

① 中共中央文献编辑委员会.邓小平文选：第 2 卷（第 2 版）[M].北京：人民出版社，1994：265.
② 中共中央文献编辑委员会.邓小平文选：第 2 卷（第 2 版）[M].北京：人民出版社，1994：377.

提下，邓小平提出了发展科学技术的问题，提出了经济体制改革的问题，提出了社会主义民主政治建设的问题，等等。邓小平不仅阐明了中国发展经济的必要性、紧迫性，而且指明了中国发展经济的机遇性。邓小平认为，当今世界的主流是和平与发展，这样的世界背景为我们发展经济提供了极好的机遇，所以要"抓住时机，发展自己，关键是发展经济"。他时时提醒人们，要抓住机遇，珍惜机遇，用好机遇，千方百计发展自己。邓小平发展思想的深刻性在于确实抓住了中国问题的核心本质，点化出中国光明的前途，因而获得了人民群众的信服。诚如马克思指出的，理论要能掌握群众，理论必须彻底。换言之，理论只有彻底和深刻（抓住事物的根本），才能产生指导群众的力量。我国二十年来的经济和社会的巨大变化和辉煌成就无不是发展理论指导的结果。

理论对实践的指导也离不开理论阐述的形式。形式是内容的载体、表达方式。冗长繁缛、艰深晦涩的文章常使人不得要领。既然看不懂，又如何照着去做呢？即使道理讲得很好，那又有什么用呢？必然降低理论的指导作用。毛泽东 20 世纪 40 年代在延安整风运动中曾尖锐地批评了这种不让人懂的文风，倡导短小精悍、晓畅达意并可操作的文风。理论的形式关系到理论能否推广应用的问题，因而也体现了理论实践性的程度。

邓小平理论的风格是"精""管用"。邓小平反对长篇大论，认为要群众读大本子是形式主义；反对把马克思主义搞得玄奥难懂，强调马克思主义是很朴实的道理；反对写长文、说长话（主要对领导干部的要求），主张文章短而精、讲话简而精。这种风格充分体现在他的表达方式上。邓小平理论的表达方式主要是讲话和谈话的形式，也有一些大会的报告。无论哪一种形式都简明扼要，直奔主题，没有空话、套话，内容实实在在，贴近实际，语言朴实无华，意思清晰明了，深刻的道理用简洁的话语道明，一般中等文化水平的人都能读得懂。这就为人们把握邓小平理论，用邓小平理论来指导实践创造了条件。

现代德治：追求和谐社会的善治[*]

以国家善治为视角研究德治的地位、价值和内涵，必须在法治的前提下讨论德治问题，正确理解德治在国家治理中的地位。德治是国家善治的内在需要，同时，法治治国资源的不足也需要德治的补充。德治应理解为公德之治，只有公德才能够满足德治的公共性、普遍性、管理性特征的需要。公德善治的领域和实施路径可从国家治理的内部性对象与外部性对象两个方面得到理解和阐述。

一

德治理论曾经在理论界引起热烈反响，其中也包括质疑的声音。质疑之一：德治即为人治，怎能在法治的时代里恢复人治？质疑之二：治国方略不能二元，宪法既定法治，何须再提德治？笔者认为，讨论德治是必要的，相对社会主义和谐社会的构建而言，德治的价值更加突出。问题在于，如何理解德治和实施德治？

对德治的争议主要在于如何理解治国方略，这既涉及对德治本身的理解，也涉及对德治与法治关系问题的理解。研究德治问题的学者关注"坚持依法治国和以德治国相结合"，即德治与法治的同等重要性，但往往忽略了理论原创者对德治与法治的不同表述。其实，对"依法治国"与"以德治国"的不同表述意味着二者的内涵是有所不同的。不仅如此，对二者治国作用的表述也是有所不同的："在我国社会主义现代化建设的进程中，依法治国和以德治国都有自己的重要作用。我们要坚定不

[*] 余玉花.现代德治：追求和谐社会的善治［J］.毛泽东邓小平理论研究，2006（03）：35－40.

移地实施依法治国的基本方略，同时要充分发挥以德治国的重要作用。"① 这段话尽管同时强调了德治与法治的重要性，但也指出了二者在治国中的地位是不一样的，突出强调了法治是治国的基本方略。事实上，在原创者的阐述中多处强调法治为治国的基本方略，而未见有德治为治国基本方略的说法，只是强调道德在治国中的作用而已。现在把德治说成是治国基本方略，可能只是学者们一厢情愿的理论见解。相反，无论是原创者的讲话报告还是中央文件，在涉及道德问题时，都是把法治放在治国的第一位，在法治的前提下来讨论国家道德建设问题，并未动摇宪法规定的"依法治国"基本方略的法治地位。

在治国问题上，应当坚持在法治的前提下来理解德治与法治的关系。首先，法对国家的唯一性决定其在治国中的地位。在与国家关系上，法对国家是唯一的，即法只能是国家的法，因而法能够代表国家的威严，实施国家治理的职能。按照马克思主义的国家学说，国家是阶级对立和斗争的产物。恩格斯也指出："为了使这些对立面，这些经济利益互相冲突的阶级，不致在无谓的斗争中把自己和社会消灭，就需要有一种表面上凌驾于社会之上的力量，这种力量应当缓和冲突，把冲突保持在'秩序'的范围以内。"② 这里，社会之上的力量就是指国家。国家的力量除了军队、警察和监狱等强力机构之外，还有法律，国家文明的象征就是法律。国家需要普遍化意志来实施国家统治，法律就是国家意志的体现。当社会尚未形成国家意志的法意志时，国家则无从谈起。法律是国家重要的组成部分，国家的统治及对社会的治理必须通过法律来实现。对于一个国家来说，没有法是不可想象的。道德则不然，道德对国家不是唯一的。道德的本质不是国家的，而是社会性的。诚然，在一个社会里，国家统治阶级的道德往往是社会中占主导地位的道德，因而能起到治国的作用。但另一方面，除了统治阶级的道德以外，还存在诸多非统治阶级的道德，正所谓"有多少阶级就有多少道德"，因此道德无法做到一律。道德对国家非唯一性的特点，决定了德治不可能是独立的、主要的，而只能是辅助性的。

其次，法对国家的直接性对其在治国中地位的确立也具有决定性意义。相比于

---

① 江泽民.江泽民论有中国特色社会主义［M］.北京：中央文献出版社，2002：337.

② 中共中央马克思恩格斯列宁斯大林著作编译局.马克思恩格斯选集：第 4 卷［M］.北京：人民出版社，1995：70.

道德，法律与国家政治更为直接、更为一体，"政治参与权利所涉及的，是用法律形式对公开的意见形成和意志形成过程——其结果是有关政策和法律的决议——加以建制化"①。这并不是说治国只要法律，排斥道德，而是说明法律是国家治理的首要手段，道德不可能成为独立的治国手段，至少在治理形式或操作层面上是如此，"在操作层面上，是所谓法律的统治而不是所谓的道德的统治。在操作层面上，国家生活直接追求的是制度公正而不是道德善，直接实行的是法制而不是德治"②。今天强调德治的重要性，但不是以德治来取代法治的治国基本方略的地位，德治不能突破法治的原则和规范。法治的原则，如法律面前人人平等、法律程序原则等，应当受到维护。法律给予一个人的合法权益，不能因为他做了一件被人谴责的事情而被剥夺；公民和大众传媒进行针对政府官员的舆论监督时，不能侵害其名誉权和隐私权；政府实施道德教育，必须按照法定的内容、条件和方式进行；政府行政不能以道德规范代替法律规范，把"违法"和"缺德"混为一谈。这说明，道德治国是有条件的，它必须借助国家的实体，在既定的国家结构中存在并产生影响。德治的有条件性决定了德治必须在法律实体的框架内发挥其治国的作用。

二

需要指出的是，在法治的前提下发挥道德治国的作用不能理解为德治重要性的降低。对于任何一个政权来说，治国在客观上都需要道德，历史上确实也很少有政权拒绝或否认执政的道德色彩。

首先，国家善治需要德治。虽然国家在本质上是"统治阶级的暴力工具"，但国家并不仅仅是暴力的政权，它还有管理社会、协调社群的职能。"国家决不能仅仅被当成法庭，它必须呈现于社会生活的方方面面，并让人们感受得到。"③ 黑格尔则把

---

① 哈贝马斯.在事实与规范之间：关于法律和民主法治国的商谈理论［M］.童世骏，译.北京：生活·读书·新知三联书店，2003：185.

② 高兆明.制度公正论：变革时期道德失范研究［M］.上海：上海文艺出版社，2001：263-264.

③ 涂尔干.职业伦理与公民道德［M］.渠东，付德根，译.上海：上海人民出版社，2001：70.

国家看作是"伦理理念的现实",是"伦理精神"。① 随着国家现代化和文明化,其道德化的要求也越来越高。既然国家包含着道德的要素,具有道德理想的色彩,那么国家治理就不能缺少道德的支持。从法律与道德的不同视角来看治国,如果说法治是能治,那么德治就是善治。法治的力量只有同道义相结合,才能产生善治的效果。而法治缺乏道德精神,以其治国就可能导致暴政。正是现代国家对道德的内在必需,才要求"法治不但追求法律的实效,而且更重要的是追求道德价值的实现"②。由此可见,只有融合道德的法治才是现代国家所需要的法治。对于法治而言,德治的意义则不仅仅在于其所赋予的道德内涵和价值目标,还在于它是法治效率和目标实现不可缺少的条件。社会现实表明,国家及其制度的日益文明化单靠法治本身是难以实现的。改革开放以来,中国特色的社会主义法律体系已经形成,国家实行法治,但法治所产生的效果并不令人满意,姑且不论还存在数量不少的法盲人群,即使懂法的知识群体也未必有敬法的观念,甚至执法的国家公职人员亵渎法律的事件也时有所闻。究其原因,除了我国历史上没有法治传统之外,很重要的一条就是,促进法治有效实施的道德文化没有跟上,以致法治很难融入民众的心灵深处。也就是说,法治尚未征服人心,其结果必然是人们畏法而不敬法,更谈不上信服法和维护法了。可见,"法的实效的充分实现还需有适宜的文化氛围"③。德治的使命之一就是为推动国家的法治化提供道德源泉和伦理支持。

其次,法治自身资源不足也需要德治的补充。虽然法治在国家治理中具有决定性的意义,但是,法治并不是完美的,法治不能提供完全充分的治国资源,即使在法治十分发达的西方国家也不例外。究其原因,在于法本身。第一,现代法治的基础是财产权。法治的核心是权利,从理论上说,法所主张的权利是广泛的权利,包括人的生命权、自由权等,但是大多数权利以财产为价值衡度、以财产伸张正义,并最终转化为财产权。应该承认,以财产权为基础的法治与市场经济的本质要求是吻合的,但另一方面,财产权客观上强化了"利"的价值。正是以

---

① 黑格尔.法哲学原理 [M].范扬,张企泰,译.北京:商务印书馆,1996:253.

② 王人博,程燎原.法治论 [M].济南:山东人民出版社,1998:108.

③ 王人博,程燎原.法治论 [M].济南:山东人民出版社,1998:391.

财产权为核心的法治限制了其治国的充分性。根据产权规则，法律只能禁止损人利已而不反对为已谋利，法律只能规制非等价交易而不推行无私奉献。总之，法律面对利益纷争、物欲横流的世界只能是"禁止为恶"，而非"劝人向善"。显然，对市场机制的道德纠偏和社会主义高尚道德的培养这一人类文明进步的根本要求而言，法治是不能完全胜任的。第二，法治规则具有不完善性。法律的重要特征是它的确定性和普遍性，具有明确、具体、规范的表现形式。法律的形式性保证了法的普遍适用性，但这种稳定不变的形式性则可能排斥特殊性，使得法律在适应过程中可能显得过于僵化和教条，因此，当其不得不用于个别情况时，可能背离法的公正初衷和立法宗旨，使得某些情况下法的一般正义的获得以牺牲个别公正为代价，这就可能产生"合法不合理、合理不合法"的情况。第三，在我国，法治在其运行过程中还由于遭遇"本土资源"的"水土不服"而加剧了其局限性。对于我国来说，法治化是必然的趋势。但是，从形式而言，法治无论如何是来自西方的"舶来品"，与西方源远流长的法治文化史相比，我国法治文化土壤的缺乏是不能否认的。这给法治的实施带来困难，法治治国的效果也受到了一定影响。

诚然，法治的某些不足并不能动摇依法治国的方略，但从国家治理的全面性和完善性要求出发，必须正视法治的局限，以其他的治国资源予以支持，完善治国方略。德治恰好是弥补法治不足的首选良药。原因在于，现代法治本身离不开德治的支持。现代法治应是"良法之治"，这就意味着法治必须首先解决制度、规范的伦理问题。就此而言，德治所宣扬的伦理价值体系构成了法治的精神基础。道德乃是法治的内在灵魂，真正的法治不是以利为本的严刑峻法，而是基于理性，合乎道德，出于正义的赏罚体系。法律所蕴含的道德权利将会使法律本身变得更为文明。同时，在法治发展的逻辑上，法律内容的合道德性，特别是法律制订与实施程序的合道德性是法律权威生成的一个重要根源。法律只有与人们的道德认同相一致，特别是法律的实施过程符合社会政治道德的基本要求，它才能获得社会成员普遍的尊重与信仰，也才有理由成为规范社会的权威，从而将理论上的法律效力转换为现实生活中的普遍效力。如果没有一定的道德基础做支撑（在中国尤为必要），法律就会缺少与社会亲和的中介，就会失去社会成员的内心认同，从而无法获得人们的普遍尊重和遵守，而只能沦为一纸空文。

三

从国家视角来讨论道德的意义，首先有一个区分德治之德与一般道德的问题。在笔者看来，德治与道德并不完全是一回事，德治之德不等同于一般道德。根据马克思主义的观点，道德作为社会的意识形态，属于精神领域，道德的形成很大程度受制于客观物质性的社会关系，"人们自觉地或不自觉地，归根到底总是从他们阶级地位所依据的实际关系中——从他们进行生产和交换的经济关系中，吸取自己的道德观念"①。因此，任何社会都不可能只有一种道德。今天，社会结构的多样性和社会关系的多样化意味着道德意识的多元化，这是不容争辩的事实。而作为治国资源的道德则不可能是多元的，德治之德是治国的道德，因此，德治之德必定是一种特殊性质的道德。

德治之德最主要的特征是它与国家意志、国家利益的一致性。就国家而言，应当追求普遍利益，"国家的目的就是普遍的利益本身"②，国家对普遍利益的追求构成"共同的善"。国家不仅要以"共同的善"为治国目标，还要维护"共同的善"，后者的本质就是维护国家利益。国家利益不是抽象的，道德所维护的国家利益是一种普遍利益、共同利益：在政治领域，维护国家正义与尊严是一国共同体中的社会组织、家庭和个体成员共同的政治要求，爱国主义是其重要体现，之所以如此，在于爱国主义满足了人们对国家尊严维护的要求，满足了民众对国家凝聚力的道德需要；在经济领域，国家经济制度、增长的国家财政收入和合理的财政预算是市场经济主体经营活动的共同条件；在社会领域，国家管理制度下的公共秩序和公共安全是一切个人社会活动的基本保障；在文化领域，国家倡导以科学、合理、健康的价值观满足人们精神上的需求。可见，治国道德本质上具有公共性，是公共利益的价值体现。形式上，德治之德也具有公共性特点，其表现有三：第一，道德所发生的行为空间皆是公共领域。无论是国家政治层面上的（包括民众参与政治）各项活动、政府公权部门的管理活动、公共市场经营活动，抑或是公共场所的其他各类活动，

---

① 中共中央马克思恩格斯列宁斯大林著作编译局.马克思恩格斯全集：第20卷 ［M］.北京：人民出版社，1971：102.

② 黑格尔.法哲学原理 ［M］.范扬，张企泰，译.北京：商务印书馆，1996：269.

都是在一个公共空间里进行的。正是人们在公共领域活动的特点才形成了一定程度的公共利益，才提出了公共性的道德要求，并需要国家对此加以整合。第二，国家视域范围内的道德交往具有普遍公共性的特点。所谓交往的公共性，是指交往的对象不具有私人的确定性，而具有公众性或公共性，如公民之间非私家性的交往。交往的公共性包括物质性的交往对象，如公共环境。当道德交往出现普遍公共性时，必然促使国家对公共交往的道德关注，使其成为德治的内容之一。第三，道德调节的形式不主要依靠个人美德，而是公共伦理，亦即公共规则。

上述旨在证明德治之德即是一种公共道德，德治即公德之治。公德治国，这是现代德治不同于古代德治的重要之处。中国传统德治的一个突出特点是私德性，从周公的"敬德保民"到孔子的"为政以德"，德治的"德"指的是"君德"，即统治者的个人德性，统治者的道德品性是当政者治理国家的道德资源。私德治国理论与当时的"君权神授"理论是一致的。君德既是获得政权的根据，也是其保持政权的必要条件，因此，君德不仅是治国平天下的前提条件，而且是治国平天下的德政手段。君主以君德权威号令天下，以德性引导政务，以德性教化百姓等，所有这一切都建立在君主的私德基础上。当然，这种私德治国与当时的小农经济和家国一体的社会结构是相匹配的，这是私德治国在中国几千年国家发展中发挥有效作用的根本原因之一，也是其必然导致人治的一个重要原因。

而今传统私德治国的条件已消失殆尽，以市场经济为标志的现代化进程创制了社会公共性（非一家一户的经济单位）的物质基础，现代民主政治的发展使国家成为公权机构——一种真正意义上的公共部门。如果说传统德治深入人心的治国效果对今天还有启迪价值的话，那么传统德治的内容（私德治国）已经与这个时代格格不入。第一，"君权神授"已经不可能，社会主义国家是"政权民授"。宪法规定"中华人民共和国的一切权力属于人民"。人民依据法律的规定选举国家的政务官员，政权的力量不再归至个人的权威。从理论上说，任何一个有政治权利的公民都有选举权和被选举权，都可能成为国家的领导人和管理者。第二，现代政权彻底否定了传统政权的私家性，而赋予其公共性要素，"国家是自成一类的公职群体"①。与此一致的是政权服务于社会公众，正如胡锦涛所说的："权为民所用、利为民所谋、情

---

① 涂尔干.职业伦理与公民道德［M］.渠东，付德根，译.上海：上海人民出版社，2001：54.

为民所系"①。第三，治理国家的活动不限于自上而下的机构管理，还有自下而上的民众参与政治和国家管理的活动。当前各种非政府性质的社团组织大量产生，实际上把治国推向了公民化。这一切都表明了私德治国的不可能性，相反，公德才是当今国家德治的本质内容。

现代公德之治不同于传统德治，还在于现代德治是规则之治，而非美德之治。为什么德治之公德是规则道德，而非美德呢？理由之一，德治之德必须与法律存在着某种共通性，除了在价值取向方面的一致性外，相通之点还在于两者在形式上同为社会规范，应具有"范天下之不一而归于一"的功能特性，因此只有采用规则的形式，道德才能承担起与法治同样的治国责任。理由之二，公德既为治国之德，就应当具有管理的职能，否则德治无从谈起，因为失去管理职能的道德不具有治国的条件。而现代管理的目标、现代管理公开性和民主性的要求决定了管理道德只能是规则化的伦理要求，而不能是难以确定的内在性美德。理由之三，公德作用的范围在公共领域，这决定了道德主体的公众性、道德内容的普适性特点，进而决定了伦理要求只能是底线基础上的道德规范，而非崇高性的美德。理由之四，管理实践表明，以"仁爱"为主要目的的美德在某种情况下可能与现代管理要求产生冲突。如，法官在判案过程中究竟是严格依据法律法规、遵循公正无私的道德规则，还是涌动"恻隐之心"而手下留情？行政公权机构的公务人员面临两种道德选择而难以取舍的情况更多，这实际上是一个守规则还是循私情（私情不是指自私的情感，而是相对于公德而言的道德情感）的问题。毫无疑问，从治国的要求来看，正确的选择只能是前者，而不是后者。但必须指出的是，上述论证并非有贬斥美德之意，其实公德之中也有德性内涵，那是与公共规则一致的公共德性，如公正的德性、诚信的德性，但是这样的德性已经超越了传统私人美德的狭隘眼界，而具有公共性，是现代德治推崇的公共德性。

四

公德之治着眼于公共领域，贯注于国家管理的过程之中。从公共领域来看，德治主体有国家公权部门、大众媒体和公民社会；从国家管理来看，国家公权部门属

---

① 中共中央文献研究室.十六大以来重要文献选编（上）[M].北京：中央文献出版社，2005：84.

于国家管理的内部对象，而大众传媒和公民社会则属于国家管理的外部对象。

在公权部门，德治与国家管理的关系最为密切，是德治的重点。首先需要指出的是，公权领域对于国家治理有特殊的意义：作为国家机构的公权部门无疑是治国的主体，拥有管理和选择何种管理的权力，其对治国方略的理解和贯彻程度、对治国资源能否恰到好处地运用都直接影响着治国的质量，是国家治理好坏的关键。从国家现实来看，公权部门因缺德而出现的治国不力、效率不高、管理混乱乃至腐败现象在一定程度上存在着，这说明作为治国主体拥有的治国公德资源，不应仅仅施用于治国客体，更应该施用于治国的主体本身。因此，公德之治首先在于国家管理的内部对象，即公权部门。在公权领域，公德对国家的治理作用从两个方面展开：一是国家价值理想性的引导，二是国家治理伦理规则的设定和引导。从道德的本性来看，应该说这两者之间是相通的、一致的，但作为表现形态，前者着重于价值理念，后者更突出道德规则性。治国价值理想性的引导，在制度层面上，主要通过对法律、法规的影响来实现。公德所提出的"国家利益与大多数人利益的一致性""公共利益优先原则""人民主权原则""公民发展原则"等治国的价值取向应当引导立法，成为立法的宗旨，贯注于立法的过程中，使法治化的制度符合公正合理的道德指向，在立法的层面上确保制度的伦理性。

立法只是治国的法律根据，实质意义上的治国是通过执法行政来实现的。执法行政具有治国的直接性：一方面，执法行政过程是实施法律、贯彻治国理念的过程，也是治国主体与治国客体发生直接联系的过程；另一方面，执法行政的效果直接体现的是治国的效果。执法行政的直接性产生两方面的道德问题：一是执法行政过程中的伦理问题。这里关系到执法者应持什么样的执法理念、处理管理矛盾的道德准则、对待执法相对人的道德态度等。在执法过程中产生的这些问题是复杂而柔性的，不能用钢性的法制手段来解决，而只能运用公共伦理智慧和道德力量来处理，从而发挥公德治国的作用。二是执法行政效果的伦理评价问题。执法行政效果即治国效果如何，是治国活动的总检验，包括治国目的是否达到、治国水平如何等。对治国效果的评价必然是道德的评价，即以预设的治国价值目标对照国家经济、政治、文化、社会发展的现状，对治国活动作出好优差劣的评价。道德评价对于治国的意义在于：通过对治国效果的评价可以促进治国主体反观执法治国过程，检示和发现治国中的问题，总结经验教训，提高执政治国的能力，努力获得良好的治国效果。由此可见，道德评价切切实实是治国不可缺少的组成部分，而治国道德评价的标准必然是公德。需要指出的是，执法领域的公德作用，无论采取何种道德方式，其伦理指向都是制度性的，是治国制度的伦理问题。以公德为标志的制度伦理必定能推动国家制度的良性化，提高国家善治的能力。

但是，制度伦理只是善治的一个必要条件，国家善治仅有制度之善还远远不够，制度伦理只是善器而已，而善器只有在善人的掌持之下才可能产生善的效果，"作为体制运作的条件，人的参与过程始终伴随着道德的作用"①。因此，现代国家公务员即国家管理人员的道德也必然成为治国必须讨论的问题。现代国家公务员与历史上国家官员的不同在于，公务员工作只是现代社会的一种职业。作为一种现代职业，国家公务员工作像其他许许多多的现代职业一样，有职业活动特定的行为要求，即职业道德。但是，国家公务员岗位是掌控国家公权、行使国家权力的特殊岗位，身处权力中心的公务员与国家发展息息相关。公务员对国家的忠诚与否、他们的职业态度直接关系到治国战略能否贯彻、治国策略能否实施、治国目标能否实现的大问题。可以说，国家公务员的职业道德客观上成为治国不可缺少的要素。与其他企事业职业道德相比，公务员职业道德完全属于公德范畴，正是通过公务员的职业道德实施公德的国家之治。

治理社会并使社会达致共和融洽、良序和谐、富足小康的和谐状态是治国的主要任务。社会的要素纷繁复杂，既有公共性的事业单位和场所，如学校、医院、社区以及各种公共设施，又有纯粹私人性的结构，如家庭和各种私人关系，还有兼具公私两方面特性的社会组织和活动，如市场和市场交易活动，市场是公共性的，但交易是个体性的，此外还有承担大众传媒任务的特殊社会组织和活动。现代社会是与国家相对应的共同体，其政治上的主体是公民，以公民为主体的公民社会是国家德治的主要对象。

国家德治对社会的治理应坚持两个原则。第一，以国家社会性的道德价值目标实施对社会活动的引导，促进社会的文明化。这一引导的途径有两条：其一是学校和社区，通过传授教育和宣传教育的手段形成国家道德共识和社会道德追求。在当今社会价值多元化的情况下，国家道德共识显得愈加重要，是国家凝聚力形成的最

---

① 杨国荣.伦理与存在：道德哲学研究 [M].上海：上海人民出版社，2002：52.

重要的文化条件。其二是大众媒体。由于媒体的现代化，现代资讯与大众的联系更加快捷、广泛和直接，对大众的影响力更加强劲，有时甚至超出了学校和社区的影响，因此国家更要重视传媒的德治途径，充分发挥其道德价值导向的作用。鉴于大众媒体的企业化倾向，传媒系统的职业道德建设应当成为德治关注的重点。第二，国家德治对公民社会的治理不能包罗一切，应着眼于社会公共领域的道德关系和道德活动。公共领域与国家管理密切相关，私人领域国家一般不干预，只有当私人问题转化为社会问题时国家才会干预，或者应私人请求国家才以调解人的身份出面。德治在公共领域的任务是维护社会公共利益，创制一个有序、安全、和谐的公共环境。与此相应的是，公共领域的德治以公共道德规则作为调整各种社会矛盾的主要手段，因此公德规则应当涵盖下述方面：公民与国家的道德关系、公民与环境（自然的和人文的环境）的道德关系、公民与公共物体（固定的和流动的）的道德关系、社会主体之间各种交往（市场的和非市场的交往）中的道德关系。公德规则应有一定的层次性，最低层次的公德当与法律规范一致，如交通安全规则、市场诚信规则等；其最高规则与美德相通，如见义勇为、志愿奉献、爱心回报、慈善救助、服务社会等。应当指出的是，这些公德规则不能像法律那样由国家颁布予以实施，而需要国家通过各种教育和宣传形成强大的社会舆论，引导公民建立公共道德规则意识，在日常生活中自觉地履行公共道德义务，从而实现道德治国的目标。

论德治与法治同构的价值基础[*]

从党的十五大到党的十八大都强调"坚持依法治国和以德治国相结合"的治国方针，但理论界对德治与法治的问题还存在着某些不同的看法。笔者试图从价值论的视角对德与法共治问题作一理论探讨。

一、现代精神：德治与法治共同的价值要素

在以往德治与法治的研究中，更多关注和强调的是两者的差异性，但还可以有另一种思考的路径，那就是同一性的思考方法。在治国问题上，尽管德治与法治手段方法各异、形式表现不同，但不管何种方法手段都应指向同样的目标，达到同样的效果，而如果能够达至最终的目的，则意味着各种方法手段中存在着某种共性的东西，使不同的要素凝聚成共同的力量。党的十八大在"法治是治国理政的基本方式"的要求下，仍然坚持德治与法治相结合的治国方针，那意味着德治不仅能够在国家治理中成为法治的重要辅助，以道德独有的功能弥补法律之不足，更应该看到的是，德治与法治之间存在着某种共同性的要素，使两者在治国理政上能够互相配合、相得益彰，产生"一加一大于二"的治国效果。

强调德治与法治的差异并主张两者互补，实际上反映了人们在选择治国方式时的一个矛盾的立场或悖论：从现代社会现实生活的要求而言，实行法治是时代之大势，然而制度总归存有缺陷，制度的缺陷应当通过道德来弥补；而道德自律在国家治理中通常是靠不住的，靠不住的德治又需通过制度的途径获得补救。其实，这种

＊　余玉花.论德治与法治同构的价值基础［J］.中共贵州省委党校学报，2014（01）：49－53.

悖论恰巧反映的是投射到社会生活中的制度与人性矛盾。面对这种悖论，人们的选择只能是"既不能否定客观制度，也不能否定主观道德，而是要求客观制度与主观道德间的恰当张力，要求二者间的统一"①。既然法治与德治两者间存在或可能存在着功能互补的关系，那么互补的基础是什么？

西方自然法学派从自然法的理论出发，认为法律来源于道德，道德是法律存在的依据和评价标准，法律是道德的外在化、强制化，法律的有效性在于其本身具有德性的要素，是"义务的道德"。虽然这种观点后来被实证法学所批评，认为存在将法律与道德混淆之虞，但是实证法学却难以否定任何一种法律的制定与实施都受到统治阶级道德观念的影响。笔者认为，法治与德治功能互补的基础是两者具有一定程度的价值相通性，或者某种程度的价值重叠。否则，它们的功能就可能毫不相干，甚至相互抵触。换句话说，如果没有共同的价值基础作支撑，法治和德治相互间的功能互补是不可思议的。

德治与法治共同的价值要素就是两者相通的现代精神，体现为追求社会以人为本、公平正义、民主平等、和谐有序的治国理念，也体现了社会核心价值观的追求。德治和法治在精神上的相通性，一方面揭示了德治内涵的现代性，另一方面也凸显了现代法治具有深刻的精神内涵。需要指出的是，关于法治，人们通常对其作制度性的理解，更多是工具意义上的，而往往忽略法治目的性的存在，以致法治的价值内涵和精神内质被淡化了，未能给予足够的重视。社会主义法治国家的建设不仅应该重视法律制度"硬件系统"的建设目标，更应该重视和加强法治精神这一"软件系统"的建设目标，从某种意义上说，法治精神软件的建设更接近法治本身。黑格尔认为，法"一般说来是精神的东西，它的确定的地位和出发点是意志"②。如果说法律制度是法治的骨架，那么，法治的观念、意识和精神则是法治的血脉和灵魂。法治精神应该包括法治的价值取向、法律信仰和法治原则。法治精神与倡导人的尊严、社会的和谐、社会正义和社会公正等德治精神是一致的，这是德治与法治相结合的共同基础。关于德治和法治精神上的相通性，还可以通过两者对社会追求的共同目标和对人追求的共同目标作深入的研究。

---

① 高兆明.制度公正论：变革时期道德失范研究［M］.上海：上海文艺出版社，2001：278.

② 黑格尔.法哲学原理［M］.范扬，张企泰，译.北京：商务印书馆，1996：10.

二、 良序与和谐：法治与德治共同的社会价值目标

治国方式的价值性主要落实在对社会治理的理念上，最终体现在对社会目标的期望与努力上。在这个问题上亦可以发现德治与法治精神上的相通性。在社会追求上，良序与和谐是法治与德治共同的社会价值目标。良序着重于社会的秩序上，法的意蕴更重一些，但一个"良"字则融进了更多的道德色彩；和谐无疑是道德概念，但是和谐的基础是秩序与法治。现代化的社会应是一个良序社会，同样也应该是和谐的社会，现代化的社会主义社会更应当是一个良序与和谐一致的社会。

良序社会是任何国家治理者所期望的社会目标，但是对良序社会的理解则各不一样，以往的治国理论通常把各阶层民众安分守己的社会看作是良序社会，如柏拉图的"理想国"和中国古代的"大同世界"。但是，如何理解现代国家的良序社会？美国伦理学家罗尔斯认为：一个社会的秩序良好不仅仅指该社会秩序井然，而主要在于这种秩序是否符合公正的理念，以及这些公正理念是否深入人心："第一，在该社会中，每个人都接受、且知道所有其他的人也接受相同的正义原则；第二，它的基本结构——也就是说它的主要社会制度和政治制度，以及这些制度如何共同适合于组成一个合作系统——被人们公共地了解为、或者人们有充分的理由相信它能满足这些原则；第三，它的公民具有正常有效的正义感，所以他们一般都能按照社会的基本制度行事，并把这些社会基本制度看做是公正的。"① 这说明良序社会不能仅归至于法律的治理目标，同样具有现代道义性的价值要求。

中国共产党在社会治理目标上提出了"和谐社会"或"社会和谐"的理念，这是一个更符合中国文化和国情的社会目标。毫无疑问，和谐社会是德治的价值目标，但是仅作这样的理解显然是不完整的，和谐社会应是包括法治要求在内的社会价值要求，正如胡锦涛对和谐社会所描述的："我们所要建设的社会主义和谐社会，应该是民主法治、公平正义、诚信友爱、充满活力、安定有序、人与自然和谐相处的社会。"② 可见，

---

① 罗尔斯.政治自由主义［M］.万俊人，译.南京：译林出版社，2000：36.

② 胡锦涛.胡锦涛阐述"我们所要建设的社会主义和谐社会"［EB/OL］.（2005 - 02 - 19）［2023 - 11 - 30］. http://www.dzwww.com/xinwen/xinwenzhanti/xjxjy/dt/200502/t20050219 - 968517.htm

民主法治是和谐社会重要的内容和首要标志。对于社会主义国家来说，民主法治的核心是公民权利，因此公民权利及其实现不仅是法治社会所追求的文明目标，同时也是一个社会稳定有序发展的条件。从这个意义上看，良序是和谐的基础，和谐则是良序的更高表现。无论是良序还是和谐，都需要在道德与法律协同治理下才可能实现，因而良序与和谐体现着德治和法治共同的价值目标。

当然，追求良序与和谐的社会价值目标，德治与法治在实践途径和形式上还是有所不同的。首先，法治与德治以各自特有的功能提供社会价值实现的可能性。法治为维护和实现个体的权利提供公正的制度通道，德治为实现社会个体人的尊严与人与人之间关系的和谐营造社会氛围；而无论是德治还是法治，都促进了社会的和谐与秩序。其次，法治与德治对主体的不同意义形成一个联系的整体。法治对理性秩序的追求依赖于它的公正意义，而公正的最终意义则由人民主体权利所赋予；德治对理性秩序的追求则依赖于它的和谐意义，而和谐的最终意义又是由人们获得的尊严所赋予的。这样看来，法治与德治的价值——权利、尊严、公正、和谐不仅构成了良序社会的价值基础，而且它们相互间也存在着相通和重叠的关系。

第一，法治与德治具有秩序的导向价值。秩序对社会的重要性不言而喻。从价值序列来看，秩序属于底线价值，应先于其他一切价值的基础。虽然对这一观点并未取得学界的共识，但秩序的重要性乃是毋庸置疑的。"必须先有秩序，才谈得上社会公平。社会秩序要靠一整套普遍性的法律规则来建立。而法律规则又需要整个社会系统地、画龙点睛式地使用其力量加以维持。"① 从历史上看，法律和道德一直是人类调整社会关系、营造社会秩序的最一般手段。可以说，法律和道德的发展史同时也是人类社会秩序的演进史。学界共识认为，法治与德治的价值形式包括了工具性和实体性两个方面。在工具性的意义上，法治的价值仅在于保证规则的有效性，而任何社会正常的理性秩序的发展，既依赖于法治与德治的工具性价值即法律规则有效性和道德规范扩张性的提高，又依赖于它们的实体价值即权利、尊严、公正、和谐对社会秩序的构造和支撑。

第二，法治与德治具有公正与和谐的导向价值。就历史的具体场景而言，一个良

---

① 彼得·斯坦，约翰·香德.西方社会的法律价值 [M].王献平，译.北京：中国人民公安大学出版社，1990：39.

好的社会秩序，不可缺少强力的权威要素，但强力绝不是这个秩序的主要支撑。强力可以保证秩序，但单靠强力绝不能成就良好的社会秩序。一个社会之所以被称作秩序良好，至少是因为这个社会包含着公正与和谐的要素，并且这个要素在社会中处于主导地位。现代法治并非是强力的象征，而是内涵公正与和谐要素的治国模式。所谓公正的要素，指的是这个社会存在着一个为绝大多数人所认同的，能够体现制度正义、秩序公平、结果公正的社会资源分配制度，这样的制度必须由社会主义法治来提供，而社会主义法治只有在公正价值的指引下才能建立公正的制度与秩序。和谐的要素则是指在公正要素的作用下，人际关系中普遍的宽容、互爱、理解的心态和行为取向。所以，公正与和谐正是法治与德治所要追求的价值目标，也是德治与法治引导国家与社会发展的价值目标。在历史的进程中，正是社会对公正与和谐的内在需求成就了法治与德治的价值基础。因此，良序社会与其说依赖于法治与德治的工具性价值，不如说它更有赖于它们的实体性价值即公正、和谐、权利、尊严的不断拓展。这是现代社会秩序形成的一个根本特点，也是法治与德治追求的社会价值目标。

三、人权与尊严：德治与法治共同的人性价值目标

无论德治还是法治，国家社会的治理都与人有关系，因为国家社会皆是人组成的共同体，所以治国的主体与主要对象都是人。正因为如此，治国才有价值的问题，德治与法治才能产生精神相通、功能互补、共治国政的可能性。循着这样的思路，可以发现，德法同治的一个重要的因素，即治理的理论前提都是建立在人性理论上的。当然，由于法治与德治作为两种不同的治理方式，在人性理论出发点上各有不同，但却都是着眼于人、为了人。

法治理论的前提是"人性恶"，治恶是法存在的根据，亦是法的基本职能。柏拉图说："人类的本性将永远倾向于贪婪与自私、逃避痛苦、追求快乐而无任何理性，人们会先考虑这些，然后才会考虑公正与善德。这样，人的心灵是一片黑暗，他们的所作所为，最后使得他们的行为和国家充满了罪行。"[①]

除了柏拉图以外，亚里士多德以及后来大多数西方思想家都接受人性本恶的观

---

① 法学教材编辑部.西方法律思想史资料选编［M］.北京：北京大学出版社，1983：27.

点，因而也都坚持法律治国的重要性，由此形成西方的法治传统。

传统的法治主要是治理百姓，今天法治的对象已包括政府及其成员。法治内涵的变化也是从人性理论中推及出来的。麦迪逊说："政府本身难道不是反映了人性的最大缺陷吗？如果人都是天使，就不需要任何政府了。如果天使统治人，就不需要对政府有任何外来的或内在的控制了。"①法治之所以是必需的，主要是因为所有的人，包括掌握政治权力的人无论如何善良，其人性中原本不完善的部分都不可能完全消除；特别是掌握政治权力的人，由于权力存在腐蚀善良人的问题，他们人性中那不完善部分就更容易受到诱惑。因此，必须依靠某种独立于个人之外的普遍运用于人类生活的理性规则，来限制人性中不完善的地方。而法治之所以是可能的，是因为凡人都存在一种愿意接受理性的引导而不愿意接受任性（专制）统治的天然倾向，而唯有法治才可以称得上一种消除人的任性成分的理性统治。法治允许人们为善，但不允许人们为恶。

德治则不同于法治，德治的理论基础是"性善论"。"人之初，性本善"是儒家伦理文明的理论基础。儒家重要代表人物孟子对"性善论"作了充分的论证。他认为，人与生俱来具有"善端"，即"恻隐之心，仁之端也；羞恶之心，义之端也；辞让之心，礼之端也；是非之心，智之端也"②。因为人有善端，道德教化才有可能，由于所有的人包括掌握政治权力的统治者原本都有一颗与生俱来善良的心，只要人们都本着善良的心去做事，统治者本着善良的心去行使权力，良好的社会秩序也就形成了。可见，人性善为德治提供了前提条件，认为用道德治理国家是君主最明智的选择。德治在儒家看来就是施仁政。为了论证德治的意义，结合人性，孔子对德法治理的效果进行了比较："道之以政，齐之以刑，民免而无耻；道之以德，齐之以礼，有耻且格。"③这段话不仅比较德法治理的不同结果，更指出了德治的结果与治国对人性期望的一致性。治国的目的在于推进人的善的本性，而不仅仅限于对行为的规范。应该说，孔子围绕人性论治国的思想是十分深刻的。当然，倾向于人性善并肯定德治意义并不限于中国古代的思想家。西方虽然有历史悠长的法治传统，但

---

① 汉密尔顿，杰伊，麦迪逊.联邦党人文集［M］.程逢如，在汉，舒逊，译.北京：商务印书馆，1980：264.
② 孔丘，孟轲，等.四书·五经［M］.北京：北京出版社，2006：94.
③ 孔丘，孟轲，等.四书·五经［M］.北京：北京出版社，2006：10.

也不乏有性善之理论以及在此基础上的德治拥护者。且不说古希腊的亚里士多德的治国理论中有美德治国的思想，近代英国有沙甫兹伯利的人性"同情说"，现代西方学者也持有"人性从善、以善治政"的思想。马克思主义从唯物主义立场出发，否定先验的人性理论，但不否认现实生活中人性存在着善恶，并且指出社会人性善恶倾向的根源在于现实的经济利益及其所引发的各种复杂的社会关系，解决人性的问题首先要解决不合理的社会制度。虽然马克思主义的创始人并未直接讨论治国与人性的问题，但是有一点是明确的：他们创立的社会主义国家理论正是为了解决人的自由发展的问题，他们申明自己理论的前提是"现实的人"，他们哲学的使命是改造世界"解放全人类"，使人获得自由而全面的发展。中国特色的社会主义治国理论在法治的前提下，把德治与法治结合起来，正是马克思主义的人学思想在治国问题上的运用，同时在一定程度上也借鉴了古今中外人性理论中的合理部分，把改造人性与国家发展结合起来，把治国理政与服务人民的发展结合起来。

社会主义国家治理的方针是"以人为本"，以此为出发点，人的权利和人的尊严是法治与德治诸价值中最为深层的部分，亦是德治与法治追求的人性价值目标。如果说在历史上法治与德治的价值目标最初指向的是秩序，而后逐渐地转向公正与和谐来实现秩序的话，那么对于现代社会来说，人的权利和尊严是体现社会的公正和谐并是实现社会良序的最重要的价值条件。从此亦可看出，德治与法治的内在价值呈现层次递进的架构：良序、公正、和谐、权利与尊严，反映了治国理念不断深化和治国能力不断提高的过程。这些价值理念是治国的核心价值观，其中人的权利和尊严是法治与德治最具时代特征从而也是最具根本性的价值，因为"人权的实现程度是人类文明进步的综合标尺"①。

从"以人为本"的价值理念出发，法律和道德都不再是强制或劝导人们服从的手段。道德因不再强调服从而是主张人的全面而自由的发展，同样，法也不再只具惩罚性质而是更倾向于对人权和自由的保障进而具有至上意味，法治内在的道德指向和形式正当性使法治成为一种根本性的道德，即制度的道德。法和道德拥有共同的价值：尊重人，尊重人的自由和人的多样选择，把人作为最高目的。不同的是，法治通过其形式、程序和技术要件的充实和完善，使得价值上的选择、表达和实现

---

① 李步云.现代法的精神论纲［J］.法学.1997（06）：6-9.

成为可共同操作的正当化过程。

德治与法治共同的人性价值目标的追求是通过对人性价值的共同维护而实现的。由于人性的尊严是在人与人的社会交往中才能体现出来的，因此对人权、人的价值的维护与良序和谐社会有着密切的联系。良好和谐的社会秩序必须以人与人关系处理上的正当性为基础。社会交往中的人们之间客观上存在着"交往差异"，如不同的个性、不同的利益需要、不同的文明背景等。这些"差异"的存在在交往过程中则可能产生矛盾和冲突，甚至于侵犯他人的权利、损害他人的尊严。为了维护人应有的权利和价值，满足人发展的价值需要，社会必须提供有利于人发展的"交往规则"，即主体之间有效的、同时又保障人的基本权利的行为规范。需要指出的是，"交往规则"有两种，一种是律法上的行为规定，一种是道德上的行为规范。无论是法治意义上的交往规则，还是德治意义上的行为规范，共同的功效皆在于调节人们"交往"中每时每刻出现的各种矛盾、差异、纠纷、冲突，解决人们在"交往"的"社会化"过程中遇到的各种疑难与困惑，共同维护交往活动中的人权与尊严。

四、 德治与法治同构价值的实践论证

法治需要德治的辅助，构成德法同治的最佳治国效果不仅是理论的推导，更是为实践所证实的。事实证明，由于社会的复杂性和人性的不完善性，法的实现程度和准确程度会因不同的主体素质的差异而呈现出很大的不平衡性，加上法律本身的滞后性，因此在现代法治运行过程中，道德以其独特的性质，在一定程度上和范围内能够超越与消除法律运行产生的外在局限性，减轻和克服法律外在局限性而带来的负面效应。以司法为例。目前在我们国家，司法领域仍然存在很多有法不依的现象。出现这种现象不是我国法制不健全，而是我们司法的执行者的道德素质不高。司法工作者作为被授予权力的人，面临着滥用权力的巨大诱惑，因而有可能逾越正义和道德界限，尤其在司法活动中客观存在着一定程度的自由裁量权，需要运用道德判断来加以确定的问题时，主要靠司法工作者的道德良心，因为司法判案活动实质上是在法官的道德观念影响下处理的。可以说，司法工作者道德水平的高低在某种程度上影响着司法质量的好坏。当司法工作者正确适用法律法规时，则体现了正义、公正的道德理念的实现；倘若司法工作者在司法活动过程中经受不了金钱、美

色等诱惑而徇私枉法、贪污受贿而丧失道德公平，其后果就会严重影响司法机关及其工作人员的形象，影响司法的公信力。因此，司法工作者需要良好的司法职业道德和道德行为做保证，才能在司法的过程中忠于职守、公正廉洁、秉公执法，才能获得社会公众对司法行为的信任和尊重，有助于整个社会法律信仰的形成。当然，这种司法道德的形成不能从司法职业本身直接获得，而是需要大量的视司法道德正义为首要价值目标的司法工作者发自内心的信念并形成强烈的正义感、责任感才能实现。只有实现了司法活动中道德的理想规制，司法独立才具备坚实的正义基础。

在治国实践中，道德对法治的支持无所不在。以法律遵守而言，离开道德的力量，实现普遍遵法是一件十分困难的事情。法律必须获得普遍的遵守，这是法治的一项重要的内容，也是法律在社会现实中的实际效力问题。公民道德素质的普遍提高是应对这一问题的充分条件。法律在实际生活中的作用涉及许多因素，其中包括法律本身的道德性，我们强调法律的合乎道德性，是要强调法律作用于社会的目的，以道德为中介说明法律与社会的关系。法律的遵守是法治的一般要求，而法治的最高要求是法律被信仰。如何使法律被信仰？首先法律要符合理性和正义，符合道德的要求。只有符合道德的法律，才会被社会所遵守，被社会所认同。除此以外，更重要的是，作为法治主体的公民的法律信仰和守法精神，即通常讲的法治精神。法治精神是法律获得权威和普遍信守的条件。法治精神体现在社会公众将法治作为其共同参与的正义事业，表征为一种自觉的、主动的、积极的法律态度。法治主体积极参加法治实践的过程，也就是推进法治的过程，同时也是一个培育法律信仰的过程。但在这个过程中，道德始终扮演着引导者的角色，推动法治主体化。在道德的作用下，法律对于社会主体（国家公民）来说，不再是游离于自身之外的或外力硬性施加的东西，令人畏惧而远避。其时的法律已经内化为社会主体自己的生活方式和思维模式。社会主体对于法律的理解，不再是一种外在的认识对象，而将其理解为自我参与其中的一项事业，是公民个人发展的强大保障，因而守护法治成为人的需要之一，遵法成为自觉的行动。

论经济体制改革与政治体制改革的结合点 [*]

　　"权变"是经济体制改革与政治体制改革的结合点。"权变"对于经济体制的要求是建立现代产权制度，其伦理意义在于肯定市场主体权利的合理性，并依制度得以保障。"权变"对于政治体制的要求是政府在微观经济领域的放权，以保证产权制度改革的成功，推动市场经济进一步发展。本文论述了产权制度改革的经济价值和伦理意义，论证了两项改革之间的内在联系和"权变"的不同内容。

一

　　党的十六届三中全会《关于完善社会主义市场经济体制若干问题的决定》提出了进一步改革经济体制的问题，以适应我国经济快速发展的需要。但是，经济体制的改革及其成效不是其单方面改革的问题，而是涉及到经济之外方方面面的有效改革，其中包括政治体制改革。应该说，对这个问题已经形成共识。问题在于，经济体制改革是一个庞大复杂的改革工程，政治体制改革也是个庞大复杂的系统，这两者究竟如何契合才能有效地同步进行？尤其是政治体制改革，如何使自身的改革能真正有助于经济体制的改革？这些问题的解决，首先要寻找关键的突破口，即两项改革互动结合的关节点。

　　政治体制改革和经济体制改革的结合点，必须符合下述要求：第一，都是两项改革的关键部位。所谓关键部位，即在各自的改革中处在一个重中之重、根本之点

＊　余玉花.论经济体制改革与政治体制改革的结合点［M］//金黛如.经济伦理、公司治理与
　　和谐社会.上海：上海社会科学院出版社，2005：195－201.

的位置上，具有动一发而牵全身的作用。第二，两项改革的关键部位之间具有相通性和相互作用力。那就是各自的改革都将对另一方的改革产生连锁反应，或者说能对相对方的改革起到推动作用。第三，两项改革结合点的突破能产生良好的改革效果，对中国经济、政治乃至社会发展产生长远的积极效应。

根据上述要求，综观我国经济、政治发展的要求，笔者以为，政治体制改革和经济体制改革的结合点可用"权变"来概括，即围绕"权"的改革是政治体制改革和经济体制改革的结合点。政治体制的"权变"必然带来经济体制的"权变"，而经济体制的"权变"必将触动政治体制的"权变"，两者是互变转化的关系，但权变量呈反比，是一个此消彼长的态势。具体说，政治体制改革的结果应该使政府的公权力受到了限制或减弱。与此相应的是，经济体制改革则使市场主体的私权得到了增强。需要指出的是，上述两种改革"权变"中的"权"的涵义各不相同。政治体制改革中的"权"是指政治权力，通常称为公权力。经济体制改革中的"权"主要指权利。显然，这是两种完全不同的权。前者往往体现着一种支配力量，而后者则是追求利益的必备条件。然而，正是这两种不同"权"的变化，架通了政治体制改革和经济体制改革的联系，成为两项改革的结合点。当然，就两种"权变"而言，经济体制的权变是首要的，是当前社会改革的主要目标。政治体制的权变则是为了满足经济体制改革的需要，具有一定的从属性，尽管政治体制的权变有时候更令人关注，产生的社会震动可能更大。但是，政治体制改革不能失去其对经济改革的服务职能，而应更有利于经济改革的顺利进行。

二

政治体制改革和经济体制改革之所以需要"权变"，这是由社会主义经济发展所提出来的经济体制改革的内在要求决定的。我国经济体制经过二十多年的改革，已经建立起社会主义市场经济体制，极大地推动了我国现代经济的发展。但是，经济体制改革的任务还远远没有完成，其中最实质、最核心部分的改革尚未触及，但已经无法回避，这就是产权问题的改革。十六届三中全会的《决议》提出了"建立健全现代产权制度"的决策，从产权问题上突破经济体制改革的瓶颈。

建立现代产权制度，其意义之所以重大，在于这个问题触及了经济体制改革最敏感的核心问题，也关系到中国经济能否进一步长足发展的关键问题。

从政治经济学的视角来看，产权作为一项经济制度，属于所有制的范畴。财产所有权是与所有制联系在一起的，而对所有制即所有权的理解存在着政治上的分歧。古典经济学家主要是资产阶级经济学家从政治的视角肯定私人财产权的合理性，从而肯定了资本主义的私有制度。当然，现代的经济学家更着力于经济发展的视角来强调产权制度的意义。毫无疑问，马克思主义关于所有制理论的政治性是勿庸置疑的。马克思批判资本主义的私人所有制，认为这是资本主义一切矛盾的根源，提出由社会主义公有制来取代私有制。但是，对马克思的公有制的理解存在着很大的分歧，甚至误解。过去通常把公有制理解为全社会占有生产资料，而后将全社会占有生产资料演绎为国家占有生产资料。且不说这样的推理存在着逻辑上的矛盾，问题是这样的解释是否符合马克思本人的思想。现在已有不少学者对公有制的内涵提出质疑。有的学者认为，马克思所讲的公有制的真正涵义指的是联合自由体中的"劳动者个人所有制"，这种所有制否定资本主义社会将资本集中于少部分人、否定在少数人资本下劳动与劳动力分离的结果①。对所有权制度的理解主要还是理论层面的，但是所有权理论的正确与否却要以实践来验证。

过去，所有权问题理论上的模糊给经济活动带来不良效果是不争的事实，具体反思如下：第一，所有权在经济活动中的意义不清晰，认为越公越好，公有制成为国家和社会经济追求的价值目标，以此作为衡量社会主义程度的标准。在这样的观念之下，社会成员都争着吃国家皇粮，以此为荣，甚至成为划分人的社会地位的标准，似乎全民所有制企业的地位要高于集体所有制企业，集体所有制的地位则高于个体所有制，个体所有制甚至被作为资本主义的尾巴要加以割除。不能否认的是，当时全民所有制企业优越的社会地位也是一种客观事实，在全民企业背后是国家的鼎力支持和各项优惠政策。一直到20世纪90年代，全民所有制企业还依赖国家，即使企业经营不善，濒临破产，国家银行还必须贷款发工资，而农民个体则很少获得国家帮助。其结果既压抑了非公所有者的劳动积极性，又助长了国有企业的依赖性，使其缺乏经济活动的动力。第二，产权界定不清，把生产资料所有权即物权误

---

① 许崇正.伦理经济学再论——经济选择与人的发展 [M].北京：中国财政经济出版社，2001：59.

认为唯一的产权，否定了由劳动者的劳动而产生的其它各类所有权。党的十六届三中全会《决议》指出："产权是所有制的核心和主要内容，包括物权、债权、股权和知识产权等各类财产权。"第三，关于全民所有制的理论混乱，无法圆说全民企业所有权与占有权、使用权、收益权以及处分权之间的关系。从法理上说，所有权是一种绝对权，可以在占有、使用、收益和处分的权利上体现出来。然而在全民企业中，这些权利是不统一的。从理论上说，全民企业的生产资料应是全社会的财产，由全社会人来占有，因此，全民企业所有权属于全体公民，而事实上占有权和使用权却并不属于同一个主体，使用权属于社会中的一部分人，实际上没有真正的所有权主体。正因为全民所有制企业所有权的模糊，使掌握企业大权的某些腐败分子利用产权的模糊性而以权谋私，出现吞噬国有财产的"群蠹"现象，致使国有财产流失。

模糊所有制理论指导下的实践结果：其一是产权不明，尤其是全民企业的所有权存在主体缺位的问题；其二是产权地位不平等，鄙视私权。无论是产权不明还是产权地位不平等，都不利于激发各类经济主体的积极性，不利于各类资本的流动和重组。因为产权及其运作归根到底必须在法律的保护下进行。产权本身是个法律概念，当产权不明的情况下，法律保护的对象是不明确的；而产权不平等，则法律的保护无法企达某部分的产权主体，这就大大削弱了法律保护的力度。由此可见，我们经济活动中的一大缺陷是没有建立起一个法权意义上的现代产权制度。

十六届三次中央全会把建立"归属清晰、权责明确、保护严格、流转顺畅的现代产权制度"作为经济体制改革的重点，应该说是抓住了经济体制改革关键问题。产权制度是经济体制的基本要素。产权制度的改革是我国经济体制改革的关键锁结，这个问题的解决将对我国经济发展带来积极的连锁反应。

对于我国来说，产权制度改革的首要问题是明晰产权，即产权归属清晰。现代产权制度之所以产生巨大的经济效益，产权归属明确是其必备的条件。这是因为明确的产权本身包含着的激励机制和积极因素。第一，当产权界限明确的情况下，产权所有人具有经济活动的绝对支配权和市场交易的自由权，可以最大限度地激发经济主体的创业激情与经营的积极性，活跃市场经济的多样化和高效率。第二，法治条件下的现代产权包含着权利的约束机制，产权所有人从追求最大化经济效益和规避最小的经济损失出发，都必须理性地选择经营活动的方向，并对自己的行动结果承担全部的责任，从而减少市场交易的外部性，提高社会经济的增值量。

其次，在产权归属明确的前提下，各类产权所有人都应有法律上的平等地位和发展权利。这是现代产权制度的重要特征，也是增强各类"企业和公众创业创新的动力"。经济领域长期存在的对个体和私营等非公有制经济不合理的限制必须打破，各种不公平的待遇应当改变。中央全会的《决议》中提出消除非公有经济体制性障碍，允许非公资本进入法律法规未禁入的所有领域，非公有制企业享有在投融资、税收、土地使用和对外贸易等方面的同等待遇，等等。这些对非公有制经济几乎是又一次解放。当然，《决议》也强调了非公有制企业必须要承担的各种法律义务。公正地说，以往非公有制企业存在的偷税逃税等不法经营的情况，既有企业所有人贪图丰利的欲望使然，也与各种不公平待遇的体制存在有关，致使一部分民营企业主行贿官员、偷税避税、欺诈蒙骗等不法经营，以求企业的生存和发展。如果体制性的障碍消除后，加强法规的市场治理，相信良好的市场秩序建立起来，上述情况可能会有很大的改变。而良好的市场环境是市场繁荣和经济发展的重要条件。

上述可见，产权制度改革的核心是"权变"，即产权由模糊到明晰，产权由单一的物质资料所有权到包括知识产权在内的多种财产权，产权主体由不平等到权利平等。这种产权制度上的权变主要体现在产权所有者的权利得到充分的肯定和增加。诺贝尔经济学奖获得者科斯认为：市场主体参与交易的不是物品，而是权利。那就是说，市场主体的权利是产生市场行为的前提。如果说过去体制性的障碍限制了经济主体的诸种权利，那么，今后产权制度的改革将使经济主体获得更多的权利，在法律的保护下，责利权得到真正的统一。正是在权利合理性的意义上，产权制度的改革不仅具有经济意义，同样也具有伦理的意义。

三

然而，产权领域"权变"的实现，仅仅靠经济体制的改革是不够的，它必须要有上层领域的支持。现代产权制度建立直接关系到的一个问题是政治体制改革。勿庸讳言，以往在产权问题上的种种障碍和束缚正是来自于国家和政府的过多的权力干预，因此，消除这些障碍和束缚，需要政治体制改革，发生相应的"权变"，重点是政府"权变"。不过，政治领域里的权变和经济领域权变的内容是不一样的。如前所述，产权中的权是权利，而政府中的权则是权力。变化的方向也是相反的。经济领域中的权变是以法律确定和保障产权所有人的权利，而政治领域中的权变则是政府部门放权。但是，经济领域中的得权是以政治领域的放权为条件的。倘若政治领域中的政府部门不放权或放少量的权，那么经济领域中的产权所有人应有的权利就会落空或减少。因此，为了保证现代产权制度的建立和健全，政治领域必须进行以政府放权为核心的政治体制改革。

我国政治体制由于长时期受计划经济的影响，政府一直扮演着大家长的角色，权力涉及经济社会的各个方面，这二十多年几经改革，情况已有所好转，但是没有根本解决问题。政府在市场经济中究竟应处在什么样的地位？扮演什么样的角色？政府的公权是任意的还是有限的？如果是有限的，其边界在哪里？这是关涉到市场经济发展的重大问题。学界一直在讨论政府是市场经济的"守夜人"还是全权的决策者，实际上也是这个问题。

不过，目前有一点已经形成共识，那就是政府的公权应是有限的。根据现代产权制度的要求，政府必须放弃一些不该拥有的权力。首先还是政企分开、政资分开。从法律上限制政府运用行政权力参与微观经济活动。改变政府在国有企业中既是所有者又是监督者的双重身份，特别是政府不能充当出资人的角色。中央全会《决议》要求"坚持政府公共管理职能和国有资产出资人职能分开"。这是全民所有制企业摆脱产权主体虚缺的重要举措。其次，明确市场经济的主体是各类企业，政府只能是市场中的裁判员，即管理者。因此，政府不能介入市场参与竞争，所有政府旗下的企业都必须同政府脱钩，去掉政府色彩，平等地参加市场竞争。再次，政府经济管理职能不再是过去的管、卡、压，而主要是为市场主体服务和创造良好的发展环境，其中包括科学民主化、规范化的程序，增强透明度和公众参与度。尊重市场主体的市场选择，包括投资项目的选择。《决议》提出政府对一般投资项目改审批制为备案制，其实质是取消了政府审批的权力，还投资权利给市场主体。最后，政府的管理权力更多与责任挂钩，与利益脱钩。

上述可见，政府的放权有利于产权的明晰，有利于形成产权主体地位的平等，更有利于市场经济的发展，同时也有利于明确政府的职能，提高政府的行政效率。因此，不能把政府放权理解为否定政府的作用和权力的意义。政府的公权仍然是需要的。产权作为一项经济制度，本身包含了制度的制定、执行、监督等，这些都与政府相关，都需要政府权力的运作来发挥作用，来保证制度的有效性。但是，由于权力能产生非常大的能量，甚至"溢出特定领域的界线"①，可能造成权力的滥用，从而影响产权制度的改革，进而影响经济的发展，因而有必要对政府的权力进行限制，使其在规定的范围内合理地行使，保证产权制度改革的成功。

四

政治体制改革"权变"不仅具有经济意义，同时更具有政治意义。也就是说，政治体制改革"权变"的意义不仅在于满足经济体制改革的需要，虽然这在其目的中是最为主要的，但是，我们的思路不能停留在这一点上，因为"权变"还在于政治体制自身变革的需要，而且是政治体制改革的中心环节。"权变"在政治领域所引起的震动将是连锁性的，因为权力的限度及其运用的问题关系到政治民主、行政法治、政府职能等政治体制多方面的问题，并且触及现存政治体制弊病的要害部分。不仅如此，权力问题还影响国家和政府官员职业素养，关系到政府的信任度。不可否认，政府工作效率不高，政府官员出现腐败现象都与权力问题分不开，可以说都为权所累。正是基于上述因素，"权变"是政治体制改革的内在要求，当然，"权变"也是政治体制改革最难攻克的问题之一。

"权变"之所以难，因为权的背后隐藏的是利益问题。政治体制改革和经济体制改革所出现的权变，其表面上看是公权（政府权力）和私权（市场主体权利）的关系，实质是利益关系。当人们说一个有限政府或强势政府，都是从法律意义上看的。但是放在市场经济中去看政府，必须承认政府也有利益的要求，政府的行为有功利性。政府有形象问题、政绩问题，政府还有政务办公的条件问题，这些都有利益性。不然就难以理解为什么有地方保护主义，因为这涉及到地方政府的利益。更要看到的是，政府是人组成的，政府官员作为社会个体也具有经济人的特性，因此也有利益上的追求，否则难以理解政府的"寻租"行为。不管人们如何不喜欢、不愿意政府的利益取向，一再论证政府是公共利益的保护者，但是客观上政府存在利益追求。正是利益的驱动，某些政府部门千方百计获取好处，设置什么"馒头办""菜谱办"，在所谓规范化管理的名义下堂而皇之地获取利益，从而使权力的作用走向人们期望

---

① 丹尼斯·朗.权力论［M］.陆震纶，郑明哲，译.北京：中国社会科学出版社，2001：193.

的反面。可见是利益致使政府权力任意扩大和滥用，这一点与市场经济主体有共同点，不同的是，市场经济主体只有利益的动力，而没有权力。同为利益驱使，就会产生出卖权力和向权力购买权利的"权钱交易"，其结果不仅提高了经济活动的社会成本，也损坏了政府的形象。

政治体制改革与经济体制改革之间的"权变"也可以看作是公权与私权之间的利益关系的调整。这种调整是通过建立制度来实现的。产权制度保障市场主体应有的各项权利，与此同时，限制了政府对市场干预的权力，限制政府对不该获得的利益的获得。从政府方面看，权力的限制使政府把主要的精力放在管理的职能上，提高政府工作的效率，同时也阻断权力寻祖这一政治癌症的脉源，遏止腐败的蔓延。

论提高党的依法执政能力 *

提高党的依法执政能力是一个实践性的课题，但是该问题在实践中的有效推进，则有赖于对依法执政的内涵以及能力提高问题的必要性的自觉认识。没有深刻的理论认识，则不可能有提高依法执政能力的紧迫性和强烈的使命感。笔者就依法执政的现实内涵、依法执政能力的现实要求，以及提高党的依法执政能力现实紧迫性试作一理性思考。

一

党的十六届三中全会提出了"改革和完善党的领导方式和执政方式"，提高五种执政能力的要求，其中依法执政能力是需要提高的五大执政能力之一。提高党的执政能力的要求，体现了中国共产党实事求是面对现实的唯物主义的历史态度。这一问题的提出既基于我们党对新时期党的历史责任、党所面临的新形势新任务的深刻认识，也基于党对自身不足的清醒认识，以及勇于以改革和学习创新的态度完善自身的执着与魄力。

执政对中国共产党来说已经有五十多年的历史了，经历了各种政治经济的风波和震荡，积累了丰富的执政经验，何以存在执政能力的问题呢？所谓是，社会历史发展不以人的意志为转移，层出不穷的新问题往往是老经验所难以破解的。今天，党中央之所以提出执政能力提高的问题，是因为党面临着执政的新问题、新矛盾需要研究，需要通过新的实践获得解决。

* 　余玉花.论提高党的依法执政能力 ［J］.党建研究，2004（06）：38－40.

新形势下，中国共产党执政碰到的第一个新情况是党的执政基础（即经济背景）发生了制度性的变化，那就是社会主义经济体制由计划性的体制转变为市场性的体制。毫无疑问，市场经济是现代中国走向经济繁荣的必然选择，二十多年的经济发展的成果已经证明了这一点。但另一方面，体制的转变与党原先几十年来的执政模式、传统的执政经验产生了不对应的矛盾。过去，党是在计划经济的体制基础上确定的执政方略，有效的执政经验也是在这个条件下产生的结果。但是，市场经济所产生的新情况对党的执政提出了前所未有的问题：市场经济的开放、自由的特点不仅促使经济发展的结构、经济活动的主体、利益分配方式多元化了，而且文化的多元发展、人的价值观念的多元选择也是客观的趋势。这里无需对多元化作何种价值评价，问题在于，多元的社会发展对熟悉一元体制下执政的我党来说，确实是个新课题。

其次，中国共产党执政的社会条件发生了重大的变化。国内来看，社会转型与体制的改革在带来大发展的同时也引发了许多新问题、新矛盾，因为改革必然造成利益格局和利益分配的大调整，而且利益的变化和调整将要持续相当长的一个阶段。与此同时，利益调整中的社会震荡是不可避免的，利益调整所带来的矛盾不仅广泛，而且尖锐复杂。如，过去政治领域与经济领域比较分明，政治问题一般不涉及经济问题，现在则呈胶着状态，政治问题通常与经济利益相关。腐败既是政治问题，也是经济问题。如何缩小城乡差距、贫富差距、东西部差距，都是非常复杂棘手的大问题。从国际上来看，经济全球化的浪潮使我们不得不融入世界经济发展的轨道。应该承认，融入世界经济发展轨道是有利于我国经济发展的，但同时也不得不承受着来自西方世界的各种压力。这种压力一方面是西方政治霸权主义、经济歧视主义所致，另一方面也与我们缺乏国际交往经验、不熟悉国际贸易规则不无关系。所有这一切对我们党的执政能力都是一个新的考验，都需要党的执政能力上一个新台阶。

再次，中国共产党执政的方式发生了很大的变化。长期以来，我们党的执政方式比较简单、直接，习惯于党的路线、方针、政策的直接推进，其中政策在执政中起了决定性的作用。不可否认，这一切在改革开放、经济市场化之前是行之有效的。但是，现在无论是市场经济发展的必需还是现代政治发展的必需，都提出了法治的必然性，依法治国写进了宪法，成为治国的基本方略，"以宪执政""以法执政"是中国共产党执政的主要方式。执政方式改变的必然性使党在执政问题上直接面对的问题是党的执政观念能否及时改变、党的执政能力能否适应这一改变。这个问题的解决之道就是通过学习探索，不断提高党的执政能力。除此而外，别无他法。

综上所述，提高党的执政能力之题决非谦虚好学的一种姿态，而是党执政的现实所决定的。当然党主动提出要提高自身的执政能力则表明了我们党的自知之明，表明我们党对民族、对国家发展乃至中国共产党自身发展的高度责任感。因为党的执政能力能否提高关系到中国共产党能否有效执政，而共产党的执政效果则关系到中国能否坚持走有中国特色社会主义道路，中华民族能否振兴，能否走向世界前列的大问题。

二

依法执政能力是党执政能力的重要组成部分。提高依法执政能力对我党整体执政能力的提高意义重大。其因在于，第一，依法执政能力与其他执政能力存在着某种相关性，在一定程度上对其他执政能力的提高具有影响力。例如，驾驭市场经济的能力。这种能力的存在和提高不仅取决于执政者对市场经济的熟悉程度，对市场经济发展规律的洞察力，以及预见和把握市场变动脉搏的敏感度，而且要求执政者具备强烈的法治意识和执法水平。因为对市场经济的驾驭，特别是有效的驾驭，不能纯粹依赖行政命令、权威性的精神号召来达到，而必须通过保障市场经济健康发展的法制来实现。具体说，是通过依法执政的方式来实现对市场经济的驾驭。倘若依法执政的能力低弱，则可能直接影响党对市场经济的驾驭力。至于应对突发事件和复杂局面能力的提高与否，与依法执政能力的提高与否也存在着相关性。这些相关性源于我们国家的法治要求。任何权力的实施和追求某种行为的效果都必须在法定的规则下进行，即"政府权力的一种合法的和规则的方式得到行使"。第二，依法执政能力对我们党来说是全新的要求，是我们党的执政能力能够经受时代考验而必须要解决的迫切问题。如前所述，我党以前的执政方式主要是政策为主。这种执政方式是有历史原因的，并非是党排斥法治的主观意愿，而是当时国内的情况并不具备提出法治的条件。从新中国成立到"文革"结束，虽然制定了社会主义宪法，推出了刑法、婚姻法等法律，但法律寥寥几部，法制很不健全，加上我国历史上重刑轻民，缺乏法治传统，人们法治观念不强，因此对党的执政也没有强烈的法治要求。这是我们党缺乏依法执政经验的历史原因。但是，现在党执政的环境发生了很大的变化。经过二十多年来的法制建设，有中国特色的社会主义法制体系已经建立，人民群众的法治观念日益增强，有法可依有了现实的条件。而无论是市场经济、对外开放，还是社会主义政治文明的建设都要求我们党"依法执政"。于是，党面临着这样的挑战：一方面时代和国家的发展要求党必须"依法执政"，另一方面我们党尚缺乏依法执政的经验。解决矛盾的唯一办法就是提高党的依法执政能力，从实践中学习，积累经验，提高执政水平，迎接时代的挑战。

依法执政是依法治国方略的直接实施与体现，其要点在于依法上。千百年来，朝代更替，政权轮换，执政即掌控政权和行使权力一直在延续着。以往执政者获取权力通常靠强势，行使权力更是执政者的强势意志所然。今天，执掌政权固然仍不可缺少强势力量，但从我国现代来看，强势力量不再是权势力量的简单指称，更重要的是民心力量的支持和拥戴，并通过法律的程序获得执政的合法性。中国共产党执政的合法依据就在于人民的拥戴。常言道，"得民心者得天下"。与这一道德的判断有所不同的是，今天得民心者是通过法律的程序成为合法的执政者，即依法执政。这可以说是依法执政的首要内涵。依法执政不仅指获得执政权力必须有法律依据，更包括执政过程中权力运用的合法性，包括具体执政行为的合法性。对于我党来说，提高依法执政的能力主要是指这方面的执政能力。正是在具体执政领域里过去依法办事的情况比较差，无法可依或有法不依，甚至权大于法的现象比较普遍，在一定程度上反映了执政能力的问题。应当正视执政过程中依法执政能力的问题，因为党在这方面执政能力的高低将会对党的执政合法性产生重大的影响。因此，提高执政能力过程中依法执政的能力具有现实紧迫性。

提高党的依法执政的能力，必须对依法执政能力要有正确的理解。就能力而言，依法执政能力不是一般的执政能力，而着重于执政主体能依法执政，其难在依法之能上。这种能力对于执政者来说，仅有完成某种事业或某项工作所需要的智力、魄力、号召力和组织力是不够的，而要求上述力量必须限定在规定的范围内来行使。所谓规定的范围即法定的范围，任何对法定范围的超越或不及的行为都是对依法的背离。依法是执政行为的前提和基本底线，即使其他能力再强，背离了依法的底线就属于无效的行为。从结果来看，无效不成功的行为则归之于无能的作为。

由此可见，在法治的要求下，执政者首先要有知晓法、理解法的能力，如果不知法律法规、不懂法理精神，依法执政则无从谈起。其次，执政者要有依照法服从法的能力。知法懂法只是依法执政或办事的一个前提条件或可能条件，不一定导致依法执政的必然性，现实中有法不依的可说是比比皆是。或许人们会认为，服从法、根据法的规定去做不应成为难办的事，何以也有能力的问题？问题是，为什么现实中有的人就是不依法办事？事实是，能不能依法行事也是一种能力。依法执政即要求根据法律执政，其意味着对执政者的权力及其行使的一种约束，在法的约束下，权力的运用能产生良好的效果，确实需要不凡的能力。可以说，接受约束也是一种能力，因为它需要理智的参与，迫使执政者自己放弃任意使用权力的意念。要做到这些并不是容易的，尤其对长期在缺乏法治环境中执政的我党来说，更加不容易。它需要我们党克服对法律约束的不适应，变不适应为适应，提高党在法治之下的自我约束能力。再次，执政者要有自觉依法执政的道德能力。执政主体适应现代法治的约束，其能力水平仅处于被动的层面，没有达到自觉的程度。自觉的道德能力体现为执政者对依法执政的坚定信念。在这个层次上，依法执政不再是一种外在强制，一种无可奈何的服从，而是执政者本身的需要和追求，是执政行为的自我法则。依法执政作为我党的执政信念，来自于党对执政权力的正确认识，来自于党的为民执政的价值取向，以及党对民族与国家高度的负责态度。但是，自觉的道德能力不是自在的，作为一种内在深刻的信念力量，需要培育和磨练，只有当依法执政的信念转化为党的各级组织和执政部门及其执政人员的执政信念时，才能提升党的依法执政能力。

三

提高党的依法执政能力的现实性在于其实践的可能性，其中包括提高党的依法执政能力的思想条件、技术条件、有效途径等。

提高依法执政能力，针对党执政活动的现状，首要的任务是党的各级干部，特别是在执政岗位上的干部要强化依法执政的法治观念。长期以来，我们对现代法治的意义了解得不够深刻，习惯于按照党的活动理念实施执政行为，法律被理解为只是实现党的任务的一种工具，漠视法律自有的价值意义。有的人甚至提出"党大还是法大？"之类的问题。在这样的理念下，缺乏对国家法律应有的尊重，甚至无视国家法律的权威性。淡漠法律现象的存在有很多复杂的原因，其中一个原因就是不了解现代法律内含的价值要素。不可否认，法律确有其工具价值，但是法律更寄托着人们对社会的期望，如公正、秩序与平等。尤其是现代法治，其目的价值更为突出，这使法律显得可敬，值得追崇。我们党提出依法执政的思想，其实质也是对法律的尊重，同时也是我国现代法治精神的体现。现代法的一律性表明对任何特权的否定。中国共产党没有自己的特殊利益，谋取的是人民大众的利益，而国家的法律正是我国人民大众利益与意志的集中体现，依法执政从某种意义上就是按人民的意志执政。依法执政表明党没有特权所求，在法律面前也是以平等主体的面貌出现，尽管党处在国家的领导地位上，但是党的活动仍然受制于法律的规定，不超越法律设定的限度，接受法律的监督，按照法律的程序办事。诚如江泽民所言："党领导人民制定宪法和法律，并在宪法和法律范围内活动。""所有的党组织、党员尤其是负责干部的言行，都不得同宪法、法律相抵触。"综上所述，依法执政即是现代法治理念，党要提高依法执政的能力，首先就要坚定依法执政的信念，建立尊法崇法的理念，才能在实际的活动中坚持依法执政，才能不断提高依法执政的水平。

其次，通过执政体制的改革，提升党的依法执政能力。依法执政必须要有制度的保障。无庸讳言，过去党的执政体制与现在的依法执政要求是存在距离的。由于党政不分、党政一体，通常党的文件就是执政行政的依据。而党的文件主要是指导性的精神，号召性的要求，并不具有法的普适性和规范性的特点，这给执政带来了很大的困难：或者是行政缺乏具体的执法要求，或者是自由理解文件精神，各行其是，各显神通，并且产生"上有政策，下有对策"的不良风气，影响党的形象，减弱了党执政的力量。依法执政的实施必然要求改变这样的体制，实行党政分开，通过法定的程序，将党的方针和政策上升为法律法规，转变为政府的行为，使依法执政在制度的层面上得到保证。

再次，提高政府依法行政的能力。党的依法执政能力很大程度体现在政府的依法行政能力上。政府是党执政的载体，是具体施政的主体，政府依法办事的程度、水平、效果，反映了党的依法执政的程度、水平和效果。因此，提高政府依法行政能力，实际上就是提高党的依法执政能力。政府是国家的公权机构，依法行政是宪法的要求，也是党依法执政的要求。政府依法行政的能力的提高取决于政府部门及其工作人员两个方面的努力：第一，摒弃"官权"意识，绝对忠于宪法和法律，奉持法的精神，严格依法行政。第二，在业务上要熟悉、精通与政府职能部门相关的各种法律和法规，这是政府部门提高依法行政能力最基本的条件。目前，政府部门在"民告官"案件中屡屡败诉，反映了这些政府部门依法行政能力的低弱，绝大部分原因是政府官员"目中无法"或不懂法所致。

复次，通过学习提高党的依法执政的能力。依法执政对党来说是个新课题，因此，依法执政能力的提高需要有一个过程，这个过程就是学习的过程。唯有学习才能提高执政的能力，"所有门类知识的发展都与权力的实施密不可分"。通过学习来建立"依法执政"的理念，通过学习来积累"依法执政"的经验。

最后，通过群众监督提高党依法执政能力。党提高依法执政能力还需要外在压力的促进，这就是群众的监督。群众监督对党产生的压力不是坏事，而是好事，它将促使我们党更自觉地依法执政，经常检视依法执政中的不足之处，探索依法执政的良策，进而提高党依法执政的能力。

公共政策的价值之维及其构成原则 *

一

政府与社会是一个治理与被治理的关系，社会是否公平正义，政府承担着主要的责任。换句话说，政府重要的职责之一就是通过政府的治理活动去推进社会的公平正义。行政学上更多的是从管理范式、管理组织模型和程序过程来探讨政府治理，这些对公平社会的形成是必要的，但是对一个社会而言，公平正义不仅仅或不主要表现为外在性的治理程序，更重要的在于治理本身所内含的社会内容，特别是那些具有价值性内涵的社会内容。在政府治理社会的众多手段中，公共政策是能够对社会公平产生实质性影响的主要手段之一。这一方面在于公共政策特有的功能和力量。另一方面，公共政策与社会公平正义之间存在着内在联系。

"正义"是个价值评判词，而公平则必须具有实质的价值内容。正因两者有如此的差异，美国著名学者罗尔斯声明自己研究的正义是"作为公平的正义"。当然，罗尔斯并非第一个对"正义"作如此理解和规定的思想家，古希腊的柏拉图把社会各阶层群体恪守各自美德的结果评判为社会或国家的正义。在柏拉图看来，各阶层恪守自己的美德是合理而公平的，因而是正义的。公平作为现代政治的价值理念，可以有多种视角的读解，亦包含着多种价值内涵，或如罗尔斯所说，是一个"重叠的共识"。目前，学术界对"公平"主要理解为"权利公平、机会公平和分配公平"，也有提出司法公正，其实司法公正可归之于权利公平之中。① 在这些公平中，有些

* 余玉花.公共政策的价值之维及其构成原则 [J].华东师范大学学报（哲学社会科学版），2007（03）：95-100.

① 马继东.公平正义：引领和谐社会构建 [N].辽宁日报，2005-05-16.

属于法律调整范围的，有些属于前提性、条件性的公平，而体现为结果性社会公平的是分配公平。无论是权利公平还是机会公平，这些公平的指向最终是分配公平。其实，从某种方面来看，分配公平也包含着权利与机会的分配。"一个社会体系的正义，本质上依赖于如何分配基本的权利义务，依赖于在社会的不同阶层中存在着的经济机会和社会条件。"① 当前社会，分配公平（尤其是经济领域中的分配公平）的问题比较突出，社会不公平不和谐的矛盾主要集中在经济利益分配问题上：社会各阶层收入差距加大，贫富问题突出。毋庸讳言，公平问题，尤其是分配公平问题不解决，将直接影响社会的和谐。分配公平的问题主要存在于经济领域，但是促进分配公平则更需要政治和伦理的参与。这不仅在于对分配公平的理解，而且在于对分配公平实质性的推动。

社会公平特别是分配公平与政府治理有直接的相关性，一方面政府承担着促进社会公平的责任，另一方面政府也有能力和手段推进社会公平。公共政策是政府能够致力于社会公平特别是分配公平的重要手段，这是公共政策自有的功能所决定的。

首先，公共政策的分配功能产生的社会作用。在行政领域，公共政策是政府机关为了实现一定的政治目的，制定公共事务管理、公共资源配置和公共利益分配所需要的行为准则。可见，分配是公共政策的基本功能。当然，公共政策的分配功能有广义和狭义的理解。后行为主义政治学家戴维·伊斯顿认为："公共政策是对全社会的价值作有权威的分配。"② 这里的分配显然是一种广义的分配，包括权利的分配和机会创造中所存在的分配倾向。狭义的分配功能着眼于经济成分为主的公共利益的分配。公共资源配置从一定意义上看也具有分配的功能，但这种分配是间接的，更多具有机会性的成分。公共政策直接意义上的利益分配通常是通过再分配领域来实现的。如，通过对物价控制（包括物价补贴、限价等）、税收调节、贫困救助等政策来实现利益的分配。无论是间接的分配功能还是直接的分配功能，其分配的结果都会造成社会各种利益的变化，引起人们对社会利益格局的价值感受，从而对社会公平秩序产生影响。公共政策的分配功能之所以能影响社会公平秩序，其原因在于：一是公共政策的权威性所致。公共政策因其制定和推行的主体是政府，因而其分配

① 罗尔斯.正义论 [M].何怀宏，译.北京：中国社会科学出版社，1988：5.
② 陈振明.政策科学 [M].北京：中国人民大学出版社，1998：48.

功能的权威性是不容置疑的。对于社会公众来说，必须接受公共政策分配规则而不能出其外，因此，不管公共政策的分配产生何种结果，其对社会必然有重大的作用力。二是公共政策分配的结果直接关系到人们利益的多寡。任何一种公共政策都有其目的倾向性，目的倾向性指导着公共利益的分配，其结果必然是某部分人的得益以另一部分人的不得益甚至损益为条件的。而经济利益是社会最敏感的标杆，人们正是从利益分配的结果上去评判社会的公平度。

其次，公共政策的导向功能产生的社会作用。公共政策的基本特征是一系列的行为规则，以此指导社会个体成员和社会团体活动的方向、限定他们的活动区域、规范他们的活动内容，使社会朝着政府所期望的目标发展。公共政策对社会导向从其性质和结果来看，是激励性的导向功能，其不仅包含着社会价值的倾向，还会对社会产生某种利益分配结果，从而影响社会公平与和谐。公共政策激励性导向旨在倡导某种价值观、鼓励某种社会行为，促使人们按照政策积极行动，以此获得某种利益。由此可说，具有积极导向的公共政策能够为社会成员提供成功和获利的机会。我国改革开放以来，中央人民政府和各级地方人民政府出台的公共政策创造了无数促使社会成员事业成功和致富的机会，使国家和社会发生了"百年未有"的巨变。但是，社会成员对导向性公共政策理解的不同、接受程度的不同、抓住机会的能力和条件的差异，从而造成人们从政策中得利的不同：有的视政策而动，迅速致富，成为经济上的成功人士；大部分人也从政策的指导下走向富裕；但也有的成为政策的尾巴而无能获益；有的甚至在社会利益调整中失去原先的利益。可见，公共政策在为社会创造机会的同时，客观上起着社会利益调配的作用。这种调配在机会层面上是公平的，但在利益分配结果上其公平价值是不确定的。不管公共政策导向结果的社会价值评判如何，其对社会公平的影响则是不能忽略的。

再次，公共政策调控功能对社会的作用。公共政策调控功能来自于社会的需要。社会运行虽然有着其自身的规律，但其运行的过程却充满着矛盾，激化的矛盾则会造成社会的冲突。为了防止社会矛盾的激化，保证社会有序的发展，政府必须以公共政策来协调各种社会矛盾，使其缓解、降低社会紧张度。如，国企改革出现大批工人下岗，引发多种社会问题时，政府及时推出各项优惠安置下岗工人、社会企业提供就业岗位、鼓励和帮助下岗工人再就业（包括创业）等政策措施，从而使这类矛盾得到了一定的缓解，社会动荡的可能性得到了控制。公共政策对社会的调控，其实质是社会利益的调整和控制。社会现实告知，形成社会矛盾的因素是多方面的，但是利益追求仍是基本的因素。社会中的个体、群体和组织存在着各自的利益，这些利益之间有的是相同的，即所谓的共同利益，但也有不同的特殊利益，特殊利益之间有的是毫不相干的，但有的却是相关的乃至对立的，由此而蕴藏着利益矛盾甚至利益冲突。公共政策对社会特定群体（弱利益主体）某种行为的支持、鼓励和优惠，以及对社会组织强制性的行为规定，或者对某种强势利益主体能力的削弱，实际上就是对各种社会主体的利益实施协调，使羸弱的利益主体得到社会的帮助，从而使社会利益的矛盾不至走向对抗，以控制社会的秩序，达致社会稳定地运转。

二

从公共政策及其功能与社会运转之间的密切关联不难看出，在促进社会公平正义、构建和谐社会的过程中，公共政策应发挥其积极作用。但是，公共政策对社会公平的影响并非只是一种好的结果，它也可能产生不利社会公平的负面影响，也就是说，公共政策有好坏优劣之分，其本身也有一个价值问题。一个好的公共政策通常能够正确地反映社会的需要，对亟待解决的社会问题给予及时准确的回应，恰如其分地调整社会利益关系，使之趋向公平，促进社会合理地发展。但是，有些公共政策往往出于短视偏颇，或急功近利，或脱离实际主观臆断，则可能对社会公平造成负面的结果，如造成了社会资源的浪费、导向少数非弱势人受益、资源配置大多数人不得益、缓和社会矛盾作用低弱等，皆属不能给予肯定评价的公共政策。因此，为了避免政策对社会的不良后果，公共政策的评价就显得非常重要。通过政策评价来发现问题，改进政策的制定系统，修正政策不合理的指向，克服政策执行过程中的弊端与障碍，增强政策对社会合理的调节作用。当然，政策评价一般是对政策实施之后的结果评判，虽然属于"亡羊补牢"，但毕竟已经事后，比较被动。主动的做法是在政策制订之前的预研究和政策制订过程中的政策分析。无论是结果的政策评价还是在先的政策分析，都有一个价值根据即价值标准的问题，其根本的问题在于追求公共政策自身的价值性。只有本身具有公平正义之价值精神的公共政策，才能产生促进社会公平正义的客观效果。公共政策内在的公平要素主要有公共性、公正性、民主性和科学性。

第一，公共性的原则。公共政策本已冠之于"公共"，公共性似乎是其应有之义，何必多此一举。问题在于此"公共性"非彼"公共性"。不可否认，公共政策是政府代表国家对社会公共事务管理的手段，天然具备公共性的特点。但这仅仅限于政策所属组织形态、制度范式和作用对象等外在表象上的理解，并没有涉及公共政策内在实质性。本文所指的公共性原则指的是具体政策中所应有的公共性精神。所谓"公共性精神"是指政策本身所具有的公共立场、所体现的公共利益，而不是徒有外壳的公共性，罗尔斯称之为"理性信仰"①。提出公共政策公共性精神，基于两个理由：其一，公共政策虽是政府所为，但仍然是由具体的也有现实利益的人来操作的，而政策制定者的立场、利益倾向完全可能影响公共政策的内容，使其偏离公共性的轨道。因此坚持公共性的原则，正是为了保证政策制订公共性的动机和公共利益立场，避免非公共性的东西进入公共政策，从而影响公共政策的公共性。其二，只有坚持公共性精神的公共政策，才符合公平正义的伦理要求，这样的政策才能对社会产生公平正义的积极效果。公共政策能否贯注公共性原则，关键在于政策制订者是否具有公平的理念亦即公共动机和公共立场。因此，从公平正义的立场出发，要求政策制订者必须克服政策制订过程中的私人情绪、个人利益动机或个人所在团体利益的倾向，确保公共政策公共性的公平内涵，使公共政策产生的社会导向作用、社会分配作用能够先在地落实于公共政策的动机之中。

第二，公正性原则。公正性是公共政策最能体现公平正义的核心价值。公正性与公共性不同，一般不涉及政策制订者本身的利益，着重于利益调整和分配的公平原则。公共政策公正性的根据在于，一是公共政策在行使资源配置和利益分配职责时，必然有一定的倾向性，因为其分配、调整功能也是在一定的利益倾斜中实现的。没有倾斜则没有调整，没有倾斜也无法达到分配的目标。但是，为什么倾斜、向谁倾斜、如何倾斜都有一个合理性的问题。二是公共政策在分配领域面对的是社会各种利益集团，每个利益集团都有充分的理由要求从公共利益中分得"蛋糕"。对此，公共政策以什么作为掌刀分"蛋糕"的根据显得非常重要，不仅要表达政府分配的目的，而且要让分"蛋糕"的各方心悦诚服。只有秉持公正的原则，才能收到良好的社会效果。三是社会公众对公共政策公正性的期盼。大多数人认为"公共的"就

① 罗尔斯.作为公平的正义——正义新论［M］.姚大志，译.上海：上海三联书店，2002：196.

应该是"公正的"，^① 没有更多的理由。

公正不仅仅是理论上的，也是实践上的。西方思想家提出"平等、自由"的公正观，但并不能从根本上解决分配结果的公平性。笔者以为，公正性可以从以下几个方面来考虑。首先，对政策制订的主体来说，公正应表现为"中立"的立场。在众多利益集团的博弈中，政府没有偏向，遵循"共识"的原则。其次，公共政策能够使社会利益关系保持某种合理的"衡度"。"公正"实际上是一个比较关系的价值理念。在分配领域里，平均主义吃大锅饭和贫富悬殊的利益关系都会被认为不公正。前者抹杀了利益差别，后者拉大了利益差距。公正的做法是：既要承认利益差别，又使利益差别保持一定的"度"，使之达到相对平衡的状态，现在可以用基尼系数来表示。必须指出的是，应当从社会发展的视角来承认利益差别，也就是着眼于公共利益长远发展来理解人们之间的利益差别，因而公共政策可以为社会整体的发展利益打破某种利益平衡，促成一定的利益差别，这不能被视之为不公正。但是，在社会发展的任何阶段，公共政策调控和分配都要关注社会弱小群体的利益。自古以来，"同情弱者"是不变的黄金诫律。当前，随着社会基尼系数临界点的接近，公共政策利益分配向弱小群体的倾斜当视为公正的举措。再次，公正包含利益兼顾性。这是政府"中立"立场的延伸，公共政策必须兼顾社会各方利益才是合理的。利益兼顾意味着公共政策应着眼于社会大多数人的利益，满足大多数人对利益的需求。例如，城市发展政策使过多的豪宅占用了有限的土地而难以满足大多数人对普通居屋的需求则有失公正；如果教育发展政策中存在不恰当的导向和不合理的资源配置的话，则难以体现教育公平。

第三，民主性原则。在公共政策制订中有两种民主，一种是程序民主，即公民参与决策，如通过行政听证会等形式让公民参与；另一种是政策本身包含的民主内容，即民意倾向，这是实质民主。本文提出的民主性原则主要指后一种民主。当然，公共政策内的民主性与形式民主也有关系，有时需要借助形式民主来实现。因为政策的实际需求总是来自社会的实际需要，代表公众实际利益和要求的政策总是从民间社会首先萌发，因而公民参与可直接表达民意，使政策更贴近社会实际。另外，参与权也是公平的体现，使公共政策从少数人的决定变成大多数人的产物，不失为公共政策的创新，而且公民参与也有利于人们加深对政策意义的理解，提高他们配

---

① 张康之.公共行政中的哲学与伦理［M］.北京：中国人民大学出版社，2004：251.

合政策运行的自觉性，有助于提高政策运行的效率。但是，形式民主是一个争议性很大的话题，因为它将提高政策成本，难以形成决策共识，可能会延误决策时机，而且未必产生公平的结果。因而，实质民主才是更重要的。所谓实质民主强调的是政策本身的民主价值，指公共政策能真正反映民意，体现大多数公众的要求，这样的民主才具有公平性。当然，政策内涵民主（民意）则需要其他条件的配合，包括决策者的民主意识、政策形成的公开性、公民参与和配合、公众真实意愿和真实利益的信息来源以及信息的充分性等。

第四，科学性原则。公共政策公平正义的前提是科学真实，失去了科学，真实性也不存在公平正义的问题，因此科学性是政策追求公平的基础，或者说追求科学正是为了追求公平。政策科学的奠基人拉斯韦尔也认为，政策应该是一门有着基本的实践方向的科学。但它的目标并不限于科学本身，也不是单纯为了提高决策的效力，同时也是为了人类自身的尊严提供有关"需要改进的民主实践"的知识和方法。[①] 这就要求在公共政策中要坚持两个方面的科学精神：其一是技术层面的，即在政策制订过程中利用一切可能收集的资讯，经过客观而正确的计算和度量，以寻得最佳的政策手段和最大的政策结果。现代公共政策制订中所用的手段主要是数学量化分析和模型构建，以及一系列科学方法，如逻辑推理、宏观—微观分析、定性—定量分析、假设—验证分析、预测分析等。其二是伦理与文化层面的。政策中科学精神还体现在以实事求是的态度去制定和执行公共政策。公共政策要解决的是一个个社会问题，这些社会问题复杂纷繁，涉及到许多人的主观因素，这些问题往往不是实验室里静止不动的样本，机械地运用现成理论模型就能够得到解决的，即使模型构建在理论上是正确的，也需要在实有的社会环境下有变化的运用。如，对于社会保障政策，就不能简单地照搬北欧发达国家，尽管发达国家的社会保障理论模型都是政策科学家们经过周密的考证和逻辑的推理总结出来的，但可能并不适应其他国家，所以科学严谨的态度则意味着要充分依据国情来制定科学合理的公共政策。脱离国情（特别是历史积淀的文化国情，因为这些都构成了现实、构成了公众的接受度）的政策，无论怎样的现代和前卫，都是不科学的，自然也无法贯注公平与和谐的价值。

---

① 张国庆.现代公共政策导论［M］.北京：北京大学出版社，1997：4.

上述讨论的是公共政策满足公平正义和谐社会需要所应有的内在价值，但是应然性还不是实然性，更不等于其在实践中的价值作用。现实政府管理活动中，有些具有道德治理价值的公共政策却并未产生良好的社会效果。究其原因，有许多复杂的因素，在此不作详尽分析。但这种现象至少提示人们，应然的价值转化为现实的价值不是简单的事情，转化过程不仅需要其他辅助的条件，而且还受到诸多相关方面的牵连。因此，从公共政策能真正促进社会公平正义的目的出发，有必要对公共政策应然性价值形成的条件以及实践转化过程中的相关条件进行分析研究。

首先，政府制订公共政策的价值定位问题。政府制订公共政策首先有一个宏观的价值导向，这是直接影响公共政策内在价值理念的。长期困扰政府价值选择的是"效率"和"公平"的问题。究竟是"效率优先，兼顾公平"还是"效率与公平并重"？学术界争论不休，并影响政府的政策价值考量。笔者认为，目前在效率和公平问题上存在着一些误区。首先，在认识方法上的问题，将效率和公平作为对立的两端，非此即彼。认为公平考虑多了，就会影响效率，反过来，维护公平一定会影响到效率；或者作数学上的权衡，其实并未脱离将两者对立起来的思维套路。问题在于，效率与公平是否对立的？不难发现，与效率对立的公平只能作平均主义的理解，因为只有这样的所谓公平才是影响效率的。有些人用贫富差距加大来责难效率，那是不公平的，贫富悬殊并不是效率的罪过，效率与贫富差距有关系但没有正比的必然联系，效率低的社会照样会产生巨大的贫富差距。按照效率与公平对立的思维来制订政策，就不可能坚持公平原则。因为就中国现实的情况来看，追求效率是发展的必然条件，是强国富民的根本，是不能动摇的方针。既然效率是不能动摇的，按逻辑推理，其对立的一方即公平只好做出让步。这就是公共政策缺乏公平理念的认识源数。然而，效率与公平并非是绝然对立的，非此即彼的。如果换一种思维，换一种看问题的视角，则可以看到效率对公平有促进、公平对效率有支持的客观事实。可见，囿于效率与公平的对立思维，必然限制公共政策价值导向的思路。正确的做法是，摒弃将两者对立的思维观，寻求两者的共同点、相互促进的积极因子，在政策制订中既强调效率，又坚持公平的原则。其次是价值论上的误区，效率与公平在两者关系上各自被赋予了不同的价值限定，通常把效率看作为工具价值，公平看作是目的价值。但这种价值规定是不正确的。试想，效率作为工具价值被置于优先的地位，而作为目的价值的公平却仅仅是兼顾，既然是兼顾，在政策制订中又怎能把兼顾的方面作为主导价值呢？这在实践逻辑上无论如何是讲不通的，因为没有一个政府会轻视自定的目的价值，除非它不认为是目的价值的东西。因此，笔者以为，"效率优先，兼顾公平"中，无论是效率还是公平都是工具价值，在工具的层面上，效率可以优先于公平。作为工具价值的公平主要指社会利益关系的合理衡度。但是作为目的价值观的公平其内容要丰富得多，如前面已详细论述的，其价值寓意也要深刻得多。公平作为目的价值是追求的价值，在政府的理念中，在公共政策制订中都是要坚定不移地信守和贯彻的。

其次，公共政策之间协调支持的问题。公共政策要坚持公平正义的价值理念并作用于社会，靠某几项政策坚持公平精神是不够的，需要整体性的坚持。即使有些关于技术性的政策不直接涉及分配公平，但在政策的追求层面上仍然要坚持公平的精神。事实上，在政府治理社会的公共政策中几乎无不存在公平的问题，有的只是间接而已。公共政策只有整体性坚持公平原则，才能汇成政府的公平追求。

除了每项政策都要坚持公平精神之外，各项政策之间的配合协调、相互支持也是促进社会公平和谐所不可少的。虽然每一项政策都有其适用对象的特定领域和特定内容，但并不是独立而存在的，相互之间都有一定的联系。另一方面，政策是公布于众的，对于民众来说，不会对政策进行专业性质的分析，只认为都是政府的主张。如果政策之间有不一致甚至相互抵触的话，不仅使人们在不同导向的政策面前无所适从，还会影响人们对政策的信任度，怀疑政策的合理性，公正性也就打折扣了。因此，不能忽略政策间的和谐，一项政策的出台不仅要考虑政策前后的连续性、一致性，还必须考虑与相关政策的协调性，形成政策间相互支持、相互印证的社会效果。政策之间的和谐性不仅能强化公共政策的公平正义性，也打破政策制定部门之间的分治格局，发挥政策的整合效力，从而提高了政府的政策水平和社会治理能力。

再次，公共政策与制度之间的关系。这里的制度是狭义的制度，主要指法律法规及政府内部的制度性规定和机制运作。之所以要讨论公共政策与制度的关系，是因为公共政策能否促进社会公平正义还取决于公共政策的质量如何。高质量的公共政策可以减少人与人之间的冲突，促使人们积极行动，并且积极合作；它可以很好地实现有限资源的适当配置，实现配置效率，从而实现社会福利的最大化，体现社会主义社会的公平正义。而高质量政策的产生与政策产生所依托的制度的优质性和强有力的支持是分不开的。

根据法治的原则，法律法规是制订公共政策的依据，公共政策也只能依法而制。但如果法源不足的话，则可能影响公共政策的合法性，公平正义的基础就是不牢靠的。近二十多年，我国法制有了飞速的发展，但在行政法制方面还跟不上社会发展的需要，在公共政策制定的权限、程序、事关社会公平和谐等的法源尚嫌不足，以致出现某些政策无法可依、政出多门，政策相互冲突抵销的现象。有些政策即使出于良好的愿望，但由于缺乏法的根据，以致违法。例如，有些发达的省市出台普及12年义务教育，虽然是好事，但没有法律根据。同时，这对某些尚未完全达到9年义务教育的贫困地区来说，是很不公平的，因为这种政策加剧了教育差别。因此，优化公共政策，提高其公平正义度，还必须完善法律法规，严肃法律权威。

与上述相关的是政府机制运作的合理性问题。公共政策由政府制订和执行，政府的体制和机制运作得好不好都会影响公共政策的质量。假如政府体制缺陷较大，行政效率低下，某些政策不能及时出台，或者出台了没能及时落实，可能会延误某些社会问题的解决，反而加剧社会不公平或不和谐。这种假设可以在现实中找到不少的案例。因此，政府内部制度的改善是提高公共政策质量所要考虑的，也是公共政策促进社会公平正义，构建和谐社会所不可缺少的。

公共决策防范危机的科学性探讨 *

  防范危机是一个系统性的工程，但对政府来说，公共政策始终是处理危机的主要工具。公共政策本身也是一个系统工程。在这个系统中，公共决策是关键的节点，是公共政策形成的过程，也是公共政策发挥作用的前提与基础。本文探讨的是何种公共决策以及如何进行公共决策才能有效防范危机。这个问题的研究不仅涉及公共决策与危机防范的关系，也关涉到公共决策本身科学性与合理性的问题。

一、 当前中国面临的六类危机性因素

  在 2008 年的全球金融风暴中，中国率先出现复苏，实现了经济发展的目标。由经济发展而带动的社会其他方面也呈现蓬勃发展的景象，尤其是 2010 年上海世博会的隆重开园，全世界都在关注中国，更增添了盛世中国的图景。但是，繁华与强盛并不意味着安全。现代化本身是一个充满风险的过程，正如西方学者贝克所指出的："风险社会不是政治争论中的可以选择或拒斥的选项。它出现在对其自身的影响和威胁视而不见、充耳不闻的自主性现代化过程的延续性中。"① 处于现代化进程中的中国不可能置于现代风险之外。从理论上说，危机来自社会风险，只要风险存在，危机的可能性也必然存在。

  对于现代中国来说，危机的可能性不是理论上的，而是现实中的，只是危机的可能性潜伏于社会现象之下，或者还处于一个能量蓄积的阶段。所谓潜在的危

---

* 余玉花.公共决策防范危机的科学性探讨 [J].毛泽东邓小平理论研究.2011（10）：23 - 27.

① 乌尔里希·贝克，安东尼·吉登斯，斯科特·拉什.自反性现代化 [M].赵文书，译.北京：商务印书馆，2001：10.

机，是指社会存在着诸多的危机性因素，处置不当或某种偶发事件就会转化成现实的危机。危机性因素就是危机形成的条件，危机性因素与危机本质有密切的关系。危机本质由危机事件的内在矛盾所决定，危机矛盾的实质就是危机事件的极大危害性，因而危机本质就是人们与社会组织的生存安全遭到严重的威胁，所有的人类危机都体现为这一本质特点。自然灾害型的危机、大规模流行性疾病型的危机，以及经济崩溃型的危机对于人们与社会组织的生存威胁是显而易见的；政治冲突型的危机也带着生存威胁性，例如战争、恐怖主义直接威胁人们的生命和相关的社会机构的存亡；至于信任、信仰之类的精神型危机则使人们丧失生存和特定活动的希望，同样威胁到人们与相关组织的生存安全。现代危机对生存安全威胁不限于个体，更多是群体性的，其区域范围的弹性很大，小至一个村落、社区，大到一个国家，甚至波及世界。在全球化的情景之下，不少危机都属于世界性的危机。概言之，危机就是人们及其相关社会组织的生存安全受到严重威胁下所引发的一系列事件。

危机性因素就是那些具有一定程度危及生存安全的因素，危机性因素包含着危机本质的矛盾，是构成危机的必要条件。可以说，危机性的因素就是潜在的危机。潜在的危机之所以未转化为现实的危机，仅仅在于其量的规模上，或者爆发的燃点尚未形成，或者防范决策得当熄灭了危机爆发的燃点从而阻止了潜在危机向现实危机的转化。但是，潜在危机即危机性因素与现实性危机的本质是相同的，都具有威胁生存安全的危害性。

危机性因素由各种矛盾累积而成。目前，中国危机性因素突出在六个方面。

第一，公共安全方面。公共安全中的危机性因素主要有三个方面：一是城乡的黑恶势力对普通民众的经济活动和生命安全构成威胁；二是频频出现的报复社会的凶杀事件，报复对象甚至是没有行为能力的孩童；三是各种夺命致残的公共事故，包括连续不断的矿难事故、交通事故、食品卫生事故、生产安全事故、环境污染事故、流行性疾病、假毒药品的泛滥等。

第二，社会就业方面。社会就业方面的危机性因素主要是失业率居高，特别是大学毕业生就业困难。根据中国社科院《2009 年中国社会形势分析与预测——社会蓝皮书》预计，至少到 2014 年，我国劳动供给总量仍处于上升的趋势，每年农村向城镇转移的劳动力将近 1 000 万，城市受过中等教育以上进入劳动力市场的人员也超过 1 000 多万，两项相加，每年新增需要就业的人数将在 2 000 万人以上。①

第三，生态安全方面。生态安全中的危机性因素主要是特大的自然灾害频频，地震、洪涝、干旱等直接影响人类生存的自然灾害，威胁程度不会减弱，只会增强。

第四，经济发展方面。经济发展方面的危机性因素有四点：一是金融危机的余波未消，投资与消费的结构之比不均衡影响了经济的可持续性，并继续加剧失业之困境；二是城市的高房价带来的经济泡沫是威胁楼市、股市正常发展的可怕因素；三是分配关系矛盾尖锐程度空前，贫富差距的扩大引发高频率的劳资冲突和悲剧事件，近两年因收入分配和保险福利问题引发的纠纷占劳动纠纷的 65％ 以上；② 四是油价上涨可能继续引发出租车罢运事件，对城市交通与政府增加新的压力。

第五，社会发展方面。社会发展方面的危机性因素有三种：一是城市发展中的征地拆迁发生的冲突从大城市向二、三线城市转移，由于中小城市规范执法弱于大城市，由此发生的矛盾更多；二是社会结构不平衡问题突出，高房价、高教育支出影响社会中层人群比例的上升，预计未来 10 年内社会中等阶层的比例难以突破 20％，相当数量的知识群体难以进入中层，当高投入不能获得期望中的回报和改变社会经济地位时，失落感本身就隐藏着危险；三是社会消极心态上浮，网络上牢骚、失望乃至过激的语言比比皆是，发泄着内心的不满和不安，其中大多数是年轻人，包括受过高等教育的知识群体。

第六，政治发展方面。政治发展方面的危机性因素也有三个：一是腐败问题，腐败尚未得到根本遏止，权力腐败将继续腐蚀执政的基础；二是执政信任问题，目前出现执政信任两端化的情况，民众对中央政府执政信任度高，但对地方基层政府执政信任度低，这将影响我党执政的稳定性；三是官民矛盾，民众中蔓延着仇官情绪。调查表明，官民冲突是社会最容易发生的冲突，瓮安事件、石首事件、网上追查"周久耕香烟门"，质疑公务员录取与官员提拔的公正性等事件皆是民众仇官心态的表现。官民矛盾注定是政治不安全的因素。

上述危机性因素可以分为两大类：一类是威胁民众个体生存的危机性因素，一类是危及执政组织的危机性因素。两类危机性因素是相互影响、相互牵连的关系。

---

① 汝信，陆学艺，李培林.2009 年中国社会形势分析与预测［M］.北京：社会科学文献出版社，2008：252 - 268.

② 李静睿.劳动报酬占 GDP 比例连降 22 年［N］.新京报，2010 - 05 - 12.

这些危机性因素即潜在危机的存在意味着中国未来的发展具有危机爆发的风险性，因此防范危机、化解矛盾将是党和政府必须要面对的严峻任务。

二、公共决策与防范危机的关系

防范危机，就是要减弱和消除危机性的因素，控制风险的增长。"最高明的处理危机的管理不在于其形成和爆发后的干预，而在于排除可能导致危机的诱发因素，将其扼杀在摇篮之中，从根本上防止危机的形成和爆发。"[①] 防范危机包括有效应对突如其来的危机事件，降低危机带来的危害性。政府防范危机的手段是公共政策，公共决策是公共政策防范危机的首要举措。政府公共决策防范危机，不仅仅在于公共决策是政府解决各种社会问题的重要工具，还在于公共决策本身与危机之间具有某种密切的关系。

任何危机都是对公共决策的挑战。危机对公共决策的挑战至少体现为两个方面：第一，危机必然要求公共决策。现代危机对于现代政府来说是一个无法回避、无可选择的决策课题。面对危机，政府的职责就是抵抗危机，迅速作出危机应对决策来化解危机，从危险之中寻找新的机会，转"危"为"机"。由此而见，危机意味着决策，危机就是决策。危机与决策密切关联，所以荷兰危机问题理论家罗森塔尔用决策界定危机，他认为危机就是"对一个社会系统的基本价值和行为准则架构产生严重威胁，并且在时间压力和不确定性极高的情况下，必须对其作出关键决策的事件"[②]。而问题在于：如何决策才能破解危机？

第二，危机是对过去公共决策反向性验证。危机客观上是对以往决策的验证。罗森塔尔指出："危机是社会和政治生活的实验室。"[③] 除了自然因素造成的事件外，绝大多数现代危机都与人的决策相关。以美国金融危机为例。美国金融危机的形成固然同资本贪婪、虚拟性的金融衍生品的难预测性等多种复杂因素有关，但是美国

---

① 卢涛.危机管理［M].北京：人民出版社，2008：42.

② U. Rosenthal，"Crisis Decision Making in The Netherlands"，Netherlands' Journal of Sociology，1986（22）：103－129.

③ Rosenthal Uriel，Charles Michael T.，ed. *Coping with Crises: The Management of Disasters，Riots，and Terrorism.* Springfield：Charles C. Thomas，1989.

政府的金融决策也难逃其咎，格林斯潘领导的美联储一次次的降息决策推助了美国经济的泡沫，并将这种危害推向全世界。因此，对于公共政策来说，危机在一定程度上折射出以往公共决策的瑕疵，从而提出公共决策反思的要求。

从现代危机与公共决策的关系中可以看到，公共决策是破解危机强有力的政策工具，然而不当的公共决策也可能是导致现代危机的滥觞。这绝不是对以往公共决策和现行公共政策的诋毁，而是要正视事实，理性地认识到公共决策的瑕疵或失误将会导致怎样可怕的后果。从上面分析的六个方面的危机性因素的形成原因来看，说明危机形成与公共政策有密切关系，其中有些属于公共政策执行方面的原因，也有些与公共决策不当有密切关系。决策本身可能成为危机因素这一事实，一方面破除了公共决策能解决一切问题的幻想，说明了公共决策的后果效应是多方面的，可能会出现与决策目的相反甚至破坏性的后果；另一方面也提出了什么样的公共决策才能化解危机和避免危机的问题。这是公共决策在防范危机时尤其要关注的问题。

基于上述，公共决策防范危机必须从两方面来考虑防范危机的策略。首先，通过公共决策调整政策目标指向，平衡社会价值的分配，解决突出性的社会矛盾，从而达到消除或减弱各种可能引发危机的危机性因素。这一决策策略的特点是危机对象明确、针对性强、时效性短，是政府运用公共政策防范危机的基本思路。但是，从公共决策与危机的关系来看，仅仅从这一策略来考虑公共决策防范现代危机显然是不够的，这只是公共决策防范危机客体思维的路数，忽略了公共决策防范危机主体思维的问题。值得关注的是，具体的公共决策自身也应当是防范危机不可忽视的方面。

其次，如果从公共决策防范危机的主体思维的要求来考虑的话，则通过公共决策的自我反思、检视、政策预后的可能性预测、决策内容的调整等来消除或降低决策过程中可能隐藏的危机性因素。公共决策防范危机的这一策略的特点针对的是决策本身，决策思路既要对政府以前相关问题决策的反思与检讨，更要对政府当下决策可能后果的反复推敲与预测，避免决策失误的后果，避免"跷跷板"的效应后果，因而是面向未来的、长效性的，正因如此，才更具防范危机的力量。

当然，强调公共决策要从主体思维来思考防范危机，并不意味着客体针对性决策思考不重要。事实上，公共决策防范危机最终是为了解决社会矛盾，防止或减弱危机对社会的危害。所以，客体性与主体性的防范思路与策略都是必要的。但不管是哪一种防范思路与策略都聚焦于公共决策本身，其根本问题在于：公共决策如何才能有效地防范危机？什么样的公共决策才能够最大程度地抵御危机、防范危机？总之，公共决策本身是否科学合理直接关涉到公共决策能否防范危机，以及防范危机的能力大小、有效程度、后续效应的走向等等。因此，追求公共决策的科学性与合理性是防范社会风险和危机的重要课题。

三、　公共决策防范危机的科学性讨论

（一）危机决策认识思路的科学性

危机决策认识思路是指公共决策者认识与判断危机的思维依据，包括对危机的理解、危机形成的条件研判、危机爆发与造成的危害判断预测等。危机决策认识思路是政府出台政策防范危机的前提，关系到危机决策部门的决策根据、决策内容与决策模式。不当的危机决策认识思路会影响危机判断的准确性，从而影响危机决策的正确程度。

科学的危机决策的认识思路应该是善于抓住危机形成的主要矛盾来判断危机的根源，从而提供危机决策的可靠根据。如什么是现代危机的主要根源？不同的认识思路会有不同的危机判断。一种流行的看法认为，人均国民收入在 1 000 美元向 3 000 美元发展过程中是社会矛盾的高发期。言下之意，人均收入超过了 3 000 美元，社会将进入稳定的阶段。但事实上，西方国家在远高于 3 000 美元人均收入的情况下，社会却陷入了多方面的危机状态；中国 30 年的改革开放与市场经济现代化发展取得了辉煌的成果，2009 年人均收入跨入了 3 000 美元的关口，但是危机并没有远离中国，这说明以人均收入高低来判定社会矛盾的认识思路并不准确。

必须指出的是，以人均国民收入阶段性来预测危机的思路，容易产生单纯以发展生产力来解决社会矛盾的决策思维模式，即 GDP 的思维模式。然而，GDP 的持续增长并未获得防范危机的预期效果。从现实情况来看，虽然现代危机即社会矛盾的集中爆发与人类生产力的高低存在着某种联系，但并不具有必然因果关系，造成社会矛盾激化的主要原因还是马克思所揭示的社会经济关系，特别是社会分配关系。如果社会分配关系不合理，财富的占有比例严重失衡，那么危机的能量必然不断积

聚、膨胀，达到一定程度后，一个偶然的事件就会引发社会危机。如果从分配关系作为社会主要矛盾来认识现代危机根源的话，那就意味着防范现代危机的决策思路应当从解决社会分配矛盾入手，即使 GDP 发展是硬道理，也应纳入实现社会经济关系平衡和谐的决策思路下来安排，而不能期望单纯的社会财富增长就能够解决社会矛盾，更不能将其作为危机决策的主要根据。

（二）危机决策原则的科学性

危机决策原则是危机决策理念的体现和决策过程的精神指导，因而是危机决策的核心。从防范危机的要求来看，科学性的危机决策原则可概括为人本、公正、理性和有效四个方面。

第一，人本原则是危机决策科学性的宗旨。以人为本的危机决策原则不仅是决策目的所在，而且能够产生防范危机、抗击危机的强大力量。在汶川地震中，党中央"救人第一"的抗灾决策立刻获得了全国民众的一致支持，形成众志成城、共同抗灾的巨大力量。而"5·19 全国哀悼日"的决策更是赢得了世界的赞同与支持。"为了人的生命"是防范危机的力量源泉。

第二，公正原则是危机决策科学性的价值基础。决策所产生的公共政策是公权部门对社会价值的分配，社会价值的背后是各种社会利益，所以"政策的核心就是要解决社会利益分配的问题"①。危机决策也同样存在着价值利益的分配问题，防范危机的决策所面对的问题是如何调整分配机制，防止社会利益分配的不合理而埋下的危机隐患。因此，危机决策只有秉持公正的价值理念才能达到防范危机的目的。

危机决策中坚持公正原则并非易事，因为"政策制定是一种持续的政治争执，它的价值涉及社会等级的分化标准、社会类别的范围世界"②，危机决策客观上存在着利益博弈。公正的决策势必会触犯某些利益集团特别是强势集团的利益，会遭遇来自各方面的压力。尽管在决策过程中需要多方协商，难免有必要的妥协，但是公正原则不可放弃，放弃公正则没有危机决策，防范危机就成了一句空话。危机决策坚持公正原则是对决策者智慧与勇气的考验，也是衡量决策部门防范危机的决心与

---

① 陈振明.政策科学［M］.北京：中国人民大学出版社，2003：52.
② 杰伊·沙里夫茨，卡伦·莱恩，克里斯托弗·博里克.公共政策经典［M］.彭云望，译.北京：北京大学出版社，2008：76.

社会良心的标杆。

第三，理性原则是危机决策科学性的基本条件。理性原则对于危机决策的必要性在于危机决策的问题容易引发情感性的倾向，但这种倾向无益于决策，情感具有鼓动性的功能，但它不能成为危机决策的要素。因为决策是一项考量缜密、权衡利弊、规划目标、设计方案、评价结果的活动，任何情感的冲动都是决策的大忌，好心不等于科学合理，现实中一些决策败笔往往就败在情感上。在危机决策中容许有情思考，但必须理性判断。理性不是冷酷无情，而是冷静清醒；理性原则不是一种固定的模式，而是在尊重事实与规律的基础上去探求防范危机可能性的科学精神。

第四，有效原则是理性原则的延伸。有效原则中的效果意识对于危机决策的意义在于：危机决策在追求有效防范危机的目的下，必然要采纳有助于防范危机的理论、意见，选择有效性的政策方案，摒弃不切实际的或效果不佳的危机决策的思路，将决策建立于可行性即科学性的基础上。

(三) 危机决策过程的科学性

决策民主化是决策过程必须面对的一个难题，需要用科学的理念来解决。当前危机决策民主化要破除形式化的民主摆设，真正听取民意、采纳民智。首先，政府要公开决策意图，并通过大众媒体广而告之，提供民众参与决策的可能性条件；而大众媒体特别是互联网（包括政府网上征询平台）客观上能够提供社会民众参与决策的途径，它也是政府获得民意信息的主要来源。其次，决策程序服务于决策目标，决策程序民主化只有在有利于决策意图实现的情况下才是有价值的。危机决策属于非常规的决策，面对的事态往往具有不确定性和紧迫性的特点，如果追求完备的民主程序而影响了决策的时机，则违背了民主决策的本意。因此根据危机决策科学性的要求，决策程序民主化在危机决策中只能在有限的条件下择机而行。

舆情作为民意的体现，公共决策不能忽视。一位学者称其为"国家决策的第一要素"，认为："民意是影子决策，是国家决策的先声，是元决策。"[1] 危机决策过程应当高度重视舆情：一方面，舆情反映着民众的利益诉求和政治倾向，折射出民众对决策的评价意向；另一方面，舆情中隐含着危机的信息，是危机决策防范危机的

---

① 张克生.国家决策：机制与舆情 [M].天津：天津社会科学院出版社，2004：32-33.

客观根据。但是，如何看待舆情、分析舆情为决策所用也有科学性的问题。首先，准确把握舆情，区分舆情与舆论。舆情与舆论一字之差，很容易混淆。舆论是一种公开化的言论表达，主观性、随意性明显。舆情虽然也具有主观性，但客观性的成分更多，是客观状况的主观表达。由于舆情是客观性的主观意向，舆情有时会借助舆论来表达意向，有时则通过行为来表达诉求。区别舆情与舆论，在危机决策过程中就不至于将舆论误认为舆情，从而把握真正的舆情。其次，善于甄别舆情。社会舆情内容各有不同，危机决策要善于甄别各种舆情，搜集那些与危机相关的舆情信息来服务于决策需要。再次，正确分析舆情。舆情具有差异性和层次性。危机决策应当通过分析舆情信息来把握不同的舆情，掌握决策所需要的真正的社情民意。最后，不能让舆情左右决策。因为舆情是复杂的，充斥着各种利益群体的价值主张，每一群体的价值要求都从自我利益出发，其中既有合理的利益诉求，也有不合理的利益要求；舆情还会随着事件的变化发生变化，舆情通过网络还可能被无限夸大，这都会加剧舆情的复杂性，但必须始终坚守防范危机的使命，不要让舆情主导危机决策的过程。

(四) 危机决策方法的科学性

防范危机的公共决策科学性包括决策方法的科学性。广义决策方法包括决策路径、步骤、模式、工具、技术、手段等，其中又可以分"政治学或行政学的方法"与"统计学的方法"。前者又被称为"规范性决策方法"，如理性决策方法、渐进主义方法、混合扫描方法等；后者被称为"描述型决策方法"，是一系列的方法理论，如权重效用值理论、局部效用函数理论、双线型效用理论和风险价值理论等，是一种数量化的决策分析方法。[①] 危机决策方法的科学性不是确定何种方法是科学的，而是指根据危机决策的需要科学地选择适合的方法和科学地运用方法。根据防范危机的决策目的，下列方法是必要的。

第一，危机预测方法。危机决策的一个前提就是要确定社会是否存在危机风险。危机可能在哪些领域发生？可能波及哪些领域？可能发生的危机破坏程度将会造成哪些方面的后果？等等。危机预测需要大量的真实信息，也需要数量模型给予精确

---

① 方志耕，刘思峰，朱建军，等.决策理论与方法 [M].北京：科学出版社，2009：6.

计算和理性分析与判断，其中包括信息整理分析、信息评价、危机风险定量与定性评估等。危机预测为危机决策提供基本的依据。

第二，矛盾分析方法。危机是社会矛盾出现尖锐性冲突的结果，由于社会矛盾错综复杂，社会矛盾冲突的表象会掩盖本质性的矛盾，所以需要对矛盾现象进行分析，通过社会矛盾的分析，透过现象看本质，了解危机产生的真正根源，有针对性地作出防范危机的决策。

第三，价值评估方法。危机决策是对现存价值关系重新调整，缓解价值分配不平衡而形成的矛盾，因此，危机决策必然有价值倾向。困难在于，社会发展呈现出多种价值的需要，如经济增长与社会文明、效率与公平对于社会发展都具有价值，那么，决策究竟应该持何种价值倾向才是正确的呢？为了权衡与取舍，危机决策可采用价值评估的办法，从有利于缓解社会矛盾的要求出发，运用力场分析和影响图工具对相关的对象与事项进行价值重要性评估与排队，从价值最优性角度考虑危机决策的价值倾向，解决最主要的矛盾。

第四，系统性方法。在所有的决策中，危机决策是最困难的：一是危机决策所面对的客体情势不确定；二是危机决策所涉及的方面极具广泛性；三是决策本身历史性的联系；四是决策目标的非单一性等。总之，防范危机决策是系统性的工程，要求危机决策要有系统性的决策方法。系统性方法在危机决策中的运用：（1）系统把握决策对象，对危机可能涉及的对象与事项有一个全面的了解和控制。（2）决策目标系统化考虑，在防范危机的总目标下，还应有具体的决策目标，包括近期目标与远期目标、经济目标与社会目标，要全面兼顾。（3）决策效果的多方面性预测。任何一项决策不可能只产生一种结果，其产生的可能性结果会有多种，这在决策之初就应有所预见，以便决策中考虑多种预案。（4）政策的系统性考虑：一是决策与已有政策之间的关系，除了被实践证明是重大失误的政策以外，一般当下决策应考虑与已有政策之间的连续性，或是补漏，或是纠偏，或是完善；二是防范危机的决策应是系列决策，单向性决策的效果是头痛医头、脚痛医脚，不能真正达到防范危机的目的。系列决策涉及制定不同政策的不同部门，牵涉到决策主体之间的整合问题，这种整合是系统性决策方法实施的条件。

论现代危机下的公民责任 *

现代化是一个充满风险的过程，危机将是现代社会的常态。公民的责任能力对于抗击现代危机的意义重大，在一定程度上决定着战胜危机的成败走向，关系着政府危机领导的效果。公民参与危机治理的公共事务是公民内在的职责，因为公民身份本身就包含着责任。公民积极主动的责任观念使参与危机的治理成为公民内在的自由要求。公民责任能力的提高需要教育引导和政治环境的熏陶。公民责任是与公民权利相联系的责任，责任之中包含着权利分享之义。

一

现代化正使全球处于不间断的风险之中。2008年底，由美国引发的蔓延至全球的金融危机就像一场大瘟疫，给全球经济带来巨大的损害。如今，金融危机最可怕的阶段已过，但余害仍存。令人担忧的是，类似的危机不仅还会出现，而且正在引发新的危机。西方国家正在发生的财政危机和欧债危机与美国的金融危机有着密切关系，并且继续将世界经济拖向低迷。在市场经济条件下，资本在经济中扮演主要角色，而资本贪婪的本性必然会冲破经济发展的正常秩序（规律），导致新的危机。危机将是现代社会的常态，只是程度不同而已，因为现代化本身是一个充满风险的过程，正如贝克所指出的："风险社会不是政治争论中的可以选择或拒斥的选项。它出现在对其自身的影响和威胁视而不见、充耳不闻的自主性现代化过程的延续性中。"① 处于现代化

---

* 余玉花.论现代危机下的公民责任［J］.上海行政学院学报.2012（03）：46－51.

① 乌尔里希·贝克，安东尼·吉登斯，斯科特·拉什.自反性现代化［M］.赵文书，译.北京：商务印书馆，2001：10.

过程中的中国不可能置身于现代风险之外，现代危机是现代中国面临的现代课题。

对于现代中国来说，危机的可能性不是理论上的推导，而是可预见的现实，只是危机的可能性潜伏于种种社会现象之下，或者危机还处于一个能量蓄积的阶段，笔者把它称之为潜在的危机。所谓潜在的危机，指的是社会存在着诸多的危机性因素，体现为灾害性的自然端倪或趋向、经济领域的各种矛盾（分配矛盾、商品和服务安全问题、经济与环境的矛盾等）、社会领域的人际冲突、政治领域的官民紧张度，以及个人精神领域的价值迷茫，这些危机性的因素就是危机构成的诸种条件，处置不当或某种偶发事件就会转化成现实的危机。

无论何种危机都是一种灾难，都会威胁到人与社会的生存与发展安全。在人类历史上，任何时期都可能发生各种危机，但没有像现代社会人们对危机如此敏感、关注和恐惧。与历史上危机最大不同的是，现代危机大都具有世界性的特点。世界范围的危机肇始于近代资本主义，两次世界大战和资本主义制度造成的经济危机也是世界范围的危机。自从现代世界进入全球化以来，特别是互联网全球覆盖之后，世界性的交往更加现实更加频繁，其结果可能致使不同国家的各种矛盾呈现相似性，在一定程度上具有世界性的特点。危机世界性的特点还表现于危机的世界蔓延性，"危机可能起源于遥远的地方，但是它会像滚雪球一样通过全球网络迅速地扩大，从一个系统跳到另一个系统，一路积聚毁灭性的潜力"①。现代危机还具有危机世界被普遍关注的特点。现代卫星通讯技术、网络与大众媒体将世界各地发生的危机在第一时间呈现在人们的面前，即使发生在局部地区的危机也会获得世界性的瞩目。无论是美国的9·11事件、日本的大地震与核危机，还是北非的"茉莉花革命"，通过传媒，人们实时关注着危机事件的进展，判断着这些危机与自己国家及自身的关联度，这种对他处危机的关注甚至会引发另一类的危机性事件，如日本的核泄漏一度引发中国上海的盐恐慌，美国击毙拉登的行动引发巴基斯坦的主权危机。

全球化使中国与这个世界密切联系，中国现代危机也具有世界性的特点。这意味着不仅中国国内本身存在着危机的可能性，也存在着由于国际他国的某种危机而连带形成中国的危机，如美国的金融危机对中国经济的波及影响等。中国面对现代

---

① 阿金·伯恩，保罗·特哈特，埃瑞克·斯特恩，等.危机管理政治学 ［M］.赵风萍，等，译.郑州：河南人民出版社，2010：11.

危机的潜在威胁，必须要有所防备，从理念到政策、从宣传动员到实施行动做好策略性的准备。

如何避免重大危机的发生，或者一旦危机发生如何抗击危机是更需要进行讨论的问题。面对危机，政府首先有不可推卸的责任。2009 年金融大危机发生后，各国政府立即启动非正常决策程序，运用国家权势的力量来抗击危机，其中动用上千亿甚至上万亿资金抗击金融海啸，各项对应性的政策快速出台。在抗击危机的过程中，政府始终也完全应该处于领导的地位上，这是不容置疑的，也是抗击危机的关键所在。但是，在讨论政府危机领导承担重责之时，更应关注的是政府危机领导的效果，因为效果不仅直接反映出政府抗击危机的领导能力、决策应对能力，并且能够衡量社会对危机的抗击能力和公民的尽责能力，实在地展现消除危机社会危害的程度。但是在以往的危机研究中，人们注重的是政府在抗击危机中的领导作用，而忽略公民抗击危机的能力和责任，致使在抗击现代危机问题上，公民始终处于被动的状态。这样的研究既不能客观地反映公民在抗击危机中的巨大作用，也不利于提高公民参与抗击危机的自觉意识和责任能力。其实，公民的责任能力对于抗击现代危机意义重大，在一定程度上决定着战胜危机的成败走向，关系着政府危机领导的效果。

二

现代危机中的公民责任问题的提出旨在说明：面对频发的现代危机，仅靠政府的力量或仅有政府的主动性是远远难以抵制和抗击现代危机的，必须要有广大公民参与的主动性和积极性，才能形成抗击危机的强大力量。重视公民在现代危机中的作用是由现代危机的特点决定的。现代危机的特点：一是突发性，昨天还是繁花似锦，今天灾难汹涌而至，一夜之间恍如隔世。危机的突然爆发没有先兆，无法预见和遏止，人们没有任何准备，往往令人措手不及。这种突如而至的危机打击是致命的，通常令人难以承受。二是复杂性，一种灾难可能带来其他的灾难，引起灾难的连锁反应。例如自然灾害，地震之后可能是泥石流的灾害；社会危机方面，某地的事件会引起其他地方的连锁事件，经济事件可能引发政治事件。不同的危机事件交叉影响，或者同时出现，从而增加了危机治理的难度。三是弥漫性，危机在一地爆发，然后就会像瘟疫般迅速地蔓延开来，形成大规模的危机后果，社会性的危机尤其如此。如，2003 年的

SARS 危机、2009 年的金融危机都蔓延成世界性的危机。危机的迅速扩散性与现代世界的全球化交往密切相关。这种弥漫性的大规模的危机也给危机的治理带来了很大的困难，同时也意味着必须要组织强大的社会力量才能抗击危机、战胜危机。

现代危机突发性、复杂性与弥漫性的特点表明了现代危机治理的广度与深度，亦即极大的难度，危机治理的难度提出了组织公民众志成城抗击危机的必要性。但是，在如何组织和发挥民众的力量上仍存在认识和实践上的误区。在危机面前，政府往往包揽了危机治理的全部责任，实施高度集中的领导和政治动员（包括行政动员）的组织形式。虽然这样的危机治理控制性强，治理过程似乎有章法，也可能产生较高的动员效率，但是也存在着问题。那就是当政府成为抗击危机的唯一责任主体之后，民众责任被忽视了，民众只是政府治理危机动员的对象而已。即使政府呼吁民众积极行动以担当起危机责任，那也是一种"被责任"的责任，而非主体意义上的责任。问题还在于，脱离公民主体意愿的动员组织工作往往难以达到治理危机的良好效果：一方面不具有主体责任意识的民众其抗击危机的积极性被大大削弱，另一方面没有责任意识的公民甚至成为政府抗击危机的"麻烦者"。现实中，由于公民的不负责任而致使政府的政策难以实施，或使政府的努力事倍功半的情况比比皆是。以美国为例，当美国还在金融风暴的泥潭中艰难挣扎之时，华尔街的金融大鳄却继续奢侈消费，甚至继续瓜分巨额红利，在危机中捞一把，这将怎样损害奥巴马政府抗击金融危机的信心与力量！因此，除了政府抗击危机之外，还必须从公民主体上来讨论现代危机的治理问题。无论对于政府还是对于公民个体来说，都存在一个如何认识和实践作为公民主体在危机治理中的责任问题。

在抗击或治理现代危机中，一个不可回避的问题是：谁是抗击危机的主体？现有的危机治理的研究文献表明，政府不外是危机治理的主体。这种观点不是没有现实的根据。现实中政府承担起了危机治理的领导作用，具体就是政府动用财政和机构力量，特别是出台一项项针对性的政策，防止灾难蔓延和化解危机。从这个意义上说，政府确实是治理危机的主体。但是这一论断尚不够全面。除了政府之外，民众也是抗击危机的主体。政府是主导危机治理的主体，而民众则是抗击危机的行动主体。从国家的视角来看，公民是抗击现代危机最主要的主体。为什么公民主体是抗击现代危机最重要的力量？因为政府的各项政策无论是资金还是物质，只是创造了抗击危机的各种条件，真正使这些条件发挥作用的还在于人们对政策的接受和具体的行动。没有公民的行动，政策治理的意义是不现实的。当然，这并不是要否定政策在治理危机中的作用，而是强调政府的政策和公民的行动在危机治理中缺一不可，尤其要看到公民行动更具有实质意义。

但是，以往的研究只是突出了政府的危机治理主体的不可或缺性，忽略了公民主体行动特别是公民主体责任意识下的行动对于危机治理的意义。在危机治理实践中，政府是危机治理的绝对主角，拥有人力物力的调配、指挥权，而普通公民则缺乏主动性，被动地听从政府的安排，人们极度依靠政府，依赖政府救灾和解决一切问题；与此同时，政府则被设定在一个被高度关注、被公众普遍评价和唯一负责的地位上。政府所承担的这一角色，一方面容易造成政府利用居高权力，随意决策，甚至存在政府谋取自利可能性的隐患，从而可能形成另外一种危机灾难；另一方面，政府包揽所有的危机责任，不堪重负，不仅处于焦头烂额的境地，而且消解了公民对危机应承担的责任，形成德里克所指出的"与政治权力扩展相对立的是普通公民政治冷谈的蔓延"①。如果公民没有意识到自我对危机的责任，而将战胜危机的信心完全依赖于政府的话，"这种信心支持一旦遭受打击，就容易引发危机逆参与，即公共危机可能引发民众破坏性的参与"②。虽然危机逆参与的情况不多见，但是对政府完全的依赖而放弃公民作为抗击危机的主体责任最终无利于危机的治理。

当然，我国政府在组织社会对抗危机的过程中并不否定公民的责任担当，而且非常强调公民在危机中的责任行为。然而，在公民没有被视为抗击危机主体的情况下，公民的责任是被动的责任，它只是一种被赋予、被要求的责任，而不是公民主动的责任意识和自觉行为。哈贝马斯指出："只有作为自觉的一种连结性实践才能实现公民身份。"③ 也就是说，只有公民自觉担当起公民的责任，才会把抗击危机看作是公民义不容辞的责任，响应政府组织的号召，真正形成抗击危机的社会力量。因此，在防范和抗击现代危机的实践中，应当强调和重视在公民主体性意义下的公民责任。这个任务在中国公民主体意识普遍薄弱的情况下更具有必要性和艰难性。

---

① 德里克·希特.何谓公民身份［M］.郭忠华，译.长春：吉林出版集团有限责任公司，2007：10-12.
② 蔡志强.社会危机治理——价值变迁与治理成长［M］.上海：上海人民出版社.2006：201.
③ 巴特·范·斯廷博根.公民身份的条件［M］.郭台辉，译.长春：吉林出版集团，2007：34.

危机治理是项特殊的公共事务，公民参与危机治理是公民的职责。公民履行这份责任没有理由，因为公民的身份本身就包含着责任。巴特说："公民身份不仅关注权利和授权，而且关注职责、义务与责任。"① 赫曼认为："公民身份是公共共同体中的一种职责。""在共和国里，公民身份是首要的责任。所谓责任的拥有者首先是公民，他作为其公民身份运作的一部分，履行一种专门的职责。"② 应该说，由公民身份而规定的公民责任是全面的。哈贝马斯认为有两种公民身份即两种责任的理解：一种是法律的，一种是伦理的。法律上"把公民身份想象成等同于在一个获得法律地位的组织中的那种承认型成员关系模式"，而伦理上"公民身份又被构想成等同于在一个自决伦理共同体中的那种实现型成员关系模式"。③ 这两种身份模式之中的责任模式分别代表了被动责任与主动的责任，法律意义上的公民责任是他律的，因而是消极被动的；伦理意义上的公民责任是自我自由的，因而是主动积极的。积极主动的责任观念就是公民对共同体的忠诚，"公民必须把他或她自己爱国主义的与他或她特定的生活方式视为同一事物"④。

在积极主动的责任观念之下，公民才能意识到现代危机与自我生活的相关性、与自我日常行为的相关性，因此参与危机的治理不是外在的要求，恰恰是公民生活与公民发展的自由要求。这种自由的责任理解必然爆发公民抗击危机的行动热情与智慧，"社会公众之中蕴藏着应对突发事件的'大智慧'。应急社会动员可以开启处置突发事件的智慧之门"⑤。公民自由承担责任所产生的巨大力量的最好案例就是 2008 年的汶

① 巴特·范·斯廷博根.公民身份的条件［M］.郭台辉，译，长春：吉林出版集团，2007：167.
② 巴特·范·斯廷博根.公民身份的条件［M］.郭台辉，译，长春：吉林出版集团，2007：53.
③ 巴特·范·斯廷博根.公民身份的条件［M］.郭台辉，译，长春：吉林出版集团，2007：33.
④ 巴特·范·斯廷博根.公民身份的条件［M］.郭台辉，译，长春：吉林出版集团，2007：35.
⑤ 王宏伟.反思 2008：挑战中国的重大突发事件［M］.北京：中央广播电视大学出版社，2009：21.

川地震。汶川大地震发生后，我国民众对汶川地震的热切关注和直接参与的援助行为是在没有政府行政性号召的情况下进行的（当然隐形的引导和政府榜样也在一定程度上起作用），80后甚至90后年轻人的行为更加印证了主动责任这种被称之为"公民精神"在对抗灾难危机中所产生的强大力量。而公民自始至终对这场自然灾难危机的全程参与和献智献策，开启了中国历史上为普通受难者设哀悼日的先河。2011年7·23温州动车事件中，附近民众第一时间投入救人，市民包括百余名企业家排队踊跃献血，自愿去医院护理伤员，在这过程中没有动员，也无需号召，一切都是民众自我的责任承担。这充分说明了"只有在公民积极参与的前提下，政治才能从官僚机构或政治权力的独占物转变为公民共同创造的结果，个体才能有效地保持其做人的资格"。[①]

当然，公民主动责任的表现形式各有不同，2003年抗击SARS危机，虽然仍然需要公民热情关注抗击SARS活动的进程，促动政府活动的透明度和领导工作的有效进展，但在行动上需要公民理性地遵守防疫的规定，不随意地行动，甚至接受必要的隔离。这些恰恰是公民高度责任感的体现。与此相似的，还要看到不同的公民群体所承担的公民责任的内容有所不同，参与危机治理的形式也有所区别。在这次美国引发的金融危机中，中国也颇受影响，但中国最早从危机中走出来。其原因在于：除了政府强有力的措施之外，各公民群体都能主动地配合政策的实施，承担自己应尽的那份责任。南方停产企业的大批农民工没有抱怨，重新回到家乡的土地上。他们与其说是危机的受害者，不如说是抗击危机的参与者，虽然他们的行动具有被动性，但他们的态度具有主动性；沿海的中小企业（公民团体）只要有一线生存的希望，都咬紧牙关，不减裁员工，为国家分担危机的压力；知识精英更是为化解危机殚精竭力，献计献策。总之，面对现代危机，公民具有不容推卸的责任，同样也只有在公民积极主动的参与中，才能克服危机，战胜灾难。

四

尽管在改革开放三十多年的经济现代化和政治民主化的过程中，中国公民的责任意识有了一定程度的提高，在抗击危机中发挥了积极的作用。但是，应当清醒地

---

① 德里克.何谓公民身份［M］.郭忠华，译.长春：吉林出版集团，2007：10.

看到，由于文化和政治的原因，中国公民的责任意识还较弱，公民责任能力尚不够强，因此，提高公民的责任能力是一项重要的任务，也是抗击现代危机的现实要求。

公民责任能力的提高涉及到几个问题。首先，公民的责任意识和能力不是公民个体自然而然地形成的，而需要教育引导。公民教育的目的是唤醒公民的主体意识，"要使公民重新担当其政治的责任，关键又在于重新催化个体的公民意识，实质对自身在政治秩序的尘缘资格以及与这一资格联系在一起的权利和义务具有清楚的了解"①。确认公民身份，明确公民意识，这是建立公民责任的第一步。其次，政治环境是强化公民责任的必要条件。"社会越政治化，公民对政治的关注也会越强。"② 政治民主化才能激发公民参与政治与社会活动的欲望，才能使公民的主动参与具有可能性。因此，创设良好的政治环境是培育公民责任的重要条件。再次，公民责任与公民权利的关系。公民责任不是一种绝对意义上的责任，而是与公民权利相联系的责任。只有在权利之下才有责任的存在，责任之中包含着权利分享之义。换句话说，只有在公民作为国家社会的主人时，才会有公民责任的问题，公民个体才会有承担责任的必要性和积极性。假如公民对公共事务一无所知或知之甚少，那他只能是一个旁观者，而非一个参与者。因此，公民的权利与公民的责任始终是相伴一体的。最后，公民责任的边界问题。公民责任不是无限的责任、万能的责任，公民只能在一定的范围内来承担自己的责任，无论是法律意义上的还是道义上的。这意味着公民承担责任也是需要条件的。公民承担责任的条件除了公民主体的能力之外，更需要政府提供制度性的保障、公开充分的信息，以及必要的政策与组织指导等等。上述四个问题的解决当属政府的责任，因此无论是危机治理中的还是日常生活中的公民责任都是与政府的责任联系在一起的。

---

① 德里克.何谓公民身份［M］.郭忠华，译.长春：吉林出版集团，2007：12.
② 德里克.何谓公民身份［M］.郭忠华，译.长春：吉林出版集团，2007：10.

城市法治化与城市精神塑造[*]

上海新一轮大发展需要有精神软件的支持和提升，上海城市精神的塑造正是上海城市软件的开发和建设，其重要性关系到上海城市的形象和城市发展方向。上海城市精神的大讨论固然是塑造城市精神不可缺少的前奏，但还只是认知层面上获得的共识。城市精神的塑造是一项综合性的宏大工程，是一项需要宏观谋划、精心设计、机制配套、保障到位、全民实践的实事工程。那就是说，城市精神的塑造仅仅靠精神领域的运作是不够的，还须仰赖物质的、政治的力量来推动，其中城市法治化是上海城市精神塑造极为需要的制度资源。因此，研究城市法治与城市精神的关系，研究城市法治如何促进城市精神的塑造，不仅仅是城市法治化的课题，亦是上海城市发展的重要课题。

一、城市法治与城市精神的内在联系

城市法治属于政治文明的范畴，而城市精神则归属于精神文明，但都是城市文明的重要组成部分。作为城市文明，城市法治与城市精神不仅在本质内容上有许多共同之处，而且都是在现代城市的发展中相互促进发展起来的。

(一) 法治，城市精神的题中之义

城市精神是一个城市综合文化凝聚而成的精神风貌的集中体现。虽然城市精神

---

[*] 余玉花，等.城市法治化与城市精神塑造［M］//刘云耕.现代化与法治化：上海城市法治化研究.上海：上海人民出版社，2004：23–50.

的形成必然承继着历史文化和民族的内质，但是，城市精神作为现今讨论的话题，它必然具有现代性。也就是说，应在现代意义上去理解城市精神。无论是 20 世纪初和 20 世纪 30 年代上海城市特性的讨论，还是世纪交汇之际上海城市精神的讨论，都是围绕于现代城市发展的问题而展开的讨论。从现代意义上理解的城市精神必然包含法治的内涵，即法治精神。

毫无疑问，城市自古就有，但由于缺乏法治的支持，古代城市充其量只能是权力的中心、军事的堡垒。近代发展的城市或近代崛起的城市是市场经济的产物，市民社会是近现代城市的社会基础。正是市场经济和市民社会与城市法治纽结成天然的联系。因为市场经济以及与其相联系的市民社会的存在和发展是以公共安全环境、公共平等交易环境为前提条件的，而公共条件的满足取决于现代法治的建立。历史上没有哪一个时期比现在更需要法治！城市规划、城市建设、城市管理都必须以法治作为制度性的保障。法的本质特征在于其普遍的约束力。城市生活的复杂多样性决定了人们必须找到一个最佳的方式实现相互之间在契约关系基础之上的既能维护自我权利又不侵犯他人权利的共同行为规则，这种规则对于总是想方设法实现利益最大化（尤其是在市场经济时代）的个人来说具有巨大的外在约束力。约束力不仅是必要的，而且也是必须的，它从根本上弥补了道德在利益面前显得苍白无力的弱点。

现代法治不仅以法的规范建立起行之有效的公共秩序，保证城市各项机能正常地运转，更重要的是，法治赋予城市一种现代理念，即民权、平等、公正、责任的精神，这是现代城市不可缺少的法治精神。城市法治的规范化制度体系与精神理念是融为一体的。法以制度规范为其特征，不然法则不成其为法，法治的精神理念也就失去了着落之处。同样，没有精神理念的法律规范是没有灵魂的法，没有对法治精神的追求，也就不可能有现代意义的法治。城市法治，无论是制度化的法治，还是精神理念的法治都是现代城市不可缺离的。

法治，就其文化内涵而言，精神理念更为重要。对于现代城市来说，法治精神层面显得更重要，正是法治精神提升城市人的法律意识、平等意识和责任意识，从而自觉地维护城市公共生活，以城市主人的态度行使市民的权利履行市民的义务。缺乏法治精神，即使有一整套完备的法律制度，其实施也将是困难重重，由此可能影响城市发展的进度。当然，制度法不能说它毫无作用，但是当一个城市尚未形成法治的氛围时，法与市民存在着距离，市民对法的认可度不高，法在市民的眼里甚至是高高在上、严峻冷酷的。制度法在很大的程度上只能成为一种形式，其法的目的性常常被工具的形式所掩盖。这自然是对现代法缺少理解所致。然而，正是缺乏了解，进而缺乏认可，从而缺乏主动接受、运用现代法的行为。城市中大量存在的漠视法律的行为，精明地钻法律空子的行为，甚至亵渎法律的行为，皆是城市法治精神尚未成风之缘故。由此可知，法治精神对于城市发展之重要，理应成为城市精神的重要内容。现代城市所追求的精神，包含着多方面的理念要求，而且各种理念相互融合，相互促进。法治精神作为城市精神的内容之一，不仅吸纳城市文化的思想，以丰富推动法治精神的发展，同时，法治精神也为其他城市文化发展提供法的力量。

作为现代文化，城市法治所推崇的人民主权、平等人格等精神正是现代城市精神的重要内容。城市发展贵在市民的参与，真正使广大市民成为城市的主人，就必须大力加强法治，推动城市民主制度的进程。城市规模越大、发展越快，就越需要发展法治。倘若广大市民对涉及其生活、工作、学习及娱乐的重大问题没有知情权、发言权、参与权，或者广大市民没有强烈的权利意识、法治意识，那么这个城市的城市精神就是不完整的，或者是缺乏现代性的。

依法治市是上海新一轮发展的重要战略，也是迎接和办好世博会的客观需要。依法治市战略的前提是确立法律的权威性，使社会公众产生对法律的信仰、遵从和自觉捍卫。这就要积极转变法律观念，将中国历史上长期存在的的重"刑"轻"民"的传统法律观念颠倒过来，树立以维护和实现公民权利为核心的有中国特色的法律体系。在相当长的一段时间里，法律仅仅被当作国家的管理工具和治民手段，法律权威没有在公众中真正树立起来。要使广大市民深刻认识到法律不应该是政府管理百姓的政治工具，而是百姓维护自身权益的工具，应积极促使法律观念由重义务向重权利的观念转变。

(二) 城市法治与城市精神发展的同步性

城市法治与城市精神的互通性、互依性和互促性也是为历史发展所证明的。每一项新法的出台和实施都丰富了城市精神的内容，推动城市的发展；同样每一次城市精神的讨论都对法的完善提出新的要求，促进良法的产生，推动法治进程。城市法治的建立、健全和完善是一个长期的过程，它受到经济社会发展水平和人们对法治精神极其重要性的认识等各方面的制约。市场经济条件下不断追求物质利益这一内在特质的复杂多样性决定了城市治理走上法治化道路的曲折性、长期性。法治化是一个历史过程，这个过程是与城市以及城市精神的发展相联系的。

在西方，法治的历史相对较长，但是，现代意义的法治却是与现代城市的理念同步发展的，受到了城市文明或城市精神熏染。西欧城市最早的资产阶级法律源生于启蒙精神和人道主义思想。最典型的是法国，在"平等、自由、博爱"价值观的导向下，法国的城市不仅将推崇个性自由体现在城市生活中，而且直接把人权宣言、反专制的法兰西精神转化为法律。在费城产生的美国第一部宪法虽然确定了美利坚共和国的民主制度，但却忽略了现代城市国家最基本的精神——公民权利，遭到市民的一致谴责，从而诞生了著名的十条宪法修正案。进入现代，城市法治不断从城市文明的新理念中获得法源，从而丰富了法治的内容。例如，城市发展如何避免污染、生态破坏？城市可持续发展思想的提出，促成了环境保护法、动物保护法的产生。基于城市管理"以人为本"思想提出的服务行政，民众对城市管理者道德素质的企求，西欧各国相继推出了公务员道德法。当城市公共安全需要倡导公共精神时，各类城市公共安全法规陆续问世。

在中国，虽然现代法治——宪政运动发轫于19世纪末，但由于近代中国社会畸形发展，法治几乎是不存在的，更遑论城市法治了。真正的法治进程开始于新中国之后，然而因为众多的历史因素，法治进展缓慢。党的十一届三中全会后的二十多年，法治才有了很大的起色，特别是"依法治国"方略的提出，不仅推动了国家法治化，同时也促进了城市法治化。

上海这些年在国家法律原则指导下，实施"依法治市"，推出了一系列城市法规，有力地推动了上海的经济改革和发展，推动城市管理规范化发展。从上海法治化的过程可发现，城市法治与城市精神发展是同步进行的。上海在开发浦东、发展市场经济过程中所迸发出来的创新精神、改革精神、主人翁精神在城市法规的呵护下，在上海大都市倡导成风。上海对外开放的大手笔、城市发展的大手笔、申博成功的精彩之作，无不是城市精神与城市法治协同发展的产物。可以说，城市法治促进城市精神的培育，城市精神呼唤城市法治精神。法治、民主、城市理念、城市精神，环环相扣，步步相随。城市法治愈健全，城市精神愈昂扬进取。

上海这二十多年，既是上海人追求上海城市精神的过程，也是上海城市法治化的过程。城市精神是一个城市在其发展过程中自然形成的，这种自然形成的过程就是人们的社会实践过程，也就是人们建设城市、创造城市的历史。城市精神通常是在承继过去辉煌的基础上，反映了城市广大市民的积极心理，表达了这个城市将来发展的人文趋向。但城市精神毕竟是主观意识中的事，如何使其转变为现实，还是要通过法治来指导人的行动，凝化成上海城市的一幢幢建筑、一道道景观，使城市精神现实化。所以，上海在大力塑造城市精神的同时，更大力推进城市法治化，把两者综合为同一的目标。以法推动城市精神的培育，在法治中体现出城市精神的要求。如上海对水资源保护的法规、维护城市交通安全的法规、对知识产权保护的法规，特别面临不期而遇的"非典"对城市的侵扰，上海以最快的速度修改公共行为法规，以法的威严督促市民改变不良习惯，培养讲公德的美德，说明法治建设不仅与城市精神的培育相一致，而且也有助于城市精神的塑造。同样，塑造城市精神也把法治精神纳入城市精神的培育中。现代城市的基本理念是民主、自由、平等、公平。尽管每一个城市都有自己的城市精神，但它必须反映和遵循城市的基本理念。民主是现代社会的核心理念。要实现民主，就必须实行法治，法治与民主密切相关。法治与人治相对立，人治是民主的死敌。只有关住人治黑暗的闸门，民主的黎明才会到来。为此，上海城市坚持依法治市的原则，把它看作是城市精神的重要内容。通过努力，上海法治环境明显改善，法治绩效逐步显现；法学研究日益繁荣，法治理念逐步深入，法治文化渐趋普及；人们对法治的认同与敬仰程度大幅度提高。当然提高市民的法治素质是培育城市精神的重要任务。市民素质是多方面的，包括法治素质、道德素质、科学文化素质等等。对中国这样有着几千年封建社会根基又没有经过像欧洲文艺复兴运动那样文化洗礼的国家来说，公民法治观念的缺失是塑造城市精神的最大障碍。从某种意义上说，培育和塑造城市精神的过程就是提高市民法治意识、完善城市法治环境、强化政府法治能力、健全社会法治秩序的过程。城市精神和法治精神相互促进、同步发展，为城市现代化提供精神动力和智力支持。

二、城市法治化在城市精神塑造中的意义

上海城市精神对上海进一步发展至关重要，但是上海城市精神究竟是什么？如

何才能有助于上海城市精神的塑造？这是摆在上海城市与市民面前的一个重大课题。在城市精神的塑造上，应当打破只注重精神本身来打造精神的传统模式，必须寻求城市精神培育的外部条件。无疑，城市法治化是城市精神塑造不可缺少的条件，能够创设上海城市精神塑造的良好环境，促进上海城市精神的培育。

(一) 上海城市精神概述

上海城市精神的讨论可以追溯到 20 世纪 90 年代，浦东成功开发以及一系列城市建设的成就极大鼓舞了上海人，开始对自己所居住的城市的地位和发展予以关注，对自己作为这个城市的成员的责任进行思考。申博成功和新一轮的城市发展把城市精神的讨论推向深入。城市精神的讨论是上海这座城市及其市民走向理性的标志。诚如专家指出：“一个城市的居民开始讨论自己所在城市的精神，意味着城市自我意识的觉醒，意味着这座城市已从自发性发展、惯性发展、被动发展开始进入主动发展、有意识发展、自觉发展的新阶段，更意味着这座城市居民的精神自觉、价值定向和对自身市民身份的重新审视。”① 在这场大讨论中，上海市民以自己的智慧、道德情怀描绘城市美好的未来，同时，也对城市精神的培育献计献策，承担责任。

但是，城市精神究竟是什么？上海应该具有什么样的城市精神？这两个问题实际上提出了城市精神讨论中的两个视角。第一，城市精神的思考必须尊重历史。上海的今天是昨天的延续，精神文化不可能一蹴而就，它通常由历史积淀而成。尽管上海曾有过屈辱的经历，但是上海历史也有它的辉煌：20 世纪 30 年代“东方巴黎”之称，独树一帜的“海派”文化，红色政党的诞生地，红色风暴的交汇地，抗击日寇的民族旗帜也曾在上海高高飘扬。新中国建立之后，上海又作为社会主义建设的工业中心继续在中国这片土地上占据着重要的地位。随着 20 世纪 90 年代开发浦东号角的吹起，上海又一次走到了中国发展的最前沿，上海的城市发展进入了快车道。上海城市的演变逐渐形成上海城市的精神品貌。第二，我们现在所讨论的上海城市精神应着眼于改革开放中所提出来的新时代的城市精神，并且是面向上海未来的，因而它不是上海历史上精神文化的简单概括，应该具有时代的价值导向，否则讨论

---

① 吴新文.越看越不明白的城市精神 [N].社会科学报.2003‒05‒15.

上海城市精神就失去了意义。

当然，城市精神并不为上海所独有，大凡国际性大都市都有城市精神风貌的追求，这种追求往往与时代精神相一致，这使现代城市的精神具有一些共同的特征。如城市的民主与开放、自由与包容、理性与求变等。上海作为世界城市，应当拥有这些现代城市的共性精神，这是上海走向世界，与其他国际城市对话的精神底气。但是，上海就是上海，它应有不同于其他城市的独特品性和精神形象。

另一个问题是对城市精神的"精神性"要有正确的理解。城市精神固然是一种理念，一种价值追求，但对一个城市而言，其精神理念必然是外化的，能感觉得到的，城市的精神软件是能够在城市的硬件上体现出来的。以此而见，城市精神是城市多方面精神文化的集合体，体现在三个层次上：第一，理想层面。城市精神表达市民对城市未来的理想寄托，因而它是超越现实的，是激情与理性的结晶，构成城市人理想性的精神动力。它的外化形式是城市的道德风尚、城市各种文化产品以及制度性的文化。第二，器物层面，是凝聚在城市建筑、城市布局、城市景观中的文化内涵。第三，城市公共生活层面，是体现在政府公共管理活动中的目的指向、城市人公共交往的文明方式和文明程度、城市人公共生活的文化品位、城市人公共行为习惯等。无论是有形的精神还是无形的精神，上海的城市精神必须是具有上海个性的城市精神。

与世界其他大城市相比，上海有独特的地理位置、历史文化传统和经济发展地位，这些要求上海城市拥有博大精深的气质。上海面向太平洋，处于"上有天堂，下有苏杭"的长江三角洲腹地，沿袭了吴越文化、苏南文化。近现代以来，在融合了西洋文化的基础形成了独具特色的上海文化。其最闪耀的两个亮点即 20 世纪 30 年代的"东方巴黎"和 20 世纪 90 年代的"东方明珠"。如今，上海已是中国最有代表性的现代化城市。上海城市这种特殊的发展轨迹使其形成了有独特文化的城市。虽然作为中国最大的租界，永远是一段痛史，但是受西方文明的影响，租界作为当时国内最自由最开放的一个区域，接纳来自中国乃至世界各地的不同文化不同种族的人，使上海拥有了海纳百川的气度。上海能够接受各种外来的人和外来的文化，孕育了在中国近代文化发展中影响颇大的"海派"文化。如今，上海拥有的这种气度使她成为中国发展的前沿，诸多的国内外大公司纷纷把总部或者地区总部迁入了上海或者来这里投资，他们所看中的也正是上海所拥有的浓厚的中西方文化的底蕴和走向世界的这种气度。

作为中国的老工业基地，上海代表了最正宗的"工业文明"，是中国近代工业的发源地。可能正是在这种工业文明的作用之下，上海是一个精益求精、追求卓越的城市，这不仅体现在上海以前生产出的令大多数中国人感到"质量好""有保障"的上海货，更体现在近年来上海在城市建设和发展上。上海的东方明珠、金茂大厦、上海大剧院、上海博物馆和杨浦大桥等都作为精品工程成为新上海的标志，这在某种程度上也体现了上海城市的一种精益求精、追求卓越的精神。

上海作为现代中国的经济中心、金融中心和贸易中心，上海生活是快节奏的和紧张的，生活在其中的人是勤奋和努力的。今天漫步于上海街头，你会发现几乎所有的人都行色匆匆，人们都在勤奋努力地工作着。同样，如果你停下脚步看看身边的城市，就会发现变化是如此的快，感觉谁都跟不上她的节奏，在这里很容易感受到一种奋发向上的氛围。因而，上海是一个奋发向上的城市，也是充满了激情和活力的城市，她在不断的开拓和发展中展示了她独有的创造力。勤奋进取、开拓创新是新上海城市的精神。

总之，上海能够从一个边隅小城迅速发展成为一个世界级的大都市，在精神上主要依靠海纳百川的气魄，即一种开放精神，精益求精、追求卓越的精神，奋发向上、开拓创新的进取精神。上海所体现的这些城市精神，是在城市发展的进程中，在外界环境的作用下逐步形成起来的。今天，我们提出要培育城市精神，更多的就要从主观的角度来审视我们这个城市在精神上的得与失，从而进一步主动地引导城市精神的培育。

上海城市发展过程中积累下来的优质的精神成果应当在今天发扬光大，并与时俱进地推进新的城市精神。但是，百年发展过程中给这个城市精神也打上负面的烙印。如上海人自以为是的文化优越感，对其他地域的文化持不屑一顾的态度，导致中国其他地区的人对上海人的反感，这对于上海的发展相当不利。又如，上海人身上的精明、小气和自私等俗性弱点会影响整个城市的精神特性。在城市生活中，一些上海人公共意识不强，例如上下交通工具不遵守秩序、乱穿马路等不文明现象还是时常可见。这些与上海这个大都市的形象是格格不入的。作为一个国际化大都市的上海更要求市民具有一种公共精神，市民对于城市公共领域要有责任感，而公共意识的缺失也是城市精神缺失的一个重要方面。

（二）在法治化背景下打造上海城市精神

城市精神对于上海城市发展的意义，经过全社会的讨论已经自明，但摆在上海市民面前更为艰难的问题是：如何培育上海城市精神？方案出台很多，诸如教育领先、文化唱主角、道德再深化等。从精神领域本身来打造城市精神无可非议，但是当人们全力以赴做这一工作的时候，千万不能忽略城市精神培育的社会保障条件，那就是现代城市的法治环境。

众所周知，"依法治国、建设社会主义法治国家"是我国亦已确定的治国方略。确定依法治国实属不易，是一百多年来中国人苦苦探索强国治国道路的结果，也是中国民主政治建设的伟大成果的体现。法治结束了中国几千年来专权人治的国家治理模式，标志着人民是管理国家的主体。江泽民同志指出："依法治国，就是党领导人民治理国家，保证人民依法实行民主选举、民主决策、民主管理和民主监督，维护广大人民群众的根本利益。"① 依法治国的确定和实施也是我们国家走进现代社会的重要标志。因为以市场经济为特征的现代化必然包含着法治化的要求，而依法治国，实行国家法治化"是社会文明进步的重要标志"②。依法治国方略的实施必将深刻影响我国社会生活的各个领域，形成调节社会秩序的新机制，为我国现代城市精神的培育提供新的契机，从而推动社会的全面进步。

法治是人们对"秩序的需求"和"正义的探索"。它首先是一种制度文明，是民主的制度化、法律化，要求整个社会的运作必须坚持法律至上、政治民主、社会公正、权利平等、权力制约、公众参与、办事程序化等原则。法治提供城市各种活动的规则法度，因而它对城市活动而言，既是强有力的国家保障，同时也是一种限制规范。前已述之，城市精神主要是对城市发展理想的追求，是城市优化发展的理念，但它必须外化为城市的各项活动，体现在人的行为中。理想的思绪可以自由无度，具有超现实性，但理想指导下的现实行为必须有序、有格，必须在法律法规的范围内进行。正如法学专家所指出，"海纳百川"的精神，具体到实践中，"纳"不是随

---

① 中共中央文献研究室.江泽民论有中国特色社会主义［M］.北京：中央文献出版社，2002：329.

② 中共中央文献研究室.江泽民论有中国特色社会主义［M］.北京：中央文献出版社，2002：327.

意之纳，而要有章程规矩，被"纳"之"百川"则要有国家认可的法律地位，获得法定的权利和义务，[①] 否则就不在被纳的范围之内。不过，强调这些法度规矩不能理解为法治对精神自由的压抑，相反，法治的目的正是为了最大限度地保障自由的实现。因为城市精神的追求是有条件的，城市发展理想转化为现实最基本的条件是社会的有序性。无序则意味着混乱，无序不仅造成城市活动的混乱，则也是精神思想混乱的源薮。无序的社会不可能将理想转化为现实。

法治规则化、有序性对社会活动包括对精神指导下活动进行规范是必要的，体现社会秩序的需要。但这种带有某种限制性，更强调人们义务性的法律法规仅仅是法治内容的一部分，更重要的还在于法治肯定社会主体的各种合理要求，赋予以不可侵犯的权利，并积极推动合理性权利的实现。城市精神的追求，从法理上来看，也体现为城市公民的权利，是城市公民对所居住城市应然状态的一种选择，是城市社会开放性、文明进步性、生活民主化的权利要求。这些权利对于我们曾有几千年封建史的国家是何等的重要。但是，这些权利的确定和实现只有在法治的条件下才是可能的。法治赋予城市公民对城市发展自主的权利，使社会主体权利获得充分保障。而要城市社会生活的民主化，就需要体现公共意志而非个人或权力意志的普遍理性规则，来保障城市民主化生活的治理，确立现代民主与法治。由此，法治为现代市民社会的建立、公民权利的合理追求创设良好环境，从而促进城市精神的塑造。而背离现代法治要求的城市精神追求，其本身是违背现代城市精神本质的，也是不现实的。因此，我们在培育城市精神之时，首先要建立法治的观念，在法治化的背景下培育上海的城市精神。

(三) 上海城市精神的培育需要法治的支持

上海城市精神的培育不仅需要一个良好的法治环境，而且仰赖法治给予城市精神以直接的支持，成为城市精神培育的要素之一。

第一，法治为城市精神培育提供动力。人们通常认为精神本身就是一种动力要素，殊不知，精神的产生也是需要动力的，而且产生精神的动力往往不是来自精神本身。我们今天讨论城市精神，无论对城市精神作何种理解，对城市精神的重要性、

---

① 倪正茂."法治化"与上海新一轮发展 ［N］.文汇报，2003－06－03.

合理正当性作出充分有力的论证，城市精神还是停留在认知的层面上，是一种话语的表述，它既不是城市精神本身，亦不足以构成城市精神的动力。事实上，精神动力来自于对某种利益（包括特定的条件下对道德理想的追求）的追逐。这就是说，精神话语和精神活动是两回事。美国大法官波斯纳曾说过："了解什么是应该做的、合乎道德的事，这并没有为做此事提供任何动机，也没有创造任何动力；动机和动力必须来自道德之外。"① 今天上海提出塑造城市精神，主要出自于上海新一轮发展的需要，出于上海人过美好生活的愿望，也是利益所然，不是精神自生的。但是，利益只能产生欲望，不能直接导致精神动力。它必须在一种正当的理由和绝对的权威下才能实现转化。而城市法治正是催生城市精神动力的中介。人们出于对利益追求的需要，必然提出实现利益的权利主张。权利其实质是与利益相联系的。当法治的绝对权威确认权利的正当性，使其处于法律的保护之下时，利益追求才转化为精神动力。

第二，法治为城市精神培育提供援助。城市精神中的某些内容，如公德精神、敬业精神、创新精神的培育仅仅依靠其自身的力量而没有法的支持是比较困难的。精神的塑造是有规律的。精神理念虽然是内在的东西，但是它的养成却是一个由外及里的过程，即是一个从他律到自律的过程，遵循从行为习惯—理解行为意义—理念内化—精神信念形成的轨迹。以诚信为例。各种形式的诚信教育固然必要，但并不足以使人建立诚信的理念，然而交易和交往中的诚信法律规则能使行为人不得不诚信，虽然行为并不出于内心自愿，但久而久之，诚信的习惯在不知不觉中变成了内在的信念。2003 年春全国同心协力抗"非典"而产生的新公共精神，如果没有从中央政府（包括"两高"司法部门）到地方政府（包括地方人大）一道道适时而有力度的法规、规章的出台和有效执行实施，仅靠"同一首歌"等方面的精神鼓动恐怕难以形成。法的权威促成精神所需要的行为，从而使行为精神的产生打下了基础。敬业精神的培育也同样如此。职业活动中的道德要求必须同职业规章制度结合起来，借助管理的力量。现在我们国家和城市已经出台了一些道德法规，这就为建立职业道德和弘扬敬业精神提供最有力的援助。

① 理查德·A. 波斯纳.道德和法律理论的疑问 ［M］.苏力，译.北京：中国政法大学出版社，2001：7.

总之，法治的本质在于秩序和规则，它通过其规则性内容告诉全体社会成员，在法律所调整的生活领域里应该如何行为及其产生的行为后果，从而引导人们的行为合乎法律的规范。可以说，法治的实施过程，同时也就是加强、促进现代城市精神培育的过程。

第三，法治全方位保障城市精神培育。法治保障城市精神培育的效度，是由立法、执法、守法和司法四个环节所组成的。立法是赋予一系列由社会主体所共同认可的价值准则以国家强制力的活动。越是完善、发达的立法，其所摄纳的理想价值目标就愈多，距离应然状态就愈近；反之，立法原则相距理想价值目标则愈远。因此，城市精神的培育有赖于在立法过程中对普遍性的伦理价值准则的设定。而立法对城市精神的保障效力，与法规中所涵蕴的普遍性伦理价值目标息息相关。城市法律规范的逐步完备，使城市精神的培育得到更多的法律保障，有效的法制环境是建设城市精神的坚强支柱。城市法规使许多道德规范增强了制约性、可操作性，对人的行为具有更强的约束力，从而也就促进了人们遵守道德规范准则的普遍性和自觉性。

执法推进城市精神培育的效力主要表现在两个方面：一方面，遵循合法性、合理性、效率性原则的执法活动，其本身也就是社会普遍性价值标准和伦理原则在主体人的生活领域中的贯彻与体现，其对社会主体的道德影响不言而喻；另一方面，基于执法主体的特殊地位，执法者本身的道德境界与精神面貌起着示范和榜样效应。特别是基于行政管理的广泛性、复杂性，法的规定不可能面面俱到，给执法主体留有较大的自由裁量权，这时候执法者本身的道德素质便起到了决定性作用。因而，城市公务部门的道德建设对城市精神的培育发挥着独特的作用，而作用的发挥则有赖于执法过程的合法性、规范性、严肃性、一致性，有赖于对执法过程和结果有良好的法律监督，有赖于对执法者本身的法律监督。良好的执法可维系一种低度的道德水准，久而久之，当这种低度道德内化为执法者的自觉行为形成为一种稳固的心理定势与惯性行为后，就可以成为由道德他律转向道德自律，由低度道德向理想城市精神提升。

与公务员执法相对应的是社会主体的守法。守法的上乘境界是培育出社会主体对法律心悦诚服的信仰，构建主体完美的法律人格，推动法律人格向道德人格的置换与转化。因而，一方面，守法意味着守己；另一方面，守法的目的乃在于创建并维持理想社会状态和生活秩序，促成个体的自由全面发展与社会的进步，实现个体幸福与公共福祉的和谐统一。积极主动的守法，必然要求市民法治观念的提高。法治观念是依法治市的思想基础，建立法治观念的市民会依法办事，依法律己，依法维护自己的合法权益，具有运用法律手段同违法犯罪行为作斗争的意识。有了比较健全、完善的法律和制度，如果人们的法律意识和法制观念淡薄，再好的法律和制度也会因为得不到遵守而成为一纸空文。法律规范对市民的行为方式具有严格的规范和严厉的制约作用，同时对市民的城市精神的形成具有一种导向作用。法治观念是实行法治的要素之一，在推进法治过程中，人们法治观念意识的提高就能促使现代城市精神的培育。

司法是实现正义、人权、自由、民主、平等与效益等价值目标的最后保证，也是法运作过程的终点。基于合理性、正当性的法律本身已内涵社会普遍性的伦理价值准则，如果说对法律的违逆是一种"恶"的话，那么通过司法对恶行的矫正则是一种善。公证的司法导致一种好结果效能：使"恶人""恶行"受到惩罚和唾弃，"善行""善人"得到弘扬与奖赏。特别是随着现代社会资信业的迅猛发展，原本具有相当局限性、地域性影响的案件能通过各种传媒手段为世人所共知，从而随着司法影响的日益深远，其对社会主体的影响也日益加深。正是司法所造成的"好人不吃亏，坏人必受惩"的结果效能，客观上为普通大众开创了"向善"的良好氛围，为城市精神的培育提供了法的保障。另一方面，在司法过程中，合法的司法活动也能提升司法主体及其参与人的道德品质。司法工作不仅需要扎实的专业功底，也需要司法主体良好的思想道德情操。特别是对各种疑难案件的处理与解决，更是凸现了司法主体坚强的意志品质和良好的道德素质。而且，司法公职人员的示范性、表率性的特质，其对城市精神的形成更是发挥着独特的作用。司法活动的公正性、效率性离不开司法相关参与人的积极配合和大力支持；而完善法治状态下的司法则反过来又会促进参与者的主体精神的发挥，有助于他们培育良好的道德品质。就律师及其他法律从业人员而言，司法能培养其匡扶社会正义，关注个体权利的思想品质，吃苦耐劳、不畏艰辛的意志品质，不惧强权、实事求是、一往无前的行为品质。就证人及其他法律程序的相关参与人而言，完善的司法制度及其运作机制能为其提供一个自由真实地表达其言行思想的良好环境，能作到"实话实说，实话敢说"，从而培养其诚实、勇敢、正义的品质。所有这些，都是现代城市精神培育的坚实保障。

最后，现代城市法治化过程中逐步健全的法律监督和制约机制，在确保法律有效实施的同时，必将使法律的外在强制性转化为人们的道德自律性，从而有利于城市精神的培育。监督是法治的重要环节，实行依法监督，通过法律约束和监督机制促使司法机关公正司法，执法严明，行政机关依法行政，才能确保法律的有效实施。其实，法律实施过程本身也是一种重要的精神培育过程，即通过法的强制来建立人们道德上的内在自觉。由于我国目前法律监督机制的运作不力，一些执法者有法不依、执法不严、执法违法，导致了人们法治理念的淡薄。只有在强有力的监督之中，法律才能得到严格的遵守、公正的执行。加强法律监督，一方面使国家公务员、执法人员强化其职业道德意识；另一方面，市民在监督中也受到法制教育，提高守法的自觉性，增强法律意识，从而提高了自身的道德素养。

三、 促进城市精神塑造的法治发展战略

城市法治化是上海新一轮发展课题的应有之义，也是上海精神不可或缺的重要组成部分。办好世博会，推进上海新一轮的发展，塑造城市精神，必须有一个良好的法治环境。要创造这样的"软环境"，立法机构有责任，政府有责任，广大市民也应该积极参与。当依法治市不再只是人们美好的愿望，而成为各方普遍自觉遵行的原则时，上海城市精神的塑造才有了坚实可靠的保障，上海的独特魅力才能展现在世人的面前。

（一）城市法治建设的合理前提

城市法治建设是个系统的工程，而与城市精神培育关系密切的是立法、执法等法治的建设。就立法而言，其所立法规不仅考虑在立法领域的有效性，而且要考虑法规本身是否符合公正合理的要求，亦即法规要符合善法的要求。这对城市精神的培育至关重要。亚里士多德认为，正义应该是法律的化身和生命，它属于美德的一种。[①] 因为正义的法才能令人敬重，才具有遵法守法的普遍性，也才可能

---

① 亚里士多德.尼可马可伦理学 ［M］.苗力田，译.北京：中国社会科学院出版社，1999：96.

培育具有正义精神的人。"法治的根本目的是人的确证，是人格尊严和人性完美的追求。"① 中国传统社会法律意识的缺乏，与历史上法律中的民众弱权利性、非人性化设置有极大的关系。惩罚的意图大于拯救，严刑酷法无法深入人心，法律至上的观念也无从产生。城市法规应善的要求是对立法目的的考量，即使惩罚性的条款也应体现出其求善的本意。只有当人们认识到法是自身权益的守护神，才会拥护法、依法而行。立法目的的合理性也关系到法规的质量。过去在法治建设中，过于关注法规的数量，而忽视法规的质量，由于法的价值游离于主体的需要，从而导致公众对法的陌生感。与立法目的相联系的是，立法民主过程的问题。立法如何来促进市民的民主意识？在实践中民众要参与立法，也就是立法要听取市民的意见，反映民众的立法需求。从立法的良善目的出发，对那些不符合良法要求的且与时代不相适应的陈旧法要及时清理，在这个问题上，中央政府已作出了良好的表率。回到我们的主题，上海法治的立法工作要坚持立法目的研究，坚持城市法规立法目的和立法过程应体现上海城市精神要求，有助于城市精神的塑造。

立法的目的要通过执法来实现，因此立法的目的同样施用于执法的要求。执法是城市法治的重要内容，也是与城市精神密切关联的部分。大多数民众是通过政府执法来了解城市法规，城市法治对城市精神培育的作用也是通过执法的过程来实现的。执法能否体现法的目的，从而使法的价值观念展现出来是关键。现实执法中存在的问题是，相当一部分执法者在执法过程中不能正确表达执法的意图，甚至曲解了执法目的。不良执法必然损害法治的权威，因而也不可能对城市精神有所帮助，反而只有殆害城市精神的负作用。因此，执法是城市法治化不可忽视的环节。执法目的必须得到贯彻和正确实施，提出了执法人员的素养问题。从某种意义上说，执法人员及其行为是法的化身，执法行为传递着法的精神。正因如此，城市法治对执法人员的法律素质和道德素质都提出了很高的要求，要求执法者明确执法目的，把实现执法目的看作是至高的使命、基本的职责。执法人员良好执法不仅维护法的权威，同时也能促进城市精神的培育。

(二) 塑造城市风貌的法治

城市的风貌包括城市布局的风格、城市建筑的特色和城市景观，是一个城市外

---

① 葛洪义.法理学 [M].北京：中国政法大学出版社，1999：273.

观上的展示。城市风貌不仅具有实用性和外观上的审美意义，而且还能反映一个城市的历史演变、审美情趣和城市追求理念，是城市精神在外观上的体现。城市如何保持和发展其特有的城市风貌，涉及关系颇多，如城市规划的理念和水平、建筑设计的审美理念和水平、景观构思的灵气和文化意韵，这些往往取决于规划设计整体的精神智慧。要使上海城市风貌真正表现出上海人高超的智慧、高雅的情趣、博大的精神追求，除了这些素能本身的锻炼提高之外，还需要一整套相应的法规促其成功。

从上海已有的法规来看，城市建设和城市规划方面1998—2001年间出台了一些法规，这些法规大多属于治理方面的法规，如《上海市临时建设和临时用地规划管理规定》《上海市拆除违法建筑若干规定》《建设项目"一书两证"审理规程》《上海市城市管理综合执法暂行规定》等。这些法规在上海城市改造、制止城市脏乱差方面起了很大的作用。但是从上海新一轮发展要求来看，城建和城市规划仅仅靠现有的法规是远远不够的，应该制订城市发展较长远规划的法规。上海建设系统曾在1989年制定《1989—2000年上海市城乡规划建设管理中近期立法规划》，2001年虽然进行过修订，但尚不能适应上海未来10到20年发展的要求，而且立法层次较低。这一立法已迫在眉睫，这从上海近几年红火的房地产市场所暴露出来的问题可以见得。上海拆迁重建工程的快速进展，高层建筑如雨后春笋拔地而起。但是一笔笔房建败笔也由此而生。城市的轮廓线不见了，错落有致的城市景观不见了，历史文物景区遭到了破坏，自然原生态景区不复存在。有的建筑群由于设计不合理，还有可能带来城市灾害。城市交通规划有的缺乏合理性和长远眼光，如，有的环线之间不相通，有的过于狭窄，等等。在城市景观方面，没有文化内涵的城雕过滥，开墙透绿的一律化，含蓄和优雅没有了。这些问题的存在，很大的程度是没有法的干涉。有的是政府创实绩、急功近利所致，有的是利益竞争和所谓"创新"魄力所致。排除这些人为的干扰和破坏，只有建立相应的法。

上海一定要立法规定中长期城市建设发展规划，2010年是个规划段，2020年以至更长久的城市宏观设想，包括留有余地的设想。立法规定城市发展的长远规划在每届政府之间都具有延续性，使得城市的发展能够朝着一个既定的目标前进。这就需要将城市未来的发展方向做一个明确的规划，并写入城市地方的法规中来保障城市发展的延续性。立法规定城市长远规划产生的论证程序、立法规定与城市规划相关的建设区域设计布局、建筑楼群设计、单体高层设计的论证程序、以专家为主有市民参加的评价置疑程序，立法规定政府部门不当审批的法定责任，以法的力量阻止不符合上海城市精神的规划、建筑产生。

值得一提的是，城市政府关于建设和发展的决策过程必须法治化，建立公开、透明、合理的决策机制，实现依法决策，实现对政府决策行为的监督和制约。行政决策程序法治化最重要的一种制度就是行政听证制度。行政听证制度当然用于行政活动的各个方面，而在城市规划及其建设决策上的听证制度尤其重要。通过听证会制度来听取利益各方的意见，并在听取各方意见和建议的基础上做出决策。这样有利于实现决策的民主化和科学化，减少政府决策的偏差，保证城市的长远发展和市民的公共利益，同时促进广大市民参与公共事务的积极性，发挥其创造性，把城市作为自己的家园，塑造"城市精神"。听证制还能提高决策的效率和效益，这也体现了法治对于城市精神中"目标远大、精益求精、追求卓越和高效务实"的支持。

(三) 促进城市创新精神的法治

培育上海的城市精神，必须着眼于新的实践、新的创造。在全球化、信息化浪潮日胜一日的时代，上海进入了大发展、大变化的新阶段。建设经济、金融、贸易、航运和国际文化交流中心，提升国际化、信息化、市场化、法治化的水平，率先基本实现现代化，这是上海城市发展的新目标，是上海市民的新追求。新的实践和新的创造正在形成新的城市精神，上海要具有追求卓越的城市精神，其核心是要具有开拓创新的精神。开拓创新主要体现在科技发展和事业管理上。如果我们城市的法规旨在激励创新，开拓创新精神就比较容易得到培育、得到发扬。上海在知识产权竞争能力上，特别是参与国际竞争的知识产权创造能力还不够强。从专利上看，美日等发达国家在生命科学与生物技术、信息技术、新材料等关键技术领域占绝对优势。上海要成为国际大都市，要有创新精神，就必须在知识产权的激励和保护上法治化，通过知识产权的创新来体现上海的卓越精神。一个城市的知识产权是发展一个城市知识经济的重要基础。知识产权是科技、经济和法律相结合的产物，其实质体现了"知识"作为资源的归属问题，是一种激励和调节的利益机制，其对知识经济的发展有着十分重要的意义。正如有的学者所说，"知识经济时代也同时意味着知识产权的时代"。进入 WTO 以后，市场竞争的关键不是关税壁垒，而是技术壁垒，技术的壁垒后面是专利，不是一般的知识，是创新的知识，而且是法律化的创新知识。

上海城市要提高综合竞争力，必须提高知识创新、技术创新的能力和水平，拥有更多的知识产权。上海近几年专利申请数字虽然有所上升，但幅度不大。主要原因是：（1）原创专利少，创新水平低。日本每年发明专利申请达 40 多万件，美国 20 多万件，德国 15 多万件。IBM、杜邦、日立、飞利浦等大公司目前拥有有效专利数万件，如此多的有效专利成了他们雄霸国际市场最重要的资本。而我国全年的发明专利申请只相当于国外一个公司，差距非常大。在我国专利申请中，原创发明专利在总申请中不到 20％，这在相当程度上表明我国专利的创新水平较低。上海也同样如此。（2）专利激励机制不完善，科研人员产权保护意识不强，产权流失严重。每年有大量的科技成果因没有专利保护，而通过发表论文、成果鉴定、学术研讨、公开使用等方式而向国内外公开出去，知识产权的流失令人触目惊心。有人估计在过去 15 年的时间里，我国有 13 万项发明无偿地"奉献"给了世界各国。仅中国传统的中草药一项，由中国人研制开发并完善但却由外国公司取得专利保护的项目就有900 多项。上海也存在类似的问题。（3）重成果、轻专利的现象十分突出。在高校职称评定中，对科研成果、获奖情况比较重视，轻视专利，因为专利如果转让不出去就不能带来任何眼前利益。课题完成后，科研人员进行鉴定、报奖，不注重争取知识产权。2000 年，我国的论文数量已进入了世界第 8 位，而我国发明专利的数量大概是世界第 23 位，论文和专利之比是 81∶1。

创新精神是上海城市发展的生命之源。激发科研人员的创造力，推动城市的创新精神，城市法治责无旁贷。为此，可以在已有的《上海市专利保护条例》《上海市专利实施许可合同备案管理办法》的基础上制订出激励科学发明、鼓励专利申请、帮助（代理）专利获得方面的法规。高校是知识集中之地，上海市可以制定《上海高校知识产权保护条例》，作为特别法来完善创新体制：

第一，知识产权激励机制法治化。知识创新需要一套法律化的激励机制。最有效的激励机制莫过于确立产权的保护制度。专利权作为知识资本，是一种重要的生产要素，它对技术创新的激励作用主要体现在专利权人能从专利权的运用中获得丰厚的回报。由于在创新活动中存在个人收益和社会收益的巨大差距，如果产权得不到保护，个人的积极性就会下降，创新积极性只具有自发性，创新变成了惯例性活动。技术创新经济学的开创者熊彼特指出，一旦创新变成一种惯例性活动，创新便失去了作为经济增长发动机的意义。因此，好的制度选择会促使知识创新，不好的制度选择则不利知识创新。知识产权制度就是运用法律对创新知识进行产权归属界定和激励知识创新的重要制度。知识经济的核心是知识创新，知识是发展知识经济的资本，而没有知识产权的保护制度，知识资本就难以形成。没有这种资本，就形不成知识产业，知识经济也就没有了基础与活力。正是知识产权制度的这种作用，世界上170多个国家和地区都相继建立了知识产权的法律制度，它有利于知识的产生，有利于知识信息的扩散，同时能转化为现实生产力。

为此，要把专利技术作为生产要素参与分配的政策法治化，采用和创立灵活多样的分配方式，例如期权、技术入股、优先购股权试点等，以营造良好的发展高新技术产业发展环境，保障专利创新者获得高回报，激励科研人员从事专利创新的主动性和创造性。在根据专利权转让许可、专利权入股和专利实施等不同形式，合理确定其参与分配的方式和比例。武汉市规定，职务发明人可从专利权转让许可净收入中提取不低于30％的报酬；以专利权入股的，职务发明人可获得不低于该专利股权收益30％的报酬；由单位实施专利的，发明人可获得不低于该专利年净收入5％的报酬；在转让实施中作出主要贡献的人员所得的报酬，应不低于总额的50％。立法对高校的知识产权给予特别保护。鼓励高校知识创新、产权专利、提高高校专利利用率、转化率。

第二，研发机制创新的法治保护。科研开发要面向市场、面向企业、面向社会，使知识产权市场化、产业化，转变为第一生产力，创造更多的经济效益和社会效益。专利产业化的过程实质上是经济活动，要按照市场经济的规律来办事。高校作为我国专利的主要基地，为了促使高校的科研人员积极地将知识产权推向市场，保护发明人的积极性，优化利益分配机制，激发科技人员的创新意识，持续提高高校科技创新能力和水平，就需要有强有力的保护措施。如上海交通大学最近出台的一项新的政策，强调了利益导向的机制。他们教师评职称时一项获权发明专利就等同于在《科学引文索引》上发表的一篇论文，一项获权实用新型专利就等同于在《工程索引》上发表的一篇论文。这样就可以避免师生为了发表论文而丧失其产权新颖性，无法取得该成果的专利权，从而更加有利于知识产权的保护。上海的知识产权保护法规可以对类似的政策转化为法的认可。总之，城市法治通过保护知识产权来鼓励创新，支持创新、保护创新，使创新成为一种普遍的追求，成为我们城市的精神追求。

（四）培育城市公共意识的法治

城市公共意识是现代城市最基本也是最重要的城市精神，它包括城市环保意识、公共秩序意识、公共参与意识、公共扶助（慈善）精神、公共管理部门和公共服务部门的敬业精神，以及良好的公共行为习惯。

城市生态环境建设和优化是未来城市建设和城市管理的重点。环境建设要体现人和自然的和谐，达到天蓝、地绿、水碧、气洁。上海在申请世博会时提出了"城市，让生活更美好"，要实现这一目标，必须把环境纳入法治化的轨道，依法治理环境。城市生活环境与市民的生活息息相关，同时又是城市精神的写照。只有实施城市环境保护法治化，用法来规范市民的公共行为，才能培育起市民自觉性的环保意识。第一，立法建立环境影响评价公众参与制。我国《环保法》第十二条、第十三条中对环境影响评价制度作了原则性的规定，但其主要适用于建设单位和环境保护主管部门，并无公众参与的具体规定，这使得长期以来公众无从参与环境影响评价。然而，国外许多国家都将"公众参与"作为环境影响评价的必经程序，法律规定要举行"公众意见听证会"。如美国1969年《国家环境政策法》中也规定了"环境影响评价"制度，其中大部分条款同公众参与有关。其他国家也规定了公民在行使自己对重大拟议行动决策的否决权。上海完全可以借鉴国外的先进制度，在环境影响评价中引入公众参与机制。立法对公众参与的程序、公众表达意见的处理、公众意见的效力等详加规定。在环境影响评价中，尤其应该注意发挥专家的作用，团体组织的作用，注意听取有利害关系的当事人的意见，努力使建设项目的经济效益同社会效益、环境效益相一致。第二，垃圾处理法治化。上海可以出台一个规定，根据垃圾的产生源不同，分为生活垃圾、工业垃圾和建筑垃圾，垃圾的收集有一套完整的体系，何时何地收集何种垃圾都应该有明确的规定，公民也应该自觉的将垃圾进行分类，送到指定的地点，分类回收。垃圾的回收利用既减少了垃圾的总量，也回收了有用的物质。现在居民点三色垃圾箱已经出现，但由于没有明确的法规，居民自觉分类的很少，三色垃圾箱成了摆设。立法和执法管理，才能提高居民分类垃圾的公共意识。第三，立法促进清洁消费。遏止城市污染，除了现有的治污法规以外，还要立法引导和鼓励企业清洁生产、居民清洁消费，努力做到增产不增耗、增效不增污；实施废弃物资源化，使废弃物尽可能转入新的经济流程。清洁消费就是要在全社会倡导环境意识、资源意识，这是上海城市精神的重要组成部分。

城市公共精神的其他方面，上海都已有相应的法规。目前的问题是执法效果的问题。上海人乱穿马路为城市一景，这与上海大都市的形象实在不相称。究其原因之一，乃是执法不力、执法不持久。这就要建立使执法者"执法必严、违法必究"的规定和执法考核机制，通过他律的强制，强化市民的公共规则意识，规范公共行为，养成良好的行为习惯。为了倡导城市公共道德精神，鼓励城市志愿者活动、慈善救助义举、见义勇为、违法举报，以及各类献爱心活动，可建立《城市公共善举奖励规定》，以法的权威来弘扬城市良善精神，使上海人不仅拥有一个美丽的城市家园，同样拥有一个美丽的精神家园。

(五) 提升城市文化品位的法治

城市的文化品位是城市品位之内涵，亦是城市精神之魂。倘若缺乏文化品格，上面所述的城市精神则是毫无生气的，暗淡无光的，也难以给发展中的城市强有力的精神支持。因此，塑造城市精神的一个重要任务是提升精神文化品位。城市的文化品位由两部分组成：一是城市文化的创造力，二是城市文化的品格质量。上海城市发展既要追求文化的创造力，为社会提供更多的文化产品，同时也要追求文化产品的质量品格。上海历史上曾有过"海派文化"的辉煌，全国乃至世界的文学名家、理论高手、著名学者荟萃于沪，思想闪烁、精品叠出，为上海这颗"东方明珠"增添无限的光彩。今天，上海在文化建设上也有不少大手笔，但是相对于经济建设的步伐、相对于城市未来发展的要求，上海城市文化品位还有待于进一步提高。如，上海的图书馆、文化馆、博物馆的拥有率在世界大城市中是比较低的；上海缺乏吸引艺术人才的机制，它有演出市场但缺乏表演艺术家，艺术精品不多；上海的学术气氛远不及北京，难以产生一流的理论家、文学家、科学家，难以产生原创的思想；上海是旅游城市，但文化旅游的市场尚未完全发掘。

上述问题非一日之形成，亦非一日可解决，但世博会的开办必须加快文化建设的步伐，法治应助一臂之力。从上海已有的管理法规来看，主要是消极地查禁那些违法的文化行为，这当然也是规范文化市场所需要的。但是，正是缺乏精品文化去占领市场，才使那些低俗之品泛滥市场。如果我们的法规能鼓励优秀作品，为创作好作品提供法律援助，那么文化精品多了，粗制滥造才没有市场，上海文化品位才能获得提升。建议根据上海的实际，立法鼓励开办文化场所、组织文艺团体，包括允许私人投建；立法提供宽松的思想交流和文学艺术创作的环境，根据"百家争鸣、百花齐放"的原则，鼓励出思想、出精品、出人才；立法开放上海的名人故居、历史古迹、文化艺术场馆；立法规定基层政府对社区文化、群众文体活动给予实质性的支持；立法推动上海民间收藏活动的交流、民间书画篆刻摄影等各类艺术的交流，培育上海人健康高雅的艺术情趣，提升上海人文化修养层次，从而提高上海城市的文化品位。

论上海城市精神的审美价值[*]

一

20 世纪 90 年代提出的上海城市精神，在申博成功和新一轮的城市发展的鼓舞之下，在申城掀起了又一轮讨论高潮。在这场大讨论中，上海市民以自己的智慧、道德情怀描绘上海城市美好的形象，揭示和提炼出上海城市之魂——城市精神的内质，形成上海人共同追求的精神理念。上海城市精神的美学意义基于对上海城市精神的确切把握，因此不可回避的问题是：上海城市精神究竟是什么？然后才能讨论上海城市精神的审美价值。

上海城市精神究竟是什么？上海应该具有什么样的城市精神？这两个问题实际上提出了城市精神讨论中的两个视角。

第一，上海城市精神的历史性。城市精神的思考必须尊重历史，上海的今天是昨天的延续，精神文化不可能一蹴而就，而是由历史积淀而成。城市精神是城市优秀文化积聚的烁光。从上海城市的历史发展来看，上海城市精神的孕育既有轰轰隆隆的历史事件的铸就，也有日常生活的绵绵渗透；无论是政治的抗争，还是经济的发展，抑或是文化上的创造，都是上海城市精神的源泉。但是上海的历史告诉我们，上海曾经历过一百年屈辱的历史。屈辱当然能爆发出文化的力量，但是屈辱也会形成奴化意识或特殊的文化性格。显然，后者不属作为优秀文化的城市精神的内容，在回溯总结上海城市精神历史演变中应注意两者的区分。

---

* 余玉花.论上海城市精神的审美价值［M］.现代都市之美——上海城市建设的美学思考.北京：群言出版社，2005.

第二，上海城市精神的现实性（面向未来的现实追求）。回顾历史是为了现实。上海城市精神的历史考察，可以使我们了解上海城市精神形成的条件和过程，通过精神文化的疏理对城市精神的内涵有更深刻的思考，有助于我们进一步丰富和深化新时代的上海城市精神。但上海城市精神应着眼于改革开放中所提出来的新时代的城市精神，并且是面向上海未来的，因而它不是上海历史上精神文化的简单概括，虽然上海城市精神的概括始终不能脱离历史形成的"实然"基础，但其内容本质上是应然的，具有价值导向的。

应该看到的是，城市精神并不为上海所独有，大凡城市，特别是国际性大都市都有城市精神风貌的追求，而这种追求往往与时代精神相一致，这使现代城市的精神具有一些共同的特征。如城市的民主与开放、自由与包容、理性与求变等。上海作为世界城市，应当拥有这些现代城市的共性精神，这是上海走向世界，与其他国际城市对话的精神底气。但另一方面，上海就是上海，它应有不同于其他城市的独特品性和精神形象。

无疑，较世界其他大城市，上海是独特的。其独特在于，上海独特的地理位置、历史文化传统和经济发展成果，这些注定了上海城市精神是博大而精深的。她面向太平洋，背靠长江，西临太湖，显赫而优越的地理位置赋予她海纳百川的胸怀，放眼全球的眼光和含蓄深邃的理性。上海自古隶属江浙，处于"上有天堂，下有苏杭"的长江三角洲中点，沿袭了吴越文化、苏南文化，近现代以来，在融合了西洋文化的基础上形成了独具特色的上海文化。如今上海已是中国最具代表性的现代化城市，其基础设施建设、综合经济实力、教育科技文化水平都使她有实力追赶世界上超一流的纽约、伦敦、巴黎、东京四大国际大都市。上海城市正是由于这样特殊的发展轨迹，使得她在中国成了与众不同的一个城市。虽然作为中国最大的租界，永远是一段痛史，但是受西方文明的影响，租界作为当时国内最自由最开放的一个区域，接纳来自中国乃至世界各地的不同文化不同种族的人，使上海拥有了海纳百川的气度。上海愿意去接受外来的人以及外来的文化，使得上海早在20世纪初就成为中国的一个文化中心，孕育了在中国近代文化发展中影响颇大的"海派"文化。同样在现今，正是上海拥有的这种气度，使得她成为中国经济发展的前沿，诸多的国内外大公司纷纷把总部或者地区总部迁入了上海或者来这里投资，他们所看中的也正是上海所拥有的浓厚的中西方文化的底蕴和统领中国走向世界的这种气度。

作为中国的老工业基地，上海代表了中国最正宗的"工业文明"，是中国近代工业的发源地。可能正是在这种工业文明的作用之下，上海是一个精益求精、追求卓越的城市，这种精神突出体现在近年来上海在城市建设和发展上。上海的东方明珠、金茂大厦、上海大剧院、上海博物馆和杨浦大桥等都作为精品工程成为新上海的标志，这在某种程度上也体现了上海城市的一种精益求精、追求卓越的精神。上海作为现代中国的经济中心、金融中心和贸易中心，上海生活是快节奏的和紧张的，生活在其中的人是勤奋的、努力的。今天漫步于上海街头，你会发现几乎所有的人都行色匆匆，人们都在勤奋努力地工作着。同样，如果你停下脚步看看身边的城市，就会发现变化是如此的快，感觉谁都跟不上她的节奏，在这里很容易感受到一种奋发向上的氛围。因而，上海也是一个奋发向上的城市。与此相联系的，上海也是充满了激情和活力的城市，她也在不断的开拓和发展中展示了她独有的创造力。尤其在近十年的发展中，上海充分发挥了她的创造力，取得了巨大的成果。勤奋进取、开拓创新是新上海城市的精神。

　　引领时尚潮流也是上海城市的一大特性。地处中国东南一隅的上海正好处在中国文明与世界文明的交汇处，中西方的文化在此碰撞，上海不仅是多种文化共生共溶的场所，也是国内最先感受到世界文明和时尚潮流的地方，引领时尚也是上海城市的一个精神内质。可见，上海能够从一个边隅小城迅速发展成为一个世界级的大都会，在精神上主要依靠的海纳百川的气魄，即一种开放精神，精益求精、追求卓越的精神，奋发向上、开拓创新的进取精神和引领时尚的精神。

二

　　在上海城市精神讨论中，对上海城市精神价值意义的评价主要是道德的、经济的和政治方面的，这自然是无可非议的。而从美学的视角来看，上海城市精神是否具有审美价值呢？其审美价值体现在哪里？这正是本文所要论证的问题。

　　首先碰到的问题是，上海城市精神能否成为审美的对象？如果上海城市精神不具有审美对象的基本要素，即不能成为一个审美对象，那么其审美价值则无从谈起。著名的美学家蒋孔阳在他的《美学新论》中提出，要把美（即审美）与美的东西（审美对象）区分开来。在什么是美的东西的问题上，他认为形式是美的东西的基本要素，是产生审美感受的重要条件①。形式，就其本身内涵上看，是内容的载体，具有物质性或形象性的特点。如天空之美，其形式条件是，有广袤的空间、云朵和色彩等；而数学之美，必须有数字及其组合等。缺乏形式条件，则无所谓美的东西，自然就谈不上审美了。据此来看上海城市精神。无疑，上海城市精神是一种意识性的表述，其抽象的意味十分浓重。这是否意味着上海城市精神就不能成为审美对象、不具有审美价值了呢。当然不能作如此简单的推理，因为思想也可以有其美，不过要有其依着的形式来表现。这里存在着对城市精神的"精神性"内涵的理解问题。

城市精神固然是一种理念，一种价值追求，但对一个城市而言，其精神理念应当能外化的，能为人感觉得到的，城市的精神软件是能够在城市的硬件上体现出来的。以此而见，城市精神是城市多方面精神文化的集合体，体现在三个层次上：第一，理想层面的。城市精神表达市民对城市未来的理想寄托，因而它是超越现实的，是激情与理性的结晶，构成城市人理想性的精神动力。它的外化形式是城市的道德风尚、城市各种文化产品以及制度性的文化。第二，器物层面的，是凝聚在城市建筑、城市布局、城市景观中的文化内涵。第三，城市公共生活层面的，是体现在政府公共管理活动中的目的指向、城市人公共交往的文明方式和文明程度、城市人公共生活的文化品位、城市人公共行为习惯等。总而言之，城市精神就是城市诸方面风貌的体现。上海城市所应有的海纳百川的气魄、开放的胸襟、精益求精、追求卓越的态度、奋发向上、开拓创新的进取心和引领时尚的精神，只有在城市的外貌、城市生活的方方面面展现出来时，也就形成了审美的对象，同时也蕴涵了审美价值。

但是，当我们论证上海城市精神有所依着（实际上就是城市形象），使其具备审美对象的形式要素时，并不意味着其已经具有完美意义上的审美价值。现实存在的形式要素的东西比比皆是，但不一定就是美的东西，自然也不存在审美价值。作为审美对象的上海城市精神，其审美价值的存在，关键在于上海城市精神本质上包含着美的意蕴。

首先，独特性是城市精神美的魅力所在。上海的城市精神无论是物质形态的还是精神形态的，必须是具有上海个性的城市精神，才能闪耀其独特的光彩。参阅世界上一些著名的大城市，城市所焕发的精神风貌通常与城市的特征融合统一的，如

---

① 蒋孔阳.美学新论［M］.北京：人民文学出版社，1993：68.

纽约的豪放自由、巴黎的时尚浪漫、柏林的严谨不苟、墨尔本的典雅温和、伦敦的绅士高贵，从而使城市各显异彩。上海城市精神也应从上海的城市个性中获得提炼。从前面提炼的上海城市精神中，最能概括上海城市特点的是卓越精致和海纳百川。这两点都是与上海城市独特的地理位置、独特的历史演变和独特的文化分不开的。上海人喜欢上海，不愿离开，国内其他省市的人包括港澳台同胞、国外朋友也喜欢上海，选择在上海工作和居住，盖因于上海这种独有的城市气质的吸引。因此，在上海城市精神独特性中展现的是这个城市的环境美。这里的环境要作广义的理解，不仅仅是物理空间上的、物质形态上的，而且包含着人文的环境，其中人群的构成、城市人的生活模式和人们交往的形态，都是城市环境的景观，都能激发美感，引起审美的感受。

其次，上海城市精神内涵体现着城市的理想之美和追求之美。上海城市精神的内涵固然有其形成的客观条件，包括历史文化的积淀，但作为精神文化更体现的是上海人对城市发展的理想追求。上海城市精神从其本质来看，是跨越现实、面向未来的。不可否认，尽管上海城市拥有很多城市的优点和优势，但客观上还存在许多不尽如人意的地方，甚至某些优势恰恰导致令人反感的结果。如上海人的地域文化优越感。这种特殊的文化心理不仅与中国传统和文化有冲突，而且容易造成其他地区的人对上海人的反感，不利上海城市的发展。因此，上海城市的精神文化必须突破原有的城市文化心理，追求更文明的城市精神文化。如，海纳百川精神所内含的开放、平等、自由、包容等要求，应该成为上海城市和上海人追求的精神目标。对于一个城市来说，理想意味着美好的未来，理想的追求才可能使城市不断超越现实，向更高更好的目标进发。从审美的立场来看，理想的超越性和自由追求正是美之所在的要素之一。因为，正是城市理想给予人美好的想象，正是追求才能激发城市人美的创造，理想和追求展示的是城市精神之美。

再次，上海城市精神蕴涵着创造之美。创造美是人的活动美。创造活动之所以有审美价值，主要体现在两个方面：一是创造活动的过程，二是创造活动的结果——物质性和精神性的劳动产品。前者表现为动态美，后者表现为物态美。而一切创造活动都是活动主体创造理念支持下的结果，由此创造性的理念通过创造活动而体现着精神美。上海城市精神中的开拓创新精神对于上海城市发展是极为重要的精神力量，是城市创造活动的精髓和强大的动力，尤其在我们这个城市竞争空前激烈的时代里，开拓创新的创造精神更显得珍贵和崇高，令人崇敬和激奋。

除此之外，上海城市精神中还有浓浓的情感美、和谐的关系美、高雅的情趣美。上海城市精神虽然以精炼的话语予以表述，但短短的几句话里不仅包含着丰富的思想内涵，还倾注了上海市民对自己生活城市的深情厚意，是一种对家园无比眷恋和珍惜的情感，是充满自信和责任的情感，是甘于奉献的情感。正因如此，上海城市精神才产生强大的凝聚力量，团结全市市民为城市发展献计献策、无私贡献。以海纳百川为特征的上海城市精神在人们眼前展现的是一幅城市人交往热情、合作愉快、志愿公益、互帮互助的城市关系美图。而宽容自由、积极奋斗、健康向上、引领时尚、追求卓越的精神中包含着高雅的审美情趣，陶冶人的情操，提升人的素养。

最后，就上海城市精神整体来看，其审美意义在于上海人的精神美。城市一般由两部分组成：一是物质形态的城市，二是人及其活动的城市。后者是城市的主体，人的活动从某种意义上说就是城市的活动，因此城市人的活动决定着城市的状态和发展方向。人的活动也可以分为两种：一是生存意义上的活动，二是创造理想生活环境的活动，那是在某种精神理念指导下的活动。后者造就了城市，尤其是现代城市。美是什么？美是人的本质力量的对象化。对城市而言，缺少了城市人的精神力量则不可能有美。可以说，是城市人的精神之求，造就了城市的物化之美和气质之美，使其有生机、使其有神韵、使其有节奏、使其有色彩。所以，精神美是统帅之美，具有宏大、神奇、崇高等美的特征，令人赞叹和景仰。

文化自强与和而不同[*]

文化自强是文化主体性的核心要素，也是全球化时代中国文化现代化的课题之一。提出文化自强的问题，首先基于我国现代文化还不够强的现实，而文化的强弱与国家现代化水平息息相关。现代化是国家全面进步的过程，它不仅是经济物质形态方面的突飞猛进，同时包括着文化精神形态的现代励进。中国作为后发性的现代国家，文化自强的重要性尤为突出，从文化主体性的视角出发，传统文化"和而不同"的文化理路或许可以给予有意义的启迪。

一、文化主体性的核心是"文化自强"

文化主体性是一个国家文化主体意识的体现，一般被表述为文化自觉、文化自信和文化自强三个方面，这三方面是一个密切关联的整体。但在文化主体性讨论中，文化主体性的话语似乎更多集中于"文化自觉"。"文化自觉"是文化自我反思性的主体意识，包含着文化的"自知之明"和自我省察。文化主体性之所以突出文化自觉的问题，其原因在于当代中国文化主体性问题提出的时代背景，是中西文化比较和中国文化遭到西方文化强烈冲击所致。虽然今天国运与百年前已有天壤之别，但是强国之路如何走下去依然是绕不开的问题。当西方思潮浸渗到中国经济社会各个方面，中国文化是传统文化的现代化，还是西方文化的同质化，这是中国文化主体性面对的现实问题。

我认为，在文化自觉的前提下，文化自强是当代中国更为迫切的文化主体性课题。

---

* 余玉花.文化自强与和而不同［J］.探索与争鸣.2014（10）：36-38.

第一，从文化主体性的结构来看，文化自强在文化主体性中占据核心的地位。首先，在文化主体性的所有要素中，文化自强是具有核心意义的要素，它是衡量文化主体性强弱的标志。文化自强就是文化的进步与现代化，中国民族文化才能在世界文化的舞台上独树一帜，成为世界文化的组成部分。其次，文化自强是文化主体性中的目的性要素。文化自强的目的即实现中华民族文化的复兴。文化自强的目的性要素还体现在其时间指向的独特性。文化自强的主体活动既是当下的又是面向未来的，未来性也体现了文化自强的目的性。再次，文化自强包含文化自觉和文化自信的内涵。文化自强，一是具有强烈的求强文化目标，而求强必然包含自知，认识到自身存在的缺陷和不足，与现代文化发展要求的差距，正是这种文化"自知之明"和文化自我批判的勇气，才会产生变革文化、创新文化的求强意识。如果自认为天下第一，没有自我反思的精神，则不可能有求强的要求。二是文化自强必须靠自己发奋的意识。这种意识就是民族文化独立的强烈要求，包含文化自信，是对民族文化传统的独立自信，是文化自强的信心。自强必然在自信的基础上才能形成，没有自信则永远不能提出自强。

第二，文化自强的意义在于其建设性，这是当前中国文化发展最急迫的任务。各种文化反思和文化批判，最终要落在文化建设上，这是最务实的文化活动。文化自强的本质是建设性的。文化自强虽然也是一种文化思想意识，但它不应是一种空谈议论，而是一种必须落实于积极行动的文化意识，正是在这一点上文化自强具有建设性意义。

文化自强实施于建设，一是需要探索与谋划。如必要的文化摸底，真正了解中国文化主要弱点，明确文化建设的重点是什么，有的放矢地开展文化自强活动。又如，文化建设不同层面的规划与设计。文化建设是个复杂的系统工程，涉及面广，结合点多，文化建设也有自身的规律性，因此规划和设计的科学性和合理性就显得非常重要。二是文化创新。文化创新是文化自强的应有之义，也是文化自强最重要的建设性要素。目前制约我国文化自强的一大问题就是文化创新尤其在基础性方面的文化创新不足，因此鼓励文化创新、支持文化创新是文化自强艰巨的建设任务。

二、文化自强的现代思路

中国人的传统文化精神是"自强不息""和而不同"，这些都是具有建设性意义的文化意识。中国引以为傲的是中国文化的文脉始终未断，这与中国文化的建设性特点密切相关。

"和而不同"的文化思想产生于久远的古代，但它的文化生命力穿透历史的时间隧道，至今仍具有文化催进的价值。在全球文化开放的情况下，中国文化如何自强？这个问题涉及到如何对待中国传统文化，如何对待他族文化，如何对待当今国内多元文化的问题。"和而不同"建设性的文化思想，可以开拓文化自强的现代思路。

首先，文化自强必须坚持中国文化主体性地位。不可否认，全球化发轫于西方，西方文化在现代文化浪潮中占有强大的优势甚至文化霸权，把文化的触角伸向世界各国。在这样的态势下，文化自强坚持文化"和而不同"，就是要坚持中国文化的独立性和不可取代性。在文化自强过程中始终不能失去民族文化自我，不能失去中国文化的独立性和自主性。坚持文化的主体性地位，只有在传统文化的根基上长新芽、发新枝，才能壮强中国文化的主体性。

其次，以"和而不同"的态度吸收他族文化的优秀成分。"和"不仅仅指不同主体之间的共处，还有相合、相融之意。中华民族自古有好学、接纳先进文化的传统。东晋高僧法显印度求法、唐僧玄奘西天取经即是著名之例，他们的努力使经过中国化的佛教成为中国文化的重要组成部分。而20世纪早期以俄为师、接受马克思主义理论，更使中国文化发生了科学性的变革。吸收各种他族优秀文化，不仅丰富了中国文化宝库，也有助于中国文化的发展。因此，现代化进程中的中国文化自强，并不排斥他族文化包括西方文化，而是与世界文化通过平等交流、融通来实现中国文化的优化和进步。

再次，"和而不同"实现多样化的文化发展与主流文化的引导。今天的人们往往对多元化持有复杂的矛盾态度。忧者担心西方文化借此侵蚀中国文化，担心多元文化将削弱主流文化的抗击力度，从而影响中国文化自强。这种担忧无疑体现为一种文化责任。但是，我们更倾向于对多元文化积极的认识观点，"和而不同"就是积极的文化发展思路。多元文化既是现代文化发展的趋势，亦是文化自强的目标。"和而不同"的实质就是多样性的反映和多样性和谐的追求。因为多样性即"不同"，这是文化能"和"的条件。

不过，"不同"只是事物多样性、个体独立性存在的客观表述，而非价值意义上的评判。事实上文化之异是复杂的，虽然各种文化都有其存在的理由，但是不同文化对社会发展的影响确实有优劣好坏之分，因此文化之和是有讲究的。对"和而不同"的现代解读，应该将"和"理解为多样性文化中起主导性作用的核心文化，能够把多样性"和"起来的文化。需要指出的是，主导性文化不是同质化的文化，文化主导的目的不是为了达到完全的"同"、一致的"同"，"不同"仍是主导文化所尊重的文化共存。主导性文化的使命是引导文化发展的方向，如社会主义核心价值观就是具有引导功能的价值文化。但是，作为主导性的价值文化必须具备凝聚性、共识性、包容性的文化因子，才能在"不同"的多样性之中达到"和"。只有具备了凝聚性、共识性、包容性因子的文化才能具有文化自强的主体性作用。

追求社会性别公正　破解女性发展困境[*]

性别公正是社会主义应有之义。社会主义社会的性质决定了社会主义必然包含性别公正，社会主义的历史使命决定了社会主义必须包含性别公正，性别公正是社会主义社会的价值目标之一。性别公正作为历史范畴，在不同的历史阶段性别公正的主题有所不同。当今中国性别公正主题是在现代化过程中男女能否平等共同发展的问题。现代女性发展首先是女性发展权的问题，现代女性在发展中所遭遇到的是经济利益与性别公正的矛盾，解决这个矛盾需要引进政府的公共政策，来破解女性就业与事业发展上的性别障碍和生育难题，实现社会性别公正，促进女性全面发展。

一

中国现代化事业在推动中国社会发展的同时也推动了中国妇女的发展，在中国现代政治、经济、科研等各条战线上都活跃着女性的身影，中国妇女在中国三十多年改革开放发展奇迹中贡献着女性的智慧与力量，是社会主义现代化发展不可缺少的社会力量。然而，现代化是一把双刃剑，现代化对于女性的负面作用也是显而易见的：激烈的竞争不仅再一次将女性推向弱者的地位，就业性别歧视普遍化是不争的事实；而且将女性发展与婚姻、家庭对立起来，为了事业和竞争，年轻的女性骨干不敢恋爱、不敢结婚、不敢生子的情况时有所闻。女性在现代化之路上所遇到的发展之困，其实质就是女性发展过程中所面临的性别不公，在一定程度上反映了当下社会男女两性的不平等。换言之，社会性别不公，是限制现代女性发展的主要障

---

*　余玉花.追求社会性别公正　破解女性发展困境［J］.上海妇女，2013（04）：22-23.

碍。因此，促进社会性别公正才能破解女性发展困境。

性别公正是社会衡量不同性别（即男女）获得社会待遇的合理程度的价值指称，是男女性别关系比较结果的社会性判断。性别公正可以从几方面来理解：第一，性别公正指的是男女性别关系的社会性比较。男女性别关系一方面是社会构成的最基本的条件，另一方面男女性别关系又与社会的经济政治活动、私人的家庭活动形成复杂的联系，因此，性别公正是一个较为特殊的价值评判领域。第二，性别公正中男女性别的社会性比较的内容就是不同性别所获得的社会待遇，社会待遇包括社会地位、社会人格、利益与权利等。社会待遇的比较能够反映性别之间的社会平等度、获益度和回报度，因而能够衡量出男女性别之间的社会公正度。第三，性别公正是一个历史的变动的价值概念。性别公正是不同性别在社会性活动中所体现的价值关系，随着社会性别价值关系产生的社会条件变化，性别公正的目标、性别公正评判的标准、性别公正实现的条件也会发生变化。第四，性别公正是因性别存在不公正而提出来的。从理论上说，性别公正不具有特别的指向，无论男性或是女性在性别关系上都可能有公正的诉求，但从历史与现实的客观实际来看，性别公正主要还是基于女性的社会待遇差于男性并呈现出不合理而提出的。因此，性别公正是一个女性价值追求的课题。

性别公正或性别平等是妇女运动追求的主要目标之一。虽然性别公正的概念出现得较晚，但是，无论是早期妇女运动提出的"妇女解放"的口号，还是近年领翘妇女理论的社会性别理论，其背后隐含的核心价值就是追求社会的性别公正。公平正义是社会主义社会的核心价值，在公平正义的价值序列中必然也应当包含着社会性别公正的内容，不然，公平正义的价值将是不完善的。不仅如此，性别公正与社会主义有着天然的联系，可以说，性别公正是社会主义应有之义。

首先，社会主义必然包含性别公正，这是由社会主义社会的性质决定的。社会主义是什么？社会主义首先是没有阶级压迫和剥削的社会，是人人平等和自由发展的社会。恩格斯认为，社会主义就是通过无产阶级革命，解决资本主义的矛盾，从而使所有的人"成为自己的社会结合的主人，从而也就成为自然界的主人，成为自身利益的主人—自由的人"①。可以说，使每一个人成为社会和自我的主人是社会主义最本质的

---

① 中共中央马克思恩格斯列宁斯大林著作编译局.马克思恩格斯选集：第3卷［M］.北京：人民出版社，1972：443.

特征。作为社会一半成员的女性理所当然与男性一样也是社会与自己的主人，如果女性难以成为社会与自己的主人的话，那么这个社会就不是马克思主义的社会主义。女性与男性同为社会主人这一点决定了社会主义必然包含着男女平等与性别公正的价值要求。

其次，社会主义必须包含性别公正，这是由社会主义的历史使命决定的。社会主义的历史使命要求社会必须追求性别公正。社会主义不仅仅是一种美好的理想，而且是实实在在的建设事业，而建设社会主义的宏伟大业必须要有广大女性的参与才能成功。1998 年，江泽民同志在同全国妇联新一届领导成员和妇女八大部分代表座谈会上充分肯定妇女在中国社会主义现代化建设中的无可比拟的力量，他说："实现现代化，把我国建成富强民主文明的社会主义国家，需要全国各族人民包括各族妇女的共同奋斗。没有广大妇女的积极参与，我们的一切事业都不可能取得胜利。"[1] 而妇女能够发挥其参与社会主义建设作用的前提，是社会对妇女参与社会主义建设重要作用的认可与尊重，那就是要扭转历史上男女两性不公正的社会待遇，实行男女平等与性别公正。列宁在《论苏维埃共和国女工运动的任务》一文中指出："社会主义社会建设这件事，只有在男女完全平等的时候，只有在妇女摆脱了这种琐碎的、使人愚钝的非生产性工作而同我们一道从事新工作的时候，才能开始进行。"[2] 没有性别公正，也就不可能有社会主义的成功，只有在性别公正的前提下，才能把社会主义推向前进。正因如此，社会主义应当将追求性别公正作为社会主义价值目标之一，运用一切手段去推动和实现社会性别公正。

二

性别公正作为社会主义的价值目标，从新中国建立之日起，党和政府就非常重视中国妇女权益，致力于推动社会性别公正。早在 1949 年中国人民政治协商会议第一届全体会议通过的《中国人民政治协商会议共同纲领》中的第六条专门设定妇女权益的条款，规定"妇女在政治的、经济的、文化教育的、社会的生活各方面，均

---

[1] 江泽民邀请妇联新一届领导成员和妇女八大部分代表座谈时指出——解放思想实事求是自强不息艰苦奋斗　妇女能够创造出无愧于时代光荣业绩 [N].人民日报，1998 - 09 - 11 (1).

[2] 中共中央马克思恩格斯列宁斯大林著作编译局.列宁选集：第四卷 [M].北京：人民出版社，1960：73.

有与男子平等的权利。实行男女婚姻自由"。改革开放以后，国家"坚持男女平等，始终是我们促进社会发展和进步的一项基本国策"。在现行的宪法中不仅规定了"中华人民共和国妇女在政治的、经济的、文化的、社会的和家庭的生活等各方面享有同男子平等的权利"，而且还在工作报酬、干部培养与选拔、计划生育、抚养教育子女、养老保障等多方面实施对妇女权益的保护。在法制的保障下，中国妇女的社会地位不断提高，性别公正的程度也达到了历史的高度。

然而，性别公正作为社会历史范畴，是一个包含着多种社会内涵的价值概念，在不同的历史阶段，性别公正的价值阈也有所不同，性别公正价值的内容也会具有某种倾向性，这种价值的倾向性往往反映了该时代性别不公正的突出问题。在马克思主义创立的时代，性别公正体现的是政治问题，甚至性别公正就是一个政治概念。马克思关于男女平等、性别公正的理论与社会变革的理论相联系。马克思主义认为，私有制是妇女受压迫的根源，因此，妇女的解放与公正权利决不是女性单独的事，首先是整个阶级的任务，妇女只有与男性被压迫者一起推翻私有制度才能实现妇女解放。另一方面，妇女的斗争不仅是妇女解放的必要条件，同时也是阶级解放的重要条件。正如毛泽东所指出的："全国妇女起来之日，就是中国革命胜利之时。"[①] 但是，从阶级斗争中妇女获得的只是政治上的解放，尚未从父权的奴役下解放出来，因而政治解放仅仅是性别公正的第一步，政治上翻身的妇女还面临着人身自由与生产力解放的问题。新中国建立后当时性别公正的主要任务是解决妇女的人身依附性的问题。由于几千年的封建制度，男尊女卑的性别评价使中国女性一直没有社会与家庭的主体地位，依附于男性，甚至没有人身自由，当然也没有婚姻自由。所以当时的性别公正就是女性挣脱人身的锁链争取女性的独立自由来追求男女平等和妇女的社会地位。20 世纪 50 年代后期，性别公正体现为解放妇女生产力的问题，大批妇女走出家庭，参加社会经济活动。参加经济活动使妇女有了独立的经济来源而获得真正意义上的女性独立和家庭财产的支配权、家庭事务的发言权；同时，妇女在社会经济活动中的巨大贡献也体现了女性推动社会主义社会发展的社会价值，促进了中国的性别文明，促进了性别公正。

进入 21 世纪，中国性别公正的主题与 60 年前相比有了很大不同，虽然还存在

---

① 中华人民共和国妇女联合会.毛泽东主席论妇女 [M].北京：人民出版社，1978：10.

着某些女性依附的残余，如所谓"干得好不如嫁得好"，但是妇女的人身自由与妇女走出家庭等在今天已经不是问题。当今中国社会性别公正的核心问题是女性发展的问题，即在现代化过程中男女能否平等共同发展的问题。

人的发展是中国现代化的课题之一。自1978年党的十一届三中全会确定以经济建设为中心的路线之后，中国进入了现代化发展的新时期。中国现代化建设绝非是单一经济的现代化，而是国家社会全方位的现代化发展，其中人的发展是现代化发展的核心。坚持人的发展是马克思主义的基本观点。江泽民在建党八十周年"七一"讲话中指出："我们要在发展社会主义社会物质文明和精神文明的基础上，不断推进人的全面发展。"[①] 党的十七大提出的科学发展观理论的核心就是"以人为本"，明确了科学发展的目标是为了人和人的发展。人的发展作为现代化的主题，一方面现代化能够激发人的智慧、力量和创造力，客观上提供了推动人发展的条件；另一方面现代化是人类伟大实践的结果，因而只有人的发展才能促进现代化的发展，从而体现人的价值。不过，人的发展不是抽象的人的发展，现代化实践中发展的人都是具体的，具体为人所在的区域、群体、家庭以及性别。从性别的视角来看，女性的发展亦是中国现代化发展的重要组成部分。对于中国妇女来说，如何在参与国家现代化的建设中发展自身是当代中国女性的新使命，同样也是国家与社会对女性发展应承担的时代责任。

现代女性发展首先是女性发展权的问题。联合国《发展权宣言》认为，发展权既是一种集体人权，也是一种个人权利。无论是整体性的女性发展权还是个体女性的发展权都是指女性应当拥有与男性一样参与社会发展进而发展自身的平等权利与机会，女性平等发展权是当代中国社会性别公正的基本要求，社会应当创造与提供满足女性发展的权利与机会，促进中国女性的发展。

现代化过程中中国女性的发展权主要体现在两大领域：一是社会领域。社会领域女性的发展权主要指女性能否参与现代化建设并在推动现代社会发展中实现自我发展的权利与机会。任何群体或个人的发展都离不开社会发展的需要和社会提供的条件，女性的发展也同样如此。女性发展与社会发展是一个相互促动的过程，现代

---

① 中共中央文献研究室.江泽民论有中国特色社会主义［M］.北京：中央文献出版社，2002：383.

社会的发展当然离不开妇女的社会贡献，而妇女的发展更是在社会活动中实现的。妇女参加社会经济、政治、文化等等社会性的活动是妇女获得发展的前提，是妇女全面发展的社会条件。妇女参与社会发展并实现自我发展的社会实践，就是女性事业上的发展。妇女事业上的发展不能将其只看作是女性个人的事情，女性事业的发展的实质是女性与社会发展的一致性。因此，妇女在社会领域的发展就是女性事业上的发展，妇女在社会领域的发展权就是女性事业上的发展权。女性事业上的发展及其权利虽然也需要女性自己的努力与奋斗，但更需要社会提供女性发展的机会与条件。

二是家庭领域。家庭领域女性的发展权是指女性拥有婚姻和家庭幸福的权利与机会，这是现代女性特殊的发展权，也是现代社会性别公正的一部分。过去在妇女理论上有一种认识误区，那就是把女性的发展仅仅理解为女性参与社会性活动的发展，而忽略了女性个人家庭发展的要求，往往把家庭与女性的发展对立起来。当然这有历史的原因，因为家庭曾经是束缚妇女发展的牢笼。所以，历史上的妇女运动就是呼吁广大妇女从家庭中解放出来走向社会，争取与男子一样成为社会活动的主体，这是当时性别公正追求的目标，现在这个目标基本上达到了，当然还要继续坚持下去。问题在于，妇女挣脱家庭的羁绊并不意味着妇女不要家庭，事实上家庭对女性发展极为重要，女性视为珍贵的爱情、婚姻、生育子女是女性幸福的源泉，也是女性个人发展的重要内容，缺少婚姻与家庭对女性来说其个人的发展则是不完全的。虽然建立家庭和营造家庭幸福是很私人性的问题，属于个人权利和努力的事情，但就是如此私人性的事情，如果社会不能提供某种机会或一定的条件，女性就有可能与婚姻失之交臂、与家庭幸福无缘，从而影响女性的全面发展。

在上述两个领域里，现代妇女发展却在一定程度上遭遇了来自社会的阻力。在社会领域，女性在事业上的发展遇到了性别歧视，女性在就业、升职与提干方面不能获得与男性完全平等的机会，女性事业发展的难度大大高于男性，这种情况在高学历女性中尤为突出，女大学生就业难已是一个公认的社会难题。这种性别上的不公正对待，极大打击了女性求学与深造的热情，打击女性事业发展的积极性。在家庭领域，女性在缔结婚姻、组织家庭方面也遇到比男性困难得多的个人发展难题。同样在高学历层次的女性群体中，出现数量不小的"剩女"群，她们并不是独身主义者，她们也渴望爱情与婚姻，但是她们中有不少人由于在职场打拼，没有时间相亲谈恋爱，错过了找对象的最佳年龄，成为难以嫁出去的人。还有的女性特别是高薪白领虽然结婚了，但不敢怀孕生子，因为一旦生育因孩子的拖累可能失去已有的职业岗位甚至丢了工作，只好忍受不能做母亲的痛苦。

女性个人家庭发展难题从表面上看，似乎是女性个人事业发展与家庭发展的矛盾，家庭发展影响了事业发展，而要事业则不能顾及家庭，但深层问题还是性别公正问题。第一，女性在事业与家庭发展之间产生矛盾的根源不是女性的罪过，而是社会尤其是市场经济的竞争对女性的不公平，女性必须比男性付出更多，才能在竞争中获得职场的一席之地，以至女性不敢恋爱不敢结婚不敢生子，从而影响了女性的全面发展。第二，女性生育后代却要承受影响个人发展的沉重代价。不可否认，由于自然生理的因素，怀孕和哺育子女的任务由女性来完成，但是，怀孕育子不是女性单方面的需要和责任，从家庭来说，也是家庭男性的需要和责任；从社会来说，则是人类繁衍生命、延续人类的需要，因而女性怀孕育子其本质是一项包括男性需要在内的社会性工作。既然生育后代是社会的需要，就不能将生育后代的责任完全压在妇女身上，社会应当承担起女性生育后代的责任。所谓社会承担女性生育后代的责任，是指妇女因育子而暂离工作岗位或需要照顾的代价应由社会来买单。也就是说，社会不应当让妇女承受本该由整个社会承担的发展代价，妇女不因生子而失去工作或失去原来熟悉的岗位，从而影响妇女事业的发展。这对女性来说是很不公平的。

三

现代女性在发展中所遭遇到的性别公正问题，是有多种因素造成的，但主要有两大方面的原因。首先是性别观念问题。长久以来，自然性别取向的性别观仍是强势的主流观念，现实生活中，男强女弱、男外女内、男主女附的性别观并没有随着时代的进步而退出历史舞台，深潜于人们思想之中。近年理论界提出社会性别理论来对抗自然性别的性别观，但必须承认的是，社会性别理论尚未转化成可推广的现实理念，因而尚未在社会中形成共识而被人们接受。在这种情况下，女性遭遇就业、事业发展的性别歧视就不足为奇了。排除女性发展中的性别歧视，公正地看待男女性别关系，则不能停留在自然性别的理解上，而应从社会性的视角来理解和评价男女性别关系。

从社会性别的观念出发，就不会仅仅从男女自然外在性上去比较两者，即使比较也不会得出女性不如男性的结论。男性与女性是自然的造化，不可否认，男女在自然属性上是有差异的，但是，差异不等于优劣。从人的社会活动的要求来看，与女性比较，男性的自然属性适应于社会实践要求方面既有优势，也有不足；女性也同样如此，女性有的自然特性优于男性，有的则差于男性。而随着社会现代化特别是教育的现代化，男女自然结构对于社会活动影响的差异越来越小，除了少量社会活动只限于男性或只限于女性外，绝大多数的社会活动男女都能干，而且女性干得并不差于男性，这已经为客观现实所证明。因此，转变性别观念是扫除女性发展障碍、实现性别公正的第一步。

转变性别观念并不是一件容易的事，一方面需要文化的支持。传统男女不平等的性别观有其文化的根基，因此转变性别观念也要从文化上入手。第一，以马克思主义的平等理论、现代社会性别理论等来创新女性文化。政府要对大众观念影响广泛的影视报刊等大众媒体进行性别舆论的导向，坚持性别平等，制止丑化、贬抑女性的作品和节目，倡导和讴歌健康阳光、积极进取的新时代女性形象。第二，坚持性别平等的教育工作，包括对女性的性别教育。如果认为性别平等仅仅是对男性的教育那是远远不够的，事实上对女性的教育更为重要。一是要教育女性自强自立来提高妇女性别平等的观念和能力，维护女性合法的权利；二是教育女性正确地理解性别平等。不能把女性社会地位的提高理解为贬低男性的社会地位，或者颠覆女性在家庭中的角色，如远离家务、支配男性等。性别平等对于男女两性都是一样的，否则会走向另一种不平等，而且对女性带来的是更大的伤害。最近几年"女强人"成为贬义词便是有力的证明。

转变性别观念，另一方面需要社会规划与政策上的支持。第一，政府规划中要进一步推进家务社会化，让无论是女性还是男性都能从繁琐的家务劳动中进一步解放出来。此项工作涉及家政工作的质量，目前，人们还得为家务花费大量的时间，除了经济上的考虑之外，一个重要的原因是家政工的服务质量，所以加强家政服务的培训，提高家政人员的素质是政府不能忽略的规划工作。第二，公平地不限性别地培养人才和选拔干部，那种设女性比例和所谓照顾女性的做法并不利于女性地位的提高。如规定领导班子里必须要有1位女干部，结果真的只有1位女干部，为什么不能是 2 个、3 个甚至更多？关键的问题是应该在同等的条件下不分男女地进行公平选拔和竞争。所以，政策本身不能含有女性不如男性的信息，使善意的政策产生不良的观念后果，背离了性别公正的原则。

其次是经济利益的问题。目前在就业市场上女性被歧视，并不真正出于女性弱于男性的缘故。其实，女性在职场上的表现及其社会评价并不差，甚至好于男性，用人单位不录用女性也不是因为女性不优秀，主要原因还在于功利性的考虑。那就是女性所承担的怀孕生子的特殊性使得女性在就业求职上遭到了歧视。因为怀孕使女性不能承担某些不利于胎儿发育生长的工作，分娩则使女性必须有一段时间离开工作岗位，哺育增加了女性额外的负担从而无法全身心地投入工作。这些女性特有的生理过程是无法避免的，也需要某种特殊的照顾。当前国家的计划生育已经使女性生育降至一生只有 1 到 2 次，但即使如此之少的生育率在用人单位看来仍是一种负担。照理说，生育后代本是社会的需要，应由社会承担生育成本。妇女生育后代已经对社会作出了贡献，不该让她们再付出发展的代价。问题在于，究竟谁来代表社会承担生育成本？现行的法律把这一责任归之于用人单位。劳动法规定女性在孕期、产期、哺乳期的福利待遇，并要求用人单位来执行。但是，这对用人单位来说，无疑是一个额外的支出。用人单位特别是经济类的用人单位必然要计算成本与收益，尤其在市场经济激烈竞争的情况下，功利的计算显得更为重要。用人单位为了提高经济效益就会尽可能削减女性的职位，用男不用女，哪怕男的并不比女性竞争者优秀。正是出于经济利益的考量，才使得女性在职场上受到了不公正的对待，从而影响女性事业的发展，并进一步影响女性在婚姻、家庭幸福方面的发展。

在市场经济里用人单位在经济利益上锱铢必较是必然的，选聘何人也是用人单位的自由，劳动法关于就业男女平等的条款并不能约束用人单位的自主权。用人单位的自由虽然有其自身利益的道理，但客观上损害了女性的发展利益，不符合社会主义性别公正的原则。这显然是一个矛盾，是经济自由与性别公正发生了冲突。笔者以为，妇女生育成本完全由用人单位来承担确实不是一个良全之策。其一，妇女生育成本属于社会成本，应该是一项公共性开支，让个体单位来承担公共性开支存在一个合理性的问题；其二，每一个用人单位里就职女性的数量上是不一样的，女性就职多的单位就要承担较多的生育成本，这是任何一个单位都不愿意的。由于生育成本是社会成本，让用人单位来承担社会成本要有合理的摊派，否则用人单位就不愿意多招聘女性员工，去承担额外的社会成本。解决这个矛盾还是寄希望于政府的公共政策，即由政府来承担女性职工的生育成本，根据女性职工怀孕生子的情况，财政补贴用人单位，卸掉用人单位的女职工生育成本，解决单位招聘女性的后顾之忧，从而破除就业上的性别歧视，搬掉女性事业发展的性别障碍和生育难题，实现社会性别公正，促进女性全面发展。

第二编

伦 理 之 探

试论马丁·路德的个体主义伦理思想[*]

在西方历史上，基督教伦理对人们的思想和生活有重要的影响，其程度往往超过世俗理论的力量。这就意味着不可轻视宗教伦理的社会意义。过去，伦理学界对宗教伦理缺乏研究。往往认为，宗教伦理只是一种虚伪的说教。这种看法似乎过于简单片面。我们知道，说教是不可能征服人心的。如果某种宗教及其道德能赢得人心，就表明该种宗教理论中一定包含着人们所需要的思想内容，正如赵复三先生所指出的：宗教伦理形式看是一套宗教说教，"但它要解决的却是现实存在的社会问题"①。从文化发展的角度看，基督教不仅是西方文化的重要组成部分，而且是近代西方文化产生和发展的渊源之一。

本文以中世纪晚期宗教思想家马丁·路德的新教伦理思想作为研究课题。马丁·路德是欧州中世纪向近代转变过程中产生的伟大人物，他领导的宗教改革运动和文艺复兴运动一起成为攻克中世纪顽固思想堡垒的亮点潮流。马丁·路德在改教运动中所创立的新教伦理，直接造成了"中世纪理论的第一个严重的裂口"②，为西欧伦理学史进入历史新阶段开辟了理论通道。路德那具有"独一无二价值和与众不同"的新教伦理，在当时产生了震撼世界的伟大力量，它已远远超出了宗教的意义，包含着深刻的社会内容。这正是路德伦理思想的地位所在。

同奥古斯丁、托马斯等宗教伦理学家相比，马丁·路德的伦理思想虽则丰富，却没有形成有逻辑性的体系，哲学系统性也稍逊一筹。然而，路德的伦理思想洋溢

---

* 余玉花.试论马丁·路德的个体主义伦理思想.见：陈少峰.伦理学与文化（一）[M].郑州：河南人民出版社，1995：199-217.
① 赵复三基督教与西方文化 [J].中国社会科学院研究生院学报，1987（04）：13.
② 柏特兰·罗素.社会改造原理 [M].张师竹，译.上海：上海人民出版社，1987：13.

着新时代的气息，是沉闷的中世纪上空飘来的第一缕春风，在路德的新教伦理中，最主要的也是对近代伦理史影响最大的，乃是他学说中的个体主义思想。

一

马丁·路德新教伦理学的根本宗旨是：要将那个紧紧钳制和包裹着个性中的人从世纪神学伦理的网络中解脱出来。因此，从理论上证明个体独立性的道德价值，构成了路德伦理思想的个体主义基调。

(一) 善来自个人信仰

什么是至善？路德和其他宗教思想家一样，把它归之于上帝，但是，人又怎样从上帝那里获得善？其标志是什么？路德的观点是：善来自个人信仰。他说："使人善的，是信仰。""惟有信仰才使其他一切行为善良。"[①] 除此以外，"没有东西会使人成为善的"。这里，路德首先把人的道德行为产生的前提——善良观念归之于个人信仰，即个人内心，这思想来自路德的"因信称义"说。

"因信称义"，并非路德首先提出的。许多神学家都以信仰为人成善的主要德目之一。例如，奥古斯丁提出了信仰、仁爱、希望三大美德。托马斯也认为信仰是善的表现，因为这是解决人与上帝关系问题的基本前提。

在善恶标准问题上，奥古斯丁和托马斯的赎罪论强调需要得到社会（公教权威）承认，并由社会来评价的外在尺度。一个人究竟有无信仰，或是善是恶，必须通过人的外在行为（善功）表现出来。所以，中世纪教会就制订了一大套行为规范（包括善功），如祷告、禁食等来表现人的信仰有无和深浅程度。

路德则与此不同，他主张"单因信称义"。路德曾说，中世纪教会也承认"因信称义"，但必须附有外在形式的条件。他自己则否定这外在条件，而认为单单通过信仰，人们便可拥有福音，获得神的拯救。因此，他赋予"因信称义"新的内涵：第一，否定了一切人为得救的可能性。路德认为，人的意志由于原罪而堕落，

---

① 马丁·路德.路德选集：上册 [M].徐庆誉，汤清，译.九龙：香港基督教文艺出版社，1968：22.

只趋向恶。而在罪恶中的人性是软弱无力的，因而人不能靠自己的努力和行为使自己得救，"人不能靠着自己的能力把这个甘愿作恶的心情改变过来"①。这就断绝了中世纪教会提出的赎罪获救的途径，使其成为不可能。第二，否定了赎罪在得救中的必要性。路德认为，基督的下凡及死表明了上帝已由严厉的审判官变为仁慈的恩赐者，人们只要信仰基督和上帝即可称义。路德指出，称义不是神的恩典在人的天性上造成的一种改变，不是在他身上战胜了罪，而纯粹在于他同神的义产生了新关系，这样就使人的罪及其造成的有罪地位不归于他。② 因为基督的死已为人承受了一切罪，基督徒只要信仰基督，上帝便把基督的义作为人的义归到他身上，也就是使基督徒拥有了上帝的福音，得到了上帝的恩赐而成为圣洁的人。在这一点上，路德否定了赎罪在得救中的必要性，并使个人得救变得极为简单可行，即只要有信仰，一切都解决了，不必赎罪，因为罪已由基督承担，对基督徒来说，只是要"毫不犹豫地接受福音"。他说，人虽有罪，"但完全可以毫无顾虑地接受上帝的恩赐"。他举例说，一个富人把一千块钱币遗赠给一个不配得的坏仆人。仆人一定要接受遗赠，因为遗赠是给他的，为什么要因不配而拒绝接受呢？ 在得救问题上，信仰是最根本的，"一个信徒因信称义，度日，得救"③。人与上帝的关系，便通过信仰沟通了。

现在，我们已触及到问题的实质了。所谓信仰是什么呢？路德说："信乃是神在我们里面的工作。它改变我们，使我们从神重生。"④ 这里值得注意"里面"二个字。所谓"里面"即是指个人的内心。"信将心灵与基督连合。"信"被应许（即神的福音——引者注）所吸收。结果心灵不但分享这些应许所有的能力，而且为这能力所贯注了"⑤。那就是说，信就是神在人内心里做工，而不是外表行为上的接纳，信仰及与神交往时完全内在化的，是上帝的启示与个人心灵感应的交汇。既是"上

① 克尔.路德神学类编［M］.香港：道声出版社，1961：95.
② 陈钦庄.基督教简史［M］.北京：人民出版社，2004：228.
③ 马丁·路德.路德选集：上册［M］.徐庆誉，汤清，译.九龙：香港基督教文艺出版社，1968：235.
④ 马丁·路德.路德选集：下册［M］.徐庆誉，汤清，译.九龙：香港基督教文艺出版社，1968：241.
⑤ 马丁·路德.路德选集：上册［M］.徐庆誉，汤清，译.九龙：香港基督教文艺出版社，1968：358.

帝在心里运行"，又是人的"心灵与上帝的交谈"①。在这种交汇中，一切外在的要求和中介形式纯属多余，"别人不能代替我相信或不相信正如他不能代替我下地狱或上天堂一般，他不能强迫我相信或不相信，正如他不能为我打开或关闭天堂或地狱的门一般"，因为"相信或不相信是个人良心上的问题"②。信仰的这一特点为个人同上帝的直接交往铺设了道路。

在此基础上，路德否定了托马斯主义提出的理性对信仰有意义的观点，而赋予信仰以神秘的色彩。他接受了德国神秘主义者艾克哈特的神启观，把个人的宗教经验和神秘直觉相揉和，作为架通个人与上帝关系的桥梁。路德指出，信仰，即真正福音的获得，是一种人与上帝交往中的个人感觉，是一种不可名状、无法言传的内心体验。他说，人在与上帝发生关系的瞬间，"人的内心自然马上会发生最甜蜜的感觉"。这种个人感觉和内心体验证明上帝必然在你心中向你说这是上帝的话。显然，这种神秘的感受乃是外人无法知晓，也无法评判的。如此一来，路德就为基督徒内在地把握道德尺度打开了通道。正如黑格尔所说："在和上帝发生绝对关系的地方，一切外在性都消失了。一切奴性服从也随同这种外在性，这种自我异化消灭干净了。"③

可见，"因信说"不同于"赎罪说"的关键在于：通过强调上帝在人内心做工，推论出获救是个人与上帝直接交往的结果，不能由他人越俎代庖，从而否定了教会充当中介人的必要性。路德要强调的是，信仰只能是个人内心的事，在上帝面前"人人都是祭司"，都有资格同上帝发生直接的关系，这不仅在于每个人都拥有这种权利，而且也是一种责任。"每个人必须对神的应许表明自己的立场，必须有自己本身的信仰。"④ 这样，路德从人与上帝的关系中提出了人与教会关系的独特见解。在奥古斯丁和托马斯的理论中，教会是上帝在人间事务的执行机构，教会对教徒具有绝对的权威，个人必须服从教会并通过教会神职人员表露个人对上帝的信仰和接受上帝的判决。但在路德思想中，教会已经成为教徒与上帝之间的障碍。个人必须挣

---

① 马丁·路德.路德选集：上册 ［M］.徐庆誉，汤清，译.九龙：香港基督教文艺出版社，1968：66、55.
② 同上书：461.
③ 黑格尔.历史哲学 ［M］.王造时，译.北京：生活·读书·新知三联书店，1959：464.
④ 马丁·路德.路德选集：上册 ［M］.徐庆誉，汤清，译.九龙：香港基督教文艺出版社，1968：276.

脱教会的束缚，独立出来。为此，他首先要排除教会在人与上帝关系中的作用，使它成为不可能。而要达到这一目的，必须使个人与上帝的直接交往成为可能和必要，"因信称义"的实质就在这里。

这样，"因信称义"就架通了宗教个体主义和伦理个体主义的桥梁。路德指出，信仰在个人与上帝的交往中，使整个人发生着质的变化。在上帝福音的光照下，人在上帝面前不再是罪人，而成为圣徒，"信仰是旧人的沉没和新人的兴起"①。变化了人格的新人身上便具有了道德善，"信既使人成为信徒，成为义，就行出善事来"。由于信仰的个体性、内在性的特点，就使信仰的产物——善的观念具有个体性和内在性的特点，即善良观念产生的个体性和把握其尺度的内在性。由此，路德否定了中世纪教会束缚个人自由的道德学说，而把道德发生的基础植根于个体本身。因为，只有个人才是道德问题上的真正的主人，并且只有在个人意愿中，才会有道德善意的涌现。路德这一思想的真正目的是"使教会失去权威，使个人得到权威"②。这就打破了中世纪教会道德上的专横主义，使道德上的外在权威代之以个人的内在权威。

（二）道德选择与判断的自主性

从善恶观念产生的内在性出发，逻辑上必然引出道德选择的自主性的结论。道德常识告诉我们，道德选择一般都要以一定的道德准则或道德规范为依据。通常，道德选择的依据以社会规范的形式表现出来，代表某一时代或某一集团的道德意志。中世纪教会组织所制定的一系列道德规范，作为当时的道德权威，对人们的行为选择强制地发生作用。路德则提出了相反的选择标准。他根据"因信称义""因信有善""善在内心"的观点，指出人们行为选择的依据不是各种社会的道德要求，而是个人内心道德要求。路德的理由有二点：第一，"基督使我们从一切人为的法规，尤其是从那反对上帝的灵魂得救的法规中得了自由"③。既然如此，人为的法规，也就是教会的道德要求，便失去了其对人的行为规范的权威，自然也就不能成为道德选

① 马丁·路德.路德选集：上册［M］.徐庆誉，汤清，译.九龙：香港基督教文艺出版社，1968：292.

② 埃里希·弗罗姆.逃避自由［M］.陈学明，译.哈尔滨：北方文艺出版社，1987：46.

③ 马丁·路德.路德选集：上册［M］.徐庆誉，汤清，译.九龙：香港基督教文艺出版社，1968：206.

择的依据。第二，从人性变化上看，当信仰使基督徒同上帝形成亲和关系时，人的意志便会顺从于上帝的意志之下，"涌出那种为最善最乐的意志"①。这种全新的人便具有那种自动为善的要求和洞察善恶的能力。因此，在信仰之下而选择的行为都是善的，既是个人的意愿，又符合上帝的旨意。于是，行为选择的依据，无须他者，只在自身。简言之，与神意相一致的个人意愿就是行为选择的依据，其特点，用路德的话说，就是"甘心乐意"，"人所应该去做的，同时也是人所甘心乐意地愿意做的"②。例如，对于神职人员不能结婚的问题，中世纪罗马教会规定了神职人员不能结婚，并要求人们把献身教会保守童贞看作一种崇高的选择。路德则不以为然，他认为，对个人生活的选择不能作硬性和强制的规定，一切应该由"个人自己的判断"来决定。在他看来，修士或修女，只要本人有结婚的需要，那么结婚就是道德的。因为"上帝既没有束缚他们，任何人就既不应也不能束缚他们，即令天上的天使也不能，教皇更不能"③。他说，人们选择行为，只要不违背上帝的意志，一切都是可行的，根本不必"顾教皇是否准许，或是否违背教会律例与人为的法律"。因为，按自己的意愿去行动，"比一切专制的、武断的和邪恶的法律还更重要"。他认为，在行为选择中，不必依据"硬性的规章，每个人必须观察自己……这样他可以对它们加以选择"④。

路德一方面把行为选择的依据建立在个人的"甘心乐意"上，另一方面仍没有摆脱上帝的绝对命令。确实，路德不可能摆脱上帝的偶像，他必须在上帝的旗帜下完成他的使命。那么，选择标准究竟是个人意愿还是上帝的诫命？仔细推究，不难发现，上帝的诫命是抽象的，它取决于每个人的具体理解。路德把《圣经》作为"上帝的话"的唯一权威，"听从圣经过于听从人们和天使的思想"⑤，而对《圣经》的解释，则取决于每个人的理解。为此，路德亲自翻译了《圣经》，夺回了教会对《圣经》的解释权，把这种权利赋予每个信徒，使被教会垄断的《圣经》，成为教徒

① 路德.路德伦理观［M］.香港：香港道声出版社，1980：28.

② 同上书：36.

③ 马丁·路德.路德选集：上册［M］.徐庆誉，汤清，译.九龙：香港基督教文艺出版社，1968：478.

④ 同上书：96.

⑤ 同上书：264.

手中的思想武器。这样，选择的依据实际上仍取决于个人的意愿。

从行为自择出发，路德反对律法主义。这里的律法包括司法、神学道德和法律，路德把道德上的神学律法看作外在的命令。为什么人们的行为不能以律法为依据呢？路德提出三点理由。第一，律法是人为制定的，并非上帝的旨意，而基督徒除了自己外，只听从上帝的命令。上帝的命令通过"信仰"已变成信徒内在的要求，它存在人的内心，对于一切外来的命令和要求，信徒应保持自己独立审视的权利。他指出，即使有的律法（如世俗的法律、教皇的法规）人们不得不服从的话，内心仍需坚持自己的独立见解。因为服从与顺从不同，服从是被迫的，顺从则是自愿的，基督徒"顺从上帝不顺从人"。既然道德选择以自愿为原则，那么强制性的律法便不应成为选择的依据。第二，律法（包括摩西十诫）并没有给人行善的力量（能力），相反是个人道德上的心理负担，"诫命是为叫人认识自己，好承认自己不能行善，而对自己的能力绝望"①。律法摆在人们面前的是罪恶、死亡和伤痛。既然律法不能给予人们判别善恶和选择行善的能力，那么律法怎能成为道德选择的依据呢？第三，律法事实上对人是一种道德束缚，如果死守诫命，其结果只是"堵塞真道德的路径而已"②。

根据上述理由，路德坚决主张"撤去律法"，"一种妥善和公平的判决，必须是得自由的内心，好像律书不存在一样"③。路德反对律法主义的实质是要摆脱神学外在的道德规范对人的束缚，使人的行为选择，只以人的自愿为原则。

为了使道德自择与判断自主成为绝对的，路德还反对人们在行为上的模仿和"从众"。他说："除上帝以外，你们对谁也不应该信靠倚赖。"④ 他认为，模仿和"从众"就是倚赖他人，放弃了内心自由和个人权利。所以，不能提倡行为模仿，即使效仿基督，也不可取，因为上帝要求每个人自行决定自己的行为。路德这个观念是同他的个人责任观相联系的。路德认为，人与上帝的交往，完全是在个人的经验

① 马丁·路德.路德选集：上册［M］.徐庆誉，汤清，译.九龙：香港基督教文艺出版社，1968：356.
② 路德.路德伦理观［M］.香港：香港道声出版社，1980：69.
③ 马丁·路德.路德选集：上册［M］.徐庆誉，汤清，译.九龙：香港基督教文艺出版社，1968：478.
④ 同上书：43.

之中完成的，上帝赋予个人自由自决的权利，同时意味着"个人负有一切责任"。这种责任如同个人自由一样，是无人可代替的。正因为如此，负有道德责任的个体，就不能产生倚赖思想，一切都必须自己作主，自己选择，自己负责，这样，"当你受攻击的时候，尤其在你面临死亡遭到魔鬼攻击的时候，你能够站在上帝和世人面前，而如果你说是按照牧师的讲道，或随群众的榜样，那种理由是不够的"①。

道德选择是自主的，个人决定一切的，便不受外在评价的影响和束缚，同时，个人也不应以外在评价来规定自己行善的动机，如怕羞、要面子（荣誉心）等，这些看上去是个人行为的动机，但实际上是外在道德评价在个人思想上的影响所致，决非自由个性的体现。故而，路德指出："凡真正行善的人决毋须为怕羞之心所驱使，他们有着更高贵的动机。"② 所谓更高贵的动机，是指爱上帝的心，即个人的善良意志。

总之，路德在道德选择问题上把个人意愿之外的一切条件都否定了，唯独由个人决定一切。

(三) 个人自由是最高的道德价值

人因信而称义，从宗教上说，就是从罪人走向新生，成为圣徒。从伦理上看，新生者就是达到一定道德境界的有德性的人。路德的道德境界就是自由的境界，就是说，有德性者就是有自由的人。路德的自由包含两层意思：一是对束缚的解脱，二是道德上的自新。前一点同路德的罪恶观相联系。在基督教伦理中，罪与恶具有同一的意义。罪是恶之根，战胜罪，亦即战胜了恶。因而战胜罪恶具有价值意义，而罪恶的消除同自由的得到是在同一过程中完成的，自由甚至是结果之因，自由"使我们的心超脱一切罪、律法和诫律……并且是一个远远超越一切其他外界的自由"③。路德认为，自由了的基督徒是道德上真正的主人，因为自由就是意味着人们

---

① 马丁·路德.路德选集：上册 ［M］.徐庆誉，汤清，译.九龙：香港基督教文艺出版社，1968：415.

② 同上书：39.

③ 同上书：93.

138　　探索——余玉花文集

"不要作人的奴仆，即是不要作那些用人为的法规来施行统治者的奴仆"①。很明显，路德自由观的矛头直指中世纪社会的统治者，蕴含着个性解放的强烈要求。

自由还意味着道德上的自新。基督徒的自由，既已战胜了罪恶（包含着对自身肉体人的否定），因而道德上得到了升华。在自由的支配下，人们不再追求虚有外表的行为，而注重道德动机。换言之，人们对道德行为的追求完全出自内心自愿，而不是外在强迫之下的违心举动。路德说："人的行为若不是从内心自然地发生出来，而只是为了某种目的强迫自己或出于一时的冲动，这样的行为断不会有持久性，也不是什么真正的意志，更不会在上帝面前有什么价值。"② 那就是说，只有那些出于内心自由的道德行为，才具有真正的道德价值。

然而，路德一方面赋予个人自由极高的价值，另一方面又把自由限制在灵性上，说"我们的自由，是灵性上的自由"③，即精神或思想上的自由，并且把自由归于信仰的产物，这样，路德对旧道德秩序的反抗斗争也就只限于宗教信仰的精神领域。不过，路德所发出的自由呼声尽管微弱，却是他当时维护基督徒个人利益的思想武器，"不论是人的法律或天使的法律，除非得到基督徒的同意，都无权加到他们身上，因为我门对万事都是自由的"④。

综观上述，路德个体主义的伦理思想是在坚持基督教神学的基础上阐述的，路德并不否定基督教教义，只是对教义给予了新的解释，以服务于他的个体伦理观点。路德更不否定上帝，甚至把上帝的权威更绝对化，当然他的绝对权威的上帝已从天上召回到人们心中，目的是要否定罗马教会对教徒的主宰地位。至于信仰在他的伦理学说中更占据着极重要的位置，不仅善恶源于信仰，道德选择和评价的标准取决于信仰，乃至于道德的最高价值——自由也是通过信仰而实现的。路德一方面借助信仰为其个体主义伦理观开辟道路，另一方面又使他的伦理思想充满了信仰主义的浓烈色彩。由于路德的伦理思想未能跳出神学的圈子，其结果就如马克思所指出的：

---

① 马丁·路德.路德选集：上册［M].徐庆誉，汤清，译.九龙：香港基督教文艺出版社，1968：222.
② 马丁·路德.伦理观［M].九龙：香港道声出版社，1980：10.
③ 马丁·路德.路德选集：上册［M].徐庆誉，汤清，译.九龙：香港基督教文艺出版社，1968：287.
④ 同上书：298.

路德在使个人从教会的羁绊中得到解放的同时，又给心灵戴上了新的锁链。

二

凡走在时代前面的思想家都负有两种使命：解决现实提出的问题和发展、创新理论。路德个体主义新教伦理较出色地解决了上述两大问题，对近代社会历史的变化和近代伦理思想的发展产生了深远的影响。

路德个体主义新教伦理的社会意义，就是通过对中世纪传统伦理的深刻批判，摧毁了中世纪传统伦理对人们的精神统治，进而产生了摧毁"给封建制度蒙上了神赐圣光"的罗马教会的巨大号召力。路德曾说，在他以前的思想家攻击的是罗马教廷的腐朽生活，而他所攻击的是教会赖以存在的学说，即维护罗马教会统治的中世纪传统伦理。

中世纪的特点是"一切精神生活和政治生活都是为天主教的意识形态所规范"[①]。中世纪天主教传统伦理通过对基督教教义的解释，论证了教会充当上帝代言人的合法性而实施对教徒的精神统治。中世纪传统伦理强调，基督徒要达到上帝所恩赐的幸福，需要某种精神上的指导，"这种指导是由基督教的牧师为信徒准备的"[②]。这样，中世纪教会便承揽了上帝的权威，并通过等级森严的教介制、一整套宗教礼仪和道德条规实施对教徒的统治。按照当时的规定，教徒同上帝的关系，如忏悔、罪得赦免以及惩罚，都必须通过教会，由神父来受理，结果对上帝的忏悔变成了对神父的忏悔，教会对基督徒握有生死决定大权，个人变得微不足道，加上教会鼓吹禁欲主义、厌世主义和律法主义，更加重了人们的精神负担。总之，每个人都被无形的精神网络锁禁锢，人无法认识自己是"一个人"。这种情况到了中世纪后期，由于社会结构的变化，教会的权威、教会伦理道德与社会发展和日益觉醒的个体发展的要求产生了严重的对抗。

路德个体主义对传统道德伦理进行的严厉批判冲破了中世纪教会道德的精神统治，客观上起到了解放思想，推动社会前进的作用。

---

① 格·艾斯勒，阿·诺尔登，阿·施莱纳.德国的教训［M］.北京：生活·读书·新知三联书店，1959：2.

② 托马斯·阿奎纳.阿奎那政治著作选集［M］.北京：商务印书馆，1982：84.

尤其重要的是，路德借着"因信称义"，恢复了个人与上帝的直接联系，当个人与上帝的道德关系一确立，教皇制度及教会的规矩戒律以及所有赦免人或定人罪的权柄，这一切深深束缚人心的旧权势都被废除。这就意味着"一个人的宗教，不能由权威来代他决定，应该听凭每一个人的自由选择"。从另一方面来说，也只有否定了教会及教皇的权力，"我们愉快的自由就可以恢复；我们就将体会到我们在各方面都是平等的，并且已摆脱专制的束缚"①。解脱了中世纪教会的道德樊篱，每个人都成为自己精神的主人。路德新教伦理中的个性自由、平等的思想，反映了中世纪后期日益觉醒的个人道德要求，同时也促进了个体的进一步觉醒，他的新教伦理客观上起到了解放人的作用。正如《路德传》作者何礼魁所评论的，路德思想及其改教运动实际上是一场思想解放运动。这对瓦解天主教会的伦理体系，对促进当时的社会发展和伦理思想的发展都具有划时代的意义。

　　路德新教伦理对传统宗教伦理批判中所推崇的个性自由，人的价值等思想，具有世俗化的意义，同文艺复兴时期的人文主义异曲同工。人文主义者从世俗文化的角度，抨击了中世纪教会对人的奴役，提出了人性、人权、人的尊严的伦理要求，反对神学禁锢和教会桎梏；路德则以宗教的语言表达了同一思想："我是一个人，这个头衔比一个君主还要高些，原因是，神并未曾创造君主。神唯有创造了人，使得我成为一个人。"② 因此，他反对一切奴役和压制个体的专制，号召人们争取自己的权利和自由。马克思说："任何一种解放都是把人的世界和人的关系还给人自己。"③ 路德的"因信称义说"所确立的个人权威，就为人们提供了解放个人精神的钥匙，它帮助人们发现了人和个人世界，从而意识到个人的尊严和价值，认识到人应该成为自己主人的真理。虽然，路德的新教伦理从形式到内容都没有脱离宗教的范畴，但是他在解释教义时注入了新的时代内容，即充分肯定了个人的自主性和个人价值。这样他的新教伦理便具有了世俗的意义，同人文主义一样，充满了人道主义的精神，这是一种宗教化的人道主义，费尔巴哈把它称为

---

① 马丁·路德.路德选集：上册［M］.九龙：香港基督教文艺出版社，1968：339.

② 路德维希·费尔巴哈.费尔巴哈著作选集：下册［M］.荣震华，李金山，等，译.北京：商务印书馆，1984：773.

③ 中共中央马克思恩格斯列宁斯大林著作编译局.马克思恩格斯全集：第1卷［M］.北京：人民出版社.2001：443.

"宗教人类学"①。

路德的新教伦理观塑造了资本主义经济发展所需要的道德个体。路德提倡的道德个性，首先是指人通过对神的信仰而自由的个性，他挣脱了传统的束缚，在神的面前地位平等，可以在新的经济秩序中独自地选择生活道路和进行自我辩解的权利。其次，自由的道德个性又必须具有绝对负责精神。尽管路德把尽责的理由归之于上帝的神召，然而尽责必须具体体现在世俗事务中，这一集自由和责任为一体的道德个性恰恰适合了资本主义经济发展的需要。因为"创造这种'自由'而'平等'的人们，正是资本主义生产的最主要的任务之一"②。路德就这样以自己的方式，表达了新兴资产阶级的愿望和利益，反映了时代发展的方向。

路德新教伦理提倡个体的"精神自由"或"思想自由"，无疑贯彻着宗教唯心主义的思想路线。但是，在客观上却充满着近代历史发展所需要的批判精神，为个人理性的独立思考和判断开辟了新的道路。恩格斯曾说过："在德国镇压新教则不仅会成为德国人的不幸，而且也会成为全世界的不幸。"为什么呢？因为"只有德国人掌握着神学，并且由于这个缘故而拥有批判——历史学的、语文学的和哲学的批判对象。这种批判是德国的产物，如果没有德国的新教，这种批判是不可能的"③。理性的批判在于运用理性的武器。虽然，路德在讲道和著作中多处贬低人类理性，但主要是否定人的理性可认识上帝和解决个人与上帝的关系，并且主张神秘的直觉经验来达到信仰。在此之外，路德竭力提倡理性，他受人文主义和神秘主义两者的启发，把理性同信仰分离，既否认在信仰问题上的理性推理，又提倡独立判断的个人理性。他曾说："理智在信仰和对上帝的知识上，只是愚昧而已，但在信徒手中，它是件极好的工具。"④ 要求人们在道德活动中充分运用个人的理性。海涅评论说，路德"思想自由"的命题"使理性的权能变得更合法化了"⑤。后来，"个人的精神自由"的

① 路德维希·费尔巴哈.费尔巴哈著作选集：上册［M］.荣震华，李金山，等，译.北京：商务印书馆，1984：122.

② 中共中央马克思恩格斯列宁斯大林著作编译局.马克思恩格斯全集：第 4 卷［M］.北京：人民出版社.2001：76.

③ 中共中央马克思恩格斯列宁斯大林著作编译局.马克思恩格斯全集：第 18 卷［M］.北京：人民出版社.2001：653－654.

④ 马丁·路德.路德选集：下册［M］.九龙：香港基督教文艺出版社，1968：307.

⑤ 亨利希·海涅.论德国的宗教和哲学的历史［M］.海安，译.北京：商务印书馆，1972：42.

理性批判不仅成为路德反抗天主教会的思想武器，而且导致了对抹杀个人理性的宗教信仰的批判这一后果，恐怕连路德自己也预料不到的。

"精神自由"产生的另一积极成果是为近代德国哲学这朵具有世界意义花朵的开放奠定了基础。德国哲学产生的社会根源是德国近代社会经济、政治发展的条件，但思想渊源则来自路德新教的"个人精神自由"的理性批判精神。无论是莱布尼茨、康德、黑格尔，还是唯物主义大师费尔巴哈，在他们的哲学思想中都可见到理性批判精神的火花。

然而，路德"个体精神自由"的伦理思想，尽管有其积极的意义，"使人类摆脱了中世纪思想的桎梏"，但就其理论本身来看，由于过分注重道德上的精神内容，忽略了道德伦理的实践性，包含着极大的片面性和局限性，也在一定程度上削弱了理论的战斗力。似乎可以这样说，路德个体主义伦理学说，既充满了思想解放的酵素，又包含着保守退缩的内容。

路德作为新教伦理观的代表，充分肯定了个体的道德价值，并且赋予了个体在道德抉择上的最高权力：任何人（除了上帝）都不能支配和约束独立自由的个体，"你想要干什么，就干什么"，一切诫规律法、社会规范都不能对个体的行为进行干预，这就同蔑视个体的传统伦理形成了尖锐的对抗。由于路德的个体思想顺乎民心和时代潮流，这一思想直接导致了传统伦理统治的崩毁，从而使路德获得了历史性意义的成功。

路德道德个体性的思想给近现代伦理学对个体道德的研究提供了珍贵的思想资料，具有启发思考的价值。路德虽然没有对道德个体作详尽而有逻辑性的论证，但他在强调个体是自我道德主人的时候，已经包含了这样一些值得思考的问题。如：个体在道德生活中应居于什么地位？人是目的还是手段？自由选择与道德规范的关系以及道德主体性的问题。这些问题正是近现代伦理学界讨论和研究的主要课题，而在路德的新教伦理中已蕴含了思想的萌芽。

但是，路德个体性的思想也充满着理论上的矛盾和不足。最主要的一点，他的个体是被剥去一切社会联系的赤裸裸的个体。路德对个体的解释是："当你死的时候，这就是你死，而没有人能够为你做的。"这就剥去了一个人所有的社会属性，就如一个将死的人从所有他的社会联系中被抽象一样。这种纯粹的个体意味着他在进行道德选择时，必须使这一决定的动机与外界社会毫无关系，完全由自身来解决。

路德坚持认为，没有任何社会附加内容的个体，才能成为真正的道德主体，才能不受外界干涉，自由地决定自己的行为，同时个人也丧失了依赖他人的权利。路德对个体作这样的规定，有其客观的原因。因为路德个体性思想的提出，是为了解放个体，而在中世纪，束缚个体的就是社会的等级联系以及维护这种联系的伦理纲常。为了使个体从等级关系和伦理规范中解脱出来，路德在方法上，把个体从他的社会联系中分离出来，斩断了个体与社会之间的一切联系，使个体成为绝对的道德主体。问题是：解放了的个体能否摆脱社会联系？自由的道德选择和评价能否排除一切道德规范的作用？路德在这两个问题上无疑陷入了困境。

另外，把个人选择自主性绝对化，否定一切社会道德规范，就会走向道德相对主义。人们道德选择和评价的依据是一定的道德规范，如果道德缺乏任何社会衡量标准的话，实际上个人的价值就等于零。路德新教伦理只注意到个人道德的自主性，而忽略了社会道德规范对个体发展的意义，这不能不是理论上的缺陷。在这一点上，加尔文略胜路德一筹，他比较重视道德规范对个体的作用，在十诫的基础上提出了一整套规范作为信徒行动和衡量自己是否被救的尺度。加尔文使路德的内在个体动机变成了实际的道德行为，使有自由精神的个体在资本主义经济生活中显示出道德的活力。可以说，路德的道德个体是一种理想，一种抽象的概念，加尔文则使其成为真正的存在。

三、 小　结

在结束对路德个体主义新教伦理考察之际，我们领悟到这一点：理论的伟大并不在于理论体系的博大宏伟，也不在于内容阐述的艰深精奥，而在于理论能够反映时代的心声和服务于时代的需要。路德的个体主义新教伦理之所以产生了跨时代的历史影响，就在于它的理论所具有的这一社会意义。

回顾历史，个体的概念并非路德首创。亚里士多德、德谟克利特、卢克莱修，乃至中世纪的唯名论早就有对个体的论述。然而，近代意义的个体，只有在资本主义商品经济出现以后才会产生，个体觉醒的程度也取决于资本主义商品经济发展的程度。路德的幸运在于他生活在 16 世纪的变革时代，路德的伟大在于他以时代巨人的敏锐感受到个体萌动的时代脉搏，并且把这一感受用理论的方式表达出来，催动个体更快地觉醒，以利于资本主义商品经济的发展，成为推动社会前进的力量。

然而，时代向思想家提供理论突破条件的同时，也创设了思想发展的限度。路德个体学说中的缺陷和不足在很大程度上是时代局限所致。路德生活的德国社会，由于资本主义商品经济本身的不发达，造成了它所催发的个体意识也是有局限性的，这就造成了路德新教伦理对个体认识的深刻性、全面性远不如 18、19 世纪的思想家，甚至不如他的后继者加尔文，因为加尔文改教的时代资本主义商品经济要比德国发达得多。毫无疑问，路德的个体学说属于早期资产阶级的理论范畴，受到资产阶级及其历史发展的局限。

此外，从路德新教伦理所存在的理论问题（如个体独立的绝对化）中，发现伦理思想在历史发展中所呈现的规律性，即当思想家全心致力于冲击旧道德体系时，往往无法顾及建设性体系的考虑。路德如此，现代的非理性主义伦理学家亦是如此。当路德力图冲破中世纪传统伦理规范对个体束缚时，忽略了个体的社会联系；同样，现代非理性主义对传统理性价值观攻击之时，把一切规范性的东西也彻底抛弃了。究其原因，既有历史的局限，也是理论的困难。当一种理论力图破坏旧理论体系时，他的方法是对已有的旧体系方法的否定，由此影响了思想家建设性方法的提出。因为理论上的破和立，有着矛盾冲突。路德伦理学说上的缺陷，也是理论方法矛盾冲突的反映，路德个体主义伦理学说在当时叱咤风云，然而是不全面、不成体系的，他只完成了前半部的工作，后半部的工作只能由后人来完成。

道德信仰与价值共识[*]

快速富裕起来的中国人面临的一大危机是道德危机，道德危机影响了中国人的幸福感。道德危机的本质是信仰危机，如何重建道德信仰、解困信仰危机是当前中国精神文明建设的一项重要任务。但是，道德信仰能否成立，是否具有实践的可能性，则需要理论充分地论证。

一、信仰之界说

信仰长期被理解为与宗教相联系的概念，甚至信仰与宗教可以相互替代使用。"信仰"即被指认为"宗教"，而"宗教"亦意味着"信仰"。不可否认，信仰与宗教之间存在某种源起关系和两者之间内在一致性。信仰是宗教赖以存在的必要条件，没有信仰的宗教是不可思议的，宗教也必然高举着信仰的旗帜，吸引信众和影响社会。从这个意义上说，信仰与宗教不可分，宗教内含着信仰。但是，宗教离不开信仰并不意味着信仰只能是宗教的信仰，或者信仰只属于宗教信仰的独一性。从逻辑上看，信仰的外延远远大于宗教。如果把信仰仅仅限定为宗教所独有，则窄化了信仰文化。这里存在一个对信仰概念的理解问题。

信仰属于精神现象，体现为人的一种精神寄托、一种追求。信仰从字面上解释，"信"指内心相信或信奉，"仰"则是崇敬仰慕，无论是相信还是崇敬心理，都是信仰主体高级的思想精神活动，是人的主体性的体现。但是信仰主体内在精神活动的对象是外在的，或是宗教中的神灵，或是某种人生说教，或是某种知识体系，甚至

* 余玉花.道德信仰与价值共识［J］.理论探讨，2015（03）：42 - 46.

某种物体如金钱都可能成为信仰主体的信仰对象。简言之，信仰是指人对自身之外的某种事物、理论学说、观念形态持相信敬仰并为之追求的心态。

信仰作为精神意识，与人类对物质的依赖一样成为人与人生不可缺少的组成部分。人的生存首先需要物质条件的支持，所以物质生活始终是人的第一需要。但是人这种生物的特殊性在于人还有思想意志，丰富的想象力将人的思考引向未来、憧憬美好，需要有精神上的充实感。这是人与动物最大的区别，也是人之为人的最主要特征。可见，物质需求不是人追求的唯一生活目的，人还有精神上的追求。为什么物质丰裕的今天，人们还感到不幸福、不满足呢？就是因为物质充足无法取代人对精神的渴求，精神世界的匮乏甚至比物质的匮乏更令人焦躁不安、痛苦不堪。

当然，不能说信仰的精神追求与物质生活毫无关系，事实上信仰的精神追求与物质生活状况有密切的关联，物质生活所生发出来的人的感受是人们需要信仰精神支持的重要因素。例如，早先的宗教信仰的提出，恰恰是当时的人们处于物质匮乏而力图摆脱生活痛苦的追求结果。正如马克思所揭示的："宗教里的苦难既是现实的苦难的表现，又是对这种现实的苦难的抗议。宗教是被压迫生灵的叹息，是无情世界的感情。"① 又如，当今社会人们的精神焦虑则与社会财富的分配不公、人与人关系的紧张、社会的无序、生态环境的恶化有密切关系，是现实社会生活提出的精神追问。信仰最终是为了寻求解决人与社会问题的精神支持；同样，信仰的追寻与确立也离不开现实社会。信仰虽是人主体的精神追求，但是信仰的对象亦即信仰的内容来自于社会，所有的信仰都具有社会性。

无论是信仰的内涵属性、外延范围、信仰发生的根源，还是信仰的功能价值，都不能简单地把信仰归之于宗教这一种文化形态。事实上具有信仰精神支持的文化形态是多样的，既有神性的信仰，也有非神性的信仰；既有人生的信仰，也有政治的信仰，当然也有道德信仰，宗教信仰仅仅是信仰文化中的一种。早在 18 世纪康德就提出了不同于宗教信仰且更值得敬仰的道德信仰。他说："有两样东西，我们愈经常、愈反复加以思维，它们就使人心充满了翻新不辍、有增无已的赞叹和敬畏：头上的星空和心中的道德法则。"② 心中的道德法则就是道德信仰。

---

① 中共中央马克思恩格斯列宁斯大林著作编译局.马克思恩格斯文集：第 1 卷 [M].北京：人民出版社，2009：4.
② 韩水法.康德传 [M].石家庄：河北人民出版社，1997：233.

但为什么宗教信仰独一性的观念根深蒂固，以致将信仰与神灵挂钩、与宗教划等号，并将其他文化排斥于信仰之外呢？这里涉及极为复杂的原因，其中既有宗教文化的精神特质高度契合信仰条件的因素，也有宗教对推助人类信仰文化发展的作用使然，更与历史上宗教统治者对信仰文化的垄断宣传有密切关系。首先，宗教是一种信仰文化。宗教的本质是超验的神灵，是纯粹的精神创造。无论是远古时期基于人类对未知世界产生的灵魂观念和精神期望的原始宗教，还是后来的一神教，宗教所创造的神灵精神体的价值就在于人们的"信"与"仰"。离开了信仰，宗教便失去了其存在的理由和发挥作用的前提条件。宗教与信仰这种须臾不可分离的关系客观上增强了人们对宗教信仰独一性的理解。其次，宗教那种无可证实的唯灵性、彼岸性能够提供无限想象的精神蓝图，极易满足信仰主体的内心需要，这是宗教能够被信仰的原因之一。无论在神的名义下的惩罚与救赎，还是神爱和临终关怀；无论是痛苦的感受还是喜乐的安慰，对于信徒来说，似乎都是精神上所需要的，起到精神疗伤或精神激奋的作用。可见，宗教的神灵精神与信仰主体的精神需求具有高度的契合性。再次，国家宗教借助国家机器强化了宗教信仰的权威性。宗教信仰这种看似取决于信仰主体虔敬意愿的精神现象，其普遍化却曾是强制性的结果。历史上政教合一的政治制度使宗教成为国教之后，其不容置疑的权威性不仅强化了宗教信仰的工具作用，而且强力促使宗教信仰观念普遍化，甚至成为信仰文化传统。西方长达千年的基督教神学的统治是造就西方国家宗教信仰传统的重要原因。当今伊斯兰教世界依然存在着强大的宗教信仰的号召力，这与政治强力（包括军事强力）的介入不无关系。

然而，随着科学的进步与世界的演变，信仰为宗教独占的情况已经改变，基督教日益世俗化已是不争的事实，连宗教神学家也不得不接受宗教信仰的变化："基督教的任务不是要成为一种'内心修养'的'宗教'，而是要充分参与世俗之城的生活。"[①] 而以宗教的名义企图强制人们信仰的行为遭到了世界大多数人包括宗教内部人士的谴责。与此同时，各种非宗教性的世俗信仰也陆续提出。信仰不再限于超人类的神灵世界，它同样可以是世俗的、人性的，亦同样可以是现世的，但它仍然必须是精神文化。这意味着信仰文化正走向开放性和多样性，满足人类对精神崇尚的多样性选择。

---

① 何怀宏.道德、上帝与人 [M].北京：新华出版社，1999：208.

二、道德能否成为一种信仰？

道德信仰是一种属人的非神性的信仰，虽然道德信仰也存在于宗教中。然而，道德信仰这个问题的提出，立即将面临一系列的理论困难。如，道德具有超越性吗？如何理解道德的超越性？道德是否具有完满性，能否满足人对终极关怀的需要？道德是理性的还是非理性的？诸多问题不仅依然残留着宗教信仰式的诘问，同样关系到对信仰的理解，而这些问题最关键的则集中于一个根本性的问题，即：道德能否成为一种信仰？何怀宏认为这是一个陀思妥耶夫斯基的提问："假如没有上帝，道德如何可能？"[①] 自然这是西方语境的提问，但毋庸置疑，道德信仰可能性的问题在当代具有普世性的意义。当"祛魅"的潮流扫荡了神灵信仰的地盘之后，道德信仰的呼声必然提出。但是道德能否取代宗教信仰的地位，仍需要讨论。"道德能否成为一种信仰"的问题实际上提出了道德信仰得以成立的条件，要求进一步从理论上回答道德与信仰之间的关系、道德作为信仰的根据与可能性等。

道德能否成为信仰，那要看道德是否拥有信仰的条件，这需要进一步去认识信仰的精神内容。信仰首先是一种精神意识，但其不是一般的精神意识，它是关于人及人的世界根本性问题的精神观念，是关乎人的命运、价值、幸福等期望性的精神观念，即所谓具有超越性、终极性的精神观念。其次，信仰的精神意识是信仰主客体高度合一的精神产物。信仰的精神意识或充满了信仰主体对人与人生的终极追问，或饱含着信仰主体对信仰对象提供的精神良方的坚信不疑，是信仰主体的精神渴求（或精神寄托）与信仰对象精神供给的合一体。也就是说，没有信仰主客体之间精神上的高度合一，则难以产生信仰的精神意识，即使已有的信仰也会失去。再次，信仰对象精神提供充足性程度决定信仰能否建立。所谓精神提供充足性是指信仰对象给予信仰主体精神满足的程度，是"信"产生的主要条件。在信仰的主客体之间，确定信仰对象的选择权在信仰主体，但是能够造就信仰的决定因素却在信仰客体，即信仰对象。因为信仰主体的精神追求可以说古今中外大同小异，无非是"人从哪里来，人到哪里去？""幸福在哪里？""应该过什么样的生活？"等终极性、期望性的

---

① 何怀宏.道德、上帝与人［M］.北京：新华出版社，1999：208.

问题答案的祈求。但是信仰对象提供的解题回应在不同的时代其产生的精神效应大不一样。有的精神提供较为充足因而能够满足信仰主体的要求，有的精神提供不充足就满足不了信仰主体的精神要求。那些不能提供充足精神供给的精神体，其被"信"的可能性降低，甚至被踢出信仰主体的精神视野，也就失去了作为信仰对象的资格。最后，信仰作为一种能够发挥作用的社会精神现象，它不是偶发的少量人群的精神专利，而是具有社会普遍性特征的。信仰的普遍性固然由信仰主体与信仰客体的精神耦合而成，但更主要体现在信仰客体提供的精神体中。也就是说，信仰客体所具有的精神普遍性是信仰普遍性的来源。

上述信仰的特征和信仰成立的条件为讨论"道德能否成为信仰"提供了理论参考。可以断论，道德信仰是可以成立的。学界不少专家也都认同道德信仰的现实可能性，并对道德信仰进行了非神性的界定。有的学者从道德哲学的视角来确定道德信仰。荆学民认为："道德信仰是指道德的形而上学之基础，应包括两个含义：一是指道德形成的精神基础；二是指道德的最高目标和最高境界。"①

魏长领的观点比较类似。他认为："道德信仰包括两个不可分割的方面：一是对某种道德价值体系及其价值理想目标的构建和信服；二是人们信服这种道德价值体系及其价值理目标的依据或理由。"② 上述两位学者是从道德本身即信仰客体——社会道德本体中揭示道德信仰的内涵。

有的学者则从信仰主体出发来认识道德信仰。肖立斌在其所著的《中西传统道德信仰比较》一书中把道德信仰看作道德主体的一种追求，认为"道德信仰是指主体在一定世界观信仰的指导下，有机统一道德认知、道德情感和道德意志等心理因素，把善作为道德生活领域内的终极追求，在主体自律的基础上对某种道德理想或者道德体系的笃信和奉行"③。黄明理也强调道德信仰的主体性，他理解的道德信仰"是人们基于对道德于个体和社会存在发展的价值的认识，以及在道德理想与道德现实的张力作用下产生的对道德（包括道德规范、道德理想和道德人格）的笃信与崇敬，并以此设定人生目标、付诸道德行动的特殊情感"④。

---

① 荆学民.社会转型与信仰重建［M］.太原：山西教育出版社，1999：123.

② 魏长领.道德信仰与自我超越［M］.郑州：河南人民出版社，2004：17.

③ 肖立斌.中西传统道德信仰比较［M］.贵阳：贵州大学出版社，2009：1.

④ 黄明理.社会主义道德信仰研究［M］.北京：人民出版社，2006：73.

上述对道德信仰的解读都有其合理性，至少从概念意义上确证了道德信仰的可能性。但是也存在着理论上的偏重，或是偏于道德信仰的客体或是偏于道德信仰的主体。笔者认为，全面性的思维是确证道德信仰存在性的方法。所谓全面性把握道德信仰，就是要从道德信仰的主体和道德信仰的客体，以及道德信仰主客体的关系中来证实道德信仰的存在性。

道德信仰的论证必须回到信仰的讨论范畴。前已论及了信仰建立必备的要素或者条件，只要道德符合信仰的条件就可以证明道德信仰是成立的。从全面性的道德考察思路完全能够证明道德信仰具备信仰超越性、普遍性、完满性的条件。

首先，道德具有信仰的超越性。超越性是信仰精神世界建立的条件，以往信仰超越性往往被作为超人类的特性来理解，被归之于神性宗教的范畴。从信仰发生学来看，超越性最早确实属于神性。儿童时代的人类，无知自身与自然的联系，在创世记的故事里，在来世和去世的问题上，接受超越人在世的神灵安排。但是超越性是否只属于神灵的彼岸世界？答案是否定的，超越也可以在世。超越性必定是面向未来的，但是人类的未来还是人类的；个体的未来仍然是个体在世的未来，未来不包括死亡。即使人死后有追溯的殊荣，但这种殊荣是在世创造的，作为精神属于人类，留在现世。所谓的"永垂不朽"是指以人的精神对现实世界的意义，对于死去的人已经没有任何意义。所以，超越性可以理解为人类和人类个体的当下超越，是人类自我提升的精神境界，如对自我人性的省思与超越、对人类现有道德能力的评判与超越等。道德信仰引导人们去实现超越性。因为道德信仰汇集了人精神超越的美德系统、规范系统和价值系统。"美德在人认识到自身的本性后向人的自身目的趋赴的过程中，起了一个关键性作用，而能够使人从偶然形成的人性向认识到自身目的后可能形成人性转化的，就是美德。"[①] 重要的在于，道德超越性是道德主体自我的需要，"道德的基础是人类精神的自律"[②]。道德内在的超越性是信仰得以建立的基础。

其次，道德具有信仰的普遍性。如何理解道德的普遍性？康德排斥经验主义的道德论，主张道德信仰必须符合绝对普遍性的原则，认为先验的绝对的"善的绝对

① 秦越存.追寻美德之路：麦金太尔对现代西方伦理危机的反思［M］.北京：中央编译出版社，2008：74.
② 中共中央马克思恩格斯列宁斯大林著作编译局.马克思恩格斯全集：第1卷［M］.北京：人民出版社，1965：15.

命令"具有普遍意义。笔者认为道德的普遍性是指道德具有人类对道德精神需求的共同性，这种共同性是道德能够被信仰的条件之一。康德为什么认为道德经验主义不属于道德信仰？因为在他看来，道德经验主义是个别的、零碎的，不具有普遍性，也就不具有信仰的要素。今天那些碎片化的、自我割裂性的、所谓相对主义的道德之所以无法形成信仰，其问题就在于缺少道德的普遍价值。而从客观世界的现实性来看，道德信仰的普遍性存在于人类社会的时空中，而非偶然的、某一阶段的、某一地域的、某一群人的精神火花。自古以来道德就是人类主要的精神寄托，整个历史长河中道德信仰始终在引导着人类发展，即使在改朝换代的社会动荡年代，道德信仰常常也是胜利者的旗帜。而今，道德信仰更是当代人急需建立的精神家园。除了时间上的恒久性之外，道德信仰的普遍性还体现在同一时间里不同的空间地域上人们共同的精神意愿。世界上几乎找不出哪个国家与道德绝缘。从地球的东部到西部、北部到南部，尽管不同地域的道德信仰的内容可能千差万别，但只要有人的地方就有道德信仰的要求。道德信仰的普遍性更体现在人类生活的方方面面，在人们生活的各个领域都不能无视道德的存在。现代应用伦理学所提出的经济伦理、网络伦理、生态伦理、行政伦理、职业伦理无不展现了道德的普遍性要求。道德同样渗透在科技、政治、法律、艺术等精神领域，即使神圣的宗教也离不开道德的基础。康德曾设想由道德信仰取代宗教信仰，认为道德是比宗教更加重要的精神基础，"假如没有道德，上帝如何可能"[①]，这一设问说明了连宗教都离不开道德精神体的支持。在宗教与道德之间，凡是宗教就不能没有道德的支撑，而道德是可以独立于宗教之外的。事实上世界三大宗教都建有自己的道德体系，宗教要仰赖道德作为宗教合理性的根据。

再次，道德具有信仰完满性的条件。本文提出的信仰完满性与一般所理解的信仰客体的无限性、完美性不同，信仰完满性是指信仰主客体达到的精神契合，就是客体提供的精神供给与信仰主体的精神需求的一致性。也就是说，信仰的精神意识必然同时容纳了主客体共同的精神指向，信仰是主客体精神共向的结果。单独的信仰主体的精神追求和单独的信仰客体的精神供给都无法建立信仰，只有信仰的主客体精神之间相互吸引、互相融通，信仰才能建立。当然，信仰完满性是有条件的。

---

① 何怀宏.道德、上帝与人 [M].北京：新华出版社，1999：208.

第一，主客体都必须是精神体；第二，主客体的精神都具有目的性质，具有超越现实的未来指向；第三，主客体具有内在精神的一致性，而非异向背离的；第四，信仰客体具有主体认同的崇高性。只有具备了这些条件，"信"才是可能的，"仰"才是真实的。道德之所以具备信仰完满性的条件，在于道德既可以是精神主体，又能够是精神客体。这是道德主体的精神意愿可以对象化的结果。个体道德的精神目标往往来自或印证于社会他人的道德精神，因此，社会他人的道德精神就成为自我道德认同和仰敬的精神客体，而社会他人的道德精神又是每一个自我道德精神对象化的结果。"理性存在者的每个主体将自己的准则同时作为普遍的立法原则，由此而产生的理性的道德法则是每个理性存在者必须服从的法则。"① 正因如此，道德主客体才能建立起精神共向的联系。而自我道德精神对象化之中本身包含着人与生活的价值、社会精神崇高性的崇敬和仰慕，其本质就是道德信仰。

三、 道德信仰建立的价值条件

道德能够成为信仰的理论探讨坚定我们道德信仰的信心，但尚未能解答当今社会道德危机之下如何重建道德信仰的问题。这是世界性的人类精神问题。一些人把西方国家信仰危机归之于科学"祛魅"，宗教神秘性不再被信服的结果。这固然是原因之一，但根本问题还是原先的道德大厦坍塌的缘故。

马克斯·韦伯关于新教伦理与资本主义精神的论证，表面上要重扬宗教信仰的现代价值，实质上是借助宗教之名推崇资本主义的道德信仰。中国传统信仰本以道德为主要信仰形式，曾经发挥着精神引导的重大作用。但在现代化的过程中，就像那些城市化过程中被拆迁的土地和房屋一样，逐渐被摧毁了。道德精神家园破败，信仰则无处安生。中国精神文明面临的重大问题就是如何重建道德信仰。有人主张用宗教信仰取代道德信仰。问题在于宗教能否成为道德高地，现代宗教难道没有道德信仰的困扰吗？无论宗教还是世俗都无法绕过道德信仰的问题。

不能说今天社会完全没有了道德，问题在于道德为什么没能成为人们的信仰。这意味着并不是所有称之为道德的精神供给都能成为信仰境界的道德。道德难以信

---

① 韩水法.康德传［M］.石家庄：河北人民出版社，1997：198.

仰有其复杂原因，学界对此有不少的见解与分析，归纳起来主要有两大原因。

第一，市场经济利益原则对道德的冲击。市场对道德的冲击又可以分为两个方面，其一是经济利益原则盖过了道德。在经济领域，追求利益最大化是铁的原则，相比较，软性的道德只能屈居之下，甚至沦为服务经济的工具；其二是经济的利益原则溢出市场的边界，蔓延至其他的生活领域，致使人与人的关系过度功利化和享乐主义（消费主义）的盛行，严重削弱道德对人与生活的影响。

第二，文化现代主义和道德相对主义的冲击。贝尔说，"现代主义文化是一种典型'唯我独尊'的文化，其中心就是'我'"，"不论是在艺术本身的特征还是对艺术反映的性质上，人们对自我的关切已胜过任何客观标准"。[①] 道德相对主义与文化现代主义是一对双胞胎，当每个人都可以宣称一种道德的时候，道德便失去了普遍性的基础。同时道德相对主义必然导致道德怀疑主义的产生。事实上，文化现代主义尤其是道德相对主义对道德信仰的破坏力更大，因为这涉及到的是道德本身的问题。因此只有反思道德自身的问题才能提出道德信仰重建的思路。

现代信仰危机的根本问题是道德自我性的问题。有的学者提出，现代道德危机是个人道德自由与道德共识的矛盾，这一观点不无道理。个人道德自由与道德共识的矛盾也是道德信仰重建的主要难题。毫无疑问，自我是现代化的产物，亦是现代性的标志，社会发展到现代化的今天，不应该也不可能去否定个人的道德自由。但问题在于，仅仅满足于个人道德自由，个体如何建立与社会的道德联系？其结果必然无法获得道德信仰普遍性的条件，最终则难以达到真正的个人道德自由。因此，破解个人道德自由与道德共识的矛盾成为道德信仰重建的突破口。需要研究的是，在个人道德自由的前提下，道德共识能否形成？道德共识形成需要哪些条件？应当相信，即使个人拥有充分的道德自由、即使社会道德多样化，现代人还是有足够的智慧去求得道德共识。

首先要证明的是，从个人道德自由中能够找到道德共识的可能性。孔子讲"和而不同"，不同的东西为什么能"和"呢？其中一定存在着能"和"的共同性，所以"尚同"才有可能性。个人道德自由使个人摆脱了强制性的道德生活，从而拥有对道

---

① 丹尼尔·贝尔.资本主义文化矛盾［M］.赵一凡，蒲隆，任晓晋，译.北京：生活·读书·新知三联书店，1989：184.

德选择的个人自主权，然而还应看到的是，道德自由选择中客观上包含着一定的道德倾向，但这种道德倾向已经不完全是个体性质的，还具有某种社会性。因为个人道德选择对象是社会性的，道德个体自身产生不了具有系统性的道德目标和道德规范，系统性的道德只能由社会来提供。由此可推论，个人道德自由不是绝对个体性，而与社会道德之间存在着密切的联系。不过对于当代道德个体来说，更感到困难的是，面对多样化的道德思潮，恰恰是"选择什么"使个体道德自由失去了选择的方向。可见，缺少共识性的道德供给是当今道德信仰危机的根本问题。

道德共识的本质是价值共识，价值共识又可称之为共识性的社会价值观。社会价值观是重建当代道德信仰的价值基础。追求价值共识并不否认社会道德多样化存在的现实性，"多样化并非仅是不久就会消灭的历史性条件，而是民主公共文化永久特征"①，而力图去发现不同道德文化所具有的"共有的合理性"②。因为每一种道德文化的提出都是为了回应社会生活的道德期待，或许回应中存在着道德偏好，或凸显某种道德价值而忽略其他价值；或囿于批判解构而忽略建构意义，等等。这些看似偏差性的道德见解，其中却不乏某些反映社会道德需求的合理因素，正是这些合理性因素为价值共识的形成提供了可能性的条件。

然而，发现多样性道德中的合理因素与形成价值共识并不是一回事，后者更需要做建构性的整合工作，也就是要建立支持道德信仰的社会价值观。显然，价值共识不是各种道德价值的简单相加，而必须通过提炼和整合，才能形成满足道德信仰条件的共性性的社会价值观。这对共识性的社会价值观的构建也提出了要求：第一，社会价值观应当提供当代道德权威性的价值根据，回答为什么今天还有人们可以信仰的道德，增强人们建立道德信仰的信心。第二，社会价值观既然体现社会价值共识，那么就应该关照各类社会群体的道德诉求，价值观所提出的价值理念应具有普世性，满足绝大多数人的精神要求。第三，社会价值观所支持的道德体系应当贴近当代人的精神生活的实际，将道德信仰的崇高性扎根和融化于日常生活之中，使道德信仰与道德实践结合起来，从而实现道德信仰"实践理性"的实践可能性，而非把道德高高悬挂，看似可"仰"，但缺乏"信"与实践的基础。第四，社会价值观给

---

① 罗秉祥，万俊人.宗教与道德之关系［M］.北京：清华大学出版社，2003：189.

② 阿尔斯代尔·麦金泰尔.德性之后［M］.龚群，戴扬毅，译.北京：中国社会科学出版社，1995：65.

予道德信仰的价值支持应有相对的恒定性。虽然变动不常是我们这个时代的特征，但是作为精神指向的社会价值观不能总是处于变动中，不确定、非恒长的道德供给不仅影响道德共识的形成，而且也会动摇个体对道德信仰的内心信念，损害道德信仰的权威性。道德供给的持久性能够让时间验证其值得可信的价值，同时信仰者也能充分了解自己信仰的对象，增强其信仰的坚定性。因为道德信仰是进入内心深处的具有持久性的精神感受，需要持久性的精神供给，而非时时变动的。第五，社会价值观的社会推广是形成道德信仰共识的必要途径。知晓道德是信仰建立的前提，道德信仰需要社会推广，其重要途径是道德知识的传播，即道德教育。贺麟认为，信仰的建立需要知识，因为"信仰包含知识，还是知识的一个形态"[1]。对道德信仰主体来说，信仰的建立是一个接受性学习和内化信念的过程。基于道德信仰还具有情感等非理性的成分，道德信仰的社会推广不能限于知识传播的形式，更要辅之于榜样、习俗、活动等途径。麦金泰尔强调行动对于信仰建立的意义，"信仰的重构就不应该仅按理智去考虑"，因为信仰更多是通过"仪式和仪式表演、面具和服饰"甚至"房子的建造方式和村镇的布局中获得表达"，也就是"通过行动表达"[2]。中国传统通过祭拜、家训、礼仪等方式来强化道德信仰不失为社会推广的有效形式。

---

① 贺麟.文化与人生 ［M］.上海：上海人民出版社，2011：46.
② 万俊人.20 世纪西方伦理学经典 ［M］.北京：中国人民大学出版社，2005：115.

探寻中国市场经济的伦理精神[*]

在市场经济发展过程中，参与其中的非经济因素是能够影响经济运转的重要力量，以伦理文化为核心的价值导向是市场经济中非经济因素的经济动力。发达资本主义市场经济的发展过程表明，合理的道德文化所激发的精神动力对市场经济发展至关重要。社会主义市场经济的精神动力是一种既同经济利益相联系，又超越经济利益的事业理想，是一种与民族发展事业同源同质的以利益创造为目的的个体事业追求。

一

从 20 世纪 80 年代起，中国经济逐渐从计划经济转入市场经济的轨道，这个转变将是一个较长的阶段。市场经济要获得健康的发展，一方面要同旧体制及其观念进行顽强的抗争，另一方面它必须建立起自身内在的价值力量。如果市场经济没有内在精神支柱的话，则无法获得迅速发展的动力。

那么，市场经济发展的内在动力是什么？人们往往注重物质的推动力量，几乎所有的经济学家和大多数伦理学家都认定利益是市场经济的内在动力。这一理论的来源是亚当·斯密的"经济人"和利益导向论。斯密认为，市场经济是一种利益导向经济，所有的经济活动皆以追求利润为目的，求利必然产生竞争，必然扩大生产规模、增加积累、开拓市场，从而推动整体经济的发展。与此相应的是经济活动中的"经济人"的存在及其活动。在斯密看来，生产与交换的经济主体都是追求自利

＊　余玉花.探寻中国市场经济的伦理精神［J］.江汉论坛，2000（09）：5－8.

的理性人，每一个"经济人"都试图以最小的成本去获得最大的收益，这样也就增进了社会总利益。斯密的这一理论成为"利益动力论"的经典诠释。斯密的理论在我国引起共鸣的原因还在于，我国近20年来社会经济的巨大变化印证了利益的无穷魔力。在此之前的中国，利益，特别是自利一直是被否定的价值意识，是改革开放打破了传统价值观念的束缚，肯定利益追求的合理性立时激发了亿万劳动者的积极性，"让一部分人先富起来"的致富浪潮极大地推进了社会生产力的发展，国民生产总值连续高速增长，中国经济取得了举世瞩目的成就。这一切都证明利益导向在经济发展中的驱动作用。

正是因为有上述理论和实践的依据，利益的道德意义愈来愈被人们所肯定，功利主义的理论由此而产生。今天，对利益的种种推崇本不足为怪，在一个曾有"重义轻利"的悠久文化的国度里，为了冲破影响市场经济发展的旧观念，高举功利的旗帜是完全必要的。问题是，利益能否成为市场经济永恒的动力（它能否作为一种价值导向赋予人们时代的道德精神）？要回答这个问题，首先对价值导向要有正确的理解。价值导向虽然也根源于人们的利益需要和利益关系，但却是在更高的层次上反映社会普遍性的道德意向，指导人们对"应当"性的目标追求，因而价值导向必须具有道德的合理性，至少要符合下面三点：第一，应当具有值得大多数人认可的道德合理性；第二，必须具有较恒久的激励力量；第三，应该有良好的激励效果。而利益导向不完全具备这些条件。

首先，利益导向虽然在市场经济中是客观存在的，而且也不能否认它对经济活动的激励作用，也就是说，它有合理的方面，但是其合理性是有限度的。就现实的市场经济而言，它不是纯粹的市场经济，因此利益机制的合理性作用受到其他因素的制约。倘若其他相关因素不能提供一个良好的条件，那么必然会抵消导向的合理性，甚至产生不合理的结果。其实，这个问题早就有人注意到了。阿瑟·庇古在20世纪20年代出版的《福利经济学》中就指出，人们追求利益的市场行为可能会受到其他因素的干扰。例如，如果市场交换的双方在地位上不平等的话，某一方就可能利用其垄断优势侵害另一方的利益。另外，交换双方的私人利益的增进也可能侵害其他人的利益或社会整体的利益。从现实的情况来看，利益导向确实存在着这种不合理的缺憾性。

其次，单纯的利益导向对劳动者或经营者的生产积极性的激发通常局限于眼前的、短期的时域范围，不具有永久激励的道德魅力。这里的利益不能简单理解为与"弊""害"相对的概念，其更直接的含义是收益、是财富。以财富作为经济活动的目标当然有极大的诱惑力，特别是当人们还处在穷困、尚未取得温饱之时。长期以来贫困的痛苦使人们渴望财富，现在致富之路一打开，人们的欲求便不可遏止地喷发出来。改革开放之初，利益机制确实激发起前所未有的生产积极性。然而，当人们已不再贫困，或已相当富裕，人们还会为财富去拼搏去冒险吗？虽然仍不失为财富而不懈奋斗的人，但是"富而生逸"恐怕是更普遍的现象。中国历来是"知足常乐"的传统心态，更有可能削弱人们行为的积极性。现实生活中，类似拥有一些财富就不思进取的现象比比皆是。而在企业单位，单纯的利益激励产生的是短期的经济行为。在市场经济情况下，利益的导向是通过市场交换活动来实现的，而交换活动的自利性、自主性、个别性都促使人们着眼于即时的收获，劳动的积极性必然限于眼前的利益。总之，利益只能导向人们在即时的"得"和"失"之间确立行动的兴奋点，而不能提供较久远的动力源泉。

再次，利益导向难以产生单一良好的激励效果，事实上它的后果是双重的。一方面人们对利益追求释放出个人最大的能量，推动中国经济迅猛的发展；另一方面唯利是图破坏了最基本的道德信誉，假冒伪劣商品充斥市场，欺诈行为猖獗无比，市场交易缺乏信用和安全，这些行为又在一定程度上阻碍了社会主义市场经济的进一步发展。

上述说明了利益导向的道德缺陷使其不能成为市场经济的价值导向。不过，这并不意味着否认利益在经济发展中的原始动力，利益永远是人们从事经济活动的最初的动机。不然的话，我们又会回到无视客观物质利益的"左"的思维模式，不承认人们的物质利益，那就是唯心论。[①] 利益最大化的原则是市场经济的基本规则，离开利益机制，市场经济就不是市场经济了。那就是说，只要有市场经济，利益导向总是存在的，不可否定的。而我们要指出的是，经济的发展单靠利益这个自发性的物质动力是不够的，它更需要精神动力，特别是当经济发展已经进入市场化的阶段，国有资产和法人资产所产生的风险日益增强的情况下，利益导向的作用就显得单薄和片面。因此，应当摆脱那种囿于经济模式去审视经济问题的思维方式，事实

---

① 中共中央文献编辑委员会.邓小平文选：第 2 卷［M］.北京：人民出版社，1994：146.

上任何一种经济都不是纯粹意义上的经济，总是浸染着时代的、民族的、政治的、伦理的种种痕迹，受到社会文化的影响。市场经济也同样如此。市场经济在其发展之中常常有一些非经济的因素参与到经济之中，这些"外原性"的因素能极大地影响经济的运转，或构成对经济的阻力，或构成对经济的动力，而那些形成为经济动力的非经济因素正是经济腾飞所需要的力量。

二

现代最发达的资本主义市场经济，在其发展的过程中，同时有物质和精神两种不同的力量在起作用。一方面，对利润的贪婪与疯狂成为经济活动最原始的动力，马克思援引登宁的话说："资本家有 50％ 的利润，它就铤而走险；为了 100％ 的利润，它就敢贱踏一切人间法律；有 300％ 的利润，它就敢犯任何罪行，甚至冒绞首的危险。"[①] 另一方面西方的文化传统特别是宗教意识在很大程度上促进了资本主义经济的合理发展。西方学者马克斯·韦伯在《新教伦理与资本主义精神》一书中对此作了充分的论证。韦伯认为，经济行为有合理与不合理之分，合理的经济行为是资本主义获得不断发展的生命源泉。经济合理主义首先体现为资本主义劳动组织的合理性，并依赖于法律和管理制度的合理性，但经济合理主义产生的源泉却是文化的合理主义，"尽管经济合理主义的发展，部分地依赖合理的技术和法律，但它同时也取决于人类适应某些实际合理行为的能力和气质"[②]。他认为，西方在宗教改革运动中诞生的新教及其伦理始终是影响合理经济行为最重要的构成因素。新教特别是加尔文教的禁欲伦理所倡导的"天职"观，客观上成为资本主义经济合理发展的精神力量。新教伦理的"天职"观使信徒坚信，只有节俭勤勉，拼命地劳动和赚钱，才能得到上帝的恩宠，完成自我的世俗义务。对信徒来说，劳动不是一种无奈，而是一种渴望，一种天职，"是他们对上帝应尽的义务"。而无论是劳动者还是企业家那种在职业责任引导下的永不懈怠的发奋、勤俭、恪尽职守的美德，确实符合资本

---

① 中共中央马克思恩格斯列宁斯大林著作编译局.马克思恩格斯全集：第 23 卷 [M].北京：人民出版社，1972：821.

② 马克斯·韦伯.新教伦理与资本主义精神 [M].黄晓京，彭强，译.成都：四川人民出版社，1986：26.

主义市场经济发展的需要。

毫无疑问，韦伯是站在资产阶级立场上来评价新教伦理的，对此我们要用批判的态度对待之。但他提出的伦理文化对经济发展重大影响的观点极具启发性。首先，他提出了非经济因素对经济发展的深刻意义，尤其强调道德文化激发的精神动力对经济发展的至关重要。"自从禁欲主义试图重造尘世并在俗世中实现它的种种理想以来，物质财富获得了一种历史上任何阶段都未曾有过的、愈来愈大且最终变得不可抗拒的统治人类生活的力量。""当禁欲主义从修道院的密室中出来并且开始支配世俗的道德观念时，它便在建设现代经济秩序的巨大宇宙中发挥它的作用。"① 其次，他指出了只有那些合理性的伦理文化才能真正地推动经济的发展。韦伯认为，并不是所有的伦理文化都有合理性的价值，只有那些与社会经济发展具有一致性价值内涵的伦理文化才具备合理性，才可能发挥经济动力的作用。再次，上述的逻辑推演则说明了道德价值导向对于经济活动指导的必要性。正如韦伯所指出的："如果完成某种职业不能与最高尚的精神和文化价值观念直接联系，或者从另一方面说，假如它根本无需使人感到是一种经济强迫力量，那么人们一般就不会做出任何努力，去为它寻找存在的根据。"② 那就是说，只有当那些人们认为值得追求的令人崇尚的东西转化成人们经济行为的动机时，才能变成人们强大且持久的行动力量。缺乏对生活理想追求的价值观念，经济活动对人来说就显得乏味、没有色彩，除了迫于生存而不得不应付之外，难以激发热情，更谈不上奉献和追求。韦伯对新教伦理特别是加尔文教的推崇，不仅在于他对加尔文教伦理合理性的认可，更在于他看重新教伦理精神对指导人们经济行为的意义。应该说韦伯的新教伦理动力论更多着眼于对早期资本主义发展的分析，并且也遭到了一些学者的反驳和批评。例如，功利主义者抨击禁欲苦行主义违背了人类"自然"的享乐天性，但没有否定其经济动力的作用。随着资本主义进入现代以后，当膨胀的消费成为资本主义发展的一个重要因素之后，禁欲节俭的新教伦理被享乐主义所取代，"资本主义制度也因此失去了它的超验道德观"，其结果并不是资本主义发展甩掉了道德对其的束缚，相反，如同贝尔所指出

---

① 马克斯·韦伯.新教伦理与资本主义精神 [M].黄晓京，彭强，译.成都：四川人民出版社，1986：171.

② 马克斯·韦伯.新教伦理与资本主义精神 [M].黄晓京，彭强，译.成都：四川人民出版社，1986：172.

的，资本主义保障经济增长的能力出现了疑问，而"一旦社会失去超验纽带的维系，或者说当它不能继续为它的品格构造、工作和文化提供某种'终极意义'时，这个制度就会发生动荡"①。20世纪50年代以来西方社会出现的生态危机、颓废主义等各种社会灾难，在贝尔看来是与文化精神的缺乏相关的。他认为"现代主义的真正问题是信仰问题"，"就是一种精神危机"。② 因此，西方的许多学者致力于文化精神的再建，无论是新自由主义还是新保守主义，皆力图要为资本主义提供新的精神动力。

推动现代中国市场经济发展的精神动力应该是什么？它源自何处？对此问题的回答，首先在思想方法上要有正确的指导，也就是说要从现实经济生活中去寻找其所需要的精神因素。当然并不是任何精神力量都适合市场经济发展的，只有与中国市场经济具有一致性的伦理精神，才是我国市场经济合理发展的必要条件。

从我国的情况来看，市场经济是中国经济体制改革与发展的现实，我们的目标是要建立一个比较完善的社会主义市场经济体制。市场经济是以具有自主性的主体间交换活动为基本内容的经济，它的特点是利益与风险同存，所以对于市场经济来说，它的合理快速发展不仅在于市场交换活动的社会化、有序化，更在于市场经营活动要有高效益和创造性，而要达到这一切将取决于参与市场活动的主体——人的素质，即经营水平和主体精神，其中，主体精神正是市场经济的动力因素。主体精神不能限于主体自我性的理解，它包含丰富的内容，如经营主体的敬业精神、创业精神、进取精神，特别是主体有明确目标的事业追求。事业目标在主体精神中占有重要的位置，是各项精神动力的动力。市场经济活动中确立的事业目标，其内容必然是经济的但又是超越经济的，它是经济活动的直接结果，可以用经济指标来衡量，但它反映的是人们超经济的理想追求。所以，在市场经济条件下，经济活动的精神

① 丹尼尔·贝尔.资本主义文化矛盾 [M].赵一凡，蒲隆，任晓晋，译.北京：生活·读书·新知三联书店，1989：67.
② 丹尼尔·贝尔.资本主义文化矛盾 [M].赵一凡，蒲隆，任晓晋，译.北京：生活·读书·新知三联书店，1989：67.

动力既同经济利益相联系，又超越经济利益带着理想信念的色彩。

　　既然事业目标与经济利益相联系，那么其动力的基点必然是个体性的，只有与个体（包括团体性的个体）的利益追求相联系的伦理精神才可能成为市场经济的动力，排斥或否定个体利益和个体要求的精神因素无论其价值的阈值有多高，都难以成为市场经济的动力源。首先，这是由市场经济特殊性决定的，市场经济提供给人们的目标或目标实现的机会都是个体性的，套用经济学的术语，是微观形态的。在这样条件下的目标选择必然是个体。哈耶克认为：市场机制是协调千千万万人的个别知识和个人目标的自发机制，提供参与者尽量自我发挥的机会。同样，市场要能达到最有效率的状态，"那么市场机制正是离不开让人尽量自我发挥的"[①]。其次，精神动力不能是外铄的，必须与人们内在的意愿相一致，目的法则始终是人们行为动力的源泉。这意味着人的事业目标是自我决定的，是自主意志的体现。香港城市大学张楚勇先生认为：市场机制需要保障个人的自主，"尽管个人自主的行为带来的不一定是有道德的结果，但没有自主行为是不可能谈得上道德的"[②]。现实生活中有一些道德目标确实高尚令人感动，但在其未能内化成人们自我要求前，那份感动只是表面的、一时的，更不可能付褚行动的。可见，持久性的道德精神也不能脱离个体的目的需要。

　　不过，并不是所有个体的利益追求都是一种事业追求，都具有道德价值。现实生活中处处充斥着个人利益的追求，但其中不乏庸俗势利的欲望、损人利己坑害社会的行为，这些根本谈不上什么道德价值，也不可能成为推动市场经济发展的精神动力。这里有一个如何正确理解个人利益追求的问题。目前存在一种错误的认识，往往把利益追求等同于利益的占有、利益的攫取，似乎一讲利益追求就是每一个人设法去获取尽可能多的市场财富，而不必考虑财富得到的手段和意义。当然这并不是否认人们对财富合理的占有，如人们劳动所得的正当利益。即使如此，由于现实的占有既有合理的占有，也有不合理的占有，如果把利益追求简单地归结为利益的占有或财富的占有，就会产生不道德的追求后果。

　　从社会主义市场经济对伦理的要求来看，它需要一种富有创造性的精神力量，

---

① 　陶黎宝华，邱仁宗.价值与社会［M］.北京：中国社会科学出版社，1997：208.

② 　陶黎宝华，邱仁宗.价值与社会［M］.北京：中国社会科学出版社，1997：197.

一种来自市场主体不竭的内在动力，它同样体现为对利益的追求，但不是单纯的物质追求，也不是对利益简单的占有，而是对利益的创造，其本质是精神追求。追求利益创造才能称之为事业，才具有永恒的精神推动力。以利益创造为追求的个体才会有不断学习的要求，刻苦拼搏的劲头，立志创新的勇气，坚韧不懈的毅力；不会受困于金钱美色的诱惑，不会遭遇失败而气馁，更不会鼠目寸光，津津于眼前小利，在成功面前失去方向。利益创造对追求者来说，既是奋斗的目标，又是一个无限的过程，永不满足某一阶段的成功。更重要的是，利益创造的追求既然使人摆脱了私欲的缠绕，必然能催生人的责任意识，对事业的使命感。正是社会个体追求利益创造的事业精神才是社会主义市场经济所需要的伦理精神。

然而，当我们注意到个体性的事业追求是社会主义市场经济不可忽视的道德动力之时，同样不能忽略社会和民族的道德要素，特别是个体道德与社会道德之间存在的联系。所以还必须从社会的层面上来发掘市场经济的精神动力，而不仅仅局限于个体的层面上。这是因为：第一，道德导向必然具有社会性的内容，社会主义市场经济作为现代中国社会发展的经济选择，本身包含着社会主义社会和现代中华民族的道德倾向性。另外，现代市场经济虽然仍以个体交换为基础，但又不局限于此，宏观整体性同样是现代市场经济不可缺少的内容，而宏观整体性所反映的道德要求则是社会的价值倾向。第二，个体道德动力产生的源泉是社会民族道德。事实上，脱离社会道德价值轨道，完全个体意愿化的道德追求是难以建立起来的。即使个体经济追求中包含着某种道德精神，那么，这里面仍然存在着个体道德要素从何而来的问题。道德精神从其本质来看都是社会性的，个体的道德意向只能来自于社会道德，是人们汲取社会道德营养所致。可以说，个体道德是社会道德的一种折射。就利益创造而言，既是个体的事业追求，同时这种追求又应该是国家所需要的，因而其符合社会主义的道德要求。第三，只有与社会民族道德要求趋同一致的个体道德动力才可能有持久性。个体性的目标，其所能提供的精神力量往往是有限的，阶段性的特点比较明显，持续力不够。而一种伦理追求只有注入民族的内容，才能形成强大的动力，才能持久。对中国人来说，民族的道德精神始终具有号召力和持久性，只有融入了民族事业伟大醇素的个体事业追求，其发展才能获得无穷的力量，并具有深刻的价值意义。

综合上述，中国社会主义市场经济的精神动力可以表述为：是一种源于现实经济基础又包含理想价值导向的利益创造精神，它既可以作为个体事业的奋斗目标，充分展示人们的主体精神，同时符合现代中华民族发展的理想需要，体现社会主义道德价值精神，是两者有机的结合。今天我们仍然要弘扬民族精神，崇尚共同理想，但它不是空泛的，而是通过社会个体的认同、接受、内化，渗透到个体的事业追求中，成为现实的道德力量，推动社会主义市场经济健康快速地发展。

企业社会责任及其缺失的道德追问[*]

企业的社会责任不能脱离功利后果的考虑，但又不能仅限于功利后果的思考，从企业内生性的视角去探讨企业的社会责任，才是企业伦理的社会责任。企业伦理社会责任意味着企业也有道德上的人格，是经济活动的道德主体，也是社会价值的承担主体。企业的道德人性始终与企业的经济活动紧密联系的，是经济活动中的人性追求和人性体现。企业的道德人性才能使企业坚守生命原则、承担社会责任。将企业的经济主体与道德主体统一起来、企业追求盈利的活动与企业追求道德人性活动结合起来，来加强企业道德人性的文化建设。

当前，企业责任缺失已成为困扰社会健康发展的伦理问题。在中国，人们还未从"三鹿奶粉"事件的阴影中走出来，名牌企业双汇"瘦肉精"事件的曝光再一次引起了人们对食品安全问题的恐慌，著名企业紫金矿业肆意排污又致使河里大批鱼类死亡、周边居民遭遇饮水危机。中国之外的日本核电站因设备陈旧和地震后考虑经济利益而未采取必要措施所造成的核泄漏不仅使福岛居民生活在核威胁之下，经济受到毁灭性的打击，而且周边国家也蒙受在核辐射的阴影之下。上述种种事件都暴露了企业社会责任的缺失，反映了某些企业只追求一己私利而罔顾社会责任的道德心态。更令人感到可怕的是，这种追求私利是建立在不惜损害他人生命健康的基础上的。本文要讨论的是企业为什么要承担社会责任、企业社会责任缺失背后的伦理根源和如何强化企业的社会责任。

企业的社会责任一直是经济伦理研究的重点。对企业社会责任的研究大多数学

---

* 余玉花.企业社会责任及其缺失的道德追问［C］//中国伦理学会.第 19 次中韩伦理学学术研讨会论文集.华东师范大学，2011：5.

者基于后果论的逻辑视角，即从企业行为产生的结果来探讨企业的社会责任。有的则是从有利于企业的利润追求来理解企业的社会责任。弗里德曼认为，企业的社会责任就是利润最大化。他说，"在公开、自由的竞争中，充分利用资源、能量去增加利润"就是企业唯一的社会责任。① 有的是从企业的行为对社会产生的影响来确定企业的社会责任，学者 P.罗宾斯认为："企业的社会责任是指超过法律和经济要求的、企业为谋求对社会有利的长远目标所承担的责任。"② 当然也有从企业与社会关系的承诺中来理解企业的社会责任。如世界银行把企业社会责任（CSR）界定为：企业为改善利益相关者的生活质量而贡献于可持续发展的一种承诺。③ 这一界定仍然没有离开后果论的研究思路。

从企业的行为后果出发来研究企业的社会责任有其一定的合理性，因为承担责任总是同行为的结果相联系的。但问题在于，后果论的唯一性存在着某种道德思考的不完全性：一是后果意味行为已经发生，行为在时态上处于过去时状态。如果行为后果是良好的则毋庸置疑，而如果行为后果是损害性的则必然是"覆水难收"，任何补救都无法弥补道德责任的损害。二是后果论容易使企业主体产生道德投机心理。事实上，企业行为后果有时具有偶然性和不可预测性，企业行为究竟在多大的程度上对社会形成善恶的后果，企业行为主体并非十分清楚，因为企业行为的后果一方面具有多种性后果，另一方面行为后果受到多种因素甚至无法想象到的因素的影响，正因如此，就有可能滋生企业行为的侥幸心理，从而影响企业对自我行为后果的判断。如，最近发生的日本核电站事故，地震加海啸的因素就是被忽略和未预测到的。可以想象一下，假如没有这次地震和海啸，核泄露有可能就不会发生。三是后果论更多的是基于功利的算计，然而企业单纯的功利性无法撑起企业的社会责任。

基于上述讨论，笔者以为，企业的社会责任虽然不能脱离功利后果的考虑，但又不能仅限于功利后果的思考，而应该在更为开阔的视域中来讨论企业的社会责任。

首先需要讨论的是，企业承担社会责任的根据，即研究企业社会责任来源。从

---

① 米尔顿·弗里德曼.弗里德曼文萃［M］.高榕，范恒山，译.北京：北京经济学院出版社，1991：46.

② Stephen. P. Robbins. Management. Prentice-Hall，Inc，1991：124.

③ 田秀云，白臣.当代社会责任伦理［M］.北京：人民出版社，2008：106.

企业的现代性来看，分工是企业社会职责的来源。作为现代经济活动的组织，企业是现代社会分工的产物。作坊式的传统经济组织虽然也承担着社会运转的功能，但是这种经济组织不仅规模小、经营简单，而且经济活动的自体性较强，因而社会联系比较狭窄，单个组织对社会的影响力也比较有限。经济现代化之后，分工的细化，打破了经济组织自我一体的运作方式，使每一个经济单位成为社会分工机器中的一颗螺丝钉，从而使每一个经济组织与整个社会密切联系起来。一方面单个经济组织的生存与发展既依赖着其他经济组织活动的支持，同时又与其他的经济组织在市场上形成竞争对手，所以企划成为现代经济组织不可缺少的决策内容，这就是现代经济组织称之为企业的来由；另一方面社会的发展尤其是社会经济的发展不能缺失每一个螺丝钉的作用，单个的经济组织即企业的经营活动都会对社会产生影响，所谓"牵一发而动全身"的结果。单个企业经济活动之间以及企业活动与社会之间的相互牵连，使企业活动不仅仅属于企业个体性的经营活动，还是关系社会他者的社会性的活动，由此企业行为就产生了对他人社会正当性、合理性的问题。企业活动的社会关联性是提出企业社会责任的客观依据。

但是，由于企业经济活动的自我性和谋利天性，企业往往利用社会关联谋取自身的最大利益，而非谋取共同利益，甚至损害他人的利益。因此，为了避免谋利天性造成的损人结果，就需要对谋利天性进行适当的制约，以维持合理的经济秩序。而对企业行为后果的制约必然是法律的规范。法律对企业行为设限，即确定企业的社会责任，但是法律规定的企业社会责任只能对行为后果的追溯，虽然法律规范具有威慑力量也会影响企业行为的选择。但是如前面分析的，后果性的责任追溯具有相当程度的漏洞，在一个不崇尚法制的社会则会放大法制的漏洞。

这就需要从另外的视角去思考企业社会责任。企业活动仍然需要赢利，这是企业自在性要求所然，但是企业需要进一步自问的是：赢利的目的是什么？赢利的条件是什么？这些问题的实质就是企业的价值观问题，形成的是伦理上的社会责任。在第一个问题中，企业赢利从企业最初的立足市场谋取生存的目标中走出来后，就应当把经营壮大和更多的赢利看作是企业社会事业的追求，这意味着企业的活动不仅仅是自利性的活动，同样也是贡献社会的活动，当企业意识到企业行为的利他性并将这一意识成为企业乐意追求的目标时，伦理社会责任已经蕴含于企业的目标之中。第二个问题对于企业来说，是应该看到企业的赢利的条件来自于社会，来自于相关企业提供的各种经营的条件，虽然这种条件是相互的；来自购买企业经营产品和服务的消费者，由此可见，企业能够赢利不完全是企业本身行为所决定，来自于社会的恩惠亦是不可缺少的条件，因此，感恩社会、增利社会形成企业内生的社会责任。

从企业内生性的视角去探讨企业的社会责任，才是企业伦理的社会责任。企业伦理社会责任意味着企业也有道德上的人格，是经济活动的道德主体，也是社会价值的承担主体，因而企业活动有价值目标、企业行为有善恶之分。伦理上的企业社会责任，从企业行为的动机上就形成企业活动的善意和社会责任感，在道德良心上制约着企业赢利行为中的损害社会的取向，在行为的过程中不断检视行为的社会效果，尽可能避免由于企业的行为带来的社会不良后果。

上述，我们把企业的社会责任做了法律的和伦理的区分，法律的社会责任是企业关注后果惩治的社会责任，伦理的社会责任是企业目的追求的社会责任。当前，企业社会责任缺失的是伦理上的社会责任缺失，而无关乎法律责任。因为法律的责任追究根据并不在于企业的行为企图，同时企业也无法决定行为后果的法律责任。如果说法律高悬的斯达摩利剑对企业的行为有所威慑的话，那么企业对自我不合理或可能产生法律后果的行为实施约束，其意义仍是伦理的，而非法律的，因为真正意义上的法律责任是在企业行为之后，而非行为之前。

不过，这里要讨论的主要不是伦理责任与法律责任的区分，而是企业社会责任缺失的根源。责任伦理学告诉我们，企业的社会责任至少有四种：一是经济责任；二是法律责任；三是伦理责任；四是自由责任或慈善责任。① 其实，第四种责任也属于伦理责任。企业社会责任的多样性一方面揭示了企业社会责任的层次性，另一方面也模糊了社会责任之间的内在联系，形成了不同责任之间对立性的选择思维，将承担一种责任来回避另一种责任。通常企业更乐意承担经济社会责任而漠视伦理社会责任，其原因当然在于经济社会责任与企业的谋利本性具有天然的一致性。然而，无论是经济责任抑或法律责任都内含着伦理的责任。以经济责任为例，虽然经济谋利天经地义，但是谋利的目的性、谋利的手段无不出自社会伦理。但是恰恰将企业社会责任对立性的思维使企业放弃了伦理责任对企业谋利中贪婪性的遏制，这

① 田秀云，白臣.当代社会责任伦理［M］.北京：人民出版社，2008：107.

是企业缺失伦理社会责任的原因之一。

企业缺失伦理社会责任的另一重要原因是企业对人性的漠视。由于篇幅的关系，我们不可能对企业的社会责任的内容做更全面的阐述，但要指出的是，企业的伦理社会责任的内容是非常丰富的，从已有的研究成果来看，企业伦理责任内容包含着企业对员工的责任、对股东的责任、对合作伙伴的责任、对利益相关者的责任、对消费者的责任和对环境的责任。显然，这种责任范围只是从企业主体发生关系的对象上的责任划分。笔者认为，还可以从企业与相对方面的利害关系上来思考企业的社会责任：一是企业与相对方面发生经济利益关系中的社会责任，包括企业内部（包括股东）的分配关系、企业与国家社会的分配关系（纳税与捐赠）、企业之间的经济来往、企业与经营对象（单位和大众消费者）的经济关系，这种利益关系中的社会责任体现的是企业遵法、合理分配、提供合格产品或服务和友好合作；二是企业与相对方面发生的关乎生命安全的企业社会责任。这种企业社会责任更多体现在企业与企业员工、消费者以及社会公众的关系上。但是，现在第二种企业社会责任被第一种社会责任所掩盖，经济利益的偏好和纠缠致使企业忽视了生命的社会责任，甚至出现用金钱交换生命、用金钱取代责任的现象。而现代社会人们生活联系的密切性提高、人们共同活动的高频率使企业对生命不负责任的危害程度越来越严重，危害的领域越来越广，成为当今社会的道德共愤。

企业对生命社会责任的忽视其实质就是对人性的漠视，是当今社会企业社会责任缺失的主要根源。长期以来，人们对生命的责任主要定位于医生的职业上，医生的"救死扶伤"才与生命责任相关，而一般企业只与经济财富相关，挣钱是企业的最高宗旨（必须指出的是，有些经济学家也撰文表示，经济活动与道德无关），于是就忽略了企业的道德人性，对生命健康采取敷衍、回避责任的态度。

现代企业应对生命承担社会责任是一个不容置疑的道德命题。这意味着企业应当在企业的经济活动中纳入人性的道德元素，企业不仅仅是经济活动的机器，更是生命赖以存在与延续的社会条件。马克思恩格斯曾把物质生产活动看作是生命的生产①，也就是说，企业的经济活动在创造社会财富的同时也创造着人类的生

---

① 中共中央马克思恩格斯列宁斯大林著作编译局.马克思恩格斯选集：第1卷［M］.北京：人民出版社，1972：34.

命，相反，如果企业经济活动不能增进生命的发展甚至有害于生命，那么企业的活动就是一种不能容忍的"异化"活动。马克思正是从维护劳动者生命价值的意义上批判资本主义雇佣劳动对劳动者生命的摧残，提出革命实践和劳动解放的伟大使命，这是激发生命活力的伟大事业。作为社会主义国家的中国企业理应承担生命创造的道德责任，让生命在劳动活动中更有活力和从劳动成果中享受生命的价值。

企业生命社会责任的缺失是企业道德人性的缺失，"见钱眼开"、见物不见人泯灭了企业的道德良心，难以支撑起企业的社会责任。虽然企业道德人性的迷失有着诸多的外在因素，包括社会风气和市场的影响，但是企业内部的人文道德文化的薄弱仍是根本的原因。因此，强化企业的社会责任应当强化企业的道德人文建设，特别是企业的道德人性的培育。

关于培育企业道德文化或道德人性存在着两种质疑：一种质疑认为，企业主要的职责功能是经济活动或经济赢利，过于强调企业道德将影响企业的主要社会责任，所以反对道德介于经济活动。这种理论已经不堪一击，马克斯·韦伯的《新教伦理与资本主义精神》已经论证了道德文化对于经济活动的促进作用，国内也有学者从道德的功用效果证明道德在经济活动中的积极意义。另一种质疑则认为，道德人性只适用于个体自然人的身上，企业作为经济单位何来道德人性之说？如果说企业道德人性能够成立，其道德人性又如何体现？

关于第二种质疑，笔者认为，企业的道德人性确实具有拟人化的特点，但并不是不成立的。所谓企业道德人性，是指企业的经济活动不管是产品的生产活动、产品的营销或是服务活动都应着眼于人的需要、推进人的健康和发展，因而是为了人和赋予善良人性的道德指向，是企业社会良心的体现。从这个目的出发，企业的活动要避免或远离对人的伤害，并成为企业始终秉持的活动原则。企业坚持道德人性就不可能出现"毒奶粉"、瘦肉精和苏丹红，也不可能出现煤矿爆炸、"富士康"跳楼事件。企业的道德人性才能使企业坚守生命原则、承担社会责任。

不过，与自然人的道德人性不同，企业的道德人性始终与企业的经济活动紧密联系的，是经济活动中的人性追求和人性体现。因此，企业道德人性所产生的责任担当是企业内在性（经济活动本身）活动的道德要求，与企业的外部活动如慈善捐助活动有所不同。企业的捐助活动当然也是企业道德的体现，但那并不是企业必要的伦理责任，这种责任只有在企业富余的条件下才能够承担的责任。但是，经济活动中的企业道德人性是必要伦理责任的要求，是哪怕企业在减少赢利、承受损失的情况下也不得不承担的责任。自然，企业承担这种责任的边界和程度会因社会条件和企业承受力的不同而有所差异，但逃避责任是企业道德人性所不许可的。

问题在于，我们的企业太缺乏道德人性了。企业缺乏道德人性不能简单地责怪企业，因为中国真正具有现代意义的企业年限太短，从社会主义市场经济体制确立迄今只有短短 20 年的时间，很多企业对于现代企业必备的精神品质尚未全部知晓，更谈不上企业精神品性的形成，客观看我国众多企业的道德精神尚处于培育的过程中，这是其一；其二，快速发展的经济、竞争的压力无论是企业还是政府对道德精神的忽略是不争的事实；其三，伦理学对企业道德人性研究的不足，以及企业伦理学的理论研究与企业实践的脱节，也延缓了企业伦理责任和道德人性的建设。但是，现实中一个个触目惊心的事件发生，中国企业道德人性与道德责任的建设已迫在眉睫，不容忽视与迟延。

近年来，我国企业责任伦理建设主要在于企业责任规范的建设层面。这项工作在两个方面展开。一是企业责任规范的制定，借鉴西方的 SA8000 等社会责任标准认证，制定中国企业社会责任评价体系。这项工作是必要的，但是如何推行？是政府推动还是商会推动？或是企业自我实施评价？尚在摸索之中。二是通过 MBA 课程和 EMBA 课程向企业领导人进行企业责任伦理教育，特别是企业责任规范伦理的教育。这项教育活动至少使已学习过企业伦理学的企业老总们了解企业社会责任是什么，从理性上认同企业社会责任，逐渐建立起企业社会责任的理念。

但是，企业责任规范教育仅限于企业管理层是不够的，虽然企业管理人员的责任意识极为重要，然而如果没有广大员工的企业责任意识，企业还是难以承担起社会责任来的。此外，企业的伦理建设止步于企业社会责任规范教育的层面也是不够的，应当增加企业道德人性的伦理教育。对于企业来说，不仅仅要知道社会对企业的责任要求，更需思考"企业应当追求什么？""怎样才是好企业？"的问题，建立"企业能为社会做些什么"的道德观念，将企业的经济主体与道德主体统一起来，将企业追求盈利的活动与企业追求道德人性活动结合起来，来加强企业道德人性文化的建设。在这方面，已经有企业做了极为有效的尝试。上海富大集团提倡"好人文化"①，该企业提出"要做事，先做人"的道德目标，把好人文化与公司文化结合起来，形成个体员工的道德人性与企业的道德人性的同质化，打造负责任的好公司。富大集团的企业道德人性建设具有启示意义，值得推广。

---

① 陆晓禾.经济伦理学研究［M］.上海：上海社会科学院出版社，2008：193.

论政风治理的伦理向度 *

政治风气关系到执政者的道德声誉、政治公信力和政权的稳固，政风治理活动有助于推动社会道德风气的治理。政风治理的伦理意义在于政治上的抑恶扬善，其目标不仅仅是批判不良道德的"四风"，同时应当倡导良善道德的为政之风。政风治理要破除某些认识误区，更要以诚信的态度治理政风。政风治理的方法、形式、途径不仅具有效能的作用，也存在道德性的问题，对此进行伦理的讨论是必要的。

 ## 一、 政风治理的伦理目标

政治风气是指政治领域盛行的政治规则、政治观念、政治作风和政治行为，政治风气包含着极为强烈的价值观和道德倾向。政治风气的道德性质对于政治主体即执政者来说十分重要，它关系到执政者的道德声誉、政治公信力和政权的稳固性。政治风气的道德性质说明政治风气有好坏之分。什么政治风气是好的，什么是不好的？其评判大多来自社会民众的口碑，当然也不乏政治集团内部明智人士的道德感受。好的政治风气是获得政权和治理政权的条件，而坏的政治风气则是败政的催化剂。所以凡想有作为的政治团体或执政者都重视政治风气的正负影响力，注重营造好的政治风气，对不利于政治团体发展或不利于执政治国的政治风气都加以治理与斧正。

党中央提出"改进工作作风"，其本质就是政风治理。中央启动政风治理之按钮，意味着政治领域存在着不良的风气，而且具有一定的严重性，甚至推助了社会

＊ 余玉花.论政风治理的伦理向度［J］.毛泽东邓小平理论研究，2013（11）：75-78.

不良道德风气，在一定程度上已经危及执政党的威信和治国的效率，因此整治刻不容缓。政治领域存在的不良风气被概括为"四风"，即形式主义、官僚主义、享乐主义和奢靡之风，目前在党政干部中开展的群众路线教育实践活动主要也是反对这"四风"。问题在于，反不良"四风"的同时是否还要倡导良好的政风？打击与倡导、破除与建立本是辩证统一的关系，倡导与建立更应看作是政风治理的伦理方向。在政治伦理中，抑恶必须扬善。如果说，"四风"是政治领域的不正之风，是破坏善治的邪恶之风，那么褒扬良正之风应该成为政风治理的伦理目标。那当今中国治政中应倡导哪些正义的为政之风呢？

首先，倡导为民之风。为民之风是我们党的宗旨所决定的。中国共产党从建立之日起，就确立自己的根本宗旨是"全心全意为人民服务"，这是一种崇高的政治理念。战争年代革命打仗，推翻旧制度，是为人民解除压迫与苦难；获得政权后的国家治理与经济建设则是为了人民过上富裕与幸福的生活，也就是执政为民。官僚主义与执政为民是对立的。官僚主义的本质是为官而非为民，无论是高高在上的老爷做派也好，不顾群众疾苦的乱指挥、设置障碍百般刁难百姓的不作为也好，行为动机都是从为官者的需要和喜好出发，与共产党为人民服务的宗旨背道而驰。因此，反对官僚主义作风就要倡导执政为民之风。倡导执政为民之风，就是在党和国家的政策制定和执行中，把民生和民意放在第一位，而不是把官员自我放在第一位，也不是把为上级官员服务放在第一位。

其次，倡导公正之风。公正历来是治国者的为政之德，社会主义政权更是将公正纳入核心价值观加以推崇。公正作为政治道德在现代社会中显得尤为重要。因为现代社会在其发展过程中会产生许多复杂的利益关系和矛盾冲突，需要我们党和政府通过公共政策来进行利益平衡和缓解矛盾，而只有公共政策制定和执行具有公正性才有利于社会和谐。如果当政者不能公正行事，潜规则盛行，官官相护，无视民权，必然产生民怨，这不但不能缓和社会矛盾，反而助推社会矛盾的激化。因此在政风治理中应当倡导公正的为政之风。

再次，倡导廉洁之风。由于经济的快速发展，政府手中可支配的钱多了，于是奢靡之风骤起，讲排场、摆阔气成为某些政府机构和政府人员追求的官场时尚，"三公"消费的数字直线上升。奢靡是治政大敌，本质上是一种道德腐败，不仅对社会风气造成不良的导向，而且浪费社会的财富，引起群众不满。古人云："侈而惰者贫，而力而俭者富。"抵制奢靡的同时要倡导廉洁。共产党是无产阶级政党，廉洁应是其本色，只有坚持廉洁的道德品质，党才能保持本色战胜腐败，才有资格代表最广大人民群众的利益，政权才能更加稳固。

最后，倡导奋进之风。奋进是一种工作状态，也是一种事业精神。作为政治伦理品质，奋进包含着为政勤奋进取、事业追求和政治抱负。奋进精神与享乐主义针锋相对，是两种截然不同的人生观和政治观。政治享乐主义是官本位的表现之一，其必然导致自我自私、惰政懈政。享乐主义容易使官员腐败，且看那些被绳之以法的贪官，98％以上皆由贪图享乐而走上犯罪道路。因此，在遏制享乐之风的同时要倡导奋进之风，教育和鼓励各级干部建立"天降大任"的政治抱负，培育进取精神，以艰苦为荣、勤政为荣、奉献为荣，抵制消极颓废的享乐主义。

二、 政风治理的诚信立场

如何治理政风，以什么样的态度治理政风，关系到政风治理的质量与效果。党中央提出整治政风，击中政弊，获得党内外高度赞同，但对政风治理能否铲除弊端，产生预期的效果，则有着不同的看法，这主要集中在对政风治理的信心上。基于不正之风积重有时，影响范围广泛，几乎涵盖政治领域各个方面，所谓积重难返，因此有些人对政风治理缺乏信心，缺乏信心有多种原因，如历史上整风活动的负面影响等，但也存在着一些不切实际的认识误区。

误区之一就是急功近利式的"毕其功于一役"的想法，期望靠一次活动解决所有问题。"冰冻三尺非一日之寒"，解冻也需要时间过程，期望一下子解决多年的问题是天真的政治愿望。然而难以解决不等于不去解决，解决政风需要时间，更需要信心、耐心与坚韧。误区之二，个别干部把政风治理看作是整人运动，抵触情绪较大。政风治理对某些犯有严重错误的人难免需要动用党纪行政手段，但政风治理的本质是一种道德治理。误区之三，有相当部分的干部群众把政风治理仅仅看作是一种摆样子、走过场的运动形式而已，形式化的做法难以根治根深蒂固的弊病，因而对中央部署的联系群众活动的积极性不高，信心不足。

干部群众中存在的认识误区，会影响政风治理的积极效果，必须认真对待。解决上述问题除了进行必要的教育引导之外，关键取决于以什么样的态度来进行政风治理，破除人们对政风治理的种种误解，提升社会的政治信心。笔者认为，只有以诚信的态度来推进政风治理，才能解除人们的种种疑虑，取得政风治理的良好效果。

诚信治风，首先从政界高层开始，然后往下逐级推进。过去我党也开展过多次类似的政风治理活动，有较为成功的，也有效果不佳的。凡是成功的大都由高层领导带头开始，"上行而下效"，治理效果明显。而效果不好的则往往"治下不治上"，最后政风治理活动变成了基层的事情。这次"四风"治理，中央明确要求，执行"八项规定"从中央政治局委员带头做起，并且中央最高领导层也从行动上做出了表率，"要求别人做到的自己首先做到，要求别人不做的自己绝对不做"①。这是诚信治风的良好开端，每一个领导者从自我做起，上级给下级做出行动榜样，才能在全党范围内扎实开展政治风气的治理活动，政风的改变才有希望。

诚信治风必须杜绝形式主义。毋庸讳言，任何政治活动都需要借助于一定的形式，如必要的会议、学习的布置、听取意见和交流思想的安排等，政风治理也同样如此。但形式只是工具载体而已，形式应当服务于治风的内容与目标，如果形式背离了内容和目标，必然走向形式主义。形式主义表面上在落实活动，实际上只停留在活动的形式上。形式主义的问题在于：一是并不实质性地触及不良政风本身，不能起到治理不良政风的效果。二是虚幻了政风治理的目的性，加剧了政务失信的后果。因为无论是参与治风活动的各级干部，还是关注政风治理的广大群众，在走过场的形式主义面前，都将不再认真对待政治风气的治理，而对转变政风失去信心。这些年形式主义泛滥，严重破坏了党和政府的公信力，正因为如此，形式主义是这次"四风"治理的重点之一，反对和克服形式主义是党和政府自身政务诚信建设的需要，也是提升社会信任的需要。因此，治理政风要坚决防止形式主义的重现。

诚信治风必须敢于直面问题。治理政风关键在于解决现实中存在的问题，而"四风"问题由来已久，并且触及一些干部的利益，是复杂而棘手的事情，治理难度较大，这对党治政的诚意与能力是一大考验。其一，是否敢于触碰特权利益。在市场经济的环境里，当然不能无视干部的个人利益，但是不能形成特权利益，"四风"本质是特权利益的反映，而特权利益损害党的核心价值，损害社会公正，是群众产

① 中央政治局.要求别人做到的自己首先做到［EB/OL］.（2013 - 06 - 25）［2023 - 12 - 01］. http://cpc.people.com.cn/pinglun/n/2023/0626/c78779-21975834.html.

生不满的主要原因之一。因此，诚信治风就应当敢于直面特权利益问题，放弃不应有的利益追求，包括各种不合理的特殊待遇。其二，是否敢于触碰维护集体特权的制度化规制。集体特权又被称为部门特权，是部门特殊利益寄生的条件，这种特权被各种冠冕堂皇的制度规则所保护，是对群众诉求设置重重障碍的官僚主义根源所在。因此，不破除集体特权，就难以铲除官僚主义之根、刹住官僚主义之风。而破除集体特权，必须对那些保护集体特权的不合理制度敢于叫真，在改革和创新制度中逐步破除集体特权，让为民之风、平等之风、公正之风蔚然于政治领域。

三、政风治理路径的伦理性

政风治理路径是治理方法、手段、途径的总称，讨论的是如何治理的问题。如何治理同样关系到政风治理的效果，其中包含着"好不好"的价值意蕴。

中央这次"四风"治理被称为"群众路线教育实践活动"，就是走群众路线。走群众路线确实不失为一种有主题的治风路径。然而，如何走群众路线也是需要讨论的，因为走群众路线也有各种不同的理解，不同的走法会产生不同的治风效果。比如，为了走群众路线，于是开几场群众座谈会，找几个群众聊聊，群众为了满足干部的活动，忙得团团转；有的为了走群众路线，临时访贫问苦送温暖。这些做法不能说没有一点合理性，但终究是形式化的、临时性的、表面性的，甚至还残留着"官本"的痕迹，并未体现出走群众路线的精神，并未有助于政风问题的根本转变。

走群众路线首先要建立"民本"的理念，各项政务向公众开放。除了党和政府的路线方针政策、重大事件以及关系群众利益的问题向群众开放以外，同时也要开放群众的建言、表达意愿和包括批评在内的言路通道。现在已经有不少了解群众、沟通群众和服务群众的渠道，问题在于这些渠道是否开通，开通了是否通畅，通畅了是否有联系。目前各级政府设立了热线电话，这是了解群众、联系群众的很好方式。但笔者近期调查了近百个政府部门的热线电话，发现其中有约35%的热线电话或是空号，或是打不通，或是打通了无人接，这些热线电话形同虚设。可见，没有真诚服务群众的理念，联系群众的渠道就难以建立和畅通。

此外，走群众路线应当是一个持续性的战略路线。不能期望一次性的教育活动就解决政治风气问题。持续性地走群众路线应当融入日常的政务活动之中。也就是说，要使日常政务活动成为贯彻群众路线最普遍最常用的载体，如果日常政务活动都能够走群众路线，则意味着政风治理的极大成功。当然，要达到这一目标，需要进行制度化的精心设计和现代技术的支持。

在政风治理路径的伦理思考中，要重视发挥舆论这一道德形式的作用。其实政风包含着舆论的成分，政治观点是通过语言来表达的，需要在交流中获得社会认同与支持，政治做法也需要某种话语的社会支持，而舆论"往往通过交流、传播的途径而形成"。舆论客观上是一种强大的精神力量，具有"辐射面极广的社会效应，其传播的速度很快"[①]。舆论的这种社会性精神力量对于政治风气不仅具有价值导向的作用，而且具有聚合社会能量的作用。当然，舆论作用也具有两面性，既可以伸张正义助善，亦可兴风作浪助恶。政风治理可以借助社会舆论的形式，扶正压邪，让"四风"成为执政者的耻辱而非荣耀，远离它，避开它，同时弘扬为民之风、公正之风、廉洁之风和奋进之风。

此外，在互联网时代，网络无疑也是政风治理不能忽略的平台，但是如何利用网络需要伦理审视。网络是一个社会，并且从开初浓厚的虚拟色彩越来越走向现实化、生活化，同样也政治化，是一个集生活、政治、文化、民意、舆论等于一体的社会生态场。相对于其他领域，治政在网络上的活动还处于一种守势的、谨小慎微的状态，这从各个政府网站的低点击率即可证明。近年来，政务信息开始主动运用网络新媒体来传播，如短信、博客、微博等。这些网络新媒体同样可以运用于政风治理，同时运用新媒体本身也存在风气的问题：一是如何把握分寸的问题；二是网络治风亮丑与维护党政形象问题。在党政网站上鲜有自我批评、自我检查的内容，而没有批评与自我批评。如何找到问题，改变风气？其实，公开错误、勇于批评和接受批评不仅是政风治理的有效手段，而且能促进政务透明，提升党政机构的公信力。

---

① 朱贻庭，秦裕，余玉花.当代中国道德价值导向［M］.上海：华东师范大学出版社，1994：214.

从生命哲学到生命伦理学 [*]

○**一**

　　从医学伦理学演变而来的生命伦理学属于应用伦理学的范畴，它主要应用于生命科学中的伦理问题探讨。但是，"生命"的概念内涵并不限于生命科学领域，因而对其伦理的讨论也应该在更广泛的哲学话题中进行。关于人的生命价值的探讨，相关学说与研究主要集中在以下两大方面：一是关于生命存在状态的理论见解，二是对于生命应然性的伦理揭示。当然，从哲学上来讨论生命问题，不免兼有两者。例如，柏格森对生命的理解，既是生物学意义上的，也是道德意义上的。他说："就让我们给予生物学一词以它本应具有而且终将具有的那种很宽广的含义吧，让我们最后说，全部道德，无论它是压力还是抱负，在本质上都是生物学的。"① 既然对生命的读解本身包含着伦理的要素，那么在揭示生命价值的过程中必然存在对生命的价值判断。在大多数的生命理论学说中，对生命肯定性的评价为多，但也不排斥对生命否定性的评价。例如，在西方中世纪基督教神学中，在神的视野下，人的欲望、意志往往被打上肮脏背叛的烙印，生命的过程是一个承负罪孽和赎罪的历程。可见，从宗教的超越性取向上看，生命意味着痛苦，只有死后进入天堂才有真正的幸福，生命的价值就是对神的信仰和按照神的旨意进行宗教道德活动。当然，宗教改革运动后的现代基督教的生命观与近代以后的人道主义的生命观颇为接近，虽然它还保持着神学的特征。

---

* 　余玉花.从生命哲学到生命伦理学［J］.华东师范大学学报（哲学社会科学版），2008（06）：68-72.

① 　万俊人.20世纪西方伦理学经典［M］.北京：中国人民大学出版社，2004：135.

西方近代以来的伦理学大多以人的自由、理性来确定人的存在——即生命的价值。康德认为人的价值在于"人是目的"。康德指出："人是一个可尊敬的对象，这就表示我们不能随便对待他。他不纯粹是主观目的，并不纯然因为是我们行为的结果而有价值，他乃是一种客观目的，是一个自身就是作为一个目的而存在的人，我们不能把他看成只是达到某种目的手段而改变他的地位。"① 但为什么人是"目的"而不是"手段"？康德认为，其重要的依据在于人是理性的存在者，"人，或者更广泛地说，每一有理性者，都是作为目的自身而存在着"。在康德看来，"大自然中的无理性者，它们不依靠人的意志而独立存在，所以它们至多具有作为工具或手段用的价值，因此，我们称之为'物'。反之，有理性者，被称之为'人'"②。理性人的目的价值不仅与绝对善良意志相关，更体现了人的自由意志。康德认为，"一个有理性者的意志。只有在自由的观念下行动的时候，才能算是他自己的意志。因此，在实践范围内，一切有理性者都具有自由意志"③。理性主义的生命观不仅对抗了神学道德权威对人的奴役，同时也结合自然科学发展的背景为生命的理性阐释提供了依据。

但是，正是作为自然科学成果的大规模毁灭性武器在现代战争中不光彩的运用，以及现代科学技术在人的生命孕育、疾病治疗以及对自然生态影响中所产生的种种道德问题，使得理性主义的生命观遭到了质疑。质疑者反对崇拜科学理性，认为科学理性贬低了生命和心灵的价值，主张开掘生命中非理性的心灵世界与精神世界。由此，非理性主义的生命观应运而生，并对生命给予新的哲学解释。柏格森是开启西方非理性主义生命哲学的第一人，柏格森认为，生命是一个绵延不断的生命流，它的表现和功能不是理性而是直觉，"直觉就是心灵本身，在一定意义上就是生命本身"。柏格森的生命流实际强调人内在精神的创造性，反对外在东西对人的掌握，他认为："至少有这样一种实在，我们都是运用直觉从内部来把握它，……这种实在就是在时间中流动着的我们自己的人格，也就是绵延的自我。"④ 弗洛伊德则以无意识揭开了过去所不知的生命秘密。在他看来，性爱来自于生命利比多的本能，尽管它

① 周辅成.西方伦理学名著选辑：下卷［M］.北京：商务印书馆，1996：371.
② 周辅成.西方伦理学名著选辑：下卷［M］.北京：商务印书馆，1996：371.
③ 周辅成.西方伦理学名著选辑：下卷［M］.北京：商务印书馆，1996：371.
④ 赵修义.论柏格森的非理性主义［J］.外国哲学，1985（06）：22.

是建立在病理学研究基础上的，但是"超我"赋予了生命道德的内涵，体现出自控和道德内疚的道德力量。

值得指出的是，现代西方非理性主义同样强调生命自由的价值，并把它看作是生命创造的源泉。法国存在主义思想家萨特就坚持生命价值在于人的自由意志。萨特著名的命题"存在先于本质"，深刻表达了他对生命自由创造的理解。萨特认为，人与其他自在存在物不同，是自为的存在，生命存在的关键在于人具有自由的创造性，他可以自由地决定自我的发展，造就自我生命的本质，因而"自为的存在被定义为是其所不是且不是其所是"[①]。这就是说，生命的自由本质使其具有否定过去和当下的超越性。但是萨特的生命意志自由绝对排斥对外部世界的依赖，从而使自由陷于孤独和苦恼的境地。

相对于西方的生命哲学思考，中国的思想文化传统中也蕴含了丰富的生命价值探讨，在儒家的"仁"、道家的"天人合一"以及佛教的"众生平等"思想中都确立了生命的内在价值，表达了对生命的尊重与珍爱。总体看来，中国哲学思想中对生命价值的体认主要立足以下两个方面：其一，从人在宇宙中的地位与关系来体认生命的价值。由于儒道"天人合一"整体观以及佛教"缘起论"思想，作为万物之灵的人在此人与宇宙的关系中获得了与天地同等的价值，正如老子所言："道大，天大，地大，人亦大。"其二，从人的道德性与道德自觉能力来确认人的生命价值。荀子不仅指出人在宇宙中的独特地位，还进一步指出人的价值在于人的道德性之中。《荀子·王制》曰："水火有气而无生，草木有生而无知，禽兽有知而无义；人有气、有生、有知且有谊，故最为天下贵也。"同时，人不仅具有道德性，且能进行道德的"自省"[②]，这是人所独具的能力，故人的生命极具有价值。

二

虽然哲学家们都力图揭示生命最本质的内涵和其一般的特性，然而不难看出，任何一种生命哲学的理论或多或少都带上了时代的印痕，因为哲学家生命沉思的动

---

① 萨特.存在与虚无［M］.陈宣良等，译，北京：生活·读书·新知三联书店，1987：26.

② 王海明.论自省［J］.上海师范大学学报（哲学社会科学版），2007（05）：8-12.

力和源泉正是生命所遇到的时代性课题。正因为如此，生命哲学的研究及其成果一方面深化了人类对生命的的理解和体悟，从而丰富了生命的哲学内涵，为后人的研究提供了智慧性的启迪；另一方面生命问题的时代性也限制了生命哲学思考的广度与深度，留下许多不解的谜团让后人进一步研究。如，是否仅仅以人与动物的区别来判断人的生命价值的意义？理性是否是生命尊严的体现？生命的自由是否意味着可以自由地对待自我生命？等等。这些问题的性质主要不是要求回答生命是什么，而是要求回答生命应当是什么和怎样对待生命的伦理问题。

生命伦理学由于其医学与生物学的背景，使其讨论的生命伦理主要集中在相关应用的领域。尽管如此，上述关于生命价值的问题仍然是生命伦理学不能回避的基本理论问题。应该说，现代生命伦理学家也致力于生命伦理的基本理论研究，力图为生命伦理的实际运用提供令人信服的理论支持。其中，生命伦理学家恩格尔哈特是其中杰出的代表。

恩格尔哈特虽然是一位信仰宗教的哲学家，但他并不排斥俗世伦理学，他的道德哲学主张是："既认真地看待道德的多样性，也认真地看待其信仰，并且为生命伦理学和保健政策提出了共同的俗世道德观。它为宽容辩护，但并不否认道德内容可以相互分离并可以进行谴责。"① 在对生命的理解上，恩格尔哈特分析和驳斥了以抽象的直觉、理性、自由和平等的方法来界定生命的各种伦理学说，他认为这些方法都暗含着某种理论预设，因而"都无法产生充满内容的道德指导，除非人们已经给它附上了一种具体的道德内容。其结果，每一种理论方案都简要说明了后现代的挑战：任何道德理论说明要么是预设了本来要论证的道德内容，要么不能给出实质性的指导"②。恩格尔哈特在允许伦理原则的前提下提出他对生命价值的理论见解，他把人分为"严格意义上的人"和"各种社会意义上的人"。所谓严格意义上的人就是具有道德能力的道德主体人。作为道德主体的人必须具有理性的自我意识，他必须是自由的，因而"在下述意义上具有道德合理性：有能力了解其行动联系着值得责备或值得称赞的意义"③。在这一点上，他同意康德的观点："道德领域——我们在

① H．T．恩格尔哈特.生命伦理学基础［M］.范瑞平，译，北京：北京大学出版社，2006：28.
② H．T．恩格尔哈特.生命伦理学基础［M］.范瑞平，译，北京：北京大学出版社，2006：64.
③ H．T．恩格尔哈特.生命伦理学基础［M］.范瑞平，译，北京：北京大学出版社，2006：138.

其中把自己看作自由的和负责任的。"① "严格意义上的人乃是道德主体，他们可以被认为对自己的行动负有责任。"② 严格意义上的人是道德权利和道德义务统一具有者，而其他各种社会意义的人包括未成年的孩子、严重智障者和受到严重损害的人，这些人是道德权利的承担者，但不是义务的承担者。与道德主体人权利获得不同的是，"社会意义上的人所具有的权利乃是具体的共同体来创造的"③。他不得不承认，"并非所有人类成员都是平等的"，"在那些至少可以扮演某种社会角色的人类的道德地位之间存在着真实的区别"。因为在他看来人类与人是不同的，只有拥有道德主体的人才能称之为人，而"对于婴儿、严重智力障碍者和其他不能为自己决定代价和收益的等级次序的个体来说"，不是严格意义上的人，他们无法决定自己的行为，而"人必须为他们做选择"④。

恩格尔哈特对人的区分，确实不同于以往抽象的生命价值理论，使对生命价值的讨论更加具体化了，也更接近生命伦理实践的意义。但是恩格尔哈特的生命观也存在着理论的缺陷。诚然，以人是否具有道德意识去规定人的价值不失为一种合理性的思考，历史上也不乏类似的生命思考，但是更多的是出于人与动物的比较，而对于人类本身则以道德意识产生的行为后果来断定生命的价值。但是恩格尔哈特却是在有无道德意识和道德意识的程度上来判断生命的价值，这使他所认为的在严格意义的人之外的人缺乏生命价值的道德根据，因为不是严格意义上的人只是行善的对象，而非尊重的对象，因为尊重对没有道德意识的人来说是毫无意义的。恩格尔哈特对人生命的划分目的在于把生物学上的生命与社会学上的人区别开来，强调道德对于生命特有的意义，也指出了伦理学没有能力揭示人类生物学生命的标准价值。这些观点似乎也能从现实中找到根据。但问题在于：其一，人的生命是否不具有道德上的平等性？即使在道德标准的名义下；其二，严格意义上的人根据什么向不是严格意义上的人行善？是严格意义上的人内在的道德需要呢，还是非严格意义上的生命自有的道德吸引？如果这些问题不能从理论上加以说明，则无法解决我们所面临的各种生命伦理的问题。

---

① H. T. 恩格尔哈特.生命伦理学基础［M］.范瑞平，译，北京：北京大学出版社，2006：139.
② H. T. 恩格尔哈特.生命伦理学基础［M］.范瑞平，译，北京：北京大学出版社，2006：239.
③ H. T. 恩格尔哈特.生命伦理学基础［M］.范瑞平，译，北京：北京大学出版社，2006：152.
④ H. T. 恩格尔哈特.生命伦理学基础［M］.范瑞平，译，北京：北京大学出版社，2006：143.

对于生命价值的探讨，可以从两种方法出发进行考察：一种是普遍抽象界定的考察方法，一种是生命主体间具体关系的考察方法。必须指出的是，两种方法并非绝然不相干的，而是存在着内在的相互联系。第一种方法是以往大多数伦理学所运用的方法，它带有某种预设性和人的期望性，但是这种预设是必要的，符合人类伦理的。据此，我们认为，人类的生命都具有存在的价值，每一个来到世界上的生命个体都是可贵的，不管是聪慧还是愚钝、健全还是残缺、幼稚还是成熟、青春还是暮老，其生命在社会性的意义上，都具有同样的价值。之所以强调每一个体生命社会性意义的价值，因为人类世界是社会性的，个体生命是社会存在和发展的基本原素。这说明每一个生命对于社会的意义是同样的，没有理论可以论证何种生命不属于社会的，即使恩格尔哈特所指的那些不是严格意义上的人客观上他们也是社会的组成部分，不能说他们仅仅是一种自然的生命而不是社会的生命。不仅如此，任何一个社会的生命都不可能由其他社会生命所代替。"在时间和空间的纵横扩展中，每一个人都以其独立的个性存在着"，"都是作为无可替代的独立个性存在着"。① 既然每个生命都是世上独一无二的，既然每个生命都是社会的成员而使其具有社会性，那么生命存在的价值就应该是同一的，而不应该以生命个体的差异来决定生命价值的有无和高下。生命的伦理意义就在于，生命的存在本身就是有价值的，意味着每一个生命都有其做人的尊严，每一个生命都应该得到社会的尊重、关怀和爱护，而不在于人的意识状态如何，即使对待意识尚处朦胧的孩童、智力低下者也要给予应有的人格尊重。这样的生命理解应当成为现代人的道德共识。客观地说，生命存在价值的道德理解已日益被人们所接受，最近在上海成功举办的 2007 年国际夏季特奥会就生动展示了生命价值的同一性。

生命主体间具体关系的考察方法侧重于社会生活中人们之间所形成的关系来揭示生命的价值。如果说普遍抽象界定生命存在价值是静态形式的，那么从生命主体间关系探讨生命的价值则是动态形式的，它要求从人的活动关系中去理解生命的价值。从根本上来看，生命的价值是从关系中获得的。生命的存在是一种关系存在。马克思和恩格斯指出："生命的生产——无论是自己生命的生产（通过劳动）或他人生命的生产（通过生育）——立即表现为双重关系：一方面是自然关系，另一方面

---

① 冯建军.生命化教育［M］.北京：教育科学出版社，2007：6.

是社会关系。"① 生命的关系包括血缘亲情关系、相邻与职业等交往中的社会关系、体制中的关系、人与对象（包括自然环境）之间的关系，都是生命价值产生的源泉。首先，生命在关系中才能爆发出生命的创造力，为生命的世界提供各种需要。人的创造能力除了天赋条件之外（基因遗传亦来自父母），更多得益于后天的教育，以及社会他人和组织所提供的创造所必须的各种外在条件，因而我们说人的创造是社会性的创造，离开社会关系（也包括自然关系）的创造是难以想象的。正因如此，马克思说，人的本质"在其现实性上，它是一切社会关系的总和"②。其次，生命的自由、尊严等价值是社会关系决定的。生命的自由、尊严等价值并非如近代西方资产阶级学者所说的是天赋的，而是在人的发展中特别是在人的关系中逐渐意识到，并通过人的斗争而确定的。在远古时代，人没有明确的自由意识和尊严意识，人的自由意识和尊严感是在自由被剥夺和尊严被贱踏后，即出现阶级和阶级压迫后才被意识到的。同样，人的自由尊严又是在与自由剥夺者的斗争中逐渐回复到大多数人的身上，迄今，这种斗争尚未结束，还在进行过程中。再次，生命中人独有的道德意识不仅是在对待自己，而且是在对待他人的关系中形成和实现的。无论是对待自我的态度还是对待他人的态度，从本质上说都是生命对待生命的问题，是生命关系间的善恶关系。现在这种人与人的生命善恶关系正延伸至人的生命与自然生命的关系，使生命价值内涵更为丰富，更加符合人类对自我生命价值的追求。

三

尽管在生命价值的理解上仍然是仁者见仁、智者见智，但是生命的珍贵性却是所有伦理学家的共识。对生命问题的重视和生命价值的伦理讨论提升了生命可贵性的意义，这些讨论要产生的伦理上的最终目的不在于我们如何认识生命，而在于我们如何对待生命。而如何对待生命的前提，是认识生命的价值，建立起生命价值的理念。可见，这意味着生命伦理的讨论应该从书斋、沙龙走向生活实践，而理论的

---

① 中共中央马克思恩格斯列宁斯大林著作编译局.马克思恩格斯选集：第 1 卷［M］.北京：人民出版社，1972：34.
② 中共中央马克思恩格斯列宁斯大林著作编译局.马克思恩格斯选集：第 1 卷［M］.北京：人民出版社，1972：18.

成果也应该转化为人们行动的指南。

理论转化的工作即我们称之为生命伦理教育的工作在今天显得更为重要和迫切，因为今天所面临的生命伦理问题太多太多。一是生命生产方面的问题，包括生殖健康、遗传基因等内容；二是死亡以及与死亡相联系的重大疾病治疗方面的问题，包括安乐死、艾滋病防治及其治疗、器官移植等内容；三是经济发展和科学技术快速发展而带来的损害生命健康的问题，如肥胖症、网络疾病、环境污染使人致病；四是现代化进程过于迅速给人造成的各种压力而对生命健康的损害，如现代社会的各种心理疾病，以及因心理疾病如抑郁症等而发生的自残行为、自杀行为等；五是因利益、情感、人际关系而发生的残害他人生命的问题。上述生命伦理问题不仅仅存在于医疗专业领域，不仅仅存在于成人世界之中，也存在于青少年群体中，威胁着年轻一代的生命健康。这些问题涉及复杂的经济、社会、技术、法律、文化等多方面的因素，解决这些问题更依赖于各种物质性和制度性的手段，特别是政府的政策措施。但从观念意识来看，生命伦理教育始终是不可缺少的环节。因为无论是政府的政策，还是医疗技术的运用都是人的作为，都有一个生命伦理意识的问题，即依靠什么样的生命伦理观来抉择的问题。至于广大的民众特别是青少年，如何引导他们在五光十色的社会中正确地看待生命、看待健康，更是生命伦理教育应承担的社会责任。

生命伦理教育是一种以生命伦理关系为主要内容的教育。广义的生命教育包括了生命知识以及与生命相关的技术性知识的教育。生命伦理教育着重于生命关系的伦理教育，但与生命知识也是有关连的。追溯生命教育的源起，以及对现实进行着的生命教育的考察，生命教育其实就是生命伦理教育。西方最早的生命教育就是死亡教育或生死教育。1968 年美国人华特士首次提出生命教育并在学校开展生命教育的内容是"反吸毒、自杀、暴力、预防艾滋病"等，日本生命教育的目标是"以尊重人的精神""对生命的敬畏"，其实就是道德教育的目标。我国香港地区从 2001 年开始学校生命教育，其内容主要是"爱与生命""生命价值""公民教育"。

总体来看，生命伦理教育的实践应在两条线上进行：一是公民社会中的生命伦理教育（成年公民生命教育），二是学校系统的生命伦理教育。我国大陆在 2004 年开启了中小学校的生命教育。2004 年辽宁省率先制定了《中小学生命教育专项工作方案》，2005 年上海市教委推出《上海市中小学生命教育指导纲要（试行）》，同年

《湖南省中小学生命与健康教育指导纲要（试行）》出台，使中国的生命教育迈出了可喜的第一步，现在需要对这些省市的生命教育的经验得失进行总结，以在全国的中小学校推广生命伦理教育。

相比较学校生命伦理教育的进度，公民社会即成年公民中的生命伦理教育则要逊色得多。虽然这几年我国政府的有关部门也适机组织过一些生命伦理教育，如打击黄赌毒的宣传、防治艾滋病的宣传教育，但缺少教育的设计和长远规划，教育内容也是应时性的、突击性的，既没能达到家喻户晓、人人皆知，更无法获得深入人心、有助于公民生命健康理念建立的效果。可以说，公民社会中的生命伦理教育遭遇多方面的困难。其中，有传统文化观念的抵抗如迷信、对死亡的恐惧意识（缺乏临终安慰的文化）；实施生命伦理教育资源的不足尤其是边远贫困地区；为了追求经济利益和政绩，个别地方政府不允许宣传生命科学知识，隐瞒当地残害生命的丑恶现象。此外，一些错误理论对民众的误导，如不恰当地强调个人自由选择、反对社会对生命必要性干预的理论，以致个别人对生命持一种不负责任的态度，远离了社会道德和法律的要求。凡此种种都在一定程度上影响了公民生命伦理教育，但是这些存在的问题恰恰从反面说明了生命伦理教育的重要性。事实上，成年人的生命问题更为突出。有数据表明，近些年成年人（包括大学生）的自杀率有逐年上升的趋势。据报道，我国每年有 28.7 万人死于自杀，200 万人自杀未遂，150 万人因家属或亲友自杀而出现严重的心理创伤，[①] 而暴力、抑郁症和其他的人生问题给人们造成的生命伤害更多。虽然生命伦理教育不能杜绝对生命的伤害，但至少可以降低生命伤害的社会程度，在此意义上说，生命伦理教育也承托着社会的责任。

---

① 李文阁.生活价值论 ［M］.昆明：云南人民出版社，2005：188.

生命价值的哲学辨析[*]

在快速发展的现代社会里，生命问题日益凸显。如：在创造生命（人工生殖）、修复生命（基因技术、器官移植、生物治疗技术）、延续生命（安乐死）的医学领域不断提出生命的伦理难题；在现实生活中，生命的自灭（自杀）呈现出不断上升的趋势；至于因交通工具的快速化、生活器具的自动化、对自然开发的深度化、未知疾病的大规模流行以及暴力行为等对生命的伤害，更是触目惊心。正是这些"不能承受的生命之轻"提出了生命问题的哲学思考。

一、 自在性的生命价值

人的生命首先是一种自然性的存在，有人称之为自然生命。自然生命有着与其他生物相似的生物形成的条件与过程。如：恩格斯说生命是"蛋白质的存在方式"，有以细胞为基础的有机体的组织体系，不断通过自身内部以及与外部的物质能量的交换获得生命的活力，异性的交配产生子嗣，通过遗传把生命密码传给下一代，等等。但是，这种生物学上的生命解释远远不能揭示生命的本质，即使在自然的意义上，人的生命也要比其他的生物复杂得多，独特得多。例如，人的大脑属自然物质形态，但人脑借助人的活动与外界的接触会产生出情感、意识等精神活动，由此发展人类生命的社会性和人类世界，从而使人的生命与自然界中其他的生命区别开来，由此便有了生命价值的问题。

---

* 余玉花.生命价值的哲学辨析.见：上海市社会科学界联合会.生命、知识与文明——上海市社会科学界第十届学术年会文集（2009 年度）[M].上海：上海人民出版社，2009.

在大多数的生命理论中，对生命肯定性的评价居多。中国古代大多数思想家赋予生命以卓越的本性。第一，从人在宇宙中的地位来认识生命的价值。老子认为："故道大，天大，地大，人亦大。"[①] 人高于物，与天地同一。第二，生命的价值就在于人的道德性。荀子不仅提出人在宇宙中独特的地位，而且指出人之价值在于人有道德，这是人区别于人之外物体的标准："水火有气而无生，草木有生而无知，禽兽有知而无义；人有气、有生、有知，亦且有义，故最为天下贵也。"由于强调人的道德意识是生命价值的根本所在，因而珍视生命就是发展和维护个体的道德德性。第三，生命的价值在于人的创造力。《象传》以格言的形式提出："天行健，君子以自强不息"，"地势坤，君子以厚德载物。"强调的是生命的能力。西方古希腊思想家则从他们对人所具有的知识、美德的赞颂，来肯定人的生命的意义。

但也存在对生命否定的评价。如庄子对生命持消极的看法，他认为，相对于浩瀚的宇宙来看，人微不足道，因而是渺小的："吾在天地之间，犹小石小木之在大山也。"并且认为，人无法主宰自身，只是"天地之委顺也"[②]。此外，西方中世纪基督教神学也否定人的价值。神学理论认为，在神的视野下，人的欲望、意志都具有肮脏背叛的倾向，生命的过程是一个承负罪孽和赎罪的过程。从这个意义上看，生命则意味着痛苦，只有死后进入天堂才有幸福，生命的价值就是对神的信仰和按照神的旨意进行道德活动。

西方近代以来的伦理学大多以人的自由、理性来确定人的存在即生命的价值。康德认为人的价值在于"人是目的"，人是一个可尊敬的对象，这就表示我们不能随便对待他。他不纯粹是主观目的，并不纯然因为是我们行为的结果而有价值，他乃是一种客观目的，是一个自身就是作为一个目的而存在的人，我们不能把他看成只是达到某种目的的手段而改变他的地位。为什么人是目的而不是手段？康德的依据在于人是理性的存在者："人，或者更广泛地说，每一有理性者，都是作为目的自身而存在着。""大自然中的无理性者，它们不依靠人的意志而独立存在，所以它们至多具有作为工具或手段用的价值，因此，我们称之为'物反之，有理性者，被称之为'人'。"[③] 理性人的目的价值不仅与绝对善良意志相关，更体现了人的自由意志。

---

① 老子.道德经 [M].徐澍，刘浩，注校.合肥：安徽人民出版社，1990.

② 庄子.庄子·秋水 [M].孙通海，译注.北京：中华书局，2015.

③ 周辅成.西方伦理学名著选辑：下卷 [M].北京：商务印书馆，1964：371.

"一个有理性者的意志。只有在自由的观念下行动的时候，才能算是他自己的意志。因此，在实践范围内，一切有理性者都具有自由意志。"① 理性主义的生命观不仅肯定了生命自在的价值，更重要的是其包含着对抗神学道德权威对人统治的深刻批判，其理论的信服度还在于当时的自然科学发展为生命的理性阐释提供了依据。

对生命的价值理解并不止于理性，进一步的生命思考恰恰是对理性生命价值观的颠覆。理性生命价值的理论是以自然科学为主要依据的，自然科学的迅速发展及其对人类生活的巨大改变证实了理性的力量即人的价值。然而，正是自然科学的成果在现代世界大规模的毁灭生灵的战争中不光彩地运用，现代化技术在人的生命的孕育、疾病治疗、对自然生态平衡的打破方面所产生的诸多道德问题，以及现代生活被信息化技术化所产生的种种困境，使理性主义的生命观遭到了质疑。质疑者反对崇拜科学理性，认为科学理性贬低了生命和心灵的价值，主张开掘生命中非理性的精神世界。由此，非理性主义的生命观应运而出，给予生命新的解释和新的评判。柏格森是西方非理性主义生命哲学的第一人。柏格森不否认理性对于人的意义，但他反对抬高理性的价值，在他看来，理性并非是生命真正的本质，因为"在理性的背后还有使人类变得神圣从而给理性打上神圣烙印的人们，而这种神圣的印记才是人的本质属性"②。柏格森认为，生命是一个绵延不断的生命流，它的表现和功能不是理性而是直觉。柏格森的生命流实际强调生命价值的内在精神，反对外在的东西包括人类自身所造就的科学成果对人的控制，"至少有这样一种实在，我们都是运用直觉从内部来把握它，……这种实在就是在时间中流动着的我们自己的人格，也就是绵延的自我"③。

弗洛伊德则以无意识揭开了过去所不知的生命秘密，提出了无意识对于生命的价值。弗洛伊德从病理学研究入手，将人的心理区分为意识与无意识，并认为，相较于意识，无意识在人的生命活动中的意义更为重要。他认为，意识常常是不确定的，而无意识则是意识的前提或者说是意识的来源。无意识的特点是"潜伏的"，这意味着"它在任何时候都能变成意识"。④ 因此，无意识的本我是生命之本原的体

---

① 周辅成.西方伦理学名著选辑：下卷 [M].北京：商务印书馆，1964：378.
② 万俊人.20 世纪西方伦理学经典 II [M].北京：中国人民大学出版社，2004：131.
③ 赵修义.论柏格森的非理性主义 [M].北京：商务印书馆，1985.
④ 万俊人.20 世纪西方伦理学经典 [M].北京：中国人民大学出版社，2004：372.

现，不仅性爱来自生命力比多的本能，"而且最高级的东西都可以是无意识的"。具有意识特点的自我与超我虽然赋予了生命道德的内涵，体现出自控和道德内疚的道德力量，但是，"它也是本我的最强大的冲动和最重要的力比多变化的表现"①。弗洛伊德的理论确实打开了探秘生命价值的一扇窗，但同时也打开了性滥问题的潘多拉魔盒。

上述关于生命价值的见解，无论是理性主义的还是非理性主义的生命价值观，在方法论上都有一个共同的特点，那就是试图对人的生命作总体上的价值揭示，旨在说明生命是在什么的基础上阐明生命的价值是什么。它带有某种预设性，同时又企图体现价值真理性的标志，虽然他们的哲学立场迥然不同，面对的生命课题具有不同时代的要求。但不可否认的是，他们关于生命价值的哲学理论对当时的社会乃至后世的社会都产生了极大的影响。

二、获得性的生命价值

获得性的生命价值理论不满足于对生命自在性的价值描绘，更关注的是生命动态性的价值。其理论的核心观点是：生命的价值不在于存在，而在于如何存在。如果说，自在性的生命价值理论仅仅在于对生命存在本身的价值理解，那么，获得性的生命价值观更强调的是生命过程中的价值呈现；自在性的生命价值观是对类生命的价值评价，具有生命统一性的特点，而获得性的生命价值观则是类被分解状态下的价值评价，不以统一性的生命价值为唯一；从时间上看，自在性的生命价值具有永恒性和既在性，获得性的生命价值不是永恒的，也不是既在的，而是追获的因而是变化的。

从生命的获得中去发现生命价值的理论，是对传统生命价值观的一种反叛。颠覆自在性生命价值观的思想端倪可以追溯到斯宾诺莎和休谟。斯宾诺莎认为，人的意志存在着某种"倾向"，英国的布劳德将"倾向"翻译成"生命冲动"，它是"有机体的自我维护"，包括"精神的自我维护"。但是，生命冲动即"有机体的自我维护"不是自我封闭的，而是与外界他人交往中来完成的。而情感的快乐与否决定着

---

① 万俊人.20 世纪西方伦理学经典［M］.北京：中国人民大学出版社，2004：385.

生命力的提升：快乐的情感能提升人的生命力，痛苦则降低人的生命力。"快乐是生命力提高的确切标志，痛苦是生命力降低的确切标志。"① 休谟的人性哲学提出了"理性与情感冲突"的"鸿沟理论"，情感的自主性、爆发性和不定性的特点，使理性对情感的解释和驾驭陷于困境，从而启发了后世哲学家对价值包括生命价值的深入思考。

尼采是获得性生命价值理论的突出代表。与叔本华悲观否定生命意志的态度完全不同，尼采讴歌生命意志——权力意志，这是在"重新估价一切价值"即否定以往生命价值理论的基础上提出来的。在尼采看来，生命价值不能作统一性的估量，而有价值档次之分，人的生命处于什么样的档次上，不是被决定和赐予的，主要取决于生命意志的主动性、个体的自主性。"生命就是追求权力的意志"，超越自我是生命价值的本质，"我的'我'是应当被超越"。② 他认为，能够行使主权的人，是自由意志的主人，所以，"理应"被人信任、惧怕和尊敬，"这个能够统治自己的人，他怎能不势所必然地也去统治周围的环境、自然以及所有意志薄弱、不可信任的人"③? 因此，生命价值不是一开始就存在的，而源自生命的活动，是生命主体自我追求所得。尼采的生命价值观提出每一个生命个体都具有创造价值可能性的思想，其合理性是不言而喻的；但另一方面尼采关于生命价值取决于个体对权力意志把握的程度的思想则预示着生命价值的差异性，这种强调权力差异的价值观不仅隐含着现代社会生存竞争的残酷性，而且为新的社会奴役提供哲学的根据，因而一度为法西斯主义所利用，尽管这并非是尼采生命理论的本意。

法国存在主义思想家萨特也是获得性生命价值理论的代表。萨特在哲学上坚持非理性主义，但他欣赏自由价值，尤其强调自由在个体生命中的价值，并把它看作是生命创造的源泉。萨特著名的命题"存在先于本质"深刻地表达了他对生命自由创造的理解。萨特不否认人是自然界中的生命存在，但是，人的生命存在与其他自在存在物不同，是自为的存在。自为存在的根本标志是人拥有的意志自由，这是自为人生命价值之源泉。自为的生命存在意味着人具有自由的创造力，他可以自由地决定自我发展的未来，选择并造就自我生命的本质，因而"自为的存在被定义为是

① C. D. 布劳德.五种伦理学理论［M］.田永胜，译.北京：中国社会科学出版社，2002：45.

② 尼采.查拉图斯特拉如是说［M］.北京：文化艺术出版社，1987：31.

③ 万俊人.20 世纪西方伦理学经典 II［M］.北京：中国人民大学出版社，2004：24.

其所不是且不是其所是"①，这就是说，生命的自由本质使其具有否定过去和当下的超越性，具有理想性和面向未来的。这就是生命价值所在，而失去自主自由的行为抉择，生命价值则无从产生。萨特的生命价值论强调的是自主与奋斗（选择），反对先天的自在的生命价值观。但是，萨特的生命意志自由绝对排斥对外部世界的依赖，从而切断了生命活动的社会条件，使自由陷于孤独和苦恼的境地。

生命伦理学家恩格尔哈特的生命伦理观亦可归之于获得性生命价值理论的范围。在对生命的理解上，恩格尔哈特分析和驳斥了以抽象的直觉、理性、自由和平等的方法来界定生命的各种伦理学说，他认为这些方法都暗含着某种理论预设，因而"都无法产生充满内容的道德指导"。恩格尔哈特在允许伦理原则前提下提出他对生命价值的理论见解。恩格尔哈特把人分为"严格意义上的人"和"各种社会意义上的人"。所谓"严格意义上的人"就是具有道德能力的道德主体人。作为道德主体的人必须具有理性的自我意识，他必须是自由的，因而"在下述意义上具有道德合理性：有能力了解其行动联系着值得责备或值得称赞的意义"在这一点上，他同意康德的观点："道德领域——我们在其中把自己看作自由的和负责任的。""严格意义上的人乃是道德主体，他们可以被认为对自己的行动负有责任。"② 严格意义上的人是道德权利和道德义务统一具有者，而其他各种社会意义的人包括未成年的孩子、严重智障者和受到严重损害的人，这些人是道德权利的承担者，但不是义务的承担者。与道德主体人权利获得不同的是，"社会意义上的人所具有的权利乃是具体的共同体来创造的"③。他承认："并非所有人类成员都是平等的。""在那些至少可以扮演某种社会角色的人类的道德地位之间存在着真实的区别。"因为在他看来人类与人是不同的，只有拥有道德主体的人才能称之为人，而对于婴儿、严重智力障碍者和其他不能为自己决定代价和收益的等级次序的个体来说，不是严格意义上的人，他们无法决定自己的行为，而"人必须为他们做选择"④。

恩格尔哈特对人的区分，确实不同于以往抽象的生命价值理论，使对生命价值的讨论更加具体化了，也更接近生命伦理的实践。但是恩格尔哈特的生命观也存在

① 萨特.存在与虚无［M］.陈宣良，等译.北京：生活·读书·新知三联书店，1987：26.

② H．T．恩格尔哈特.生命伦理学基础［M］.范瑞平，译.北京：北京大学出版社，2006：139.

③ H．T．恩格尔哈特.生命伦理学基础［M］.范瑞平，译.北京：北京大学出版社，2006：239.

④ H．T．恩格尔哈特.生命伦理学基础［M］.范瑞平，译.北京：北京大学出版社，2006：143.

着理论的缺陷。恩格尔哈特是以有无道德意识和道德意识的程度来判断生命价值的，这使他所认为的"严格意义上的人"之外的人缺乏生命价值的道德根据，非严格意义上的人只是行善的对象，而非尊重的对象，尊重对没有道德意识的人来说毫无意义。恩格尔哈特的本意在于把生物学上的生命与社会学上的人区别开来，强调道德对于生命特有的意义。

但问题在于：第一，人的生命是否不具有道德上的平等性？即使在道德标准的名义下；第二，严格意义上的人根据什么向不是严格意义上的人行善？是严格意义上的人内在的道德需要呢，还是非严格意义上的生命自有的道德吸引？如果这些问题不能从理论上加以说明，则无法解决我们所面临的各种生命伦理的问题。

三、生命价值的现代性问题

历史上对生命价值的哲学思考，思想家们力图揭示生命本质的内涵和其一般的特性，然而不难看出，任何一种生命哲学的理论或多或少都带上了时代的印痕，因为哲学家生命沉思的动力和源泉正是生命所遇到的时代性课题。正因为如此，生命哲学的研究及其成果一方面深化了人类对生命的理解和体悟，从而丰富了生命的哲学内涵，为后人的研究提供了智慧性的启迪；另一方面，生命问题的时代性也限制了生命哲学思考的广度与深度，留下许多不解的谜团让后人进一步研究。如：人的生命价值有没有高低大小之分？竞争与生命价值有何关系？生命的自由是否意味着可以自由地对待自我生命？这些问题同样是生命价值的现代性问题。这些问题的性质主要不是回答生命是什么，而是要求回答生命应当是什么和怎样对待生命的伦理问题。对于现代社会来说，生命问题的价值探究，不仅仅是思辨性的哲学思考，更应当是直面生命实践的哲学思考。

第一，生命存在是否具有平等价值？这是一个古老的生命价值问题，但更是一个现代性的生命价值问题。因为市场经济的全面化，竞争原则已经渗透到生活的各个方面，对生命价值的理解产生极大的冲击，使生命价值与竞争挂上了钩，如"胜者为王""赢者荣光""名人明星价值"等。总之，人人都只能在竞争中凸显个人的价值几乎成为社会默认的规则。这种竞争生命价值观甚至影响到尚处启蒙阶段的孩童，所谓"不能输在起跑线上"。

诚然，市场经济不能没有竞争，竞争是市场经济运行的机制，竞争中确实也能衡量个体人之间的能力差异，能够促进生命潜能的发挥，从某种意义上，也能够闪烁生命价值的光芒。但是竞争不能与生命存在价值挂钩，因为竞争最多是生命价值创造的手段而已，不能成为价值衡量的标准，尤其不能成为生命存在价值标尺。以竞争为标杆势必形成生命存在的价值等级性，造成生命存在的不平等性。生命价值是否有高低之分？在回答这个问题之前，首先需要对生命价值的多样性作一番讨论。生命价值具有多样性或多层次性。舍勒就提出过价值应该有多种性，他把价值分为"维持"的价值和"展开"的价值，"适应"的价值和"获取"的价值，"工具"价值和"器官"价值。[①] 笔者并不同意舍勒的价值具体区分理论，但是他的价值多样性的观点很具启迪性。生命价值是多样并有层次的。生命价值的层次性可以分为存在性价值、关系性价值和创造性价值。

存在性价值是生命最基本的价值，是所有生命所共有的价值，其根据在于生命存在的独一无二的珍贵性和社会平等性。每一个来到世界上的生命个体都是可贵的，不管是聪慧还是愚钝、健全还是残缺、幼稚还是成熟、青春还是暮老，其生命在社会性的意义上，都具有同样的价值。之所以强调个体生命社会性意义的价值，因为人类世界是社会性的，个体生命是社会存在和发展的基本元素。每一个生命对于社会的意义是同样的，没有理论可以论证何种生命不属于社会的，即使恩格尔哈特所指的非严格意义上的人客观上也是社会的生命而不仅仅是自然的生命。并且任何一个社会生命"都是作为无可替代的独立个性存在着"[②]，都不可能由其他社会生命所代替。既然每个生命都是世上独一无二的，既然每个生命都是社会的成员而使其具有社会性，那么生命存在的价值就应该是同一的，而不应该以生命个体的差异来决定生命价值的高下。生命的伦理意义就在于：生命的存在本身就是有价值的，意味着每一个生命都有其做人的尊严，每一个生命都应该得到社会的尊重、关怀和爱护，而不在于人的意识状态如何，即使对待意识尚处朦胧的孩童、智力低下者也要给予应有的人格尊重。这样的生命理解应当成为现代人的道德共识。

与存在性价值静止形态不同的是，生命的关系性价值与创造性价值呈现的是动

---

① 万俊人.20 世纪西方伦理学经典 II［M］.北京：中国人民大学出版社，2004：170.

② 冯建军.生命化教育［M］.北京：教育科学出版社，2007：6.

态形式，是从人的活动关系中去理解生命的价值。生命的存在是一种关系存在。马克思和恩格斯指出："生命的生产——无论是自己生命的生产（通过劳动）或他人生命的生产（通过生育）——立即表现为双重关系：一方面是自然关系，另一方面是社会关系。"① 生命的关系包括血缘亲情关系、相邻与职业等交往中的社会关系、体制中的关系、人与对象（包括自然环境）之间的关系，都是生命价值产生的源泉。首先，生命在关系中才能爆发出生命的创造力，为生命的世界提供各种需要。人的创造能力除了天赋条件之外，更多得益于后天的教育以及社会他人和组织所提供的创造所需要的各种外在条件，因而人的创造是社会性的创造，离开社会关系（也包括自然关系）的创造是难以想象的。正因如此，马克思说：人的本质"在其现实性上，它是一切社会关系的总和"②。其次，生命的自由、尊严等价值是社会关系决定的。生命的自由、尊严等价值不是天赋的，而是在人的发展中特别是在人的关系中逐渐意识到，并通过人的斗争而确定的。在远古时代，人没有明确的自由和尊严意识，人的自由意识和尊严感是在自由被剥夺和尊严被践踏后，即出现阶级压迫后才被意识到的。同样，人的自由尊严又是在与剥夺者的斗争中逐渐回复到大多数人的身上的，迄今为止，这种斗争尚未结束，还在进行过程中。再次，生命中人独有的道德意识不仅是在对待自己，而且是在对待他人的关系中形成和实现的。无论是对待自我的态度还是对待他人的态度，从本质上说都是生命对待生命的问题，是生命关系间的善恶关系。现在这种人与人的生命善恶关系正延伸至人的生命与自然生命的关系，使生命价值内涵更为丰富，更加符合人类对自我生命价值的追求。

第二，生命价值的物质性需要与精神性需要的冲突。我们所处的时代生命价值面临的一大问题，是生命生长中的物质性需要与精神性需要的冲突。具体表现为，物质性的追求压倒了精神性的追求导致精神的贫乏和空虚，而精神上的贫弱导致对生命意义的质疑。这是当今社会抑郁症人群增多、自杀率犯罪率提高、幸福指数下降的原因之一。本文要探讨的是，物质性需要与精神性需要与生命价值的关系、冲突的原因以及对两者统一的价值期望。生命首先是物质性的存在，物质的补养是生

---

① 中共中央马克思恩格斯列宁斯大林著作编译局.马克思恩格斯选集：第1卷 [M].北京：人民出版社，1972：34.

② 中共中央马克思恩格斯列宁斯大林著作编译局.马克思恩格斯选集：第1卷 [M].北京：人民出版社，1972：18.

命存在的基本需要，也是提高生命质量的基本需要，因此，满足生命的物质需要的程度不仅反映了生命的生存状态，同样也折射出人对生活追求的程度，因而也是生命价值追求的体现。在物质贫乏或财富占有不足以提供生命发展需要的情况下，生命存在就成为一种痛苦，生命价值便黯然失色。因此，历史上反抗剥削制度、争取生存权利的斗争，其本质上就是捍卫生命价值的斗争。另一方面，人又是精神的生命体，需要精神的寄托。人仰赖精神的智慧使人类走出蒙昧，走向文明；人仰赖精神的力量，丰富了物质财富和文化财富，创造了完全不同于自然界的人类世界；个体生命在精神目标的指引下，充满希望、信心与快乐，体现出作为人的生命意义，这是生命价值的所在。

生命的物质性需要与精神性需要虽然共存于生命之体，但也往往会发生何者为先，何者为重的矛盾。由于物质性的需要是生命的基本需要，与人的本能性欲望更能一拍即合，往往超越人对精神性的追求。然而，如果没有精神对生命的指导，欲望可能会破坏生活，危害生命本身。所以，就有哲学上关于物质价值与精神价值何者至上的争论。功利主义者从"人生是快乐"的观点出发，坚持欲望在生命价值中的意义。穆勒说："整个人生的基础，就在于不企求多于生命所能够受用的快乐。"[1] 反对功利主义的思想家认为在人的生命中精神价值更高，"人的精神天性高于他的内部的生命力量"，认为"人欲横流"必然导致"道德沦丧"。卡莱尔把资本主义沉溺于金钱、美色的享乐生活看作是社会瘟疫，其根源则在于人的"精神瘫痪"，而精神瘫痪的人，其生命价值也是不完整的。[2]

生命价值物质与精神的冲突并没有随着时代的发展而销声匿迹，市场经济与高科学技术在现代社会中的发展与运用，物质财富被源源不断地生产出来，但是，物质生活的丰富却无法填满人们欲望的"黑洞"，反而激发了人们对物质财富和生活享受的进一步追求。这种物质性的目标追求过度消耗了地球的资源，破坏了人与自然的平衡，加剧了竞争中的人际矛盾，甚至损害了人自身的生命健康。为什么在物质相对丰裕的情况下，人们还把物质价值置于首位呢？除了市场经济、资本货币客观上存在着诱导之外，根本性的问题就是"精神缺失"造成生命价值的不平衡。"精神

① 周辅成.西方伦理学名著选辑［M］.北京：商务印书馆，1964：248.

② 赵修义，童世骏.马克思恩格斯同时代的西方哲学［M］.上海：华东师范大学出版社，2008：525.

缺失"不是说人们不需要精神，而是人们不知道精神价值是什么，应该追求什么样的精神价值，文化的多元化则加剧了人们精神追求的困惑。

从哲学的视角来看，物质需要和精神需要对于生命价值具有同等重要性，缺少其中一项都将会损害生命价值，因此，偏于对待两者的态度都是不可取的，既不应肯定物质至上的价值观，也不提倡精神至上的价值观。但基于人们对物质追求的自发性和精神追求的自觉性的特点，加上当前精神追求偏弱的事实，则应加强精神价值的导向，以求物质与精神的平衡。

第三，人应否自由地结束自己的生命？这是个涉及自杀的生命价值问题。回到现实，现代化的双面性已日益凸显，人们在享受现代化丰硕生活之时，也不得不承受着现代化给现代人带来的生活压力、精神焦虑、人际紧张所造成的生命重负。现代人热衷的旅游活动、城市中流行的跳舞健身等活动，与其说是愉悦性的休闲活动，不如说是疲惫身心的减负活动。人的生命可以承受多大的压力？社会自杀现象频现，确实与社会压力有关，但是自杀说到底还是个人自主的选择，没有人能够强迫他人自杀，不然就不是自杀，而是他杀了。社会环境能强迫人自杀吗？也不能，因为在同样的环境里活着的人远远多于自杀者。社会环境的险恶可能会损害生命价值，但它不可能构成自杀的必要条件，因此，社会环境有改善之必要，但社会环境决不应成为自杀的理由。自杀只能是个人选择的结果。

一个人虽然能够决断自我生命的存亡，甚至连法律也无可奈何，但人应不应该选择自杀的行为？这涉及如何看待个人生命的归属和生命意义的问题。生命悲观主义否定生命和世界的意义因而认可自杀的自由性，如叔本华将生命意志本身看作是痛苦，生命意志所面对的世界也充满着痛苦，所以自杀是对痛苦的告别，"随着这个身体的生命的消亡，显现于身体中的意志也就消亡了。……随着认识的全部消灭，其余世界也就自行消灭于虚无之中"①。悲观主义对世界的偏见与自私心是显而易见的。大多数价值观理论和社会组织反对自我剥夺生命的自杀行为。一种普遍认可的观点是，任何人无权决定自己死亡，生命的剥夺只能由法律来决定。为什么自主结束自己生命的行为是不应当的？费尔巴哈认为："生命本身就是幸福，生命与其他东

---

① 周辅成.西方伦理学名著选辑［M］.北京：商务印书馆，1964：787.

西如贫困或美酒之类相比，生命是可珍贵的幸福，否弃幸福是不可思议的。"① 康德更认为，生命具有绝对价值，"保存自己的生命是一种义务"②，人不能放弃生命的义务。对生命的毁灭就是毁灭有价值的东西，维护生命就是维护人类的价值，因此，对生命的态度就是对价值的态度，对生命的承担就是对人类的道德承担。

生命不容自杀，自然在于生命之可贵。但是个体生命的可贵性不能仅仅从自我意义上去理解，还要从自我生命与他人生命、与社会的联系中来理解。人的生命是父母爱情的产物，人一出生，生命就与父母相联系，随着人的成长，生命的联系就更广泛了。于是，生命的欢乐和痛苦就不仅仅属于个体自我，生命价值也不仅仅属于个人，而是与许多人有关系。于是，个人生命在与其他社会生命的联系中所产生的道德责任，使自我与社会具有同一性。从这个意义上，人应该增进那些对亲人朋友及社会他人有益的生命价值，避免那些痛苦有害的生命信息，自杀带给亲人和社会的是痛苦。因而反对自杀，珍惜生命既是对自我的责任，也是对社会的责任，自杀是对生命的不负责任。目前，社会舆论中对自杀行为往往给予同情怜惜为多，缺少生命责任的道德评价，这无助于人们建立生命的责任感。哲学虽然无能力阻遏社会自杀现象，但有责任揭示生命应负的责任，唤起社会对生命的责任意识。

---

①　周辅成.西方伦理学名著选辑［M］.北京：商务印书馆，1964：466.
②　周辅成.西方伦理学名著选辑［M］.北京：商务印书馆，1964：356.

论社会公德的价值内涵[*]

一

当我们思考社会公德的价值时，道德一般的价值问题不时地影响着我们的思路。因为从善本原的意义上说，社会公德的价值和道德一般的价值是共通的，道德一般的价值规定从某种意义说也是社会公德的价值规定。如此看来，探究社会公德价值似乎是多此一举。当然事情并非如此简单，社会公德毕竟有其自身的特殊性，其价值展现也必定有其特殊的色彩。因此本文的任务不在于论证社会公德的价值是什么，而是要说明社会公德价值体现的是什么。

社会公德产生的基本条件有两个：一是社会公共生活领域的存在，二是人际交往的需要，当然人际交往通常也是在公共场所内进行的，因而公共性就成为公德区别于私德或其他道德的主要特征。道德公共性不仅指道德发生场所的公共性、道德交往对象的公共性，而且包含着道德要求的公共性和普遍性。正是社会公德的公共性创设了公德极为独特的价值范域，规定了公德特有的价值内涵，公共性是读解社会公德价值的关键所在。但是公共性本身不是价值，也不是价值的体现物，更不可能是价值词或构成价值判断，虽然它对理解公德价值是那么重要，那么不可缺少。尽管如此，道德公共性还是提供了令人可信的价值信息。那就是：在现代社会里社会公德的价值体现为社会公正。社会公正是衡量公共领域公众行为道德与否的价值标尺。问题在于，社会公正这一价值观念源于人类对道德公共性的需要，所以道德公共性需要成为探求社会公德公正价值的入口处。然而，人类道德公共性的需要并

———————————

* 余玉花.论社会公德的价值内涵 [J].江海学刊，1999（06）：99 - 104.

非与生俱来的，而是公共性环境熏陶的结果，环境公共性程度的高低左右着公共性需要的大小，也限制着社会公德价值的展现和作用。

毫无疑问，环境公共性已成为现代社会的一大特征，这并不意味着以往社会不存在社会公共性，事实上任何时代都存在着一定范围的公共领域。然而，在古代社会尤其是自然经济占主导地位的社会里，经济贫弱，社会封闭，公共生活领域极为狭小，人际往来也十分稀少。在这样的情况下，人们的公共需要微乎其微，尽管公德对社会道德关系的调节作用仍然是存在的，但确实不可能也没有必要成为社会普遍关注的道德领域。公德默默无闻地退居一隅，在有限的范围内发挥道德调节器的作用。

当历史进入现代工业社会后，社会公共领域得到了极大的拓展，从而大大激发了人们公共性的需要，社会公德从一个不令人注意的社会角色，开始成为道德舞台的主角。这一变化与城市的崛起和发展息息相关，而城市的发展则是现代工业经济发展和现代社会运动的结果。首先是大工业的发展改进了生产工具，开通了发达便利的交通道路，开辟了广阔的市场，其结果创造了巨大的城市，使城市人口大大多于乡村的人口，从而改变了城市对乡村的从属性，相反使乡村服从于城市①。到了现代，第三次科技革命的浪潮进一步推动城市的发展，现代城市更是人流、物流、资金流、信息流的集中地。

现代城市空间的拓展打破了传统经济和传统生活的自足性、封闭性和单一性，创制了一个开放的、流动的、丰富多彩的公共世界。在城市里，除了私人住宅以外，"所有的空间基本上都是公共的"：街道、行道树、公园、公共市场、公共汽车等②。个人生活无可选择地介入社会生活的公共联系之中，包括购物、出行、求职、交往等，纯粹私人的家庭生活被压缩在很小很少的时空内。这就为人们形成公共意识创造了条件，同时也提出了公共道德的要求。余秋雨先生在《当代都市文化略论》一文中指出，由于城市的物质条件的公共性，如路灯、煤气等硬件设施的使用，才开始在市民的意识中培育了"公共"的概念，随着公共设施的广泛增建，"公共空间"

① 中共中央马克思恩格斯列宁斯大林著作编译局.马克思恩格斯选集：第 1 卷［M］.北京：人民出版社，1972：255.
② 阮西湖.都市人类学［M］.北京：华夏出版社，1991：42.

的意识也迅速突进,一系列的公共规则也由此推行①。现代市场经济的确立,则在城市创建的广阔空间基础上,不仅进一步开拓新的公共空间,而且促使了公共交往的普遍化。因为市场经济的发展必然形成商品交换的普遍化,即市场行为的普遍化,也就是人们交往的普遍化。可以说这是当今社会最常见最普遍的公共交往。虽然交换与交往完全是在个人主体自愿的前提下进行的,是独立自主的个体行为,但因其普遍化,而使交换与交往的性质具有了公共的性质,不能简单地从私人性的角度来理解。市场交换和人际交往的公共性,提出了一个十分现实的问题。那就是,如何满足社会公共交往的需要,使其合理合序地进行,这就产生了市场的公共道德规则,来满足人们对公共生活的道德需要。

现代公共生活领域的交往不限于经济的交往,现代社会尤其是城市社会交往的形式是极为丰富多样的。除了经济交换意义上的交往以外,还有文化方面的、情感性方面的、礼节性方面的交往,甚至还有大量非目的性社会交往。总之,交往是现代社会生活的标志,也是现代人发展的需要。但是,交往这种"社会的纽结",也会摩擦起火,爆发令人烦恼的人际"战火"。因而需要有为公众所能接受的交往规则,来实现人们广泛交流对话和各种交往的需要。

道德公共性的需要随着人类对生存世界的认识而不断扩展其领域,将价值之光辐射到越来越多的公共领域。例如,自然环境虽然具有天然的公共性,但其公共性未被纳入道德价值对象之前,便不成其为道德公共性的需要。长期以来人类道德价值的触角从未伸及自然环境的领域,自然一直被作为一个被利用、被改造、被攫取的对象而存在的。但是,当人类过度开发地球造成资源的匮乏,环境污染造成生活质量的下降,人类便与自己赖以生存的环境对立起来,严重影响了人类目前的和未来的公共利益。可见,道德再也不能无视人与环境的关系,道德关怀应当眷顾自然环境,把爱护环境、保护环境纳入道德规范的体系。其实,对环境的态度归根到底还是对人类自身的态度,最终仍关系到人类本身的利益,即人类最大的公共利益。毋庸置疑,爱护环境和保护环境必须成为道德公共性的需要,应当归属于公共道德的范畴。其一,道德保护的对象及道德行为产生的结果是公共利益,受益的是全体社会成员,乃至未来的社会成员。同样,破坏环境的不道德行为所危害的也是公共

---

① 余秋雨.当代都市文化略论 [J].戏剧艺术,1997(01):5.

利益，危及的也是全体社会成员。其二，环境是人类赖以生存和发展的各种社会和物质条件的综合体，它属于公共领域，具有不可分割、不可占有的特点。无论是个体成员，还是社会组织只有享用环境的权利，而无占有环境的权力。其三，环境具有整体影响力，人们在公共环境中的具体行为产生的影响则波及一片区域，无论是大气的、水体的、生态的环境均是如此。总而言之，爱护环境和保护环境的行为是一种公共行为，行为的道德与否都关乎到人类的公共利益、整体利益和长远利益。

道德公共性需要不仅指人类物质性的公共需要，如对公共物体的爱护，对公共秩序的遵守，对公共利益的维护等等；还包括人类精神性的公共需要，如对人格的尊重，对人体的呵护等对美好人性的追求。

二

道德公共性需要的价值意义在于体现了社会公正性。公正是促进公共性活动正常进行的价值观念。罗尔斯把其（正义）看作是"社会体制的第一美德"。他还认为，共同的正义观（公正观）能够"在抱有不同目的的个人之间建立了公民友谊的纽带"，因而是井然有序的人类团体普遍的道德观念①。虽然罗尔斯主要从社会利益分配合理性上来讨论正义价值的，但也确实揭示了正义观（公正观）与公共性普遍需要的有机联系。在公共生活领域，由公共性需要形成的道德观念就是社会公正，无论社会公德以何种形式表达，或是习惯，或是规章，或是道德命令，只要凝含着人们道德上的共同需要，必然体现着社会公正的价值意义。

首先，社会公正的基本要义是对所有人行为要求和评价的一律性。道德公共性的需要正是排除了道德领域的特权，贯彻道德平等的原则，"公众领域依照人人平等的法则运转"②，这是同现代经济文化发展相一致的道德原则。社会公德平等原则包含着两层意思：第一，道德要求普及所有的社会公众，不允许特权身份的存在，体现了道德面前人人平等的现代意识；第二，道德要求源自民意，是社会大

---

① 约翰·罗尔斯.正义论 [M].谢延光，译.上海：上海译文出版社，1991：3-5.

② 丹尼尔·贝尔.资本主义文化矛盾 [M].赵一凡，蒲隆，任晓晋，译.北京：生活·读书·新知三联书店，1989：23.

众共同的道德意愿。与古代的公德相比，现代公共道德规范所承载的道德基础有很大的不同。古代公德规范维护的社会秩序更多体现的是统治阶级整体利益的秩序。因此在封建社会里，公共场所的规则仍是因人而异的，王公侯爵在公共场所可以跃武扬威，高出众人一头，可以无视公共规则，但却正是当时社会秩序的体现，反映着社会等级的秩序性，显然，这是建立在不平等道德基础上的公共秩序。现代社会公共道德的基点是：公共场所交往的每一个个体都是平等的主体，不存在彼尊此贱或彼贱此尊的差别。现代社会公共性的本质是公众的，对每个社会成员来说，都有利用、享受公共财产和公共空间的权利。从法权的角度看，公共的应属于公众的每一分子。然而，公共的（无论是公共物质、公共利益抑或公共权利）又不是个人的简单相加，整体要大于相加体；在观念形态上就如卢梭所强调的公意要大于众意（众意只是私意的聚合，而公意则着眼于公共的利益，因而比众意更符合道德）①，所以，公共所有权是不可分割的，个体对公共性的物质和空间不具有私人占有权。② 这就是说，个体不能随心所欲地对待属于公共的东西，不能把私人的意志强加于公意之上，违背社会公意。公意即是道德公共性需要的意志表达，公意既集中了社会公众的意志，同时也体现了进入公共领域的社会个体的平等性，即大家都遵守同样道德规则并享有同样道德权利的平等性，丹尼尔·贝尔把它称为"在公共场合中行动的平等"③。平等的原则意味着在社会公共领域内活动的社会成员既是自由的，又受到约束的。道德约束的实质是赋予道德主体一种社会责任，即任何人没有权力超越公德规则，破坏公共利益（包括公共财产和公共秩序），破坏公共领域中他人的利益；任何人都有义务去维护公共的利益，维护大家公认的道德原则。

其次，道德公共性需要体现了人格互尊的人性要求。从道德价值的观点来看，社会公正不仅指道德权利的合理分配，还应该包括着道德权利的合理运用。维护自尊的权利与尊重他人的尊严，符合道德权利合理使用的原则。在公共场所，人们之间的相互尊重、以礼相待是最基本的人性要求，也是保证良好公共道德秩序

① 何怀宏.契约伦理与社会正义 [M].北京：中国人民大学出版社，1993：79.
② 约翰·罗尔斯.正义论 [M].谢延光，译.上海：上海译文出版社，1991：292.
③ 丹尼尔·贝尔.资本主义文化矛盾 [M].赵一凡，蒲隆，任晓晋，译.北京：生活·读书·新知三联书店，1989：324.

的基本需要。应该说，人的尊严应当在所有的场合都得到尊重，但在公共场所这种尊重显得格外的重要，它的价值几乎与生命等值甚至于超过生命的价值。所以，人们分外看重在公共场所中的人格尊严，期望道德舆论的保护，伸张社会正义。当然，公共场所尊重他人的前提仍是平等的观念，两者本是联系在一起，不可分离的。因为只有"在人们互相之间把对方视为个人这一点上，人们之间的关系才是人的关系"，由此才会产生相互的尊重。① 尊重是内在的道德理念，实际上就是从内心深处承认他人具有与自我同样的社会价值，承认他人利益在社会环境中的合理性。

再次，道德公共性需要凝集了人类对理想人性追求的醇素。社会公正虽然建立在平等和对等原则基础上，但并不停留在这一层次上，它并不满足于人们平等地分享权利和承诺义务，社会公正超越平等，追求更高的道德境界。在社会公共生活领域里，老弱病残者是社会的弱者，需要社会给予更多的关心和帮助，这才体现社会的公正性；而简单地使用平等原则对他们来说则是不公正的。当然社会公德关注的对象并不限于弱者，每个在公共生活领域活动的人都可能遭遇困境，碰到自身难以解决的问题，因而都存在需要他人帮助的可能性。正因如此，帮助他人这种公共需要被普遍认之为社会道德的公正之举。因为道德价值的本质是人性的，是无私、崇高人性的高扬。在公共性道德指导下，德性的发展走出一己自私的樊篱，把道德关怀的目光投向公众生活，投向社会他人。

三

道德公共性需要之所以具有公正的意义，其价值的源泉还在于社会公德公共性需要自身。因为公共性需要含蕴着人类对理想公共生活的憧憬和价值追求，这也就是公共善产生的源头。由此可见，对社会公德价值的探讨不能满足于外在的价值判断，其价值探讨的触角还需深入其间，挖掘其更为深刻的价值内涵。

在对社会公德公共性需要进行研究之前，有必要对需要这一概念作番探讨。需要作为人的主观表现形式，其存在的基础和条件是缺乏，于是才会产生追求它、获

① 潘能伯格.人是什么 [M].李秋零，田薇，译.上海：上海三联书店，1979：79.

得它的主观欲求。弗·布罗日克认为，需要是"感受到必需品的缺乏这样一种主观认识，以及转变为对人们的发展着的社会生存条件的依赖性的主观认识"①。缺乏是客观事实，缺乏的内容构成了具体的需要，从这个意义上说，需要的内容是客观的。但人不一定能发现所有的缺乏，客观存在的缺乏尚未被认识之前，便不可能构成人的需要。可见，需要的提出是主客观条件统一的结果。由于现实生活中人们所认识到的缺乏是多方面的，因而需要也是多种多样的。需要一旦形成，将对人的行动产生强大的驱动力，激发出人独有的智慧创造力、丰富的情感力量。就此而言，需要本身即体现为价值，就如德国人洛采所言的，是对未给予世界（Nongiven）的追求。当然这仅指合理正当的需要。

道德公共性需要的形成，显然也与公共生活中某种东西的缺乏有关，这种缺乏已经为社会公众所感知，并因缺乏存在而感到不公正的价值感受，强烈希望改变缺乏，获得公众认为应当存在的东西。困难在于，人们可以举出公共生活中很多不如意的事，诸如秩序问题、环境问题、交往问题等等，但却没有找到这些问题症结在哪里，即公共生活的缺乏究竟是什么？人们所期望所追求的公正究竟是什么？思想理论界比较多的是从利益关系上来思考公正问题。

笔者认为，现代公共生活中出现的一系列的道德冲突问题，如社会秩序紊乱、生态环境恶化、人际关系紧张等均是社会生活缺乏和谐所致。不仅有人与人之间的不和谐、个人与社会之间的不和谐，还有人与环境（包括自然环境和人文环境）之间的不和谐。不和谐降低了公共生活的质量，影响了社会公共生活的正常进行。公共生活的不和谐并非今日才有，但今天显得更为突出；而有一些不和谐则是现在才发现，并感到非常严重的，如环境污染的问题。正因为公共生活缺乏和谐而给公共生活带来了矛盾和问题，因而寻求和谐、创造和谐便成为社会公众共同的道德需要，成为理想公共生活的道德目标，成为公共生活和公共行为公正与否的内在价值尺度。

和谐的本意是协调一致，协调一致是公共生活正常进行的最基本条件，任何个体不协调的行为都可能干扰社会生活的秩序，打乱公共生活的节奏，给生活蒙上不愉快的阴影。和谐即行动的协调一致在现代社会的重要性更是非同小可。原因在于：

----

① 弗·布罗日克.价值与评价［M］.李志林，盛宗范，译.北京：知识出版社，1988：69.

第一，随着城市的发展和人口的增加，造成前所未有的社会流动性和繁忙性[①]，需要某种秩序加以梳理与整合，和谐即协调才能形成秩序。第二，现代社会个人的自由度独立性大大提高了，但同时人与人之间的相互影响增强了，相互联系也更密切了，和谐才能避免两者的冲突对立，促进个人独立与相互联系的统一。第三，环境恶化对人类生存构成的严重危害，只有靠人自觉地与环境的协调才能解决。第四，现代生活高度紧张矛盾重重，人们心理压力普遍增强的情况下，和谐是缓解紧张和压力最好的理疗剂。最重要的是，和谐意味着和美、完善和幸福，这正是人们内心共同期望的生活目标，是理想公共生活的内质。连古人都认为，"和也者，天下之达道也"[②]。

和谐作为公共生活理想，既是人类社会发展的需要，亦是人的发展所需要的。和谐为人类社会发展提供最基本的需要是社会公共秩序。自然，社会公共秩序的形成还有其他的手段，如法律的手段。法律固然有其特有的强制效果，并且是社会生活不可缺少的，但其仅是外在的手段而已，往往难以达到内心的认同感。以和谐为凝聚动力的社会公共秩序，对人们来说，不再是被迫地服从外在力量的结果，不再会产生厌烦感受，或想方设法逃避公共秩序的约束力。相反，遵守公共秩序成为人们自觉的要求，维护公共秩序则是本分的责任。正是这份责任使人们不再把公共生活的事情当作份外事，而是主动关心公共事务，关心公共领域里的他人和他人的行为，关注公共生活领域发生的各种问题，参与解决各类公共问题。这一切皆缘于人们对和谐公共生活的渴望和追求。

和谐对人的发展之意义，在于其既是人发展的要求又是人发展不可缺少的条件。人所确立的某种理想，或人内心的某些要求、某些愿望，一方面是由人生活其间的环境要求所引发的；另一方面理想的要求则可能是理想实现的重要条件。这表明价值提出与价值实现的内在联系和一致性，在道德价值领域里这一联系尤其突出，和谐对人的发展即是如此。

人的发展毫无疑问是指个性自由发展，个性自由发展撇开其经济必要条件以外，

---

① 丹尼尔·贝尔.资本主义文化矛盾 [M].赵一凡，蒲隆，任晓晋，译.北京：生活·读书·新知三联书店，1989：94-95.

② 中庸 [M].杨洪，王刚，注译.兰州：甘肃民族出版社，1997：1.

和谐的公共生活环境亦是必不可少的社会条件。冲突不断、肮脏不洁、杂乱无序、暴伤无道的公共环境不仅不利于个性的自由发展，甚至会扼杀个性的自由发展。和谐才是个性自由发展的肥土沃壤，因为和谐环境是一个平等交往、合理共处、整洁有序的环境，这当然是有利于个性自由发展的环境。

但是也有不同的看法，有一种观点认为"和谐"是农业社会的文明象征，个性自由发展则是现代的价值要求，两者没有共通性。① 显然这种观点把公共和谐与个性自由对立起来，而事实上两者并不是绝然对立的。公共和谐并不否定个性，相反承认个性、以促进个性自由发展为己任；同样，个性发展也不排斥公共和谐，自由并不否定公共相关性和协调性，相反个性自由发展更依赖公共和谐，因而公共和谐作为个性自由发展的社会条件无可非议。

不仅如此，和谐还是个性自由发展的价值要求之一。所谓个性，是指一个人心理活动和社会活动中表现出来的动机、理想、信念、情感和行为的统一体，既包括心理意义的个性特征和品质，又包括社会意义的个性特征和品质。② 所谓自由发展则是指个性的人格、智能、兴趣乃至情感不受扭曲地健康发展。自由并非任意，健康是自然评价标准和社会评价标准的统一。另外，个性自由应有社会的参照点和联系点，个性只有融入公共和谐之中，才能获得自由和显示自由。正是在这个意义上，追求和谐成为人本身发展的要求之一，公德素质成为人之为人的基本标准。对于社会个体来说，社会公德的要求不是外来的约束，不是无奈的服从，而是自我价值、社会人格在公共生活领域的自觉追求。可见，个性的自由发展必然包涵着社会性的价值内容，是共同性的理想追求，社会公德和谐价值正体现了所有个体公共性的道德需求，因而是最具价值魅力的社会公正。

总而言之，公共生活的和谐是现代人追求的道德愿望，社会道德公共性需要正是这一道德愿望的集中体现，而社会公德的行为规范则是这一道德愿望满足或实现的切实保证。

---

① 朵生春.矛盾的中国人［M］.北京：中国建材工业出版社，1997：57.
② 陆庆壬.人的发展和社会发展［M］.上海：同济大学出版社，1994：82.

现代都市发展和社会公德*

一

中国经济改革及其引发的社会变革的一大成果，是现代都市的崛起。20 世纪 80 年代深圳特区的建成，揭开了我国城市发展的新篇章，城市发展如同滚滚春雷，从南到北沿着太平洋沿岸迅速地展开并向内地辐射。前所未有的城市化速度使我国城市的数量迅速增加，据预测，2000 年我国城市将达到 800 座，城市化水平将达到 35％左右，城市人口将达到 6.3 亿左右。初步改变我国长期以来"农村包围城市"（以传统农业和手工业经济为主体）的城乡社会格局，开始向现代化工业体系为主体的城市型社会形态的转换。

城市化不仅在于城市数量的增多，还包括城市现代化质量的提高。在城市化初期，发展重点集中在城市数量的增加和规模的超速扩大，从 1980 年到 1995 年，我国城市发展处于这一阶段。但当城市的数量达到一定规模时，城市化进程的重点开始转向城市现代化质量的提高，即如何建设发展现代都市的问题。我国现有的城市，特别是大城市都已进入一个城市现代化质量提高的阶段，即城市形态结构的改善、城市社会经济发展内容的变更以及城市生态环境质量的优化等。[①]

城市发展并不局限于城市的规模和外貌的改观，即城市物质形象的变化，还包括城市内在的秉性、人的形象的变化，是物的形象和人的形象的交融渗透的城市整体形象的发展。自然，城市物质方面的发展与其精神内涵的发展，既有相生相进的

---

* 余玉花.现代都市发展和社会公德 [J].江西社会科学，2000（04）：100-104.

① 彭再德.大都市持续发展理论与实证研究 [D].华东师范大学，1997.

一面，又有对立冲突的一面。城市是人类文明进步的象征。但是，城市文明在其发展中也出现了城市住房、污染、流行病、犯罪、交通能源和生活供应等方面的问题，引起人们对城市发展的忧虑和批评。西方学者滕尼斯认为："城市生活的特点是分崩离析、肆无忌惮的个人主义和自私自利，甚至互相敌对。这里，人们根本不相信有共同的利益，家庭和邻居的纽带也没有什么意义。"① 滕尼斯的论调或许过于悲观，但是城市发展存在的问题是值得思考的。在城市发展中，人们过于注重经济的发展而忽视环境的保护；过于注重物质性的发展而忽视人的素养的发展，这是造成城市诸多问题产生的主要原因之一。

二

事实上，城市发展特别是大城市呼唤着道德的辅助，尤其呼唤着公共道德的介入，这是城市公共性生活发展的必然要求。

首先，现代城市公共生活的发展提出了公共道德的要求。我国自 20 世纪 70 年代末开始的经济改革，极大地解放和发展了生产力，推动了都市经济的发展。尤其是 90 年代以来，都市经济发展迅猛，城市面貌日新月异：摩天大楼接踵而起，立交桥、高架路四通八达；新型住宅区星罗棋布，传统的私人民居正逐渐减少；金融银行业蒸蒸日上，各类银行、信用社、证券交易所遍布城区；市场经济开辟了广阔的市场，商场、商厦、购物中心、超市，无处不有，商业的繁华不再为中心城区所专有；还有到处可见的游乐场、体育馆、影剧院等。都市的公共设施和公共场所为城市人创造了公共生活的条件，丰富了城市人公共生活的内容。随着都市经济的发展，以及都市人生活条件和生活环境的变化，城市人的生活方式也发生了很大的变化。都市生活方式突出的变化是生活节奏加快了，居民家庭普遍装备了电冰箱、微波炉、电烤箱、电饭煲等，不必天天买菜，不必顿顿烧饭。洗衣机则把人们从搓板上解放出来，加快了洗衣速度。总之，都市居民生活方式发生了极大的变化。

现代城市的上述变化，使都市人的生活性质和范围较以前有极大的不同。那就是，活动的公共空间扩展了；在公共场所花的时间增多了；建立公共关系的频率提

---

① 何钟秀.城市科学［M］.杭州：浙江教育出版社，1988：9.

高了；公共生活的内容丰富了。一句话，都市人介入公共生活的活动越来越多了。随着都市居民公共活动的增加，公共的观念开始形成，公共生活的道德要求也随之提出。这不仅因为观念是生活的反映，更主要的是公共生活本身包含着人们利益上的要求，需要相应的道德予以确认、支持和维护。

其次，都市公共关系的普遍化提出了道德协调的需要。现代都市充满魅力的文明气息的重要特点是交往，日本学者铃木荣太郎称之为："社会交流的结节机关"，我国学者杨东平也认为，交往（包括对话和沟通）是城市生活方式的本质和精髓，"交流是引起现代化的关键因素"，城市的凝聚力、整合力和辐射力的功能皆由频繁的人际交往引起的。[①] 第一，改革开放和社会主义市场经济的建立，我国大都市的人际交往变得更频繁，交往的范围更广阔，交往的交叉程度更高。在计划经济条件下，虽然城市交往比乡村要频繁得多，但公共领域的交往仍有较大的局限。在市场经济条件下，人们不再一辈子隶属于某一单位。人才流动，势必扩大人们交往范围，提高交往的次数和质量。第二，生活消费品市场扩大，意味着都市人已经突破了计划定点供应的被动局面，以消费者的身份自由地选择消费市场和消费品，与各种经营者打交道。第三，都市文化娱乐功能的增强，扩大了交往的场所。第四，现代高科技信息通讯网络和大众传媒体，提供了都市人跨时空交往的现代化条件。总之，现代大都市的人际交往功能更趋于开放性、公共性和频繁性。现代城市高效优质的人际交往需要辅之以相应的合理规范和合理心态。社会公德所倡导的交往原则能够促使公共人际交往向合理、合情、合秩序性方面发展，发挥人际交往在现代都市发展中的作用。

再次，都市公共生活的秩序性，提出了道德对公共行为规范的要求。秩序是公共生活的基本条件，现实生活告诉我们，无序将给公共生活带来严重的结果。现代发达的交通网络一方面提供了方便快捷的生产、生活条件，另一方面也提高了交通事故的发生率。上海市 1992 年机动车总数为 26.6 万辆，到 1996 年底增至 70.4 万辆，与此相比，事故率上升了 167％。电脑的普及，金融信用业的发展，各种信用卡的使用，省去了发放工资的繁琐手续，但自动取款机前开放式的取款方式，使个人的经济情况暴露于众目睽睽之下。第三产业的兴起，特别是都市服务业的发展，各种大排档、美食街、集贸市场、个体户流动摊，见缝插针，占路为市，把本已拥

---

① 　杨东平.城市季风［M］.北京：东方出版社，1995：59.

挤不堪的道路变得更为拥挤，把本已不多的绿地蚕食得更为稀少。工业排放的废气遮住了城市上面湛蓝的天空；工业污染致使城市不再有清流，河里不再有鱼虾；工业废物和生活垃圾出路困难，更使城市环境雪上加霜；而"竭泽而渔"的生产方式使城市面临资源逐渐枯竭的境地。可见，没有秩序，城市的经济发展和公共生活都会遭到影响和破坏。城市发展越快，其对秩序性的要求越高。而秩序则是规范的结果，没有规范就不可能有良好的秩序。当然首先需要强硬的法律规范，但是仅靠法律规范还是不够的。没有广大市民自觉的公共意识和秩序观念，强制性的法规也有难以奏效的时候。因此，城市的公共秩序还必须依靠道德的力量，通过公众的道德舆论和民众的公德心，配合法规，建立现代城市的公共秩序。最后，都市生活环境的公共化提出了道德维护的需要。都市生活环境越来越公共化这是有目共睹的。不仅大环境诸如空气、水源、道路、绿化是公共的，纳入公共管理的范围，即使是人们工作的场所和居住的小环境也越来越公共化。例如摩天大楼里，上百个写字间可能分属于几十个不同的单位，大楼对这些单位来说，就是一个公共的环境。就私人居家的公寓楼房来看，也同样如此。即使是私人买下的房子，房间里面是属于私人的，使用支配权在于房间拥有者。但是房间的墙壁、地板和天花板又不完全属于空间的拥有者，对这些地方过分的利用都是不允许的。至于楼梯走道、房前窗外更不属于私人所有，不完全归私人支配，尽管买房者也付出了一定的费用。总之，就人们生活的空间而言，是十分公共化了。需要指出的是，对公共化的涵义要有合理的解释。公共化不能单从所有权的含义上来理解，还包括某种利益的相关性，非私人性。那就是说，生活环境公共化不仅指生活环境具有公共性质，更重要的是指人们与环境发生的关系是一个涉及公众他人利益的问题。毫无疑问，生活环境的公共性质是产生利益相关性问题的基础，而生活环境利益相关性问题却是现代都市发展的产物。

　　城市发展中，随着人口的急剧增加，土地变得非常紧缺，为了充分利用有限的土地，城市建筑物之间的距离最大限度地减少，并充分借用立体的空间（所谓借天不借地），私人的天地被限制在及其狭小的范围，这样便出现了公共楼房，众多的个体享用一个共同的空间，在这种情况下，利益相关性的问题就显得非常突出。生活环境利益相关性实际上涉及的是生活环境质量问题，诸如空气的清新度、声响的合理度、环境的整洁度等。这些问题在广袤的农村可能不成为什么问题，一家一户的农舍有一定的距离，私人性的程度比较高，人们生活所需要的宁静、清新的空气都能够满足。但是城市的情况就不同了。由于城市人口密集，建筑物拥挤集中，它的环境的质量已经打上了折扣。如果个体成员只顾自己的需要按自己的意愿随心所欲地支配使用环境，不考虑个人行为可能会带来的不良后果，那么城市的生活环境可能更糟糕。所以要保证城市有较好的环境质量，就需要城市人共同来维护。城市生活环境利益相关性本质上就是公德问题，要求都市成员在公共化环境里活动时，必须注意到行为是否会影响周围环境，给相关的公众和他人造成不良的影响和损害。而公德则在于调节相关的利益关系，来维护公共化环境的必要秩序，改善公共化生活环境的质量。

三

城市的发展提出社会公德重要性的同时，也提出了对社会公德的内涵重新认识重新理解的问题。关于社会公德的价值涵义，学术界长期存在着多种界定。较常见的一种是将社会公德定义为"全体居民所公认的、人人都必须遵守的起码的道德规范"[①]。认为，社会公德属于低层次的道德要求，社会公德是从原始社会就形成并延续下来的简单公共生活规则。这一观点主要来自于列宁的一段话。列宁在描述未来的共产主义社会时谈到，在将来，人们就会"习惯于遵守数百年来人们就知道的、数千年来在一切处世格言上反复谈到的起码的公共生活规则"[②]。另一种观点则把国民公德纳入社会公德的范围。我国最早提出这一思想的是近代启蒙学者梁启超。首先梁启超把公德作为立国之本提出来的。他说"公德者何？人群之所以为群，国家之所以为国，赖此德焉以成立者也"。那么什么是公德呢？梁启超通过与私德的区别来界定公德。他认为，"从独善其身者谓之私德，从相善其群者谓之公德"。梁公的公德观非常鲜明：益群、利国亦是公德。他说："人也者，吾群之动物也。人而不群，禽兽奚择。而非徒空言高论曰群之群之，而遂能有功者也；必有一物焉贯注而联络之，然后群之实乃拳，若此者谓之公德。"[③] 显然，梁启超所论的公德是从国民对国家的责任的视角提出来，来唤醒国民的社会责任感，成为凝聚中

① 唐凯麟，等.伦理学纲要［M］.长沙：湖南人民出版社，1985：23.
② 中共中央马恩列斯著作编译局.列宁选集：第3卷［M］.北京：人民出版社，1972：247.
③ 李华兴，吴嘉勋.梁启超选集［M］.上海：上海人民出版社，1984：213-216.

华民族的道德力量。

新中国成立后，提出"五爱"（爱祖国、爱人民、爱劳动、爱科学、爱公共财产）公德，实际上也是国民公德的一种提法。国民公德的一个重要特点是与法律密切关系，往往通过法律的形式予以公布，确保实施。我国现行的宪法规定："中华人民共和国公民必须遵守宪法和法律，保守国家秘密，爱护公共财产，遵守劳动纪律，遵守公共秩序，尊重社会公德。"在新时期道德建设的理论探讨中，不少学者指出：必须在道德思考中贯注于法的精神。广东省举办的新时期道德建设理论研讨会上，更明确提出了：新的社会公德应该"以国家法律形式公布提倡的'五爱'为核心"。

第三种是大公德观点。这种公德观仍把公德定义为"公共生活准则"，但其涵域十分宽广，凡是与公共相关的道德规范皆囊括在内，其内容包括了人与人关系的层面、人与社会关系的层面以及人与自然关系的层面。还有的主张把一般的公共规则、国民道德、自然道德或环境道德均归之于社会公德的范围之内，构建一个系统的公德工程。

笔者以为，社会公德内涵的界定，应当放在现代社会特别是现代社会城市化的背景下来思考，自然也需要考虑和继承传统中合理的内容。公德就其本意而言，有别于私人道德，是社会公共道德，公共性是公德最基本的特征。公德的公共性则又可从三个方面去理解：第一，道德发生场所的公共性。在公共领域内产生的涉及人们利益的道德行为属于公德范围。所谓公共领域要有正确的理解，不能局限在传统的理解范围。现代都市开辟的公共领域极其广阔。交通方面的公共场所有：马路、街弄、江河、码头、车站、机场，以及与上述相关的公交车、出租车、轮船、飞机等交通工具。文化娱乐方面的有：公园、游乐场、影剧院、图书馆、博物馆、书市、展览馆等。生活服务方面的有：饭店酒家、旅社招待所、公共浴室、美容理发店等。经济活动方面的有：商店、银行、证券交易所、人才市场各类交易场所等。住宅建筑方面的有：城市公共建筑物、公共楼房、住宅小区等。此外还有国家政府机构的办公场所、接待室、包括法庭等。凡是对外开放的场所和空间均属公共领域。这些公共领域既满足了人们各种社会活动的需要，同时也提出了维护公共场所秩序性的道德要求。第二，道德对象的公共性。在公共场所发生道德关系的主体不局限于私人范围或熟识的人，而可能是进入公共场所的任何一个人，因而道德对象十分广泛并具有不可选择性和偶然性。第三，道德要求公共性，这是现代公德最重要之点。

道德要求的公共性包含两层意思：一是道德要求普及所有的社会公众，一视同仁，不允许特权身份的存在，体现了道德面前人人平等的现代意识；二是道德要求源自民意，是市民共同的道德意愿，即卢梭强调的"公意"，这是现代公共道德建立的基础。只有反映公意的公德要求才能被广大群众所接受，成为群众自觉的道德要求。第四，道德评价的公共性。道德评价的方式是公众舆论和公共良心（公德心），而道德评价标准依据于社会共同的道德要求。

上述表明，社会公德乃是公共生活领域里的社会道德，其基本的功能在于维护社会公共秩序，但它与古代的公德不同，建立在现代公共理性的基础上，贯彻道德平等原则。现代社会公德的基点是：公共场所交往的每个个体都是平等的主体，不存在彼尊此贱或彼贱此尊的差别。并且在现代社会主义的社会里，在社会平等的基础上，公共场所、公共财产才具有真正公共的意义，从而否定了过去"普天之下，莫非皇土"的虚假公共性。现代社会公共性的本质是公众的，对每个成员来说，都有利用、享受公共财产和公共空间的权利；但公共所有权又是不可分割的，个人对公共性的物质和空间只具有合理享用权，不具有拥有权。这就是说，个体不能随心所欲地对待属于公共的东西，不能把私人的意志强加于公共意志之上，违背社会公意。公意则着眼于公共利益的众人的意愿，社会公德集中了社会公众的意志，同时也体现了进入公共领域的社会个体的平等性，即大家都遵守同样的道德规则也享有同样道德权利的平等性，丹尼尔·贝尔把它称为"在公共场合中行动的平等"①。平等的原则意味着在公共领域内活动的社会成员既是自由的，又是受到约束的。道德约束的实质是赋予道德主体一种社会责任，即任何人没有权利超越公德规则，破坏公共利益（包括公共财产和公共秩序），破坏公共领域里的他人利益，任何人都有义务去维护公共利益，维护大家公认的道德原则。

在城市化的社会条件下，现代社会公德的内涵不再限于"日常生活规则"的层面上。有的人认为，社会公德只是日常生活伦理，只注重功利和权利，没有理想主义的价值内涵。这种观点过于片面，还是在传统的意义上理解社会公德。现代社会公德的价值不仅仅在维持公共秩序功效上；不仅仅在教导人们维护法权、遵守规则

---

① 丹尼尔·贝尔.资本主义文化矛盾［M］.赵一凡，蒲隆，任晓晋，译.北京：生活·读书·新知三联书店，1992：324.

上，虽然这是公德最基本的道德功能。更重要的是，社会公德还提倡一种社会精神，一种关注社会、关注他人、乐于奉献的公德精神。现代都市普通大众的慈善义举向我们展现了一幅美好人性的社会画面。如到福利院抱一抱或认养孤残儿童；街头巷尾敢于挺身而出，救助路不相识的突遭各种打击（疾患、被伤害）的人；公共街头无偿献血、捐助骨髓、星期日一日捐、希望工程和涌动在大街小巷的志愿者队伍，无不是现代公德精神高扬的反映，是美好人性追求的道德实践，怎能说公德没有价值和理想的因素呢？怎能说公德不存在崇高境界呢？上述令人感动的公众行为，构成了现代社会公德最为高尚的价值内容。其崇高之处，在于行道者不仅献出自己的善良之心，而且不追求名利之声，往往隐姓埋名，不求人知，真正体现了道德"应然"的本性、崇高的本性、无私的本性。

现代社会公德还应包括社会成员关注和参与国家政治、城市发展的道德要求，即"五爱"的道德要求。宪法规定人民是国家的主人，但主人的意识需要培养，而且需要通过道德熏陶和道德实践才能培育起来的，同时也只有在公共事务的活动中才能找到主人的感觉，成为实际的主人。这方面的道德要求包括：维护国家尊严、城市名誉；为国分忧解难，为国献计献策；响应国家政府的各项号召，积极参与城市各类公益活动；主动监督和负责任地批评政府不当行为等等。

现代社会公德内涵还应包括人类生存和发展的最基本需要。人类生存和发展的需要不能从纯粹的经济意义上去理解。如果说物质资料生产能够解决人类吃穿住行等生活的基本需要，但决不意味着人类生存和发展的问题已完全解决了。疾病的肆虐、自然灾害的侵扰，同样危及着人类的生存，更遑论发展的问题了。令人遗憾的是，现代社会发生的种种生存危机，除天灾以外，大多是由人类自己的行为造成的，无论是过度地开发地球，还是大气的、水源土地的、乃至人文的环境污染无不如此。无须赘言，过度的开发造成资源的匮乏，环境的污染造成生活质量的下降，都直接影响了人类目前的和未来的利益。然而，人类道德的触角从未伸及自然与环境的领域，自然一直被作为被利用、被改造、被攫取的对象而存在的。人们始终存在这样的观念：改造自然是天经地义的，利用环境是无可非议的。于是，人类与自己赖以生存的环境对立起来，发生了严重的冲突，可是道德再也不能无视人与环境的关系，道德关怀应眷顾自然环境，因为保护环境最终关系到人类最大的公共利益，所以应当把爱护环境、保护环境纳入公共道德的范畴。其理由是，第一，环境作为道德涉及的对象及人们对待环境的行为所产生的结果均是公共利益。第二，环境是各种社会和物质条件的综合体，属于公共领域，具有不可分割、不可占有的特点。无论是个体成员还是社会组织均无占有、破坏环境的权利。第三，环境具有整体影响力，人们在公共环境中的活动所产生的影响则波及一片区域。总而言之，对待环境的行为是一种公共行为，行为的道德与否都关系到人类的公共利益、整体利益和长远利益。

总之，在现代城市化的条件下，要用一种全新理论视角去认识社会公德的内涵、职能和作用，在这一前提下，着力于现代社会公德的发展与建设。

论社会公德在现代城市发展中的作用*

一

现代都市发展的标志是什么？可以举出很多，如筑路架桥，建楼造房、电视塔、飞机场，气派不凡的大剧院、图书馆等等。毫无疑问，风格独特、气势恢宏的城市建筑和各种市政设施是城市的标志。然而，这仅仅是城市的物质外貌，城市的精神内涵则在于人，城市的根本活力也在于人，现代城市的发展应注重人的发展，只有人这一城市软件的开发，才能带动各种城市硬件的发展。

人的各种素质的提高是现代都市发展的重要内容亦已成为人们的共识。曾有大城市开展"都市人素质"的讨论，都市人的素质无疑应表现为多方面的。如文化素质、身体素质、劳动素质和道德素质等，其中道德素质是最为核心的，因为道德是其他素质培养的方向和动力。在道德素质中，社会公德素质是最基本的道德素质，这是由城市环境特点及其对城市人的要求所决定的。

城市的社会生态环境和物质生态环境不同于乡村，是一个密集型的公共化的生活空间。城市集中了大量的人口，又是工商活动的集中地，更是政治文化娱乐活动的中心，这就决定了城市必然要有相对集中的公共住宅区、工商区、娱乐区、行政区，以及连接这些区域的公共交通（包括道路和交通器）。为了保证城市人生活的基本要求，城市设有必要的公共设施，包括绿地和行道树。这些公共空间和公共设施是城市生活必要的条件，需要城市人加以爱惜维护，任何人不能随意地损害之。城市人口集中，为了防止流行性、传染性疾病的发生和蔓延，不仅要有靠全体都市人

＊　余玉花.论社会公德在现代城市发展中的作用［J］.学海，2000（02）：120－124.

共同维护的清洁卫生环境，而且要求人们形成良好的卫生习惯。现代城市人紧张忙碌的工作和生活节奏，使城市人口流动性大，人们在公共场所接触交往的频率高，需要人们合理交往，不影响他人正常的公共活动。城市生活的这些特点客观体现了城市生活的公共利益性、都市人生活及其活动的利益相关性。而实现这些公共利益的要求，保证城市正常的运转，就需要建立相应的公共道德规则，这是城市社会最基本的道德要求，没有公德，城市生活将会混乱不堪，一片糟糕。虽然城市道德不限于公德，但公德是最基本的城市道德，是城市发展不可缺少的精神保证。城市公德理念不仅仅在于公共道德规则的建立，更重要的在于人们能自觉地遵守公德，形成良好的城市道德风气，那就意味着都市人首先观念上必须形成公德意识，并付诸于行为，最终使之成为内在的素质。由此可见，公德素质是都市人最基本的要求，是都市人的道德素质水平的衡量器。

作为一种精神现象，都市人的公德素养水平在一定程度上反映出都市形象的基本风貌。无可置疑，一个城市的人文风貌主要是通过都市人的公德素质体现出来的：都市宽敞整洁的优美环境是人创造和保持的结果；都市人优雅的谈吐、友好谦恭的接人待物、和睦礼让的邻里之风，无不是都市人良好公德素养的体现。同样，有大量的事实表明，都市人公德缺失，基本文明程度低下，必然会影响城市的面貌。不管城市楼宇有多高，公共设施多么现代化，但如果到处脏乱不堪，公共秩序混乱，人际冲突不断，那么城市的形象总是不美的。可见，城市的文明标志主要体现在城市社会公德的水平上，可以说，城市社会公德就是城市形象的精神窗口，创建一个良好的公德氛围，实际上就是在塑造一个良好的城市形象。

二

社会公德对城市的意义不仅仅体现在文明形象上，而且作为一种现代道德理念，能为城市发展提供强大的精神动力，是城市健康有序发展的重要保证。城市发展的物质动力当然是经济力量，这是城市发展最基本的动力。城市发展除了需要物质的基本动力之外，精神动力自然也是城市发展所不可缺少的，精神动力和物质动力相携统一将对城市发展产生最强的推动力。社会公德对城市发展的精神作用主要体现在两个方面：

第一，建立"城市家园意识"，促使都市人积极参与城市的建设和管理。"城市家园意识"是一种现代意识，体现了城市人的主体意识，亦是一种把自我与城市融为一体的情感。以城市为家，人们会对自己所生活的城市产生归属感、温馨感、亲情感、主人感，这种情感必然激发人们对自己所居住城市的热爱，并把这种挚情转化为自觉的行动：热爱城市的一草一木、维护城市的一砖一瓦；为美化城市增光添彩、为发展城市献计献策。"城市家园意识"的核心是城市责任感。现代社会公德旨在培养都市人的"公共责任感"，那是一种与城市发展前景息息相关的使命感，使都市成员都能意识到自己是"公共成员"之一，每个人对公共"城市家园"都存在着利益相关、命运休戚的密切关系，对城市的发展都负有不可推卸的责任，从而产生强烈的"参与意识"。在责任意识的推动下，市民们必然关注城市的规划、建设和发展，并能够积极投入城市的建设；主动参与城市民主管理，关心社区公共事务，积极参加社区各项公益活动。社会公德这种现代城市的伦理精神在一定程度上不仅有效地防止城市及其发展遭到人为的破坏，还能通过人的积极行动转化为强大的物质动力。

第二，建立"自律意识"，维护城市的公共秩序，保障城市经济顺利进行。对一座城市来说，保持良好的公共秩序是城市正常运转的基本要求，也是城市经济发展的基本要求。无论是看得见的城市公共交通运输，还是看不见的信息网络上的通道；无论是人们日常生活中的出行、交际、文化娱乐和体育锻炼，还是最广泛的市场交换活动，所有这些活动的正常进行，包括保证经济活动的效率性都依赖于公共秩序的存在。不然的话，城市秩序混乱必然影响城市的经济活动，给城市人的生活带来不便，严重的甚至造成城市的瘫痪，这绝不是危言耸听，这种情况不仅在外国出现过，在中国也曾经发生过。良好的公共秩序虽然主要依靠管理的手段，但离不开道德观念的指导。现实告诉我们，管理并不是万能的，只有与道德相结合的管理才可能有效的。因为前者只能外在地规范人们的行为，如果人们观念上不重视，即没有建立某种道德观念，管理的结果完全可能事倍功半，而如果人们接受公共道德观念，则能自觉自愿地遵循各种社会规则，有秩序地活动。社会公德所倡导的"公共"意识、"秩序"意识旨在引导市民"公德自律"，不因贪图个人的方便，或个人的小利而违反公共规则，而是自觉地遵守公共秩序，维护着城市经济建设所需要的公共秩序性。千万不能轻视公德"自律意识"的作用，在它看是"保守"的约束机制的背后却蕴含着巨大的经济后果，这可从城市交通运输对公德需要上略见一斑。

对城市来说，交通运输方面的公共秩序性是城市经济发展不可缺少的重要条件。现代经济的市场化、商品化、社会化，使经济的流转性特别强，对交通运输依赖性尤为突出，交通运输的不畅，会明显地影响经济的顺利发展。现代城市的交通担负着沉重的经济责任。以上海市为例，上海市有5 420公里的城市道路，2 434条大大小小的马路，每天有2 300万人次的工作和生活出行，支持着每年产生1 511亿元社会总产值的生产和各种经济活动，支持着各种国际交往和几百万流动人口的国内交往。这样繁忙的交通，只要有一丁点的紊乱，都会产生交通堵塞或交通事故，造成生命财产的损失。交通的通畅不仅需要交通道路的发达，交通工具的先进，更需要交通秩序来保障。城市交通秩序固然主要靠法规，但是法规真正发挥效力则主要在于人的自觉性，即人的公德观念。特别是在现代化的今天，交通指挥逐渐趋于无人化的情况下，人们自觉遵守交通规则显得更为重要，这也说明城市公德建设的重要性。现实证明，公德缺失，发生的交通事故就高。上海市1996年发生的2万多起交通事故，原因大多是由于不遵守交通规则、违章行驶、非法营运、乱穿道路所引起的。如果大家都遵守社会公德，行人走人行道，每一辆车都依照交通法规行事，不乱闯红灯，不超速行车，就可大大减少事故的发生，减少堵车现象，提高行车效率，减少由交通事故而造成的经济损失。从积极的角度来看，通畅的交通则能创造更多的经济成果，推动城市物质文明的发展。

三

以社会公德为基础的伦理精神无疑是现代城市发展的灵魂，因为它在一定程度上体现了现代都市发展的价值方向，并为城市价值目标的实现提供伦理支持。

关于城市发展的价值目标，现代和传统有很大的不同。传统的城市发展价值观通常注意的是城市的物质形态和经济因素，诸如车多人多工厂多高楼多。现代城市发展价值观已突破了传统的价值观念，虽然城市经济现代化和城市设施现代化仍是城市发展的重要内容，但现代城市发展目标已不限于这些，对城市评价不仅注重其全方位的发展的水平，尤其关注城市发展的生态质量和人的境况。西方国家20世纪60年代后特别强调生态环境的优化和城市文脉的保护，他们将城市发达、进步的价值标准从 20 世纪 60 年代的"技术、工业和现代建筑"转变为"文化、绿野和传统建筑"。① 我国是社会主义国家，又属于发展中国家，不能完全照搬西方城市发展模式，更不能亦步亦趋，但可以借鉴他们的发展思路，吸取其合理的方面。

从我国的情况来看，城市发展的价值目标可以从三方面来考虑：第一，应坚持以人为本，强调城市发展要充分体现人民群众的地位和作用，注意满足城市居民的多方面的生活需求。如提供休闲性的公共空间、安全的住区环境、方便生活和有利于身心健康的服务设施等等，为城市人提供一个安全、舒适、整洁、方便的生活工作环境以及和睦相处的人际关系环境。可以看到，以人为本的城市发展观最为集中体现了现代社会公德的价值理想。就公德而言，它为城市人所提供的道德规范和倡导的伦理精神，无不是为处在公共化环境中的人们创造一种和谐生活的条件，体现出人的价值和道德的力量。

第二，坚持城市现代化与城市文化发展的同步性。现代化是现代城市发展的必由之路。所谓城市现代化，是指通过经济结构的优化，运用先进的高科技手段，形成包括高新技术型的制造业、信息产业、金融产业、外贸产业、房地产业、旅游业、现代商贸服务业在内的"现代城市型产业群"，来推动城市经济总量的增长。② 但城市现代化的同时不能忽视城市文化的发展，特别要注重城市文化品位的提高。那就意味着应当着力保护好城市的文化遗产，开辟新的文化场所，提高城市人的文化素养，满足人们精神上的需要。城市文化遗产的公共性不容置疑，它是人类文明进化的记录，亦是城市历史发展的象征，因此它今天的价值就在于，能够教育、启迪和激发社会公众去进行更加辉煌的城市创造。而保护人类的文化遗产和精神财富，发扬爱城市爱历史精神，正是社会公德伦理功能的应有之义。

第三，坚持城市发展与环境保护同步性，走城市可持续发展道路。环境保护包括资源的保护和环境洁净度的保护，两者都关系到城市能否持续发展的问题。城市可持续发展首先取决于城市各类资源持续供应的可能性。由于资源的有限性、资源再生的周期性限制，为了保证有限的资源持续供应城市发展的需要，就必须避免滥用资源、浪费资源的行为发生，有计划地、合理地利用资源。其次，城市的可持续

---

① 彭再德.大都市持续发展的理论与实证研究 [D].华东师范大学，1997：47.
② 陈颐.中国城市化和城市现代化 [M].南京：南京出版社，1998：169 - 171.

发展还有赖于洁净的环境条件。环境污染往往是制约发展的头号障碍，它不仅降低城市人的生活质量，影响人的身体健康，从而影响劳动力的质量。更为严重的是，环境污染甚至能摧毁自然资源的生存条件，使宝贵的自然资源难以为人类所利用。如我国南方的一些城市，处于水资源非常丰沛的地区，但由于水体严重污染，致使这些城市成为缺水城市，制约城市经济发展的速度。可见，要创造一个城市可持续发展的洁净环境，不仅需要致力于环境的综合治理，而且必须遏止新的污染，即阻止污染环境的行为发生。要达到这个目的，除了法的手段之外，还需借助于公德的力量，教育人们建立起保护环境的道德意识，着眼于公共利益和长远利益，共同与污染环境的行为作斗争。不仅如此，公德对城市可持续发展的意义并不限于防备的方面，更积极的意义在于：现代公德把自然环境容纳于道德的范围，赋予自然环境以道德价值，致力于建立人与自然环境相互和谐的道德关系。社会公德这一价值追求完全符合城市可持续发展的目标。

综合上述，说明了城市发展的价值目标与社会公德的价值内涵恰好是一致的。社会公德的价值内质正是通过协调人与人之间、人与环境之间的关系来达到城市人个性自由与社会及环境的和谐一致。而且可以看到，社会公德的价值内涵不仅体现了城市发展价值目标，并且在其实践的过程中有力地推动城市发展价值目标的实现。

四

社会公德在今天都市发展中的作用已日见重要，完全可以说社会公德已经成为现代都市建设的一个不可缺少的部分，更是城市精神文明建设的重要组成部分。但是社会公德在城市发展中的重要性尚未引起社会足够的认识，不少人对公德的认识还停留在一个低水平的程度上，把公德的要求看成是小事情、生活习惯而已，不予重视，见怪不怪。公德意识薄弱，必然造成城市社会公德水平低下。在现实生活中，即使在大城市里，公德缺失的现象比比皆是，触目可见：随地吐痰，乱抛垃圾，乱穿马路，乱挤公交车。人们概括为：不会吐痰，不会倒垃圾，不会走路，不会乘车。贪小利损坏公物，某些市民常有顺手牵"物"之举，上海新世界美食城开张一个月，就有六百多套密胺碟匙被顾客顺手牵走。天津市水上公园用万把红伞设计了大地走红艺术造型，但只展览了两天，万把红伞便全被毁坏、被盗走，令整个天津为之震惊。广州市无人售票公共汽车投币箱里竟有不少假币、代用币（电话机币和游戏机币）及对半开的钱币等"垃圾"。住上高楼公寓本是十分享受的事，但是电梯屡屡坏，也给人带来烦恼，然而电梯损坏乃是不文明所为。至于街上公共设施被损坏的情况更是触目惊心。据报道，北京市街头的电话亭常发生币道被堵、话筒被卸、钱盒被撬开、玻璃被砸碎的事，甚至还有人在亭内便溺。上海市路边的废物箱也存在着"高损耗"，有的行人将未熄灭的烟蒂随手丢进废物箱，引起大火，将废物箱烧得面目全非。而废物箱遭盗窃撞毁的事几乎每天都有发生。企业追求经济利益而任意的排污，造成了城市大气、水体的严重污染，水不清、天不蓝是现代城市不争的事实，不仅破坏了城市美，而且影响市民的身体健康和城市经济的发展。除此之外，人际的环境污染已成为城市一大公害；街头斗殴、邻里相争，也是一种公共人际环境的污染；网上黑客，不良信息则使现代公共传媒手段蒙上了阴影；特别需要指出的是，公共机关人员的衙门作风，官僚态度更是与现代都市的公共文明格格不入。

综观城市公德缺失的原因，除了经济因素（企业无能力购置治污装置、交通运输能力不强等）之外，主要是旧习惯使然和公德意识薄弱所致。这同中国较长时期的小农经济、计划经济及其形成的道德观念不无关系，同长期来忽略公德作用、忽视公德教育和公德建设所致。梁启超早在20世纪初就指出了中国传统缺少公德给中国现代发展带来的困难，他竭力倡导公德，但梁公的呼吁少有回应。今天当城市发展已经进入现代化的时候，再也不能忽视对社会公德的关注，城市的发展和城市精神文明建设应当把社会公德建设放在重要的地位上。一个城市只有在社会公德水平提高的前提下，才可能步入现代文明的行列。

现代化与公民道德 *

　　中国现代道德体系中，应有公民道德一席之地的看法，已成为大多数人的共识，但由于公民道德问题的研究刚刚起步，还存在着不少理论的盲区和疑难之处。如，公民道德提出的依据是什么？为什么公民道德在中国道德史上曾是空白点？公民道德建设的意义何在？如何界定公民道德的内涵？公民道德应当承纳哪些内容等等，需要作进一步的理论探讨。本文试以现代化为契入口，通过揭示现代化与公民道德的内在联系，来阐释公民道德提出的客观理由，论证公民道德建设的现实意义。

一

　　按概念的一般理解，公民道德与现代化之间并非具有不可解的因果关系，因为无论从公民道德主体的设定，还是公民道德内容的规范，都是与国家政治相联系的道德类型。而国家早在数千年前就存在了。"公民"一词在古希腊城邦国家即已使用，是区别于奴隶的自由民。古希腊的公民是城邦国家的精英力量，同时又得庇于国家法律的保护，拥有各种政治权利。在我国，公民是一个法律意义上的名词概念，我国宪法确定"凡具有中华人民共和国国籍的人都是中华人民共和国公民"。可见，公民属于国家，国家确定公民，公民与国家是相互联系的相对方。但是，这不能推导出有国家必定有公民，必然需要公民道德。事实上，在古希腊城邦国家里，既有公民者，也不乏非公民者，除了奴隶之外，妇女、孩童也不具有公民资格。欧洲中世纪的国家里，"公民"几乎是不存在的。至于中国，长达几千年的历史上几无"公

　*　余玉花.现代化与公民道德［C］.现代化进程中的青少年道德教育论坛论文集，2001.

民"一词，相对于国家最高统治者君主的只有"臣民"或"子民"。这说明公民概念虽然与国家有联系，但还应包含其他更丰富的涵义。

公民一词最先用于西方的古希腊，古希腊究竟在何种意义上使用公民这个概念？在古代希腊，公民与当时的城邦政治制度有密切的关系。城邦是古希腊一种比较特殊的国家形式：国家主要以城市为基础而建立起来，因而有城市国家之外称，这是产生公民的环境条件；但是"希腊城邦的本质特征在于其独特的社会政治结构，尤其在于其公民的身份、地位和作用"①。作为奴隶制国家，希腊城邦存在大量的奴隶，除了奴隶以外，就是自由人。自由人不同于奴隶，在人格上他们是独立自由的，然而并非所有自由人都拥有政治权利。只有公民才获有政治权利，其他如外邦人、妇女等自由人则没有政治权利。可见，公民体现的是一种政治身份，表明公民是城邦的主人。在希腊文中，"公民"（polite）一词由"城邦"（Polis）一词衍化而来，意为"属于城邦的人"。② 城邦因公民而存在，同样，公民因城邦而存在。其中，城是地域概念，邦是公民团体概念。强调公民与城邦的紧密联系，更能看出公民在城邦中的地位。公民既然是城邦的主人，那就决定了他在政治上的权利，并且所有公民在政治上是平等的，共同决策城邦的重大事务。城邦公民除了政治权利以外，还拥有土地的权利，当然与这些权利对等的是公民要承担保卫城邦的义务。无论是维护公民的权利还是履行公民的义务都构成了当时公民道德的内容。

虽然古代希腊的公民仅是一小部分人，但是公民所具有的自由权、政治权和公民内部的平等权成为后来人们追求的普遍权利，被延续下来，西方近代资产阶级则把它奉至为革命的口号和资产阶级建国的基础，意为城邦的"polite"（公民）在英文的"burgher""citizen"里则包含着公民内在的自由、平等的涵义。可见，近现代社会中的公民已不同于古希腊的公民概念，这与资本主义经济的发展所分不开的。如果说古希腊的少数公民的存在是反映古代奴隶制国家特殊民主形式的话，近现代国家普遍公民化则是社会经济现代化的结果。资产阶级之所以提出公民普遍化以及公民的基本自由权、平等权等等，是资本主义市场经济发展的要求。以自由贸易为特征的市场经济客观上要求社会成员的公民化，并通过国家强力使其合法化，通过

---

① 丛日云.西方政治文化传统［M].辽宁：大连出版社，1996：29.

② 丛日云.西方政治文化传统［M].辽宁：大连出版社，1996：32.

道德舆论使其合理化，而现代化发展更强化了这一要求。

二

现代国家法律赋予国民以公民的资格，并不意味着每一个公民都已具有公民的意识，因此，如何强化公民意识，提高公民的素质水平？往往需要借助于道德手段，通过公民道德建设来培养公民意识。在古希腊，公民权被看为一种荣誉，同时也意味着责任。被授予公民权的人必须宣读誓词，表示捍卫一切圣物，不污辱神圣的武器，不在战斗中抛弃伙伴；服从圣约，尊崇祖国、增强祖国的力量和荣誉；服从国家的法律，与破坏法律的行为作斗争等，这些可以说是最早的公民道德。欧洲资产阶级在革命过程中和夺得政权以后，都十分重视公民道德，很多思想家致力于公民道德研究，提出不少公民道德的德目、公民道德宣传教育的途径和方法。尤其是今天，在现代化的旗帜下，西方发达国家更加重视公民道德及其教育。公民道德的现代意义还在东南亚后起国家引起很大的反响，韩国、新加坡等国纷纷开设公民道德课，以及制定公民道德法，以在社会中倡导公民道德。

为什么公民道德会在今天引起如此大的影响？一个重要的原因是现代化进展激扬起来的道德浪潮。关于现代化，人们有各种不同的理解和解释，大多数学者是从现代社会与传统社会的区别中来理解现代化。塞缪尔·P. 亨廷顿认为，"现代社会和传统社会的主要区别在于现代人对其自然环境和社会环境有更强的控制能力"，这当然是科技革命带来的结果。在现代社会，"占主导地位的是城市而不是农村"。经济方面，"出现了经济活动的多样化"，出现了"全国范围经济活动的集中、全国性的市场、全国性的资本来源以及其他全国性的机构。"[①] 也有的认为，现代化是从传统向现代演变的过程，这个过程必然是革命的、系统的、全球的和进步的。我国学者张博树则把现代化区分为"器物的现代化"和"制度的现代化"。"器物的现代化"相当于物质现代化，而"制度的现代化"主要是指一系列新的政治、经济、社会整合以及个性建构原则对原有制度规范的取代，其中现代化的社会整合的核心是公众

---

① 西里尔·E. 布莱克.比较现代化 [M].杨豫，陈祖洲，译.上海：上海译文出版社，1996：42.

参与和社会生活的开放化、合理化。①

　　不管对现代化作何种解释，现代化造成的结果必然是对传统社会的超越，形成不同于传统社会的新特点。现代化从源头上看，发韧于市场化的现代经济，而其产生的结果是全面的，最深刻的后果莫过于个人与社会关系的变革。现代化一度产生的辉煌是人的解放与个性张扬。从马丁·路德开始的"解除个人心灵的枷锁"到韦伯的"资本主义精神"，从意大利中世纪最后一个诗人但丁发出"走自己的路"的呐喊到法国《人权宣言》的问世，人的解放、个性的意义被喧染到了极致。而人的解放所发挥的能量足以令人震撼：生产力以百倍的速度呈几何级地发展，城市吞没了乡村、高楼取代了森林、家庭解体率不断"创高"、"消费主义"消解了人的创造性、"自由"丢失了其本质——责任。这就是现代化所带来的所谓现代性的特征。不难看出，现代性具有双重后果，这一点，黑格尔早就预料到了，"欢乐过度就对它的本性有损，或者更确切地说，它的个别性本身也包含着它的彼岸，可以越出于自己本身以外去毁灭自己"。② 黑格尔之后，现代性的反思一度出现悲观主义的态度，把个性自由推向难以忍受的极端，以致需要"逃避自由"③，进而对现代化提出质疑。问题是现代化运动一旦起动，其形成的势浪就不是人类任意所能阻止的，况且现代化又是人类发展之必需。于是，重新审视现代化的得失、积极地寻求调整现代生活、整合个人与社会（国家）的关系，成为现代文化建设的重要内容。令人惊奇的是，无论是哲学家、社会学家，还是政治学家、经济学家都试图从伦理学、道德学中寻求方案，而现代化过程中的公共道德或公民道德正是学界思想家们讨论的主要问题。

三

　　现代化与公民道德对于今天的中国来说，更是迫切要解决的现实课题。这种迫切，既在于现代化对于现代中国发展具有决定性意义，更在于因深厚的历史传统给整合现代道德观念带来的种种困难。

---

① 张博树.现代性与制度现代化［M］.上海：学林出版社，1998：150.
② ［德］黑格尔.精神现象学：下卷［M］.贺麟、王玖兴，译.北京：商务印书馆，1979：97.
③ E. 佛洛姆.逃避自由［M］.陈学明，译.哈尔滨：北方文艺出版社，1987.

现代化正是今天中国发展最重要的目标。中国从 19 世纪中期开始现代化进程，但由于种种外来的和内在的原因，现代化发展十分缓慢，直到 20 世纪下半叶，中国现代化列车才进入了高速轨道，和发达国家相比，差不多晚了半个世纪。这在相当程度上影响了中国社会发展的速度。而近代历史所造成的中国积弱贫困的国情使中国现代化显得分外的急迫。"落后要挨打"这把历史悬剑使中国人深暗现代化对于中国之重要，可以说，必须和加速进行现代化建设成为中国人的共识。20 世纪 70 年代末，中国高层领导确立"以经济建设为中心"、改革开放的国策，就此以来，中国现代化如骏马奔驰，一日千里。但是快速发展的现代化也有其内在的矛盾：经济发展与政治、文化发展的不一致、制度建设与观念更新的不一致，而后者的滞后往往会牵制前者的发展，进而影响现代化发展的可持续性，同样也影响现代化的质量。这说明现代化的精神层面的发展是不可忽视的，其对现代化发展也是举足轻重的。通过精神文化，特别是道德文化的建设，不仅促进现代化的全面发展，而且创设现代化发展所需要的道德氛围。这是现代中国提出公民道德建设的根本依据，即现代化发展的本身内含着包括公民道德在内的道德发展的要求。

深入于现代中国社会实际的考察，则能更清楚地看到公民道德对于现代化的重要性。现代化，以及与此相联系的市场化，给中国社会带来了极为深刻的变化，其中突出的变化有两个方面：一是现代化推进国家民主进程，建立起以宪法为旗帜的法治国家和公民社会。公民，从国家的角度来看，是法律赋于社会个体拥有权利义务的主体资格，但资格与资格的运用及其结果是有区别的。公民法律上的主体资格类似于人的身份证，而身份证的运用则取决于身份证的持有者，而不是身份证的发放者。因此公民资格能否实现还取决于公民个人的努力，包括公民能够意识到公民资格的存在、了解公民权利义务的内容、通过行为去体现公民资格。要能够达到这一切，一个重要的前提是公民必须具备公民意识。而由于历史的原因，我国公民的公民意识十分淡薄，急需培养。问题是公民意识的培养仅靠法制是不够的，更要借助于公民道德的宣传教育来培育。二是现代化使社会生活出现公共化趋势：现代化推动了城市化进程和现代都市发展，打破以农村自足性经济为基础的社会生活结构，创制以公共交往为特点的公共世界和丰富多彩的公共生活；现代化促进市场经济的发展，形成开放流动的、全国性的公共市场；现代化使科技因特网进入千家万户，开辟虚拟的公共交往空间。社会生活公共化是现代社会与传统社会的一大区别，这种社会变化必然要求相应公共观念予以呼应，以求得更合理的公共生活，而公民道德能够加强人们的公共观念、为公共化社会生活和公共交往提供秩序性与和谐的公共环境。

无可置疑，社会生活公共化，既然是一个客观存在的趋势，人们就无法回避而必须接受。但是以什么样的态度来接受现代公共生活，其产生的社会效果则大不一样。照理说，社会生活本身就能作用人的观念态度，培育某种社会意识，然而问题并不是那么简单。因为现代社会并非从零开始的历史端点，恰恰相反，是一个从传统社会中产生、并与传统社会抗衡进退的过程，它不可能齐刷刷地斩断历史，也不可能一下子摆脱传统的纠缠。这种情况对于有着几千年农业文化传统的中国更为明显。以小农经济为基础、血缘宗法制为政治结构的传统社会，人们活动的范围非常有限，人们的关系不外乎"家人""亲戚""知己"之间，即所谓的"熟人"社会，由此产生的道德关系是一种私德关系，"三纲五常"就是最典型的私德原则。这种源远流长的私德文化对于维护传统社会的秩序自然是非常有效的，但正因为私德力量的强大，抑制了古代公德的发展，导致国人公德观念的淡薄。当现代化飞速到来之时，当人们已经被赋于公民资格之后，人们的观念一下子难以跟上时代的要求，而现代化的健康发展又需要人们普遍建立公民意识和公共观念，这就使公民道德的建设更加困难和更加迫切。

在现代化发展的大背景下，公民道德之重要性是不言而喻的，加强公民道德的研究和建设是精神文明建设的一项重要任务。事实上无论是理论界还是有关的部门都已经开始了公民道德建设的工作。这里需要指出的是，公民道德虽是现代化推动所致，但决非自然而成，而是人自觉追求的结果。但另一方面，建设公民道德又不能完全按人的意志任意进行，其设定的内容不仅要反映和满足现代化发展的需要，而且更要根据中国现代化的特点和国情，去思考公民道德建设的问题，切忌用主观独断、行政命令的方法。

总而言之，中国在现代化、市场化过程中，公民道德建设显得非常重要。一方面，现代化、市场化需要道德的支持和介入；另一方面，由于历史和传统的原因，中国公民道德缺乏文化的基础，需要有一个培育形成的过程。但是，这个培育应该是与经济和生活发展同步进程中实现的，即从物质生活之中提炼出公民道德要求，政府和宣传媒体则加以引导和促进。

民族精神与公民道德 [*]

当中国人面对现代化这一课题时，怀着何等矛盾的心理。一方面现代化是民族振兴的必经之路，另一方面现代化意味着与传统决裂，而中国的文化传统曾经何等辉煌，占世界各国之先，绵绵流长五千年。然而，传统就像历史的包袱沉沉地压着中国人。西方那些名声显赫的学者曾断言，中国文化不可能产生出现代化，相反是中国进行现代化的阻碍。^① 于是，打开国门，引进现代化是不可避免了。不可否认，今天中国的现代化浪潮确实是改革开放所掀起的。问题是，如果中国没有接受现代化的内在能力，中国现代化又怎么可能呢？对于西方人的评价不可不当一回事，但也不能唯马首是瞻。西方人隔洋望中国，怎么可能完全透彻地了解中国。连韦伯自己都承认"中国与我们的生活距离太过遥远"，以至对于中国的研究到底有多大价值"不是十分踏实"。^② 对于中国的传统文化应该有一个科学的态度。完全可以推论，五千年历史足以说明中华民族生命力之强盛，不可能那么简单地淹没于现代的浪潮。中国传统文化既然经受过历史的颠扑而不破，其中必有其生生不息的血脉之缘，因而能够接应一代代新潮之涌，使中华民族经受战乱与欺凌、迎接辉煌和盛世，不断发展。坚信中国历史文化之脉必能接通现代化的时代之脉。令人欣慰的是，中国已经走进了现代化，近二十多年中国的崛起引起世界瞩目，东方巨龙开始腾飞。笔者感兴趣的是，中华民族腾飞的力量是什么？除了引入外来先进的东西（包括思想文化），我们自身的内在因子是什么？在中国本身的文化中，有哪些与现代社会具有一

---

* 余玉花.民族精神与公民道德［C］.公民教育理论与实践第一届国际学术研讨会论文集，2004.

① 马克斯·韦伯.儒教与道教［M］.洪天富，译.南京：江苏人民出版社，1997.

② 高清海，李家巍.韦伯摆脱现代社会两难困境［M］.沈阳：辽海出版社，1999：106.

致性的要素，这些要素将在中国进一步现代化中发挥更大的作用。一句话，本文的任务就是要揭示隐藏在中华民族命脉中源于传统又超越传统接续现代的民族力量。

文化是历史的观照，细细梳理中国传统文化，排除那些与现代格格不入的成分，则发现，传统文化与现代最直接最密切的联系是以爱国主义为核心的民族精神。可以断言，接续中华民族生生不息之火的正是我们的民族精神。为什么中华民族精神具有共时性的文化力量？这里首先涉及的是对民族精神的理解。关于民族精神已经有很多研究的成果，大致有几种说法：第一种把民族精神等同于民族的价值观。认为中华民族精神就是"中华民族固有传统的价值观念"。第二种认为民族精神是中性的，等同于传统文化，也有积极和消极两重特点，积极的民族精神与传统优秀文化相一致。① 比较多的学者持第三种观点，把民族精神认定为传统优秀文化或是传统优秀文化的整合。"所谓民族精神，就是民族文化的优良传统。"② "民族精神是一个民族在长期共同生活和共同实践的基础上形成和发展起来的。民族精神是民族文化的核心和灵魂。所谓民族精神，就是一个民族在适应环境、改造世界、形成自己特有语言、习俗和人文传统的长期发展历程中，所表现出来的富有生命力的优秀思想、高尚品格和坚定志向。它是一个民族心理特征、文化传统、精神风貌、价值取向的集中体现，具有对内动员和聚集民族力量、对外展示和树立民族形象的重要功能。"③ 以笔者之见，第三种解释比较合理，民族精神应该是一个具有积极内涵的概念，而不是良莠兼杂的中性文化，否则难以形成跨时代的文化生命力。今天之所以提出弘扬民族精神，首先在于民族精神凝聚和体现了中华民族文化的精华和合理的民族价值取向。就一个民族的文化而言，不可能都是优秀的，而能够闪耀出民族精神质地的文化一定是民族的优秀文化。衡量优秀文化中的民族精神特质可以从两方面来思考。第一，出于民族生息、繁衍和发展需要而抵御来自自然界侵扰的文化力量。第二，为了民族的生存和发展而抵抗来自敌对势力的文化力量。在实际的文化表述上，这两种文化力量通常合而为一，核心则是爱国主义。

目前，对传统优秀文化表述较为权威的是江泽民在美国哈佛大学演讲中的概括的四句话：团结统一、独立自主、爱好和平、自强不息。这四句话包含着丰富的文

---

① 李宗桂.传统文化与人文精神［M］.广州：广东人民出版社，1997：136.

② 方立天.民族精神的界定与中华民族精神的内涵［J］.哲学研究，1991（05）：33-41.

③ 张英伟.论民族精神［N］.光明日报，2003-07-31.

化内容，但都可以归结到爱国主义上来。团结统一指民族团结和国家统一。江泽民在哈佛的演讲中指出，民族团结和国家统一始终是中华民族历史的主流。从文化的视角来看，团结统一体现的是中华民族特有的和合文化，和合文化强调国家大一统，为了国家的统一，中华民族付出了巨大的牺牲，特别是近百年来的民族统一的斗争更是如此。但是人民不怕牺牲、奋勇斗争，甘愿以鲜血和生命捍卫祖国统一。独立自主的文化，首先坚持了中华民族的尊严。一个民族和国家的地位和尊严主要看该民族或国家是否具有独立性。中国人看重民族尊严，坚持国家独立的立场，决不做他国的附庸，仰人鼻息苟生。所谓"宁肯站着死，不愿跪着生"即是此种国格气节的写照。独立自主价值观也表明了中华民族对自己充满信心，相信中国人完全有能力依靠自己的力量把中国的事情办好。需要指出的是，独立自主与向世界开放并不冲突，不能将其与封闭保守相提并论。在开放过程中坚守独立自主原则，在独立自主前提下开放世界，恰恰是独立自主文化的优秀之处。今天，当我们对外交往置身于开放世界之时，必须坚持独立自主的民族精神，不在交往中丢失自我，不在交往中丧失国格，并坚信自我民族的力量，对祖国的强盛充满信心。爱好和平、不好战是中华民族的美德。孙中山先生说："中国更有一种极好的道德，是爱和平。"① 英国的哲学家罗素也认为，中国是爱好和平的，不像西方人那样好勇斗狠。当然中国也有军队，但主要是防御性的，著名的万里长城即是古代为抵御外来侵略而修筑的庞大的工事。所以，现在中国的和平崛起是有历史源渊和文化根据的。爱和平不仅是中国人能与外族人民和睦相处友好交往的文化基础，也是全民族人民眷恋祖国山河、亲和中华同胞的民族心理，具有强大的民族吸引力。自强不息、刚健有为是牢牢扎根于民族深处的文化精神，是中华民族经千年而不衰，历百折而不挠的最重要的爱国主义精神要素，是前面三种优秀文化得以形成的文化基础。自强不息包含着三层文化涵义。一是民族发展的目标，那就是要强大，追求自立于世界民族之林。二是实现中华民族强盛的手段包括不惧困难顽强拼搏的意志、不屈服任何势力的骨气、因应时势及时变革的勇气。三是自强的力量在自身，不靠天、不靠地、更不靠神，只有靠自己的力量。自强的思想是中国人宗教意识弱化的结果，这是中国文化与西方文化的差异之一。西方人有宗教的支持，相信上帝的无穷法力，仰赖上帝来

① 曹锦清.孙中山文选：民权与国族［M］.上海：上海远东出版社，1994：59.

决定命运的安排。中国人没有宗教传统，没有神秘的力量可依靠，唯有自己的力量能改变民族的命运，自己是真正的上帝。①

上述优秀传统文化构筑了中华民族爱国主义的民族精神，这些民族精神通过一代代中国人在日常的生活劳作之中，在一次次抗击外侮的壮烈运动中，在文明转换社会变革的创新大潮中，被承继下来了，同时不断地增添新的时代内容。爱国主义为核心的民族精神是中华民族文化发展永恒的主旋律，在全球化、现代化的今天更显得弥足珍贵，不可缺少。

民族精神是我们民族"赖以生存和发展的精神支撑"②，但这仅仅说明了民族文化所具有的精神力量。问题在于，精神力量能够在现代化的中国真正发挥作用还取决于精神力量的现时性。具体说，这种建立在传统文化基础上的民族精神与中国现代化发展是否存在一致性。众所周知，中国传统文化是在小农自然经济和宗族血缘纽带基础上建立起来的私德文化，以忠孝为核心的私德文化与现代机器大工业生产存在着很大的文化差异，这也是中国传统文化遇到的现代化困境。因为私德伦理讲究的是一己一私之间的人伦关系，而现代化则打破了私人领域的篱笆，开拓广阔的公共领域，在道德文化上倡导的是公德文化和社会伦理。因此，在今天进行现代化建设中仅有私德而缺乏公德显然无法满足现代化对道德文化的要求。然而，在中国的文化当中难道真的就没有一丝公德之踪迹？当然不是。公德成分少是一个客观的事实。诚如梁启超所揭示："试观《论语》《孟子》诸书，吾国民之木铎，而道德所从出者也。其中所教，私德居十之九，而公德不及其一焉。"③ 尽管少，但多少还是有一些。以笔者之见，中国传统文化中以爱国主义为核心的民族精神中隐藏着现代社会所需要的公德内容。

爱国主义是一种以民族、国家利益为重的道德意识，它不属于私德文化，已经跳出了以私人、家庭乃至乡邻为中心的道德关系，因此，爱国主义的民族精神可以归之于公德的范畴。需要指出的是，中国的爱国主义文化不是产生在古籍经典里，

① 余玉花.爱国主义教育与弘扬优秀传统文化［M］//新时期爱国主义教育论.上海：上海教育出版社，1998：301.

② 江泽民.全面建设小康社会，开创中国特色社会主义事业新局面［EB/OL］.（2002 - 11 - 18）［2023 - 12 - 01］.

③ 梁启超.新民说［M］.郑州：中州古籍出版社，1998：62.

尤其在古代社会，更多体现在平民百姓的日常生活中，以及社会变革时期的各种政治运动、各类反暴政抗侵略的军事活动中。直至近代，海禁打开，西风东渐，国破族亡，护国救亡运动风起云涌，"'五四'运动的精神，最根本的就是中华民族爱国主义精神"①。与此同时，各类醒民警世、呼吁改造社会变革政体的爱国理论才陆续问世。与爱国主义实践相比较，理论创建显得微不足道，以至在某些思想家看来，似乎中国人没有民族意识和国家意识。如果这种评价限于古代社会还比较符合历史，但自近代以来，国人的意识已经发生了很大的变化，爱国主义成为近代以来中国人主要的道德纲目，特别是在抗日战争时期，爱国成为当时评判人的行为的主要价值标准。如果说，近代包括新民主主义时期的爱国主义民族精神主要是被西方列强逼迫出来的，那么进入现代化的当代中国，爱国主义应该成为中国人更为理性的自觉选择。爱国主义民族精神的内容也由原来反抗侵略推翻三座大山争取民族独立的爱国意识转换为追求民族振兴、国家富强的道德要求。这样的爱国主义民族精神与现代社会的公德要求具有一致性。

爱国主义民族精神与现代公德的一致性，首先可从公德的涵义得到证实。公德是什么？按照梁启超的说法，是"人群之所以为群，国家之所以为国，赖此德焉以成立者也"②。简言之，是能群的社会之道德，是护国的国家之道德。因此公德又可以分为社会公德和国家公德。社会公德主要涉及在公共场所与社会他人的道德关系，国家公德则是公民与国家之间的道德关系。这两种公德并非是不相干的，在现实生活中两者关系十分密切，甚至是你中有我、我中有你的关系。例如，在公共场所讲究卫生是一项社会公德的要求，然而，这同样也是国家公德的要求，因为公共卫生是爱国的一种表现，"爱国卫生"是民众普遍接受的公德规则。2002 年肆虐中华的"非典"事件，再一次证明，公共卫生绝对不是个人的私事，而是关系国家稳定和民族发展的大公事。

社会公德在中国古代已有些许思想，例如追求大同世界的"老吾老而及人之老，幼吾幼而及人之幼""夜不闭户，路不拾遗""助人为乐，见义勇为"等。现代社会由于市场经济和现代化所造就的公共领域极大丰富了社会公德的内容，并使其成为

---

① 江泽民.江泽民在北大纪念"五四"运动的讲话［N］.文汇报，1998－05－05.
② 梁启超.新民说［M］.郑州：中州古籍出版社，1998：62.

社会主要的道德选择，但古老的公德箴言在今天仍然不失其道德之价值，继续发挥着净化社会的作用。国家公德包含着民族道德。中国近代以来的爱国主义运动逐渐形成中国特色的民族道德。这种以民族精神为特点的公德在我们国家一直以精神支柱起着国家道德价值的导向作用，包括改革开放以来的道德发展历史。可以说，改革开放社会转型使中国传统道德遭到了颠覆性的冲击，甚至出现了令人担忧的道德危机，但是爱国主义民族精神之脉始终没有断，而且是贯穿整个社会转型期的道德主线。从改革开放之初提出的"实现四化、振兴中华"到十六大提出建设"富强民主文明的社会主义国家"①，追求中华民族振兴的信念国人从未动摇，即使在经济改革最困难、国际政治环境对我国十分不利的情况下。不仅如此，社会转型期各种围绕"振兴中华"的爱国主义的新实践不断丰富着中华民族精神。例如，经济改革中创造的"深圳速度""一年一个样，三年大变样"的改革精神，抵御经济危机实现宏观调控中的"以大局为重"的全局观念，抗击百年未遇洪灾的"抗洪救灾精神"，全国同胞众志成城的"抗非典精神"，以及提高我国城市品位的"城市精神"等等。这些精神都是新时期民族公德的折射，在行为表现上就是公共道德，一种以民族为上、给同胞以爱的公共理性。这种民族公德一方面继承了我们民族传统的美德，另一方面又不是实行民族自闭保守的，而是与世界道德发展相融合的，是"外之既不后于世界之思潮，内之仍弗失固有之血脉"（鲁迅语）的新民族公德，是新时期应该大力发展的新道德。

在现代公共道德体系中，与民族公德相联系的是国家公德，又称之为公民道德。公民道德是现代国家对道德的诉求，因此公民道德的提出和建立与现代国家是密切联系的。国家与民族的联系是毫无疑问的，而且两者存在许多共同的甚至于重叠的地方。如，两者都是某种社会共同体的指称，具有疆域上的共同性，都以家庭为其存在的细胞，还有语言、历史等文化的共同性。从某种意义上可以说，国家就是民族。自然，国家与民族又是不同的，国家成员不一定与民族成员一致。更主要的区别在于，国家是个政治概念，是以政治权力为核心的政权结构体。国家这种政治结构体是个历史的范畴，因为国家的内涵在社会的演变过程中也在发生着质的变化。

---

① 江泽民.全面建设小康社会，开创中国特色社会主义事业新局面［EB/OL］.（2002－11－18）［2023－12－01］.

现代国家不同于古代国家一个最显著的特点是国家民主化、法治化。中国现在已步入了法治国家的轨道，治理国家的法律按社会发展的需要和人民的意愿而制定，国家机构依法建立、国家权力依法获得、依法行使。在国家政治领域里，国家与国家主体的公民之间的道德关系表现为两个方面。第一方面公德体现为公民社会对国家要求的道德规范。国家民主与法治的本质决定了民众（公民）对国家权力及其运作的意义，可以说是公民造就了国家，这意味着国家应当承担起对公民必要的责任，最主要的是通过法律特别是宪法肯定公民的基本权利，并且通过有效而合理的政府管理和严厉而公正的司法实践，维护和实现公民的基本权利，从制度上保证国家道德责任的实现。当然，国家的道德责任的履行主要是通过国家机构的工作人员即公务员来完成的，因此公民对国家的道德要求实际上是对国家公务员的工作要求。换句话说，国家公务员的公德素质在一定程度上就是国家公德水平的体现。因此世界各国特别是法治水平较高的发达国家都非常注重国家公务员的公德建设，把国家公务员的公德建设纳入国家法治建设的重要组成部分。从我们国家的公务员公德建设来看，可谓是任重道远。虽然我国古代非常强调国家治理者的德性，并主张"德治天下"，但是"官本位"的统治意识，使治理者的德性始终局限在私人德性的范围内而无法上升为国家德性，因而缺乏公共道德的普遍性。国家公务员公德意识的缺乏决非是一个纯粹的道德问题，而关系到国家和政府在民众中是否具有权威性，从而影响国家管理活动的效果质量，甚至动摇国家政权的基础。这几年出现的高官腐败现象即说明了道德溃口给政治带来的腐蚀力将是何等的厉害，同时也说明了国家公务员公德建设何等重要。

国家公务员公德的核心是忠诚国家，由此而引伸出"服务民众、公正执法"的道德原则。忠诚国家是国家公务员最起码的公德要求。从职业关系来看，公务员受聘于国家，国家发展状况如何将直接影响公务员的职业生涯，因此公务员对国家负有责任是绝对的，无可推卸的。另一方面，公务员与国家关系的紧密性以及掌控国家权力的特殊性都决定了公务员必须忠诚国家的要求。从道德上来看，公务员忠诚国家就是爱国主义的道德要求。公务员忠诚国家的理念是国家利益至上，个人利益绝对服从国家利益。忠诚国家的行为规范主要是忠于宪法和法律，严格依法执政、依法行政、依法司法。服务民众和公正执法是忠诚国家道德的必然延伸。中国社会主义国家决定了我国公民是国家的主人，国家的宗旨是服务民众。"三个代表"入宪，进一步从法律上明确了国家必须代表最广大人民群众的根本利益。从道德上看，代表人民群众的根本利益在实践的层面上就是全心全意服务人民大众，满足人民大众在物质和精神上的合理需求，促进人民大众个性全面发展。忠诚国家必然要求公正执法，因为国家公务员是代表国家进行执法行政，由此决定了国家公务员是否公正执法直接关系到国家的公正性，影响国家在民众中的权威性，因此忠诚国家就要求国家公务员必须维护国家形象，执法行政出于公心，公正不阿，不循私情。

国家公德即公民道德的另一方面是对国家公民的道德要求，可以说是名副其实的公民道德。前以述及，公民道德提出的基础是国家民治，这意味着："国家自身的意志并不是与个人截然相对立的。"① 国家民治不仅存在着国家对公民应负的责任，特别是对公民权利的保护和实现，同时国家民治本质上也存在着公民对国家（包括对社会）的责任，这种责任构成公民道德的内容，所以公民道德可谓是责任伦理。当然，公民与国家的道德关系也表现为利益关系，调整两者的关系，道德对公民一方的要求则以公民对国家的责任提出解决的方案。但公民道德责任本身并不是外在的，而是一种内心的需要。然而对于缺乏公民道德传统的我国来说，虽然建设内在责任的公民道德是公德建设的根本目标，但这个过程比较长，并且需要借助一些外在的措施加以促进和催化。

目前我国公民道德建设指导性文本是《公民道德建设实施纲要》，其中涉及公民与国家关系最直接的道德规范是"爱国守法"。首先是爱国的要求。对现代中国人来说，处在现代化的情景下，对国家的态度是一种基本的道德尺度，这与民族公德所要求的爱国主义是一致的。国家搞现代化、高科技、可持续发展、与世界交往，所有一切，围绕一个目标：是为了振兴中华，建设一个伟大的国家。因此爱国表达的是一种公意，为全民族人民都拥护的，是全体公民根本利益之所在。爱国强调的是对国家的情感认同，其表达的应该是行为方式或行为本身的合理性，因为爱国的情感也会出现不合理性的情绪表达或不理智的行为举动。作为爱国情感的行为要求，《纲要》强调了"守法"的行为规范。应该看到，守法的行为要求与我国建设法治国家的要求是一致的，体现了新时期爱国主义内容的特点，与革命时期爱国主义的行

---

① 爱弥尔·涂尔干.职业伦理与公民道德［M］.渠东，付德根，译.上海：上海人民出版社，2001：69.

为内容有很大的不同。"爱国守法"作为调整公民与国家关系的公德规范，对公民的要求就是：以国家强盛为目标，积极参与国家现代化建设，坚决维护国家利益，同时以法为尺，敬法、尊法、守法，维护国家法治的尊严。所有这些都是现代公民的道德责任，体现出新时期的民族精神，可以这样理解民族精神与公德的关系：民族精神使公民道德更具有中国特色，从中华民族振兴的内在精神上去激发公民的现代道德意识、国家法治意识；而公民道德强调的权利与义务的统一，道德与法律的统一，爱国与爱社会的统一，个人利益与国家利益的统一则使民族精神更为理性化、民主化、现代化。

论法律保障爱国主义的伦理责任[*]

　　法律保障爱国主义命题一经提出，就面临着争议，质疑集中在于：爱国主义作为一种道德情感或道德运动，是否可在法律之下成为强制性的行为？也有人担心，爱国主义法律化将带来司法可行性的难题，其结果是否会影响法律的权威性？上述质疑表面上似乎是爱国主义归属学科的技术性问题，然而，就其问题的实质则是关涉到法律保障爱国主义合理性的问题。法律保障爱国主义是否具有合理性？属于法伦理学讨论的问题，它涉及到法律在爱国主义现实问题中的价值态度和法律能否对爱国主义有所作为的价值功能。具体而言，它不仅需要从法伦理学的视角来回答法律对爱国主义承担的伦理责任，更需要从法律实践产生的社会后果来探讨法律保障爱国主义的伦理责任。

一、保障爱国主义是法律一项基本责任

　　毫无疑问，爱国主义历来被看作是一种高尚的道德情感，当然爱国主义也是一种社会运动，是情感转换为实际行为的社会实践，因而爱国主义归属于道德范畴。但是道德领域的爱国主义如何具有持久性，爱国主义高尚情感如何不被亵渎，爱国主义行为如何不遭扭曲和打击，仅靠道德的力量是远远不够的，况且道德以个人内心道德情感和舆论评价的功能特点难以有效阻止不义行为，难以对不义行为形成巨大威慑力，但是道德的不足法律可以弥补。莱昂斯认为，人们的道德观念可以影响法律的发展，同样"法律也会对道德态度产生影响，例如，它的强行倾向于强化其

＊　余玉花.论法律保障爱国主义的伦理责任［J］.中州学刊，2019（10）：93-99.

所反映的那些价值"①。法律给予爱国主义道德以保护性的后盾，并将保障爱国主义作为法律的一项基本责任。

保障爱国主义何以是法律的责任？法律承担保障爱国主义的责任，基于两方面的原由。其一，是法律内在价值追求所致。尽管法律被确定为一种外在的行为命令，但法律从其诞生起就具有精神性的内在追求，体现着"立法者的理性和心灵"②，无论是"正义""自由""公正"还是"爱国"等理念，无不浸染着法律的精神意向。而法律的精神追求同样体现着伦理的价值向度，毫无疑问，上述法律理念同样也是道德的理念。古罗马的西塞罗认为，法律是神圣的，只有那些"为了公民的安全、国家的长存以及人们生活的安宁和幸福"③ 的规则才称得上是法律，而有害的规则则不配称之为法律，"一项完全非正义的法律不具备法律的特性"④。亚里士多德也认为，"法律的实际意义却应该是促成全邦人民都能进于正义和善德的制度"⑤。因此，法律一定是有精神追求的，绝非是冷冰冰的铁律禁规，法律的条文规范的依据来自于法律的内在精神，是法律精神指导下的产物，否则法律何以能成为"普遍性的意志"，法律又如何得以服人。正因为法律具有与道德共相追求的精神目标，法律才能在国家治理和社会秩序的维护上发挥其独特的作用，这意味着法律特定的价值追求中隐含着特定的责任。"爱国"作为一种价值观念，就其形式而言，具有世界性的意义，当然，法律所追求的"爱国"精神由于法律制度的差异，其精神内容也会有国家性的特点。法律保障爱国主义是正义之举。虽然，法律不一定直接冠之"爱国"一词的规范，但是"爱国""护国"必定是法律追求的精神原则。我国宪法第二十四条专门提出"国家倡导爱祖国""在人民中进行爱国主义教育"，体现了法律追求爱国精神、承担保障爱国主义的责任。

其二，是法律无可替代的独特地位使然。法律的独特地位主要是指法律与国家密不可分的关系，或者说法律在国家中的特殊作用。法律一定是国家的法律，国家离不

---

① 大卫·莱昂斯.伦理学与法治 [M].葛四友，译.北京：商务印书馆，2016：61.
② 西塞罗.国家篇 法律篇 [M].沈叔平，苏力，译.北京：商务印书馆，2005：187.
③ 西塞罗.国家篇 法律篇 [M].沈叔平，苏力，译.北京：商务印书馆，2005：188.
④ 博登海默.法理学——法律哲学和方法 [M].张智仁，译.上海：上海人民出版社，1992：17.
⑤ 亚里士多德.政治学 [M].吴寿彭，译.北京：商务印书馆，1997：138.

开法律制度的支持。康德说："国家是许多人依据法律组织起来的联合体。"[①] 法律与国家之间休戚相关难以分割的联系，决定了法律必定以维护国家为其最重要的职责，因而保障爱国主义必然是法律责无旁贷的使命之举。这一点可以从解析爱国主义的本质获得更深入的理解。

爱国主义无论从其情感还是行为来看，都存在着爱国的主体和爱国客体的关系。爱国的主体不外乎个体公民，关键在于爱国主义的客体，即爱的对象是有别于主体个人的共同体。学界对于爱国主义对象的共同体有不同的理解，有的认为爱国主义的对象是民族的共同体，强调文化为共同体特征，有的干脆把爱国主义称之为民族主义；也有的认为，爱国主义对象的共同体指的是国家，突出共同体政治性的特点；也存在着第三种观点，认为共同体可以是民族文化与国家政治的整合体，"国家和民族应当成为有机的整体，一个完美的国家应当以民族及其民众为建国的基础，这个民族国家应当是主权的和独立的，反过来，民族也'以国为家'，把国家的生存、自主和发展视为自身的最高利益所在"[②]。笔者认为，民族与国家不可分，在同一个共同体中，文化与政治也不可分，国家的共同体既包含着民族性的文化要素，也包括现代国家制度在内的政治要素，尤其对于有着悠久文化历史的中国更是如此。学界一般过于注重国家的政治性要素，"国家成为唯一真实的政治共同体"[③]。但是在国家政治性中始终不缺少文化性的要素。中国现行的政治制度是社会主义制度，它包括国家政党领导、国家政权体制、国家机构设置等一系列的政治制度，但现代中国选择社会主义政治道路以及社会主义政治制度并非与中华民族文化完全不相干的，恰恰相反，现行的国家政治制度不仅是中国历史上政治制度演变的结果，尽管其演变是惊天动地、翻天覆地朝代变更，但是不管国家制度的性质如何变化，国家政治历史没有断裂，中国大一统的中央集权的政治格局没有大的变化；而且在国家政治制度中融入了包括中国语言、思维习惯、道德理念和民族心理等丰富性的中国文化。就此而言，中国的概念既是民族概念同时也是国家的概念，两者是不可分割的。可以说，中华人民共和国是一个集政治与文化为一体的共同体。

---

① 康德.法的形而上学原理［M］.沈叔平，译.北京：商务印书馆，1991：138.
② 李世涛.知识分子立场［M］.长春：时代文艺出版社，2000：7.
③ 毛里齐奥·维罗里.关于爱国［M］.潘亚玲，译.上海：上海人民出版社，2016：22.

正是国家这种丰富多样而又复杂的共同体蕴含着爱国主义的伦理指向，因为国家共同体关涉到"我"或"我们"与集体性共同体的关系。一方面，共同体对于个人而言，是"我"和"我们"的价值定位，是个体身份来源和归属，是公民个体活动的条件和精神依据，"国家是大写的个体精神"①，国家满足公民个体对故土家园的眷恋情感、对传统优秀文化的审美赞赏、对合乎民意政权的信任和支持，可以说，国家共同体是提供或激发爱国主义情感、政治认同和精神力量的源泉。另一方面，国家共同体的发展壮大也仰赖国家个体的爱国主义热情和行为的推动，"国家的生存依赖于公民的爱国主义"②。国家共同体的发展始终需要爱国主义，爱国主义是国家凝聚力的来源和体现，爱国主义是维护国家尊严的必要条件，爱国主义也是提升国家软硬实力的力量源泉，这也是在全球化的今天世界各国仍然倡导爱国主义、坚持高举爱国主义旗帜的重要原因。

法律对于爱国主义的责任，源起于对于国家共同体的责任。法律不仅是国家共同体组成部分，更是捍卫国家共同体的利器。由于爱国主义本质上与国家共同体具有内在的一致性，因此法律维护爱国主义、保障爱国主义其实质就是维护和保障国家共同体。保障爱国主义的责任对于法律来说，既体现为法律政治性的原则，也体现了法律的道义性担当，是法律内在价值的义务命令，是值得赞赏的伦理责任。

二、 法律保障爱国主义情感不受伤害的责任

爱国主义的一个特征就是情感的炽热性，一个"爱"字充分体现了爱国情怀的特点。爱国情感是爱国主义最基本的要素，爱国情感是爱国主义具有激发力、凝聚力和奉献国家甚至为国献身崇高行为的源泉所在，任何个体的爱国行为和爱国主义的社会运动都基于心灵深处的爱国情感，没有这份道德情感，爱国主义则是苍白无力的。因此，维护爱国情感，使之持续不衰，使之免受伤害是法律保障爱国主义的重要任务。然而，法律恰恰是"没有感情的智慧"③，虽然现代法律也尊重公序良俗，但那只是作为司法判案的参考。所以问题是，没有感情的法律如何来保障爱国

---

① 鲍桑葵.关于国家的哲学理论［M］.汪淑钧，译.北京：商务印书馆.1995：100.

② 毛里齐奥·维罗里.关于爱国［M］.潘亚玲，译.上海：上海人民出版社，2016：95.

③ 亚里士多德.政治学［M］.吴寿彭，译.北京：商务印书馆，1997：11.

主义情感？这也是有人质疑法律可否保障爱国主义的原因之一。

不可否认，法律的一律性、重规则、强制性的特点无法判断情感，也无法强制情感，法律法条本身不可能确定和激发爱国主义情感，也不可能强制爱国主义行动，爱国主义情感和活动只能在道德或政治的实践中来实施。但是这并不意味着法律对于爱国主义是无所作为的，它可以通过某些与爱国主义相关性的法律法规来达到维护爱国主义情感的目的。也就是说，法律保障爱国主义并不是将爱国主义道德情感简单直接转化为法律规范，而是在相关领域、相关法律部门设定义务或授予权利的形式来维护爱国主义的情感。例如，法律可以禁止对爱国主义情感亵渎的行为；法律可以保护爱国主义情感表达的物体性对象、特定的场景等等，来满足民众爱国主义情感的需要。显然，法律维护爱国主义情感具有非直接性的特点。

现实中爱国主义情感的表达通常需要特定的场域、特定事件、特定的国家象征物，这些是激发爱国主义情感的条件。例如，在国际体育赛事中观众台上摇着国旗为本国运动员呐喊加油的情绪，特别是获奖运动员面对冉冉升起的国旗、聆听雄壮的国歌，爱国主义激情汹涌澎拜，受其感染的不仅是在场的人员，也包括观看转播的电视机前的国人。又如，在抗议他国欺侮本国的示威活动中，人们一定高举国旗、高唱国歌、高呼口号来表达国家受辱的愤慨、声讨强权欺压。这些爱国主义运动大多发生在政治事件中，如钓鱼岛事件、中美撞机事件、南联盟中国使馆被炸事件等等。

上述爱国主义表达都有国旗、国歌伴随，因为国旗国歌是国家的象征，举国旗、唱国歌是敬仰国家、心系国家、情牵国家的爱国主义情感的表达。虽然爱国主义情感的表达有多种形式，如诗歌、音乐、绘画、小说等各种艺术形式中的爱国主义情感，但是国旗国歌更具有爱国主义情感的激发力和感染力，最能表达公民对国家的强烈情感。从某种意义上说，国旗国歌满足了人们对国家共同体热爱敬崇情感的需要。不仅如此，国旗国歌还表征着国家的权威性，"国家之所以必须是独一无二的，就因为它是最终的权威"[①]。国家权威对于公民个体具有吸引力和崇敬感。国家权威是公民忠诚的重要对象，忠诚在爱国主义中具有独特的作用，因为忠诚道德中包含着对国家的真挚的热情和强烈的责任感，可以说，忠诚国家是爱国主义的核心。国

---

① 鲍桑葵.关于国家的哲学理论［M］.汪淑钧，译.北京：商务印书馆，1995：193.

旗国歌代表着国家，也代表着国家的权威性，代表着国家的信念，"作为一个道德观念，民族国家乃是一种信仰，或一个目标——可以说是一项使命"①。

基于国旗国歌的国家象征性，能够满足公民爱国主义的情感和提供公民认同国家的权威性，我国最高立法机关制定和通过了《中华人民共和国国歌法》《中华人民共和国国徽法》《中华人民共和国国旗法》（简称《国歌法》《国徽法》《国旗法》），统称三国法，也有的称之为爱国主义法。三国法的立法目的都贯注了爱国主义精神。《国歌法》开宗明义："为了维护国歌的尊严，规范国歌的奏唱、播放和使用，增强公民的国家观念，弘扬爱国主义精神，培育和践行社会主义核心价值观，根据宪法，制定本法。"《国旗法》的立法宗旨是："为了维护国旗的尊严，增强公民的国家观念，发扬爱国主义精神，根据宪法，制定本法。"

除上述以外，三国法在保障爱国主义的立法中有些共性的举措：第一，三国法明确国家的象征性和权威性。三部法律明确国歌、国徽、国旗皆为"中华人民共和国的象征和标志"，要求"一切公民和组织都应当尊重国歌，维护国歌的尊严""一切组织和公民，都应当尊重和爱护国徽""每个公民和组织，都应当尊重和爱护国旗"。为了严肃国家的权威性，法律对国歌、国徽、国旗的制作规格都有严格的标准和使用规定。国歌、国徽和国旗的立法具化了国家的权威形象，使公民爱国主义有了敬仰的对象，庄严的国徽、飘扬的国旗、激昂的国歌，拨动人们内心深处的爱国情怀，也激发公民强烈的国家归属感和奉献国家的责任感。

第二、三部法律通过对有关方面设定义务来保证国家的形象深入人心，促进人们爱国主义情感。《国徽法》要求县级以上的国家机构和特定的场所如天安门城楼等都要悬挂国徽；《国歌法》规定在全国和地方两会的开幕式和闭幕式上、各级政府和人民团体的代表大会上、在宪法宣誓仪式、升国旗仪式、各级机关举行或者组织的重大庆典表彰纪念仪式、国家公祭仪式、重大外交活动、重大体育赛事都要奏唱国歌，同时"国家倡导公民和组织在适宜的场合奏唱国歌，表达爱国情感"。《国旗法》规定国家重要地标，如北京天安门广场、新华门；国家机构，如全国人民大会常务委员会和各级地方人民代表委员会、国务院及下属部门和各级人民政府、最高人民法院和地方各级人民法院、最高人民检察院和地方各级人民检察院、各级政协、外

---

① 鲍桑葵.关于国家的哲学理论［M］.汪淑钧，译.北京：商务印书馆，1995：302.

交部；国门口，如出入境口岸；全日制学校（除假期和星期日外）"应当每日升挂国旗"。《国旗法》还规定，举行各种重大庆祝活动、纪念活动、文化活动、体育赛事等可以升挂国旗。规定全日制中学小学，除假期外，每周举行一次升旗仪式。规定升旗仪式必须同时奏国歌或唱国歌。这些规定实际上是在维护公民爱国主义权利，满足了公民爱国主义的情感。北京天安门广场节假日千万人观看升旗仪式即是最好的例证。

第三，法律禁止各种污损国家形象亵渎公民爱国主义情感的行为。为什么要由法律来保障爱国主义，是因为现实中客观存在着破坏爱国主义的情况。如，那些污蔑损害国家形象的行为，那些抹黑、扭曲甚至否定国家历史和国家政治制度合法性的言论，那些对爱国主义情感冷嘲热讽、竭尽攻击爱国主义的言行。这些言论和行为伤害公民的爱国主义感情，如果不加以制止，极可能冷却公民爱国主义热情。对此，国家法律必须打击那些有损国家形象和破坏爱国主义的行为，来维护爱国主义的道德情感。《国歌法》第十五条规定："在公共场合，故意篡改国歌歌词、曲谱，以歪曲、贬损方式奏唱国歌，或者以其他方式侮辱国歌的，由公安机关处以警告或者十五日以下拘留；构成犯罪的，依法追究刑事责任。"《国徽法》第十三条规定："在公众场合故意以焚烧、毁损、涂划、玷污、践踏等方式侮辱中华人民共和国国徽的，依法追究刑事责任；情节较轻的，由公安机关处以十五日以下拘留。"《国旗法》第十九条规定："在公共场合故意以焚烧、毁损、涂划、玷污、践踏等方式侮辱中华人民共和国国旗的，依法追究刑事责任；情节较轻的，由公安机关处以十五日以下拘留。"法律对禁止行为的惩罚设定有力打击破坏国家形象和伤害爱国主义情感的恶俗行为，以法律的强力来保障和推动爱国主义。此外，《国徽法》和《国旗法》还禁止将国徽和国旗用于市场的广告和商标等牟利行为，旨在维护国徽和国旗的国家权威性。

国家立法打击各种污损国家形象亵渎公民爱国主义情感的行为，除了三国法外，2018年4月27日第十三届全国人民代表大会常务委员会第二次会议通过的《中华人民共和国英雄烈士保护法》首次以对英雄烈士的立法保护来捍卫爱国主义的忠诚信念。英雄烈士是共和国的脊梁和骄傲，在英烈身上闪耀着国家精神的光芒，他们理应得到全社会的尊重和敬意。由于英烈的荣誉代表着国家的荣誉，维护英烈的荣誉就是维护国家的荣誉。但是，近年在历史虚无主义思潮的影响下，社会出现了一股嘲弄抹杀英烈的歪风。那种轻视、亵渎英烈的行为不仅是对英烈及其家属的伤害，也是对共和国巨大的伤害，更是对国人敬仰英雄的爱国主义情感的深深伤害。《英雄烈士保护法》出台一系列的保护英烈名誉和利益的法律措施，并对伤害行为予以严厉打击。《英雄烈士保护法》第二十二条规定："禁止歪曲、丑化、亵渎、否定英雄烈士事迹和精神。英雄烈士的姓名、肖像、名誉、荣誉受法律保护。"法律具体规定，第一，任何组织和个人不得在公共场所、互联网或者利用广播电视、电影、出版物等，以侮辱、诽谤或者其他方式侵害英雄烈士的姓名、肖像、名誉、荣誉。第二，任何组织和个人不得将英雄烈士的姓名、肖像用于或者变相用于商标、商业广告，损害英雄烈士的名誉、荣誉。对于侮辱和诽谤英烈的言行，法律鼓励英烈的近亲属可以向人民法院提起诉讼，如果没有近亲属或近亲属不提起诉讼的，法律规定人民检察机关可以依法以国家的名义提起司法诉讼。《英雄烈士保护法》第二十六条规定："以侮辱、诽谤或者其他方式侵害英雄烈士的姓名、肖像、名誉、荣誉，损害社会公共利益的，依法承担民事责任；构成违反治安管理行为的，由公安机关依法给予治安管理处罚；构成犯罪的，依法追究刑事责任。"法律以"公义之盾"和"公义之剑"守护共和国的英魂，伸张爱国主义正气，维护爱国主义情感。

三、法律维护爱国主义行为正当性的责任

爱国主义是一种道德情感，但如果把爱国主义仅仅限于道德情感，那是将爱国主义狭隘化了，爱国主义也是具有实践性的行为。爱国主义实践行为种类广泛，既可以是宏大的政治活动，如"五四"运动，也可以是一次服务某项公益的志愿活动；其形式既可能是战争状态的，如全民艰苦抵抗的抗日战争、保家卫国的抗美援朝，也可能是街头示威抗议型的，如抵制日货游行、抗议美国为首的北约滥炸中国使馆的游行；而依法纳税、保护环境的捡垃圾活动、抗灾捐款、甚至接受封闭管理抗击SARS，都可以看作是爱国主义的行为。随着互联网的普及，新媒体平台上那些为本国运动员点赞、贸易战中支持国家立场的呼声正在营造网络爱国主义。在中美撞机事件后，中国"红客"与对方黑客之间进行了一场网络大战，五星红旗一度飘扬在美国的主要网站上。基于现代传播的快速性、覆盖广泛性，网络爱国主义活动的动员力、影响力强劲无比，爱国主义呈现出现代性的特点。

从伦理学的视角来看，爱国主义的激情转化为行动更具有实际的意义，是值得称道的。一般而言，爱国主义行为就是具有道德正当性的行为，但是结合社会现实来看，并非所有标榜爱国主义的行为都具有道德正当性，这里涉及对爱国主义行为正当性的理解。前已述之，爱国主义是公民对国家的认同、忠诚的情感以及道德动机下的爱国行为，爱国主义行为必然是有利于国家、有利于社会的行为，诸如前面所论及的维护国家主权的抵抗活动、维护国家形象的敬虔行为、促进国家公共利益和帮助同胞的各种善举。就上述来看，爱国主义行为的正当性在于爱国主义行为都是助益国家、助益社会、助益他人的行为，即使是满足自我爱国主义情感的行为也因其行为的忠诚性和善良而具有道德正义性，是一种正能量的行为。但是，如果爱国主义行为的结果并未达到爱国主义追求的目标，甚至背离了爱国主义初衷，这意味着那样的行为已经丧失了其正当性的内质，也就丧失了爱国主义行为的道德价值。

爱国主义行为道德正当性判断的现实困难是：行为的动机和结果出现不一致的情况下，如何判断行为的正当性？行为动机或许是出于爱国主义的目的，但其结果却是不尽人意，可能伤害公共利益或者他人利益，产生了不道德后果。这种行为结果与行为动机的不一致，导致爱国主义行为正当性的评判难题。有的人坚持目的论的观点，认为某一行为在爱国主义的良好动机下，虽然结果未达动机之的，但不能完全抹杀该行为爱国主义正当性。这就提出了如何衡量爱国主义行为正当性的标准问题。笔者认为，衡量爱国主义行为的正当性无论动机还是结果，都要以利国、利社会、利同胞为正当性标准。如果行为出于爱国主义的良好动机，但行为结果却是有害国家、社会和同胞的，行为则不具正当性。因为有害国家、社会和同胞的行为已经不能称之为爱国主义行为，这种行为不仅偏离了爱国主义的本意，更会玷污爱国主义的名声，走向爱国主义的反面。所以即使动机是爱国主义的，而行为后果却是破坏爱国主义的，此种行为实质是不正当的，也不该妄称爱国主义行为。

讨论爱国主义行为正当性问题不是要拘泥于道德评价的层面，而是要正视现实生活中如何维护爱国主义行为正当性的问题。因为在爱国主义动机之下，由于采取不当行为导致有害国家社会的结果，必将削弱损害爱国主义的正当性，从而影响爱国主义的声誉，给爱国主义蒙上不该有的道德污垢。例如，2006 年钓鱼岛事件后发生在上海的打砸日系商铺、日系车辆的行为；2008 年北京奥运会火炬传递在法国受阻后，在中国的家乐福（法国）超市出现抵制消费购物的混乱现象。这些行为的本意都在于表达对中国领土被肆意占有和破坏中国举办世界体育活动的抗议之举，出于爱国主义良好意愿，但其结果却破坏了社会秩序和经济秩序，影响了同胞的就业机会和消费利益，也导致了世界上对中国爱国主义的各种非议。不可否认，那些活动的发起者和参与者都抱有热爱国家、维护国家利益的爱国主义情感，可以承认这些情感是真挚的。但问题在于，在爱国主义的理由下是否可以采取任意的做法甚至采用那些战争年代使用的破坏性手段，而不考虑行为后果的道德性？显然，爱国主义激情下导致的非理性行为与爱国主义正当性格格不入，这些行为不仅不能增进爱国主义，相反给爱国主义带来的是非议和责难。因此，维护爱国主义的正当性，就要遏制爱国主义激情下的非理性行为，打击打着爱国主义旗号而实际破坏社会秩序的非法行为。对此，必须用法律来矫正偏向的爱国行为，将爱国主义行为纳入到法治的轨道上来，这是法律保障爱国主义的职责所在。当然，法律矫正偏向的爱国行为并非仅仅针对此类行为立法，而是对于所有违法侵权的行为的法律禁止，无论何种动机。这就警示人们，即使出于良好的爱国动机，还要选择合法的行为手段，才能使爱国主义行为保持其正当性的价值。

我国法律维护爱国主义行为正当性主要在维护社会秩序和人身权利两大方面来规范人们的社会性行为，具体又可以分为权利保护和行为禁止加惩罚，与此相关的法律主要有《中华人民共和国宪法》《中华人民共和国民法总则》《中华人民共和国网络安全法》《中华人民共和国治安管理处罚法》和《中华人民共和国刑法》。宪法、民法、网络安全法主要明确法律保护的公民和社会组织的人身权利、财产权利不受非法侵害。《宪法》第三十七条规定"中华人民共和国公民的人身自由不受侵犯"，第三十八条规定"中华人民共和国公民人格尊严不受侵犯。禁止用任何方法对公民进行侮辱、诽谤和诬告陷害"，第五十一条规定"中华人民共和国公民在行使自由和权利的时候，不得损害国家的、社会的、集体的利益和其他公民的合法的自由和权利"。宪法上述规定对人们的行为划定了不得逾越的法律界线。

根据宪法精神，我国《民法总则》作出了更为具体的保护措施，包括：一是个人的人身自由和人格尊严的保护。第一百零九条明确"自然人的人身自由、人格尊严受法律保护"。这里的自然人包括中国公民和在中国合法从事经济、文化等活动的外国人。保护包括外国人在内的自然人的人身自由和人格尊严既体现了法律对人权的维护，也说明法律支持的爱国主义不是排外的狭隘的民族主义。二是个人的信息保护。第一百一十一条规定："自然人的个人信息受法律保护。任何组织和个人需要获取他人个人信息的，应当依法取得并确保信息安全，不得非法收集、使用、加工、传输他人个人信息，不得非法买卖、提供或者公开他人个人信息。"现代社会个人信息属于隐私，另外个人信息也包含有利益所在，法律保护个人信息是保护人的尊严的一部分，也说明了法律不支持任何以国家和集体的名义侵犯个人信息的行为。三是个人和社会组织的财产保护。第一百一十三条规定："民事主体的财产权利受法律平等保护。"财产权是公民和社会组织重要的权利，受法律保护，因而也不允许任何人以何种冠冕堂皇的理由下非法对其侵犯，即使在爱国的名义下也不允许。这保证了那些偏差的行为止步于法律之前，有效维护爱国主义行为的正当性。

由于网络的普及，网络成为包括爱国主义在内的各种言行的新平台，同时网络也是各种侵权行为的集散地。法律既要保护网络爱国主义言行的正当表达，同时也要规范网络言行，打击侵权行为对爱国主义正当性的侵犯。我国《网络安全法》首先保护人们合法使用网络的权利，《网络安全法》第十二条明确："国家保护公民、法人和其他组织依法使用网络的权利。"其次，《网络安全法》禁止对合法网络权利的危害，包括禁止危害网络安全、禁止"利用网络从事危害国家安全、荣誉和利益"。第二十七条明确法律禁止网络侵害的具体行为，"任何个人和组织不得从事非法侵入他人网络、干扰他人网络正常功能、窃取网络数据等危害网络安全的活动；不得提供专门用于从事侵入网络、干扰网络正常功能及防护措施、窃取网络数据等危害网络安全活动的程序、工具"。

上述法律法条明确了法律将公民和社会组织的正当权利作为法律保护的对象，同时禁止任何人和社会组织对法律保护对象的侵犯，不管出于什么目的，只要侵犯法律保护的对象就是触犯了法律的红线。对于怀有爱国主义激情并付诸实际行动的，其行为也不能超越法律的红线，否则就是违法行为，将受到法律的制裁。《中华人民共和国治安管理处罚法》和《中华人民共和国刑法》都是惩罚性的法律。《治安管理处罚法》主要通过一定的处罚来维护社会公共秩序，打击破坏社会公共秩序的违法活动。《治安管理处罚法》第二十三条规定的处罚对象为"扰乱机关、团体、企业、事业单位秩序，致使工作、生产、营业、医疗、教学、科研不能正常进行的""扰乱车站、港口、码头、机场、商场、公园、展览馆或者其他公共场所秩序的""扰乱公共汽车、电车、火车、船舶、航空器或者其他公共交通工具上的秩序的"等行为，

第二十四条规定的处罚对象是"扰乱文化、体育等大型群众性活动秩序的"行为。《刑法》是最严厉的惩罚性法律。《刑法》严厉打击的对象是"破坏社会秩序和经济秩序""侵犯公民私人所有财产，侵犯公民人身权利、民主权利和其他权利"的犯罪行为。对上述犯罪行为视情节可以判处管制、拘役直至有期徒刑，以剥夺人身自由的手段进行严惩，这等于对违法行为加了一道高压线。法律红线起到了警示爱国主义名义下的偏激行为，更有效的达到对公民权利和社会利益的保护，也有力保障了爱国主义行为在激情之下不失理性，不违反法律，保持爱国主义行为的正当性的道德本质。

老年伦理问题初探*

从 20 世纪 80 年代起，世界上进人老龄化社会的国家越来越多，银发浪潮滚滚而来。中国作为人口大国，随着现代化经济的发展和计划生育的落实，人口的出生率和死亡率逐渐下降，社会人口的结构发生了很大的变化，银发浪潮迅猛而至，发展势头汹涌。据报道，2000 年，我国的"银发老人"约达 1.3 亿，2004 年增至 1.32 亿，已经迈进老龄社会的门槛。在大城市，老龄化程度正在大幅提高。北京市 2002 年 65 岁以上的老人已达 180 万，山东省 2004 年 65 岁以上的老年人口 846 万，为全国之首，上海市 2004 年 60 岁以上的老年人口 260 多万，占全市总人口的 19.28%。"银发社会"的形成，一方面说明了人的寿命在延长（与低出生率也有关），满足了人追求长寿的愿望；但另一方面，社会人口老龄化也提出了许多社会问题，引起了社会学家、经济学家、心理学家的关注，对老龄问题所涉及的经济、社会保障、医疗、家庭等诸方面已经开始了研究。

毫无疑问，上述各种研究较多的是从实证意义上进行的，而从伦理视角上研究老年群体的社会问题则显得相对不足。应该看到的是，老年群体一方面存在着不可忽视的道德问题，另一方面也蕴藏着丰富的道德资源。从社会道德建设来看，老年群体整体道德素质的提高，从一定程度上可以折射出社会道德水平的提升，其对社会道德所起的推动作用不可小视。研究老年群体的生活意义、老年社会的伦理关系，促进老年伦理生活的发展，不仅开启了应用伦理学研究的新领域，而且对于现代社会的发展特别对于和谐社会的构建是极有意义的。

---

* 余玉花.老年伦理问题初探 ［J］.上海师范大学学报（哲学社会科学版），2006（03）：22 - 26.

老年伦理研究的对象是与老年人活动相联系的各种道德关系，即老年道德关系。在老年道德关系中，老年人是老年道德关系中的主体。这是老年伦理研究首先要确定的理论前提。强调老年人是老年道德关系的主体不是多余的重复。现在学界对老年人的各种研究包括涉及老年道德关系的研究，大多数将老年人作为关系客体来对待。在道德关系中，老年人只是道德之光泽惠的对象，道德主体则是老年人之外的社会群体。为什么老年人在研究者的研究视野里只具有客体的地位，而缺位主体？其因在于，研究者始终把老年群体界定为社会弱势群体，将老年人作为弱者对象来展开研究的。虽然这种研究也是需要的，亦是有价值的，但这种研究是有偏颇性的，不能全面地揭示和把握老年人的道德关系。

现代老年人，作为现代城市不可忽视的社会群体，不应仅仅看到他们的弱势性，更应看到他们作为社会成员的价值性。不可否认，在我国现代社会里，老年人得到了国家和社会无微不至的关心和照顾，从"敬老节"到"敬老院"，从"老年之家"到"老年大学"，从一定程度上也体现了他们的人生价值。但是如果细细地观察则可见，社会各界大多以同情的目光关注老年群体。诚然，同情也体现了社会的文明与进步，同时，老年人也客观存在着使人同情的弱势。如，老年人体能上的孱弱、他们退出职业竞争的舞台，甚至生活也需要别人照顾。正因如此，才有了《老年人权益保护法》，才有了社会各项爱护老年人的公益活动。社会对老年人的帮助与关爱，确实也体现了老年人的社会价值。人的社会价值一般体现在个体成员被社会所接纳、所尊重，具有从社会得其所需要的权利。但是，不能把人的社会价值的内涵仅仅理解为社会对其的同情。同情的道德价值主要在于同情感产生的主体，而非接受同情的客体。把老年人的社会价值仅仅定位于社会他人同情的话，这并不意味着老年人社会价值的真正提高，因为一味地接受同情的施予，其结果可能使老年人在与社会其他群体交往中，处于完全被动的地位，因而无法真正体现老年人的价值。在道德关系中，道德客体只是道德行为的受体而已，并不是道德行为的主体。在同情的道德关系中，老年人只是同情道德的对象，是同情道德行为者的对象即道德客体，如此老年人本身应有的自我价值就被忽略了。研究老年伦理，首先必须确认老年人在老年道德关系中的主体地位。只有将老年人看作是老年道德活动的承载者，才能揭示作为老年人的社会道德价值。

以主体的意识去研究老年人的道德价值，则会发现老年人的价值世界也与青壮年群体一样是十分丰富的，同时也呈现出老年群体的独特性。对于一般社会成员来说，人的价值被理解为对社会的付出和贡献，体现在人的社会性活动的过程中以及活动的结果，因而道德价值是物质形态与精神意义的统一，是行动与追求的统一。但是，这一评价标准适用于老年群体时，应有所调整。对于老年人来说，他们所追求的道德价值更需要从精神价值上去理解。从老年人的主体地位来看，老年人的道德价值体现在他们对晚年人生价值应有的思考，是他们对晚年幸福人生的追求，是他们对自我人格在现代社会的再塑造。由于自然规律的限制，处于晚年人生阶段的老年人无法在生理机体上逞强，但在精神层面上他们仍然可以是强者。因为人在精神能力方面是平等的。① 所谓精神能力的平等，指的是任何人在任何时候都有精神追求的权利。人对自我价值追求的权利不限于青年时代，应该贯穿人的一生。从现实来看，我们社会比较重视老年人的精神需求，各类老年大学和面对老人群体的各种活动，从某种意义上也在满足老年人的精神需要。但从道德主体性的要求来看，这更多是社会给予、组织安排的，而非老年人自我认识并积极追求的结果。社会对老年人弱势的过于关怀，客观上强化了老年人对自我弱势的认同感，甚至影响他们对自我精神能力的信心，显然这不利于老年人对自身价值的严肃思考和积极挖掘，也不利于提升老年人的社会尊严。法国 17 世纪著名的思想家帕斯卡尔认为，人因思想而伟大，人的全部尊严在于人的思想②，普通人的思想就是他们精神上的追求。因此重视老年人的精神能力，激发他们的自我认识，尊重他们的价值选择和精神追求，满足而且推动老年人成为精神强者，是社会对老年人应取的价值态度，也是提升老年人自我道德意识所必需的条件。

对于老年人社会价值的正确认识和理解，关键在于改变对老年人弱势形象的价值定位。事实上老年人的社会形象也是在变化的，无论是外表还是内心世界。现在的老年人已不再是过去那种白发苍苍、颤颤巍巍、可怜求助的风烛残年的老人形象。

① 马克斯·舍勒.价值的颠覆［M］.罗悌伦，等，译.北京：生活·读书·新知三联书店，1997：128.
② 帕斯卡尔.帕斯卡尔思想录［M］.何兆武，译.西安：陕西师范大学出版社，2002：167.

由于社会的发展，现在大多数老人生活安定有保障，而身心健康则使现代老年人仍充满生命的活力，使得"一个 60 岁的人在生理上的年龄可能只有 40 岁，这就仿佛是居民的出生证涂改过一样"①。而且越来越多的老人拥有知识，受过良好的教育，有着十分强烈的精神需求。正因为此，有的人口学专家对老年群体的定位提出了两个完全不同的概念：是"衰老"，还是"长寿"？② 两个概念提出了对老年人不同的价值评价。长寿是健康的、精神向上的形象，虽然老年人也同社会其他年龄段的人一样，需要社会他人的关爱，但他们的人格应该是独立的，不存在依赖性。

老年人的社会价值性，从社会的角度来看，老年群体蕴藏着丰富的道德资源和教育资源。现在进人老年队伍的人都出生于解放前，是从旧中国走过来的人，亲身经历过中国翻天覆地的大变化，是中国历史的见证人，或许他们本身就是启告年轻后人的活生生的历史教材。他们的青壮年置身于丰厚的民族道德土壤之中，深受传统文化的熏陶，不仅养成了具有中华民族品格的德性，而且以他们积极的道德实践丰富了中华道德文化宝库、纯化了中国社会的道德风尚。老年人身上所具有的高风亮节、纯朴敦厚、仁慈无私的德性，无不是我们这个充满自私、势利、空浮、焦躁的社会十分需要的道德养料。可以说，中国老年群体的精神文化就是一座富有的精神矿藏，是极为可贵的道德教育资源。如何开发这些宝贵的道德资源，推动社会主义道德建设，是一个不能忽视的社会道德课题。目前已有一些城市老年问题研究者开始关注祖辈对孙辈教育中的积极因素、研究老年人在社区活动中的积极作用。这些研究不仅能客观地展示老年人的社会作用，同时也论证了老年人的社会价值。

二

老年伦理研究不仅要发掘老年人丰富道德资源的社会价值，更有责任研究如何促进老年人道德观念更新和发展的问题。肯定老年群体蕴涵的民族道德文化资源，并不意味着是以绝对的甚至终止性的态度来对待之。民族的道德资源中既存在跨时空的永恒价值，也含有需要进行历史反思的某种成分，因此今天对其的传承和利用

---

① 阿尔弗雷·索维.人口通论：上册［M］.查瑞传，邬沧萍，戴世光，等，译.北京：商务印书馆，1992：304.
② 罗成.从老龄化到高龄化［M］.北京：中国社会科学出版社，2001：151.

就有一个筛选取舍的问题。这个观点同样适用于老年伦理。那就是说，对老年群体所富有的道德资源的理解不能停留在原来的水平上，它同样有一个与时俱进的问题，有一个时代融化和接受的问题，否则就难以填平新旧两代的"道德鸿沟"，难以真正成为这个时代的道德资源和教育资源。

现实生活中，老年道德资源未能充分发挥作用的一个重要因素，即是老年人的道德资源未能现代化，以致青年人虽然不否认老年人教诲的有益性，但常常认为那是过去遥远年代的要求，不合时尚而加以拒绝。因而，要充分发挥老年道德资源，则老年人首先要融入今天的新时代。要求老年人积极参与现今的社会活动，了解当今时代的变化，宽容流行与时尚，理解年轻后代的新潮取向，从而与年轻一代有共同的语言，能够进行交流和沟通。有一位老人说得好："如果说理解，该是我们对现在、对代表未来的儿孙们的理解，理解了他们，也就是赶上了这个时代的列车。如果一味要求儿孙们对老人的理解和迁就，那是一种倒退，起码是停滞。"① 其实，德性文化并不完全属于传统，新潮文化同样需要德性，因此德性是能与新潮融合的。但是这个问题，首先在于老人的觉悟，在于老年人对这个时代的接受和热爱。如果老年人坚持倚老卖老，不断重复"走过的桥比儿孙们走过的路多"，不断地感叹"一代不如一代"，则不仅老年人原有的道德资源会丧失其应有的功能价值，自身也将被这个飞速发展的时代所淘汰。

这就意味着老年人也要不断学习新东西，更新观念，包括学习新时代的道德伦理、不断丰富和提高自我的道德水平。事实上，生活在现代的老年人确实也面临许多以往从未遇到的新道德问题、新人生问题。比如，暮年人生如何度过的问题。对这个问题的回答，不仅涉及对老年人生如何认识的问题，更涉及到老年人的人生态度，涉及到一系列的人生观念，如享受的观念、幸福的观念等等。从人生的阶段来看，老年人处于人生的暮年。从人的社会活动来看，老年人已从工作岗位退居下来。过去中国人观念中，老年人由于缺乏劳动能力，又完成了抚育后代的任务，剩余不多的时日理所当然应当享受人生。问题是如何理解享福？过去认为子孙满堂，小辈伺候老人即为福气。这样的福气在今天则是不现实的。一是计划生育、独生子女政策的实行，小型化的家庭已普遍化；二是竞争的社会使儿辈们不可能随时伺候在老

---

① 钟秀.老太太不烦恼［M］.北京：中国妇女出版社，2002：97.

人身边。老观念与新现实发生了严重的碰撞。又如，面对现代生活和道德的变化，如何应对和适应？上述问题仅凭老年人过去的道德观念和道德经验显然是无法解决的，而且"老年人的经验，引导他们熟悉旧事物，却蒙蔽他们无视新情况"①。因而老年人需要引入新的观念来重新思考和感悟人生，然后去勇敢面对和合理解决人生新问题。

毋庸违言，这些问题让老年人独自回答是比较困难的，虽然他们始终是解答这些人生问题的主体，因为老年人无法回避他们所面临的人生问题。但是社会更有责任，理论工作者更有责任去建立老年人生学，研究现代社会老年阶段特殊的人生问题，探讨老年人生问题的特殊性，求解老年人生问题各种合理的方案，寻求符合老年人心智且与时代吻合的新人生理念，以满足现代老人的人生精神需要，为老年人解决人生新问题提供精神食粮。

除了老年人生问题的研究之外，老年伦理学更要着眼于围绕老年群体而产生的各种道德问题。之所以把老年群体的道德问题作单独的思考，乃是老年道德有其特殊性，包括老年群体道德地位的特殊性、老年群体道德活动的特殊性、老年群体道德心理的特殊性、老年群体道德关系的特殊性等等。

首先，老年人不再是社会舞台上的主角，也不再是社会主要活动的主体。第一，老年人已经从社会经济领域退出，不再是社会经济活动的主体。虽然老年人仍然是消费的主体，但与社会其他人群包括少童人群相比，老年人在生活消费领域中不占主导地位；第二，老年人不再是社会政治活动、管理活动的主角，即使个别成员还在发挥余热，那也是配角而已；第三，老年人退出了社会文化创造的主阵地。总之，老年人已经脱离了社会活动的主要舞台，他们活动的主要内容是日常生活性质的，活动的主要场所是社区和家庭。

其次，上述老年人活动的社会内容和活动范围决定了老年群体特殊的道德地位。一方面，老年人是当下社会主体力量的前辈，是他们的辛勤劳动创造了今天社会的

---

① 培根.人生论［M］.金玲，译.北京：华龄出版社，1996：112.

繁荣昌盛，年老的一代对社会发展有历史的贡献，他们是年轻一代的楷模，应该享有德高望重的道德殊荣。现在社会上的尊老、敬老正是老年人社会道德地位的体现。另一方面，老年人社会活动的边缘性、非主体性使老年人的道德要求和道德问题不被社会所重视。这不能理解为社会对老年人的不重视，而是历来形成的观念所然。在常人看来，老年人几十年的人生道德的历练，在道德上已经达到相当高的境界，是后人的道德楷模，那就不应该对他们提出更高的道德期望。一旦出现与老人相关的道德矛盾，责任必然应由年轻的一方来承担。这种想法与做法似乎抬高了老年人道德地位，而实质上却使老年人的道德地位虚高化，不利于真正提高老年人的道德地位。如何使老年人从虚幻的道德云层回归道德现实是值得探讨的问题。

再次，老年群体社会活动的特殊性，形成老年群体特殊的道德关系。老年人社会活动范围的有限性和非主要性，必然使老年人与社会的发展和社会主体的活动关系产生一定的距离。大多数老人不能在第一时间了解社会发生的变化；大多数老人不会主动去关注社会的发展和发展要求，认为那是年轻人的事情。他们更关心的是发生在老人身上的事情，如家庭、邻里、身体健康等等问题。但是，老人们又是实实在在地生活在我们这个时代里，老人的生活包括道德生活不可能与现实社会毫无瓜葛，老年人也有自己的利益追求，他们的活动也属于社会活动的一部分，因而老年人也不可能超脱于现实社会种种矛盾之外。老年人与社会存在的某种时空距离，造成老年人对现代社会的某些变化一下子难以理解，对社会变化而带来的新道德生活不太适应。如，老年人对现代化、城市化过程中形成的公共生活，以及由此而提出的公共道德一下子难以适应，因为公共道德与老年人长期形成的旧的生活习惯是冲突的。接受公共道德意味着要改变旧习惯，这对老年人来说不是容易的。公共道德与旧习惯之间的矛盾是当代老年人遇到的主要道德矛盾。突出表现在一些老年人对各类新公共秩序的不了解、不适应、不遵守，缺乏维护公共环境的公德意识。这个矛盾还会引伸出老年人与年轻人之间的道德矛盾，这类矛盾在家庭生活中主要是两代人在家庭模式、日常起居生活、行为习惯等方面因不同道德理念而形成的矛盾冲突；还引伸出老年人之间的道德矛盾，主要发生在社区环境、公共设施的使用，以及在邻里之间产生的公共空间占用的利益矛盾。

最后，老年群体因其生理心智的特殊而形成特殊的道德心理。人到了老年，生理机能逐渐退化，随之影响的是人的心智能力。因此老年人的行动、思考都比较迟缓，虽然智能尚存，但睿敏已成昨日黄花，很少再呈现。老年人特有的身心特点，使老年人接受新事物比较迟慢。而心智的退化又使老年人失去理性思考的优势，他们的理性往往不敌感性经验。在他们的记忆中不断反复出现的是往日成功的经验，从而强化了他们对经验的喜好信任而惰于理性，加上老年人曾拥有的历史和成就，造成相当部分的老年人怀旧疑新、重经验轻理性、爱幼妒青壮，以及好固执、好童稚（像孩童一样单纯，像孩童那样喜欢听好话）等特殊道德心态。老年人特殊的道德心理在一定程度上影响着他们道德行为选择的倾向，也影响着他们接受现实道德要求、处理各类生活矛盾的道德水平。特别当他们的生活面临重大的道德问题时，如家庭变故、晚年婚恋、亲情伤害、身患重疾、经济困顿等等，老人还会出现无助哀怨的道德困惑或者四处求助甚至相信神灵的道德心理。老年群体所具有的特殊道德心理是老年伦理研究中特别要注意的问题。

上述研究可知，老年群体生活中确实存在着大量的具有老年特点的伦理问题，特别在我国社会日趋老龄化（甚至高龄化）的情况下，老年伦理问题将更加突出。研究老年伦理不仅要研究老年伦理问题的成因、老年伦理关系和老年道德的特殊内容，而且要进一步研究如何给予老年群体施以道德援助，其中包括老年公民的道德教育。前面的研究告诉我们，越来越长寿的老人和越来越庞大的老年队伍，面对飞速发展的时代和新旧转型的道德社会，必须要学习新社会道德和新人生价值观，接受新的伦理要求，建立新的道德观念，这不仅关系到老年人个人的道德需求和道德生活的和谐，而且关系到全社会的道德建设与和谐社会的构建。老年公民的道德教育正是社会道德建设的一个重要方面，应当列入当代伦理学研究的课题之内。

高校职业道德与社会风气 *

一、 高校教师职业道德与高校学风

"学风"在《现代汉语词典》中的解释是"学校的、学术界的或一般学习方面的风气"。结合现实，学风一般指个体或者群体在学术研究和知识学习中的精神风尚和思想态度，包括治学精神、治学态度、治学风气、治学原则等。高校学风是大学内从事教学科研、教育管理以及接受教育等不同主体在校园活动中表现出来的思想风貌和学习工作态度风貌的总称。具体来说，学风是由教师、学生的个人修养作风共同创造的氛围环境。学风是一种历史的传承和积淀，是学校全体上下前辈今人共同创造的文化结晶，是衡量一个大学软文化程度的标志。东北师范大学党委书记盛连喜曾说理想的大学，要有被学生与社会敬仰的大师和教育家，大学本身要有历史文化的积淀，大学要有适合教师和学生发展的空间，要有可以代表学校的毕业生。校风就是这些所有的精神的构成。

教师职业道德对学风起到了引导鼓励的作用。学风是一种治学精神、治学态度。教师职业道德也正是教师精神和态度的体现。在高校中，由于师生之间的关系地位不同，教师的职业道德引领着学风的发展方向。虽然在高校中学生人数最多，但是，教与学的形式决定了学生的道德影响力远远不及教师。教师往往具有较高的学术权威，也使教师在高校内各个领域都具有较高的权威，所以也具有引领作用。高校教师个人治学与为人道德的表率作用，引领着高校内的校风。在教学教育过程中，教师通过知识、文化的传播传递学风，每一位教师与不同的学生的接触交流可以形成

---

* 余玉花.高校职业道德与社会风气 ［J］.教育伦理研究，2014（01）：189 - 192.

以点传面的效果。在现代高校中，优秀的教师拥有广泛影响力，并由此传递道德影响。教师的职业道德引领着周围人的道德素养，从而引领了整个学校的校风。应当重视高校教师个人职业道德对于高校教风学风的作用，促进良好校风的形成。北京大学校长蔡元培是北京大学的革新人物，他开创了"学术""自由"之风，带头践行民主治校，他的德行影响了一代代北大人。也正是在蔡元培校长的身体力行之下，通过北京大学所有教授、教师和学生的努力，北大自由民主的校风一直持续至今。除了引领高校内学风、校风，教师本身的职业道德还具有稳固学风的作用。在高校中，学生人数占了绝对优势，但是学生是流动更新的，当然学生对于校风也是有贡献的。相对于学生的变化，教师则相对稳定。教师一旦入职，在学校中有较长一段时间教学甚至终身在一所学校从教。因此从时间上看，教师的职业道德对高校学风的贡献更为重要。不仅在时间上，高校教师职业道德对于学风的影响是润物细无声而长久的，而且高校教师已经形成的较为稳固的道德观念，通过教学科研影响学生，惠及学生正确人生观、世界观、道德观的养成，又丰厚了学校的道德风气。所以学生在高校的学风中受到熏陶，教师则以良好的职业素质保持、稳定着学校的校风。

二、高校教师职业道德与社会风气

高校属于教育事业，具有公共属性。美国高校职业道德规范中提到，社会让渡权利给高校，因此，高校对于社会承担不可推卸的服务责任。中国高校的设立是国家与社会发展的需要，高校是公共事业单位，不以营利为目的，高校经费来自国家拨款和社会投资，更应当注重高校反馈社会的责任。武汉大学樱花节收门票费的事件曾引起了广泛的关注与讨论。2013 年 3 月 11 日，武汉大学有关部门透露，自 13 日起，进武汉大学赏樱要收取门票费，每张门票 20 元。信息发出后，引起了各种评论，有的批评武汉大学的铜臭气，认为武汉大学收取欣赏樱花门票的做法，背离了现代大学的公益和公开属性。当然，也有网友力挺武汉大学，认为其做法只是应对超大人流的无奈之举。然而，争论的焦点其实还在于武汉大学是否有收费的权利。作为服务社会的高校，为何能够占用社会资源而又向社会收费？有人认为，中国的教育投资逐年上涨，正是社会的投资保障了高校的运行和发展，社会有权利要求高校对资源进行合理的利用并回报社会。高校服务社会的职责之一是向社会提供科研成果，包括科学技术与社会科学的智慧成果。高校科研服务社会的形式很多。科学技术对城市与企业提供技术支持，有的是以项目的形式服务社会。如2010年上海世博会的所有场馆的灯光设计是由同济大学科研团队承担的。有的深入工厂企业直接把技术送到生产第一线。社会科学的教师则在法律服务、投资服务、市场服务、企业发展、社区工作等多方面为社会服务，做出应有的贡献。高校还承担培养社会人才的任务。随着中国现代化的发展，社会对人才的需求量大质高，并随着中国经济进入产业结构调整、全面进入全球竞争的环境下，社会对人才的要求也发生着巨大的改变，这就对高等教育提出了新的要求。社会对于国际化、复合型人才的需求大大提高，这促进了高校进行现代转型和学科专业的合理化调整，适应现代社会对人才培养的要求，向社会输出更为优质的服务和人才，以满足社会发展的需要。高校除了培养社会精英，还承担了文化社会普及的任务，教育社会大众，也加强了社会与高校之间的联系。国际上，耶鲁、哈佛、麻省理工等知名学府纷纷提供了网络公开课程供社会大众学习。比尔·盖茨就曾大赞美国麻省理工的网络公开课"OpenCourseWare"起到了文化普及的作用。中国高校的学者也在面向社会的网络、各种大众媒体奉献自己的智慧。例如，上海面向市民的东方大讲堂、东方论坛，不仅在电视节目中传播优秀文化知识和观念，而且深入农村、社区、企业、部队进行文化传播和交流，《百家讲坛》中产生的明星易中天、蒙曼等也都是高校教师，他们在完成高校的教学与科研任务之余，将自己的专业知识通过央视向社会大众普及中国历史知识和文化，宣讲内容涉及人文、艺术、生物、医学、经济等各个方面的知识；他们深厚的知识功底、诙谐有趣的表达方式和富有感染力的语言，给社会大众奉献了一道道丰盛的文化大餐，他们的节目深受大众的欢迎。

教师职业道德对社会风气的影响：第一，直接影响。高校教师职业道德对社会风气的直接影响主要是指，高校教师通过自身与社会接触的直接行为造成的影响。社会是由每个人组成的，高校教师也是社会的组成人物之一，也在社会中担任了一定的角色，具有一定的社会地位。高校教师作为一名教师，因其职业的特殊性，则具有了更高的影响力，社会也对其有更高的要求。教师道德是衡量社会风气的标杆，教师的职业道德具有社会示范性和感染性作用，积极的教师职业道德具有引人向上的力量。

第二，间接影响。主要是指高校教师通过向身边的人辐射道德价值观对社会风气产生的影响。如，通过影响自己的学生来影响社会风气。在教师的生活中，除了家人，接触时间最多的应该是学生。学生对于教师的敬重，使其模仿学习教师的思想与行为。教师的行为和道德影响着学生，并通过学生影响着社会大众，影响着社会的风气。又如，教师通过自己的合作者影响社会风气。在共同合作的团队之中，群体中的道德观念会渗透到每一个人的心中。再如，教师的道德行为可以通过影响家人及所在社区，影响社会风气。与影响自己的学生和同事不同，高校教师通过影响自己所生活的社区影响社会风气，更多的是通过教师的个人修养与生活作风，但事实上教师的职业道德素养就是个人修养的一部分，只是表现的场所与形式不同而已。

诚信与当代社会文明[*]

党的十六大提出了建设物质文明（经济建设）、政治文明（民主政治建设）和精神文明（思想文化建设）的任务。三大文明构成中国当代的社会文明。三大文明各有其独自的内容和发展规律，但是它们之间并不是完全独立互不相干的，事实上三大文明之间不仅存在着难以分割的相互关系，甚至还有着些共同的发展条件和理念要求，诚信即是当代社会三大文明发展的共同要求。

诚信，作为人类文明的诉求，古已有之。中国古代文献《尚书》中已出现了"诚"的概念，只是带有浓厚的神化色彩，即"神无常享，享于克诚"。真正把诚作为道德要求提出来，是从天道自然中得到启发的，即"诚者，天之道也"。古人发现，自然宇宙"真实无妄"，山就是山、水就是水，一年四季春夏秋冬循序轮换，日月星空昼夜更替，不管人类对其评价如何、期望如何，大自然一如继往按自我的规律运动不息，从不理会人的愿望。"诚者，实也。实有之，固有之。"不仅如此，自然真实的力量还大大超越人为想象的力量，任何改变自然规律的痴心妄想都必然在真实自然面前击得粉碎。这使古代哲人非常感慨，有鉴于人的世界已存在"诈、藏、奸、妄、虚"等不真实之现象，于是，古人将天之诚道移至人间，成为人之道的要求，提出"思诚者，人之道也"。一个"思"字道出了"诚"并非出自人的自然本性，而是人道德上的追求。因而在古代伦理思想中，"诚"体现为一种非常崇高的道德境界，是与天道本性相一致的至高境界，这同时成为对人道德上的期望，是做人德性的要求。正因如此，在具有古代教育学理论的典籍如《中庸》《大学》中，才有大量的关于"诚"的论述。其中，不仅坚持"至诚"作为道德目标的崇高品性，而

———————————

＊　余玉花.诚信与当代社会文明［J］.伦理学研究，2003（06）：68-72.

且论证了"诚"在转化人的德性中的手段意义，特别在感化人的作用上，"诚则形，形则著，著则明，明则动，动则变，变则化唯天下至诚为能化"。诚与信最早并不同构为一个词，信有自己的道德涵义，信在儒家伦理中是作为道德规范提出来的，即人们熟悉的五常"仁、义、礼、智、信"。信是朋友之间的一种基本义务，"朋友有信"，因而与义相联系，常称之为"信义"，"信近于义，言可复也"。信的基本要求是承诺，"言必信，行必果"，说到做到。同时也有信任的涵义在其中。相对于崇高品性的诚，信的道德层次要低得多，大多数普通人都能够做得到，只是限于熟悉朋友的范围内。但是信与诚还是有联系的。孔子讲"主忠信，毋友不知己者"，此中的"忠"即是忠诚，类似于"诚"。诚作为人的内在品性是信的基础，无诚何以信？信是诚的外在印证，诚信由此形成一个概念。

诚信道德的提出，无疑是古代文明的一项成果。提出道德人即文明人的标准之一是诚信，亦即做人要真实不虚，做事要守诺可信。从做人之道来看，提倡做真实的人，亦即君子之道。然而，既然谈到君子之道，那意味着求诚守信还有更大的好处和抱负，那就是"修身、齐家、治国、平天下"。尽管平天下总是少数人，但是大多数人能够以诚修身、以信办事，则足以使天下太平。虽然这是当时统治者及其思想家的目的所在，但诚信道德的提出和推广，毕竟推动人类文明的进步。

不过，中国古代的诚信文明主要限于道德领域。由于古代社会人们生活的范围有限，自然经济的小农方式客观上限制了人们之间的交往，这使诚信道德具有不同于今天的特点，反映了当时社会文明的水平。第一，古代诚信要求没有超出家族和朋友的圈子，诚信文明可以称之为家族文明和熟人文明。第二，古代的"诚"因赋予了形而上的本体意义——天道之诚，当天道之诚与人道之诚融合之后，不仅富含神秘的色彩，而且"至诚"品格变成了少数圣人君子才可企达的道德境界，实际上对大多数普通人来说，道德提升的可能性很小，自然也不成其为大多数人的要求了。虽然《中庸》也强调"天下至诚"的重要性，但是当道德目标过高于社会的一般水平，往往会流于空洞，难以实践和实现。第三，重诚轻信的倾向。[①] 诚信道德难以实践也与诚信地位不一致、重诚轻信，从而使诚信脱节有关。在中国传统道德中"信"并非是不可不遵循的铁的律令，因为信要受制于其他的道德要求。首先，信要

---

① 何怀宏.良心论 [M].上海：上海三联书店，1994：141.

服从于义的要求，如服从忠孝之义。如果承诺信守与忠孝相背，则忠孝为先，为了忠孝亦可以不信不守。其次，仅有信还不足以使人成为善者。孔子就认为，"好信不好学，其蔽也贼，好直不好学，其蔽也绞"。这话也不是没有一点道理，历史上不乏讲义守信的"江湖好汉"，虽然这些江湖义士未必属于善者之类。这也是信不被看得很重的原因。再次，信还不是目的意义上的道德价值，只具有工具价值。孔子之所以主张"信"，因为信是达到道德目的的条件："人而无信，不知其可也。大车无貌，小车无车兀，其何以行之哉?"仅此而已。信的地位之所以不高，是当时中国社会的经济政治发展状况所决定的。

上述分析可见，诚信道德在古代文明发展中曾占有一席之地，但在整个道德体系中地位并不突出，也没有获得广泛意义的社会功效。然而，诚信道德的历史意义在于，诚信的思想观念为人类文明的进一步发展提供了思想资源。随着人类社会的发展，诚信对于文明发展的重要性正不断地显示出来。同时，古代诚信理论上的某种不足或历史缺陷恰恰为后世文明提供了文化发展的空间。

物质文明是最基础的社会文明，物质文明的水平不仅是衡量一个社会文明程度的基本尺度，同时它还是其他文明发展的前提条件。在任何一个社会，物质文明的发展总是处在首要的地位上，这是符合社会文明发展规律的。我国从 1978 年十一届三中全会以来，坚持经济建设为中心，在短短的二十多年的时间里，物质文明取得了很大的成绩。但是与世界发达国家相比，同我们所期望的目标相比，都有很大的差距，因此"我们在社会主义现代化建设的整个过程中，必须始终重视物质文明的发展，牢牢把握经济建设这个中心，努力把国民经济搞上去"[1]。物质文明是通过积极有效的经济活动而创造出来的。积极有效的经济活动一方面需要有合理的制度保障，另一方面也需要支配经济生活的合理观念。因为，任何经济活动都是人的活动，都是在人们的理念支配下的结果。正因如此，诚信文化或诚信伦理与当代物质文明形成了不可分割的关系。

诚信在经济活动领域中的意义首先体现在制度文明的层面上。与古代诚信不同，现代信（用）不纯粹是"守诺"的一种美德，更重要的是，信的可用性更为突出。因此，信用在当代经济发展特别是制度发展中的作用非常突出，不仅是当代经济制

---

① 　江泽民.论有中国特色社会主义［M].北京：中央文献出版社，2002：381.

度构建的基础，甚至本身就是经济制度的一部分，那就是信用制度。这使诚信突破了只作为人的德性、品格要求的范围，而与具有普遍性的、相对强制的、可操作性的制度结为一体。毫无疑问，信用制度是市场经济的产物，亦是市场经济所需要的。不过，产生信用制度的信用关系在古代也存在过，但是所涉范围极其狭窄，信用关系产生的概率比较小，偶然性比较大。而在现代市场经济的条件下，普遍的交换关系使信用关系普遍化了。无论是货币买卖、商品交易，其发生的经济关系都是信用关系。当然人们进入市场，从事经济活动的首要的目的是追求利益，所有人的求利目的使人们形成一个相互依存的关系。但是互存关系转化为实际市场行为要有一个条件，那就是经济关系的双方都以对方的可信为前提，这也是利益能否实现的重要条件。可以想象，当你尚未确信对方之前，绝对不会出手自己的东西或购买对方的东西，对方亦同。如果缺乏可信，经济活动必然遭遇困难，结果也难以满足人们获利的经济目的。因此，满足人们从市场中获利的要求进而促使市场经济活跃和繁荣，必须要求人们的经济关系是信用关系，亦即将"信"运用于市场经济活动的各个方面，形成信用制度。至于现代经济的银行金融业则直接建立在信用基础上，在如今信用卡普遍使用的情况下，没有信用制度简直是难以想象的。

但是，信用制度的客观性要求并不意味着信用因为制度是"要求成员共同遵守的，按一定程序办理的规程或行动准则"。因此，建立信用制度首先要有信用的理念，同样，信用制度的有效实施，以及人们对信用制度的自觉遵守都需要观念上的信用，如果信用观念不建立，那么信用制度即使建立也可能是无用的。

诚信文化对于现代物质文明的意义，不仅在于其相对强制性的信用制度，还在于其渗透于经济活动中的诚信理念。在市场经济活动中，诚信谋利是一大原则，通俗的说法就是文明经商。物质文明讲到底就是物质财富的创造和积累，是通过人们谋利的经营活动而达到的。但并不是所有的谋利活动都能够增进社会财富、都符合物质文明的要求。经营的态度、经营的手段都可能影响物质文明的进展。从市场经济活动本身特性以及客观结果来看，诚信谋利是其基本要求。第一，诚信是获利的条件。前已述之，市场双方的交易只有在诚信的基础上才能达成，倘若双方缺乏诚意和信任，则交易不成。如果一方欺诈而成交的，那就可能是一次性买卖，别人不会再上当，等于是自断生意路。第二，诚信可以降低交易成本。市场上追求利益最大化原则最基本的做法是降低成本。但是在一个诚信度很低的市场中，经济人为了提高经营的安全性，必须要设立调查部门和监督机构，甚至卷入费用昂贵的诉讼，这就提高了交易的成本，而"交易双方相互信赖，可以起到降低经济交换成本的作用"①，从而获得更多的利益。第三，从整个市场经济来看，诚信创设一个良好的交易环境，使人们在激烈的竞争中不失安全感，这必然有助于市场经济健康有序地发展。

然而，诚信在经济活动中的意义并没有被人们充分地认识和理解，现实经济活动中失信的情况比较严重。这里存在一个认识问题，那是没有把诚信与现代物质文明特别是市场经济联系起来。具体表现为两个方面：一是把经济活动只看作逐利的活动，与诚信无关，甚至认为从商无信，所谓"无商不奸"，越奸越诈则越能赚钱。显然这是对经商活动的曲解，不了解流通劳动的价值，也是古代"重农抑商"政策流弊的影响。二是诚信观还停留在传统的人格理念上，还未扩展到经济领域，以至使诚信游离于经济活动之外，使经济活动失去了最基本的文明理念。但是，无法回避的现实严肃地告诫人们，当代的物质文明以诚信为基石，市场经济就是信用经济，诚信文明的理念应当贯注于市场经济所有活动之中。

在当代政治文明建设中，诚信是一个不能忽视的因素。说到政治，似乎是个敏感而复杂的问题。历史上的政治活动充满着诡诈权术肮脏甚至血腥，简直无文明可言，根本谈不上诚信。但是随着时代的进步，政治文明的要求已经作为时代课题提出来，政治中的诚信问题也越来越引起人们的重视。

诚信何以成为政治文明的应有之义？这是由政治文明的本质所决定的。我国政治文明实质是民主政治。"我国政治体制改革的目标是，建设有中国特色的社会主义民主政治，健全社会主义法制，切实保障人民群众当家作主的权利。"② 政治的核心是权力。政治权力的历史形态是私权或集权，而民主政治下的权力是公权。公权有两大特点：一是权力授自于公众，二是权力运作程序的公开性。这两者都关系到权力的合法性，而合法性的基础是民众的可信度。根据合法性的价值原则，现代政治应当建立在可信的基础上，因为这与民选制度密切相关，无论是国家的权力机构（人大）或是行政机构（政府）都由民主选举产生。民众信任并投下庄严的一票，首

---

① 彼得·科斯洛夫斯基.伦理经济学原理 ［M］.孙瑜，译.北京：中国社会科学出版社，1997：21.

② 江泽民.论有中国特色社会主义 ［M］.北京：中央文献出版社，2002：299.

先来自被选举者的可信，取决于公众对公权机构的信赖。所谓"取信于民"，即是以信取信，前者是公权机构及其组成人员的知识能力、情操人品皆可信，而后才有民众之信。可见公权机构的诚信是最为关键的，民众据此才能赋予其信任和权力。而民众的信任正是权力合法性的本质象征。失去民众的信任可以说就是失去了权力合法性的依据。现代社会出现的某种政治危机或政府危机，其实质是信任危机，而信任危机则意味着权力的合法性遭到了质疑。

诚信对权力合法性的意义不仅在于权力建立之初，也包括对政治权力有效期全过程的维系。换句话说，现代民主政治要求公权机构合法存在的整个过程都应坚持诚信原则。因为公权机构的可信度不是一成不变的，在某种条件下可能会发生变化，或可信度提高，也可能降低，甚至完全失去民信。可见，民主选举之初的可信并不意味长久的可信。现实政治生活中出现的高官腐败、机构腐败，从而降低了民众的可信度，即说明了政治可信度是可变的。当然，政治生活中可信度的变化有多种原因，不能一概而论。但是权力可信度的可变性更证明了政治诚信之重要，说明要保持政治权力可信度和合法性，必须始终不忘权力获得之初对民众的许诺。

权力运作程序的公开性只有在诚信的基础上才能做到，同样，公开性也能促进权力的诚信度。现代民主政治是民众广泛参加的政治，因此要求权力运作完全透明和公开，否则民众参权就成为空话。另一方面，非公开的权力运作容易误导民众，其结果会产生"狼来了"的效应，民众的怀疑感上升，公权机构的可信度下降。"非典"爆发事件足以印证此种结果。可见，公开性与可信度之间存在着升降同步的逻辑关系。在现实政治生活中，民众对权力运作公开性的呼声很高，实现政治权力的公开性是政治体制改革的一个重要指标。当然，权力运作程序公开性的实现需要多种条件，但是权力运作主体的态度是达到公开性的关键。黑箱操作、蒙蔽公众，说到底，是权力运作者缺乏开诚布公的意愿，不愿意向公众讲实情、说真话，是不诚信的表现，不管这种做法出于何种动机哪怕是良善动机。因为民主政治既然是公众的事，那么不管政治活动产生何种结果都应该让民众知晓，哪怕最糟糕的问题出现，也应该公开，不至于使民众不明就里而蒙在鼓里，另一方面也可以动员广大民众共求对策，群策群力共度难关，因为民主政治本来就不是少数人的政治。这说明权力运作能否公开性还涉及公权机构对广大群众信任的问题。以此而见，民主政治中的诚信包含着双重双向的内容：公权机构对民众的信任和民众对公权机构的信任。然而，无论何种信任都需要通过权力运作的公开性才能达到。

诚信在政治活动中的作用是无庸怀疑的。这个问题古人早已注意到了。在中国古代诚信理论中有不少涉及政治诚信的问题。孔子曾经发表过政治信用的观点，即"民无信不立""信则人任焉"，这是要求统治者认识到"取信于民"的重要性。当然这种政治信用工具色彩十分明显，主要服务于统治者的需要。当代民主政治中的诚信则不能限于工具层面，虽然政治诚信中客观存在着效用要素，也是应该充分利用的文明资源，但是社会主义民主政治的本质更要求讲"诚"，以诚立信，以信见诚。如果说古代政治中"取信于民"是出于一种无奈、一种权术之计，那么当代政治文明倡导的诚信则完全出于执政主体的自愿，不是被迫的，也不是为了政府的脸面或官员的位子，而是一种政治道义，是执政党"执政为民"宗旨的体现，因而是真心诚意的、完全彻底的。正因如此，政治诚信成为当代政治文明一块不可缺少的文化基石。

在当代社会文明中，精神文明属于软性文明。与物质文明的成果物化形态相比，精神文明没有自己独立固态的成果形式，通常要借助于物质载体才能表现其内容。与政治文明的制度强制特点相比，精神文明具有更大的张力弹性和自由度。精神文明属于派生文明，有赖于物质文明和政治文明，但是精神文明一旦形成，不仅能够独立成高级形态的社会文明，而且对物质文明和政治文明产生极大的影响。故而，国家重视社会主义精神文明建设。"我们进行现代化建设，无疑要致力于发展生产力，把物质文明建设好。同时，必须把社会主义精神文明建设提到更加突出的地位。"[①] 精神文明就其自身来看，也有一个庞大的结构体系。大致分为包括教育、科技、卫生、体育、艺术等知识智慧在内的文化系统和包括思想情操、理想信念、道德风貌在内的思想系统。诚信，无论作为一种美德，还是作为一种理念，都属于精神文明的范围，是思想系统的内容。诚信对于精神文明发展的意义在于：第一，作为精神文明的内容之一，诚信文明是精神文明建设的一部分，诚信自身建设如何，自然关系到精神文明的建设。第二，诚信建设问题将对精神文明其他方面的建设产生很大的影响。

在社会精神生活领域里倡导文明，其根本目的是促进人精神追求文明化，最大

---

① 江泽民.论建设有中国特色社会主义 [M].北京：中央文献出版社，2002：380.

程度地促进人的全面发展。人的精神追求是多种多样的，但都离不开做什么人问题。关于做什么人的答案自然也是各种各样的。但是，世界上古今中外绝大部分的主流文化都把诚信看作文明人追求的基本要求。中国古代文化一再强调诚信为做人的基本要求，提出"人无信不立"，认为"诚者，物之终始，不诚无物。是故君子诚之可贵"。民间流传的格言"诚信是金"，不光指诚信能带给人利益，还是一种可贵的品格、精神。西方基督教文化把"不许说谎"列为"十诫"之一，说谎即为罪。康德认为，说谎违背了做人的目的，毁掉的是人的尊严。[①] 黑格尔则揭示伪善（欺骗和假面具）是真正的恶。[②] 众多的文化与思想家之所以把诚信看作做人的基本要求，把其列为基本的美德，是因为其他的精神追求，其他的道德美善没有"诚"为前提的话，都会变得丑恶。试设想一下，虚假的仁慈意味着什么？所以，做人从诚信开始，美德基于诚信。诚信在做人问题上举足轻重的地位凸显了诚信在精神文明中的地位。

然而，诚信文明的意义远不限于此。诚信作为个人美德并不是为了自我欣赏，更主要的是能够满足人们交往的需要，同时也只有在交往中才能表证诚信的美德。因为诚与信都需要有表述对象的，也就是诚信行为到达的相对方，即道德客体。没有交往，没有行为作用的对象，诚与信的品格则无法表现和衡量。这样一来，诚信就从个体的做人之道扩展为社会交往之道，诚信道德变成了诚信伦理，成为日常生活中人与人相处和往来的伦理纽带。如果交往中有一方不诚信，那就会伤害另一方的利益或尊严，如果交往双方都不诚信，交往可能发生恶变甚至中断，而当交往中的不诚信现象扩大到一定程度时，则会出现诚信危机，腐蚀人们之间的道德关系，败坏社会风尚，损害社会精神文明。

因此，交往中的诚信伦理对精神文明的作用不可小视。从我国的情况来看，诚信交往已成为社会关注的问题。其原由是公共交往中失信情况较为普遍，欺骗事件、造假事件频频发生，由此可能动摇原有的诚信观念，并对经济生活和政治生活造成很大的影响。交往诚信度的降低，与我国社会转型而带来的社会重大变化不无关系。市场经济和对外开放，以及信息社会的迅速到来，极大开拓了公共领域，另一方面

---

① 何怀宏.良心论［M］.上海：上海三联书店，1994：163.

② 黑格尔.法哲学原理［M］.范扬，张企泰，译.北京：商务印书馆，1996：148.

个体独立性又不断提升，这些促使公共交往的普遍化和频繁性。面对这突如其来的陌生的社会和广泛交往的陌生人，人们缺乏道德上的准备。与此同时，社会的巨大变化使原来维系诚信交往的监督形式不起作用了，失信成本很低甚至不必付出代价，再加上利益的诱惑，诚信道德底线不可避免出现了裂口。但是交往失信恰恰与现代公共交往的要求是相悖的，亦与现代文明发展格格不入的。交往越具有公共性和普遍性，则越需要文明交往，需要交往主体诚信的品性，和对诚信规则的遵守，以诚交往，信守诺言。令人欣慰的是，人们对诚信文明的重要性已有所认识，《公民道德建设实施纲要》的贯彻落实，不断推进诚信文明的建设，现代诚信理念开始被人们所接受，社会失信状状有所改变。但是诚信建设仍是一个十分艰巨的任务。

综观诚信在三大文明建设中的地位和作用，不难得出结论：坚持不懈地进行诚信建设，不仅是当代精神文明建设的需要，也是物质文明和政治文明建设的需要。

诚信与社会主义政治文明建设 *

一

社会主义政治文明建设是党的十六大提出的三大社会文明建设的任务之一。政治文明建设不仅包括制度的改革和创新，而且包括政治伦理观念在内的理念建设。倡导合理的政治道德观既是政治文明本身的内容，也是推动政治文明发展的重要力量。在当代政治文明的建设中，诚信问题无疑是政治文明建设中不可忽略的重要内容。

诚信，作为人类文明的诉求，古已有之。中国古代文献《尚书》中已出现了"诚"的概念，只是带有浓厚的神化色彩，"神无常享，享于克诚"。真正把诚作为道德要求提出来，是从天道自然中得到启发的，"诚者，天之道也"。古人发现，自然宇宙"真实无妄"，山就是山、水就是水，一年四季春夏秋冬循序轮换，日月星空昼夜更替，不管人类对其评价如何、期望如何，大自然一如继往按自我的规律运动不息，从不理会人的愿望。"诚者，实也。实有之，固有之。"而且自然真实的力量大大超越人为想象的力量，任何改变自然规律的痴心妄想都必然在真实自然面前击得粉碎。这使古代哲人非常感慨，有鉴于人的世界已存在"诈、藏、奸、妄、虚"等不真实之现象，于是，古人将天之诚道移至人间，成为人之道的要求，提出"思诚者，人之道也"。一个"思"字道出了"诚"并非出自人的本性，而是人在道德上的追求。因而在古代伦理思想中，"诚"体现为一种非常崇高的道德境界，是与天道本性相一致的至高境界，它同时成为对人道德上的期望，即对人德性的要求。正因如

---

* 余玉花.诚信与社会主义政治文明建设 ［J］.湖北行政学院学报，2004（02）：5－8.

此，在古代典籍如《中庸》《大学》中才有大量的关于"诚"的论述。不仅坚持"至诚"作为道德目标的崇高性，而且论证了"诚"在转化人的德性中的手段意义，特别在感化人的作用上，"诚则形，形则著，著则明，明则动，动则变，变则化。唯天下至诚为能化"。

诚与信最早并不同构为一个词，信有自己的道德涵义。信在儒家伦理中是作为道德规范提出来的，即人们熟悉的五常"仁、义、礼、智、信"。信是朋友之间的一种基本义务，"朋友有信"，因而与义相联系，常称之为"信义"，"信近于义，言可复也"。信的基本要求是承诺，"言必信，行必果"，说到做到。信，同时也有信任的涵义在其中。相对于崇高品性的诚，信的道德层次要低得多，大多数普通人都能够做得到，只是限于熟悉朋友的范围内。但是信与诚还是有联系的。孔子讲"主忠信，毋友不知己者"，此中的"忠"即是忠诚，类似于"诚"。诚作为人的内在品性是信的基础，无诚何以可信？信是诚的外在印证。诚信由此形成一个概念。

诚信道德的提出，无疑是古代文明的一项成果。古代文明提出道德人即文明人的标准之一是诚信，亦即做人要真实不虚，做事要守诺可信。从做人之道来看，提倡做真实的人，亦即君子之道。然而，既然谈到君子之道，那意味着求诚守信是少数人，但是大多数人能够以诚修身、以信办事，则足以使天下太平。虽然这是当时统治者及其思想家的目的所在，但诚信道德的提出和推广，毕竟推动了人类文明的进步。

但是，中国古代的诚信文明主要限于道德领域。由于古代社会人们生活的范围有限，自然经济的小农方式客观上限制了人们之间的的交往，这使诚信道德具有不同于今天的特点，反映了当时社会文明的水平。第一，古代诚信要求，没有超出家族和朋友的圈子，诚信文明可以称之为家族文明和熟人文明。第二，古代的"诚"因赋予了形而上的本体意义——天道之诚，当天道之诚与人道之诚融合之后，不仅富含神秘的色彩，而且"至诚"品格变成了少数圣人君子才可企达的道德境界，实际上对大多数普通人来说，道德提升的可能性很小，自然也不成其为大多数人的要求了。虽然《中庸》也强调"天下至诚"的重要性，但当道德目标过高于社会的一般水平，往往会流于空洞，难以实践和实现。第三，重诚轻信的倾向。诚信道德难以实践也与诚信地位不一致、重诚轻信，从而使诚信脱节有关。在中国传统道德中"信"并非是不可不遵循的铁的律令，因为信要受制于其他的道德要求。首先，信要服从于义的要求，如服从忠孝之义。如果承诺信守与忠孝相背，则忠孝为先，为了忠孝亦可以不信不守。其次，仅有信还不足以使人成为善者。孔子就认为，"好信不好学，其蔽也贼，好直不好学，其蔽也绞"。这话也不是没有一点道理，历史上不乏讲义守信的"江湖好汉"的例子，虽然这些江湖义士未必属于善者之类。这也是信不被看得很重要的原因。再次，信还不是目的意义上的道德价值，只具有工具价值。孔子之所以主张"信"，因为信是达到道德目的的条件："人而无信，不知其可也。大车无车臼，小车无车兀，其何以行之哉?"但仅此而已。信的地位之所以不高，是由当时中国社会的经济政治发展状况所决定的。

由上述分析可见，诚信道德在古代文明发展中曾占有一席之地，但在整个道德体系中的地位并不突出，也没有获得广泛意义的社会功效。然而，诚信道德的历史意义在于，诚信的思想观念为人类文明的进一步发展提供了思想资源。随着人类社会的发展，诚信对于文明发展的重要性正不断地显现出来。同时，古代诚信理论的不足或历史缺陷恰恰为后世文明建设提供了发展的空间。

与古代诚信相比，现代诚信在社会文明中的地位越来越突出，不仅其发生作用的范围十分广泛：从人的德性要求及至普遍的社会要求；从家族熟人的私人领域推至到广阔的公共领域；从道德领域扩至经济领域、政治领域，而且对社会的影响力大，成为社会能否健康发展的一个重要原素，以至对诚信的漠视或破坏，可能导致经济的起落，也可能引起政治危机。诚信文化的这种演变，突出反映了当代社会文明发展的共同要求，表明了诚信在各种文明相互影响中的重要作用。

二

在当代政治文明建设中，诚信是一个不能忽视的因素。说到政治，这似乎是个敏感而复杂的问题。历史上的政治活动充满着诡诈、权术、肮脏甚至血腥，简直无文明可言，根本谈不上诚信。但是随着时代的进步，政治中的诚信问题也越来越引起人们的重视。

诚信何以成为政治文明的题中应有之义？这是由政治文明的本质所决定的。

我国政治文明的实质是民主政治。"我国政治体制改革的目标是，建设有中国特色的社会主义民主政治，健全社会主义法制，切实保障人民群众当家作主的权利"。党的十六大报告指出，"发展社会主义民主政治，最根本的是要把坚持党的领导、人民当家作主和依法治国有机统一起来"。统一的核心是人民当家作主。人民当家作主是社会主义民主最本质的特征。中国共产党的领导是社会主义民主的保证，她是以人民的利益为其最高宗旨，即是胡锦涛一再强调的"执政为民"。人民当家作主又是依法治国的出发点，正是通过依法治国才能把人民的意志形成法律的普适性和强制力，从而实现人民当家作主。可见，人民当家作主的实现仍然需要通过政治制度和政治权力的运作来达到。

以政治本身而言，权力是其最核心的内容。政治的权威性、强势性乃至对抗性，皆是权力作用所致。政治权力曾有的历史形态是私权或集权，而民主政治下的权力是公权。公权是一个现代的概念，只有当权力机构成为公共领域的时候，公共权力的意义才存在，人民当家作主的可能性才存在。从我国的情况来看，公权有两大特点：一是权力授自于公民大众，二是权力运作程序的公开性。这两者都关系到权力的合法性，而合法性的基础是民众的可信度。根据合法性的价值原则，现代政治应当建立在可信的基础上。显然，这与民选制度密切相关，无论是国家的权力机构（人大）或是行政管理机构（政府）都由民主选举产生。民众信任并投下庄严的一票，首先来自被选举者的可信之上，取决于公众对公权机构的信赖。所谓"取信于民"，即是以信取信，前有公权机构及其组成人员的知识能力、情操人品皆可信，而后才有民众之信。可见公权机构的诚信是最为关键的，民众据此才能赋予信任和权力。而民众的信任正是权力合法性的本质象征。失去民众的信任可以说就是失去了权力合法性的依据。现代社会出现的某种政治危机或政府危机，其实质是信任危机，而信任危机则意味着权力的合法性遭到了质疑。

诚信对权力合法性的意义不仅在于权力建立之初，也包括对政治权力有效期全过程的维系。换句话说，现代民主政治要求公权机构合法存在的整个过程都应坚持诚信原则。因为公权机构的可信度不是一成不变的，在某种条件下可能会发生变化，或可信度提高，也可能降低，甚至完全失去民信。可见，民主选举之初的可信并不意味着长久的可信。现实政治生活中出现的高官腐败、机构腐败而降低了民众的可信度，即说明了政治可信度是可变的。当然，政治生活中可信度的变化有多种原因，不能一概而论。但是权力的可信度的可变性更证明了政治诚信之重要，说明要保持政治权力的可信度和合法性，必须始终不忘权力获得之初对民众的许诺。

权力运作程序的公开性只有在诚信的基础上才能做到，同样，公开性也能促进权力的诚信度。现代民主政治是民众广泛参加的政治。但是，民众广泛参与政治有一个前提条件，那就是权力运作必须公开透明，程序必须规范。如果政治不公开，权力运作不透明，那就等于堵塞了公民参与政治的通道，同时权力的正当合理性也将遭到质疑。这就要求权力运作完全透明和公开，否则民众参与就成为空话。另一方面，非公开的权力运作容易误导民众，其结果会产生"狼来了"的效应，民众的怀疑感上升，公权机构的可信度下降。"非典"爆发事件足以印证此种结果。可见，公开性与可信度之间存在着升降同步的逻辑关系。

在现实政治生活中，民众对权力运作公开性的呼声很高，实现政治权力的公开性是政治体制改革的一个重要指标。当然，权力运作程序公开性的实现需要多种条件，但是权力运作主体的态度是达到公开性的关键。黑箱操作、蒙蔽公众，说到底，是权力运作者缺乏开诚布公的意愿，不愿意向公众讲实情、说真话，是不诚信的表现，不管这种做法出于何种动机，哪怕是良善动机。因为民主政治既然是公众的事，那么不管政治活动产生何种结果都应该让民众知晓，哪怕是最糟糕的情况出现，也应该公开，不至于使民众不明就里而蒙在鼓里。另一方面，还可以发动广大民众共求对策，群策群力共度难关，因为民主政治本来就不是少数人的政治。这说明权力运作能否公开还涉及公权机构对广大群众信任的问题。由此可见，民主政治中的诚信包含着双重双向的内容：公权机构对民众的信任和民众对公权机构的信任。然而，无论何种信任都需要通过权力运作的公开性才能达到。

既然广大民众是当代政治的主体，既然政治是民众参与的政治，那么在政治活动中，道德要求对所有政治主体都应该是共同的。只要是民众选出来的政权，只要这个政权的运转是符合民意的，民众也要履行起支持的承诺，包括对政治的参与，对政治决策的承认和执行。这是民主政治对民众的诚信要求。

民主政治中诚信的双重性还可以从另一方面来思考。上面我们更多考虑到的是政权机构的诚信要求。而从现代民主政治的内涵来看，诚信既是对执政者的道德要求，同时也是对民众的要求。

三

诚信在政治活动中的作用是毋庸置疑的。这个问题古人早已注意到了。在中国古代诚信理论中有不少涉及政治诚信的问题。孔子曾经发表过政治信用的观点，即"民无信不立""信则人任焉"，这是要求统治者认识到"取信于民"的重要性。当然这种政治信用的工具色彩十分明显，主要服务于统治者的需要。但是，这确实是非常深透的政治哲理，值得现代政治所汲取。

诚信，作为政治文明的道德条件，必然有助于执政党或政府文明执政。首先，诚信政府在公众面前树立的是文明形象，大大提升民众对政府的亲和感，形成政治凝聚力。比如政府真心实意为民办实事的工程颇得人心，人民群众拥护值得信赖的政府，政府在民众中就有很强的号召力。其次，诚信政府能获得民众的信任，从而提高政府的威信，促进政令畅通，提高政府工作的效率。再次，诚信政府是社会政治稳定的基本条件。纵观古今中外，政局的不稳定，除了某些不可预料的因素以外，大多数与政府危机有关，政府违背民心的决策、政府及其成员的丑闻、政府行为的暗箱操作等，都是政治危机产生的重要原因。现代政治危机有多种表现特征，而民众支持力下降是主要特征之一。当一个政府得不到民众支持的话，即得不到民众信任时，政治危机就会不可遏止地发生。因此，政府追求诚信，体现诚信，努力获取民众的支持，是一个政府把握政局、稳定社会的必要条件。从这一点来看，诚信在政治文明中具有工具意义的价值，其中信的作用尤为重大，"取信于民"是政府机构致胜持久的法宝。

诚信道德在政治文明中的工具价值应当予以肯定。过去，基于对道德崇高性的崇拜，往往不承认道德的工具价值，特别在关涉政治问题上更是讳莫如深，尽管客观上道德一直充当着政治的工具。道德内在的工具效能在政治领域不仅是需要的，而且是合理的。即使在政治活动中，特别是在政府的执政活动中政府为了达到持续执政的目的而利用诚信，也就是把诚信作为一种政治的手段，那么这种手段也是一种文明的手段，符合现代社会政治文明的要求。从另一方面来看，诚信的道德手段能够促进政府文明执政，有利于社会进步，满足民众的政治要求，那也不失为历史的功德，值得大力倡导。但是，诚信道德的工具价值尚未被我国各级政治组织包括各级政府充分认识。在政治领域里，视道德为软性无用的大有人在。认为政治是钢性强硬的，只有强制手段才能有效，因而法律规章是有效用的，道德则是无效用的，视道德为敝帚。这就丢弃了可贵的道德效用资源，同时也不利于政府本身的发展。现代政治发展理论告诉我们，现代政治发展包括政府的执政能力的提高都与诚信道德密切相关。这可以说是一个世界性的潮流，几乎所有的政府都以道德诚信来树立自己的形象，每一个政党都标榜道德诚信来争取选民的支持。诚信道德所具有的这种强大的力量是政治家和政治机构不能忽视的。

然而，民主政治中的诚信不能仅仅限于工具层面。对于社会主义民主政治来说，我们不仅仅追求手段的诚信，更要追求目的的诚信。如前所说，社会主义民主政治的本质是人民当家作主，或者说执政党的宗旨是"为人民服务"。因此，社会主义民主政治的本质更要求讲"诚"，以诚立信，以信见诚。如果说古代政治中"取信于民"是出于一种无奈、一种权术之计，那么当代政治文明倡导的诚信则完全出于执政主体的自愿，不是被迫的，也不是为了政府的脸面或官员的位子，而是一种政治道义，是执政党"执政为民"宗旨的体现，因而是真心诚意的、完全彻底的。正因如此，政治诚信已成为当代政治文明一块不可缺少的文化基石。

诚信文化建设的方法论思考[*]

诚信文化建设就是诚信道德建设。文化建设的方法一般总被认为是具体的方法，这固然没错。但是，为什么采取或设置某种方法，则意味着方法的选择乃至运用不是任意的，存在着方法原则问题的考量，其关系到方法选取的合理性和效能度。因此，需要进行理论探讨。

一、方法与目的

就诚信文化建设来说，方法首先遇到的问题是，诚信文化建设的目的是什么？具体而问，我们为什么需要诚信？如何理解诚信的价值？网上流传着一则对诚信的追问："问：'为什么要诚信？'回答是：诚信是美德！美，是人类崇尚和追求的；诚信是美好的，诚信就是我们应该崇尚和追求的。但是追问继续：'诚信为什么是美好的？'回答是：因为营造了和谐，放逐了伤害……继续问：'为什么诚信营造了和谐？'回答是：不需要为什么，子曰：仁、义、礼、智、信。从我们的祖先到我们，从国外到国内，大抵如是。这是人类的信仰、理念和信条。恰如上帝的存在，不需要论证，信仰者共同认可！"[①]

上述追问与回答，虽然"不需要为什么""不需要论证"，却使诚信目的之间陷入了困难。但是，"诚信是美好的""诚信营造了和谐、放逐了伤害"多少说出了我们为什么需要诚信的道理，虽然过于简略。为什么需要诚信？历史上大多数伦理学

---

[*]　余玉花.诚信文化建设的方法论思考［J］.伦理学研究，2018（06）：118–122.

[①]　视野论坛.为什么要诚信［EB/OL］.（2003–05–08）［2023–12–01］. http://bbs.es nai. com/thread-951808-1-1.html.

家把诚信归之于人性的需要，即所谓人之为人的意思。西方称美德或心灵之能力，中国古人习惯称之为良心，孟子著名的性善论，影响至今。但是为什么良心和美德是人所喜欢的呢？需要进一步论证。网帖给出的回答是，因为诚信"营造了和谐、放逐了伤害"。显然人们需要诚信的理由不限于这些，但网帖至少说明诚信美德不仅是自我的需要，还涉及到他者。斯宾诺莎认为，诚实能够产生友谊，友谊是人们所需要的，所以值得赞赏，"一个遵循理性的指导而生活的人努力使别人与他缔结友谊的欲望，我便称为诚实。所谓诚实的行为，即是为遵循理性而生活的人所称赞的行为"①。无论是和谐还是友谊，都提出了诚信的社会需要。

当下中国诚信文化建设的目的，是为了满足个体和社会对诚信文化精神生活的需求，满足转型社会对诚信的呼唤。对于社会个体来说，诚信教人真诚做人，说真话、做实事、守信言、负责任自然是人之美德所在、人之为人尊严所在，人与人建立信任和交往的条件所在，所以每个人都希望自己是一个诚信的人。然而人性的缺陷和环境的原因，做到完全诚信还真非易事，人难免有背离诚信的念头和行为，在转型的社会里背离诚信的可能性更多。因此，在需要和背离之间构成了诚信的精神饥渴，成为文化追求的东西。对于社会来说，诚信成了现代社会无可缺少的精神文化，经济发展和经济生活缺了诚信不行；政府行政更需要诚信来获得民众的信任，同样民众也应当诚信地对待政治、参与政治；社会人际关系的维持需要诚信，诚信是社会普遍信任的基石。一句话，社会诚信关系到人们生活尤其是精神生活的质量，就如麦金泰尔所说的，诚信是美好生活的条件和组成部分，建设诚信文化就是在建设美好的生活。

实现诚信文化建设的目的在理论与实践上都体现为两方面：一是达到诚信从无到有、从缺少到充盈的建设性路径。中国传统个体性诚信理论比较充沛（虽然也需要转化），但是社会诚信的理论相对缺乏，而关于政务诚信、商务诚信、社会诚信和司法公信的理论过去几乎是空白，是转型社会现实问题所提出来的需要讨论的课题，这是当前我们面临的诚信理论的难题，是诚信文化建设所要解决的目标之一。与理论缺乏相关的是，实践中诚信文化建设虽然也在推进，但事实上尚未有突破性的进展，所以诚信文化建设在实践领域推进的任务还是相当的艰巨。二是对诚信危机与

---

① 周辅成.西方伦理学名著选辑：上卷［M］.北京：商务印书馆，1964：636.

失信机会主义的批判路径。诚信危机本质上是价值观危机[①]，其动摇人们的诚信信念，危害性极大，必须从价值理论上予以分析和批判，形成批判性理论，来增强社会诚信的信心。失信机会主义是转型社会频繁出现的现象。失信机会主义是指失信主体利用转型时期法律、管理存在的漏洞和市场不完善，利用善良人们的信任风险，投机失信谋取利益。失信竟然能够获利、失信竟然能够成功极大冲击了社会诚信，失信机会主义也是诚信文化建设的障碍之一。对于失信机会主义不仅要从理论上剖析其产生的根源、危害性，还必须提出遏止失信机会主义蔓延的有效手段。

方法与诚信文化建设的目的关系在于，方法是达到目的之岸的桥梁，是引向目的之峰的路径，这就是方法对于目的的意义，因此诚信文化建设离不开方法的支持。但是方法不是完全独立的东西，它必须依附目的、匹配目的才有价值。也就是说，方法必须根据目的来设定，因为方法终究是为目的服务的，不同的目的需要不同的方法。因此方法也有好坏之分，其衡量标准就是方法是否符合目的性要求，符合目的性的方法就是好的方法，也是能产生良好效果的方法。从诚信文化建设的目的来看，需要的方法包括：社会诚信理论构建方法、美德诚信与社会诚信整合方法、四大诚信领域联通建设方法、传统诚信理论现代转化法、诚信危机理论分析法、失信机会主义批判法等等，使方法和诚信文化建设有机地融合。从这个意义上说，方法理应成为诚信文化建设的组成部分。

二、方法与现实

推进诚信文化建设的方法在目的性的原则下，还必须考虑现实性的问题。关于诚信与现实，客观主义伦理学对此有所专论，其代表人物是安·兰德、裴科夫等。客观主义伦理学强调诚信与现实的必然联系，他们的基本观点认为，现实就是真的，"使诚实成为一种美德的最基本事实是'非现实不能是真的，而且没有价值'"[②]，反对伪造现实，"诚实的重点在于拒绝伪造现实"[③]。诚实毫无疑问是一项美德，"诚

---

① 余玉花.论诚信价值观［J].思想理论教育导刊，2016（03）：96－100.

② 塔拉·史密斯.有道德的利己［M].王旋，毛鑫，译.北京：华夏出版社，2010：74.

③ 塔拉·史密斯.有道德的利己［M].王旋，毛鑫，译.北京：华夏出版社，2010：72.

信是一种普适的美德。诚信的价值，从某个角度讲，就是道德本身的价值。个体应该实践诚信的理由和他应该遵循理性原则的理由一样：无理性的行为不利于他的生活。只有始终如一地遵循诚信规定的理性原则，个体才能收获其他美德给予的奖赏，达到客观价值。违背诚信，个体不能得到幸福"[①]。但是为什么诚实是美德？裴科夫认为"人生活在现实中，因而人必须遵从现实"。而"不诚实的致命问题在于其刻意扭曲现实但是却无法改变现实"[②]，因此，尊重事实是改变现实的前提。他们认为传统的诚信观对不诚实的批判是：不诚实的行为会导致互相之间信任的缺失以及引起人们的焦虑；不诚实的行为是通过利用别人来达到自己的目的；不诚实行为最终的受害者是说谎者本人。但是兰德认为，"不诚实的行为只是把个人注意力从现实转移到非现实，而这样做将导致他无法实现个人生命的繁荣"[③]。

客观主义所谓的伪造的现实就是虚假的现实，但是真实的现实难道就是诚实的吗？显然他们把主体性的道德诚信与客观现实的问题混为一谈，但是诚实拒绝伪造还是有意义的，一定程度上揭示了现实存在着诸多的虚假性。马克思主义对现实问题的解答则是完全不同的方法思路。

马克思主义的唯物史观是研究诚信文化建设的根本方法，讨论诚信文化建设首先要了解把握现实社会的诚信情况。对于中国诚信，批评者多，否定者多，从中国人到外国人，特别是西方的一些有名气的学者对中国的诚信几乎是全盘否定的，在他们看来，中国人从来不讲诚信，这个断论甚至影响着中国人对诚信的自信心。问题是，事实是这样的吗？必须要有根据，拿出事实说话，这就需要用调查的方法进行实证研究，来掌握中国诚信的第一手信息资料，这是我们研究转型社会诚信文化的起点。对现实的把握还包括对已然进行的诚信文化建设现状的考察，因为推进诚信文化建设并不是从空白处开始的，而是在现有建设基础上再设计，已有的诚信建设的经验教训都是极为宝贵的研究资料和建设资源。

当然现实性的思路不能完全依赖实证的方法，实证的方法提供的终究是表象的东西，虽然是研究问题的入口处，但它却不能揭示问题的原因，更无法提供解决问题的方案。马克思主义的历史唯物主义方法并不限于对诚信现状的描绘，而

---

① 塔拉·史密斯.有道德的利己 [M].王旋，毛鑫，译.北京：华夏出版社，2010：186.
② 塔拉·史密斯.有道德的利己 [M].王旋，毛鑫，译.北京：华夏出版社，2010：75.
③ 塔拉·史密斯.有道德的利己 [M].王旋，毛鑫，译.北京：华夏出版社，2010：83.

要从两个方面追根溯源：一是要研究影响现代人诚信观念的思想文化因素，包括传统的和现代外来的诚信文化观念以及与诚信相关的各种价值观念。因为这个社会客观存在着各种各样的价值观，通过物质生活和精神生活，直接或间接地影响现代人的诚信观念。在这个问题的研究上，文化基因学、文化社会学、道德心理学、人性价值观、价值冲突论等研究方法都将有助于研究的深入。二是要研究现代人诚信或不诚信观念和行为的社会根源。诚信无疑属于意识领域，是一种精神现象，但却与现实生活紧密相连，与这个变化的时代息息相关。马克思主义认为，经济关系和生产方式是社会意识的根源，改革与转型致使社会经济关系发生重大调整，它给包括诚信在内的道德观念带来什么样的变化，是道德毁灭还是道德重生？事实上这个问题学界分歧很大，有的认为诚信危机就是市场经济造成的结果；相反的观点则认为，市场经济不仅不是诚信危机的源头，恰恰相反市场经济需要诚信，只有市场经济才能促进现代诚信。这个问题还将引出另外一个话题：如果诚信等道德观念源起于社会经济关系，是否意味着道德观念对其产生的基础具有依附性？诚信道德究竟是自由的还是被决定的等等，都需要引进相应的方法加以探讨和作出回应。

方法现实性的选择还将涉及到一些有争议的方法使用的合理性问题，如利益性的原则、权利对等性的原则，等等，有人把这些看作是功利主义原则。在西方，功利主义传统深厚，至现代演变出各种功利主义学说。① 关注利益和偏好是现代功利主义主张的观点之一。"运用利益的术语来构建功利主义"，是"一套关于利益的术语转向一套关于欲望或者喜好的术语"②。当然功利主义并不否定美德的伦理价值，但是强调美德能带来利益，特别是个人的利益，"一个人的道德偏好会给所有个体的利益，包括他自己的，赋予相同权重"③。功利主义具有很强现实性和实践性，阿玛蒂亚·森认为功利主义"一方面，它是一种个人道德理论；另一方面，它又是一种

---

① 注：功利主义一般分为古典功利主义和新功利主义，行动功利主义、准则功利主义、后果主义、福利主义、实用主义皆属于功利主义范畴。

② 阿玛蒂亚·森，伯纳德·威廉姆斯.超越功利主义［M］.梁捷，等，译.上海：复旦大学出版社，2011：30.

③ 阿玛蒂亚·森，伯纳德·威廉姆斯.超越功利主义［M］.梁捷，等，译.上海：复旦大学出版社，2011：52.

公共选择理论，或者说公共政策的应用性判据"①。当然不能完全以功利主义的原则思考诚信道德，同样也应反对把道德关系完全归结于利益关系的看法，"道德关系就其根本而言不是一种善良意志关系，而是一种利益关系，　种善的伦理秩序应当是各种利益关系的和谐协调"②。诚信所建立起来的道德关系属于一种善良意志关系。但是也不得不承认，功利主义提出的利益原则的思考方法在如今实行市场经济的中国并非一无价值，至少在商务领域存在着某种可借鉴性。因为市场活动、经济交换本质就是利益交换，在信用领域，诚信具有双重性，一方面诚信美德信念、人的精神的导向、一种过好生活的理念，它发生的人们之间的关系是善德关系；另一方面又是经济伙伴关系，它确实存在着以诚获利、用信取利的要求。后者是由经济活动的本性所决定的。尽管人们商务领域的活动存在着利益意向，但是诚实守信的原则使利益活动打上了道德的印迹，使之具有伦理的价值。但我们认为诚信的利益计算方法主要限于商务领域，而不能向其他社会领域无限制地溢出。社会领域人们的诚信关系有部分与商务领域存在着交叉，可以遵循共赢的路线，但是有的关系如家庭关系、公共交往关系中的诚信不应沾染利益计算。公权部门更不适用功利主义方法，至于公共选择中的功利主义则属于另外一个伦理问题，与诚信没有直接联系。

三、方法与效果

从研究目的出发，诚信文化建设研究秉持的是道德治理的立场，是试图探索出化解现实诚信危机的路径，因而不限于一般伦理学的理论和方法的研究，更着眼于诚信的实践性问题，如可执行性、有效果性方面的考虑，方法问题的讨论同样如此。

首先，诚信文化建设的方法需要有关联性的思路。所谓关联性，是指诚信文化建设不是单纯的文化建设活动，而是要与其他实体性的社会活动联系起来，以及与其他的文化实践载体联系起来的建设路数。我们把它称之为关联性方法建构。关联性建设方法之所以必要与诚信文化实践性强的特点相关。坦言而论，诚信并不是非

---

① 阿玛蒂亚·森，伯纳德·威廉姆斯.超越功利主义［M］.梁捷，等，译.上海：复旦大学出版社，2011：2.

② 高兆明.伦理学理论与方法［M］.北京：人民出版社，2005：281.

常深奥的学问，相反是常识性经验性的道德理念，它不需要过多的阐释和教诲，"诚信是一种普适的美德。诚信的价值，从某个角度讲，就是道德本身的价值"①。诚信的问题在于如何成为社会价值和普遍规范的问题，因此，必须从诚信文化相关的方方面面来寻找诚信文化建设的抓手，获得诚信普适化的各种有利条件，促使诚信文化建设立足于极为广泛的实践基础上。

宏观层面，诚信文化建设应该同国家的治国理政的战略方针相结合。诚信文化建设乃国家文化战略应有之义，同时也关系到其他重大战略能否顺利实施的文化条件之一。无论是全面深化改革还是全面建成小康社会；无论是全面依法治国还是全面从严治党，这些战略性的举措不仅涉及面广，而且都是要落实到国家社会发展各个领域，在这些战略的推进中都要贯彻诚信价值观念，秉持真诚无私、踏踏实实的态度去落实和推进，都要抵制虚假、浮夸、表里不一、知行不一、形式主义、官僚主义的作风在重大战略实施过程中的道德阻力，没有诚信文化的精神支持，重大战略可能偏离方向或者难以真正实现。另一方面借助于国家战略的实施，诚信文化建设也能得到有效的推进。

中观层面，诚信文化建设注重诚信四个领域的关联性。诚信的四个领域：政务、商务、社会、司法都是诚信文化实践性的领域，诚信文化的四个领域有的具有交叉性，如，政务诚信与商务诚信、社会诚信之间的交叉；商务诚信与社会诚信之间的交叉，同时又存在着相互影响的关联，其中任何一个领域诚信文化的建设都会牵连到其他三个领域的诚信文化建设的效果。基于诚信领域之间的关联性，在诚信文化建设的设计中，一方面要有四个领域诚信文化建设的总体考虑；另一方面在某一领域的诚信文化建设中也要考虑到对其他三个领域的影响力，特别是打击失信必须是四家联动。

微观层面，诚信文化建设要将诚信的社会伦理规则建设与个人诚信品质的培育结合起来。我们强调当今中国应当加大诚信伦理规则的建设，但并不意味着诚信美德培育可以轻视。相对于个人诚信美德来说，社会诚信伦理规则的推进需要更多的成本投入，虽然这是必要的，但是倘如诚信美德培育卓有成效的话，则能大大降低诚信规则建设的社会成本。社会诚信规则为社会人和社会组织的行为设定了诚信标

---

① 塔拉·史密斯.有道德的利己［M］.王旋，毛鑫，译.北京：华夏出版社，2010：186.

准，但毕竟是一种外在的他律要求，规则的有效性在于它的强制性，但伴随着强制性而来的是社会要为此配备相应的强制机构，包括监督机制、惩治机制、技术支持机制等等，需要社会投入巨额资金和人力成本。问题在于，社会诚信规则并非万能的，其规则设置也难免百密一疏，补漏则需要规则之外的思路。所以诚信文化建设在构建社会规则的同时，不能忽略诚信美德的培育。其一，诚信美德是社会诚信规则推进的道德基础。诚信价值观念是诚信社会规则履行的内在动力，个人诚信美德的提升，必然降低社会失信，从而减少社会诚信规则运作的成本。其二，社会诚信规则的目的之一是提升个体诚信品质。社会诚信规则的一大作用当然为了推助社会和谐秩序的形成，改善社会诚信关系，然而社会诚信规则还承担着另一责任目的，就是通过社会诚信环境的改善来提升个体的诚信素养。因此，无论从目的性还是功用性，社会诚信规则与个体诚信美德都是相辅相成的关系，是两全其美和两败俱伤的关系，在诚信文化建设中务必关注和处理好两者之间的关联性，促其两全其美，避免两败俱伤。

其次，诚信文化建设的方法需要有统合性的思路。统合具有策略性的含义，不拘泥一二种手段，不单独使用某一手段，强调共同出手、联合用力，统合与整合有相同的意思，也有称之为统合模式。提出统合方法或统合模式是为了追求诚信文化建设的效果。诚信文化建设其实是一件很艰难的事情。按理说，诚信无论是美德还是规则都是人们历来熟悉无奇的道德之一，几乎每个人都知道"狼来了"的故事。诚信甚至在一连串的美德中并不凸显，在西方相当长的历史典籍中不见有诚信概念及其讨论，他们重视的德性是：正义、勇敢、仁慈、爱国主义、善、同情等。麦金泰尔说西方的德目通常刻铭在教堂墓碑的碑文上，而17、18世纪碑文上赞美的德性主要有"正直、优雅、友谊、仁慈"等等，一直到1817年才偶尔出现"真诚"德性，"我们应当注意到这个德目表中'真诚'是一相对新的德性"；① 中国早期儒家文献中诚信地位比不上"仁义"，"信"只在五常之末，孔子几乎没有论过诚的问题，即使谈"信"也强调要受"义"的规约。甚至孔孟认为君子不必言信行果，"大人者，言不必信，行不必果"，所以何怀宏批评道："这种把诚信视为次要义务的诚信

---

① A. 麦金泰尔.德性之后［M］.龚群，戴扬毅，等，译.北京：中国社会科学出版社，1995：296.

观实际上是传统儒家道义论的一个薄弱环节，是一个它的阿基里斯之踵。"① 不重视诚信的一个原因就是诚信道德太普通了，在人际范围狭小的古代，人们之间的交往基本上是淳朴的，做到诚信并不难，而仁义、勇敢可能比诚信要难得多。另一个原因就是政治斗争的需要，古代政治客观上讲计谋，不讲诚信。但是今天我们为什么如此重视诚信？不仅将诚信列为国家价值观加以倡导，中央还几次在决议中提出诚信建设，中央政府（国务院）更是专门制定"建设社会信用体系"的条例，其原因何在？笔者以为有两大原因，一是诚信文化建设在我国现代化建设中的重要性，此处不多赘述。二是诚信文化建设的难度。难度主要来自几个方面：其一，传统诚信文化深度不够，当狭小人际诚信关系遇到全球性的现代化，传统诚信理念难以提供顺应时代潮流的道德资源，诚信关系瞬时分解，失信机会主义顺势泛滥，诚信在各个领域遭到重创，并在道德根基上动摇人们的诚信信心，诚信危机就是明证。其二，诚信危机和失信普遍化甚至习以为常造成积重难返。常言道，破坏一种道德秩序容易，恢复和重建则要难得多。当诚信包括与诚信密切相关的信用、信任都遭到了不同程度的重创，其结果可想而知。在政务领域，政务诚信陷入"塔西陀陷阱"之困，欲拔而不能；商务领域，"什么才是安全的"诘问冲击着人们的消费信用；社会领域，人际之间的不信任情绪破坏着医患关系、师生关系、慈善关系、同事关系；司法的公信力也遭到重重质疑。这都给诚信文化建设带来了困难。其三，诚信观念精神文化的特殊性。诚信文化属于观念精神文化，观念精神文化建设客观上要比物质文化、具有可观形态的产业文化都要难得多：第一，诚信观念是无形的，没有具体的形态，虽然诚信在所有的行动领域都需要它，可以说，人们从事的行为中都与诚信相关，但又不能说人的行为就是诚信。诚信是有形之中的无形。诚信这种无所不在的无形精神观念使教育的文化功能往往陷于尴尬，被质疑"美德可教吗？"说明诚信文化建设的困难。第二，诚信作为主体性极强的观念精神对于人来说不一定始终如一的，即使内心追崇诚信，但如果环境、利益事态发生变化，人的诚信观念也会发生变化。也就是诚信观念的动摇性、反复性增加了诚信文化建设的难度。

根据诚信文化建设的难度，必须跳出单一性文化建设的套路，实施组合型的诚

---

① 何怀宏.良心论［M］.上海：上海三联书店，1994：154.

信文化建设模式，这种模式主张采用多样性手段、方法层次上的有机配合、各领域的协同共建、价值领航与技术制度的支持、理论供给与实践形式的创新，等等，构成诚信文化建设的统合模式，全面系统持久不懈地推动诚信文化建设的进程。

中国商务诚信的现状、问题与进路 *

现代经济是需要文化滋养的经济，其中商务诚信文化是现代经济发展最不可缺少的文化元素。商务诚信不仅是现代经济活动的必要条件，而且赋予现代经济活动以价值的意义，使经济活动在增进财富利益的功能基础上，更具有精神享受的文化作用，而精神享受则又成为合理获利的推动力量。在某种意义上，商务诚信文化成为衡量现代经济发展的重要动能与合理程度的标尺。中国现代经济从提出社会主义市场经济为起始，迄今已有 20 多年了，中国经济已经跃上了世界前列。但是中国现代经济中的商务诚信文化处在一种什么样的程度，如何进一步提升中国现代经济的商务诚信水平，是中国现代经济发展中的文化课题，亟须加以研究。

国家重大项目"推进政务诚信、商务诚信、社会诚信和司法公信建设研究"课题组对中国现代经济活动中商务诚信现状进行问卷调查，为中国经济发展增强商务诚信文化影响力提供基本信息。课题组在全国 25 个省市各类企业中抽取 600 个样本，有效样本 586 个，有效率为 97.7％。调查对象包括各类性质的企业，其中国有企业占 31.7％，民营企业占 48.1％，外资企业占 10.4％，合资企业占 9.8％；企业规模为，大型企业占 26.8％，中型企业 37.4％，小型企业 25.2％，微型企业 4.9％，个人合伙 5.8％；调查对象在企业中的身份比例分别是董事长（老板）占 8.9％，经理占 13.5％，管理人员占 27.8％，技术人员占 17.4％，员工占 32.4％。此次调查对象涉及范围较广、类别较多，能在总体上反映企业和商家商务诚信

* 余玉花.中国商务诚信的现状、问题与进路 ［J］.上海师范大学学报（哲学社会科学版），2015（03）：5‑12.

的实际状况。本研究对收集的数据采用社会科学统计软件包 SPSS 进行统计分析。

 一、 商务诚信已成为中国经济活动的文化要素

西方学者对中国经济诚信伦理多持否定态度。马克斯·韦伯在《新教伦理与资本主义精神》一书中认为，只有西方的基督教文化才能生长出现代市场经济（资本主义经济）所需要的伦理要素，而东方文化则不具有现代经济伦理的可能性。

在韦伯看来，中国传统儒学的德性伦理只与"自我完善的目标"相关，不具有社会经济的意义。他甚至认为，中国儒学文化影响下的中国人缺乏经济交往上的信任与诚实，"零售交易似乎从来没有什么诚实可言"，"中国人彼此之间的典型的不信任，为所有的观察家所证实"①。他认为，中国缺乏经济诚信与血缘家族的礼制密切相关，"正是家产制的财政机关，到处培养这种不诚实的作风"②。韦伯对中国经济伦理文化的偏见在西方舆论中时有所见。到 20 世纪 90 年代，在中国经济已经出现两位数增长的情况下，美国学者福山还是认为，在现代经济过程中，华人社会"家族色彩反而更加鲜明"③，"华人文化对外人的极端不信任，通常阻碍了公司的制度化"④。"中国儒家文化把家庭奉为圭臬，认为家庭优于国家，甚至优于任何社会关系，对中国的经济造成重大的影响。"⑤

西方人士断定中国的文化无法走出家庭的束缚，从而难以建立现代经济所需要的诚信（信任）文化。我国一些学者也受这些观点的影响，对中国经济领域的诚信文化建设没有信心。但问题在于，难道中国文化土壤真的不能产生出现代经济的诚信文化吗？到底中国现代经济活动中有无诚信文化的滋润？这一

① 马克斯·韦伯.儒教与道教 [M].洪天富，译.南京：江苏人民出版社，1995：261.
② 马克斯·韦伯.儒教与道教 [M].洪天富，译.南京：江苏人民出版社，1995：263.
③ 弗兰西斯·福山.信任——社会道德与繁荣的创造 [M].李宛蓉，译.呼和浩特：远方出版社，1998：92.
④ 马克斯·韦伯.儒教与道教 [M].洪天富，译.南京：江苏人民出版社，1995：96.
⑤ 马克斯·韦伯.儒教与道教 [M].洪天富，译.南京：江苏人民出版社，1995：103.

切并不该由理论来决定，而是靠事实来证明。课题组的调查表明，凭借二十多年的社会主义市场经济的促动和诚信文化的建设，商务诚信已经成为我国现代经济活动的文化要素之一，在经济发展中发挥重要作用。经济活动中的商务诚信具体体现在经济活动者对于诚信的认同、诚信经商的意愿、对于诚信文化建设赞同度、对于不诚信经营活动的批判态度，以及经营主体彼此建立起来信任关系。

（一）中国经济活动者认同诚信对于经济活动的价值

经济活动通常追求的是利，而诚信则属于伦理的"义"的范畴，追利者能否接纳义即接受诚信？提出这个问题，是因为义利关系在传统伦理中被理解为对立的关系，认为求利则难以顾及义，甚至认为诚信之义可能会影响追利之求。但是现代经济伦理超越了义利对立的传统观念，不仅认为道德之义不必然会损害经济谋利的活动，并且主张诚信求利、诚信谋多利，故而有商务诚信之倡导。这样的现代伦理观念正逐渐渗透经济活动之中，被现代中国经济人所接受。

商务诚信的调查表明，对于诚信在经济活动中的价值，我国大多数从商者是认同的。在回答"您认为企业在追求盈利的今天，强调诚信意义大吗？"这一问题时，有74.7％的人选择了"很有意义，只有诚信才能带来利益"。其中，受教育程度越高，对诚信的认同度越高。高中与初中以下文化程度的人认同诚信意义的比例分别是66.7％和63.5％，而大学文化程度以上者对诚信的认同度高达79.2％。

经济活动者的诚信观念还体现在他们中的大部分人赞同诚信经商。在问及"作为商家，您赞成下属哪些观点？"的5个选项中，"做生意要本本分分，言而有信"赞同率最高，达到70.1％。受访者年龄上比较，35岁以下的年轻人赞同率高于中老年人，其中18岁以下赞同率是85.7％；18岁至35岁年轻人占71.8％，均高于平均数。从商者之所以赞同诚信经商，是他们对诚信经商的结果充满信心，从而增强了从商者的诚信观念。一项"商业活动中坚持诚信经商可能得到的结果"的6个选项中，有31.3％的人选择"获得信任，带来经济效益"、27.7％的人选择"塑造企业良好形象，同行赞赏"、24.5％的人选择"可能赚钱少，但无愧于良心"，三项相加为83.5％，这说明大多数的经济从商者对诚信经商的结果持积极乐观的评价，并且肯定和赞赏诚信经商对

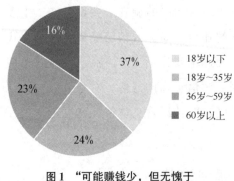

图1 "可能赚钱少，但无愧于
良心"选择的年龄分布

塑造企业形象的积极作用。尤其值得肯定的是，在赚钱与良心之间，有24.5％的人倾向于良心的选择，认为良心比赚钱更重要，即使少赚些钱，也要诚信经商，这样才对得起良心。同样令人可喜的是，18岁至35岁受访人在"可能赚钱少，但无愧于良心"这一项选择的人数都高于其他年龄段，说明诚信经商的伦理观念得到年轻人高度认同与积极的响应（图1）。

（二）中国经济活动者对市场中的失信行为有正确的伦理批判态度

对现实中的失信现象持什么态度，一定程度上反映出人们的诚信观念。就调查的结果来看，大多数从商者有明确的诚信是非观念，对失信行为给予痛斥和否定的态度。在"您如何看待企业的虚假广告宣传"的问题上，有47.3％的受访者持"非常反感，欺骗消费者"的态度；36.0％的人持"比较反感，不效仿"的态度，两项累加，反对虚假广告的占83.3％。

对于曾曝光于社会的高端品牌达芬奇家具公司将普通家具包装成意大利全进口家具的行为，应该如何看待？调查数据显示，有64.8％的人"不太认同各种造假行为"和"坚决反对任何欺骗消费者的不良商家"。真正"很羡慕达芬奇公司的经营策略"的人只有2.4％。

对于市场上时常出现的"短斤缺两""以次充好"的现象，受访者的态度是怎样的呢？调查表明，受访者中有21.3％认为"不太正常，可能迫于生存压力"；20.8％的认为"不正常，有损形象"；37.2％的认为"很不正常，应该谴责"，三项相加，表示批评态度的占了79.3％。进行交叉分析，发现不同规模企业呈现出的批评程度有所不同，企业规模大对市场失信行为的批评呼声高：大型企业为47.8％、中型企业为36.5％、小型企业为27.9％、微型企业为24.1％。

对于现实市场中存在的"有的企业表面态度很诚信，实际行为常常失信"的情况，受访者又是如何进行评价的呢？调查结果是，43.4％的人表示，"表里不一，欺骗性大，应曝光"；36.3％的人对此种行为评价为，"虚假，违背企业诚信精神"。也就是说，有 79.7％的人选择了批判性的选项，表示他们对企业失信行为的不屑和否定的伦理态度。

（三）中国经济活动者积极支持国家诚信文化建设

近些年针对新经济发展中出现的失信问题，党和政府加强诚信建设，其中不仅有诚信价值观方面的引导，而且也采用了市场监督与技术性的手段，对失信行为予以警示或惩治。如利用网络和大数据，通过现代征信手段，鼓励诚信、打击失信。又如，根据信誉程度的高低来决定贷款量的金融手段。对于这些诚信建设的举措，我国经济活动者大多数非常拥护。下面择取两项调查数据予以证实：

一项对于"政府工商部门要建立企业经营者诚信档案"的做法，有 37.5％的人表示"非常赞成，将不诚信者逐出经营市场"；43.2％的人表示，"比较赞成，大家都诚信生意才好做"。两者相加，赞成者达 80.7％。比较分析来看，文化程度高的赞同者多于文化程度低的。大学学历以上者赞同率高达 83.9％，高中文化程度的赞同率是 77.8％，初中及以下文化程度的赞同率是 65.4％。可见，赞同率与文化程度高低成正比。但总体的赞同率是比较高的，即使最低的赞同率也超过了 65％。进一步比较来看，"非常赞成，将不诚信者逐出经营市场"的态度在不同规模的企业是不一样的，呈现从小型企业到大型企业上升的曲线，也就是说企业规模越大其赞同率越高（见图 2）。

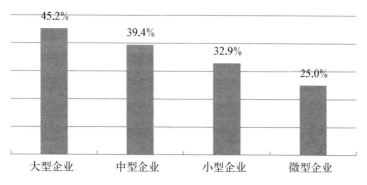

图 2　"非常赞成"将不诚信者逐出经营市场的企业比例

一项对于"浙江某地对企业推出'道德银行'诚信建设，信誉高的企业可以多贷款"的举措，76.1％的人举拥护态度，其中 22.9％的人评价这一做法是"非常好的措施"；53.2％的认为，这一措施"对企业诚信有一定促进作用"；而认为"没有用的"只占了 20.7％，可见大多数人认同诚信建设。有意思的是，外资企业（66.1％）对这一举措的积极评价要低于国内企业十个百分点，而民营企业积极评价最高，为80.1％。民营企业积极评价的数据反映了两方面信息，一是民营企业大部分是小型企业，贷款难是这些企业面临的现实问题，反映了民营企业急需贷款的渴望；二是民营企业愿意以诚信经商的行为来获得银行贷款的诚意。很显然，这是一个非常积极的信号。

(四) 中国经济活动主体之间已建立基本的信任关系

信任与诚信一样，是人们经济交往的前提条件，郑也夫指出，"信任是交换与交流的媒介"。同样信任是市场经济得以正常进行的心理基础，"信任是一种态度，相信某人的行为或周围的秩序符合自己的愿望"①。信任与诚信有着密切的关系。人们之所以能够产生信任感，其中一个关键的因素在于，交往主体内心认为交往的对象是诚信的，值得交往与信任。而如果认为交往对象诚信度不足，一般也就打消了继续交往的愿望，即使在偶然交往或因急迫需要环境难以选择而不得不发生交往的情况下，其交往的信任度必然很低。正因如此，经济活动中人们的信任程度如何，是否足以建立起信任关系，从一个侧面反映出经济交往中商务诚信的程度。

中国经济活动的信任情况如何？从调研的情况来看，在市场经济交换中已经建立起基本的信任关系。首先，这一判断来自于商家。必须承认，身临市场的商家对市场交换过程中的信任感受最直接，对市场交换主体之间的信任程度也最有发言权。在商家看来，我国市场交易中的信任状况总体尚好。有 9.0％的商家认为"交易双方很信任"；29.6％认为"比较信任"，45.4％的认为"一般信任"，三项合计信任感受达84.0％。这个数据足以推翻我国经济活动建立不起信任关系的妄断，同时也证明了我国市场经济发展已经具备了基本的信任环境。

其次，还可以从社会民众对商家信任感来了解我国经济活动的信任关系。事实上，市场上的信任关系除了存在于商家之间的交换活动中之外，还大量反映在商家

---

① 郑也夫.信任论 [M].北京：中国广播电视出版社，2006：19.

与消费者即社会民众的交换活动之中。社会民众对商家行为的诚信评价能够较为客观地反映经济活动中的信任关系。在超过 2040 余份问卷中的"您认为目前商业活动的诚信度如何?",民众选择"非常诚信"（1.0％）、"比较诚信"（16.0％）和"一般诚信"（63.3％），虽然深度诚信评价的比例不是很高，但是三项相加，达 80.3％。这是一个比较乐观的数据，佐证了我国商业活动中不仅存在着诚信文化，而且商务诚信正在被大多数社会民众所认可。

这种可喜的信任趋势还反映在曾被破坏的信任关系得到相当程度的修复上。不可否认，我国市场不断有一些造假事件出现，在一定程度上破坏了人们的信任关系，但是经过整治，信任关系正在修复。发生于 2008 年的"三鹿奶粉事件"是一件影响极坏的食品安全事件，打击了民众的信任感。不过，经过政府对奶业加大整治力度后，人们的信任感正慢慢恢复。对问题"您对中国奶业还有信心吗?"，有 67.6％的社会民众表示有信心。虽然数字还不太理想，但超过 50％的数据已经说明信任的基础还在，相信还会慢慢提高。

二、经济活动中的诚信问题及其分析

上述调研数据充分证实了中国经济活动中商务诚信文化已经形成并正在起积极作用，而不是国外专家判断的中国不具有诚信文化土壤和可能性，也不是国内某些学者对我国市场经济诚信文化的悲观预测的那样。中国在自我特色的社会主义市场经济中渐渐萌发出商务诚信的文化，商务诚信已成为我国经济活动不可缺少的文化要素之一。

但是，中国经济活动内存在商务诚信的文化因子，并不意味着中国经济活动中诚信文化已经非常成熟，不意味着诚信观念已经被人们普遍接受和践行，更不表明失信行为已成为人人喊打的过街老鼠。毋庸讳言，中国经济领域还存在不少的诚信问题，影响着诚信文化的建设，影响市场活动的有序进行，必须引起充分的关注。

（一）现实经济活动中存在着失信问题

经济活动中失信的存在是一个不争的事实。近些年仍有一些企业冒着天下大不趑之风险，顶风造假、破坏国家经营安全标准、冲击诚信底线，破坏市场信任关系。影响比较大的有"上海福喜事件"。上海福喜公司隶属于美国福喜公司（OSI）。美国福喜集团是一家在全球 17 个国家拥有 50 多家食品加工厂的国际化食品集团，公司成立于 1909 年，已有一百多年的经营历史。然而就是这样一家赫赫有名的百年老店，2014 年上海福喜被媒体曝光将大批过期原料用于鸡肉、牛排等食品生产，原料产品供应下家为麦当劳、肯德基、华莱士餐厅等，一时这些著名的餐饮店发生食品原料危机。

相关的失信事件还有：湖南省攸县 3 家大米厂的"镉大米"在广州发现，使消费者惶恐不安；还有玺乐丽儿进出口（苏州）有限公司用来路不明的进口奶粉和过期奶粉作为原料，售卖号称荷兰原装进口的美素丽儿奶粉，欺骗消费者；此外被曝光的还有广西省广药子公司违法使用硫磺熏蒸的山银花及其枝叶生产药品，其出产的维 C 银翘片涉嫌砷、汞等金属残留，给消费者留下了用药安全隐患，同时该事件也严重影响消费者对维 C 银翘片的信任度；"汇源果汁"是知名的饮料集团，但是2013 年该集团和安德利、海升公司一起被曝光向果农购买"瞎果"作为果汁原料，曝出"烂果门"丑闻。

随着互联网的普遍化、新媒体的拇指化，以及现代物流的快捷化，电商经济获得了快速发展，占据了商务活动半壁江山，"天猫""淘宝""支付宝""P2P"成为交换与消费领域耳熟能详的名词。但是电商经济在迅速突起的同时，"假货""违约"的批评也不绝于耳，连高层政府部门都不得不出面干预，可见其失信的程度不一般。

必须指出的是，近年造假事件多发生于国外在华企业或合资企业。如，2013 年调查人员在北京崇文门的肯德基、麦当劳等快餐店中取回可食用冰块进行抽样检测。检测结果发现，冰块菌落数量高于国家标准，而且高于马桶水箱水样品的 5 倍至 12 倍。同样被曝光的还有在沃尔玛大超市消费者所购买的"五香驴肉"里竟掺上了狐狸肉。

外国企业的失信丑闻并非偶然，在商务诚信的调查中，外资企业或合资企业的不少诚信指标都差于国内的企业。例如，在如何看待虚假广告的问题，国有企业与民营企业表示"非常反感"和"比较反感"虚假广告的数据都在 80% 以上，国有企业是 89.3%，民营企业是 82.3%；而外资企业反感虚假广告的数据是 77%，合资企业是 75.5%，相差 10% 以上。对待达芬奇冒充意大利家具的做法，外资企业选择

"见怪不怪，洋品牌就是这样包装出来的"的选项最高，为45.9％；而国营企业是25.3％，民营企业是34.2％，远远低于外资企业的比例。

(二) 经济活动中诚信观念尚未普遍建立

经济活动客观存在的失信问题，可能有多种原因。有政府监管的漏洞，也可能是人性的贪婪与投机，从伦理上检视，则主要在于商务活动的诚信观念尚未被普遍接受。换句话说，经济活动主体诚信观念的缺乏是失信行为产生的主要原因。

诚信观念缺乏体现在哪里？一是表现在诚信问题上是非不分。如前面所提到的对现实中的虚假广告"不反感"，甚至"能够理解"的受访者占到了16.7％。又如，问到"有的企业用'无商不奸'来解释自己不诚信行为，您的态度是?"竟然有26.9％的人对企业的"无商不奸"的道德辩解表示"非常理解"和"比较理解"。其中文化程度低的比例居高，高中文化程度的是33.3％，初中文化程度的是34.6％，比大学文化程度（22.4％）的高出了11％多。

二是在观念上对商务诚信持无所谓的态度，对于达芬奇假冒意大利家具的欺骗行为，受访者认为"见怪不怪，很多洋品牌都是这样包装出来的"和"很羡慕达芬奇公司的经营策略"两项占33.2％，其中外资企业比例更高，为45.9％。

对于企业失信行为的评价，有18.9％的人认为"很多企业都这么做，司空见惯""不了解，不好说"，甚至表示"这种做法高明，可以仿效"。对于市场上出现的"短斤缺两""以次充好"的现象，竟有17.9％的人认为"很正常，是行业潜规则"，也就是认同这种潜规则。

而对这种潜规则认同度最高的仍是外资企业，潜规则的认同度高达29.5％。在另外一个提问中也发现了类似的情况。在"作为商家，您赞成哪些观点?"的回答中，"做生意要本本分分，言而有信"这一正面积极的回应，外资企业最低，为55.7％，合资企业是68.4％，民营企业是71.6％，国营企业是73.1％（见图3）。相反，对于"做生意老实容易吃亏、受欺负""别人诚信，我也诚信，别人不诚信我也不诚信""只要能赚钱，别的都不重要"这些负面的回应，外资企业却是最高，为34.4％，合资企业24.6％，民营企业15.2％，国营企业15.1％（见图4）。可见外资企业的诚信文化建设是较差的，其人员的诚信认同度较低。

三是对诚信在经济活动中的价值认识不足。之所以有诚信问题上的是非不分，其

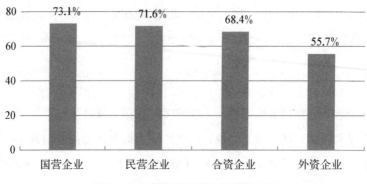

图 3 对于"言而有信"的认同比例

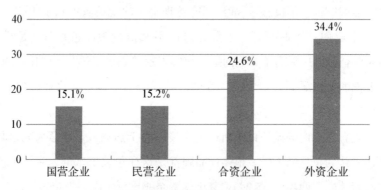

图 4 商家对诚信的负面回应

根源在于无视诚信在现代经济活动中的意义。还是"在商言商,无非追利"的观念影响,认为其他的一切都不重要,赚钱才是第一位的。所以对问题"您认为企业在追求盈利的今天,强调诚信意义大吗?",有 19.5％的人选择了"意义不大,诚信不一定带来利益""没意义,讲诚信可能会损害利益""完全没意义,讲诚信绝对损害利益",还有 5.5％的人选择了"说不清"。这部分人完全是从利益出发或者义利对立的立场来评价诚信的意义,其结果必然摒弃诚信的理念。不同性质企业持这种立场的比例依次为:合资企业 25.0％、外资企业 20.3％、民营企业 18.8％、国营企业 18.4％。

（三）经济活动主体之间的信任关系尚不够深入与稳定

虽然中国经济活动的主体在经济领域里已经建立起基本的信任关系,这种现代的信任关系为诚信经商打下了良好的基础,有利于营造市场经济的伦理环境,促进经济的健康发展。但也必须看到,由于中国市场经济与现代化时间不长,社会的快速转型，陌生的人际社会突然而至，现实经济生活中失信造假事例的曝光冲击，使得经济领域中的信任关系还处于一个表浅、动摇不稳定的状态。疑虑猜测、犹豫不安是现实商家交往心态的表现，这种心态在一定程度上也会影响人们交往的信任感。调研数据表明，商家对市场交易的信任状态评价为"不太信任"和"很不信任"是15.8％，但更多选择是"一般信任"，占45.4％。而来自民众（消费者）的信任度则要低得多。在民众看来，19.5％的商家活动是"不太诚信"和"很不诚信"的，这个数据高于"非常诚信"与"比较诚信"的17％，说明民众对商家的信任态度比较谨慎，具有一定的保留性。因此，深化与巩固经济交往的信任关系仍是商务诚信文化建设的目标之一。

三、商务诚信文化建设任重道远

对于中国现代经济活动中的商务诚信首先要抱有信心，作为诚信文化，它已经产生了落种萌发、展枝开叶的效果。这种效果一方面是经济发展的要求逼出来的。现代经济的高度分工、高科技化、高流通化、高度信用化，以及媒体高度监督下的高公开性，诚信是无可避开的文化条件，它甚至是现代经济的组成部分。现代经济的诚信要求已被越来越多的企业家与从业人员所认识，就此而言，中国商务诚信文化的产生无疑是对现代经济文化要求自觉认识的结果。另一方面，企业及其人员认同诚信、接受诚信文化也是经济领域诚信文化建设的结果。这里必须提及的是，商务诚信文化的推进也受益于传统诚信文化的滋养。中国传统文化并非完全如西方人所认为是排斥社会性诚信的文化。事实上，中国传统文化包含着丰富的诚信文化，而且对诚信的追求并不完全局限于家庭，也有向外开放的要求，如儒家的观点"己欲立而立人，己欲达而达人"。中国古代也有商贾伦理，里面包含着诚信的要求。如，宋代袁采的《袁氏世范》、清代吴中孚的《商贾便览·工商切要》都提出了诚信经商的道德要求；而古代中国的儒商，更以讲究诚信著称，这些传统的诚信文化易于为国人所接受，也有助于现代商务诚信的建设。

然而与此同时，我们必须正视商务诚信所存在的诸多问题，经济领域中的诚信文化建设仍是一个艰难的课题。其困难在于，对于诚信文化建设的重要性并没有被所有人所认识，诚信文化建设的热情往往是上热下不热。中央政府十分重视，国务院专门制定了2014年至2020年《社会信用体系建设规划纲要》；中央文明委也发布了《关于推进诚信建设制度化的意见》，提出："构建适应社会主义市场经济发展的诚信文化，引导人们正确处理经济利益与道德追求的关系，深刻认识市场经济既是契约经济、信用经济，又是法制经济、道德经济，在追逐物质利益的过程中享有精神收益。"① 问题在于，这些规划纲要和意见落实的情况如何呢？尤其能否在企业落实呢？据调查，情况并不乐观。首先，政府部门在推动商务诚信的作用并非很大。来自商家对"政府部门在推进商务诚信中的作用"的评价，认为政府部门"作用不大""完全没有作用"和"不好说"的占了41.1%。其次，企业本身对于商务诚信建设存在着乏力的情况。调查显示，企业"经常开展诚信文化建设"的不到三成，只有29.7%；"偶尔开展"的有39.9%；"很少开展"的是19.8%；"从未开展"的也有10.4%（见图5）。从企业规模来看，小型企业诚信建设最差，"从未开展"占到了19.3%；微型企业其次差，"从未开展"为14.8%。从企业性质来看，外资企业诚信建设最差，"从未开展"高达30.5%，合资企业是14.3%，民营企业是9.7%，国营企业是4.3%（见图6）。

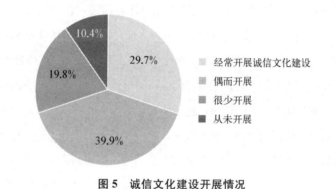

图 5　诚信文化建设开展情况

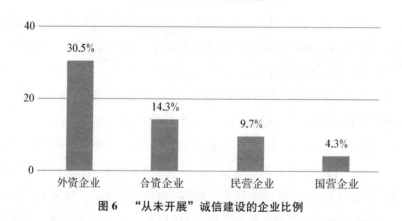

图 6　"从未开展"诚信建设的企业比例

---

① 中央文明委.关于推进诚信建设制度化的意见［N］.光明日报，2014-8-2.

这些数据与前面的数据结合起来看，企业是否认真开展诚信文化建设与企业及其人员的诚信意识和诚信行为有着密切关系，也说明实实在在地推动企业诚信文化建设是何等重要。但是如何使企业的诚信文化建设落在实处仍是一个需要研究的问题。目前关于经济领域的诚信文化建设存在两种误区：一种是认识上的误区，主要表现为割裂文化建设与经济建设的有机联系，认为经济建设是一回事，文化建设是另一回事，企业主要工作是以盈利为目标的经济活动，文化建设最多只能是点缀，因而不重视企业诚信文化建设，甚至把诚信文化建设看作为一种负担。另一种是诚信文化建设理解上的误区。有的企业认识到诚信文化建设的重要性，也意识到诚信文化对于经济活动的积极意义，但是对诚信文化的建设仅仅理解为贴贴标语、办办讲座、搞搞活动等"宣传宣传"的工作。虽然这些活动仍是必要的，但是对诚信文化建设做如此的理解是有问题的，不仅过于狭窄，而且浮于表面。

经济活动的诚信文化建设要克服上述误区，真正推动商务诚信文化建设，首先还是要提高经济活动者（企业与从业人员）商务诚信重要性的认识，看到商务诚信对于企业的盈利、企业的可持续发展的长远价值，重视企业商务诚信文化建设，把商务诚信建设列入企业建设的战略层面，而非是一项可有可无或者额外负担的事情。

其次，全面准确理解商务诚信文化的建设要义。虽然文化建设有其特殊性，但是文化建设并非单纯孤立进行，它不仅要有形式，也要有载体，更重要的在于内容，因而复合各类要素是现代文化一大特点与趋势。商务诚信文化必然与企业的商务活动相联系，体现在商务活动之中，同样也只有在商务活动中才能建设商务诚信文化，脱离实际的经济活动，商务诚信文化是难以建立的。

再次，精心设计商务诚信文化建设。要将商务诚信文化与企业的经营活动有机地结合起来进行建设，包括检视企业经营目标、产品与服务、企业活动制度、商务交往活动的动机与手段中的诚信度；赋予这些活动具有诚信精神与规则要求；重要的建设是对人的诚信教育与引导。人是经济活动的主体，是否诚信经商关键在于人。这里的人包括企业主、管理者，也包括技术人员在内的全体员工。企业始终要把人的诚信教育作为商务诚信文化建设的重点。人的诚信教育固然可以与行为的奖惩等制度的执行结合起来，但更要注重诚信观念的培育。如，必要的道德学习，倡导诚信做人，从管理层带头做起的企业内部的以诚相待、对外商务的以诚待客、劳动与服务过程中的认真待事等等。通过人的诚信观念培育来塑造企业的诚信精神。

最后，政府在商务诚信文化建设中发挥积极作用。政府的责任在于营造良好经济活动的诚信环境，从外部来促进企业内部的商务诚信文化建设。从调查来看，商家对于改善"社会环境差"的呼声较高，期望政府有所作为。目前政府部门在商务诚信文化建设中的作为不够，主要体现在诚信监管不力（23.5％）和诚信引导（10.8％）有问题。对此，政府部门一是要在公共经济政策中有诚信经商的导向，因以往的公共政策没有关注到或不够注重诚信在政策中的体现，有的商务失信正是钻此空子所致，故公共政策的诚信导向十分重要。二是政府部门要严格执法，敢于碰硬，严厉打击失信违规的经济行为，包括经济上的惩罚、取缔不良商家。三是加大诚信舆论监督力度，利用大众媒体，及时把不诚信的经商行为暴露于阳光之下，使之无处藏身。四是要加大行业信用体系建设的力度，充分利用政府的诚信网，结合企业征信系统建设，公开诚信信息，鼓励行业内部开展诚信评比、诚信互督，促进行业形成诚信经营之风气。

以统合思路推进诚信文化建设[*]

当前我国正处在社会转型期。社会转型意味着利益的调整、价值的重估、观念的转变和体制的转换。由于新旧体制和社会结构转变过程中出现的法律建设的滞后、道德教育的盲区，产生了各种无序的利益追逐，"诚信"正面临危机。诚信危机本质上是文化危机，诚信文化建设是克服各种社会失信现象的良方。

一、社会转型期诚信文化建设面临的困境

诚信作为一种精神文化，已经预示着诚信文化建设的推进有其特殊的难度：首先，诚信文化的潜在性、隐匿性决定了对其单独进行考量存在较大困难，需要从商务、政务、社会、司法等社会实践领域多方面对其进行系统考察；其次，诚信文化的内在性、复杂性决定了诚信文化建设最终是社会人的教育、改造与转化的工作，这是一项错综复杂的系统工程；第三，在转型期，利益问题已触及社会方方面面，如何保证诚信在个人与社会各方面的实现也必然要从系统性的角度来寻求解决思路。

诚信文化因其精神性文化的特点而使诚信文化建设困难重重，除此之外，在社会转型的背景下，诸多复杂因素相互交结，也使我国诚信文化建设面临多重困境。

一是历史错位与传统诚信文化现代转化的艰难。诚信是我国优秀的传统文化，古代先哲以"天人合一"的智慧推出诚信之道，以德性理论构建诚信文化，通过先人们世世代代的道德实践，中华诚信文化独树一帜。当今开展诚信文化建设，必须弘扬我国诚信文化传统。但我国传统诚信文化的基础是以农业为本的小农经济社会

＊　余玉花.以统合思路推进诚信文化建设［N］.光明日报，2013－10－07.

和以宗法血缘关系为基础的宗法等级社会，这与以全球化、网络化、工业化、城市化等为基本特征的当前我国社会基础存在着明显的差异，因此传统诚信文化的现代转化面临着困难。

二是逐利驱动与诚信文化价值定位的下移。当前我国处在尚未成熟发达的社会主义市场经济条件下，人们的利益意识日益觉醒，利益诉求日益高涨。由于法律制度尚不够完善，通过钻空子、搭便车来获得利益的途径客观存在。在巨大经济收益的诱惑下，人们总是乐于选择成本低的失信行为作为自己的牟利手段，诚信文化在膨胀的利益欲望面前不堪一击。换句话说，当经济利益与诚信文化发生矛盾时，许多人倾向于选择经济利益，而将诚信摆在次要的位置。

三是新旧体制转换与诚信文化制度建设的盲区。当前我国正处在新旧社会体制和结构的转换过程中，与之相配套的许多社会诚信制度尚未建立或者难以发挥应有作用，使得诚信文化建设缺少制度支撑。例如，与社会信用管理相关的专门法律体系尚未建立；征信数据的采集与信用数据库的建立还处在起步阶段；信用服务中介机构的发展缺乏制度支持与规制等等。

四是"重形轻神"与诚信文化建设中文化向度的薄弱。当前我国文化建设中存在较为严重的"重形轻神"倾向，比较重视文化建设的外在器物形式要素，而容易忽略其内在的精神气质要素。受其影响，当前的诚信文化建设也容易走向工具化、形式化的路途，其内在的精神价值和文化意义容易受到忽略。

二、 以统合思路破解诚信文化建设的难题

如何破解诚信文化建设困境，需要引入新的思路。笔者认为，诚信危机由多种复杂因素造成，诚信问题具有社会普遍性，涉及社会多方面领域，因此诚信问题的治理与文化建设不能局限于线形的和局域形的思路。线形思路的特点是简单，不能应对复杂的问题；局域形思路的特点是分散，注重于个别领域或个别方面，不能兼顾其他，因而难以形成力量。对于诚信文化危机这样的复杂问题和建设难题，必须要有整合系统的思路来寻找破解诚信危机的行动方案，统合力量来推进诚信文化的建设。

统合思路不限于诚信文化建设的目标设计、行动组织的设计，同样也运用于诚

信文化建设的方法手段上，在某种意义上，统合也是一种方法。但是诚信文化建设的统合不是盲目追求某种偏好，而是来自现实对统合的需要和可能性。换言之，统合也需要有基础和条件。就诚信文化建设的统合而言，也只有在具备统合条件的前提下，才能运用统合的思路。基于诚信文化精神性的特点，在讨论诚信文化建设统合问题的时候，必须从精神文化的特性上来寻找诚信文化建设统合的可能性条件。当然，在聚焦诚信文化精神特性的同时，不能忽略诚信精神文化所形成的社会基础包括经济政治社会等在内的制度条件、生态现状，以及社会基础各要素之间的相互关系，因为这些都是统合的条件。以此省视我国现今社会制度和精神文明建设的要求，笔者认为，诚信文化建设已经具备统合的条件。

首先，诚信文化是社会各个领域共同追求的价值观文化。诚信文化在中国源远流长，但传统诚信仅仅限于个体的德性，囿于家族与朋友狭小的"熟人圈"。虽然个体德性仍然是社会诚信的基础，然而当今时代对诚信文化的要求已远远超出了传统诚信文化的范围。诚信原则不仅通行于熟人之间，更被要求通行于广泛的陌生人之间；诚信原则不仅仅作用于乡村家庭领域，更是国家政治、城市经济与公共社会各个领域的道德原则。也就是说，诚信已经成为社会各个领域人们活动和交往的伦理要求。可见，诚信文化是整个社会不同领域和社会成员不可缺少的道德文化养料，建设诚信文化是全社会的价值共识。

其次，不同领域诚信文化的相互影响与支持是统合诚信文化建设的必要条件。现实生活告诉我们，诚信文化精神性的特质使其具有快速的蔓延力，人为的设域与阻隔完全是徒劳的。在经济领域失信受益，则失信之风会快速飘向政治领域与社会领域，影响这些领域的诚信文化。同样，政治领域的失信也会影响其他领域的诚信建设。人们会自我安慰：官员可以不诚信，我为什么不可以？趋利性心理与"比坏"的心理助推失信蔓延。鉴于此，诚信问题的治理需要统合共治，否则辛苦的努力只能是事倍功半。

当然，从积极方面看，不同领域诚信文化建设又是相互支持的。例如，某一领域对失信的严厉打击不仅遏制了本领域的失信势头，对其他领域的不诚信行为也是一种告诫。同样，某个领域诚信文化建设得好，对其他领域诚信文化建设既树立了学习的样板，又是极为重要的信心鼓励。总而言之，不同领域诚信文化建设的相互性、交融性显示了统合建设诚信文化的必要性。

三、诚信文化建设的统合模式建构

破解社会转型期诚信文化建设的困境，提高我国社会诚信文化建设的效果，真正解决社会失信难题和避免社会诚信危机，应以系统性、整合性和可操作性为指向建构诚信文化建设的统合模式。具体来说，我国诚信文化建设的统合模式建构如下。

一是诚信文化建设领域的统合。就是指政务、商务、社会和司法诸领域诚信文化建设的统合。政务、商务、社会和司法各领域诚信文化建设不能单打独斗、孤军奋战，而应相互配合、有机贯通。要实现它们之间的统合贯通，应打破领域之间不相往来的文化壁垒。随着网络的普遍社会化，领域之间的文化壁垒逐渐打破，为领域间的统合创造了条件。

二是诚信文化建设内容的统合。首先是诚文化与信文化的统合。诚文化注重的是主体内在德性的培育，所谓"思诚者，人之道也"。诚文化是诚信文化的核心和行为动力。信文化注重的是条件性的德性，带有工具性的色彩，但它是现代经济与现代社会交往的必要原则。诚信文化建设包括诚文化建设和信文化建设两方面，而且两方面建设要齐头并进，不可偏废。其次是传统文化与当代文化的统合。我国有着悠久的诚信文化传统，我国古代和新中国建立后的诚信文化建设积累了许多有益的经验和深刻的教训，能为当代诚信文化建设提供历史资源和思想启迪，但是要根据当今时代特点和要求，赋予其新的内涵和意义，实现当代诚信文化的创新。再次是世界他文化与民族己文化的统合。诚信文化可以说是每个国家都需要的道德文化，诚信建设也是其他国家关注的文化任务，具有世界性。对于他国诚信文化以及文化建设不能简单排斥，"他山之石，可以攻玉"，我国的诚信文化建设要认真汲取国外诚信文化建设的有益经验。

三是诚信文化建设手段的统合。首先是观念、制度和技术的统合。诚信文化建设是一项系统的工程，促使全社会建立诚信观念是诚信文化建设的根本任务。但是，没有外在力量的推动，诚信观念的灌输与自我内化可说是既难又慢，因此诚信文化建设必须要有制度的介入，通过完善相关制度体系，使诚信文化建设获得制度的支持和保障。同时，诚信文化建设要充分运用现代技术成果，如征信技术体系等。其次是观念与行动的统合。诚信文化建设既要着眼于人们观念的转变，使诚信文化深入人心，又要立足于人们的行动，使诚信成为一种生活习惯和生活方式。最后是主体与客体的统合。诚信文化建设既要强调外在的制度和规范体系建设，又要注重人们内心的道德律和善良心的唤醒；既要强调他律的功能，又要强调自律的意义，避免"重形轻神"工具化的建设路数。

政务微博：建设政务诚信的新平台*

政务微博是适应微博这一新媒体的迅速普及化和群众化而推出的政务活动的新载体。从 2009 年湖南省桃源县最早开通"桃源网"政府微博起，短短几年，政务微博如雨后春笋般地建立起来，在新浪网、腾讯网、人民网和新华网四大网站上认证的各类政务机构微博客达 32 358 个；四个直辖市的政府新闻办公室全部开通政务微博，以@发布的名称标志，政府"织围脖"成为美谈，社会影响力非常大。据报道，上海市从 2011 年起运用微博这一现代新媒体形式来增强政府服务群众、完善政府管理职能初获成功，一年来，上海市、区县政府及其相关公共机构形成 2 000 多个政务微博群，赢得微博点击率近 3 000 万人次，其中上海市政府新闻办官方微博"上海发布"高居新浪微博平台政府影响力全国风云榜首位。当然，我们不能满足于政务微博的社会轰动效应，更需要从政务微博的社会影响力中去发掘其文化内涵的价值。

一、政务活动的新型载体

政务微博作为新型的政务活动载体，不仅承载着优化政府行政管理的技术功能，同样也承载着政府履责的文化价值功能，政务微博应当成为政府建设社会主义政务文化特别是政务诚信文化的新平台，为提升政务公信力发挥重要作用。对于政务微博来说，政务诚信既是政务微博应持的价值态度，是政务微博发挥政务管理功能的必要条件，而政务微博所特有的媒体传播形式和互动性的活动特点也有助于推动政务诚信建设。

---

* 余玉花.政务微博：建设政务诚信的新平台 ［N］.文汇报，2012 - 11 - 05.

首先，政务微博开拓政务公开的新通道。政务公开是行政管理现代化民主化的一项基本要求，也是政府取信于民的必要举措。目前政务活动遭到垢病的一点，就是政务信息不够公开不够透明、政务滞后于民众的期待，影响了政务诚信度。虽然这几年行政部门的改革在政务公开方面也作了努力，包括建立政府网站来公布政府信息，也有通过新闻发言人在电视电台频道发布政府信息。然而，政府网站与民众之间依然存在着某种无形的距离，人们获取信息仍然不够方便，因此大多数的政府网站点击率都不高。至于电视电台的信息发布也因受发布时间的限制而使政务公开难以达到最大的受众面。政务微博弥补了上述的不足，一方面政务微博认证的网站是大众网站，是民众平时经常光顾的网站，进出自由方便，不受时空限制，常常可以与政务微博亲密接触；另一方面微博简短文字的特点易为民众所理解，微博既能保留又能更新的特点也为广大民众所接受，而微博转发的快速便捷性更能使政府发布的信息在弹指之间传向千千万万的网民大众，从而使更多的民众能够在第一时间了解政府公开的政务信息。

其次，政务微博是政府联系民众的新纽带。政务微博互动的功能促进了政府与民众的交流，在交流沟通中增强互信。通常政府与民众的沟通往往要经过繁琐行政层级的传递，费时费力，信息传递慢，也容易失真。政务微博提供了政府部门和民众直接沟通对话的平台，政府可以通过微博直接了解民意，听取和接纳民众意见，包括决策征询、政策执行效果反馈等等，客观上提供了民众参政议政的条件，而随着民众对政务活动关注度的提高，也有助于政府改善行政作风和提高政务活动的质量。而民众有什么诉求，也可以在微博直接反映，民众的咨询、投诉，也可以得到政府部门的及时回应。政务微博所创造的互动性则意味着政府与百姓的平等性，没有平等当然也不会有互动。正是平等与互动，政务微博才能够吸引和粘住大量的"粉丝"，增强政府的凝聚力；也正是在信息交流、沟通、互动中，政府能够及时了解社情民意，了解群众的需要和疾苦，尽快为群众排忧解难；微博互动则增强了民众对政府的信任感，支持政府的正确决策，积极配合政务工作的开展。

再次，政务微博是政府服务民众的新形式。政务诚信的本质就是真心服务群众，但是需要形式来获得实现。微博的主要功能是信息传播，在今天高速信息化的时代里，信息在相当程度上左右着人们的生活与工作，可以说，信息已经成为这个时代人们生活不可缺少的组成部分，信息闭塞和信息缺乏势必给人们的生活带来不便和困难。因此开通微博提供民众需要的信息开创了政府信息服务民众的新形式，实践人民政府"权为民所用"的政务价值观。政务微博正是通过信息指导、信息反馈、信息支持、信息纠错、信息传递来满足民众的利益需求，解决民众生活难题。如"上海发布"每日更新微博 20 余条，全部是与民生相关的信息，满足了市民日常生活方方面面的需要。"成都发布"则建立"成都气象""成都人才""生活服务"等信息栏目，及时向市民发布衣食住行等便民服务信息，深受广大民众的欢迎与信赖。

二、政务微博的诚信建设

需要指出的是，虽然政务微博有助于政务诚信建设，可以成为政务诚信文化建设的新平台，但是这仅仅从政务微博特殊功能所能提供的条件而言的，政务微博本身不等于政务诚信。作为一个新的信息平台，政务微博也存着两面性，政务微博本身也有一个诚信与否的问题，同样也有公信力的问题。倘如政务信息不真实，信息隐瞒，互动不及时，政务微博这一新平台新工具反而会成为影响政务诚信、损害政府形象的滋生源。事实上政务微博的负面性已经出现。如，信息长久不更新的"微博僵尸"，缺乏诚意的信息回应，文过饰非的认错态度无不反映着政务微博的诚信问题。因此，要将政务微博打造成政务诚信的新平台，还需要加强政务微博本身的文化建设，强化政务微博的诚信内涵。

微博诚信建设的首要之举是政务微博要有正确的定位。政务微博就其形式而言，与一般微博具有快速传播、即时交流的同样功能，但是政务微博又有不同于一般微博仅限于交流的另质性功能。需要确定的是，政务微博是一种政务活动，是政府履职实施政府管理和政府服务的一部分。政务微博的主体是政府及其政府部门，政务微博的信息内容代表着政府的价值立场和政策要求，这决定了政务微博信息平台的特点是公共性和权威性，因而政务微博要避免随意性。目前，某些政务微博为了增加政务微博的情感信任，在语言风格上使用网络语言，贴近民众生活，使政务微博富有人情味，让网友感觉亲切，宛如邻家，塑造了亲民的形象。这些只要不影响政务微博基本职责和政府形象的前提下是可以理解的。但是试图使用所谓吸引眼球的"雷言""悍语"来吸引更多的"粉丝"，则完全不可取。应该说，"粉丝"量不应当成为政务微博追求的目标，关注率、点击率和网民的评价才是考量政务微博影响力的指标，那种媚俗迎合的做法与政府亲民目的并不具有共同性，也无助于提升政府的形象。政务微博必须走出追求粉丝率的自我表现满足感。政务微博可以生动活泼，但有别于娱乐性，也不追求所谓的轰动性，政务微博应当始终秉承公共性、权威性和服务性的政务本性。提高政务微博的权威性和影响力则必须坚持政务诚信的价值原则，在建设诚信微博的同时提升政务微博的主体即政府的公信力。

政务微博作为现代政府政务活动的一面窗口，政务微博的诚信折射的是政府的诚信，而政务微博传媒性的特点更能将政务诚信包括失信的影响力扩展到极大，因而应当充分认识政务微博的诚信建设对于政务微博本身乃至整个政府的意义，所以上海市政府提出"政务微博要以公信力为先"。

政务微博的公信力建设当以"三真"为要。第一，信息真实。网络世界因其虚拟性，巨量信息往往良莠难分，特别是某些具有震动性的社会事件发生后真假信息满天飞，其结果可能遮蔽了事实的真相，误导民众的情绪，甚至引发思想混乱和新的问题事件。政务微博的一项使命就是要通过真实信息的及时发布揭示真相，去假止谣，拨乱反正。真实的信息就应是有一说一，既不能夸大其词，也不应文过饰非，讲真话才能求信于民众。信息真实是政务微博权威性和公信之源，也是政务微博真正发挥管理职能的基础条件。第二，情感真诚。微博由文字组成，而文字是语言的表达，其浸润着情感的信息。虽然政务微博的信息必须依法发布，严格遵守法律法规的要求，但这并不影响政务微博情感的表达。代表服务政府的微博其应有的情感是真情实意。无论是提供服务的信息，还是处理问题的信息，政务微博都应抱有真诚的态度，体现在在微博的字里行间。如，解除群众忧难的及时信息，犹如春风化雨，滋润心田；又如，有问必答、有求必应的信息，真诚礼待，信赖之感油然而生。即使某些事件关涉政府，即便政府真的有错，政务微博上的实情告知和真诚道歉，也会获取民众理解与宽谅。第三，实事真做。政务微博虽然是一条条信息，但是信息里面有实事，也需要实实在在地落实。有的是在互联网上互动中落实的，有的则需要在线下予以解决。但是有个别政务微博承诺的事情不兑现，有的政务微博对民众的诉求不回应，有的干脆关闭了微博通道。如此，微博便成为了一种摆设，必然损害政府的诚信度。因此必须呼吁，诚信的政务微博应当摒弃花俏不实的时髦架子，兑现承诺，实事真做，成为民众喜爱信任的政务微博。

倡导城市文化建设的诚信价值 *

城市文化建设的核心是凝炼城市价值观，形成城市文化发展的价值共识，营造城市文化发展的精神家园。将"诚信"作为城市倡导的价值取向，必将推动城市文化更加健康发展，提高城市人的道德素养。

现代城市倡导诚信价值，首先在于促进人性的良善发展和社会的和谐交往。人性发展是一个做什么人的问题，古今中外绝大部分的主流文化都把诚信看作文明人追求的基本要求。中国古代文化一再强调诚信为做人的基本要求，提出"人无信不立"，认为"诚者，物之终始，不诚无物。是故君子诚之可贵"。民间流传的格言"诚信是金"，不光指诚信能带给人利益，还是一种可贵的品格、精神。西方基督教文化把"不许说谎"列为"十诫"之一，说谎即为罪。哲学家康德认为，说谎违背了做人的目的，毁掉的是人的尊严。众多的文化与思想家之所以把诚信看作做人的基本要求，把其列为基本的美德，是因为其他的精神追求，其他的道德美善没有"诚"为前提的话，都会变得丑恶。试想一下，虚假的仁慈意味着什么？所以，做人从诚信开始，美德基于诚信。

诚信作为个人美德并不是为了自我欣赏，更主要的是能够满足城市中人们交往的需要，同时也只有在交往中才能表证诚信美德的意义。没有交往，没有行为作用的对象，诚与信的品格则无法表现和衡量。因此，诚信不仅是城市个体成员的做人之道，而且是城市人社会交往之道，是日常生活中人与人相处和往来的伦理纽带。

现代城市拓展了极其广域的公共交往空间，人们日常生活变得更开放，同时也增加了自我与他人特别与陌生人交往的可能性与复杂性。这种日益增多的人际交往是城市生活重要的组成部分，城市没有人际交往是不可想象的。无论是购买生活消

---

* 余玉花.倡导城市文化建设的诚信价值 [J].党政论坛，2014（03）：37–38.

费品、日常交通出行，还是谋生创业的职业活动和经济活动，以及节假日的休闲娱乐都要与人打交道，正是在各种社会交往中达到我们做事和生活的目的，同时使我们生活的城市充满活力。

现代城市人的交往活动是自由而开放的，如无人售票的公共交通，任意选购的商品服务等。但是如何保障人们有秩序地进行自由交往？如何使人们在交往中各有所得并获得快乐？需要有自由交往的规则和接受规则的道德意识来予以支持。诚信就是最基本的交往道德，诚信提供人们自由交往的信任基础，从而排除了不安全的交往顾虑，降低了交往成本，提高了交往效率和质量，也促进了城市成员的和谐相处。相反，缺乏诚信道德的城市是不安全的城市，也是不幸福的城市。不妨假定，如果两个人交往，其中有一方不诚信，那就会伤害另一方的利益或尊严；如果交往双方都不诚信，对交往的双方都会带来伤害；如果这种不诚信现象有蔓延趋势的话，则社会的信任度降低，就会出现诚信危机。诚信危机破坏人们之间的信任关系，造成不良社会风气，损害城市的精神文明。从现实的情况来看，城市公共交往中失信情况较为严重，地铁逃票、假冒商品、虚假合同、街头行骗等欺骗事件，造假制假事件频频发生，造成公共交往道德上的不安全感，使城市生活蒙上道德污垢，不诚信已经成为破坏城市文明的公害之一。

现代城市文化倡导诚信的价值取向，还与城市经济现代化发展密切相关。诚信所奠定的社会信任基石是市场经济必不可少的文化环境。现代城市经济活动的特点是市场自主性、开放性和交换频繁性，这些特性决定了市场经济必须以社会普遍信任为前提。在现代市场经济的条件下，普遍的交换关系使信用关系普遍化了。无论是货币买卖、商品交易，其发生的经济关系都是信用关系，双方都以对方的可信为前提，这也是经济利益能否实现的重要条件。但是，能否建立起良好的信用关系，信用制度能否有效实施，都将取决于人们是否具有诚信观念。诚信道德观念是关系到现代信用制度能否顺利运转的必要条件，倘若信用的相关人不具有诚信道德或诚信观念薄弱，信用制度即使建立了也难以发挥作用。金融证券市场上由于不诚信而造成的金融灾难给人们留下深刻的道德教训。

诚信价值理念对于现代城市经济的意义，不仅在于其对现代信用制度的支持，还关系到经济活动能否健康发展。在市场经济活动中，诚信谋利是一大原则，因为诚信既是获利的条件，也是市场经济安全交易和安全消费的前提。目前经济领域出现的"地沟油""瘦肉精""纸墙壁""假品牌"等造假售假行为不仅危害了消费者的身体健康和经济权益，不诚信的经济牟利还会摧毁人们对市场的信心，而造假的企业也会在法律的严惩之下难以获利甚至倒闭。因此拒绝造假、诚信经商应该成为城市经济活动者的共识，诚信文明的价值理念应当贯注于市场经济所有活动之中。

城市文化建设倡导诚信价值，首先要营造"诚实为荣、欺骗为耻，守信为荣、失信为耻"的道德舆论氛围，张扬诚信美德，鞭挞造假的恶行。倡导城市市民追求"讲诚实话、办诚实事、做诚实人"的价值观，无论在日常人际交往还是经济活动中都要坚守诚信的原则，真诚待人，以诚换诚，以信得信；循规做事，以诚经商，以信谋利。对于失信作假行为不能抱"旁观者"的态度，而是人人有责表达道德义愤，使失信者如过街老鼠，无处容身。各类媒体是助推诚信舆论的主力，媒体不能满足于事件的报道，更要体现诚信的立场和道德力量，这样诚信正气才能压过虚假邪气，城市的精神之气才能得以清明，城市生活才能安全和谐。

其次，以制度支持诚信文化建设。城市诚信文化的形成，制度他律也是重要条件。为什么社会失信的情况愈益严重？其中一个重要的原因是诚信道德缺乏制度的支持。没有制度支持，则难以对失信行为进行有效的打击，失信行为有恃无恐，失信成本很低甚至不必付出代价，社会诚信道德底线一次次被冲破。由于制度打击不力，现实生活中的金钱利益诱惑和社会不平衡心态作祟，竟有效仿失信者不觉为耻，失信行为不仅没有得到遏制甚至有逆向而起之势，更增添诚信建设的困难。因此，在诚信问题积弊难返的情况下，当前尤其要重视制度对诚信文化的支持，建立和完善支持社会诚信的各项制度。特别要利用现代技术和市场手段建立现代征信制度，建立使人不敢失信、使人不能失信、使人不想失信的惩诫机制，来遏制失信行为。只有运用制度刚性力量治假打假，对欺诈和造假毫不手软的打击，虚假失信之风才无猖獗之机，才能保障和鼓励诚信的行为，才能弘扬诚信道德，为城市人公共交往和各种社会活动创造一个良好的道德环境。

最后，倡导诚信要从倡导者带头做起。倡导诚信者首先践履诚信这是城市社会诚信建设最为关键的条件，诚信建设最忌"口诚心不诚、言诚行不诚"的虚假性。从倡导者做起，破除诚信建设虚假性乃当务之急。诚信倡导者包括倡导诚信道德活动的组织，如政党组织、城市管理机构、学校、各类媒体、社会组织等，也包括承担诚信教育的人，如领导者、城市管理者、教育者、文化人、年长者与为人父母者。

第三编

价值观之探

论诚信价值观[*]

党的十八大提出社会主义核心价值观是一个有层次结构组合型的价值系统，诚信是其中公民层次中的价值观之一。社会主义核心价值观系统总共只有 12 个价值观词组，在公民层次系统中只有 4 个价值观词组，可见社会主义核心价值观虽为价值系统，却十分简洁精炼。而本文要讨论的问题是，为什么诚信进入了社会主义核心价值观系统？如何理解作为价值观的诚信？如何使倡导诚信价值观真正成为社会风气？

 一、诚信何以成为社会主义核心价值观的重要内容？

诚信是生活中人们很熟悉的德性之一，从孩提时代起，人们就开始熟悉诚信这个词。诚信似乎太普通了，也不深奥，在中国传统文化的美德系列中并不凸显，没有像"仁、义、忠、孝"等被视为德目之纲，也少有释义诚信的宏篇大论。诚信只是德性而已，而且诚信德性中个人的成分居多，为什么诚信能够成为社会主义核心价值观的重要内容呢？对这个问题的回答，首先对社会主义核心价值观的必要性要有正确的理解。

核心价值观是一个国家最推崇的、集中体现国家和社会发展的核心理念，其重要性不言而喻。社会主义核心价值观是我们党根据我国现代化发展要求和人民群众对精神文化发展的要求而提炼出来的价值文化。作为国家最重要的核心价值观，其在当前多元多样思想文化中，起到主导和引领社会发展方向的作用。这种作用覆盖

* 余玉花.论诚信价值观.思想理论教育导刊，2016（03）：96–100.

所有领域，包括经济、政治、文化、社会生活各个方面，还包括对人的精神观念的培育。但是具体哪些价值观能够成为社会主义核心价值观？这取决于国家社会发展的需要。应该说，是那些对于国家社会发展极具关键性的且迫切需要的但恰恰又是现实十分缺乏的价值观念才能成为社会主义核心价值观。对此，习近平在北京大学师生座谈会上的讲话中有明确的说明："一个民族、一个国家的核心价值观必须同这个民族、这个国家的历史文化相契合，同这个民族、这个国家的人民正在进行的奋斗相结合，同这个民族、这个国家需要解决的时代问题相适应。"[①] 习近平这段话除了指出核心价值观要同一个国家的历史文化相契合，更重要的是提出了核心价值观与解决时代问题相适应的原则，即核心价值观时代性的使命。只有清醒认识这一点才能理解社会主义核心价值观的组成。因此探讨诚信价值观应当从这一思路进入，才能认识诚信作为核心价值观的重要性和贯彻实践诚信价值观的艰难性。

根据上述对社会主义核心价值观的理解，可以推断诚信列入社会主义核心价值观系统基于两个依据：一是诚信已经成为当今国家社会发展迫切需要的精神力量之一；二是诚信的道德含量在降低，生活中诚信道德被边缘化，成为稀缺的道德资源。这两点集中体现为诚信的需要与缺乏。其实这两者是相互联系的，其中诚信的缺乏构成现代精神文化问题的主要原因，正因为诚信缺乏才使诚信建设显得分外的迫切；但更重要的在于，提升国家的诚信价值观正是这个时代发展提出来的现实课题。

我们所处时代的特点是现代化，中国的现代化是由改革开放和市场经济来推进的。市场经济是现代化发展的巨大引擎，离开市场经济的现代化几乎是不可能的，因为现代化是以经济发展为前提的。毫无疑问，现代化的经济活动是物质性的活动，但是经济活动从来不是纯粹的物质活动，它需要精神文化作为其运转的润滑剂。当然不是所有精神文化的东西都能成为经济合理有效运转的文化润滑剂。如贪婪、拜金主义，一度可能也是人们进行经济活动的动力，但最终会产生破坏经济的负面后果，甚至导致经济危机，2008 年美国爆发的金融危机就是个极具说服力的例子。经济学家、社会学家研究发现，合理的文化是经济发展不可缺少的要素，"尽管经济合

---

① 习近平.青年要自觉践行社会主义核心价值观——在北京大学师生座谈会上的讲话 [N].人民日报，2014－05－05.

理主义的发展，部分地依赖合理的技术和法律，但它同时也取决于人类适应某些实际合理行为的能力和气质"①。哪些是合理的文化气质呢？各个国家可能因为国情不同对文化气质合理性的理解也不同。西方国家往往把宗教的某些信念作为经济活动合理进展的文化引导。而中国有丰富的道德文化，问题在于，哪些道德文化是有助于现代中国经济乃至社会发展的合理因素，甚至是至关重要的合理文化因素呢？从20世纪90年代起到党的十八大，在党中央的领导下国内学者对此进行艰难的探索，终于在党的十八大提出了社会主义核心价值观。

诚信成为社会主义核心价值观的重要内容，在于诚信对于现代化建设的重要性，诚信就是中国现代社会人们合理行为能够产生的精神内质。从经济的视角来看，守信是市场经济的基本要求，可以看作是现代经济运行的道德基石。市场经济普遍的交换行为其本质就是一种合同（契约）行为，合同行为不仅体现合同主体交换的自愿性，而且在于合同双方的守约性，在中国民法中是有法律效率的行为，通常用"要约"和"承诺"表示合同形成的依据和对双方的约束力。诚信的缺位或者被破坏，则意味着合同的破坏，交换的断裂，正因如此，诚信是中国民法的一项基本原则，通过诚信来维护着市场的秩序和经济的健康发展。当然，核心价值观意义上的诚信更注重人们内心道德的追求，在现代经济活动中，不仅体现在法律他律的规则上，更需要人们从自觉维护的境界上去践履诚信。

如果说，现代化发展对诚信的迫切需要是诚信进入社会主义核心价值观主要原因的话，那么现代社会中诚信的缺失和人们普遍感到的"诚信危机"更增加了诚信价值观的不可或缺性。

首先，经济领域出现诚信缺位的问题。市场经济是把"双刃剑"，在激活经济提供社会致富的同时，也诱发了人们追逐财富的贪婪之欲。虽然追求财富并无不当，鼓励人们共同富裕也是社会主义的主要目的之一，但是致富的手段必须符合合理合法的原则。然而在致富合理性的掩盖下各种违反诚信的手段层出不穷，坑蒙拐骗、假冒伪劣等行为严重冲击着市场秩序，侵犯着人们的合法权益。在消费品市场、在生产资料市场、在人力资源市场不同程度发生着不诚信的问题。不仅个体户、私有

---

① 马克斯·韦伯.新教伦理与资本主义精神［M］.黄晓京，彭强，译.成都：四川人民出版社，1986：26.

企业中存在着欺瞒行为，而且大型企业甚至国有企业也曝光出危害社会的问题，如"三鹿"毒奶粉事件、"楼倒倒"事件，等等。诚信的缺位损害着中国经济的声誉，影响了中国经济健康可持续发展。

其次，社会与政治领域出现诚信问题。社会与政治领域中的诚信问题与经济诚信问题密切相关，是经济领域诚信问题溢出所致。经济活动是人类最基本的活动，经济活动方式及其观念必然影响着人们的生活方式和生活观念。由于利益的关联，随着经济领域诚信的严重缺位，社会与政治领域同样不可避免地出现了诚信问题。"履历造假""文凭造假""数字造假"，以及"红十字会风波""躲猫猫"事件，无不揭示出社会与政治领域所存在的诚信问题，并加剧了社会与政治领域的不信任感。

再次，"诚信危机"的出现。必须指出的是，"诚信危机"与诚信缺位是不同的。诚信缺位只是表明存在不诚信的问题，虽然也有程度大小的问题，但还是在诚信程度量化的范围内。现实生活中，即使曝光了不少不诚信的案例，然而这只是生活中的一部分，大部分的活动还是在诚信的轨道上进行的，因为生活的规律本身也具有诚信的内质。但是"诚信危机"则完全不同，它关系人们对诚信的态度问题，即价值观的问题，是对诚信的信仰问题。所谓"诚信危机"就是社会人们对诚信道德产生价值上的怀疑和动摇。主要表现为对诚信的失望、不信甚至放弃。一是怀疑诚信的利益价值，例如，人们话语中的"老实人吃亏""诚信有什么用"。二是对社会是否存在诚信表示怀疑，可称之为"诚信怀疑主义"，认为整个社会无诚信可言，对什么都不相信。三是对诚信极度失望，以至放弃对诚信的价值追求。总而言之，"诚信危机"的危害性在于，"诚信危机"是诚信价值观念的颠覆，"诚信危机"的实质是价值观危机。诚信缺位可以补救，可以动用经济杠杆、法律手段来进行补救，但是当诚信价值观的跌落，遭到质疑甚至放弃的话，那才是最可怕的精神危机，那些外在的手段只能治标而不治本。

显然，"诚信危机"已经成为国家必须解决的时代课题，它关系到经济、政治、社会能否持续发展，更关系到现代人精神世界能否健康发展的问题。

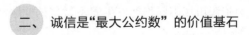

二、诚信是"最大公约数"的价值基石

社会主义核心价值观既是国家发展要求的时代价值体现，也是社会大多数人的

价值共识，习近平将此称之为"最大公约数"。也就是说，社会主义核心价值观不是那种难以企及的精神理想，而是为普通大众所能认同的"共识价值"。诚信就是具备"最大公约数"的价值观念。

(一) 人与社会所有的活动都需要诚信道德的支持

首先，人的活动离不开诚信的道德支持。人的活动只有秉持诚信的理念才有成功的可能，才使活动富有价值的意义，无论做人、做事皆是如此。具体来说，第一，诚信做人的目标。做什么样的人才是有价值的呢？人们自然可以举出很多富有吸引力的人才。然而，这些人只有在诚信的基础上才能显示出价值，因为诚信是做人的基本要求，在这个道德基点上提升才华才能使人生闪耀价值光芒。失去诚信的做人目标，纵然天赋绝才，也找不到人生的正确之路，难以展示个人的价值。这个道理中国古人早已参透，提出诚信应为做人之道："诚之者，人之道也。""人而无信，不知其可也。"诚信做人，古今同理。今天的社会鼓励人们充分发挥个人兴趣特长，创造个性化的人生，但诚信做人仍是人生价值之求。第二，诚信做事的态度。成功事业离不开诚信。诚就是老老实实的态度，包含着求真求实、戒绝虚妄的含义。"诚者，真实无妄之谓"，这是做成一件事的基本条件。人们从事各项工作都希望有成功的结果，当然成功事业有多种条件，但是以诚信对待工作的态度往往是成功的主观条件，所谓"精诚所至，金石为开"。相反，不诚则难以事成。古人说："修学不以诚，则学杂；为事不以诚，则事败。"诚信之所以是做事的条件，是因为诚信的观念和行为包含着对事物的客观评判，求真求实中才能发现事物的真相，才能把握事物发展的规律性，并且能够排除轻浮妄断而造成的误判。诚信也敦促人们做事用心专一，敬业奋进，有助事业发展。因此，今天，无论做什么事，只要你期望事情的顺利和成功，就必须要有诚信的做事态度，诚信助人成功。第三，诚信人际交往。如今中国正处于交往普遍化的时代，与人交往是现代人生活的组成部分。如何交往？古人教导："与人交，开心见诚。""与朋友交，言而有信。"诚信交往具有社会安全性，形成的是相互信任的人际关系，交往就可能产生预期的良好结果。如果与人交往缺乏诚信，势必造成交往的双方相互提防，谁也不信任谁。这种交往不仅悖离了人际交往互利互惠的初衷，也会破坏人际社会的和谐。

其次，社会活动也需要诚信道德的支持。社会活动除了一般的社会交往活动之外，经济领域和政治领域的活动同样需要诚信的支持。今天经济与政治领域对诚信的期待更显得迫切，在诚信文化体系中被称之为商务诚信和政务诚信。第一，经济领域中的商务诚信。商务诚信是对所有交换性经济活动诚信规则的泛指。在市场经济社会中，经济活动的外部形态都是市场交换性的活动，由于市场的广阔与多样，交换活动既需要法律的规范，更需要道德的引领。商务诚信是现代经济活动最重要的道德要素，尤其以金融为特征的现代信用经济的崛起，更加重了经济对诚信的道德倚赖，不诚信的行为不仅受到行业内同行的谴责，而且被记录在案，影响以后的经商活动。这意味着不诚信的经商行为将受到制约，甚至失去经营的资格。第二，政治领域中的政务诚信。政务诚信是我国现代政治发展中提出来的。我国古代先哲也曾提出过诚信为"立政之本""民无信不立"等政治智慧，但是由于社会制度的等级与专制的性质，实践中往往虽有信而诚不足。当今我国是人民当家作主的社会，政府是为人民服务的机构，政务诚信才有了实践的可能性。所谓政务诚信，指的是政务活动中的诚信准则，其体现为政府公权部门和公务人员在决策、行政过程中公权不谋私，坦诚对社会，为民在真诚。本文要强调的是，政务诚信在我国公权部门实践的必要性。政务诚信并非是可有可无的问题，而是必须大力践行的问题。因为公权部门的政务诚信不单单关系到政府的形象问题，更涉及政府的行政效率、政府的公信力等深层次的问题。也就是说，政务诚信对于政府公权部门来说，是政务活动绝不可少的道德法宝，政务诚信的缺失将动摇政府部门执政的道德基础。

（二）所有人都必须接受诚信的道德检验

道德评价包括社会评价和自我评价，是道德价值的功能之一，其作用在于营造社会风气和鼓励或矫正人们观念行为的取向。道德评价的依据自然是各种道德观念，逻辑上所有的道德观念都可以成为道德评价的尺度，但是道德实践表明，并不是所有的道德观念都适用于一切人的道德评判。例如，对于一个没有劳动能力的人，对其进行"奉献"的道德评价是不合情理的。同样，人们也无法对一个不拥有分配权力的人作出"公正"与否的评价。但是"诚信"作为人最基本的品质，其道德评价对所有人都是适用的，没有人可以例外，无论是诚信的还是不诚信的，都不能回避社会对其的诚信评价。任何不诚信的行为都必须接受来自社会的谴责，并为此付出相应的道德代价。无论处于多高权位的政治人物，还是腰缠万贯的富翁，都不能逃脱诚信的道德评价和道德制裁。对此，社会有着高度的共识认同，具有"最大的公约数"。

(三) 诚信是其他美德的基础

诚信作为社会主义核心价值观的重要内容在于其不可或缺性，而这种不可或缺性在道德体系中则在于诚信所居于其中的道德基础性的地位，亦即诚信是其他美德得以成立的基础，是道德的道德。任何不以诚信为前提的其他品德都难以成为有价值的品德。可以设想一下，离开诚信的"公正"何以成为"公正"？同样，不以诚信为前提的"善良"只能是伪善。"仁"与"义"是儒家道德的核心价值，但是"假仁假义"还能称之为"仁义"吗？可以说，所有的德性都要用诚信奠定自己道德价值的地基。

三、 倡导诚信价值观的条件

尽管诚信价值观具有"最大公约数"的认同性，但是在当前诚信遭遇严重危机的情况下，倡导诚信价值观并非易事。因为价值观是人内心深处的精神信仰，其有一个特点，就是已确立的价值观一般不会轻易被否定、被放弃，但是价值观信仰一旦遭到了摧毁再要重建则极为困难，无论个人或是社会均是如此。这正是今天倡导诚信价值观的艰难之处。当然，艰难并不意味着不可行，同时国家社会发展的形势也已将倡导包括诚信在内的社会主义核心价值观作为国家软实力建设的重要部分，知难而行是不容置疑的。值得讨论的是，如何有效地倡导诚信价值观，使其成为社会崇尚的风气？事实上倡导诚信价值观绝不是宣传宣传、喊喊道德口号那么简单，而是要探索诚信价值观能够深入人心的路径，也就是要寻找倡导诚信价值观的客观可行的条件。

首先，建立倡导诚信价值观的信心。对于当今中国的诚信状况社会上否定的评价多于肯定的评价，笼罩着一股悲观主义的情绪，这种情绪肯定无益于诚信价值观的倡导。不可否认，30多年来在取得物质文明的巨大成功的过程中，也付出了沉重的道德代价，其中包括了生活中太多的诚信缺失甚至诚信危机的出现。面对诚信跌落的糟糕现实，反思和弥补才是正确的思路。古人说"亡羊补牢，未为迟也"，任何抱怨与哀叹都无助于问题的解决，这是其一。其二，要客观全面地认识中国的诚信问题。事实上，中国存在诚信问题并非严重到积重难返的地步。据调查，不诚信事件尽管报道不断，但还只是生活中一小部分，它相对于以前是多了些，但这与现代媒体的传播速度和广度也有一定的关系，局部的部分被误解为全体的，这显然与事实不符。社会上大多数人还是秉持诚信理念在行事做人。受媒体影响，我们个体或许也会对社会诚信度抱有怀疑，生怕上当受骗。但是当我们面对"我诚信吗"的问题时，相信大多数人在大多数的情况下都会做出"我是诚信的"，"我应该是诚信的"的回答和选择。这就是蕴藏在人们心底里的诚信"最大公约数"，也是倡导诚信价值观的信心来源。

其次，建立诚信利益导向机制。诚信作为价值观，其动机属于主体的道德追求，但这不应损害诚信行为产生的利益后果。"老实人吃亏""诚信办不成事"的利益导向必然将人们导向不诚信。这也是传统义利对立思维的认识结果，认为道德只能追求义，而不能考虑利，逐利则不义。显然，这样观点已经不适宜今天义利统一的价值理念。另外，"老实人吃亏"的问题并不出在诚信行为主体的动机上，而是诚信行为社会给予了什么样回报的问题，此属于社会是否公正的问题；提出了社会对诚信行为的价值取向的问题，是支持还是鄙视的问题。对此，应该扭转现实利益对诚信的排斥与打击，建立诚信利益导向机制，不让老实人吃亏，让诚信的人获得应有的利益回报。诚信利益导向机制不是观念形态的，而是由制度给予保障的。

再次，建立失信惩戒机制。给予诚信行为鼓励的同时，必须打击各种失信行为，彰显诚信与惩治不诚信相辅相成，服务于倡导诚信的同一目的。诚信与不诚信是对立的道德两端，是一种彼长此消、彼消此长的关系。失信的行为多了，势必消解诚信的地盘；对失信行为的容忍、不闻不问甚至放纵，那对弘扬诚信价值观就是一种漠视和打击。对于失信行为要下猛药，法律、行政、舆论多管齐下，尤其在制度上加大惩治失信的力度。现在国家正在建设社会信用体系征信平台，一旦启用，就能对失信行为形成记录在案、在一定时间内的追踪监管的措施，在一定程度上能够有效遏止失信行为蔓延的趋势。当然，对于惩治失信行为的前提，是对失信行为的正确甄别，把道德失信与无意的过错区分开来，不能把所有的过错归咎于道德失信。

复次，营造诚信价值的舆论环境。倡导诚信价值观需要社会舆论的强大支持。在现实生活中，诚信行为与不诚信行为有时只是一念之差的结果。市场经济和物质世界充满了诱惑，诚信的人难免会有不诚信的念头和行为选择。如，贪图小利地铁逃票，不实履历增加水分等等。在人们有这种念头和行为发生时如果有舆论发挥作用的话，很可能打消不诚信的念想，使不诚信行为不再发生。因为社会舆论是一种强大的道德力量，它能够影响人们的道德选择。人不免有道德意识糊涂之时，这时的道德舆论能使人头脑清醒，使诚信的理念获得回归，不致糊涂之下办错事。人也是要面子的，谁都希望自己是一个受人尊敬的诚信之人，社会舆论能够帮助人们坚持自尊，不因贪利而毁掉自己的名声。而营造诚信价值观的舆论氛围，能够使人们时时感受着诚信的精神熏陶，不仅提供了社会生活的道德安全，也有助于人们对诚信价值观的道德认同和精神内化。

诚信价值观的舆论环境既可以在熟悉的人群中形成，如企业群体、社区群体、学校群体等等，也可以通过各种大众媒体，如报纸杂志、电台电视的传播中来形成，更可以在各种网络平台上、网络群体中形成。

最后，诚信价值观的教育。教育是倡导诚信价值观不可缺少的环节。诚信价值观教育的必要性可以从这几个方面来理解：一是从社会主义核心价值观立场出发，诚信不是一般的道德规范，它体现着国家的价值指向，也具有一定深度的理论含义，这需要教育对此进行阐释和指导，以帮助社会个体准确理解诚信价值观的深刻内涵。二是诚信价值观的内化也需要教育的促进。真正的价值观是具有信仰意义的，也就是人们内心深处的精神追求，这是通过内化才能达到的。诚信价值观的内化是需要过程的，在这个过程中有反复、甚至动摇放弃的可能性，可见内化是个困难的过程。教育的责任就是不断强化个体对诚信价值观的认同、加深内心的需要感，排除其他社会价值观对核心价值观内化的干扰和取代。

实施诚信价值观教育还要注意两点：一是诚信价值观教育不能单独进行，而要与其他的核心价值观整合起来共同教育。社会主义核心价值观是个整体，相互之间也有一定的联系，在进行诚信价值观教育时要充分注意到这一点。二是必须结合现实生活开展诚信价值观的教育。价值观虽然是主体性主观性很强的理性概念，但是作为德性的诚信价值观具有很强实践特征，与人们的生活密切相连，离开生活则很难理解诚信的价值意义，离开生活实践的教育也很难达到诚信价值观内化的目的。

论文化软实力观 *

  自从美国学者约瑟夫·奈提出"软实力"理论后，软实力问题引起了世界普遍的关注。党的十七大报告也提出了"提高国家文化软实力"的要求，学界亦出现了软实力研究的热潮。但是，在软实力的研究中也出现了对软实力概念普遍运用的担忧，怕过分提高软实力的注意力而落入西方人的话语圈套。担忧似乎是微不足道的，甚至有杞人忧天之感，但却具有很强的警示性与启迪性，隐示着这样的问题：美国人提出"软实力"的意图是什么？"软实力"是否具有普世的意义？十七大提出的"软实力"与美国的"软实力"有没有区别？如果有区别，区别在哪里？理论界线在哪里？这些问题集中到一点，就是如何正确理解软实力，中国应该建立什么样的软实力观。这个问题不仅仅是个理论探讨的问题，更关系到提高国家软实力的实践活动。

一、软实力与软实力观

  关于软实力，人们一般从国家实力的客观意义上来理解。但就是这种直观的理解忽略了"软实力"概念提出者的理论意图。当然对"软实力"作客观性的理解也有一定的道理，因为历史上人们对国家实力的研究基本上是客观的研析。

  毫无疑问，国家实力具有客观性，国家实力的客观性体现在国家强弱的比较之中。自古以来，战争的胜负直接决定国家的地位，因此军事力量成为衡量国家强弱的主要标志。因为军事力量不仅是国家安全的保障，而且也能带来巨大的经

———————————
* 余玉花.论文化软实力观［J］.思想理论教育导刊，2009（03）：71-76.

济利益。近代西方在舰炮护卫下，从殖民地掠取了难以估量的经济财富。然而，20世纪90年代后，随着冷战的结束，世界进入和平与发展为主题的时代。虽然军事力量仍是不可忽略的硬指标，但军事力量已不能成为衡量国力的唯一标准。拥有庞大军事实力的苏联最终败在经济与国家体制的问题上，以至不得不承受解体的结果。而没有军队实力的日本却由于经济的崛起而一跃成为大国。从这时候起，国力问题开始了"综合性"的研究。富兰克尔最早提出了"综合国力"的概念。而后的J.P.考尔提出了综合国力定量测定方法。L.S.克莱因则用国力方程提出了综合国力的分析理论。在克莱因的国力方程中已经包含有物质实力与精神实力的思想。克莱因的国力方程：$Pp = (C + E + M) \times (S + W)$。"Pp"指综合国力，"C""E""M"分别指基本实体（人口和国土）、经济实力和军事实力，又称为"实力素质"。"S"和"W"分别指战略目的和追求国家战略的意志，又称为"战略素质"。由于克莱因的"战略素质"主要指政府的决策与实施能力，其精神要素在综合国力中所占的比例并不高，而且内容指向有限。需要指出的是，无论是考尔的定量测定方式，还是克莱因的国力方程模式，只是提供了一种工具性的国力分析理论。

"软实力"概念的提出者美国学者约瑟夫·奈的软实力理论与前面的分析理论有所不同，具有强烈的价值观倾向。一方面约瑟夫·奈将国家实力区分为"硬权力"和"软权力"，指出了"软力量"在当代国家实力中的重要作用，从这一点来看，其判断不失为客观性；但另一方面，约瑟夫·奈又是站在维护美国全球霸权地位的立场上提出"软实力"理论见解的。正如庞中英先生所认为的，约瑟夫·奈的软实力定义"是基于美国经验尤其是冷战期间和冷战后美国的世界经验而得出的。这个定义尽管对国家力量的研究作出了重要的知识贡献，但是其局限性是明显的"[①]。美国经验是一种含蓄的说法，其实质就是美国的立场。当然我们无须去指责约瑟夫·奈的国家立场，那是他的权利，但是我们必须看到约瑟夫·奈软实力理论背后的政治立场和价值理念，这能够帮助我们更深入地了解约瑟夫·奈软实力理论的实质性，启发我们对软实力问题的价值性思考。约瑟夫·奈软实力理论的价值观体现在软实力理论提出的背景、概念内涵以及理论话语用词上。首先，约瑟夫·奈软实力理论

---

① 庞中英.中国软力量的内涵［J］.瞭望新闻周刊，2005（45）：64.

的用词亦可洞见其理论的价值意向。约瑟夫·奈在国力研究上的理论贡献是提出了与国家硬实力相对应的国家软力量以及软力量的重要性。我们应注意的是，约瑟夫·奈所讲的国家软力量并非我们现在所翻译的"软实力"，而是"软权力"。"软实力"的英文单词是"Soft Strength"，"软权力"则是"Soft Power"。"软实力"与"软权力"虽然都具有力量的含义，但一字之差还是道出了两者的不同。"实力"表达的是力量的实在性，是客观的描述。而"权力"，英文"Power"来源于古拉丁文的"Potere"，表达的是主体"能够"做什么。虽然主体的"能够"或"能力"也表明着某种力量的存在，但其中更突出的是主体的意志，强调的是主体在行动中把自己意志强加于其他行为者之上的可能性。"权力意味着在一种社会关系里哪怕是遇到反对也能贯彻自己意志的任何机会，不管这种机会是建立在什么基础之上。"[①]《权力论》的作者丹尼斯·朗认为权力概念的第一要素是"有意性"，"权力就是有意和有效的影响。"权力的另一突出特点就是控制力，"通常把权力定义为控制或影响他人的能力"[②]。约瑟夫·奈对国力软硬两方面的区分使用的都是权力的概念，分别为硬权力（Hard Power）和软权力（Soft Power），而非较为客观中性的"实力"（The Strength）概念。从"软权力"词语的使用亦可以看出约瑟夫·奈软实力理论的美国心态。

其次，约瑟夫·奈对"软实力"（实际应为"软权力"）概念内涵的阐释也彰显他在软实力问题上的价值观。约瑟夫·奈受丹尼尔·贝尔后工业社会理论和托夫勒"三脚凳"理论的启发，看到了知识文化在国家实力中日益增长的影响力。他在对美国全球战略霸权的分析中，提出了软权力的概念。他把美国的国力区分为硬权力（Hard Power）和软权力（Soft Power）两种不同的权力。所谓硬权力指的是经济与军事的支配力量，这种力量的特点是直接的"命令式的实力"。但是在一个全球追求和平与发展的现代性世界里，单一的"命令式实力"已经难以征服世界来实现美国的霸权。约瑟夫·奈认为，还有一种间接使用的软性方法能够弥补硬权力的不足，"在国际政治中，一个国家达到了它想达到的目的，可能是因为别的国家想追随它，崇尚它的价值观，学习它的榜样，渴望达到它所达到的繁荣和开放程度。在这个意

---

① 马克斯·韦伯.经济与社会（上卷）［M］.北京：商务印书馆，1997：81.
② 丹尼斯·朗.权力论［M］.陆震纶，郑明哲，译.北京：中国社会科学院，2001：6.

义上，在国际政治中制定纲领计划和吸引其他国家，与通过威胁使用军事和经济手段迫使它们改变立场一样重要"①。在这一段话里，约瑟夫·奈不仅指出了软权力的内容即由文化、政治价值观及外交政策所组成，或者称之为软权力的来源，同时也点出了软权力理论的功能及目的性，即软权力可以像硬权力一样达到维持美国在世界上霸权地位的效果。对于约瑟夫·奈来说，软实力表面上不像军事和经济实力具有威胁性，但却不失内在的控制力，是一种无形的控制力，因而能够满足美国对世界控制权。约瑟夫·奈给软实力的界定更为清楚地表达了他的这一意向。什么是软实力？软实力是一种看似迎合他人喜好而最终能够影响他人喜好的能力。"软力量是一种能够影响他人喜好的能力。"这种能力能够实现实力主体的意志。约瑟夫·奈说："能使其他人做你想让他们做的事，我称之为软实力。"②奈的软实力内涵中包含着美国价值思维逻辑，那就是让世界他国听凭美国的意愿行事，暴露出美国对世界的控制欲望。当然，约瑟夫·奈更多使用的是吸引力和影响力，但实质还是一种支配力。以往美国通过其强大的经济军事的力量来获得对世界他国的控制，而约瑟夫·奈则认为，非物质性的文化与价值观的力量同样能够起到控制世界的目的。软实力的要害之处就在于那种无形的控制权力，它是一种"使人随我欲行"的控制力量。按照奈的说法是一种悄然的同化他人行为的能力，能起到中国古人讲的"不战而屈人之兵"的作用。正因如此，约瑟夫·奈建议美国应当充分利用其发达的传播业、文化产品、大量出口的影视节目等大众文化，以及各种外交政策等无形且强大的软性力量，来增强美国对世界的控制力。

再次，软实力理论出台的背景可以透析约瑟夫·奈软实力理论的价值意图。20世纪80年代后期，多极化世界已出现端倪，美国霸权遭到了挑战。随着保罗·肯尼迪《大国的兴衰》一书出版，美国国内出现了关于霸权衰落论的争论。衰落派认为，美国长期扮演世界宪兵的角色，到处扩张严重损耗了美国国力，难免走向衰落。但约瑟夫·奈是强势复兴派代表，他反对当时处于主流地位的衰落派观点，极力维护美国霸权地位，认为美国虽然面临多种挑战，但是不能得出美国已经衰落的结论，

---

① 约瑟夫·奈.美国霸权的困惑——为什么美国不能独断专行 [M].北京：世界知识出版社，2002：9.

② 约瑟夫·奈.软力量——世界政坛成功之道 [M].吴晓辉，钱程，译.北京：东方出版社，2005：5.

为此他致力于美国复兴的理论论证。他提出软实力并论证这种软性力量是美国可以继续领衔与掌控世界的新资源。在他看来，"美国软实力的目标是让整个世界美国化，让美国的自由民主成为一种普世选择"①。

综上，约瑟夫·奈软实力理论是以美国继续控制世界为核心的价值理论，服务于美国的霸权利益，正如中国社科院贾旭东所指出的，软实力理论的基本特征和本质属性是"通过价值观的吸引使他者自愿改变其行为而实现自我的目的"，具有"利己性现实主义本质"。② 因此可以说，约瑟夫·奈软实力理论体现着约瑟夫·奈的软实力观。它包括美国掌控世界的霸权观、冷战对抗的思维观，以及美国利己主义的价值观。

二、软实力观讨论的意义

分析约瑟夫·奈的软实力理论，在于揭示软实力理论不单单是对非物质性国家实力及其作用的发现，而且具有明显的价值观意向，就是说约瑟夫·奈的软实力理论包含着他的软实力观。提出软实力观的问题，目的是为了对软实力理论要有全面的认识，不能仅仅从工具意义上去了解软实力，还要从价值观的层面上去认识它，要正视软实力观的存在。软实力作为一种概念存在着两重性：一是软实力的组成或来源，包括文化、观念、政策、制度等内容，是一种客观存在的国家文化力量。这是软实力概念能够为人们所接受的共识性的方面。二是软实力的目的性，即软实力观，体现着主体对软实力追求的特殊意志性。软实力观并不限于软实力理论的提出者。事实上它存在于软实力理论的研究中和各个国家运用软实力的过程中。软实力实际上就是宽泛意义上的文化力量的指称，每个国家都有自己的文化积累，构成国家的精神力量，因此，各个国家都存在着软实力，只是强弱程度不同而已，但以前没有从理论上把它概括为软实力。约瑟夫·奈软实力理论的贡献是使人们开始关注软实力，并揭示软实力在国家实力中的战略意义。但要看到的是，人们运用软实力来实施国家战略时必然是带着特殊的目的意图，这种意图就是软实力观。概言之，

---

① 门洪华.中国：软实力方略［M］.杭州：浙江人民出版社，2007：154.

② 贾旭东.中国文化软实力：共赢、贡献与和谐［N］.中国社会科学院院报，2008 - 05 - 08.

软实力是一种客观事实，而如何理解软实力和如何运用软实力的主体意向则是软实力观。如同发展观一样，发展是一种客观事实，但是发展的目的是什么，如何实施发展就有价值意图在里面，形成某种发展观。软实力观既然是主观性的价值表达，必然有各异的软实力观。即使在美国，软实力观也并非约瑟夫·奈一家之说，也存在着不同的观点，甚至于对软实力不屑一顾的态度。如美国鹰派"三驾马车"的前副总统切尼、前国防部长拉姆斯菲尔德、前国防部副部长沃尔福威茨就只认硬权力而无视软权力。以致主张软权力的约瑟夫·奈需要写下大量的文章来论证软实力对于美国未来领导世界的重要性，说服学界特别是决策层接受软实力理论并将软实力作为美国国际战略的重要内容。当然软实力观并不完全以一种抽象形式表达出来的，约瑟夫·奈也没有完整清晰地概括自己的软实力观，他的软实力观渗透在其软实力理论中，就像他所描述的软实力具有无形特点一样，他的软实力观与其软实力理论融为一体。这也是人们容易忽略其软实力观的一个原因。

但是，这并不能掩盖软实力观的存在，同样也并不意味着软实力观是无法把握的。软实力观用简单的话来说，就是提出软实力和运用软实力的目的是什么？这种目的性是通过对软实力功能的定位、作用范围和目的效果的评价体现出来的。软实力观的意义在于，它使软实力的研究和软实力发展具有明确的目的性，使决策软实力和实践软实力始终不离设定的价值目标，从而获得最大的政治效果和文化效果。软实力观一般代表着国家利益，是国家政治价值观的体现，因此，软实力观具有国家特殊性，通常是不能通用和共享的。也就是说，约瑟夫·奈代表美国政治利益的软实力观决不可能为其他国家所效仿，事实上想效仿都不行。约瑟夫·奈的软实力观是与美国霸权地位相联系的，其目标是要使美国成为"文化帝国"，以文化来保持美国的霸权地位。他坚信，软实力能够使美国"注定领导"，继续"承担起出类拔萃的世界超级大国角色"，[①] 其他国家有这种可能性吗？所以约瑟夫·奈软实力观就是美国的软实力观。但另一方面每个国家都有自己的国家利益，因而也有自己国家的软实力观。

目前，国内学术界对软实力的研究主要集中在软实力内容、来源以及技术转换

---

① 马修·弗雷泽.软实力——美国电影、流行乐、电视和快餐的全球统治 ［M］.北京：新华出版社，2006：8.

等方面的问题上。这些研究当然是必要的，但对软实力的价值层面即软实力观的研究却较少。如果缺乏对软实力观的研究，包括我国自己的软实力观研究，很可能在软实力问题上会落入"软实力陷阱"。所谓"软实力陷阱"就是在不知不觉中按照约瑟夫·奈的美国思维来研究和构建中国的软实力从而被对方抓住攻击的把柄。例如，对于中国近些年的文化发展，包括在西方国家建孔子学院的举动就使西方人大为紧张，惊呼中国软实力的崛起，于是炮制所谓的"中国软实力威胁论"。约瑟夫·奈也撰文提醒美国政府要警惕中国软实力的崛起所带来的"威胁"。因为按照约瑟夫·奈关于软实力的思维模式，软实力就是一种文化征服，就是价值观的输出与影响，就是文化的控制权。现在中国软实力快速发展，这不意味着中国的软力量对美国与世界构成文化威胁吗？这种带有冷战痕迹的软实力观对中国的文化发展、中国文化与世界交流抱有成见。正是这种成见，西方某些国家打着"人权"旗帜，支持藏独，千方百计抵制中国举办北京奥运会。可以说，约瑟夫·奈的软实力观正是这种所谓抵制活动的理论来源。

当然，中国不会被这种诬陷性的"软实力威胁论"所吓倒，中国人众志成城成功举办了一届"无与伦比"（奥林匹克委员会主席罗格语）的奥运会。但是，回过头来我们还是应该对软实力的问题给予更为全面而精细的研究。我们可以使用约瑟夫·奈软实力的概念，也可以借鉴甚至吸取约瑟夫·奈软实力理论中的合理因素，但是这样做是需要前提的，那就是对约瑟夫·奈软实力理论的全面把握和深刻剖析，必须剔除其中与我们对文化价值追求对立的东西，摆脱约瑟夫·奈的软实力观对中国软实力理论研究的阴影。当然，更重要的是，我们要积极构建有中国价值特色的软实力理论，申张我们的软实力观。这意味着需要研究我们在构建软实力战略之时应该持有什么样的软实力观。

三、中国文化软实力观

中国使用了软实力概念，但是，中国对软实力看法与美国是不一样的，中国的软实力观是中国特有的。中国的软实力观是与中国的国际关系观、特别是文化价值观紧密联系的。

中国的国际关系观，即在国际关系问题上，中国提升软实力与霸权无关。约瑟夫·奈提出软实力主要着眼于美国世界霸权战略的考虑，这是约瑟夫·奈软实力观的关键之点。中国在国际关系中坚持不称霸，这是从新中国成立的毛泽东时代起，中国对世界的承诺，从没有变过。在党的十七大报告中，胡锦涛再一次申明"中国反对各种形式的霸权主义和强权政治，永远不称霸，永远不搞扩张"。中国不搞霸权是因为中国处理国际关系的理念是"坚持国家不分大小、强弱、贫富一律平等……不把自己的意志强加于人"，主张"在国际关系中弘扬民主、和睦、协作、共赢精神"，在"政治上相互尊重、平等协商，共同推进国际关系民主化，在经济上相互合作、优势互补共同推动经济全球化朝着均衡、普惠、共赢方向发展，在文化上相互借鉴、求同存异，尊重世界多样性，共同促进人类文明繁荣进步"等等。这样的观念是中国社会主义价值观念与中国传统文化观念融合的产物，没有任何霸权的意味，而且反对霸权包括文化霸权。

不可否认，中国也提出了"提高国家文化软实力"。"软实力"确实包含着国家力量对比甚至竞争的意涵。在当今世界上，国家之间的实力竞争是客观存在的。不仅传统意义上的硬实力竞争，而且由于全球化和信息化，高科技知识向经济和军事渗透，使硬实力离不开文化的支持，文化本身也成为国家之间竞争的实力，形成软实力的竞争态势。但是软实力之间的竞争存在着不同的目的性。就中国来说，提高文化软实力，首先基于对西方国家各种文化渗透的必要防备。我们不得不面对经济全球化浪潮中外国电影、流行乐、电视、快餐文化和西方价值观等文化霸权对中国文化的冲击。抵挡这种文化的冲击在经济全球化之下不能也不可能用关上国门的办法，唯有发展中国的先进文化，提高自己文化的吸引力、凝聚力，才能形成文化对话的力量，抵制文化霸权的侵入。中国提高文化软实力，并不是为了压倒他国的文化，而是要坚挺自己文化的优势，不让自己的文化被他人冲垮。

当然，中国的文化也要走出国门，这是现代世界文化交流的普遍现象。但是中国文化出国的价值意图是平等友好的文化交流，其中包括学习吸纳世界上优秀文化，或者通过展示中国优秀的文化，让世界各国的朋友们了解中国文化。我们把国际交流中的文化看作是友谊的使者，是国际间相互合作的桥梁和纽带。我们当然也希望中华文化对世界有吸引力，但是这种希望是善意的，是一种把自己最好的东西与朋友共享的审美意愿。在这样的文化观念中没有文化霸权的意思，没有强人所难的意图。所以中国发展文化软实力决不意味着是对世界的"威胁"。中国 2008 年北京奥运会确实是中国与世界文化交流的一次中国文化实力的大展示，但是世界各国参加奥运会的朋友感受到的中国文化是优雅、和善、温馨、容纳和热情，而不是霸气、控制与权力。从概念上说，中国提的是文化软实力，而非软权力。在中国的软实力观中不具有权力的内涵。也就是说，我们所理解的软实力不是约瑟夫·奈提出的"能使其他人做你想让他们做的事"，而是在国际社会同各国人民携手努力，推动建设长久和平、共同繁荣的和谐世界。

中国软实力观主要体现于对本国文化发展的价值追求上，这是中国软实力观不同于约瑟夫·奈软实力观的又一方面。约瑟夫·奈软实力观是一种向外的文化战略观。他强调的是通过外交政策、流行文化和电视电影出口以及信息网络向外输出美国的文化价值观，来形成美国的软实力。在这样的视域下，文化成为了一种武器，虽然是软性的武器，而这样的软实力价值观必然是扩张型的。正如美国前商务部官员戴维·罗特科普夫说的："对美国来说，信息时代对外政策的一个主要目标必须是在世界的信息传播中取得胜利，像英国一度在海上居支配地位的那样支配电波。"① 也正是这种扩张型的软实力观使美国文化在世界各地遭到了强烈的抵制，以致产生了令人头痛的"软实力问题"。尽管软实力对他者的控制靠的是吸引和自愿，但是，正如约瑟夫·奈自己所指出的，没有任何国家喜欢被控制，即使被软实力控制也不行。控制与被控制的矛盾，是软实力的内在矛盾，如何解决这一矛盾，是软实力理论面临的根本挑战。

中国的软实力建设固然有对外的一面，但主要着力于国内的文化建设，所以软实力观也可以称之为文化发展观。无论是软实力还是文化发展都有一个文化发展为了什么的问题，即软实力的价值指向。中国文化软实力发展的目的性非常明确，那就是满足人民群众日益增长的文化需要。因此软实力又可称之为满足人民群众文化需要的能力，或者视为社会主义先进文化的创造能力。十七大报告提出，"提高国家文化软实力，使人民基本文化权益得到更好保障，使社会文化生活更加丰富多彩，使人民精神风貌更加昂扬向上。"它清楚地表明中国提高文化软实力的目的，对内是服务于人民群众的文化需求。它具体体现在以下三个方面：

第一，软实力满足人民群众对文化生活的需要。随着国民物质生活的提高，人

---

① 刘维胜.文化霸权概论［M］.石家庄：河北人民出版社，2002：67.

民群众精神文化生活的需求也在提高，"丰富精神文化生活越来越成为我国人民的热切愿望"。文化的创造和发展的首要目的就是满足人民群众的精神需要，这是由社会主义国家的本质所决定的。另一方面正是人民群众对文化生活的热切愿望使中国文化软实力增强提供了良好的群众基础和可能性。

第二，软实力锻造民族的凝聚力。民族凝聚力是国家软实力的重要组成部分，也是人民群众对国家文化期待的应有之义，尤其对曾饱受百年列强蹂躏的中国人来说，文化的凝聚力是中国人文化期待的焦点之一。凡能够形成民族凝聚力的文化与人民群众的文化需要是一致的，也是人民大众能与国家民族共荣共耻的力量来源。文化民族凝聚力来源于民族文化的认同。中华民族有悠长丰厚的优秀文化，这是民族凝聚力形成的文化基础。但是对中华民族文化要有新的理解，它不仅是历史传承下来的文化，而且是一代代中国人累积文化的总称，其中包括改革开放以来新创造的中华文化。其中既有"春节联欢晚会"之类的新大众文化，"搜狐""新浪"之类的现代信息文化，也有反映国家理念的"法治、民主、富强、文明、和谐"之类的社会主义价值观念文化，以及改革中不断探索出来的中国特色社会主义的制度性文化。现代中华文化在提高中国软实力的同时也创造了民族的凝聚力。

第三，软实力提升国民的精神风貌。人的发展特别是人的精神风貌的发展是现代中国人追求自身发展的主要目标之一。人的精神风貌的提升需要文化的滋养，同时还需要文化氛围熏陶。文化的滋养能力、文化氛围的熏陶能力其实就是文化的力量，是一种文化感染人、哺育人的力量。另一方面，国民良好的精神风貌、出色的公民品格也是国家形象的体现，是一个国家被人尊重、赞赏和喜爱的文化条件，所以国民的精神风貌也是国家的软实力。

由上可见，中国软实力观所主张的价值目的，恰恰又是软实力集聚的价值之源，进一步体现了中国软实力观的人民性、民族性、创造性与和谐性。

社会主义核心价值观研究述论 *

社会主义核心价值观研究是一个重大的理论课题，也是社会主义核心价值体系建设的一项重要任务。在国家进入社会主义文化大繁荣大发展之际，社会主义核心价值观的研究显得更为重要和紧迫，应当给予更多的关注和投入。社会主义核心价值观的研究开始于 20 世纪末，从党的十六届四中全会起，随着"和谐社会""科学发展观"，特别是"社会主义核心价值体系"理论的提出，社会主义核心价值观的研究也出现了一个高潮，产生了一批研究成果。但是研究成果是否已经形成了社会主义核心价值观的系统理论，理论论证的深刻度和价值观念提炼的精准度是否足以转化为中央发布社会主义核心价值观决策考虑的高度和成熟度，需要进行总结和探讨。

一、 社会主义核心价值观研究概要

综观社会主义核心价值观研究 10 多年，随着国家社会的快速变化发展，社会主义核心价值观研究也是变化的，无论在研究的理论依据、理论重点，还是核心价值观的内容、研究的方法等诸方面也在发生变化。因此需要动态地、细致地梳理已有的研究成果，不仅要用历史的眼光来把握社会主义核心价值观研究过程，而且要对同一时域的研究成果进行区别和比较，探寻理论共识，采集理论精华。

（一）社会主义核心价值观研究阶段

我国社会主义核心价值观的研究到目前为止经历了两个阶段。关于两个阶段的

---

* 余玉花.社会主义核心价值观述论.见：思想政治教育发展报告［M］.北京：高等教育出版社，2012：173－194.

划分时间，学界有不同的看法，大多数研究者把 2006 年党的十六届六中全会提出"社会主义核心价值体系"概念为界，在这之前为第一阶段，在十六届六中全会之后为第二阶段。① 笔者不同意该种划分的理论。从理论界对社会主义价值观研究的实际情况来看，世纪之交是社会主义价值观研究两个阶段的分界，"社会主义核心价值体系"概念的提出，恰恰是价值观理论研究之果，当然"社会主义核心价值体系"的提出也开创了另一种社会主义价值观研究的视角。本文对研究阶段的划分是基于社会主义价值观研究的主要概念和内容变化为依据的。第一阶段主要研究"社会主义价值观"，第二阶段着重研究"社会主义核心价值观"。下面对这两个阶段分述之。

第一阶段：研究时间为 20 世纪 90 年代，研究主要围绕"什么是社会主义价值观？"的问题展开。

1992 年邓小平的南巡讲话和党的十四大明确社会主义改革的目标是建立社会主义市场经济体制以后，就此拉开了中国经济全面改革的帷幕，对外开放的步子也迈得更大了，中国经济进入了快速发展的轨道，所谓"一年一个样，三年大变样"就是那时提出并成为现实的。但与此同时，经济发展带来的剧烈的社会阵痛也开始了，传统经商观念破除的结果出现了"十亿人民九亿商"，经商谋财成为当时人们价值追求的潮流。如果说，20 世纪 80 年代信仰价值观的迷惘主要在青年人的话，90 年代价值观的迷失具有全民性。其中还有一个重要的世界背景，那就是苏东剧变带给中国极大的意识形态震动。这种情况使学术界深感必须要建立社会主义的价值观去引导迷失的社会。"社会主义市场经济条件下，我们要构建符合我国市场经济的共同价值理想。"② 如果说 20 世纪 80 年代价值观的研究着重于对错误价值观的批判，那么，90 年代则转向了社会主义价值观构建的研究，开启了中国社会主义核心价值观研究之路程。

在国家各类哲学社会科学基金的支持下，一批研究社会主义价值观的成果产生，从不同的视角探讨社会主义价值观。华东师范大学朱贻庭教授最早提出社会主义社会价值导向的问题，针对当时有人以市场经济发展为由否定集体主义道德原则，他从义利之辨入手，依据马克思主义的伦理思想，论证了集体主义是"当代中国道德价值导向"，1994 年出版的研究成果的名称就叫《当代中国道德价值导向》，是第一

---

① 窦凌.提炼"社会主义核心价值"研究述评.求实，2009（08）：29 - 32.

② 金路.构建社会主义市场经济条件下的新的价值观［J］.辽宁教育行政学院学报，1995（04）：11 - 15.

部从伦理学学术视域提出社会主义价值观建构的著作。张瑞甫在《齐鲁学刊》1994年第4期"中国特色社会主义价值导向建构的深层思考"进一步阐发了社会主义价值导向的理论,"中国特色社会主义价值导向建构的依据是多层面、多向位的,其中深层次的和最根本的是其哲学依据"①。

除了从道德价值观提出社会主义价值观的理论之外,不少学者对"社会主义市场经济条件下的价值观"进行研究,提出了社会主义价值观构建的现代性问题、层次性问题,肯定了一些"适应市场经济的需要,出现了许多新的价值观念。如自主、自强、自立的价值观念,竞争观念,效益观念,风险观念,平等观念,等等"②。也有的学者从改革开放发展过程理论讨论的重点来探讨社会主义价值观,认为社会主义价值观形成的标准经历了"从实践标准到生产力标准再到三个有利于标准"的过程。③

更多的学者是从中国特色社会主义理论出发,来探索社会主义价值观的问题。詹万生在"试论有中国特色的社会主义价值观"一文中提出:什么是中国特色的社会主义价值观? 如何才能坚持有中国特色社会主义价值观的一元导向? 他认为,"有中国特色的社会主义价值观必须纳入邓小平同志建设有中国特色的社会主义理论的科学体系中来理解,才能完整、准确地把握有中国特色社会主义价值观"④。"建设有中国特色的社会主义的基本路线成为全国人民认同的社会总体价值目标。各行各业都围绕着这个社会总体价值目标而努力奋斗。"⑤ 在 20 世纪 90 年代的价值观讨论中,已经有学者提出了社会主义价值体系的概念。王观龙 1994 年在《南通大学学报》第 2 期发的论文的题目就是"构建社会主义价值体系的理论指南"⑥。1995 年刘

① 张瑞甫.中国特色社会主义价值导向建构的深层思考 [J].齐鲁学刊,1994 (04):53-58.
② 孙霜霜.社会主义市场经济条件下的价值观问题研究综述 [J].湖湘论坛,1995 (05):88-90.
③ 庞立生,王艳华.论社会主义价值观的发展历程 [J].东岳论丛,1994 (02):14-17.
④ 詹万生.试论有中国特色的社会主义价值观 [J].中国青年政治学院学报,1997 (02):73-76.
⑤ 孙霜霜.社会主义市场经济条件下的价值观问题研究综述 [J].湖湘论坛,1995 (05):88-90.
⑥ 王观龙.构建社会主义价值体系的理论指南 [J].南通师专学报(社会科学版),1994 (04):54-57.

世明在"中国特色社会主义价值观念体系的基本内容"一文中不仅提出了社会主义价值观念体系的概念，并认为，"中国特色社会主义价值观念体系是由思想基础、终极目标、价值标准、制约规范等一些基本方面所构成。其中思想基础是整个价值观念体系的基点或立足点，终极目标是核心，价值标准是价值观念的评价尺度，制约规范是保证达到价值观念的条件"①。

至于"社会主义价值观内容是什么？"，20世纪90年代价值观讨论中主要有三种看法：第一种坚持以集体主义为社会主义价值观，如罗国杰、朱贻庭等一批伦理学家，认为社会主义市场经济的建立与发展不仅不能否定集体主义，相反更需要坚持集体主义作为社会主义社会的价值导向，所以集体主义就是社会主义价值观的主要内容。第二种把集体主义、社会主义、爱国主义作为社会主义价值观的内容。"加强社会主义、集体主义、爱国主义思想教育，反对拜金主义、享乐主义、个人主义，把人们的价值取向引导到社会主义精神文明的轨道上来。"② 第三种将中国特色社会主义理论视为社会主义价值观的理论。李万才认为"建设有中国特色社会主义成为全国人民认同的社会总体价值目标。各行各业都围绕着这个社会总体价值目标而努力奋斗"③。但是具体的价值目标不明确。也有的学者明确将邓小平的"三个有利于"作为社会主义价值观。金路认为，在"社会主义市场经济条件下，我们要构建符合我国市场经济的共同价值理想，以'三个有利于'为价值标准，以国家、集体、个人三者利益统筹兼顾为价值取向的社会主义新的价值观。因为这不仅符合我国市场经济的发展要求，也是我们继承发扬优秀传统文化与借鉴西方文化中的合理内核的需要，是当前社会主义精神文明建设的重要内容"④。

上述可以看出，第一阶段社会主义价值观的研究是比较粗糙的，价值观的理论问题没有得到很好的展开，是社会主义价值观初步探讨的阶段。但是，第一阶段社会主义价值观研究的意义则不能轻视。首先，提出了社会主义价值观的理论命题就

---

① 刘世明.中国特色社会主义价值观念体系的基本内容［J］.道德与文明，1995（02）：7-10.

② 金路.构建社会主义市场经济条件下的新的价值观［J］.辽宁教育行政学院学报，1995（04）：11-15.

③ 李万才.社会主义市场经济条件下的价值观教育［J］.新长征，1996（07）：28-29.

④ 金路.构建社会主义市场经济条件下的新的价值观［J］.辽宁教育行政学院学报，1995（04）：11-15.

是一项理论上的重大创举，因为在中国的学术传统中没有价值论意义上的价值理论。20世纪80年代的价值观的讨论主要引入西方的价值理论，更多作为价值观批判理论来运用的，提出社会主义价值观理论的意义在于其是构建的，因而具有建设意义，是我国社会主义价值观理论构建的第一步。其次，社会主义价值观的初步构建为第二阶段社会主义核心价值观研究奠定了基础。再次，第一阶段社会主义价值观研究中提出的价值导向观点、中国特色社会主义价值观的概念必定启迪第二阶段社会主义核心价值观的研究。核心价值与价值导向有密切关系，而中国特色社会主义价值观则提示了社会主义核心价值观研究的方向。

第二阶段：研究时间从进入21世纪起至今。研究的主题话语是"社会主义核心价值观"。

进入新世纪，中国大步迈进了21世纪，无论在经济建设还是在对外开放上都取得了举世瞩目的成就，国内各项事业欣欣向荣，国际舞台上中国大国的影响逐渐显现。与此同时，改革进入了深水区，社会格局的变动也更加深刻，各种思想意识的交锋也更加激烈。这里特别要指出有两个时代变化是不能不提的：一个是经济全球化，经济全球化意味着中国经济进入了世界经济的轨道，社会主义经济与资本主义经济在全球化下直接交会。问题在于，全球化决不可能是纯经济的，在知识经济的时代里，商品与劳动都打上了文化的烙印，其中意识形态的渗透无孔不入。另一个就是电脑的普及和互联网的形成，就是所谓的虚拟社会和网络平台。互联网的问题不在于其虚拟性，而是它的思想自由交流同时思想也激烈碰撞的程度是前所未有的。文化正在显示出其强大的力量，同时，中国社会文化多样化、价值观多元化已是一个不争的事实。因此，社会主义如何占领文化高地？如何在价值观上处于主导地位？在中央"理论创新"的鼓励下，理论界开始提出社会主义核心价值的概念并进行社会主义核心价值观构建的研究。

早在2000年就有学者提出"社会主义价值观的新境界"[①] "重建新世纪的价值观"[②]、"21世纪中国新价值观的建设与展望"[③]，目前搜索到最早提出"核心价值观念"的是北师大哲学教授兰久富，他在《东岳论丛》2000年第1期发表《价值体系的

① 那青阳.社会主义价值观的新境界［J］.社会主义研究，2000（03）：53-55.
② 陈晏清.重建新世纪的价值观［J］.天津社会科学，2001（01）：4-6.
③ 马俊峰.21世纪中国新价值观的建设与展望［J］.天津社会科学，2001（01）：13-17.

两个核心价值观念》一文，认为"价值体系是由众多价值观念构成的，不同的价值观念在价值体系中占据不同的位置，其中居于核心地位的价值观念对价值体系的影响最大"①。虽然没有用"社会主义核心价值"一词，但文中的意思，是讨论当时社会主义的核心价值观念。明确提出社会主义核心价值一词的是 2002 年谭书国、陈剑在《探索》杂志上发表的文章《人的全面发展：社会主义核心价值理念的重建》②。从 2000 年到 2006 年党中央提出"社会主义核心价值体系"之前，学术界已经有一批学者潜心研究社会主义核心价值观，并产生了一批研究成果，如梁莉、陆卫明的《社会主义的核心价值与制度安排》③，周智的《社会公正：社会主义和谐社会的核心价值》④，陈章龙、周莉的著作《价值观研究》中把"主导价值观"称为"核心价值观"⑤，牛先锋的"探讨和谐社会理论，深入研究社会主义核心价值"⑥，等等。

2006 年党的十六届六中全会提出了社会主义核心价值体系的理论，于是社会主义核心价值观的研究与社会主义核心价值体系的研究结合起来，越来越多的学者投入到研究中去。但是，这一段研究也出现一个现象，那就是，有部分学者将社会主义核心价值体系的研究取代或混同于社会主义核心价值观的研究。2011 年中央十七届六中全会召开后，社会主义核心价值观研究进入一个新的阶段，学者们更是从文化自觉和文化创新的高度来研究社会主义核心价值观。

(二) 社会主义核心价值观的理论内涵与特征研究

构建社会主义核心价值观首先遇到的理论问题是，什么是社会主义核心价值观？社会主义核心价值观的理论内涵是什么？涉及到对社会主义核心价值观的概念界定的问题。对于这个问题的研究，有几种研究思路：

第一，从价值层次上来理解社会主义核心价值观。孙武安认为核心价值不同于

---

① 兰久富.价值体系的两个核心价值观念 [J].东岳论丛，2000 (01)：89－92.
② 谭书国，陈剑.人的全面发展：社会主义核心价值理念的重建 [J].探索，2002 (05)：107－108.
③ 梁莉，陆卫明.社会主义的核心价值与制度安排 [J].理论导刊，2003 (01)：48－50.
④ 周智.社会公正：社会主义和谐社会的核心价值 [J].齐鲁学刊，2005 (06)：136－138.
⑤ 陈章龙，周莉.价值观研究 [M].南京：南京师范大学出版社，2004：4.
⑥ 牛先锋.探讨和谐社会理论，深入研究社会主义核心价值观 [J].科学社会主义，2005 (05)：87－88.

一般价值，"'一般价值'是基本的，可以是多方面的，而'核心价值'则是根本的、中心的（甚至是单一的），具有高度概括性"①。许华根据马克思恩格斯的价值理论，把社会主义价值分为核心价值与基本价值，认为，"人的全面而自由的发展是社会主义的核心价值，公正平等、自由民主、共同富裕等则是社会主义的基本价值"②。宋萌荣则从理论上区分了社会主义核心价值和社会主义基本价值，"社会主义基本价值是人类追求的共同价值的集合体，是各种社会主义原则的泛化抽象；社会主义核心价值是社会主义基本价值中具有统领作用的价值要素，体现着科学社会主义的本质规定；基本价值可包含核心价值，却不能替代核心价值"③。张利华认为，价值观是一个系统性的价值体系，核心价值观是价值体系的内核，"它由里向外扩散和渗透，支配、统摄价值体系的各个层次"，伦理价值观、政治价值观、经济价值观、社会生活价值观都是依据核心价值观确定各自价值观的内容。由于"核心价值观是人们在长期的社会生活实践过程中抽象出来的。它具有高度的简约性、包容性、渗透性、持久性以及可近而不可即性"④。石刚、李丽娜认为，社会主义"一般价值观指人民内部各社会成员、各群体所坚持的价值观，具有多样性。核心价值观是指人们对社会主义价值的性质、构成、标准和评价的根本看法和态度，在整个社会主义价值观念体系中处于中心地位，具有主导、支配作用"⑤。

方爱东提出了确定社会主义核心价值观的规定性，认为，社会主义有很多价值观念，但称之为核心价值观要具备三个条件："一是马克思、恩格斯创立并为后人不断发展了的科学社会主义体系中占具重要地位。二是既容纳继承人类文明进步的共同价值，又区别于各种非科学社会主义价值观反映科学社会主义本质。三是具有久远的作用和影响，代表着人类文明发展的方向和未来。"另外，他又提出，社会主义核心价值观本身也是有层次的，有"一般"和"具体"之分，"社会主义核心价值观

① 孙武安.论中国特色社会主义的核心价值 [J].毛泽东邓小平理论研究，2006（06）：41-45.

② 许华.社会主义核心价值与基本价值——马克思恩格斯社会主义价值理论探究 [J].当代世界与社会主义，2007（06）：49-52.

③ 宋萌荣.科学社会主义核心价值与人的全面发展 [J].当代世界与社会主义，2007（04）：64-67.

④ 张利华.试析中国特色社会主义核心价值体系的结构与内涵 [J].中国特色社会主义研究，2007（04）：32-37.

⑤ 石刚，李丽娜.核心价值面面观 [M].北京：社会科学文献出版社，2009：172-173.

的'一般'是社会主义的终极价值理想和目标"。而"社会主义核心价值观的'具体'是指人们在社会主义不同历史阶段上对社会主义具体阶段目标的最根本、最核心的观点和看法"①。

第二，从社会主义核心价值观与社会主义核心价值体系的关系中来认识社会主义核心价值观。"社会主义核心价值观和社会主义核心价值体系都是对社会主义本质、特性及其价值目标的体现。"② 戴木才、田海舰认为："社会主义核心价值观是社会主义核心价值体系的内核和最高抽象，体现社会主义的价值本质，决定社会主义核心价值体系的基本特征和基本方向，引领社会主义核心价值体系的建构。社会主义核心价值观渗透于社会主义核心价值体系之中，通过社会主义核心价值体系表现出来。"③ 2011 年，戴木才进一步强调了社会主义核心价值观在社会主义核心价值体系中的主导地位："核心价值观是一个社会中居统领地位、起支配作用的价值观念，是一种社会制度、社会形态长期普遍遵循、相对稳定的根本价值准则，是一个社会的价值观、价值体系、核心价值体系的灵魂。既体现现实性的价值要求，又包含着理想性的价值诉求。既有大多数人普遍可以接受并实践的广泛性价值体现，又有感召人们不断提升的先进性价值理念。特征：理想性、稳定性、统摄性、共识性、建设性。"④

第三，从价值主体来理解社会主义核心价值观。关于社会主义核心价值观的主体有三种提法。第一，中国共产党价值主体论。持这一观点的学者认为社会主义核心价值观就是中国共产党的价值观。万成才说："社会主义核心价值观是我们中国社会中的先进分子的价值观，具体讲就是共产党员的价值观。"⑤ 不言而喻，社会主义核心价值观的主体是共产党或共产党员。田心铭没有明确提核心价值观的主体是谁，但是他指出，社会主义核心价值观源自马克思主义，而"'以人为本'、'实事求是'，

① 方爱东.社会主义核心价值观论纲 [J].马克思主义研究，2010（12）：127－133.
② 钟明华，黄荟.社会主义核心价值观内涵解析 [J].山东社会科学，2009（12）：14－18.
③ 戴木才，田海舰.论社会主义核心价值体系与核心价值观 [J].中国党政干部论坛，2007（02）：36－39.
④ 戴木才.论社会主义核心价值观与核心价值体系的辩证关系——中国特色社会主义核心价值观探索之一 [J].南昌航空大学学报（社会科学版），2011（02）：1－8.
⑤ 中华战略文化论坛丛书编委会.社会主义核心价值观与中华战略文化 [M].北京：时事出版社，2010：180.

由于集中概括了党的宗旨、党的群众路线和党的思想路线，因而在党的思想观念中处于核心地位，是贯穿于党的全部理论和全部实践中的宗旨和灵魂"①。这段话的意思非常明确：中国共产党是社会主义核心价值观的主体。湖北省委党校李银安教授认为，中国特色社会主义核心价值包括"科学的世界观、公正的政治观、理性的人生观三个重点领域"，"'中国特色社会主义价值观'作为当代中国社会的主流价值观，是执政的中国共产党的价值观在处于社会主义初级阶段的当代中国的体现"②。

第二，人民群众价值主体论。持这一观点的学者有价值论研究专家李德顺、吴倬、蒋国海等人。李德顺认为，社会主义核心价值的主体是人民。他指出，党有党的价值观，因为"领导社会主义事业核心力量是中国共产党"，当中国共产党成为执政党，"建立社会主义国家的时候，党的价值观当然也就是国家政权的价值观。"但是，当党的价值观转化为全体人民共同理想和信念后，人民群众就成为社会主义核心价值观的主体。"社会主义是一个人民当家作主的社会，那么它的主导价值观就必须以人民为主体，以人民利益为标准。"③ 吴倬教授也认为："社会主义核心价值观是在我国长期社会主义革命和建设条件下，人民群众在实践中所形成的主导价值观体系，它在社会生活中处于主导、统摄或支配地位，是为广大人民群众所普遍接受、认同的价值观体系。"④

第三，综合价值主体论。综合价值主体论中包括了中华民族价值观主体论。国防大学公方彬教授提出的"中华民族核心价值观"，实际上就是以中华民族作为核心价值观的主体。他认为，中国崛起包括中国应具有引向人类文明走向的能力，核心价值观作为一种文化观，可以在国际舞台上发挥作用，他说："我们不输出革命，但可以输出核心价值观，前提是价值观先进具有输出能力。"据此，他认为，"如果要发挥核心价值观的价值引领与文化塑造的多重功能，则提中华民族核心价值观更佳"⑤。万成才认为，社会主义核心价值观是我们中国社会中的先进分子的价值观，

① 田心铭.中国社会主义核心价值观：以人为本，实事求是，独立自主 [J].马克思主义研究，2011（11）：35－42.

② 李银安.论中国特色社会主义核心价值 [J].科学社会主义，2009（05）：31－33.

③ 李德顺.关于价值与核心价值 [J].党政干部学刊，2008（03）：3－5.

④ 吴倬.关于社会主义核心价值观问题的理论思考 [J].教学与研究，2008（06）：92－96.

⑤ 中华战略文化论坛丛书编委会.社会主义核心价值观与中华战略文化 [M].北京：时事出版社，2010：115.

具体讲就是共产党员的价值观，但他认为提中华民族核心价值观更好，因为中华民族核心价值观涵盖了社会主义核心价值观，"社会主义的核心价值是中华民族核心价值的核心部分，但不是全部"①。

有的学者认为，中国社会主义核心价值观的主体不止一个，而是多个。杨明和宫源海主张国家与公民为社会主义核心价值观的主体，提出"社会主义核心价值观，应该从国家和公民两个主体来着眼，形成统一的主体性"。国家主体的社会主义核心价值观，称之为主导价值观，公民主体的社会主义核心价值观，称之为共同价值观。② 湖南社科院的郑佳明在《清华大学学报》中提出中国价值主体是国家与家庭，"家和国的价值主体地位作为一种集体无意识和一种文化基因，将长期存在于中国人心里，并随时可能被呼唤出来"③。

(三) 社会主义核心价值观的内容表述

社会主义核心价值观包括哪些观念？如何凝练和表述社会主义核心价值观是社会主义核心价值观研究的重要方面，也是社会主义核心价值观研究中遇到的最大问题。一方面提炼社会主义核心价值观关系到对社会主义核心价值观本质内涵理解，包括对核心价值的理解、核心价值主体的理解等等；另一方面提炼社会主义核心价值观涉及到语言表述的问题，既要达意，又要精炼，确实很不容易。梳理已有的社会主义核心价值观概括表述的研究成果，在语言形式上基本有三种：一是单一的词组表述形式，二是两个字为主的概念词的表述形式，三是四个字为主的组合概念词表述形式。

第一，单一词组社会主义核心价值观表述形式。这类核心价值观表述主要有集体主义价值观和人的全面发展的价值观。陈章龙、周莉认为，"主导价值观"是社会主义核心价值观，而"集体主义是社会主义的主导价值观"④。有的学者根据社会主

① 中华战略文化论坛丛书编委会.社会主义核心价值观与中华战略文化 [M].北京：时事出版社，2010：180.
② 宫源海.主体性、世界观与社会主义核心价值观建设 [J].山东社会科学，2011 (12)：21-28.
③ 郑佳明.中国社会转型与价值变迁 [J].清华大学学报 (哲学社会科学版)，2010 (01)：113-126.
④ 陈章龙，周莉.价值观研究 [M].南京：南京师范大学出版社，2004：68.

义本质要求认为社会主义核心价值理念是"人的自由而全面的发展"①。"人的全面发展落实到政治、经济、文化、社会诸多方面，表现为发展、公平、平等、民主、和谐、共同富裕等等。"②方爱东指出，"社会主义核心价值观应当是马克思竭其毕生精力完成的对人类发展规律的揭示中所展示的'人的自由全面发展'终极价值目标，只有'人的全面发展'才符合社会主义核心价值观的本质要求"③。

第二，两字为主的社会主义价值观表述形式。提出两字表述社会主义核心价值观概念最多的是中央党史研究室的李忠杰，他认为中国特色社会主义核心价值观可以有发展、富裕、民主、文明、公平、正义、友爱、互助、安定、和谐等。④他对前四个观念进行了内容阐述。公方彬提出"民主、平等、公正、互助"。他认为，"民主与平等是一种社会形态，是大众在社会生活中存在的关系；而公正和互助则是一种要求，是奠基于前二者基础上的努力方向，是一个社会对每个成员在承担公共义务时的期待和要求"⑤。宫源海从国家与公民两个价值主体的前提下，提出国家主体的核心价值观是富强、民主、文明、和谐、公正、公平；公民价值主体的核心价值观是爱国、守法、敬业、诚信、创新、贡献。⑥北京师范大学的韩震2008年主张四字"民主自由、公平正义、人道和谐、开放进取"提法，但是后来他将原先的四字改为了两字："民主、公平、和谐、进取。"他的理由是："民主可以包含自由，公平能够注释正义，和谐已经蕴涵人道，进取也包括开放的心态。"这四个字一方面"是马克思主义特别是中国化马克思主义的核心价值理念"，另一方面"也集中体现在民族精神、时代精神以及中国特色社会主义道德规范之中"⑦。

还有的学者在与他人的争鸣中提出自己的见解。如，南开大学杨永志教授不同

① 谭书国，陈剑.人的全面发展：社会主义核心价值理念的重建 [J].探索，2002（05）：107 - 108.
② 黄志高.社会主义价值问题论析 [J].社会主义研究，2009（02）：51 - 55.
③ 方爱东.社会主义核心价值观论纲 [J].马克思主义研究，2010（12）：127 - 133.
④ 《科学社会主义》记者.构建中国特色社会主义的核心价值观——中共中央党史研究室副主任李忠杰教授访谈录 [J].理论参考，2007（03）：15 - 19.
⑤ 中华战略文化论坛丛书编委会.社会主义核心价值观与中华战略文化 [M].北京：时事出版社，2010：117 - 118.
⑥ 宫源海.主体性、世界观与社会主义核心价值观建设 [J].山东社会科学，2011（12）：21 - 28.
⑦ 韩震.从体系建构到观念的凝练——社会主义核心价值观念初论 [N].学习时报，2008 - 05 - 12.

意包心鉴先生提炼的"以人为本、民主公正"核心价值观的提法，认为这八个字并没有体现出社会主义的本质理念，他主张，"社会主义核心价值观应凝练为：'友爱、平等、互助、共富'这样的四词八字。这种表述能比较高度和凝练地表达社会主义的基本追求和终极目标，全面反映社会主义根本特征和本质"[①]。

有的学者在提出两字的价值表述的基础上还有另外的补充。如，戴木才、田海舰所提炼的社会主义核心价值观除了两字的"富强、民主、文明、和谐"以外，还有"人的自由全面发展"。"人的自由全面发展"是终极目标意义上的，而"富强、民主、文明、和谐"则对应着经济、政治、文化和社会（包括生态）发展的要求。李德顺的提炼与戴木才等人有点相似，他从人民价值主体出发，提出"富强、民主、文明、和谐"是人民的目标理想，但又说，这些价值的核心理念是：公平正义。他说，经过中西方各国调查发现，大凡主张资本主义的富人倾向自由价值，而贫弱者往往倾向平等，所以公平正义应当是社会主义的核心价值，"在尊重和保障自由的基础上进一步实现以平等为特征的公平正义是社会主义后于资本主义、高于资本主义的价值追求"。

此外，党的十七届六中全会之后，各个地方党委在探索社会主义核心价值的过程中，大都提出的是两字的价值概念。如北京市提出的"北京精神"是"爱国、创新、包容、厚德"，上海市委提出的价值取向是"公正、包容、责任、诚信"。

第三，四字为主的社会主义价值观表述形式。2006年复旦大学教授林尚立在《学习时报》讨论了当代中国核心价值观，他认为，社会主义核心价值观应该是"当代人类社会价值、马克思主义核心价值与中国社会文化基本价值的有机统一"，据此提出"以人为本、以和为贵、以法为基、以公为善、以劳为美、以家为安"6组24字价值观的表述。[②] 六年后，柯缇祖同样也提出了6组24字的核心价值观"以人为本、共同富裕、民主法治、公平正义、团结和谐、开放包容"[③]，表述与林尚立不同，不仅内容有差异，形式也不同，林尚立是句式的，而柯缇祖是词组对仗式的。

以四字表述价值观形式的还有：李银安提出的"人民民主、勤劳共富、真善美健、公正和谐"；高淑桃概括为"科学发展、共同富裕、民主法治、文明进步、社

① 杨永志.也谈社会主义核心价值观的凝练 ［EB/OL］.（2012－02－04）［2023－12－01］.
② 林尚立.社会主义意识形态与当代中国的核心价值观 ［N］.学习时报，2006－12－20.
③ 柯缇祖.社会主义核心价值观研究 ［J］.红旗文稿，2012（02）：4－7.

会和谐"①；张兴祥从社会主义价值体系四个方面出发，提出相应的社会主义核心价值观是"公平正义、爱国创新、共同富裕、诚实守信"②；西南大学黄蓉生则将社会主义核心价值观概括为"爱党爱国、人民为本、民主公正、和谐文明"，认为"它们的内涵各有侧重、相互联系、完整统一。这些内容体现了社会主义本质要求，展示了共产主义的远大追求，继承了中华民族优秀传统，吸收了人类文明进步成果，体现了广大人民的根本利益"③；包心鉴提出"以人为本、民主公正"的价值观，其理由是"将'以人为本、民主公正'确立为社会主义的核心价值观尤其是中国特色社会主义的核心价值观，是因为只有以人为本才能最本质地反映社会主义的本质特征、发展规律和价值取向"。因为"以人为本，是对以神为本、以物为本以及以官（权）为本的社会形态的本质超越，是引导社会成员科学地理解和推进社会主义的根本基点。民主公正，既是对专制政治又是对社会差异的本质超越，是体现社会主义以人为本本质的最基本方面，是梳理社会成员利益诉求、增进社会成员价值共识、消解社会变革过程中的矛盾和问题，从而使现实社会保持正确方向和稳定发展的关键"④。包先生的论证令人信服。

　　还有比较特殊的是把四字与两字结合起来的提炼，如吴新文在《社会主义核心价值观》一书中论证的社会主义核心价值观内容既有四个字的，也有两个字的。四个字概括的是"国家为基、人民为本、社会为先、天下为怀"，两个字的概括为"正义、富强、民主、文明、和谐"。⑤此外李汉秋从传统道德文化获得启发，提出"公仁义诚勤"为当代中国的新五常。⑥

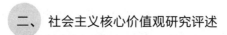

二、社会主义核心价值观研究评述

　　综览上述，社会主义核心价值观研究已有较为丰硕的理论成果，并已产生某些

①　高淑桃.对中国特色社会主义核心价值和核心价值观的探讨［J］.探索，2007（06）：97 - 100.
②　张兴祥.价值、核心价值与社会主义核心价值体系建设［J］.江淮论坛，2008（03）：5.
③　黄蓉生，等.社会主义核心价值观的提炼与培育［N］.重庆日报，2011 - 09 - 25.
④　包心鉴.社会主义核心价值观的凝练与建构［N］.光明日报，2012 - 01 - 14.
⑤　吴新文.社会主义核心价值观［M］.重庆：重庆人民出版社，2009.
⑥　中华战略文化论坛丛书编委会.社会主义核心价值观与中华战略文化［M］.北京：时事出版社，2010：92.

共识性的理论见解，为社会主义核心价值观的深入研究打下了良好的基础。但勿庸讳言，目前社会主义核心价值观的研究还是初步的，理论研究无论是理论的深刻性还是理论的系统性都未达到理想的程度，"一个为全社会所普遍认同的社会主义核心价值观的基本范式却还没有能够形成"①，社会主义核心价值观的建构任务尚未完成。正因如此，需要对已有的研究进行研究，总结得失，分析原因，获得新的研究思路。

（一）社会主义核心价值观研究共识性的理论概括

社会主义核心价值观研究所产生的共识性理论见解主要有以下几个方面。

第一，社会主义核心价值观构建重要性的共识。为什么要构建社会主义核心价值观？研究者们深知其重要性所在，那就是社会主义核心价值观的研究及其建设关系到国家文化战略发展的问题。构建社会主义核心价值观，作为国家文化战略发展的核心任务，基于国际国内二方面的考虑：一是国家发展所处的时代背景。进入 21世纪国际竞争更加激烈，竞争不仅是经济军事领域的，更是文化软实力的竞争，文化力量在当今时代越来越显示出其独特的重要性，正如党的十七大报告所指出的，"当今时代，文化越来越成为民族凝聚力和创造力的重要源泉、越来越成为综合国力竞争的重要因素"。而文化软实力的内核是价值观特别是核心价值观，因此文化竞争的背后是价值观的较量。这种较量不仅仅体现在价值观的内容上，更在于价值观能否产生文化的向心力和创造力。而核心价值观在价值观中居主导地位，它是一面旗帜，引领把握文化发展方向，是文化建设的重中之重，它关系到提升国家在国际竞争中的影响力、竞争力和软实力。正是基于核心价值观的重要性，学者们都抱着"将构建社会主义核心价值观作为国家重大战略工程"的态度来研究社会主义核心价值观。

二是国内思想道德建设的需要。我国 30 多年来经济发展取得了巨大的成功，但经济发展不能掩饰文化建设的滞后。文化滞后一个突出的问题是信念、信任、信心"三信"危机，社会道德一定程度的滑落，人心涣散，其根本的原因就是缺乏一种价

---

① 顾友仁.中国特色社会主义的价值向度——近五年社会主义核心价值观研究述要 [J].社会科学研究，2011（02）：180 - 186.

值共识来引导和凝聚社会。而缺少具有灵魂意义的核心价值观，无论是经济的持续发展还是各种体制机制的改革都将遇到巨人的阻力，中国特色社会主义发展道路和中华民族的复兴伟业也会受到影响，人民群众的健康的精神需要也难以得到满足。要改变这种状态，必须提出一个能够凝聚整个民族和国家的核心价值观，以"坚持社会主义先进文化前进方向，兴起社会主义文化建设新高潮，激发全民族文化创造活力，提高国家文化软实力，使人民基本文化权益得到更好保障，使社会文化生活更加丰富多彩，使人民精神风貌更加昂扬向上"①。学者们深感社会主义核心价值观研究与建设的紧迫性和重大性。

第二，社会主义核心价值观本质确认的共识。从已有的研究成果来看，关于社会主义核心价值观的本质具有相同的认识。首先，社会主义核心价值观研究的理论依据是马克思主义的唯物史观和价值理论。一些学者提出的"人的自由全面发展""以人为本""人民主体"等价值都是直接从马克思的价值理论中引用过来的，而"实事求是""共同富裕"等概念也是从马克思主义或中国化马克思主义的观点出发而提出来的。可以说，社会主义核心价值观的构建是依据马克思主义的方法论在马克思主义的理论范畴和话语体系中进行的，保证了社会主义核心价值观研究的理论立场。

其次，社会主义核心价值观的研究坚持了社会主义的立场。研究者们认识到，当今中国文化建设所要提炼的核心价值观的性质是社会主义的，也就是说，中国特色的核心价值观不同于资本主义的价值观，甚至与资本主义价值观是相对立的，尽管核心价值观凝练过程中不可避免使用到与西方国家的价值用语相似的某些词语，但是研究者力图作出社会主义的解释，坚持这些词语内涵的社会主义性质。

再次，在批判非社会主义价值观特别是资本主义价值观中坚持社会主义核心价值观的社会主义性质。社会主义核心价值观的研究中也存在着分歧，也有争鸣，这是十分正常的，也是非常需要的，理论争辩促进了对社会主义核心价值观本质的认识。

第三，社会主义核心价值观表述中的共识。在社会主义核心价值观的提炼表述

---

① 胡锦涛.在中国共产党第十七次全国代表大会上的报告［EB/OL］.（2007‑10‑24）［2023‑12‑01］.

上，尽管目前尚无完全一致的提法，但在林林总总的概念词语中存在着某些共识性的方面。第一，在表述形式上，主要集中于两字词语和四字词语这两种表述形式，说明了研究者在社会主义核心价值观的表述上都力求简洁精练、通俗易懂、朗朗上口，便于社会主义核心价值观的广泛宣传和广大民众的接受。第二，提炼的价值概念有不少是相同的，说明研究者对这些重合的价值概念有选择上的共同倾向。在我们掌握的成果中，价值概念重合率比较高的两字词语概念的有：公正、公平、民主、和谐、富强、文明。价值概念重合率比较高的四字词语概念的有：以人为本、公平正义、民主法治、共同富裕、和谐文明。还有从两字词语概念和四字词语概念对比起来看，可以发现，其中又有一些价值概念是重合的，说明研究者对这些价值概念认同比较一致。

（二）社会主义核心价值观研究中的问题商榷

在不长的 10 来年的时间里社会主义核心价值观研究已经取得了 10 余本专著、近千篇论文的研究成果，实属不易。这些研究成果填补了我国社会主义核心价值观理论研究的空白，也为凝炼中国特色社会主义核心价值观推向实践作出了贡献。但是，研究中也提出了一些需要讨论商榷的问题，大多数涉及方法论的问题，也有一些理论本身的问题。

第一，社会主义核心价值观研究思路的问题。从什么入手来研究社会主义核心价值观？涉及到社会主义核心价值观研究的思路问题，思路不同，产生的理论成果也不一样。现有社会主义核心价值观研究的成果之所以差别不一，与研究者的研究思路有关。对研究思路的分析，可以发现某些值得探讨的问题。一是有的学者从价值理论入手来研究社会主义核心价值观，如前所举的有的学者把社会主义价值观分为基本价值观和核心价值观，认为基本价值观包含了人类自古以来对共同的美好生活的向往，而核心价值观是科学社会主义和非科学社会主义的根本区别，得出的结论是"人的全面而自由的发展是社会主义的核心价值，公正平等、自由民主、共同富裕等则是社会主义的基本价值"①。这里存在一个明显的逻辑矛盾：既然"公正平

---

① 许华.社会主义核心价值与基本价值——马克思恩格斯社会主义价值理论探究［J］.当代世界与社会主义，2007（06）：49‐52.

等、自由民主、共同富裕"是社会主义的价值，那意味着这些价值是不应归于"非科学社会主义"范围的；另则"非科学社会主义"的价值体系中也不该容纳社会主义的价值观。当然，作者得出社会主义核心价值是"人的全面而自由的发展"的依据出自于社会主义最终发展目标。问题在于，"公正平等、自由民主、共同富裕"不是社会主义最终发展目标吗？试想，假如社会主义不是"公正平等、自由民主、共同富裕"的社会，又何来"人的全面而自由的发展"呢？

二是有的学者从十六届六中全会提出的（十七大和十七届六中全会继续强调的）社会主义核心价值体系的内容来设计社会主义核心价值观，概括出相应的"公平正义、爱国创新、共同富裕、诚实守信"四词的社会主义核心价值观。然而，马克思主义指导能否等同于"公平正义"的价值？"诚实守信"能否涵盖社会主义荣辱观八个德目？有的学者同样从社会主义核心价值体系的内容出发，却得出了与前面不同的核心价值观的内容："民主自由、公平正义、人道和谐、开放进取。"四对价值概念仅有一对相同，另外三对都不一样。[①] 学者们从社会主义核心价值体系出发来凝炼社会主义核心价值观是有原因的。学者们普遍揣测中央在提出了社会主义核心价值体系之后又提出社会主义核心价值观的问题，可能是因为社会主义核心价值体系过于庞大，需要形成精炼的有助于社会接受的观念形态，那就是社会主义核心价值观。因此不少学者认为，社会主义核心价值观和社会主义核心价值体系是"一个问题的两种不同的概括"，社会主义核心价值观是"社会主义核心价值体系中最基础、最核心的部分，是我们民族长期秉承的反映社会主义本质和建设规律的根本原则和价值观念的理性集结体"[②]。笔者认为，学者的揣测有一定道理，社会主义核心价值观的研究和提炼可以看作是社会主义核心价值体系建设的一项任务，但不应得出从社会主义核心价值体系中提炼社会主义核心价值观的结论，因为可以提炼的话，则不需要进行社会主义核心价值观的研究了。从前面研究的结果可以看到，两者的简单推论会产生很多问题。

上述研究思路之所以出现偏颇，主要的问题在于研究的出发点是从概念、理论出发，用理论来套理论、用理论来推概念，就很难揭示出具有社会主义本质的核心

---

① 韩震.从体系建构到观念的凝练——社会主义核心价值观念初论［N］.学习时报，2008 - 05 - 12.

② 王泽应.社会主义核心价值观的基本特征［N］.光明日报，2007 - 04 - 03.

价值观。

第二，社会主义核心价值观研究话语的问题。社会主义核心价值观研究话语涉及两个基本点方面的问题，一是社会主义核心价值观理论研究的话语，二是社会主义核心价值观概念话语（表述话语）。令人感到欣喜的是社会主义核心价值观概念话语有极大的进步。20世纪90年代社会主义价值观的概念表述主要集中于"集体主义、社会主义、爱国主义"，"三个有利于"，"有理想、有道德、有文化、有纪律"等，当然这些表述也有其历史的意义，在当时也起到了价值主导的作用。21世纪以来社会主义核心价值观的概念表述体现了与时俱进。首先是表述形式的精炼，大部分是用两字和四字概括的价值话语，简单易记，体现凝炼的要求。其次，与简炼相关的是，价值话语观念性特点明显，容易为社会个体所接受。再次，价值话语时代性气息浓厚，给人一种全新的感觉。当然，社会主义核心价值观概念话语也有其不足之处，那就是中国文化的色彩不够，一些提炼的价值概念怎么看都像西方的话语。如何使社会主义核心价值观的话语既具有现代性，又能区别与西方尤其是西方资本主义的价值话语是研究者面临的主要挑战。

社会主义核心价值理论研究的话语则要比概念话语差多了，主要体现为如下几点：一是有的研究过多使用中央文件上和领导人的话语，套话比较多，个性化理论话语少，不少文章有似曾相识之感。二是研究话语充斥政治高调，缺乏理论吸引力。三是研究缺乏逻辑语言和论证，理论缺乏深度。

第三，社会主义核心价值观研究时空的问题。社会主义核心价值观的时空问题是指，有一些研究没有当下的时空感，徒具理想的想象。社会主义核心价值观当然具有理想性，但是价值的理想性应当建立在现实的基础上，不是脱离现实时空条件的终极想象。然而有的研究者一谈起社会主义核心价值必然与共产主义的"终极目标"联系起来，似乎我们今天构建的社会主义核心价值观要管用几百年，一直到共产主义。这在一个社会多变和思想快变的时代几乎是完成不了的事情。正是这种不务实的时空思维模式在一定程度上造成了社会主义核心价值观的难产。虽然我们希望凝炼出来的社会主义核心价值观能够具有较长远的影响力，但是长远性总是有一定时限的，不切实际的长远性只能使愿望陷于空想。因此，社会主义核心价值观的时空适用性应当是社会主义核心价值观研究中一个不能忽略的问题。

（三）社会主义核心价值观研究中的困难解析

社会主义核心价值观的研究无疑是一项困难的课题，戴木才教授评价为"核心价值观是一个世界性难题"。所谓世界性的难题，他认为，社会主义核心价值观是"马克思主义经典作家留给社会主义实践运动一个重大价值难题，是近100年来社会主义与资本主义在对抗中并存与发展提出的一个重大价值难题，是新中国建立60多年来特别是改革开放30多年来提出的一个重大价值难题，是世界上一些国家和地区执政规律发生深刻变化对我们党提出的一个重大价值难题。"① 这个评价固然具有世界性的眼光，但就中国而言，社会主义核心价值观研究确实存在着理论上的困难。武汉大学的沈壮海教授指出，存在着四大方面"凝练社会主义核心价值观的思维之结"②。对研究困难的分析将有助于社会主义核心价值观的深入研究。前面所分析的社会主义核心价值观研究中的问题其中也包含着研究的困难，除此以外，社会主义核心价值观研究的困难还有以下方面：

第一，我国价值与价值观研究时间短。西方的价值和价值观理论研究经历了数百年的时间，而且经过了"实践""重估""解构""建构"等反复的争辩与商讨，至二战后，价值与价值观理论达到了非常深厚的程度，对政府决策和社会实践运动都起到了极为重要的引导作用，甚至产生世界影响力。而我们中国开展价值理论研究时间比较短，20世纪80年代改革开放后学界才开始接触西方的价值理论。即使如此，20世纪80年代进入中国的西方价值理论主要是被当作精神污染来对待的，也就是说，当时涉及价值问题的研究成果中，真正研究价值理论的很少，主要是对西方的价值观作意识形态的批判。直到20世纪80年代末、90年代才有学者陆续对价值问题感兴趣，一度在理论界掀起一股规模不算大的价值理论研究热。同时，正是这股价值理论研究热，催生了90年代社会主义价值观的研究，目的是要对抗西方资本主义的价值观，来构建社会主义的价值观。

由于研究时间短，价值理论研究的人才少，理论积淀不深厚，这对开展社会主义核心价值观研究无疑是一大困难。因为价值理论属于比较深奥的哲学问题，研究

---

① 戴木才.论社会主义核心价值观与核心价值体系的辩证关系——中国特色社会主义核心价值观探索之一［J］.南昌航空大学学报，2011（02）：1-8.

② 沈壮海.解开凝练社会主义核心价值观的思维之结［J］.思想理论教育，2011（11）：10-12.

者应该具有哲学上的理论素养和价值知识，对价值理论本身要有深入的研究。但是从已有的成果来看，有的研究者并不真正了解价值理论，甚至误引所谓的马克思的价值概念。有的提出核心价值观和基本价值观，但却无法从理论上论证两者的区别，以及为什么要有这种区别。这样的价值观理论就没有说服力。由于缺少强有力的价值理论的支撑，社会主义核心价值观研究则比较困难。

第二，社会主义核心价值观研究是个新问题。社会主义核心价值观研究是个新问题，既是创新，对于社会主义运动来说既是贡献，但也是挑战，困难重重。首先，不能简单运用西方的价值理论。西方学者研究价值与价值观问题，虽然打得都是普世性的旗号，但是他们的立场和出发点是西方的或者是资本主义的，我们可以借鉴，但不可能直接搬用。原因显而易见，我们是社会主义核心价值观，与资本主义是对立性的价值观念。

其次，社会主义理论体系中缺少价值理论的可鉴资料。马克思主义的社会主义理论当然包含着价值观的内涵，但这并不意味着马克思主义中包含着价值理论，也就是说，马克思主义的价值观与马克思主义的价值理论是两个概念。马克思主义的价值观对于我们思考社会主义价值观的内涵当然是具有指导意义的，但是，由于马克思主义缺乏价值理论，这对于我们研究社会主义核心价值观则缺少了价值理论的直接指导。众所周知，马克思科学社会主义理论更多的是指出通向未来社会的可行的道路，马克思本身对社会主义社会并没有作更多的描绘，社会主义的概念也不是马克思的首创，而是借用空想社会主义的，马克思也不可能对未曾经历的社会主义社会提出价值问题的思考。

再次，社会主义的实践中没有社会主义核心价值观构建的现成经验。马克思恩格斯之后的列宁和斯大林虽然经历了苏联社会主义，但是正如戴木才教授所指出的，那时社会主义与资本主义的抗衡主要在于硬实力的斗争，文化软实力的斗争多少有所忽略。当然，前苏联也曾进行过社会主义文化的建设，也提出过"集体主义""共产主义精神"等类似价值观的口号和教育，但确实没有自觉地研究社会主义的核心价值观，自然也很少见到社会主义价值理论的研究成果。

第三，社会主义核心价值观中国特色的复杂性。我们所要研究的是中国特色的社会主义核心价值观，由于是中国特色社会主义的要求，这使核心价值观的研究无论在理论上还是在词语的凝炼上都变得复杂和困难，因为要兼顾到多个方面。其一，先进性与现实性的问题。因为是社会主义的核心价值观，所以必须坚持社会主义先进性的本质，但另一方面提炼的是中国社会主义的核心价值观，而中国社会主义发展的现实又有其特殊性，处在社会主义的初级阶段，与马克思所理想的社会主义相去甚远，这对于核心价值观词语的选择带来了难度，既要体现先进性，又要照顾现实性，要兼顾两者确实困难。

其二，东西方话语差异的问题。社会主义核心价值观的表述必须体现马克思主义的社会主义的术语，而马克思的社会主义术语基本上属于西方的语境，如"人的自由而全面发展"，但中国特色社会主义核心价值观自然应该由中国特色的语言来表达，问题是怎么表达才是准确的恰当的？显然东西方语言差异也困扰着研究者，有的只能搞综合，但结果是不中不西。

其三，现代与传统关系的问题。社会主义核心价值观属于文化的范畴，并且承担着凝聚民族与国家力量的责任，而文化包括语言文化通常在传承民族血脉的基础上才可能形成凝聚民众的作用，因此用中国特有的语言文化概括社会主义核心价值观应该是核心价值观中国特色的文化要求和体现。但毫无疑问，社会主义核心价值观属于现代的理念，中国传统的语言文化如何与现代价值理念的结合也是社会主义核心价值观提炼中的难题。

三、社会主义核心价值观研究的新思路

讨论社会主义核心价值观研究中的问题和困难目的在于，通过破解困难、置疑问题而获得新思考，从中发现社会主义核心价值观研究的新思路。

（一）关于社会主义核心价值观的主体

价值观是个主体性的概念，任何价值观都有承载价值观的主体，社会主义核心价值观当然也有价值观承载主体。一般情况下，价值观的主体是明确的，不会引出价值观主体的歧义。社会主义核心价值观比较特殊，从字面上看，社会主义是定语，但是社会主义主要标示核心价值观的性质，而不可能是核心价值观的主体，不能说，核心价值观的主体是社会主义，这是说不通的。正因为社会主义不是核心价值观的主体，于是便出现了对社会主义核心价值观主体的不同理解。

讨论社会主义核心价值观的主体十分重要，它涉及到明确社会主义核心价值观是谁的价值观，谁的价值主张的问题。因为价值观主体不同价值观的内容就可能有差异。如，邓小平提出的"三个有利于"的价值主体应该是党和政府。李德顺教授认为，为人民服务是共产党价值主体的核心价值观，而人民群众为主体的核心价值观应该是"富强、民主、文明"①。可见，不同的价值主体，价值观的内容及其表述都是不同的。因此，只有在社会主义核心价值观主体确定的前提下，才可能根据主体的意愿来构建核心价值观，选择能够反映和表达主体价值观念的价值词。目前学界对社会主义核心价值观内容的表述纷呈各异，其中一个原因是社会主义核心价值观的主体不明确或者不一致。

关于社会主义核心价值观的主体，有的主张中国共产党是社会主义核心价值观的主体，有的主张人民群众是社会主义核心价值观主体，有的认为国家是社会主义核心价值观的主体，有的认为中华民族是核心价值观的主体，还有国家与公民双主体说。客观地说，上述价值观主体之间还是存在某些关联性的，问题是上述价值主体仍有其各自不同特性，而作为社会主义核心价值观的主体不应是多元的，而是唯一的。主体唯一性是社会主义核心价值观能够承担得起"核心""主导"等价值功能的必要条件。所以还是要确定哪一个是社会主义核心价值观的主体。令人担忧的是，在探索社会主义核心价值观的过程中，有的文章竟然提出提炼大学生核心价值观、高校教师核心价值观，也就是说，大学生、高校教师都成了核心价值观的主体。② 这使社会主义核心价值观主体的问题变得复杂和混乱，更加证实了确定社会主义核心价值观主体唯一性的重要性。

社会主义核心价值观的主体应该是谁？笔者以为，只能是国家，国家是社会主义核心价值观的唯一主体，也就是说，社会主义核心价值观是国家的意识形态，因而是中国社会主义国家的核心价值观。理由是：第一，国家是具有最高权威的社会共同体，涵盖经济、政治、社会、文化等所有社会领域，涵盖所有的族群、党派、社团、民众与家庭，是中华民族的共同家园；国家拥有以宪法为核心的法律体系和服务社会的国家机构，社会主义国家机器各种机能与社会协调下正常的运转能最大

① 李德顺.关于价值与核心价值 [J].学术研究，2007（12）：13 - 16.
② 把核心价值体系融入大学生思想政治工作 [N].光明日报，2011 - 12 - 22.

程度满足社会主义增长的物质与精神需要。因此只有以国家名义提出的核心价值观才具有强大的文化感召力和凝聚力。参考和借鉴外国的核心价值观，如韩国、新加坡等国的核心价值观无不是国家的核心价值观。

第二，以国家为主体的社会主义核心价值观是中国特色社会主义有别于其他国家的文化特征，是中国文化的旗帜。社会主义核心价值观不仅对内具有引导凝聚的作用，还是我们国家对世界宣示的文化标志。作为国家文化软实力的灵魂，中国特色社会主义核心价值观既能主导中国文化的创新创造，展示中国文化瑰宝的内在智慧，也是整合国内道德文化力量来抵制全球化形势下来自国内外各种腐蚀中国社会发展不健康思想意识的主导力量。

第三，国家与社会主义结合，意味着国家主体的核心价值观其性质是社会主义的，是马克思主义指导下的中国特色社会主义核心价值观。这个问题不仅关系到核心价值观的性质，也涉及到党与国家的关系。强调国家是社会主义核心价值观的主体，并不否定党对社会主义核心价值观的影响和作用。中国共产党是中华人民共和国、中华民族和中国人民的领导核心，党的领导也渗透着党的价值观。但是党作为核心价值观的主体是不适宜的。尽管中国共产党是执政党，但仍然属于政党的范畴，相对于国家，政党的号召力还是有局限性的。为什么现实生活中党的思想理论宣传声势浩大但实际收效不大，问题就在于宣传的与政策是两张皮不统一，宣传管宣传，政策是政策，宣传的理论方针并没有有成为政策的一部分。当思想理论还没有被转化为制度或政策价值的话，其影响作用必然打上折扣。所以，党的价值观必须转化为国家的价值观，渗透于国家的法律政策之中，通过国家的各项活动才能发挥更大的作用。

第四，社会主义核心价值观体现国家主体与人民群众的关系。从理论上说，社会主义国家是人民当家作主的国家，国家的核心价值观也是人民群众价值要求的体现，但这能否推出人民群众是社会主义核心价值观的主体呢？不能。原因很简单，国家是整体概念，国家能够也有条件代表人民，而人民是个集合概念，人民群众存在着利益分层的现实性，不具有代表国家的整体性，因而也不具备社会主义核心价值观主体的条件。如果说人民群众是社会主义核心价值观的主体，那么核心价值观引导的对象是谁？说人民群众引导人民群众，显然有逻辑问题。这里要注意区分两种价值主体：主导性的核心价值观主体和实践核心价值观的主体。人民群众是实践核心价值观的主体，但是主导性的核心价值观主体只能是国家。人民群众接受国家核心价值观，通过内化成为自我的价值追求，并形成实践行动中的精神力量。概言之，国家是社会主义核心价值观唯一主体。

（二）关于社会主义核心价值观研究的方法

第一，核心价值观界定的方法。在核心价值观社会主义性质确定的前提下，理解核心价值观的方法是把握社会主义核心价值观的关键。前已提及，有的学者是在社会主义的价值体系的分解中来理解核心价值观。认为社会主义价值观是个具有众多价值观念的体系，根据价值观在价值体系中的地位、重要性分为核心价值观和基本价值观。如果从理论假定上来解释核心价值观也是可以成立的，但是无法解释核心价值观与基本价值观区分的现实必要性。基本价值观也是社会主义价值观，难道社会主义基本价值观就不重要吗？它对现实就没有引导意义吗？当然不是。可见，纯粹从理论上来界定核心价值观会陷入无法自圆其说的困境，也不利于社会主义核心价值观内容提炼的思考。

笔者认为，社会主义核心价值观的提出，不是理论推理的结果而是现实社会发展的需要。也就是说，核心价值观的提出，不是因为我们已经有了一大堆的价值观，要从中去找出一些更为重要的价值观，然后冠之以"核心价值观"。社会主义核心价值观的提出是时势所然，是发展所需。一个不可忽视的时代背景是，改革开放、现代化发展和社会转型在形成文化丰富性、多样性的同时，也带来思想观念的大交锋大碰撞，并且出现了观念混乱、道德失范、人生观价值观扭曲的情况，迫切需要正确的主导的价值观加以引导。另一方面，我国社会主义文化大发展和大繁荣也需要价值观的导向，这是建构社会主义核心价值观的初衷。

出于现实的需要，构建社会主义价值观不难理解，事实上20世纪90年代我国学者已经开始了社会主义价值观的研究，其意义与现在核心价值观研究的意义是一样的，但为什么不继续称社会主义价值观，而称之为社会主义核心价值观？是不是如有的学者理解的核心价值观是从社会主义价值观中抽炼出来更重要的价值观呢？笔者认为不是。核心价值观的提出还有一个值得注意的文化背景，那就是我们党对待文化多样性包括社会价值多样性思路的改变。一是党和国家真正贯彻"百花齐放、百家争鸣"的方针，包容各种文化合法合理的发展，而非社会主义文化一枝独秀；

允许不同观点的存在和相互之间的争鸣。二是认识到由于经济形态和社会生活方式的多样化和变动性而带来的思想观念的多样化是不可避免的，认识到思想观念（人生观、道德观、价值观）包括与社会主义不相同的思想观念一旦形成其所具有的精神特性是不能靠简单的"堵封压"手段就能奏效的，而是要引导群众通过讨论争辩来明辨是非。更重要的是，能够拿出一套具有说服力、感召力、民众广泛认同的社会主义价值目标成为思想社会意识的制高点，来引导社会文化和社会思潮发展的方向。结论是，社会主义核心价值观是针对我国社会中非社会主义价值观而言的。相对于社会形形色色的思想意识和价值观，社会主义价值观是我们国家社会中的核心价值观，它居于社会价值观的主导、统领的核心地位，是中国特色社会主义文化的旗帜。

第二，核心价值观内容概述的方法。如何确定社会主义核心价值观的内容？需要遵循一些基本的原则。首先，社会主义核心价值观作为国家的意识形态必须坚持马克思主义的价值指导，即坚持社会主义的理念，始终坚持在社会主义的原则下来构建社会主义的核心价值观。其次，社会主义核心价值观的内容应当体现时代性。所谓时代性，一要满足国家现代化建设对文化精神价值的需求；二要符合现代中国人对文化精神价值的需求。再次，社会主义核心价值观内容提炼应当体现现实性。表现为：其一，社会主义核心价值观的内容要有现实针对性。社会主义核心价值观是为了解决现实文化生活思想混乱和精神文化不足而提出来的，解决现实问题是社会主义核心价值观面临的主要任务。其二，社会主义核心价值观理想目标的现实性。价值观是目的性的观念，理想追求是价值观的内质，社会主义核心价值观当然也要体现社会主义理想未来，但是这个理想目标的设定必须建立在社会主义中国的现实国情基础上，以及理想目标可能实现的现实条件基础上。其三，从现实出发，理想目标设计的时域不必太长，以本世纪中叶，即中国达到中等发达国家水平为时限，过长则不达。况且，社会主义核心价值观也不是一成不变的，本身也有个发展变化的问题。目标设想过于长远，既无必要，又会造成核心价值观研究上的困难。

除了上述一些原则以外，还有社会主义核心价值观语词概述的方法：其一，核心价值观表述的语词必须精炼。其实社会主义核心价值体系基本上容纳了社会主义的价值思想，但由于社会主义核心价值体系是个庞大的理论体系，在宣传和普及上存在着一定的难度，而社会主义核心价值观以观念的形式出现，可以形成与社会个体成员观念的直接交流和引导，但是这种观念交流和引导的成功，除了核心价值观内容的深刻性以外，还要在表达语词上简短精炼，能够口口相传，家喻户晓，深入民心。核心价值观语词精炼已获得共识，前述已知，大多数学者以两字词语或四字词语来概述。笔者观点，两字词语更为明确、更为精炼。

其二，社会主义核心价值观语词概述要体现中国文化的特色。中国传统语言文字言简意赅，价值承载力深厚，为广大民众所认同。因此，社会主义核心价值观的语词应当是中国传统文库中的语言，当然所选用的价值语言还要有时空的穿透力，既能体现马克思主义的价值思想，又要具有时代感和现实性。如，公正、和谐的价值词语符合上述几方面的条件。

其三，社会主义核心价值观语词概述还要破除西方语言禁区。中国特色社会主义核心价值观要尽可能使用中国传统的价值语言，但是传统语言也有其局限性，无法表达现代价值的意义或者没有相关的语词表达。在这种情况下，西方的用语也是可以考虑的。不要因为资本主义使用过的词语社会主义就不可以用，完全可以用"扬弃"的办法来处理。

论社会主义核心价值体系的主导性 *

 社会主义核心价值体系的思想是当代中国马克思主义重要的理论创新。作为一种理论，社会主义核心价值体系本身就是社会主义和谐文化最重要的内容，"是建设和谐文化的根本"。① 然而，社会主义核心价值体系的价值并不仅仅限于对于理论发展的贡献，而且体现在其所承担的引导现代中国文化发展主体性的责任上，本文把它称之为主导性功能。社会主义核心价值体系的主导性功能，对于当代中国文化发展的重要性是众所认同的。但是，仅仅停留在重要性认识的层面上是不够的，更具有实质意义的，是把握社会主义核心价值体系主导性的实践价值。如，社会主义核心价值体系的主导功能如何获得？如何体现？以及如何实现？则是值得研究的。

一

 关于社会主义核心价值体系主导性问题的讨论，要从两个方面来把握，一是要放在中国文化发展的现代化背景下来思考。毫无疑问，多样性文化和多元价值的存在，是核心价值理论提出的现实根据，这是主导性问题存在的前提。二是从国家在社会文化发展中的地位和领导责任的视角来思考。社会主义核心价值体系作为文化价值主导性的主体是国家（党领导下的国家），社会主义核心价值体系的本质就是国家意识形态。这样的理解至关重要，社会主义核心价值体系只有作为国家主流的意识形态，才会有主导性的问题。有的人不愿意提国家意识形态，怕与现实全球化的

---

* 余玉花.论社会主义核心价值体系的主导性［J］.思想理论教育，2008（01）：25 - 30.

① 中共中央关于构建社会主义和谐社会若干重大问题的决定［M］.北京：人民出版社，2006：22.

世界不相宜，这是"杞人忧天""庸人自扰"，完全没有必要。所谓"意识形态终结论"完全是个伪命题，在自称自由主义的国家里，始终没有放弃国家意识形态，以及国家对意识形态的控制力。据报道，"美国每年花约 10 亿美元制造'信息'，以'控制公众思想'"①。这里需要说明的是，提出社会主义核心价值体系是国家意识形态的目的并不是为了强调国家对文化发展的控制力，而是为了强调社会主义核心价值体系主导性的主体是国家，这是国家在社会主义文化建设中的责任所决定的。

社会主义核心价值体系作为国家意识形态是一种高度自觉性的文化形态，一方面体现了社会主义国家执政者强烈的政治抱负与价值意向；另一方面国家的政治意识和价值倾向并不是脱离现实的主观随意的文化设计，而是对当代中国文化合理性发展要求客观总结的结果，体现或代表先进文化发展的时代方向，所以能在"百轲争流"的文化大潮中独占鳌头，从而获得对社会文化意识的主导性。这是社会主义核心价值体系主导性具有可能性的前提。

但是，上述尚未探及社会主义核心价值体系主导性本身。我们提出了社会主义核心价值体系具有主导性的功能，但是究竟什么是主导性？社会主义核心价值体系的主导性功能究竟如何体现、如何发挥作用？这就需要对主导性作一番本体性的研究。

关于主导性的问题，学界大多从主导概念中推导出来的，大致可以概括为：第一，指社会事物的主要方面或主要作用。过去我们党提出的"以农业为基础，工业为主导"的国民经济发展的总方针，其中主导的含义即是此意。马克思恩格斯在《德意志意识形态》中所讲的："统治阶级的思想在每一时代都是占统治地位的思想。这就是说，一个阶级是社会上占统治地位的物质力量，同时也是占统治地位的精神力量。"② 这就是从意识形态的社会地位上来确定统治阶级意识形态主导性；第二，指社会事物所具有的权力力量，具体就是指"领导力、控制力"或"领导权、控制权"。西方马克思主义学者葛兰西认为国家在意识形态中的主导力量就是国家对意识形态的领导权，"社会集团的领导作用表现在两种形式中——在'统治'的形式中和

---

① 河清.全球化与国家意识的衰微［M］.北京：中国人民大学出版社，2003：10.
② 中共中央马克思恩格斯列宁斯大林著作编译局.马克思恩格斯选集：第 1 卷［M］.北京：人民出版社，1995：98.

'精神和道德领导'的形式中"①；第三，社会事物所具有的引导、导向的作用。中山大学郑永廷教授认为："所谓主导，就是引导、选择的主要方向、方面及重点。"②

笔者认为，社会主义核心价值体系的主导性兼有上述三方面的涵义。相对于我国现存的各种文化，社会主义核心价值体系主导性首先就在于其处在社会各种文化的核心地位，同时也是社会文化发展的主要部分。文化的核心地位本身就会引起社会的瞩目，从而获得社会关注和投入，产生对其他社会文化辐射影响。其次，社会主义核心价值体系的主导性还是一种文化领导力，就是对社会文化所具有的统领力量。社会主义核心价值体系作为一种文化体系之所以具有统领社会文化的力量，主要在于社会主义核心价值的内容具有真理性、前沿性，能够"坚持马克思主义在意识形态领域的指导地位，牢牢把握社会主义先进文化的前进方向"③，因而能够站在社会主义文化建设的前列，起到率领的作用。除此以外，社会主义核心价值体系的统领力量也得益于国家舆论机器的大力支持，这就是葛兰西讲的文化"领导权"。文化领导权既是主导性最强有力的表现，也是主导权能够发挥作用最重要的保障。再次，社会主义核心价值体系的主导性具有引导的作用。需要指出的是，引导作用与领导作用是有差别的。如果说文化的统领力量是一种"领导权"，那就意味着领导功能包含着来自文化之外的某种"控制力"，也就是国家的力量。引导作用则不同，引导功能的发挥不倚赖于外力的作用，主要来自于主导性文化的本身，即来自于社会主义核心价值体系内在魅力，使其具有"说服力、感召力、引导力"。社会主义核心价值体系的引导作用可以看作是内发性的文化主导性。

应该说，社会主义核心价值体系主导性是上述三个功能综合的集中体现，缺少其中任何一种功能，主导性就是不完全的。但是，不同功能所起的主导作用的差异也需要引起注意和研究，以便更为深入地把握社会主义核心价值体系主导性的功能结构，进一步地去探讨如何更好地发挥社会主义核心价值体系的主导性。

通过社会主义核心价值体系主导性功能的结构分析，可以看出社会主义核心价

---

① 陈炳辉.西方马克思主义的国家理论［M］.北京：中央编译出版社，2004：5.
② 郑永廷.现代思想道德教育理论与方法［M］.广州：广东高等教育出版社，2000：111.
③ 中共中央关于构建社会主义和谐社会若干重大问题的决定［M］.北京：人民出版社，2006：22.

值体系主导性的作用力量形成于两个方面，一是以国家力量所支持的文化领导力，二是社会主义核心价值体系的内在文化的力量。前者着重体现社会主义核心价值体系为国家意识形态的领导权，后者着重体现社会主义核心价值体系的文化引导力。这两种力量对于社会主义核心价值体系主导性来说，都是不少缺少的。但应看到的是，这两种力量在文化主导性中发挥的作用是不一样的。作为国家意识形态的领导权，社会主义核心价值体系可以借助国家的力量来实现其主导性。一是可以通过国家支持下的舆论宣传工具，大张旗鼓地宣传社会主义核心价值体系的思想内容，使之家喻户晓，人人皆知。二是通过国家的各种文化机构以及所掌控的"精神生产资料"，来落实社会主义核心价值体系对社会文化发展的领导权。鉴于目前反社会主义意识形态的意识形态还存在，"一些西方国家加紧对我国实施西化、分化战略，境内外敌对势力与我国争夺群众、争夺人心、争夺阵地日趋激烈，维护我国意识形态安全的任务十分艰巨"。因此，充分地依靠国家的力量，"牢牢掌握意识形态各部门的领导权"①，加强社会主义核心价值体系的主导力量就显得非常重要。

但是，在重视社会主义核心价值体系国家意识形态领导权的同时，更要注重社会主义核心价值体系内在的文化引导力。从社会主义核心价值体系主导性的深化度、长久性的视角来看，社会主义核心价值体系内在文化引导力更值得注意。其实，社会主义核心价值体系是否具有主导性关键在于其是否具有内在文化引导力。为什么内在文化引导力是社会主义核心价值体系主导性的关键呢？因为文化只能是被引导的，这是由精神文化的特点所决定的。精神文化由凝聚着人类智慧的各种知识群所组成，而所有的知识系统都包含着一定的思想倾向、世界观和价值观念，即使以探索宇宙奥秘为特征的纯知识性自然科学，也存在着探索的目的性、探索精神、知识成果服务于谁等价值倾向的问题，这使精神文化总是与一定的价值观念相联系。因此，社会主义核心价值体系对社会文化的主导其实质是对思想观念的主导，而思想观念往往有很强的主体性、独立性和内在性，一般不会轻易接受外在的观念影响，因而不会轻易地改变自己的立场，即使来自权势的压力，对相左的思想观点往往具有本能的拒斥心理。思想观念只能被影响，而很难被驾驭。这不仅意味着对精神文化领导的艰难性，同时也提出了文化领导的特殊性：它不能靠强力征服世界，而主

---

① 江泽民.在庆祝中国共产党成立七十周年大会上的讲话［M］.北京：人民出版社，1991：24.

要依靠自身文化魅力而形成的精神力量，因而文化主导必然是引导性的。

主导文化引导性的意义还由于现代社会思想文化形态的平等多元、自由开放而更加突出。今天，文化的现代化不仅使多元文化的共存成为事实，而且文化之间的隶属关系已被平等的关系所取代。在平等自由的文化态势下，各类文化更注重自我文化的独立性和社会影响度、更趋向于表现自我的强烈愿望，而不愿被他种文化所影响、所左右。这就加重了主导性的难度，也决定文化主导性不可能是对其他文化的指手画脚、发号施令，而是通过提升主导文化的影响力而施予对社会文化的引导。

当然，强调精神文化的特殊性而造成的领导精神文化的艰难性并不意味着文化主导的不可能。人类文化史上曾有过强有力的主导文化的潮流。在西方，著名的有人文主义文化思潮、基督教伦理、功利主义思潮都曾主导过西方文化的发展，其中固然也有国家力量影响所在，更主要的还是在于这些文化潮流自带吸引力。中国古代的儒学文化在上千年的封建社会中独领风骚，深入人心，并不能简单地把它归结于统治阶级"独尊儒术"的结果，事实上儒学文化所具有的精深睿智、通达宇宙与人生、和谐包容的气度、极富民族进取自强性的内涵折服着一代代学者，感化着社会和家庭，才使其在那个时代有着民族文化的凝聚力和精神号召力。这就说明了，文化的主导性在于其强有力的精神内涵，也就是文化内在的引导力。只有当主导的文化具有很强的吸引力的情况下，才能得到其他文化的认同，其引领文化才是可能的。

可见，文化的主导性关键在于引导力，引导力也可看作是文化的主导能力，只是这种特殊的能力内化在主导文化之中。这就提出了进一步需要讨论的问题：文化的引导力从何而来，是自在的还是获得的？文化的引导力如何体现？如何理解社会主义核心价值体系的引导力？一般来说，获得文化主导性和引导力的文化或价值体系至少具备真理性、先进性、合理性的条件。社会主义核心价值体系主导性当然应当具备上述条件。首先，社会主义核心价值体系的真理性是坚持马克思主义的认识路线，当代中国化的马克思主义的发展理论能够真正反映中国社会经济发展和社会生活发展的本质，坚持发展的第一原则，坚持改革开放的发展手段，科学发展观的理论更体现了社会发展全面性、合理性的要求，避免发展问题上的主观性、片面性。当然，社会主义核心价值体系的真理性并不仅仅体现在发展理论上，但对于当代中国来说，马克思主义的发展理论是最为重要的。社会主义核心价值体系的真理性是其首要的思想内容——马克思主义的指导地位得以确立。社会主义核心价值体系的先进性体现为多方面：一是在对现实生活科学研究和对人民意愿正确把握的基础上能够预见社会发展大势，在此基础上提出中国特色社会主义的共同理想；二是在文化发展方面，把握和体现社会文化发展的合理趋势，以先进文化引领当代中国文化发展的方向；三是社会主义核心价值体系的文化创新具有高于现实、引导生活的功能。文化创新当然是源于生活，反映了社会主义核心价值文化与现实生活的密切关系，而文化创新则使社会主义核心价值体系拥有了对生活包括文化生活的引领力。社会主义核心价值体系的合理性在于：第一，以民族精神和时代精神融合凝成新的精神感召力，社会主义荣辱观为基础的道德建设满足了社会对道德的吁求。第二，社会主义核心价值体系其以建设性的姿态吸纳其他文化的精粹，并尊重他种文化的合理意义，因而具有积极的容纳性。正是积极的容纳性使社会主义核心价值体系能够担当起概括和牵引社会思想共识之大任，使社会各种文化汇集于社会主义的旗帜下。第三，社会主义核心价值体系积极批判精神能够弘扬文化正气、抵制邪恶歪风，真正创设和谐文化。这里有一个对和谐文化正确理解的问题。和谐文化不仅仅是文化宽容，也包含着批判和斗争，即对邪恶、假丑、落后、腐朽和不合理文化现象的批判和斗争，这样才可能倡导正气，把社会文化引向和谐。

社会主义核心价值体系所具有的文化主导性和引导力是不容置疑的，但是也要承认，社会主义核心价值体系对社会文化的引导力尚是初步的，社会主义核心价值体系也存在一个提高其引导力的问题。从时间上看，社会主义核心价值体系的理论命题是 2006 年 10 月在党的十六届六中全会上提出的，至今才一年左右。所以对社会主义核心价值体系理论的本身不能有过于完美的要求，不能希冀社会主义核心价值体系理论已经能够说明或解决现有所有的思想理论问题，或者说社会主义核心价值体系已经具有了很强的文化主导性。作为构建社会主义和谐社会的重大问题之一，社会主义核心价值体系理论提出，明确了和谐文化建设的价值导向，确定了和谐文化建设中最重要、最基本的内容，从而奠定了和谐文化建设的基础。但是社会主义核心价值体系的思想理论更多的是文化发展战略性的构想，是社会主义和谐文化发展指导纲要。至于"社会主义核心价值体系提出的价值根据是什么？""社会主义核心价值体系的四项内容为何能形成价值体系？""社会主义核心价值体系的内容之间存在什么样的逻辑关系？""社会主义核心价值体系与非核心价值文化的关系如何厘定?""社会主义核心价值体系如何形成强有力的主导性?""社会主义核心价值体系如何实施有效的文化主导?"等问题尚没有现成的答案。因此,社会主义核心价值体系理论本身需要进一步的发展和深化,需要理论建设,中央文件也明确地指出了社会主义核心价值体系建设的必要性:"建设社会主义核心价值体系,形成全民族奋发向上的精神力量和团结和睦的精神纽带。"[①] 社会主义核心价值体系的建设既是理论发展所需,同样只有在社会主义核心价值体系的建设中才能提高其社会文化主导的引导力。

三

从提高社会主义核心价值体系的文化引导力的视角出发,社会主义核心价值体系的建设最重要的是内容的建设,即提高社会主义核心价值体系内容的引导力。主导内容的引导力关系到两个方面建设,一是内容本身的理论建设,二是内容理论转化的建设。社会主义核心价值体系内容理论建设是提高引导力的基础,是根本性的建设。理论转化是实现社会主义核心价值体系引导力的手段,亦是不可缺少的。所以,这两方面的工作都是社会主义核心价值体系引导力的重要组成部分,因而对其建设都应引起足够的注意。

社会主义核心价值体系有四大内容:"马克思主义指导思想,中国特色社会主义共同理想,以爱国主义为核心的民族精神和以改革创新为核心的时代精神,社会主义荣辱观。"这四个方面也有层次区别,马克思主义指导思想在整个社会主义核心价值体系中处于核心的地位,是核心中的核心。马克思主义指导思想的特点是理论指导,提供科学的方法论和世界观。

但是马克思主义不是一成不变的,马克思主义的生命力在于其不断的发展性。中国共产党正是秉承了马克思主义发展本性,发展形成了中国化的马克思主义思想成果,为中国社会主义发展提供了理论指导。然而今日世界特别是中国发展之快、变化之巨也对马克思主义发展提出了新要求,那就是要加快马克思主义理论创新的步伐,解释和回答社会主义发展中提出的新情况、新问题。从引导力来看,提高马

---

① 中共中央关于构建社会主义和谐社会若干重大问题的决定 [M].北京:人民出版社,2006:22.

克思主义指导思想的引导力关键在于马克思主义的创新能力，即能够解答新的社会问题和指导社会新发展方向的理论创新成果。马克思主义的理论创新包括哲学方法论上的创新和社会主义理论创新，特别后者是目前马克思主义理论创新的重要课题，其中包括全球化背景下社会主义与资本主义的区别是什么？社会主义如何获得比资本主义更大的优越性？社会主义的国家与社会理论、社会主义的政党与执政理论、社会主义经济与文化理论等等。尤其是中国特色社会主义的理论探索，直接关系到中国选择什么样的道路、中国社会向什么方向发展的根本问题。这些问题都是社会主义遇到的新问题，也是群众十分关心的理论问题。因此，这些问题的理论创新必定能进一步提高马克思主义指导思想的引导力。

"中国特色社会主义共同理想，以爱国主义为核心的民族精神和以改革创新为核心的时代精神，社会主义荣辱观"都是具有浓厚伦理色彩的价值内容，本身具有较强的引导力。但是要持续地保持引导力，则必须使这些价值内容从最初的号召性的层面向增厚其价值内涵转变，这意味着上述内容同样需要文化价值上的理论创新。如，中国特色社会主义如能真正成为国人的共同理想，不仅中国特色社会主义的目标是一幅令人向往的全面小康的蓝图，而且这一理想中还能够包含社会各方面的利益要求、体现出人们对未来生活追求的愿景，更重要的是共同理想具有可实现性，增强人们对共同理想的信心。而这些也都需要有令人信服的理论支持。

以爱国主义为核心的民族精神和以改革创新为核心的时代精神属于激励性的价值导向。激励价值的有效引导关键在于两种精神能够产生社会的共鸣度。以爱国主义为核心的民族精神来说，传统的精神如何激发成现代的力量？那就需要在传承的基础上有所开拓，也就是说民族精神应该在发展中积淀的，民族精神不仅仅是传统的，同时也是现代的，这就要赋予民族精神以时代的内容，赋予爱国主义以新内涵，因为新时期的爱国主义不再限于抵御外侮，更主要的是对国家的忠诚，而在一个全球化的时代里忠诚国家是需要论证的，以形成民众的爱国主义新共识，并转化为新民族精神。

社会主义荣辱观提出了社会主义道德价值标准，是人们道德行为选择的价值导向。社会主义荣辱观在理论上需要进一步深入的是，第一，在"八荣八耻"的基础上拓展道德所涉的领域，如对待环境、资源、自然、生命等方面的道德态度，丰富社会主义的荣辱观。第二，社会主义荣辱观如何整合规范与德性、公德与私德，使社会道德发展与个人自由进步达至统一。

总之，社会主义核心价值体系内容理论建设重在内涵创新，使理论更贴近现实、更贴近群众、更具有说服力，从而提高社会主义核心价值体系的引导力。

虽然社会文化的引导力主要在于引导内容本身具有足够的吸引力，但如果只限于这一方面显然是片面的。引导力还应包括理论的转化能力、价值导向中的组织能力、宣传能力等等，这些能力关系到社会主义核心价值体系主导性能否实现。因此，提高社会主义核心价值体系的引导力，除了内容的理论建设以外，还必须在上述方面提高社会主义核心价值体系的引导力，增强社会主义核心价值体系的主导性。

如何提高社会主义核心价值体系理论的转化力？西方马克思主义者葛兰西的见解可以借鉴。葛兰西认为，国家在意识形态中的领导权极为重要，但是意识形态的领导权不是国家简单地把握文化发展的话语权，而是利用国家的力量把国家意识形态转化为市民社会的意识形态，从而获得人民对国家政治要求的同意。他研究了资本主义国家意识形态领导权的实施，认为，意识形态领导力的实施不是政府直接的行为，而是通过市民团体等社会性组织，借助于社会活动来实现对人民的思想意识的指导，是"统治阶级通过教会、工会、学校这些市民社会中的团体、组织，用文化、宗教、教育等作为媒体，行使一种精神上、道德上的指导，从而使被统治阶级接受统治阶级的世界观，认同统治阶级的意识形态、价值观念。"[①] 当然，我们是社会主义国家，社会主义核心价值思想从根本上说是反映广大民众对社会信念、道德价值的精神需要的，但是民众并非清醒而自觉地认识到自我合理的精神需要，尤其在社会多元价值观共存的情况下，更提高了民众分辨选择价值观念的困难度，这意味着社会主义核心价值体系的思想不可能自然地成为民众的意识，同时也证明了增强社会主义核心价值体系引导力的必要性。也就是说，要利用一切有效的途径来提高社会主义核心价值体系的引导力。

目前，国家在组织机构和宣传舆论上的有利地位，使社会主义核心价值体系主导性具有强大的领导权，但由于精神产品的特殊性，还要善于运用领导权，即在操作层面上使价值意识有效转化上加大引导能力，特别要对引导形式的有效性加以研究。在引导理论具有说服力的前提下，引导的技巧、形式的合适性都将有利于提高

---

① 陈炳辉.西方马克思主义的国家理论［M］.北京：中央编译出版社，2004：5.

社会主义核心价值体系的引导力。如，马克思主义理论的引导可以运用启发引导的形式，爱国主义的引导可以在活动中加以引导，时代精神的导向可以通过利益机制来引导，马克思主义指导思想对社会思潮的引领则可以启动对话机制，荣辱观的教育可充分利用民族文化的心理加以引导。但是引导的形式一定要注意与引导内容的一致性，不能以形式取代内容甚至背离内容。如，用不节俭的形式去宣传节俭、以不够人性的方法去主张人道，则事与愿违，走向了社会主义核心价值引导的反面。

增强社会主义核心价值体系的引导力，引导手段也有一个创新的问题。手段的多样化是这个时代特点所决定的。在一个人们不断追新的社会里，新的东西往往对人有吸引力。我们完全可以利用高科技的条件，运用现代化的手段，通过网络网站、手机短信、视频节目等，将社会主义核心价值体系内容渗透于群众喜闻乐见的娱乐活动、社会交往、信息生活之中，来提高社会主义核心价值体系内容宣传教育的吸引力，增强社会主义价值观念的转化力。

第四编

德 育 之 探

德 育 价 值 论 *

在国家制定的教育方针中，德育居于教育目标的首位。但在实际贯彻中，德育并没有体现其应有的地位，或者看作智育的陪衬物而予以虚待；或者德育的内容因脱离实际而没有发挥其应有的作用，进而被视之为无用的活动而加以轻视。这就提出了一些需要思考的问题：德育究竟有没有价值？德育价值是如何体现的？笔者认为对德育价值的思考可以从两个方面去把握。一是从德育目标的角度探求德育的价值，二是从德育实践及其效果的角度去评价德育的价值。前者着重于理论层面的探讨，后者着重于实践层面的考察。毫无疑问，理论性的德育价值与实践性的德育价值有着一定的内在联系，但两者不一定是完全一致的。然而，无论是德育价值理论论证的不彻底，还是实践的德育价值的不完美，都可能影响德育本身的价值性。价值理论的不彻底就无法承担起对现实德育活动的指导责任，因而会影响德育活动的价值性。而德育活动的价值性不仅取决于正确理论的指导，同样还有如何正确运用理论，如何有效进行实践的问题。事实表明，德育实践的问题更为困难。因此，德育的价值既有理论论证的问题，也有实践确认的问题。全面地把握德育的价值，才可能对德育的价值性有一个较为客观的评价，才可能探求提高德育地位的途径和方法。

一

对德育价值进行理论的界定，首先要确定德育在价值体系中的属类，即从价值

---

* 余玉花.德育价值论〔J〕.思想　理论　教育.高校德育研究论文专辑.1997.

一般出发来认识德育价值。

哲学意义上的价值总是与"好的""值得的""应当"等人们所期望的目的相联系，多少包含了人的理想的追求。价值内含的理想因素体现了主体人对事物、对生活、对社会活动的某种需要，即主体需要。需要是人们树立理想并为之奋斗的原动力，需要也是人们产生对事物评判标准的依据。德育的价值亦可从主体需要出发来探索其存在的必然性和合理性。必须指出的是，所谓主体的需要并非等同于主观的欲求。不可否认，主体需要有某种程度上的主观性，其更多表现为需要的形式，而需要的内容则来源于生活实践，坚持从社会实践环节中来理解德育的价值是马克思主义价值观的出发点。究竟德育是不是社会实践的需要？是不是社会主体的需要？简单回答未必令人信服，只有揭示需要的实际内容，才能理解德育的价值。为了阐述的方便，先对德育作一界定。关于德育，有二种提法。一种是狭义的，德育就是指道德教育；一种是广义的，德育是政治教育、道德教育、思想教育的总称。我国一般取广泛意义上的德育概念，把德育界定为"把一定社会的思想观点、政治准则和道德规范转化为受教育者个体的思想品德的社会实践活动"①。德育内涵表明了，德育这一教育实践活动的目的是要把某个社会的政治、思想和道德要求转化成社会个体的内在品格，其实质就是改变教育对象、塑造教育对象。当然，改变、塑造人仅仅靠德育是不够的，它是一个综合教育的结果。然而，德育的重要性则在于：德育不仅是塑造对象的教育内容的重要组成部分，而且规定了教育对象发展的方向和本质。德国的教育家赫尔巴特认为："道德普遍地被认为是人类的最高目的。"② 德育这一目的由社会生活发展而提出对人的发展的要求所决定的。

众所周知，社会是由人组成的，人组成了社会，通过人类的活动推动了社会的发展。反过来，社会的发展也促进了人的发展，同时又对人的发展提出了新的要求。总之，两者的关系是一个互为前提，互为条件，相互促进的关系。可以说，社会的发展也就意味着某种意义上人的发展，两者具有相通性、同步性。由于人的发展本质上是社会发展的需要，因而人的发展融入了社会必然性的规定，一种不以人意志为转移的社会必然性。但同时，人的发展也是主体人追求的需要。有的人把人对自

---

① 江万秀.中国德育思想史［M］.长沙：湖南教育出版社，1992：2.

② 张焕庭.西方资产阶级教育论著选［M］.北京：人民教育出版社，1979：88.

身发展的要求只看作为是人为了适应存在的客观要求而产生的，忽略了人要求发展自身的主体愿望。这种观点显然是错误的。适应自然、适应生存的条件，只是生物的本能，如果人仅停留在这一点的话，人类可能停留在原先的时代不再发展，社会也就不可能有如今这么大的变化。所以，人的发展不单是客观社会发展的需要，更是人的主体性的需要，是人建立在智慧的基础上自觉自为的能动力量的产物。对于人来说，他周围的事物，他所仰赖存在的世界，包括人本身总有一种永不满足、永无止境的追求倾向，因而人对自身发展的需要呈现出无限性的趋势。所谓"否定自我""超越自我"，就是人发展自身的主体性需要的一种表释，其内容就是按照人的目的、理想去设计人、改造人、发展人。

自然，人的目的、理想并不是纯粹主观的、任意的、随心所欲的，人的发展以及人发展的内容，受到了一定社会经济、政治、文化等的规定，在不同的时代呈现出时代客观性的特点。同时，在阶级存在的社会里也浸染上了不同阶级，特别是统治阶级的色彩，因而在不同的社会历史阶级上，人对人的发展需要是不同的、变化的、发展的。人的发展作为主体的需要，主体（社会主体）对其的期望是多方面的。从人的发展自然性方面看，智能体能的发展是人与自然抗争，获得生存、发展的基本需要，智能的发展还是人们获得社会性发展的基础。从人的发展的社会性来看，兴趣、情感、意志等心理因素的健康不仅是完善社会人的必要条件，而且有助于智能与体能的发展。道德使人能与他人和睦相处，审美使人自由完美，政治观念促使人坚定，志向高远。总之，人的发展既包含着社会主体（人）自然性发展的需要，亦包含着社会主体（人）社会性发展的需要，其中，德是人的社会性发展的重要内容。

人的多方面的主体需要又是如何获得满足的呢？毫无疑问，满足人的需要只能靠人自身，那就是人把主体性的需要转化为具有实践意义的活动。于是，生产劳动、教育劳动、科学研究、文学创作等等本身具有手段性的活动又成为人发展需要的对象，即成为价值承担者，其中教育是人的发展中最为紧迫的需要。不言而喻，作为教育的重要方面的德育也体现了人的主体性需要，同时也是满足主体性需要的实践活动。

由于德育是满足人的发展需要所不可少的，因而自人类进入文明社会起，德育就作为一项重要的教育活动而被设置。我国早在两千多年前的西周就提出用"德、行、艺教育万民"，古希腊的思想家也提出了"德行与幸福相联系"的德育思想。但是，人的发展在各个不同的阶段有着不同的社会内容，体现为不同历史阶段的占统治地位的阶级对社会人塑造的不同要求，体现了历代统治阶级培养本阶级理想人才的愿望。在社会主义社会之前，由于社会的统治阶级均为剥削阶级，他们的德育首先要培养忠诚于剥削阶级的人才，其次要求一般民众俯首贴耳服从统治，来达到维护统治阶级的利益的目的。剥削阶级的德育虽然在一定程度上也满足了人的发展需要，但是这种满足是病态的、畸形的，有时甚至以扭曲人的意愿为代价。社会主义社会的德育在功能上也是对人才的锻造，然而是一种完全不同于以往社会的具有崭新意义的德育，这可以在社会主义的德育中看到其所具有的价值意义。

二

社会主义德育价值最根本的是能够满足社会主义对人发展的需要，即社会主义人才培养的需要。人才，通常被狭隘地理解为智能与专长，显然，这远离了现代社会对人才的要求，现代意义的人才应是德才俱备全面发展的人，其中德处于核心、指导的地位，这是由社会主义教育目的所决定的。社会主义教育最根本的目的"是培养社会主义事业的接班人"，那就是说，社会主义所要培养的人不仅要掌握现代化的文化知识，而且要有社会主义的信念（理想）、社会主义的道德观念、社会主义的法纪观念，即邓小平多次提到的社会主义"四有"新人。造就"四有"新人是一项综合性的系统的教育工程，德育的基本任务则是"用邓小平建设有中国特色社会主义理论教育学生，用爱国主义、集体主义、社会主义思想教育学生，培养学生良好的思想道德品质"[①]。从社会主义德育的任务可推知，社会主义德育的价值功能能够满足社会对人才发展的全面要求，同时也符合人的发展的历史进程。

（一）社会主义德育培养具有良好思想道德品质的个性，满足社会对人才全面要求的需要

党的十四届六中全会《关于加强社会主义精神文明建设若干重要问题的决议》

---

① 陈至立.上海精神文明建设文集［M］.上海：上海人民出版社，1996：72.

要求"加强德育工作，努力培养德智体等全面发展的社会主义建设者和接班人"。德、智、体全面发展是社会主义社会对人才的基本要求，但是对人才的全面要求问题上一直存在模糊的观点和做法。一种是把全面发展理解为一个人多方面才能的发展，或者理解为书本知识的接受与动手能力的并举。很显然，这种观点仍在智育的圈子里打转，否定了德在人才中的地位。另一种则把智能的发展作为社会客观的需要，而把德行的教育视作人为的要求，由于否定德育的客观要求，从而看不到德育的价值所在。应该看到，社会主义的人才要求必须包含着德的内容，这是一个客观的事实。特别需要指出的是，我国的经济体制已由市场经济取代计划经济。正是社会主义的市场经济对人才提出了更高的德的要求。市场经济的激烈竞争，需要企业有优质的产品和优质的服务推向市场，这就需要企业的员工除了有精湛的技术、技巧以外，还要有良好的敬业精神和为人民服务的态度；市场是契约经济，以诚取信是其基本的道德原则，这就要求进入市场的每一个主体（企业主体或个人主体）都应具备诚信的品德。社会主义现代化使社会分工更为具体、更为细致，同时又促使人们之间的协作更为紧密；社会主义现代化拓展了人们生活的空间，使个体更独立，同时也促成了独立自主的个体间无可分割的紧密联系。因此，现代化的建设和现代化生活要求社会成员有高度的协作性、宽容性的品德，具备公德意识、责任意识等现代观念。

上述表明，现代社会对人才的要求包括了思想道德的内容，人的全面发展包括了德的发展。社会主义德育通过自己特有的教育方式和途径，向教育对象灌输社会主义社会所需要的思想道德观念，引导人们成为又红又专全面发展的社会主义新人。德育正是以自己教育人、培养人的功能，展示其价值，这就是满足社会主义对社会人才德的要求，进而满足对人才的全面发展的要求。

(二) 社会主义德育首位的价值意义

我们党和政府历来重视德育在教育活动中的意义，坚持德育首位的观点。毛泽东同志在论社会主义教育方针时明确把德放在智、体之前。邓小平同志提出"四有"新人，也把理想和道德作为对青少年进行教育最重要的内容。江泽民同志在 1989 年国庆讲话更是强调："各级各类学校不仅要建立完备的文化知识传授体系，而且要把德育放在首位。"

德育首位，这是一个涉及到培养什么人的问题。社会主义德育，坚持对人培养的社会主义方向，培养为社会主义服务的人才，这是关系到社会主义命运的大问题。党的十四届六中全会决议把"加强青少年思想道德教育"提高到"关系国家命运的大事"的高度，确实应从这样的高度来认识德育的重要性。

从教育活动形式来看，相对于德育，智育是个较为中性的教育形式，主要任务是传授知识和技能，这在任何社会都具有共通性、认可性，可以为任何一个阶级集团所利用。德育则不同，德育倾注了统治阶级对未来人才的期望，规定着未来人才发展的方向，因此统治阶级都十分重视德育。社会主义社会也同样如此，德育寄赋着社会主义的人才理想，寄赋着社会主义对人才的政治要求。毫无疑问，我们要培养的未来人才首先要具有社会主义的思想、为祖国和人民奉献的观念。否则，即使拥有很多知识和很好的技能，思想意识却很差，那么再多再好的知识技能都没用，甚至产生危害社会的结果。现实中这类情况也是客观存在的。可见，德育在人才培养中何等重要，它规定人才发展的社会主义方向，指导着人的智能服务于社会主义的建设，并促使人的才能能够朝着有益于社会方面的充分展现。因此，在教育活动中，强调德育首位，并非轻视智育和其他教育，主要突出德育在培养人的教育过程中的主导性、方向性的作用，也是教育活动理想性目的性的集中体现。

三

从德育的目的性探讨其价值所在，无疑是正确的，然而，德育作为一种教育活动，其价值意义仅仅作目的性的理论阐释是不够的，还应该把德育这种活动放到实践中考察其对社会的实际功效，也就是说要从德育目的（目标）设立、德育途径方式以及最后的效果几方面结合起来考察德育的价值。德育的实际功效所体现的德育的价值性，可以称之为实践性的德育价值。

从实际功效来考察德育价值是德育价值探求中不可缺少的一环，也是具有现实意义的。应该看到，人们对某种事物不管有多么美好的期望，不管其地位的重要性被理论证明得如何精到，终究是主观愿望的东西，是理想范畴的观念，其价值意义只是观念形态的。但是，人们的价值追求不满足于画饼充饥，而是要实在地获得它，能够给人们带来好处，有实际的利益或效果。只有这样，才谈得上主体性需要的满足。因为需要的满足不是空洞的许诺，而要有实质性内容（精神和物质两方面）的产生。事实上，在现实生活中，人们更多地是从人的行为和事物发展的实际结果上给予价值评价的。对于德育来说，由于其活动形式工具性的特点，对德育的价值评价，更要注重其功利效果。不然的话，德育对人的发展的意义就会流于形式，变成毫无意义的形式上空谈，其结果只会降低德育的地位，德育的价值则会被轻视甚至于否定。这绝非杞人忧天，危言耸听，如果我们能够认真地反思一下德育评价的事实，那就必须承认，尽管德育的重要性讲得很多，在理论上把德育的地位抬得也很高，但由于德育活动所产生的实际效果不很明显，因而人们对德育评价并不高，一度还出现了"德育无用"的舆论。自然，这些评价和舆论的产生有许多其他复杂的因素，诸如偏见、否定政治思想的错误导向等，但从德育本身来看，德育未产生出令人满意的实效，不能不说是一个重要的因素。

德育实效是近几年来一直困扰着德育工作者的一大难题，许多人也正在尝试解决它，在此不表。然而从价值观念方面来看，这是对德育价值的片面认识所致。长期以来，在德育价值的认识上有一个误区，那就是：重视德育目的价值，忽视其功利价值。德育的理想色彩渲染得很重，研究的人力、物力投入也大，然其是否有实际功效，研究得却不够。有的人还认为，只有不断强调德育的重要性，德育的地位才会提高，才会获得人们的重视。这样的德育价值认识被运用到德育实践活动上，出现的是轰轰隆隆的宣传多、扎扎实实的工作少，形式主义的活动多，群众满意的实效少的结果。这就必然影响德育的形象，给德育价值地位打上折扣。

因为，人们对某种事物价值的衡量并不是听你讲得如何好，而是要看你干得如何，能否带来实际效果。毛泽东同志早在 20 世纪 30 年代就十分强调动机和效果相统一的革命功利主义的价值观，邓小平同志更是主张社会主义的功利性，把社会主义的理想性和功利性结合起来。声言，社会主义不是贫穷，而是要解放生产力，使人民富裕起来。国家强盛，人民的富裕，这才是衡量社会主义的价值标准。革命导师的这些价值思想对于我们研究德育价值具有指导意义。

总之，无论是理论上的思考还是现实的反思，德育不仅体现在其所追求的理想目的上，还体现在目的的实践过程中转化为实际的功效上。离开这一点，对德育价值的理解就是片面的、不准确的。自然，德育价值从目的理想到实际效果的产生并非易事，而是一个十分困难的过程。在这个过程中，除了德育实施工作者的努力，还要受到客观条件的限制。主观努力中还要看所实施的方案是否可行，实施形式是否吸引教育对象，实施内容如何使对象接受，甚至还关系到德育工作者本身的思想道德素质、理论水平、人格魅力等。在客观条件方面，德育实施需要有与之相应的环境氛围，特别是舆论环境。应该说，我们目前所处的社会主义市场经济体制下两个文明齐抓的社会大环境是有利于德育实施的。但也有不利之处，那就是市场经济所引发的"利益至上""金钱至上"等观念的冲击，以及开放政策下西方影视中的不健康意识的影响。这些负面影响可能会抵消德育的积极影响的效果。

然而，不管德育实施有多大的困难，德育价值最终仍应反映在其社会功效上，德育实施的难度恰好表明了德育活动是一项策划性极强、艺术性很高、价值性很大的教育活动，不是等闲之辈可以随意调弄的，要获得德育成功，不花一番大功夫是难以做到的。

德育理论性的目的价值和实践性的功效价值是有区别的。两者的区别在于：前者表现为主观性特征，后者则为客观的表征；前者是德育活动的主体意愿，后者是德育活动的社会效果。但两者又是不可分离、密切相关的。目的价值是德育的出发点、发动器，没有目的，也就没有活动，更没有后果，目的在德育整个活动中都起着主导的作用，贯穿在整个德育活动的过程中。德育功效价值是目的的客观外化，是客观化、现实化的目的。但是，德育的功效价值和目的价值并不是在任何情况下都是一致的。那就是说，德育实践的效果程度有可能达到德育目的的要求，也有可能达不到目的价值的水平，甚至相差很远。在这种情况下，德育价值评判的法码自然就移到了实践的标准方面，即强调德育的功效价值。

德育功效价值提出的理论意义在于，使德育价值的评价不再局限于主体理想的层面上，而要扩展到德育活动的实践及其客观后果的层面。这样就拓展了德育价值研究的理论范域。同时，以实践的观点来审视德育价值的意义，可以把德育价值的理论研究引向更深层次，从而有助于加强德育价值研究的理论深度。

德育功效价值提出的现实意义则是体现了现实呼唤德育落在实处的强烈要求。德育被虚化、被架空是一个不争的事实，德育活动口碑不佳亦是不争的事实。虽然活动很多，轰轰隆隆，但确缺乏吸引力，过多的活动甚至引起教育对象的反感，结果背离了德育的初衷。有的人认为，德育落在实处就是领导重视、经费到位，这固然是一个重要方面，但不是主要的问题。德育落在实处的关键是德育活动本身是否符合教育规律，能否作用于教育对象从而有实际的收获。事实上，以往对这些问题的研究甚少，也谈不上对德育实践的指导。如果我们的思维换一个角度，从德育的实效出发去规划德育活动，那就需要去研究教育对象，了解教育对象客观思想道德状况，了解他们的现实需求，分析其合理与否；就需要德育工作者去探求德育活动的合目的的规律性，需要去探求实施德育的形式、方法和途径；还需要探求影响德育实效性其他种种因素与条件，利用其有利的条件，摒弃其不利的影响等。这是一个值得研究开发的大课题。

总而言之，只有着眼于德育的功效价值，德育才可能从空中楼阁回归到实在的事业上，才会被认可、被重视，德育才可能真正从虚走向实。

解析道德教育的时代困境 *

    人如何获得道德？这是一个涉及道德教育的哲学问题。道德教育在中国历时上千年，但在现代化的今天，成了一个巨大的时代难题。道德教育遭受来自社会的种种责难：有的出于对社会不道德现象的痛恨而责难道德教育不到位；有的怀疑道德教育在现代的有用性；有的声称现代社会不需要道德教育。即使是从事道德教育的工作者，也对自己的教育工作感到迷惘：不明白道德教育有何意义、有何作用；不明白道德教育应该教些什么，或者怎么进行道德教育。这些责难和迷惘折射出道德教育所面临的现代困境。揭示和破解道德教育的现代困境刻不容缓。

一

    人如何获得道德？即"人如何获得美德？"。人们很自然地把"人如何获得美德"的问题与道德教育联系起来。然而，"人如何获得美德"和道德教育之间尽管存在着某种联系，但两者并不具有完全必然的因果关系。人的美德可能是道德教育的结果，也可能不是道德教育的结果；或者道德教育培养促进了人的美德，但道德教育也可能没能获得如此的结果。由于存在道德教育未必能催生美德的可能性，于是，从"人如何获得美德？"的讨论中提出了"美德是否可教"的问题。"美德是否可教"是道德哲学和道德教育史上长期争论的一个问题。古希腊的苏格拉底是提出这个疑问的第一人。苏格拉底著名的命题是"美德就是知识"。按照"美德就是知识"的定义，那么像其他类型知识的可教性一样，美德就是可教的。依照美德可教的推理，

---

* 余玉花.解析道德教育的时代困境［J］.伦理学研究，2008（04）：41－46.

大多数人都可以通过美德教育而获得美德。但是苏格拉底认为，美德是少数人的专利，大多数人是不可能具备美德的，因此他必须得出美德不可教的结论。为什么"德行是不能传授的"呢？① 苏格拉底在与普罗太戈拉的"美德可教"的辩论中，以大量的例子证明美德的知识是一种特殊的知识，是一种需要绝对定义才能得到的知识，而这种知识大多数人是难以得到的，连他也得不到。"他谦虚地声称，在这个意义上，他所知道的惟一东西就是他不知道。"② 苏格拉底否定美德可教，固然有其政治上的立场，但"美德可教吗？"的疑问确实触及到了道德教育的困难之处。但即使如此，苏格拉底之后，绝大多数的道德哲学家、教育学家还是强调美德教育的重要性，并且认可"美德可教"的观点。

随着现代化的普遍化，"美德是否可教？"的质疑再一次提出。西方学者特雷安塔费勒斯站在现代政治哲学的立场上对"美德可教吗？"问题作出了否定性的回答。他认为："如果从古代性向现代性转变，标志是摒弃美德学说，用操纵激情和自身利益加以替代。那么，要解释道德现在如何传达给人类，教授美德倘若不是误导，至少是不准确的。"③ 特雷安塔费勒斯对"美德可教"的质疑实质是一个现代性的问题。他的质疑一方面表达了对传统美德价值的挑战，这一点可以从他对"尼采《扎拉图斯特拉》的挑战"的肯定中得以证明，另一方面表达了他对美德自我性的观点。在特雷安塔费勒斯看来，美德纯粹是个人的事情，因而是选择性的，美德可学但不可教。他说："美德不可思议地可学（Learnable），却并非必然明显地可教。我们能够获取美德，甚至似乎能够学习（Learn）美德，然而却很难证明，我们彼此能够传授美德或教授美德。"④ 当然，断定"美德不可教"并不是特雷安塔费勒斯的个别观点，在西方道德相对主义和哲学自由主义的理论中几乎都隐涵着这样的观点。

"美德可教吗？"问题对于传统的道德教育观来说，回答是勿庸置疑的。中国传统道德文化虽然强调个人的道德修养对美德形成的重要性，但同样重视道德教育特别是学校的道德教育对个人美德形成的意义："大学之道，在明明德。"⑤ "所谓教之

① 周辅成.西方伦理学名著选辑：上卷 ［M］.北京：商务印书馆，1964：20.
② 斯东·苏格拉底的审判 ［M］.董乐山，译.北京：生活·读书·新知三联书店，1998：46.
③ 刘小枫.美德可教吗？［M］.北京：华夏出版社，2005：7.
④ 刘小枫.美德可教吗？［M］.北京：华夏出版社，2005：13.
⑤ 孔丘，孟轲，等.四书·五经 ［M］.北京：北京出版社，2006：177.

道何也？古者天子诸侯，自国至于乡党皆有学，博置教道之官而严其选。"① 即肯定道德教育的重要性。毫无疑问，重视道德教育是中国文化的传统。中国历史上对"美德可教吗？"的置疑很少有人提出。

然而，当代中国对道德教育责难的背后正是"美德可教吗？"问题的再现。只是当代中国提出"美德可教吗？"的疑问，与古希腊苏格拉底提出该命题的形式是完全不同的。当年，苏格拉底是从逻辑推理中提出"美德可教吗？"的疑问，即通过对美德知识的界定而造成美德可教的悖论，从而否定美德的可教性。中国当下提出的"美德可教吗？"的疑问，不是逻辑推演的结果，而是在对现实道德教育的评价中提出来的，是道德教育的现代性疑惑。因此，回答"美德可教吗？"就不能局限于逻辑的推理，而必须结合中国道德教育所处的时代背景进行分析，才能破解这个难题。

"美德可教吗？"是对当代中国道德教育不信任、普遍失望的追问，其潜台词就是"道德教育有用吗？"。这是一个很难回答的问题。根据"人是教育和环境产物"的理论，道德教育就是不能缺少的，是有作用的。但是，根据人们对社会道德的期望与现实的道德落差，似乎有理由质疑道德教育是否有用。这种质疑不仅来自民间，更多的来自理论界。不难看出，"道德教育有用吗？"既存在着理论性的问题，也有实践性的问题。就理论上而言，"道德教育有用吗？"预设了对道德教育功利性的评价标准，是典型的市场功利主义的思维逻辑，就是以市场的标准作为衡量道德活动的尺度，其结果必然导致对道德教育的轻视乃至否定。

确实，不能完全排除道德教育的功利成分，道德教育应当满足人对道德的精神需要，但是道德教育的功利价值不同于市场的功利性。第一，道德教育不是物质性的生产活动，而是精神性的活动，道德教育精神性的活动甚至谈不上是一种生产，因此它没有产品之说，道德教育对人的影响是无形的，因此不可用有形的价值标准来衡量道德教育。第二，道德教育不是交换性的活动，因此不能用市场交换的规则来要求道德教育，市场流行的"优质高价"的买卖原则在道德教育中是行不通的，因为这与道德教育的公平原则是完全背离的。第三，道德教育对教育对象作用的潜隐性、持久性的特点则意味着对道德教育急功近利式的评价是不合理的。第四，道德教育对人与社会的积极作用不是永恒不变的，而会随着条件的变化而发生变化，

---

① 朱贻庭.中国传统伦理思想史 ［M］.上海：华东师范大学出版社，1989：350.

因此不能用确定不变的思路去看待道德教育。上述旨在说明道德教育价值的独特性，如果戴着市场的眼镜对道德教育提出"有用吗？"的质问，是有失公道的。

来自现实对道德教育的责问源于两方面的因素：一是市场经济向全社会扩展的结果。市场经济向全社会扩展又称之为"社会市场化"。社会市场化在中国是一个不争的事实，而社会市场化的结果却使教育、文化等精神领域失去了其本该具有的独立性东西，以至不得不依赖或附属于市场，以至于人们以市场的期待来看待这些领域的成果。二是道德教育本身存在的问题。如，道德教育理论研究滞后，鲜有对市场经济下道德教育的哲学思考，致使道德教育缺少应对市场经济的理论指导；又如，道德教育脱离现实生活，而道德娱乐主义、形式主义泛滥，则使道德教育自身的道德性降低，亦降低了道德教育的可信度。因此，道德教育要走出现代困境，不仅要从理论上回答现代社会对道德教育的责难，更要从自身的问题出发，深刻反思道德教育存在的不足，探寻现代道德教育的合理性路径。但是，即使道德教育存在着缺陷也不能得出"道德教育无用"和"美德不可教"的结论。这是因为，一方面过于重视经济和科技的社会发展模式，所导致的精神世界的荒芜和道德危机使道德和道德教育的重要性愈益凸显，社会对道德和道德教育的呼声更为强烈，在发达的西方国家已经出现道德教育复兴的潮流，而且尤为重视学校的道德教育[①]。道德教育的地位也不断上升，"无论哪一国讲教育的人，都公认教育里最高的、最后的目的，是道德教育"[②]。另一方面，现代伦理学、德育学和心理学的深入研究也已经动摇了"美德可教吗？"疑问的绝对性。然而，"美德可教吗？"仅仅是道德教育所面临的现代困惑中的一个问题。承认"美德可教"只是承认道德教育客观性的需要，解决了道德教育正当性、必要性、前提性的问题。现代道德教育的困惑远不止"美德可教吗？"，对现代道德教育来说，在回答"美德可教吗？"问题之后，还必须回答可教的美德是什么的问题，即教什么美德的问题。

二

今天教什么道德？或许有人觉得这是一个假问题，因为社会存在的道德问题太

---

① 鲁洁.德育社会学 ［M］.福州：福建教育出版社，1998：30.

② 陈晓平.面对道德冲突 ［M］.北京：中央编译出版社，2002：1.

多了，需要进行道德教育的方面也就很多，同时道德研究的成果也不断涌现，为道德教育提供了丰富的内容，何愁无东西可教？但是，恰恰是可教的东西太多致使道德教育陷于困难的境地。这个困境至少可以从两方面来理解。

第一，道德内容的丰富性与道德教育有限性的矛盾。1978年改革开放以来的中国是一个精彩纷呈的世界。随着改革和市场经济的推进，新生事物层出不穷，与此同时，各种社会问题特别是道德问题也随之出现，由此又必然带动了对道德问题研究的现代道德理论，形成规模宏大、内容无所不包的现代道德体系：既有价值类的道德体系，又有规则类的道德体系；既有传统美德体系，亦有时代道德体系；既有公共领域的道德体系，也有私人领域的道德体系；特别是社会发展进程中针对社会新矛盾、新问题而提出了许多新伦理，如经济伦理、网络伦理、政治伦理、法律伦理、职业伦理、生命伦理、环境道德、生态道德、诚信道德、廉洁道德、媒体道德、慈善道德、性道德，等等。这些道德研究的成果确实为道德教育提供了极为丰富的教育资源，但同时也给道德教育提出了难题：一方面道德教育有限的时空难以容纳众多的内容，另一方面这些新道德又是从社会道德矛盾中总结提炼出来的，而且承担着解决社会道德矛盾的道德使命，显然极为重要，是道德教育所不能忽略的。但是不断增加的教育内容不仅使道德教育不堪承受，而且必将模糊道德教育的目的。

第二，道德多元及其冲突性的困惑。所谓道德多元是指对同一个道德问题有不同的见解。多元性是这个时代的特征，与现代性有着难以割断的内在联系。虽然不应对多元性特别是文化多元性作简单的否定，但是多元性确实具有现代性的那种不确定性，"怀疑，即现代批判理性的普遍性的特征，充斥在日常生活和哲学意识当中。"[①] 不可否认，道德理论上的"百家争鸣"对于学术讨论无疑是一大福音，但是如果将其简单地搬运到道德教育中则可能是种灾难，因为道德教育必须要有确定性和引导性，不然则可能导向西方道德教育领域中的"价值澄清主义"和"价值中立主义"，其结果可能是消解甚至取消道德教育，因为"严肃的道德判断成了个人好恶的表达"，"文化道德缺少了公共性，缺少了正当性"[②]。当然，中国的情况有别于西方，中国社会道德和道德理论的多元及其冲突性对道德教育的影

---

① 安东尼·吉登斯.现代性与自我认同［M］.北京：生活·读书·新知三联书店，1998：3.
② 唐凯麟.西方伦理学名著提要［M］.南昌：江西人民出版社，2000：697.

响在于：一是道德理论与道德教育的内容之间缺乏合理的转化。转化工作缺乏的主要原因是，道德理论研究与道德教育工作的脱离。换言之，道德理论研究者不从事道德教育工作，而道德教育工作者则不研究道德发展的理论，各说各的话，各做各的事，结果是无人关注和研究转化的问题。二是道德教育罔视现实生活道德的多元性，简单地以一代多，这很容易使道德教育脱离现实生活，这是造成道德教育效果不佳的原因之一。

今天道德教育教什么的困惑，不仅仅要求我们对当今中国道德教育的内容，即"美德是什么"的问题进行研究，而且也需要对"道德教育的主要责任是什么?""道德教育能否解决社会道德?"等问题进行研究。因为只有在解答了"什么是道德教育的社会责任"的前提下，讨论道德教育的内容才具有实际的意义。

首先，合理确定道德教育的社会功能。道德教育是重要的，国家和社会没有道德教育是万万不行的，但是道德教育又不是万能的。不能过高评价道德教育的社会功能，从怀疑其的"美德可教吗?"急转为"道德教育有效期待论"。其实，仔细地考量就会发现，两种评价观点具有内在的相通性。正因为对道德教育的期待过于之切，一旦其不能胜任时（事实上也不可能胜任），必然会提出怀疑的责问；另一方面，正因为被怀疑在先，所以力图要拔高道德教育的社会功效，并急切地予以表现，这正是"道德教育有效期待论"产生的现实原因。而理性地看待道德教育的社会功能则意味着不能对道德教育寄予过高的期望。道德教育只是一项道德传递和以德育人的活动，按照杜威的说法，教育就是指导，道德教育就是道德指导的活动。道德指导的活动充其量也只是思想意识范围内的活动。况且，大多数道德教育是学校范围内进行的道德指导活动，虽然也会对社会产生一定的影响，但是影响毕竟是有限的。而社会变革过程中产生的种种道德问题，尽管人们的道德意识在其中发挥着一定程度的影响，但社会道德问题更主要源自于人们经济关系的变化，源自于社会各种制度、社会生活方式的变化所引发的人们利益格局的变动，因此，既不应简单地把社会道德问题归至于道德教育，也不能企望通过道德教育来解决社会道德问题。社会道德问题说到底就是社会问题，它只有通过改变或改革产生道德问题的物质条件才能获得根本的解决。

其次，明确道德教育的责任目标。如果承认道德教育的社会功能是有限的，它难以承担解决社会道德问题之大任，那么道德教育有限的社会功能是什么? 或者说，道德教育自身应有的责任是什么? 关于这一点，我们不仅可以从历代的道德思想家的论述中获得启迪，更可以从国家对道德教育的要求中得到求证。道德教育其实质为德性教育，德性即是人的品格，因此道德教育的主要责任就是品格教育或人格教育。传统道德教育的目标是十分明确的，道德教育就是美德教育，无论西方从古希腊形成的教育传统，还是中国西周以来的德性教育理论都把美德教育和人格培养作为道德教育的主旨。进入现代后，道德教育的目标是否改变了呢？总的来说现代伦理思想家和教育学家都坚持千年以来对道德教育目的性的共识。中国现代教育家蔡元培说："德育实为完全人格之本。"① 著名的伦理学家罗国杰坚持"道德教育和道德修养的目的，在于在整个社会范围内形成普遍的、完美的道德人格"②。教育学家鲁洁认为："所谓德育目标，就是指一定社会对教育所要造就的社会个体在品德方面的质量和规格的总的设想或规定。"③ 西方现代教育家艾德勒直言："教育不是旨在形成任何各种各样的习惯，而仅仅在于形成良好的习惯，即传统上作为美德分析的东西。"④ 虽然，美德的德目和内涵在不同的时代可能有所差异，但以美德教育为道德教育的目标则是不变的，育人美德是道德教育应承担的社会责任。

再次，理性选择道德教育的内容。既然美德教育是道德教育的主要责任，道德教育内容（自然也包括其他的教育要素）就应该满足道德教育目标的要求，即根据美德教育的要求来确定道德教育的内容。基于现实社会大量的道德内容和教育素材，选择是必要的，问题在于如何选择。基本的一条是以美德和有助于育德为中心的选择原则，但这仍然存在着困难：今天的美德是什么？由于现代性的道德纷争，人们对美德的理解也可能是不尽相同的。尽管如此，共约性的道德追求也不是不存在的。例如，基于人性基础上的道德人格，其中所包括的做人的尊严感、正直（正义）心、耻辱感、责任心等，这些构成人之为人的内在品性仍是当代人最应具有的美德，理所当然地成为道德教育最基本也是最重要的教育内容。自然，道德教育也不能无视现代社会变化和发展中所提出的种种新道德，如应用道德。一方面，现实道德是社会生活提出来的，同样体现出对人的要求；另一方面，德性的培育不能脱离生活和

① 蔡元培.蔡元培文选 [M].北京：人民教育出版社，1980：15.

② 罗国杰.伦理学 [M].北京：人民出版社，1989：437.

③ 鲁洁，王逢贤.德育新论 [M].南京：江苏教育出版社，1994：130.

④ 现代西方资产阶级教育思想流派论著选 [M].华东师范大学教育系，杭州大学教育系，编译.北京：人民教育出版社，1980：243.

现实。但是，在道德教育中，应用道德教育只能是附属性的，道德人格教育始终是主要的。这是因为，应用道德大都属于外在性的规则伦理，学习认同比较容易，但是对规则伦理的领悟和遵守往往不取决于人们对这些规则的熟悉程度，而取决于德性人格对自我行为的决断。这意味着道德人格对人的道德行为具有决定性的意义，因此，道德人格和一切有助于人格德性形成的东西应当成为道德教育的内容。

三

现代道德教育面对的困惑还有"谁能教"和"怎么教"的问题。"谁能教"涉及的是道德教育主体的问题，"怎么教"涉及的是教育方法与手段的问题。"谁能教"难道说是没有人志向于道德教育工作吗？当然不是。当今社会就业难，学校教师岗位是社会高学历优秀人士青睐的职业，道德教育不缺少教育主体。然而，愿意从事道德教育工作的人未必喜爱教育工作。今天，教师职业谋生的成分远高于作为事业追求的成分，教育事业的高尚性已逐渐淡化，虽然说社会对教育和教师的崇尚尚存，至少每年的教师节有小小的高潮，但教师包括德育教师普遍缺乏从事教育的高尚心理。

教育主体难以形成教育崇尚感的原因很多，主要有：第一，社会职业崇尚价值观的转移。市场经济和现代化颠覆了传统的职业价值评价标准，精神领域的职业价值不敌财富职场的，讲台不敌"视台"（明星展现的各种平台）。社会职业价值观的倾斜必将影响教师对自我职业的价值认同。第二，教师队伍代际性更替的结果。一方面深受教师职业伦理影响的一代教师大多到了退休年龄，离开了讲台，估计到2015年基本退完；另一方面，由于国家实行普遍的义务教育制和高校教育大众化，教师的需求量大增，大批年轻人补充到教师队伍中去，最年轻的教师是1985年前后出生的。年轻一代教师基本上是在改革开放中出生或成长起来的一代人，是完全不同于正在退出教师职场的一代人。虽然年轻的教师大多拥有高学历，但是其中相当部分的人没有接受过正规的教师教育的训练，对教师职业的特殊性知之甚少，加上大批老教师迅速离去，教师职场的氛围发生断裂，从老教师身上感受职业魅力的机缘大大减少，这使年轻教师很难在短时间内建立起对教师职业的情感。职业情感是职业活动的重要动力，因而是职业者职业能力的重要内容，教师特别是从事道德教育的教师如果缺乏职业的崇尚情感，就会影响道德教育主体的职业能力。

除了职业情感之外，道德教育主体的能力还受到教师主体权威性弱化的冲击。这个冲击首先起于现代性自由主义道德的影响：现代化对传统的冲击、自由对权威的冲击。在教育领域里，就是师道尊严和教师权威的丧失，这必然影响教育主体的能力。在教育活动中，教育主体权威性的作用是不可低估的，完全否定权威的价值不可取。当然，这里有一个对权威如何理解的问题。权威可以是观念中的权威，往往具有抽象观念的形态，如"师道尊严"。权威也有客观存在形态上的权威，如某一学科中的学术权威等。这些构成教育主体的权威性在教育过程中发挥作用。相对于其他纯知识类型的教育，教育主体权威性对于道德教育来说更为重要，只有"信其师"的前提下，才可能产生"信其道"的教育效果。在传统的道德教育中，两种权威同时发挥着教育权威性作用：对教师不容怀疑的道德信任和教师德行表现也值得信任，这是道德教育能有效作用于教育对象不可缺少的条件。但是，当观念上教师道德权威发生动摇以后，道德教育主体权威性只能凭借教育主体本身的道德品行来形成，假如教育主体的德性表现不能符合道德教育的要求，则意味着教育权威性被进一步削弱。反观现实，教师教育权威性的下降是个不争的事实。当然不能要求当代德育教师个个都是圣贤，但是"自信其道""自行其道"是最起码的教育职业信条，也是教育权威性存在的条件。问题在于，不信其道、不行其道而教其道的现象不在少数，这就极大地损害了道德教育的可信度和权威性，从而影响了教育主体的教育能力。"谁能教"质疑的就是道德教育主体的能力。这里所讲的能力不是学识智力性的能力，而是信念价值以及付诸行为的能力。德国人胡贝图斯·布赫施泰因认为美德和情感也是一种能力。[①] 对于教育活动来说，教育主体的能力应当是全面的，仅具备学历资格和学识能力是不够的，还必须具备信念的能力和行动的能力。对于从事道德教育的人来说，后者的能力更为重要。上述分析表明，正是道德教育主体信念价值能力的缺陷和不足而构成道德教育的现代困境。

"谁能教"问题的意义在于，提出了道德教育中的主体能力问题。教育主体能力弱化固然有复杂而深刻的社会因素，这些因素目前还存在着，但是破解"谁能教"的困境也不能说是无能为力的。可以从下述方面进行努力：第一，审核已有的教师

---

① 王浦劬.民主、政治秩序与社会变革［M］.北京：中信出版社，2003：23.

聘用条件，把人格品行、职业兴趣列为聘用的首要条件（或必要条件），坚持德才兼备的选聘标准。把不符合教师道德要求的人坚决阻挡在学校大门之外。第二，严格动态淘汰制。凡是有悖教师道德和学术伦理的行径者不得再上讲台，行为严重或影响很坏的应当清除出教师队伍，以维护学校和教师的道德声誉。第三，建立教师职业道德培训制。凡在学校任教者必须要接受教师伦理培训。第四，营造全社会尊师氛围，提高教师的社会地位。

"怎么教"同样与道德教育主体能力相关。主体教育能力包含着教育技巧在内，当然"怎么教"主要是关于教育方法和手段的选择问题。需要指出的是，"怎么教"所面临的现代问题有些是道德教育主体之外的因素造成的。如，现代化教育手段主要是多媒体电子技术运用的问题。不否认现代电子技术给道德教育带来现代化的丰富色彩，但是当电子技术运用一律化后，形式和内容的关系就发生了颠倒：形式处在了支配的地位，以致不是内容来选择形式，而是形式决定内容，而且造成了教师在形式上花的时间多于在内容准备上的时间。又如，教育评估对教育规范化的考核使道德教育不得不依从知识学科的教育模式：不仅要有一系列概念、范畴等完整逻辑体系，而且有考试的标准答案，这与德性培养的规律相去甚远。再如，市场经济的效率原则在高校的运用就是普遍的大班课。但是这种管理上的效率与所产生的教育效果则可能不是同步的，甚至是相反的。

"怎么教"问题的实质是道德教育的方法和手段怎么来满足教育目的的需要。无论哪一种教育方法、教育手段，最现代化的先进技术也罢，传统的灌输手段也罢，只要能够有助于美德教育，有助于学生对道德的接受、养成，都是可以采用的，而要慎重对待那些不符合美德教育和德性养成规律的手段和方法。这就是说，"怎么教"应该遵循教育灵活性的原则，不以先进或传统作为选择教育方法的标准，而以教育有益性为原则。正如杜威所指出的，道德教育中常常有一种危险，那就是方法的机械运用，因为"这些方法变得机械僵化，统治着人们，而不是为了达到他自己的目的而自由使用的力量"[①]。当然，"怎么教"的破解不单单是具体教育方法的问题，还涉及到现代学校教育管理的问题。提出这个难题也希冀引起多方对道德教育困境的关注，而不仅仅是身处道德教育第一线的德育工作者。

---

① 杜威.道德教育原理［M］.王承绪，等，译.杭州：浙江教育出版社，2003：95.

徘徊在自由与伦理之间[*]

在高等教育的哲学讨论中，教育自由是一个无法回避的命题。教育自由问题之所以不可回避，不仅在于其理论上的多种歧见而需要不断的争辩讨论，更在于教育自由遭到了教育实践者的怀疑：教育可能自由吗？高校教师在自己的教育实践中感到，高校教师受制的东西太多，现代大学已远离了"自由之体现"的传统精神，陷入了一个追求自由却又被自由所累的境地之中。这被称为"教育自由悖论"。破解"教育自由悖论"之现象，既要对"教育自由"做出理论上的解释，也要对高校教育的现实进行深入的解析。

一、什么是教育自由悖论？

关于教育自由悖论，一种观点认为，教师个人意志与社会对教师约束之间的矛盾会导致教育自由悖论。学者高伟指出，教师应该是自由的理性存在者，否则"就无法成为真正意义上的教育主体"，但是"个体自由要有法来保障，否则个体自由充斥教育世界，世界沦为个体意志、价值相对主义的泛滥的场所"。^① 如此一来，教师自由行为与受法之约束之间形成对立，这就是教育自由的悖论。另一种观点是从教师的专业兴趣与社会对教师知识期望的矛盾提出教育自由悖论。日本学者金子元久认为，"大学教师个体基本上都是站在各自专业领域的体系内考虑问题，但是社会却从社会要求于大学的知识和技能这一角度出发考虑问题并和大学发生联系，两者之

---

* 余玉花.徘徊在自由与伦理之间——走出教育自由悖论的阴影 [J].探索与争鸣，2014（04）：24 - 27.

① 高伟.回归智慧，回归生活 [M].北京：教育科学出版社，2010：33.

间存在着不一致"，① 从而构成教育自由悖论。本文所要讨论的是现实中的教育自由悖论。

相对于基础教育，高等教育的自由度是比较高的：教师没有坐班制；绝大多数的高校教师承担自己专长的授课任务，可以从事自己感兴趣的学术研究（严格意义上的教育自由还包括学生自由选择课程，自由安排作息时间等。但本文主要以教育主体教师为研究对象）。因此，高校教师的职业通常被称为"自由职业"，高校教师也以能"自由工作"感到自豪。但是近些年，高校教师中这样的自由感受越来越少，甚至出现厌烦教育、逃避教育的心理感受。厌烦与逃避的心理来自下述的现实：一是承担课程太多，教改太累。由于扩招和博硕士点的建立，学生增多，教师不仅要多开新课，而且要多上课，课程工作量增加许多。虽然年轻教师不排斥多上课多拿课时酬金，但是一周20几节课下来，累得连看书的兴趣都没有了。而不断推出的教改任务，如网络课程、精品课程、慕课等，令教师不胜其累。二是科研的压力。无论是晋升职称还是遴选博导、硕导，都以科研为衡量指标。科研包括课题及其级别指标、成果及其发表刊物级别指标。为了课题中标，或者为了课题结项，每年寒暑假是不少教师奋力鏖战的时间，对他们来说，寒暑假是另类的工作时间。问题在于，这样的投入未必有满意的收获，只有少数人可能中标高级别课题，有的人连续七、八年申请课题都以失败告终。身心疲惫是他们切身的感受。三是考核的焦虑。这些年高校引入现代管理制度，实行高校教师考核制。既有工作量考核，还有学生打分的考评。大多数教师对学生打分难以适应，感到尊严尽失。四是各类评奖、比赛使教师忙于应付。评奖、比赛不仅与教师个人的利益有关，还关系到学校的声誉和排名，为此不少高校以类似强制的手段要求有条件的教师都要参加，希冀广种薄收，斩获奖项。但是大多数教师要付出很多无谓的辛劳。五是竞争的压力。高校实行聘期制，研究型的名校大多实行2个聘期非升即退的规定，有的甚至规定在1个聘期非升即退的要求。而晋升名额有限，实际上就是竞争上岗。这种竞争压力主要落在中青年教师身上，他们必须按学校的各项要求全力拼搏，在竞争中胜出，否则就有丢失工作之虞。

上述种种，不仅难以使高校教师感受到职业的"自由"，反而感到很不自由：首

---

① 金子元久.大学教育力［M］.徐国兴，译.上海：华东师范大学出版社，2009：90.

先，缺少"自由"的时间。高校教师始终在紧张的过程中，紧张地去完成要求他们承担的各种任务，他们失去了"自由"时间。他们既少有时间去研究教学，少有时间去教诲学生，也少有时间去反思现实，更少有时间去"遐想"学问。其次，丢失了自我"自由"学术的方向。很多工作并非出于自我研究的需要，而是"被需要"之下的研究活动。再次，缺失了"自由"的心灵。为了应付现实，有的教师干脆舍弃科研，以上课捞金为主，不仅校内大量争课时，还到处兼课，只为赚钱，无关学问与责任。有的教师为了考核过关或得到考核高分，不惜以送分讨好学生以换取学生的评价高分。有的教师为了职称，拼命写论文，没有思想就拼凑文章乃至抄袭。理工科的甚至造假"发明创造"成果，以猎取巨额课题经费。科研丑闻令高校教育自由黯然失色。而这种种的不自由恰恰是在高校教育自由的旗帜下，在高校提供的自由空间中产生的，这大概就是现实高校教育自由的悖论。

二、如何理解高校教育自由？

高校教育自由悖论现象的出现原因很多，其中既有客观的原因，也有主观的问题。就主观而言，有一个对教育自由正确理解的问题。

教育自由的提出与现代大学的兴起以及大学倡导自由平等价值有密切联系。教育自由不仅包含了大学自治、民主、平等的理念，也包含了大学自治机构及其运作条件，如民主选举校长，每个教师都有竞选校长的权利等。然而，教育自由的核心是学术自由。学术自由一词最早出现在16世纪荷兰的莱登大学，但对学术自由做出深刻解释的是19世纪德国柏林大学教育家威廉·洪堡。洪堡认为，学术自由意味着大学是一个不受任何干预的纯粹的学术场所，探求知识的自由是大学的本质，大学教师应力排各种外界的干扰，甘于寂寞而自由潜心于学术研究，致力于人的教化。这种学术自由使大学成为"社会的道德灵魂"。洪堡关于教育自由的思想在大学教育界影响深远。

当然，当代大学所处的环境与200年前的大学已有天壤之别，高校与社会的联系日益紧密，传统意义上的"象牙塔"大学已不复存在，同时转型中的中国高校也有自身的特殊性。但是，大学的现代转型是否意味着教育自由也已经过时了呢？笔者以为，教育自由的理念并没有过时，随着时代的进步应该赋予其新时代的要素，因而对教育自由要进行重新思考。

第一，当代中国高校教育自由并不否定大学与社会的结合。现代大学与社会结合是时代潮流，如果高校教育逆必然性潮流而动，那不是自由，而是不自由。相反，高校教育自觉认识和接纳时代潮流才能达到如黑格尔所说的"对必然性认识"的自由。从这个意义上看，洪堡关起高校大门的教育自由确实不合时宜。同样，高校教师追求"两耳不闻窗外事"的"自由"也是不合时宜的，关注社会与教育自由并不相悖。

第二，学术自由仍是教育自由之核心。学术自由的内涵是，在学术兴趣引导之下，追求学术之真、学术之善、学术之美。学术兴趣是学术自由之母，是学术自主性的集中体现。如果不是在学术兴趣之下做学问，不仅难以体会其自由之奥妙，反而是一种沉重的精神负担，是被羁束的痛苦，那是极不自由的。除此以外，求真的学术才是自由的学术。真为明，假为蔽。把握客观规律性的学问是真知之学，因而是获得知识的自由之学；而一切作假的东西，自欺欺人，何来自由之快乐？求善之学是智慧的自由，其最低境界是利人利己，最高境界则是，即使"为伊消得人憔悴"，仍然"衣带渐宽终不悔"，在坚持与奉献中感受自由的意义。学术之美是完全超越功利的愉悦之学问。求真、求善、求美的自由源泉是学术兴趣。

当下，影响高校教师学术自由的一个重要方面是作为教育主体的教师对学术的兴趣不高、专业情感不深。没有兴趣则没有热爱，没有热爱则没有专心的投入，即使整天忙忙碌碌，但非主体所追求的，产生不了自由的感受。求善的智慧自由也是常被忽略的，通常被名利占去了地位。智慧自由必然有善的目标，即学术理想，更贵于"潜心"学问，即甘于寂寞。在洪堡看来，寂寞就是自由的代名词。学术自由说到底就是思想自由、精神创造自由，属于个体性的活动。虽然学术研究也需要从学术交流中获得启发，但更多的是学者自我饱阅群书，是繁复资料搜集和文献整理，是反复进行的数据考证与枯燥实验中的寻觅，更是个人殚精竭虑的痛苦思考，最后才有灵感爆发获得新发现——新物质、新原理、新公式、新观点、新方法等精神成果。

或许有人疑问，在如今物质主义横流的时代如何可能寂寞？寂寞一定是自找的亦是自愿的对学问的挚爱，那才称为"自由"。自由是十八大倡导的社会主义核心价值观内容之一，为什么是倡导而非规定？因为自由是不能强制的，否则就不是自由。

但必须指出的是，甘于寂寞、潜心学问未必与物质财富无缘，因为精神创造也是社会财富，理应获得社会回报。虽然物质回报不属于自由追求的范畴，不过可以理解为社会对自由劳动的敬意和鼓励，这是社会公正性的体现。潜心于专业研究还有另一项的功利收获，那就是辛勤劳作产生的丰硕学术成果，这在公平合理的竞争中必然具有竞争力。

第三，教育自由还包括教学自由。一种传统的说法，教学自由就是教师讲什么都由教师来决定，官方和管理者不得审查教师的讲稿，不得为教学指定教材等。不能否定这种观点有一定的合理性。事实上，目前中国高校除了政治理论课有统一教材之外，大多数的课程与教材是由教师决定选用的，也不存在审查教师讲稿的问题。但是，教学自由是有边界的，并非教师可以信口开河、信口雌黄。教学中的自由除了自主性之外，还有责任性，具有道德意义，在教育伦理中自由与责任是统一的，是有责任的自主性。教学活动是对象性的活动，又是教育性的活动，因此负有培育对象即学生道德成人的责任，这就要求教育教学的一切活动都要从有利于学生发展的目的来进行。在此前提下，教师可以自主设计教学的内容、教学的方法和教学的手段，并受教育法律的保护。

三、 创造教育自由的条件

教育自由是保证高校学术质量、教学质量的必要条件，也是高校教师精神劳动得到充分尊重的体现，因此，追求和实现高校教育自由值得倡导，也符合"自由"这一社会主义核心价值观在高等教育领域得以践行的要求。但教育自由的推行实施需要条件，也会遇到各种阻力。当前什么影响了高校教育自由？除了上述高校教师主观因素之外，转型期的社会环境、高校自身的改革难题，以及高校内部管理的不合理，都在一定程度上影响了高校教育自由。

第一，转型期社会环境对高校教育自由最大的冲击是物质诱惑力，使高校教师难以安心书房。市场经济打破了教师原来享有的福利待遇，特别是分配住房的福利待遇。虽然各高校仍然安排有住房补贴，但是学校房贴与飞速上涨的房价差距太远，这对高校教师尤其是青年教师是一大难题。没有安身之所哪能有安心之教？毕竟生存是第一位的。另外，收入差距也是动摇教师甘于寂寞之心的原因之一。高校教师大多来自优秀毕业生，看到原本不如自己的同学、校友在市场上发了财成了富翁，不免失衡，思想脱离自由的心境，影响潜心做学问。

第二，高校在市场经济中也被卷入了竞争，这种竞争在政府主管部门各种检查考核的推助之下也异常激烈，甚至残酷。分数排名、就业排名、学校影响力排名等不仅决定着学校的社会声誉，也决定着学校从政府和社会获得多少资金资助。学校只能以改革的名义将课题申请、论文发表、奖项争夺落实到各位教师头上，将这些与职称晋升紧紧联系起来，使这些原本是教师自我乐意做的自由工作变成了疲于应付的负担。

第三，不合理的高校管理影响高校教育自由。教育管理是必要的，但应该有助于推进高校教育自由。然而，有的高校把政府层级制的管理模式简单搬到高校管理中，再加上现代网络技术的助推，其结果正如学者所批评的："除了'本位'的庸俗外，科技主义的管理的主要恶果是剥夺学术自由，用一堆堆数字、一套套表格，将教师、学生'一网打尽'，压制学术热情、摧残创造精神，而其根本原因，只是为了'便于管理'。"① 这种所谓的"科学化"的管理是直接冲击教师自由感受的肇源之一。

排除高校教育自由的不利因素，需要各方努力。有的需要政府部门的顶层设计，有的则需要高校管理的改进，但确实有些困难当前无法解决。由此也可看出，教育自由的实施并不容易，是一个逐渐推进的过程。在这个推进过程中，应积极创造高校教育自由的条件。

首先，政府提供高校教育自由的必要条件。一是政府在财政预算中增加高校资金投入，并以提高人员资金投入为主，提高教师的经济收入。目前，大多数高校被新校区基建贷款所累，影响了教师的收入分配。而全国性大学城的建设是政府决策所致，政府应在财力允许的情况下，逐渐免去高校贷款负担，让更多的资金用在教师人才建设上。二是政府拨出一定土地和资金专门建造一批让高校青年教师入住的廉租房，使青年教师安心教学与科研。三是政府真正下放高校自主权，减少各种干预性的活动和检查，即使必要的检查也应当讲究实效，坚决杜绝形式主义检查制度，还时间给高校。

---

① 周义.教育美学引论［M］.天津：天津教育出版社，2010：89.

其次，高校管理部门积极创造教育自由的条件。一是要破除高校行政化管理倾向，根据教师的需求，建立服务性的管理制度。二是促进自由的人性化管理，自由的管理就是简单化的管理，表格要少而简单，电子表格与纸质表格各取其一，不要重复，符合节约与环保的原则，更重要的是还时间给教师。教育自由包含着时间自由，没有时间自由则没有学术自由。人性化的管理则是尊重教师的管理，可以听取学生对教师的评价意见，但最好否弃大规模的学生打分，那种随意性的评价教师既不客观，也不利于师生和谐，是大多数教师反对的考查方式之一。三是大力鼓励潜心学问的教师，允许失败，不以短时间的成果数量作为考核依据，更注重成果质量和学术潜力。同样大力鼓励潜心教学研究并受学生欢迎的教师。潜心教学与潜心科研都是教师根据自己所长而自由选择的教育重点，应尊重他们自主选择权，给予同样的支持。

最后，高校教师自身也负有推进教育自由的责任。一是积极争取教育自由的客观条件。教育自由事关教育环境与教育质量，也与教师个人的切身利益、发展事业息息相关。积极争取教育自由的条件是教师负责任的表现，不能将自己置身事外。现实影响教育自由的问题表明，教师的教学自由、科研自由并不是现成自在的，各种阻力要靠包括教师在内的社会力量去排除。总之，教师不能做教育自由的旁观者。二是建立负责任的自由观。自由不等于悠闲、任意、我行我素，而是学术研究的自我动力、精神成果的创造能力、教育治学的艺术力和教育学生的道德力。三是提升个人在教育活动中的自由能力。包括自我的学术兴趣能力，潜心学问的意志力和坚韧性，科研活动与教学活动中的创造能力，以及对社会各种诱惑的抵制能力，通过不断提升自身的自由力量去推动教育自由的发展。

论思想政治教育的学科属性*

思想政治教育学科设立已经 30 多年，对思想政治教育学科的历程进行回顾与经验总结是十分必要的。但是，在总结学科发展巨大成绩的基础上，也不能忽略外界对学科的评价，并应积极回应各种对思想政治教育学科的疑问，如学科的特点、属性等。思想政治教育学科的归属虽然已有官方正式的规定，但为了回应各种质疑有必要从学术上明晰思想政治教育的学科属性，这将有助于思想政治教育学科的未来发展。

 一、 讨论思想政治教育学科属性的意义

思想政治教育作为一门学科，其存在的合理性常遭到质疑。理由无非如下：一种认为，思想政治教育仅仅是一种实践活动，不具有学科应有的知识体系，因此学科之称名不副实；另一种认为，思想政治教育学科的归属不清，虽然国家将其列入马克思主义理论一级学科，但是又冠之以"教育"，其学科属性不甚明确；还有一种认为，思想政治教育在国外没有相同的学科，因此不具有国际共同性，不利于相互交流。这些质疑显示出学界对思想政治教育学科的轻视。当然，驳斥这些质疑并不困难。

按照学界对学科的一般理解，一门学科的建立要有三方面的条件：一是确定的研究对象；二是系统的知识体系；三是标志性的科研成果。具备以上三点，才能称得上学科。应该说，这三个条件思想政治教育学科都是符合的。首先，思想政治教

* 余玉花，王美.论思想政治教育的学科属性［J］.思想理论教育，2015（07）：48 - 51.

育学科的研究对象主要是"思想政治教育活动及其规律"。无疑，思想政治教育学科的研究对象是独特的，排除了其他学科研究的对象。研究对象的独特唯一性是学科建立的重要条件。其次，思想政治教育学科已形成较为完整的学科知识系统，如思想政治教育原理、思想政治教育史、比较思想政治教育、思想政治教育课程论、思想政治教育工作论、思想政治教育方法论、社会思潮论、社会主义价值论、人生理想论等。此外，还有思想政治教育学科理论的研究、思想政治教育课程的研究、思想政治教育工作的研究，其中包括思想政治教育队伍的研究、思想政治教育对象的研究、思想政治教育环境的研究等。[①] 最后，经过30多年的思想政治教育学术研究，产生了大量的思想政治教育理论成果，这些理论成果为思想政治教育学科点的建立提供了充分的论证，并为思想政治教育学科的建设奠定了基础。

因此，国家将思想政治教育设立为一门学科，符合学科建立的基本条件，是合情合理的。但是，即使如此，为什么还有质疑之声？除去偏见之外，思想政治教育学科本身也需要认真反思，正视自身存在的问题，这对学科的提升与发展并非坏事，而是十分必要的。

毋庸讳言，思想政治学科确实存在学科属性不清晰以致学科定位不清、理论研究不够深入和知识体系不够精准等问题，如关于思想政治教育学科的研究对象问题。研究对象是学科得以建立的基础，是"建构一门学科严谨和完整的理论体系的起始性环节和关键所在"[②]。但关于思想政治教育学科研究对象的探讨五花八门，各种提法都有，迄今尚未形成共识性的理论。虽然学科的学术讨论可以有不同的观点、可以有争鸣，但应该对学科的研究对象给出具有说服性的论证，而不是想当然地提出一个个别出心裁的研究对象就了事。又如，关于思想政治教育学科的知识体系，虽然思想政治教育学科已经形成了较完整的知识体系，但这个知识系统构建的逻辑关系还是不够清晰的。学科知识的逻辑关系包括：思想政治教育原理与思想政治教育史是一种什么关系？思想政治教育原理是如何提炼概括的？思想政治教育史又是如何呈现的？思想政治教育原理如何体现"史"，"史"又是如何给予思想政治教育原理以支持？如此等等。现有的研究对这些问题还没有明确的揭示。再如，关于思想

---

① 余玉花.思想政治教育学科定位与学科边界 [J].思想教育研究，2013（12）：20-22.

② 现代汉语词典 [M].北京：商务印书馆，2005：1547.

政治教育学科归类的问题，由于思想政治教育学科承载着太多的其他学科的痕迹，这既构成了思想政治教育学科的特殊性，但也造成了其难以归类的难题，以及与此相关的一系列学科发展的疑难问题，如思想政治教育学科属于理论学科还是应用学科，抑或综合学科，属于社会科学还是人文科学，需要进一步加以研究。这些问题的存在都会影响对思想政治教育学科属性的认识，也会影响思想政治教育学科的发展。同样，这些问题的存在也与思想政治教育学科属性不清晰有密切关系。

综上可见，明晰学科属性对于思想政治教育学科建设和发展的重要性是不言而喻的。学科属性研究的推进有利于深入而准确地把握思想政治教育学科的内在规定和本质属性，能够在已有的研究成果基础上进一步深化认识、创新思想政治教育理论，进而克服目前思想政治教育学科研究中的盲目性、表面性、模糊性等问题。

二、思想政治教育学科属性的特殊性

学科是"指按照学问的性质而划分的门类，即学术的分类"。[①] 从学术分类来理解学科，可以说，每个学科都有其特殊性从而归属于某一类别。为什么提出思想政治教育学科属性的特殊性？因为从思想政治教育学科的研究对象和学科主词来看，应该归之于教育类的学科，但在我国学科目录中，思想政治教育学科是马克思主义理论一级学科所属的二级学科，这种学科归属本身就比较特殊，与一般的学科分类有所不同，这使思想政治教育学科属性显得很特别。然而，正是这种特别提出了思想政治教育学科需要专门研究的必要性。因此，关键的问题是，思想政治教育的学科属性究竟特殊在哪里？这需要从思想政治教育学科建立的历史源头与该学科所承担的特殊使命中寻求答案。

第一，思想政治教育学科是源于社会转型建立的学科。思想政治教育活动早已有之，最早是军队和党组织工作中的一项实践活动，新中国建立后开始在高校设立政治教育专业，主要培养后备干部人才和一部分政治教师。思想政治教育作为一个学术概念是，1984 年随着高校思想政治教育专业的建立而出现的，而思想政治教育作为学科的观点则出现在 1980 年。当年，工业部门工会在北京召开的思想政治工作

---

① 余玉花.思想政治教育学科定位与学科界限［J］.思想教育研究，2013（12）：20-22.

座谈会上提出了"思想政治工作应成为一门科学"的观点，与其相呼应的是钱学森提出的"建立马克思主义德育学"的主张，这是建立思想政治教育学科的最早呼吁。1984年思想政治教育专业的设立为思想政治教育学科的建立创造了条件。虽然专业不等同于学科，但是思想政治教育专业的设立和建设为思想政治教育学科的建立奠定了重要基础。

问题在于，当时为什么要提出建立思想政治教育专业和学科呢？这与我国社会转型迫切需要思想政治教育科学化密切相关。"文革"结束后，国家进入经济建设与改革开放的新时代。由于改革开放，人们的思想解放了，但是也产生了各种新的思想问题和人生疑惑，如当时流行于青年中的"人生之问""西方思想理论热"等。这些涉及人生价值、政治观念的社会现象不仅提出了新时期青年亟需思想政治引导的问题，也提出了如何对青年进行有效的思想政治教育的问题。这些问题在当时没有现成的答案，过去统一思想条件下的政治教育专业难以满足现实对理论的需求，这实际上是一个需要研究的重大时代课题。这也意味着思想政治教育不仅仅是一项上达下行的只要去执行的政治工作，而是充满着时代的问题、需要科学方法和专业知识去探讨的学问。随着我国社会转型的加快和现代化发展的不断推进，思想政治教育需要研究的问题也越来越多、越来越复杂，涉及的知识面也越来越广泛，理论研究及学术争鸣使思想政治教育摆脱了传统政治工作的套路而日益具有学术性，从而形成一门专业研究性的学科。

但是，为什么思想政治教育没有归属于教育学门类？这里有两个原因可以释清。其一，我国教育类学科中德育学的研究对象比较窄，表现为：一是德育学主要研究中小学德育，而大量对国家发展有重大影响的青年人特别是大学生的思想政治教育不在其研究范围之内，留下一个巨大的德育研究空白，这使面向大学生设立思想政治教育专业有了可能性。二是中小学德育研究的重点在于德育形式。相对来说，未成年人的思想较为简单，教育内容也相对简单，德育研究的重点放在形式上是可以理解的。但是青年人的世界观、人生观已经形成，他们思想的复杂性、多变性提出了对他们的教育进行专门研究的必要性，这种教育研究不仅仅在形式，更重要的在于教育内容。正是教育类学科中德育学本身的局限，使思想政治教育专业学科难以纳入教育学门类。其二，思想政治教育没有纳入教育门类，还在于前面述及的该学科形成过程的特殊性。毫无疑问，思想政治教育脱胎于思想政治工作，是从思想政治工作逐渐走向思想政治教育研究的，其政治性的烙印无法也不能抹去。虽然思想政治教育学科研究的也是教育问题，但思想政治教育有其特殊的政治性特点，而非一般的教育研究。这是思想政治教育未能归属教育学门类的原因之一。

第二，思想政治教育学科是源于特殊政治使命的学科。思想政治教育学科的特殊性还体现在其承担着国家意识形态教育的政治使命，学科具有强烈的政治色彩。思想政治教育学科研究的一项重要任务，是探讨思想政治教育如何使受教育者认同国家、认同国家的核心价值观、认同国家与社会期望个人发展的合理方向、认同个人对国家社会承担的责任等。不能排除其他人文社会科学也有相似的政治性特点，但是思想政治教育学科特别明显，这是必须要承认的。

思想政治教育学科的政治使命对于国家来说是十分重要的，不可轻视待之。事实上，任何一个政权都有将意识形态灌注于社会的要求，推崇国家意识形态几乎是现代国家的普遍现象，只是有的表现得比较隐蔽而已。某些攻击他国意识形态的国家，其攻击所持的价值标准实际上就是他们国家的意识形态。轻视甚至贬低思想政治教育的政治特色显然是无知和愚蠢的表现，特别是个别从事思想政治教育学科研究的学者有意无意地与国家意识形态保持某种距离，试图用其他的理论降低思想政治教育学科意识形态的政治色彩。这是对思想政治教育学科的不尊重，也是对自己从事的研究工作的不尊重。

国家意识形态不仅体现国家的政治意志与政治倾向，而且具有指导社会、凝聚民众（或国民）的号召力。国家意识形态要发挥这样的作用，需要通过两个途径予以支持：一是国家的宣传工具；二是教育途径。教育途径是广泛的，而思想政治教育是最主要的教育途径。当然，对于思想政治教育学科来说，其任务是要探讨作为实践活动的国家意识形态教育的有效性、合理性的问题，提出具有可行性的教育理念、教育思路和教育路径。

思想政治教育所承担的国家意识形态教育研究使命其实质就是思想政治教育学科政治性的特点。不能说政治性是思想政治教育学科的全部，但政治性在学科中占据了主导性的地位。其研究的主要目的之一，就是如何通过教育来培养社会主义事业的接班人与建设者。这个目标包含两个方面：一是一般意义上的教育目标，面向所有的被教育者，在高校就是所有的大学生。其政治性的培养主要通过"思想道德修养与法律基础"课的教育教学来实施。二是学科人才培养的政治目标和学术诉求。高校思想政治教育专业主要培养思想政治教育工作者和研究者，这些人才应当符合国家治理与国家建设的政治要求。当然，现代政治意义上所理解的社会主义人才应当包含多方面的素养，但政治素养是不可缺少的条件。事实上，思想政治教育培养的大批政治人才正成为我国各个领域的主要骨干，发挥着治国理政的重要作用。

当然，思想政治教育学科政治性的特点不限于学校教育与课程教育领域的研究，还关注政治条件和政治环境的研究。促使年轻人确立正确的政治方向和合理的价值观念，除了学校教育以外，社会舆论、群众运动以及媒体舆论等非主流的观念动向都可能构成教育的要素，影响人的政治素养。对社会政治的关注，以及来自社会的对人们尤其是青年人的政治影响是思想政治教育研究的重要方面。

总之，思想政治教育学科政治性的特点使这个学科研究的教育不同于一般的教育。虽然国家意识形态教育也内含一般教育要求和规律，如知识的传授与对智力的依赖，但国家意识形态教育有其特殊之处，其目的是政治理念的接受和内化。因此，仅仅依靠智力难以达到教育的目标，还要通过情感、意志、体验等因素的介入，教育的难度更大、要求更高，更值得研究。

三、思想政治教育学科属性的发展

思想政治教育学科政治性的特点是确定无疑的，这也是思想政治教育学科归属于马克思主义理论一级学科的主要根据。但是，对思想政治教育政治属性的理解也要有一个现代的视角，用发展的观点去理解思想政治教育学科的政治属性。

首先，思想政治教育学科研究的教育内容——国家意识形态并不是硬梆梆的政治，而是反映国家发展的合理需要。由于受政治等于阶级斗争的影响太深，至今人们对政治还存在某种偏见性的理解，甚至抵触性的情绪。实际上，政治的内容随着时代的变化也发生着变化，我国现今的政治与战争年代强调阶级斗争的革命政治无论内容还是形式都有很大的区别。当前，国家意识形态的政治主要集中于以下三点：其一，明确国家发展的价值目标。国家意识形态是国家理念的表述，包括国家政治性质的确定和走向、国家经济发展的目的指向、国家治理的价值方略等。其二，凝聚国家各种力量的精神支柱。对于一个国家，特别是一个大国，在多元化的今天，存在多种利益阶层、多种利益要求、多种价值观念都是可能的，也是无可非议的，但在事关国家发展的根本利益上应该形成共识，这就需要高扬国家核心价值观的旗帜，统一思想，凝聚全国的力量。其三，精神文化生活的导向。当今社会，意识形态以及相关的精神生活存在着多样性，其中良莠皆有、健康与颓废共存，从着眼于人的全面而自由发展的要求来看，国家应当对精神文化生活承担导向的责任，以健康向上的理念引导人们的精神生活。可见，国家意识形态也包含着人性的精神关怀。作为一个学科，思想政治教育学科的任务就是要研究如何将上述国家意识形态注入于教育之中，研究如何通过教育使国家意识形态深入人心，使其成为国民的政治信念和人生的精神支柱。

其次，思想政治教育学科研究的政治教育更人性化。过去的政治教育给人的印象是强迫的、僵硬的、无情的，显然这种刻板的政治教育已成为历史，今天思想政治教育学科研究的政治教育更注重人文关怀。政治教育的人性化不仅体现在政治目标本身是以促进人的发展为根本目的，更体现于教育过程与教育方式的人性化，如人性化教育主张引导多于灌输、对话多于说教、选择多于单一、尊重多于强制等。思想政治教育学科也是以人性化的思路来研究政治教育的方式和教育效果。其研究课题包括：人性化政治教育的具体表现、人性化政治教育的可能性、人性化政治教育的结果、人性化政治教育与政治认同的关系、人性化政治教育与个人政治素养的关系等。今天的政治离开人性的要素是不可想象的，思想政治教育的政治也发生着如此的变化，从而使思想政治教育学科属性的政治性发生着时代的变化。

再次，思想政治教育学科政治性与学术性并举。前已述之，思想政治教育学科的本质属性是政治性，也就是国家意识形态性，是从维护执政党与国家利益的视角来研究国家意识形态教育问题。但是，思想政治教育学科的政治立场并不能否定其学术性，没有学术性则思想政治教育便失去了其作为学科的条件。确实存在将思想政治教育的政治性与学术性对立起来的片面评价，这种片面评价不仅来自其他学界，在思想政治教育学科内也存在类似的倾向。其他学界有的人认为，思想政治教育学科强调政治性是其本质属性，会削弱该学科的学术性，甚至认为思想政治教育学科缺乏学术性。这样的评价当然是不能接受的。令人遗憾的是，思想政治教育学科确实存在某些只见政治教条而缺乏严密论证的所谓学术成果，往往也"坐实"了外界对思想政治教育学科的评价。

在思想政治教育学科的学科属性研究中，我们坚持思想政治教育学科政治性与学术性并举的原则。那种将政治性与学术性对立起来的观点归根到底是企图通过贬低思想政治教育学科的学术性而否定学科政治性的价值，最终是要否定思想政治教育的学科价值。然而，事实胜于雄辩，思想政治教育学科30多年的长足发展印证了思想政治教育学科的生命力。思想政治教育学科的发展既是思想政治教育学科坚持政治性的结果，也是思想政治教育学科学术性不断提升的结果。对于思想政治教育学科来说，如果政治性是其存在的根据，那么学术性是其能够发展的最重要的条件。在思想政治教育学科日后建设的过程中，尤其要重视学科学术性水平的提高。只有学科学术性的增强，才能完善思想政治教育学科的政治价值，使思想政治教育学科更具独立的学科性。

提高思想政治教育学科建设的理论自觉 *

　　思想政治教育学科在其建立后的 30 多年时间里获得了长足的发展，从 20 世纪
80 年代设立"思想政治教育专业"，到如今思想政治教育专业变成了思想政治教育
二级学科，并且形成从本科到硕士再到博士完整系列的学科点，在二级学科基础上
又拓展了思想政治教育的诸多专业方向。除此之外，思想政治教育学科在教学科研
和人才培养方面亦有不菲的成绩。但是在新形势下，思想政治教育学科也面临着挑
战。最大的挑战就是思想政治教育学科的学术影响力和教学影响力的问题。学术影
响力和教学影响力是衡量学科水平和学科社会价值的重要指标，而增强学术影响力
和教学影响力也是思想政治教育学科建设的目标任务。面对思想政治教育学科建设
的这一艰巨任务，笔者认为，唯有提高思想政治教育学科建设的理论自觉性，才能
推动思想政治教育学科有质量地发展，提升学术影响与学科地位。

一、理论自觉是思想政治教育学科发展的内在需要

　　理论自觉源于文化自觉。文化自觉是费孝通先生提出来的，他提出，文化自觉
是生活在一定文化历史圈子的人对其文化有自知之明，并对其发展历程和未来有充
分的认识。这种认识表现为文化主体的自我意识、自我反省与自我创建。文化自觉
是个大概念，其中涵盖了理论自觉。理论自觉从属于文化自觉，是文化自觉的一部
分，但是理论自觉无疑是文化自觉中十分重要的甚至是核心的部分。无论是文化自
觉还是理论自觉，其关键在于"自觉"二字。"自觉"之意，一是主体自我发生的，

＊　余玉花.提高思想政治教育学科建设的理论自觉［J］.思想理论教育导刊，2013（08）：50 - 54.

因而是积极主动的；二是主体的自知性，包括主体的理性觉悟与反省；三是主体的发奋与创造。因而，"自觉"在一定程度上体现着主体的能力。

理论自觉是聚焦于理论形态的文化自觉。理论不同于一般文化，是人们认知、思考的概括或总结，因而理论至少具有三个方面独有的特点：其一，理论的内容集中体现理论主体的思想与观点；其二，理论的展示呈现高度凝练抽象的特色；其三，理论的形式通常以系统性或成体系的形态出现。正是理论的这些特殊性决定了理论自觉有其特定的主体形态、话语系统和作用范围。一般来说，与理论相关的领域都会存在理论自觉的问题，由于本文不是专门研究理论自觉领域问题的论文，不可能对理论自觉的范畴作出某种界定，但可以断定，高校学科领域都与理论自觉有着密切的联系，思想政治教育学科也不例外。思想政治教育学科无论是在学科成立的依据、学科发展的条件方面，还是在学科承担的科研与教学任务方面，都需要理论的支持，因而理论自觉对于思想政治教育来说不是一种外来的要求，而是内在的需要。思想政治教育学科理论自觉的必要性，随着国家与社会对思想政治教育学科期望的提高，以及思想政治教育学科与社会期望值距离的拉大而显得更为迫切。

首先，思想政治教育学科的建立是理论自觉的产物。在我国学科史上，思想政治教育学科是一个新学科。思想政治教育最早只是军队或党组织工作中的一项实践活动，新中国成立后开始在高校设立政治教育专业，主要培养后备干部人才和一部分政治教师。"文化大革命"结束后，国家进入经济建设与改革开放的新时期，国外各种思潮大量涌入，对青年学生的政治信念、价值观念产生极大冲击，年轻人的理想信仰、道德理念与人生问题凸显，需要理论研究与思想引导。在这种情况下，过去统一思想条件下的政治教育专业难以满足现实对理论的需求，也难以满足现实对人才培养的需要。20 世纪 80 年代初期，不少高校因势成立了高校思想政治教育本科专业，不久思想政治教育硕士点也随之建立。这里特别要指出的是，当时大量研究思想政治教育的学术活动与理论成果产生，包括各类思想政治教育的研讨会、会议论文集、教材、公开发表的论文、专著等，这些理论成果为思想政治教育学科点的建立提供了充分的论证，并为思想政治教育学科的建设奠定了基础。而后，90 年代思想政治教育博士点（马克思主义理论与思想政治教育）和 21 世纪初马克思主义理论一级学科博士点之下的思想政治教育二级学科博士点的建立，思想政治教育学科日趋完善，而这一切都离不开思想政治教育的理论贡献。可以说，是理论自觉提出思想政治教育建立学科的必要性，也正是理论自觉提供了思想政治教育建立学科的可能性条件。

其次，思想政治教育学科建立知识体系离不开理论自觉。学科是知识系统的汇集，任何一种学科都有其独特的知识系统，专业性的知识系统是区别不同学科的标志。思想政治教育学科虽然具有强烈的国家意识形态的价值指向，但是意识形态的特殊性并不淹没思想政治教育作为学科应有的知识系统，不然则难以形成独立的学科。知识系统的建立是一个艰难的理论构建过程，从个别知识点的提出到课程知识点的完成、从单一的知识点到逻辑联系的网状知识群、从一门课程的知识群到系列课程的知识系统建构：思想政治教育原理、思想政治教育史、比较思想政治教育、思想政治教育课程论、思想政治教育工作论、思想政治教育方法论、社会思潮论、社会主义价值论、人生理想论等，无不凝聚着思想政治教育理论工作者精神劳动的心血，是众多学者理论研究的智慧结晶。

再次，思想政治教育学科的发展更需要理论自觉。如果说知识系统是学科得以建立与发展的基础的话，科学研究则是学科发展具有活力的源泉。思想政治教育学科的科学研究涉及面比较广，有思想政治教育学科理论的研究、思想政治教育课程的研究、思想政治教育工作的研究，其中包括思想政治教育队伍的研究、思想政治教育对象的研究、思想政治教育环境的研究等。与马克思主义理论一级学科中其他二级学科相比，思想政治教育学科的科学研究与现实联系特别紧密，应用性与实践性的研究更多。尤其在社会发展速度加快、矛盾日益复杂的情况下，思想政治教育学科面对现实问题更多，毫无疑问这些构成了思想政治教育学科科学研究的任务。无论是理论性的课题还是实践性课题，都需要理论的介入、理论的回应、理论的解析与破解、理论引出对策的思路。

二、 思想政治教育学科发展中的理论反思

思想政治教育学科的建立与发展得益于理论自觉，反过来，思想政治教育学科也促进了理论的建设，这两者是相辅相成的。但是，当我们肯定思想政治教育学科取得瞩目成就的同时也应清醒地看到思想政治教育学科存在的不足影响着思想政治教育学科的发展。对于一个学科来说，自然不能苛求其完美无缺，但是有些关键问

题却是不可忽略的，因为它不仅关系学科的社会影响力即学科的社会价值，更关系学科自身存在的意义。

不可否认，思想政治教育学科近年来发展很快，理论成果也不少。但是学科建设的速度并不等于学科发展的质量，理论成果的数量也不等于理论成果的质量，因为学科评价尤其是学科理论成果的评价既有数量化的评价指标，更重要的是理论成果的质量指标。社会科学理论成果质量标准一般可从五个方面来评价：理论研究的问题是否处于学术前沿、理论研究的学术性与学界影响度、与学科相关的社会问题揭示分析的深刻度、理论见解的社会认可度、解决学科相关社会问题的实践可行度。据此来衡量思想政治教育学科的理论水平，当前思想政治教育学科的不足表现在以下几方面：

第一，理论精品不多。虽然思想政治教育学科的研究成果中不乏精品力作，但总体来看，理论佳作凤毛麟角，与每年产生的数量庞大的论文著作不成比例，获得国家级奖项的作品更是寥寥无几，"全国百篇优秀博士论文"至今尚未实现零的突破。什么是理论精品？被称为精品的研究成果首先要能够敏锐洞察和反映时代的课题，具有公认的学术前沿性；其次，学术精品具有理论的独创性，至少要有自己的独立见解，体现作者的理论风格，而不是嚼别人嚼过的馍，讲别人讲过的话；再次，学术精品具有思想的深度，内容深邃具有启迪性，反复阅读不嫌多，而且论证和语言都精彩，令人读了还想读。相反，那些千篇一律的作品则是乏味之作、平庸之作。必须承认的是，思想政治教育学科能够拿得出手的理论精品确实不多，而缺少理论精品的学科必然缺少一流的学术人才。当然也可以反过来说，学术人才的稀少是理论精品不多的主要原因。正因如此，思想政治教育学科在学界很难有"拉第一小提琴"的机会和地位，这是思想政治教育学科在学术界影响力不高的主要原因之一。

第二，实践研究质量不高。前已述之，思想政治教育学科的科学研究分为基础理论研究与实践应用研究两部分。从思想政治教育学科的特点来看，实践应用研究的任务更突出，因为思想政治教育学科的关键词是"教育"，教育无疑是一项实践活动。在经济全球化、文化多样化、社会网络化的情况下，思想政治教育的实践研究显得更加重要。事实上，思想政治教育研究者承担的研究课题大多数属于实践应用型的，包括课程思想政治教育研究与日常思想政治教育的研究。思想政治教育实践应用型的研究重在解决教育中提出的现实问题，这类研究不仅需要强烈的问题意识，准确地抓住问题的关键所在，而且要提出破解问题的思路与方案，即要解决问题。当然这里提出的解决问题仅仅着眼于课题研究的视角，真正解决问题还有赖于有关部门采纳研究成果，并转换为政府的政策或学校的举措或教育工作者的教育行为，但是研究者必须提供有价值的研究成果。在实践型科研成果中存在的问题表现为：一是就事论事的研究报告较多。有的研究者误认为，实践问题研究无须理论的探讨。殊不知，缺少理论支持的方案往往浅薄与大同小异，且流于教条，操作性不强。二是贴标签的研究方法。近几年，理论的重要性已为较多的思想政治教育研究者所重视，尤其是具有博士学位和硕士学位的年轻学者理论意识增强，他们还注重从其他学科学习新知识、新方法，运用到思想政治教育课题的研究，"他山之石，可以攻玉"，在一定程度上提高了思想政治教育实践研究的学术性。然而，有相当数量的实践课题研究采取的是贴标签的做法，把其他学科的方法简单地拼接到思想政治教育的课题研究上。虽然在一些研究论文和课题报告中时常可见最新的理论概念和令人耳目一新的理论研究方法，但令人失望的是，借用来的理论研究方法与实际研究问题之间没有逻辑关系，不仅理论难以对现实问题作出令人信服的解释，更谈不上运用理论方法来解决现实问题了。实践型研究成果的质量不高，其根本原因是研究者的理论素养和研究能力的问题。

第三，理论成果的社会影响力不大。这个问题与前两个问题密切相关。理论成果之所以没有产生较强的社会影响力，首先是理论的创新程度低，似曾相识的文章比比皆是，无论是观点或是内容重复率高。理论创新不足，除了研究者理论功底的原因外，还在于研究者不敢直面现实问题，揭示矛盾；或者仅仅为了完成科研任务而写论文，故而笔下没有问题，自然谈不上理论创新了。其次是理论魅力不足。值得一提的是，不少敬业于思想政治教育学科建设的学者，发现学科的理论短板而致力于理论创建，对于推动思想政治教育学科的理论建设作出贡献。但也有的学者不是从生活中汲取理论的养料，形成有价值的理论成果，而是一味热衷于构筑抽象的理论体系，貌似理论性很强，其实只是概念的堆积，毫无新意，既缺少必要的论据论证支持，也没有形成概念之间的逻辑之网，因而不可能产生理论独特的魅力。再次是理论解释力弱。思想政治教育面临着现实提出来的诸多问题，包括教育对象思想价值观上的各种困惑、教育课程中的问题、教育主体本身及教育过程中遇到的难题，亟待理论的破解与指导，这正是思想政治教育研究大有用武之时。遗憾的是，相当数量的研究成果止步于实证研究的层面上，没有进入到解决问题的深度，虎头蛇尾是不少论义的通病。虽然实证研究（调查研究）是必要的，是解决问题的前提条件，但这不是研究的目的，理论研究最终是为了解决问题，至少应当提出解决问题的思路和建议，否则理论研究无法达到社会期望的解疑释惑作用。

思想政治教育学科理论不足由学科内外多种因素造成的，但就学科内部检讨，这是一个思想政治教育学科理论自觉性的问题。虽然思想政治教育学科建设并未轻视理论自觉，但是这不等于已经达到理论自觉的高度。因为理论自觉也存在着程度高低之别，思想政治教育学科目前的状况只能说理论自觉程度尚不够高，因而推进思想政治教育学科建设的一个重要任务就是提升学科建设的理论自觉性。

三、 提高思想政治教育学科理论自觉能力

提高思想政治教育学科的理论自觉，必先探讨思想政治教育学科所追求的理论自觉的目标内容。任何一门学科都有理论自觉的问题，但不同学科面临的问题不同，其理论自觉的要求也可能不同。思想政治教育学科的理论自觉应该是针对思想政治教育学科特殊性而提出理论建设的目标，其中不仅包括思想政治教育学科理论提升的目标，还应当包括思想政治教育学科理论反省的要求，是理论反省与理论提升两者的统一。理论自觉的目标其实质就是一种能力目标，因此提高思想政治教育学科理论自觉就是在现已具有的理论自觉的基础上努力提升思想政治教育学科理论自觉的能力。据此，笔者认为现阶段思想政治教育学科的理论自觉主要致力于四个方面的学科理论能力建设，这四项理论能力分别为理论反思能力、理论批判能力、理论对话能力和理论创新能力。

第一，提高思想政治教育学科的理论反思能力。理论反思是理论自觉最本质的内涵功能，亦是理论自觉展其他功能的前提条件。反思不同于一般思想活动的向外性，而是主体考查自我的一种思想或思考的活动。黑格尔称之为："个体在判断中被设定作为（返回到自己）的个体。"[①] 理论反思可以作两方面的理解：一是以理论作为反思的工具，二是对理论本身进行反思。思想政治教育学科的理论反思兼有两

---

① ［德］黑格尔.小逻辑［M］.贺麟，译.北京：商务印书馆，1980：348.

者，但着重于对思想政治教育理论本身的反思。反思首先是自知，即反观自我、认识自我，使主体自知之明。理论反思自然是对理论的自我认识，也可以说是理论的自我评价。在现行的各种奖励、考核制度体系中，也设计了理论自我评价的观察点。从学者个人的单项科研成果到集体的乃至一个学科的理论成果评价，都不能免去自我评价的环节。问题在于，这种自我评价都是溢美之词，不是全面的自我评价。这种自我评价甚至配不上反思之词，因为与反思没有关系。反思虽然不排斥客观的自我肯定，但更主要的在于去发现理论存在的瑕疵与问题，思考这些问题的根源所在，检视这些问题可能造成的社会负面影响，以及理应承担的责任和吸取的教训等。可见，反思的本质是自我反省，有反省才能自明，自明才有调整、发奋和努力的方向。反之，缺乏理论反思，沉浸于自我满足，则会裹足不前，不会有理论上的长进。回到思想政治教育学科上，可喜的是，这几年理论反思的文章时而可见，说明学科主体理论自觉性在提高，但从更高的要求来看，理论反思还是太少，反思能力存在着进一步提高的必要性。思想政治教育学科提高理论反思能力首先是观念问题，即是否认识到理论反思的重要性及具有理论反思的强烈意识。反思是解剖自己，所以反思对于主体来说并不是一件令人愉快的事情，只有认识到理论反思的意义并通过强有力的信念的支持，才能产生自我质疑的勇气，促使反思行为的发生。其次，创设理论反思的学术氛围。反思贵在自觉，而自觉反思从某种意义上讲也是一种能力，需要培育和鼓励，学术批评与学术争辩有助于反思能力的锻炼，并能促进理论反思的自觉性。

第二，提高思想政治教育学科理论批判能力。理论批判能力是理论自觉的应有之义。马克思主义认为，新理论的生成是一个扬弃旧理论的过程，因而也是一个理论批判的过程，理论批判是新理论的助产士。批判性是马克思主义理论的一个重要特征，思想政治教育学科作为马克思主义理论一级学科之下的二级学科必然秉承理论批判的责任，并将理论批判的责任视之为学科理论自觉的重要部分。然而，并非一切理论批判都具有天然合理性，事实上理论批判也有合理与不合理的区别，也有理论批判的质量效果（合规律性与理论彻底性）的问题，这就涉及理论批判的能力问题。思想政治教育学科由于意识形态的特质，一直坚持马克思主义的批判性是没有疑问的，但是在理论批判的过程中也存在着某些偏颇之处。如，马克思主义与反马克思主义之间水火不相容的理论思维、意识形态批判中不加分析的独断论倾向等，其结果非但没有达到理论批判预期的目标，反而降低了思想政治理论的信服度。这种情况不仅出现在公开发表的科研论文著作中，同样存在于思想政治教育课程的教学中。提高思想政治教育学科理论的批判能力，最主要的一点就是要克服理论批判中的绝对性思维方式。绝对性批判思维是一种简单化、片面化的思维，其突出的特点就是全盘否定批判对象。恩格斯在批评费尔巴哈抛弃黑格尔哲学时指出："简单地宣布一种哲学是错误的，还制服不了这种哲学。"正确的做法是，"要批判地消灭它的形式，但是要救出通过这个形式获得的新内容。"① 绝对性批判思维本质上不符合唯物辩证法要求，不能客观对待批判对象，其结果就可能是不公正的，并且削弱了理论批判的力量。因此理论批判必须始终坚持实事求是的批判原则，杜绝以偏概全，抓住一点，不及其余的形而上学的批判模式。

第三，提高思想政治教育学科理论对话能力。理论自觉所理解的理论不是封闭的，而是开放的。在一个文化多样、思想开放与观念碰撞的时代，对话是文化间交流沟通的基本形式。理论对话对于现代学科发展是极为重要的，一方面学科理论建设需要通过学界的理论对话来汲取更多的思想资料与理论信息，另一方面理论对话（能否理论对话）也能体现一个学科理论发展的程度，反映学科在学术界的地位与影响力。正因如此，大多数的学科都重视理论对话，不仅仅是学科内部的理论对话，尤其重视跨学科的理论对话；而且不限于国内学界的理论对话，跨国际的理论对话也变得普遍了，这从每年大大小小规模不等的理论研讨会得以印证。相比较其他学科，思想政治教育学科理论对话无论从频次上还是层次上都有待提高。理论对话当然是学术间平等的对话，但即便如此，理论对话还是有条件的，那就是对话的资格。这里的资格不是地位资格，而是能力资格，就是一种能够与他人学者或学术群体展开对话的理论水平。只有对话主体的理论见解（无论是阐述、辩护还是提问、驳斥或批判）能够引起倾听者的理论兴趣，理论对话才可能进行，否则进不了对话的圈子。思想政治教育学科提高理论对话能力，一是要加强学科理论建设，厚实理论功底，培育对话的理论基础；二是要打开学科理论研究的大门，加强学科间的交流，主动出击，发起或承担各类学术交流的研讨会议，提供学术对话的平台，同时积极参与其他学科举办的与本学

---

① 中共中央马克思恩格斯列宁斯大林著作编译局.马克思恩格斯文集：第 4 卷［M］.北京：人民出版社，2009：276.

科相关的国内外学术研讨会。三是学者个体应当树立强烈的对话意识，积极参与学术争论，积极参与社会重大理论问题的讨论，勇于发表理论观点。

第四，提高思想政治教育学科理论创新能力。理论自觉归根到底是为了多出理论成果，多出优秀的理论成果来服务社会，满足人们精神文化的需求，因而理论创新是理论自觉的目的所在。但是理论创新决非易事，而是一项艰难的研究工作，它对理论研究者提出很高的要求：首先，研究者要有理论前瞻性，只有站在学术前沿者才能发现新问题新情况，这是理论创新的重要前提；其次，研究者要有洞察社会提炼问题的能力，具有这一能力者必然善于观察社会，于细微之处见端倪，在庞杂变化的事物中把握住问题的要害；再次，研究者必须占有大量资料，花大力气去搜集第一手的资料，这是不重复前人劳动的必须做的研究工作，也是理论创新的必要条件。除此之外，研究者还要具有梳理分析资料的能力，在信息社会海量信息的情况下，这项能力显得尤为重要；复次，研究者具有分析问题或解决问题的能力，提出独到见解与思路。创新一定是独一无二的，或是观点，或是方法，或是结论，这是学识、经验与思辨的结晶，是研究者综合能力的产物；再复次，研究者要有团队意识和合作精神。鉴于现代科研问题的复杂与综合，往往需要集体攻关，在团队成员的齐心协力下才能有理论的突破，产生创新成果；最后，研究者要具备勤奋刻苦持之以恒的意志力和无怨无悔的学术奉献精神。而短视自我、计较功利、懒怠浮躁、钻营投机的品行大多难成创新之作。

上述说明，一个学科的理论创新能力说到底是该学科研究者及其集体的理论创新能力，因此提高思想政治教育学科理论创新能力主要在于提高本学科理论研究者理论创新所需要的诸项能力。个体理论研究者创新能力提高取决于个人学术追求和努力，但是学科点所在的机构提供的条件也是不可缺少的要素，包括给予必要的研究资金资助、良好的研究环境（规范而合理的研究激励机制、宽松的研究氛围、可依靠的研究机构、研究场所、研究信息平台和研究设备与手段）、研究团队的支持、经常性的研究者道德教育，等等。思想政治教育学科理论创新能力相对较弱，理应在促进学者理论创新方面做得更好，提供更好的理论创新条件，相信这些努力必将有效地提高思想政治教育学科理论创新能力，促使思想政治教育学科的理论自觉上升到一个新高度。

思想政治教育学原理创新方法探讨 *

原理是学科和专业的基础，犹如大树的根基，关系到枝叶的繁茂。思想政治教育学原理经过专家学者 30 多年的艰辛努力，已经形成了比较完整的体系，在学科专业的发展中发挥了理论作用。但是，任何理论都不可能一劳永逸，思想政治教育学原理也同样如此。随着思想政治教育学科和专业的发展，尤其是在大变革时代里，思想政治教育学原理要满足时代的要求，必须与时俱进，进行理论创新。但如何创新却是一个艰难的课题。笔者认为，所谓方法，亦即理论创新的思路与手段，新思路、新手段有助于思想政治教育学原理创新。

一、在反思中找到思想政治教育学原理创新点

创新意味着已有的理论难以满足思想政治教育发展的要求，说明某些理论已滞后于实践的发展，变得僵化，缺乏理论的彻底性，因而需要改变或者由合时宜的新理论取代之。究竟哪些已经不合时宜，需要进行理论反思，在反思中获得创新的灵感，探索创新的路径？

反思为什么有助于创新？反思与创新是什么关系？首先，要对反思有个全面的认识。第一，反思是一种主体内向性的认识活动，是一种自我省视即自我检查的方法。就思想政治教育学原理而言，反思就是检视已有的思想政治教育的理论或教育活动经验的合现实性、合逻辑性程度。近年来，有学者就思想政治教育学原理中的某些概念及其使用的严谨性提出质疑，这种质疑就是理论的自我省视，是一种理论

---

* 余玉花，张萍萍.思想政治教育学原理创新方法探讨［J］.思想理论教育，2016（07）：48-52.

420　　探索——余玉花文集

反思。第二，反思需要勇气。理论反思具有自我批判的含义，是一定程度或某个环节的自我否定。然而，任何一种自我否定都是痛苦的，因为理论反思的自我否定与人性的意愿正好相反，人性更趋向自我欣赏、自我肯定。正因如此，思想政治教育学原理的理论反思需要主体具备反思的勇气，勇于否定陈旧的、不具理论解释力的、不合现代思想政治教育发展要求的理论。反思对反思主体的要求之一就是要有自我否定的理论勇气，不然反思就是一句空话。第三，理论反思增强理论自信。理论反思一方面是理论自信的表现，另一方面通过理论反思能进一步增强理论自信。有的人认为，自信就是理论的自我肯定，这固然没错，但这只是自信的一个方面。自信不是只看到以往的成绩而沾沾自喜，那是自满。自信不同于自满，理论自信在于勇敢面对各种评价，包括来自批评的评价；理论自信包含清醒的自我评价，其中当然包括自我批判性的评价，这正是理论反思的要义。思想政治教育的理论反思是理论主体对思想政治教育理论发展有信心的表现，包括对理论推陈出新能力的信心。通过反思提升理论能力的信心本质上就是理论创新的信心。第四，理论反思的目的是为了创新。所谓"破旧立新"，破旧只是手段，创新才是目的，但创新必须经过反思。黑格尔说："只有通过以反思作为中介的改变，对象的真实本性才可呈现于意识前面。"[1] 在反思中发现可能立新的理论萌芽，同时通过反思也能克服理论创新中的盲目性。

反思作为思想政治教育学原理创新的方法之一，其研究意义在于：如何反思和反思什么？思想政治教育学原理的反思至少有四个方面：一是思想政治教育学原理体系的反思。反思的内容包括：审视思想政治教育学原理体系的建构是否合理？检视体系建构的根据是否发生了变化？查验体系内部各部分之间的关系是否具有逻辑性？近年来已经有一些学者在体系创新上进行了尝试。比如，邱柏生、董雅华合著的《思想政治教育学新论》力图跳出"原先大而全的这种研究格式和定势"，"思考思想政治教育学研究在新的社会条件下和文化背景中如何创新的问题，或至少对以往的研究定式与表述观点有所超越"[2]。二是概念与观点的反思。概念范畴及其观点是否经得起时代的检验？哪些概念已不能解释现实的问题，不具有理论的彻底性和

---

① ［德］黑格尔.小逻辑［M］.贺麟，译.北京：商务印书馆，1980：76.

② 邱柏生，董雅华.思想政治教育学新论［M］.上海：复旦大学出版社，2012：3-4.

说服力？或者原先就缺乏魅力的理论是否需要淘汰，由新理论来取代？如此等等。此类反思的前提是思想解放，敢于突破已有的概念定式，才能提出新概念和新观点。三是反思历史，寻求新解释。随着社会的发展，思想政治教育学原理也跟随历史发展的潮流不断积累理论的成果向前发展，但这种发展更多是面对新情况、新问题的被动迎战。而反思是一种自觉的历史回顾，是对以往的历史经验和演变过程的再检验，是寻求新理论过程的历史性批判。历史反思一方面需要理论主体从自身出发去追根溯源，实现内在的反思；另一方面，又要求理论主体从自我中跳出来，以他者的角度来审视思想政治教育学的发展过程、理论经验和失败挫折，从已有的理论中总结教训、汲取经验，做出新论断。四是贴近新环境的行动反思。思想政治教育学原理包含着实践应用的要求，行动反思即是对思想政治教育学原理应用于实践的反思。理论只有与实际紧密联结，才能有效地指导实践，思想政治教育学原理亦是如此。只有正确解释思想政治教育学原理的科学概念，建构严密的逻辑体系、准确的视野定位和恰当的表达方式，才能在实践中发挥指导性作用。在反思中总结经验教训，才能找到脱离实践的僵化的理论和尚未发掘的潜在理论；在反思过程中找到仍然存在的问题，才能对症下药。

二、 遵循实践的逻辑进行思想政治教育学原理创新

虽然反思能够发现以往理论的不足，并能积极透露出理论创新的一缕阳光，显示理论创新的方向，预示理论创新可能的领域和路径，这对理论创新无疑是重要的，然而必须承认的是，反思是知识理论创新的前提，但是反思并没有解决如何创新和创新什么的问题。反思属于批判的范畴，因而难以承担建构的任务，即反思本身不能直接达到理论创新的结果。理论创新无疑是新理论的提出，包括新概念、新观念、新的理论体系的提出和论证。然而，什么是新理论？如何理解新理论？新的理论又是根据什么提出来的？在多变的时代，所谓的新名词、新概念不断涌现，话语翻新的频率之高令人咋舌，然而含义表达却令人不知所云：有的浮于表面，过目即忘；有的貌似高深，但远离现实；有的蜻蜓点水，不堪深究；有的甚至把国外的理论搬过来，贴上创新的标签。凡此种种，所谓理论创新，其实只是学术上的无根浮萍和偶现的昙花，不能够解释复杂的社会现象，更不能够提供有说服力的道理，当然也

算不上真正的理论创新。

　　理论创新应该是新的真知灼见、新的经验概括以及问题的新解释和新见解。问题在于，新的见解从何而来？马克思主义坚持理论创新之源存在于现实生活之中，实践活动是理论的来源，也是理论创新的源泉。思想政治教育学原理创新同样离不开思想政治教育的实践之源。思想政治教育学原理创新绝不是书斋里拍脑袋的结果，而必须紧密联系实践。脱离了实践，思想政治教育学原理就成了无源之水、无本之木，因此思想政治教育原理创新必须坚持实践逻辑的原则。实践逻辑类似于康德的"实践理性"，有学者称之为"智慧逻辑"。马克思主义坚持从人们的生活实践中去获得真知灼见，形成真理性的成果。马克思、恩格斯指出，他们所创立的唯物史观不同于唯心史观之处就在于"它不是在每个时代中寻找某种范畴，而是始终站在现实历史的基础上，不是从观念出发来解释实践，而是从物质实践出发来解释观念的形成"。① 思想政治教育学原理创新应遵循历史唯物主义的实践观，在思想政治教育的实践中去发现新的理论。

　　思想政治教育学原理创新的实践逻辑体现为两个方面：一是现实生活实践。现实生活实践对于思想政治教育学原理创新的意义在于，教育对象的思想形成和变化与他们的现实生活、生活所处的社会环境以及生活环境的变化密切关联，当教育对象的思想随着社会时代的环境变化也发生了变化，原来社会条件下产生的理论必然面临着挑战，因此理论必须回应时代提出的问题。例如，网络自媒体的普及改变了现代人的生活方式，这就对以往思想政治教育学原理概括出来的某些规律性理论产生了冲击，也提出了网络思想政治教育的重大课题。目前已产生了一些网络思想政治教育方面的研究成果，但比较零碎，创新性不足，需要加以大力研究，以期产生具有突破性的理论成果。此外，思想政治教育学的其他原理包括原则理论、过程理论都需要根据社会生活的改变而有所调整和发展。二是思想政治教育实践。如果说生活实践更多考虑的是教育对象方面的变化，那么教育实践反映的是思想政治教育本身的实践结果。相较于教育对象的生活实践，思想政治教育实践对于思想政治教育学原理的诉求更具有直接性和迫切性。一方面，思想政治教育学原理本身是思想

―――――――――

① 中共中央马克思恩格斯列宁斯大林著作编译局.马克思恩格斯选集：第 1 卷［M］.北京：人民出版社，1995：92.

政治教育实践的产物，30多年的思想政治教育实践提供了大量经验性的成果，为思想政治教育学原理创新提供了一定的条件；另一方面，思想政治教育的实践也提出了大量的困惑和教育难题，需要思想政治教育学原理通过创新提供新的理论支撑，解决时代提出的教育难题。

三、遵循理论的逻辑进行思想政治教育学原理创新

理论来自实践，但是理论的建立有其内在的逻辑。事实上，多年来思想政治教育已经产生了许多理论成果，如关于人的学说、主体性的理论、立德树人的目标、价值观从抽象到具体的提出等。但不可否认，这些成果还是分门别类的，可以说是零碎的，有的是即时性的，如何将这些已有的成果加以提炼和整合，使之丰富思想政治教育学原理的内容，无疑是一项创新的工作。这个提炼整合的研究本身要依循理论逻辑来进行。

理论的逻辑首先是指理论构成的内在一致性或内在的关联度。理论的构成要素主要是概念范畴以及其中包含的观点和论证。一项理论通常由基本范畴和一系列概念所组成，理论逻辑性就在于这些概念范畴之间必须具有观点一致性的要求，至少相互之间存在着相关性，而不能各不相关，没有呼应。形式逻辑将概念范畴之间的相关性称为"同一律"。逻辑性就是思维的规律性，即"我们只须让那本身活泼自如的思维规定循着它们自己的进程逐步发展"。[①] 理论的逻辑一致性是理论具有说服力的重要条件，当然也是理论创新的条件，没有逻辑性建构就不是有价值的理论。思想政治教育学原理创新同样要遵循逻辑一致性的原则，就是说，思想政治教育学原理创新要始终围绕着思想政治教育的问题提出新观点、进行新论证，而不能罔顾思想政治教育自身专业特点和理论逻辑，嫁接其他专业某些不相干的概念、定理来构造所谓思想政治教育学的新原理，其结果不仅无法达到思想政治教育学原理所需要的创新，甚至会造成学术笑话。

其次，理论的逻辑在于形式的合宜性运用。如果说语言是思想的载体，那么形式就是思维的载体。思维形式是人们把握客观世界的方法，概念、判断和推理是形

---

① 黑格尔.小逻辑［M］.贺麟，译.北京：商务印书馆，1980：85.

式逻辑的基本形式。除了形式逻辑的思维形式以外，还有辩证逻辑的形式。辩证逻辑首先由黑格尔提出，但是建立在唯心主义的世界观基础之上。马克思克服了黑格尔的理论"幻觉"，建立了唯物主义的辩证逻辑。"辩证逻辑作为思维方法，固然是运用概念、范畴来规范对象，亦即以客观对象之道，还治客观对象之身，但方法无非是要求思维客观地考察对象的自身运动，让对象无阻碍地活动。"① 辩证逻辑的方法要求理论创新在尊重客观事实的基础上，更要注重研究对象的全面性、系统性、变动性。思想政治教育学原理创新的大背景正是一个大变革的时代，教育对象也处于变化之中，同时教育内容、教育手段、教育环境乃至教师队伍也发生着极大的变化。面对如此变化的教育境况，必须克服单一的静止的理论思维，辩证逻辑的方法能够帮助理论创新者更有效地去把握变化中的思想政治教育，实现理论创新。

当然从方法上来说，理论逻辑的形式可以扩展更多，思想政治教育学原理研究也需要运用新的思维方式和研究方法，突破原有的研究范式，进一步推动理论创新。具体而言，分析与综合是最基本的两大方法，关键是要运用得当，分析中有推理，综合中有概括与判断。具体与抽象的辩证统一亦是重要的逻辑方法。思想政治教育学原理创新首先获得的是教育实践中提供的经验材料，而理论研究的工作则是要对大量的具体材料进行梳理和分析，提炼出问题、观点等抽象的概念，这是从具体到抽象的过程。从具体到抽象需要理性的介入和艰苦的思考活动，去发现问题的本质，找出解决问题的思路。概念是思维抽象的成果，是普遍性的体现，虽然来自于经验材料，却有别于经验材料。黑格尔说："经验中诚然呈现出很多甚或不可胜数的相同的知觉，但普遍性与一大堆事实却完全是两回事。"② 概念的抽象程度往往与理论的深度成正比。随着思想政治教育学科的纵深发展，思想政治教育学原理的研究范式也会更加多样，新范式的运用将有助于理论创新。

再次，理论的逻辑必须是求真的逻辑。求真的逻辑关系到理论创新是否具有客观真理性的问题，即思想规定真与不真的问题。"真理就是思想的内容与其自身的符合。"③ 马克思指出，真理就是符合客观现实性的认识，它是可以被实践所证实的理论。求真逻辑所产生的理论成果才是具有科学性的成果，才具有理论的

---

① 冯契.智慧的探索［M］.上海：华东师范大学出版社，1994：25.

② 黑格尔.小逻辑［M］.贺麟，译.北京：商务印书馆，1980：115.

③ 黑格尔.小逻辑［M］.贺麟，译.北京：商务印书馆，1980：86.

"现实性和力量"。① 求真逻辑与实践逻辑具有一致性，求真的理论创新，其目的和结果都离不开实践，真知从实践中来，而且只有实践才能检验思想政治教育学原理创新的真理度。更为重要的是，只有符合实践需求的真理性理论才能实现思想政治教育学原理对思想政治教育实践活动的指导，发挥理论的作用。求真的逻辑只有始终贯彻于理论创新之中，才能产生思想政治教育实践需要的新理论。

四、用开放的思路去进行思想政治教育学原理创新

开放是理论创新不可或缺的思路之一。开放意味着不能封闭，封闭不能创新。思想政治教育学原理创新同样应当也只有在开放的视野下才具有可能性。

一是视野开放，多方面把握创新信息。首先，开放的思路要求充分认识思想政治教育作为一门学科与其他学科相互借鉴、相互作用的必要性。思想政治教育作为学科本身不是孤立地发展起来的，其理论建构从一开始就受到哲学、伦理学、教育学以及其他哲学社会科学优秀成果的影响和支持。当前，学科间开放的环境提供了开放交流的机会，思想政治教育学原理创新应善于抓住这一良好时机，加强与其他学科的密切联系，即时把握相关学科的发展动态，认真借鉴各种研究成果，拓展思想政治教育学原理创新的研究思路。

学科间的开放交流从形式上来看，还要吸引其他学科的学者进入思想政治教育学科的场域，欢迎其他学科对本学科原理体系发展的建议与批评，以获取对理论创新有价值的启迪。另外，开放的交流不仅仅是外部的开放交流，也包括学科内部自身的各分支学科之间的开放交流。毋庸讳言，马克思主义理论一级学科所属的二级学科之间也尚未做到完全的相互开放，思想政治教育更是被排斥为非理论形态的学科。但是，思想政治教育学科不能妄自菲薄，而应该认识到思想政治教育学科以开放心态进行理论创新的必要性，通过理论创新，增强思想政治教育学科的理论性和学科的学术地位。

其次，开放的思路要求思想政治教育学原理创新要有国际性的眼光。近年来，

---

① 中共中央马克思恩格斯列宁斯大林著作编译局.马克思恩格斯文集：第 1 卷［M］.北京：人民出版社，2009：500.

思想政治教育领域国际交流日益增多，但大多限于管理方面的技术性交流，理论上的交流哪怕是思想上的交锋也极为少见。一方面，是由于存在着意识形态的壁垒；另一方面，我们缺乏与国际学术界开展对话的理论勇气，从根本上来讲，还是缺乏开放的心态和魄力。其实，各个国家都存在着思想政治教育的时代迫切性，都有相互探讨交流的需求，只是由于国家性质和历史文化的不同而存在着某种差异，名称叫法不同罢了。当然，如何进行国际交流也是一个需要探讨的问题。其一，开放性的国际交流是全方位的。国际交流不能仅仅限于欧美发达国家，其他国家只要在思想政治教育方面有可借鉴学习的都是交流的对象。其二，开放性的国际交流不限于走出去请进来的会议交流，互联网时代发达的网络交流是思想政治教育学原理创新开放的窗口，应予以关注并加以充分利用。总之，"在思想政治教育中，必须与外界保持密切的、全方位的联系，要多渠道、多形式、多层次、多方面地获取信息、把握信息"，① 从而在一个开放的系统中进行思想政治教育学原理的创新发展。

二是视野开放，多渠道促进理论创新。首先，开放教育对象研究的视野。过去，思想政治教育学原理设计的教育对象是学生，虽然这仍是思想政治教育研究的主要教育对象，然而学生是不是思想政治教育学研究的唯一教育对象？从思想政治教育的实践发展来看，思想政治教育的对象不能仅仅局限于学校里的学生群体，而应将视野扩展到全体社会成员，包含学生、普通民众、企业人员、政府工作者等。无论是研究的对象、原则、教育的规律、范畴等都要有新的理论阐述和论证，这就促进了理论创新。

其次，研究思想政治教育方法的开放性。开放的环境条件推动思想政治教育方法的开放性。应重视开放环境和竞争环境、虚拟环境和现实环境中新环境因素及其影响，尤其是对人们思维方式和生活方式的影响，这些都能开拓思想政治教育学原理创新的视野。网络和信息技术已经打破了时间和空间的间隔，为思想政治教育开辟了新渠道、注入了新动力。但是，网络思想政治教育包括网络文明、网络道德、网络法制和网络安全教育如何进行？怎样在教育方式和宣传方式上获得新突破？如何把思想政治教育和现代科学技术有机结合在一起，形成信息化、立体式、双向互

---

① 杨绍安，王安平，刘惠.现代思想政治教育学原理［M］.成都：西南交通大学出版社，2013：177.

动的教育方式？这都是思想政治教育学原理创新需要关注的课题。

综上所述，思想政治教育学原理创新的方法是在反思中找到尚未发掘的潜在理论，对症下药，获得理论创新的灵感；在实践逻辑和理论逻辑的指导下，实现理论与实践具体的历史的统一，找到理论创新的新源泉和新手段；在开放的视角下，吸纳国外和其他学科的优秀成果，重新论证思想政治教育学原理研究的教育对象和教育方式。这四种方法在理论创新的过程中不是割裂的，而是相互支持，共同为思想政治教育学原理创新提供思路与方法，促进思想政治教育学原理在创新中得到新发展。

析 "知行不一"

——兼论德育有效性[*]

    道德教育的目的是为了使教育对象能够"知德行善",但在现实生活中却存在着受教育者"知行不一"的现象。这通常表现为受教育者知德能力强,能够很快了解和掌握来自课堂和书本上的道德要求,但是却未能将这些知识或道理要求转化为行动,或者受教育者在观念上认可道德要求的合理性,但并不付诸行动或不按道德要求去行动,即所谓"知而不行""知而错行"。"知行不一"的现象发生在教育对象身上,折射出的则是教育的问题,虽然其发生的原因是多样而复杂的。本文试图从教育本身的环节上来分析"知行不一"的原因,探索知行统一的可能性。

一

    德育不同于一般的智力教育,不仅有开启理性解惑传道之责任,更注重道达实处的实践要求,即要求受教育者能够践行道德。因此,受教育者的知行一致的道德追求也是德育良好效果的客观体现。"知行不一"说明教育的效果尚不理想,未达到教育的目的,知、行之间存在着差距。当然,也不能因为"知行不一"而完全否定德育工作的成绩,应该说使教育对象达到对社会道德的"知",也为德育的效果之一,但是这毕竟不是德育的最终目的,"知"乃是为了"行",只有知行统一,德育才是成功的。

    从教育方面来反思"知行不一",首先就提出了"知"是什么,"知"能否

---

* 余玉花.析"知行不一"——兼论德育有效性 [J].高校理论战线,2000 (02):60-64.

"行"，以及"知"如何行的问题，显然这是一个关系到德育内容设计的问题。"行"以"知"为前提、为指导，没有知则无法行，或者只能是盲目地行。所以道德教育的任务之一，是向教育对象传授道德理论，使他们能够获得"知"，了解社会对个人行为的道德要求，明白行为的道德区分及其价值意义，从而能够指导他们的道德行为。可见，这里的"知"就是受教育者所获得的道德知识，也就是德育的内容。"知"能够行的重要前提，是"知"即德育的内容必须贴近现实道德生活的实际。必须承认，德育与其他知识性的教育不同，具有超前性的特点，理想色彩浓厚，但是德育作为培养"实践精神"的教育活动，其内容不仅要有理想性的价值引导，还应该根据社会生活的变化，反映现实生活中的道德要求，把理想性与现实性有机结合起来。中共中央最近发出的《关于加强和改进思想政治工作的若干意见》中指出：增强思想教育的实效性，必须坚持从实际出发，"把先进性要求同广泛性要求结合起来，区分层次，有的放矢，注重实际效果"。社会主义德育的基本内容是以为人民服务为核心、集体主义为原则的社会主义道德。社会主义道德是社会主义社会道德关系的反映，应该说是能够指导人们道德实践的"知"。但是把社会主义道德转化成教学内容，成为教师教案的内容，就存在一个如何正确把握和实施的问题。其中重要的一点是能否从现实出发，联系生活实际和教育对象的实际来组织教学，不然就可能影响社会主义道德的指导性。这里首先要求教师对社会主义道德要有正确完整的理解。第一，社会主义道德是有内在系统结构的体系，其中既有纲领性的道德原则，也有反映社会生活不同方面的道德规范，还有社会对个人的德行要求。这就意味着德育在设计其教学内容时，也应该全面地表达社会主义道德要求，尤其是注意那些与实际生活更为贴近的具体道德规范。第二，由于社会生活丰富多彩，变化不断，对教育对象的道德要求也是多种多样的，这就要求德育教学内容不仅包含高层次道德要求，也要包含一般层次的道德要求。从道德层次来看，层次高的道德其价值导向的功能比较突出，层次低的道德其实践的功能比较突出，德育教学两方面内容都要兼顾，不能只注重层次高的方面，忽视层次低的方面。第三，社会主义道德体系的各个部分不可分割、相互联系、相互渗透。道德原则的精神渗透反映在具体的规范里，低层次道德的践行正是步向高层次道德境界的基础。因此，德育教学内容应正确地体现两者的有机结合，体现在道德理想中的实践性和在道德实践中的理想性，而不是人为地割裂两者。第四，完整理解社会主义道德还应把社会主义道德看成是发展变化的。我们所处的时代是一个变革的时代，社会变化日新月异。社会变革必然推动道德生活的变化，提出新的道德问题。这就说明德育教学内容不能一成不变，而必须回应时代和现实挑战，不断更新充实，始终贴近实际生活。如果德育教学内容满足上述的要求，则"知"能够行；反之，"知"转化为行就会发生困难。

这些年，德育存在问题之一是其具体教学内容在全面正确地体现社会主义道德方面还有缺陷。如：忽视道德理想性与实践性的有机统一，把道德教育理解为纯观念形态的教育，结果说教的成分多，可操作性内容少。社会主义道德教育仅仅停留在原则意义上，而不是作为实践方法或实践环节来认识，其结果是受教育者对社会主义道德的理解不能深入到行动的层面上，德育内容缺乏层次性。宣传先进性道德的同时，忽略了对大众宣传广泛性的道德要求，以致一部分教育对象感叹德育是"可敬不可行"。教育内容稳定有余，更新不足，不能充分反映变化了的道德生活，某些教学内容由于陈旧而脱离实际。这些缺陷在一定程度上成为知转化行的不利条件。

在道德教育中，知可行是必须坚持的一个原则，只要我们追求德育的效果，就需要研究知是否可行、知如何可行的问题。时代和生活的变化，将不断提出新的道德问题，德育就需要不断地探讨如何去回答这些问题，如何有效地指导教育对象去解决这些道德问题，以求得新知，为教育对象不断开辟可行的道德途径，使社会主义道德教育真正落在实处。

二

"知可行"仅是实现德育有效性的前提，还不是完全条件，因为可行的"知"只是教育者设置的教育内容，虽然为受教育者的"知行统一"提供了可能性，但受教育者是否接受知并转化为行，还存在许多不确定的因素。这些不确定因素既有受教育者主观内因的问题，也有教育方面的问题，以及社会环境的诸多原因。

首先，从受教育者方面来看。教育对象能否接受"知"、信服"知"，这是他们能否将知转化为行的关键。信知的问题是德育的特殊性所决定的。德育不同于智育，尤其在教育内容上。对教育者来说，纯知识性教学的重点是使受教育者尽快地理解和把握学习的内容和技巧。对这类内容一般不存在疑义，关键是如何使教育对象把它学到手，然后运用于实践。德育则不同了，德育的教育内容即"知"不是纯知识性的东西，其还包含着信念追求的内涵，与人们的立场感情相联系。因此，仅仅让学生知晓和理解道德内容是远远不够的。如果学生在学习过程中尚未接受道德教育中的某种观点立场的话，那么通常的知"知"未必就能导向行。因为道德行为之所以产生，不仅在于行为主体的道德认识，更重要的在于其道德愿望，这是把"知"转化为行动的重要环节。这里要区分"知"和"接受"这两个不同的词。知是认识，是了解和知晓，接受是认可、信服。认识了的东西未必是能接受的东西，也就是说，"知知"未必是"认知""信知"，或者说，道德学上所讲的真知有别于一般认识上的知，应该包括信知在内，否则还不是真正的知。而对于没有认可的东西人们是不会付诸实践的。只有信知，才能使知变成强烈的行为动机，促使道德行为的发生。如果我们的教育对象只是将学习的内容背得滚瓜烂熟，文章也写得很漂亮，但这一切并不出于他们内心真实的思想和诚挚的道德愿望的话，那么，知转化行的可能性就很小。

可见，教育对象的"信知"是他们践履道德的关键。从教育方面来看，如何使教育对象"信知"就显得分外重要，应该作为德育的重要课题来研究。不可否认，长期以来，道德教育在使教育对象"知"方面做了不少工作，包括编写教材，注意到教学中的系统性、知识性、趣味性，但忽略了对使其"信知"的探讨。事实上"信知"是十分复杂的问题，教育对象"信知"是需要条件的。信知是受教育者对德育观点认同内化的结果和表征，在认同内化的过程中，受教育者的道德期望起关键的作用。倘如德育的内容正好与受教育者的道德期望一致，那么就很容易被其接受，并融化成自己的道德信念。倘如受教育者没有道德期望，或者他的道德期望与德育所施观点不相一致，在这种情况下，则很难达到信知的效果。由此可见，了解和把握教育对象的道德期望非常重要，实行针对性的教育，即能达到良好的教育效果。如果受教育者尚未建立道德期望，教育者应设法引导激发受教育者的道德期望，而后进行针对性的教育。根据教育对象目前状况，激发引导教育对象的道德期望，恐怕是道德教育不可回避的任务。但以往的德育疏于"信知"问题的研究，以致"信知"效果不明显，教育对象知是知了，但并没有把已知的道德要求转变为自己内在的信念，由于知未到达信，则更谈不上指导行，不能知行统一，教育未能达到预定的效果。

其次，从教育活动来看。教育者在教学过程中能否贯彻知行统一的思想是实现知行统一的教育目的的重要条件。但是，我们现有的道德教育，从授课到考核无不侧重于知，而较少讲行，或者很少讲如何去行。严格地说，道德教育应该内含道德实践的内容，但现在的道德教育包括德育教材往往知性的理论很多，实践的理论很少；概念的东西多，实践指导少。这并不是说理论教育不重要，信"知"本身也要解决理论的问题。但是，道德作为一种"实践精神"，是不能脱离实践的。所谓不能脱离实践，不仅指道德观念最终要落实在人的行动上，而且道德观念的形成也必须借助于实践，是在实践的过程中形成的。只有在反复的行为过程中，促进对知的深切的领悟，人的道德观念才能巩固起来，形成信念，自觉地履行道德义务。在信念尚未坚定前的行为，是不自觉的行为，也就是需要引导的行为，这也正是德育的着力点。因此，在整个德育过程中，必须知行并进，促进观念与行为相互影响、相互推动。在课堂上，在各种教学活动中，教师不仅要讲"知"，使学生懂理，而且要指点行，更重要的是要提供道德实践的机会和氛围。目前，德育在教育环节上存在两方面知行脱节。一是课堂教育上的。教师只讲知，很少有道德实践的指导。在讲知时，从方法上来看，灌输较多，只对教育对象讲当然之则，不引导学生思考必然之理。这种教育方法，在今天受教育者自主性日益增强的情况下，往往造成逆反心理，不要说行，连知都是以敷衍的态度对待之。二是考试制度上的。格式化的考试强化的是知的评价标准，而忽略了甚至可以说几乎没有行的评价指标。应该看到，考试既是评价标准，更是导向的信号。现在的考试形式一方面难以衡量学生真实的德行水平，另一方面则容易使学生停留在知的层面上。可见克服教育环节上的知行脱节是教育对象能够知行统一的重要条件。

再次，从教育环境来看。客观上存在着一些不利于知行统一的教育因素。教育环境分为两种：一是学校内部的教育环境，二是学校外部的教育环境。先看学校外部的教育环境。外部环境即社会环境是一种无形的教育因素，在如今开放式教育的环境中，社会环境的教育功能愈来愈突出、愈来愈大，客观上成为学校教育之外的教育力量。然而，社会环境的复杂性产生的教育效应是多方面的，既有积极方面的，也有消极方面的。消极方面的影响往往给德育带来负面的作用，消解了学校德育知行统一的教育效果。学校内部环境中不利于达到知行统一的德育效果的主要有两个因素。一是重智育轻德育的倾向。尽管党和政府十分重视德育，把德育提到首要的地位，但由于种种原因客观上存在着对德育重视不够的倾向，在一定程度上也影响了学生对德育的信任度。二是某些教师道德素养低下，师者本身难以知行一致，这给德育带来假道学的恶名。虽然这样的教师极为个别，但是在学生中造成的影响非常坏。作为教师，传道、授业、解惑都有言教与身教的职业要求，而对德育教师来说，身教更重于言教，这本身就是知行统一的要求。德育的一个重要特点就是以身立教，以身立教才可能使教育对象信知和行知。德育最大的忌讳是以身废教，如果教师所做的与他所讲的相悖，那么，他所讲的一切哪怕是真理都会被认为是不可信的。勿庸讳言，教师的知行不一正是德育难以产生应有效果的原因之一。

知行不一的问题实际上是德育有效性的问题，它从实践的层面反映出德育所存在的问题。因此如何改善德育、提高德育有效性，克服"知行不一"的矛盾，则是当前德育所面临的迫切任务。在此，提出几点建议，以期获得同行专家的指教。

第一，实施素质教育，加强德育的针对性。增强以提高教育对象思想道德素质为目标的德育的实效性，正是素质教育的重要目的。提高实效性，避免空洞无效教育，有针对性的教学是首要的。所谓有针对性，即针对教育对象的思想道德实际进行教育。而要有针对性，首先要了解教育对象真实的思想，把握他们思想产生发展的规律，以及他们的道德要求和道德困惑，因此调查教育对象的思想道德状况是德育不可少的一项工作。其次，教学内容要有针对性。即针对教育对象的思想实际，设定教学内容。如果教学内容与实际脱离，再好的内容也不能解决学生的思想问题，教育自然没有效果。教学内容要有针对性，意味着德育的教学内容需要不断地有所变化。中共中央《加强和改进思想政治工作的若干意见》指出："要充实和改进思想品德课和政治理论课的教学内容，把学校教育与社会实践结合起来，全面推进素质教育。"教学内容缺乏针对性，实际上是教与学之间的脱离，这正是造成知行困境的重要原因。教学内容缺乏针对性，结果必然没有说服力，既无法解惑释疑，也无法影响受教育者的思想和行为，所以出现了学生能知"知"，却不信"知"，更难以行动的知行矛盾。加强德育的针对性是提高德育有效性的突破口，改进德育就应该从这一步做起。

第二，改革教学方法，探索有效的手段和途径。简单灌输的方法忽视了教育对象学习的主动性，使受教育者处于一个被动的地位。当人们缺乏接受的诚意和信心时，生硬灌输不仅不能奏效，而且可能使学生产生逆反心理。教学方法的问题事关德育的质量，不可等闲视之。从德育的特点来看，理想追求、道德信念等意识主要是通过思想的交流、对话乃至反思形成的。教育的方法要与思想产生的规律相适应，采取讨论、辩论等思想交流的方法，以及参观调查、社会实践等方法。这些方法的运用中，教师的引导作用非常重要，因而对教师的教学提出了很高的要求：一是教师课前要精心策划，充分准备；二是教师的学问功底要深、教学组织能力要强，否则教师可能难以驾驭课堂，无法将学生的思想引入社会主义道德要求的轨道。

在教学手段上，完全可以利用各种现代化的设施，采用多种形式的教学手段，特别可以运用先进的多媒体进行教学，使德育教学走进新时代，改变德育古板、程式化的印象，增强吸引力和渗透性。改变课堂教学的单一模式，通过走向社会，在现实的道德实践活动中来培养学生的道德品德。

第三，加快德育人才培养，提高师资整体水平。毫无疑问，上述各项改革措施皆需教师来实施，德育的有效性取决于德育教师高水平的素质。我国德育教师主要由三部分人员组成。第一部分是从辅导员、政工队伍转岗过来的。这部分教师工作认真，责任心强，有丰富的思想工作经验，但相对来说理论功底和科研能力有所欠缺，对现实社会提出的伦理课题和学生的道德困惑，从理论上给予有说服力的解释和指导有一定的困难。第二部分是近几年来充实到德育队伍中的年青教师。他们大都具有硕士以上的学位，有一定的理论功底，思想敏锐，容易接受新事物。但其中有一小部分人并不热爱德育专业，工作热情和态度大不如前者，甚至尚未坚定社会主义的道德信念，他们中的小部分人被人们批评为"教马列的不信马列，搞德育的不讲道德"，大大损害了德育的可信度。如前所述，可信是德育的生命，而德育的可信（即教育对象的信知）是通过教师的教育工作来达到的，其中教师本身的道德言行是最为重要的教育要素，起着导向的作用。对这部分人的教育工作是极为重要的。第三部分是长期从事德育专业的教师，素质很好，热爱德育工作，有扎实的理论功底，科研能力比较强，且能为人师表，是德育队伍中的骨干，但人数不多。

德育师资的建设，提高德育教师的整体素质，是德育有效性的关键，对此应有战略性的眼光。首先，整顿现有的德育教师队伍，坚持思想道德和业务水平双重标准，宁少勿滥，可以第二部分教师为核心，聘请文科院系的优秀教师为兼职教师，或实行校际联聘，建立高素质德育师资的网络，保证德育教学的质量。其次，培养年轻的德育人才，鼓励青年教师参加高学历的进修学习，为他们创造必要的条件；把青年教师推向教学第一线，教学科研上压担子，促使他们更快地进步。再次，加强德育信息交流，定期或不定期地召开地区性的、全国性的乃至国际性的德育研讨会，开阔德育教师的视野，提高他们的理论素养和增强他们的专业自豪感。

当然，改善德育，提高德育的有效性，仅有学校德育的举措还是不够的。要动员全社会的力量，开展全社会的以思想道德为核心的精神文明建设，优化德育环境，形成德育合力。

基本道德规范与公民道德教育 [*]

高校思想政治教育是一个包含多层次、多方面内容的教育工程，大学生公民道德教育是其中最基础的教育项目，不仅为以社会主义理想信念为核心的政治教育提供道德资源，而且为以大学生的全面发展为目标的素质教育创造基本条件，以此可见公民道德教育在高校思想政治教育中的意义。但由于大学生公民道德教育是最近几年提出的教育概念，学术界和教育界尚存有不同的见解，亟待学界与高校教育工作者通过交流和讨论，以获得共识。与其相关的是，大学生公民道德教育的内涵、作用、在思想政治教育学科中的地位、大学公民道德教育的内容、教育方法和手段也都需要进一步探讨和研究，以求得良好的教育效果。

一

2005 年初，胡锦涛在"全国加强和改进大学生思想政治教育工作会议"上提出，加强和改进大学生思想政治工作，要在全面做好各项工作的基础上深入进行四个方面的教育，其中一个方面就是"要以基本道德规范为基础，深入进行公民道德教育"。对大学生进行公民道德教育并纳入思想政治教育范围，这可能是中央第一次明确的提法。虽然在三年前中共中央已经出台了《公民道德教育实施纲要》的文件，但是在高校的思想政治教育中并没有引起很大的回应，甚至还有取消大学道德教育课程的声音。理由自然是多种多样的。主要有三条：第一种认为，道德教育主要在中小学阶段，大学生已经是成人，不再需要规定性的道德教育。这种观点的依据出

---

* 余玉花.思想理论教育研究：第 2 辑［M］.北京：高等教育出版社，2005.

自西方的教育理论。且不说西方的教育理论也在发生变化，不少西方国家已经提出或已经实行大学生的道德教育，就其成年人不必接受道德教育的观点本身也是值得商榷的。从一个人的道德获得和持有的特点来看，是一个不断地求取社会道德养料、不断修炼德性的过程，终生不得中断，否则可能导致人生的失误。由此可以说，接受道德教育真正具有终身的意义。当然成年人的道德教育不同于未成年人，包括内容和形式皆应有不同的教育路径。同样，在校的成年人与不在校的成年人的道德教育也是有差别的，在校的成年人即大学生应该充分利用学校的条件和特点来实施道德教育，而不是放弃教育的责任。轻视高校道德教育的第二种观点，认为高校思想政治教育重点是政治教育。理由是，政治教育是国家的意识形态教育，而且具有理论的特点，而道德教育既不属于国家意识形态且缺乏理论的支持。现在看来，这种观点也是站不住脚的。虽然道德不等同于政治，但在现代社会，政治与道德又是绝对不可分的。如，政府官员的受贿行为，就其个人而言是道德堕落，而从国家的视角来看，就是政治腐败。社会上的不诚信行为是道德问题，但如果社会出现广泛性的诚信危机则不仅仅是道德问题，同样是个政治问题，危及到执政者的社会治理能力。正因如此，各个国家及其政府不仅重视公民的政治教育，更是花大力气抓公民的道德教育，并且注重两者的结合。第三种观点认为，公民道德教育是普及于社会一般民众的教育，而大学生的思想政治教育应在更高的层次上进行。显然，这一思维仍停留在大学精英教育的定位上，没有看到现今大学的教育对象已经发生了很大的变化，大学教育的定位也发生了时代的变化。

这一次中央明确提出高校深入进行公民道德教育有其深刻的时代考量。首先，从教育对象的时代特点提出公民道德教育的要求。近20多年来，随着国家现代化的快速发展，高等教育发展变化也很大，其中一个变化就是大学规模扩大，大学生人数快速上升，全国入学率已经接近19％，某些大城市高校的入学率高达50％。高入学率正逐渐改变着高校的教育模式，从原来的精英教育向大众教育转变。这一变化本身是可喜的：高校不再是少数人享受高级教育的领地，而使更多的莘莘学子进入高等学府深造；这对国家亦是一件好事，高校培养的大学生越多，为社会输送的人才也就多，可以提升我国人口的文化素养。但高校教育模式的转变，则将引起高校教育目标、教育设置、教育内容等教育活动的一系列变化。对高校思想政治教育而言，从精英教育转向大众教育，则意味着教育对象发生了很大的变化，从而要求思想政治教育的目标定位必须适应这一变化。精英和大众的区别，不仅仅是数量上的不同，客观上也存在着质上的差异，尽管扩招后的大学生仍是高中生中的姣姣者。在精英教育的目标模式下，大学生毕业后供不应求，真的是"皇帝的女儿不愁嫁"，大多进入国家部门和社会重要岗位；而大众教育的情况下（加上市场经济的因素），大学生就可能像其他需要就业的人一样，求职成为一项不容易的事情。简而言之，大众教育下的大学生更具有平民化的特点。既然高校思想政治教育的对象已非少数精英，而是众多的平民学子，这就要求思想政治教育的目标着眼于大多数学生的发展实际，定位在国家和社会对未来人才最基本要求的层面上，那就是社会主义合格的建设者或者是社会主义合格的公民。社会主义合格的建设者或社会主义合格公民的最基本素养即是公民道德素养。可见，高校"深入进行公民道德教育"正是基于当前高校教育对象平民化的时代特点而提出来的，是十分贴近实际的思考。

其次，从国家发展的政治现实提出公民道德教育的要求。高校思想政治教育过去也包含着道德教育，但把道德教育与公民联系起来还是第一次。为什么确定为公民道德教育？笔者以为，可以从两方面去考虑这个问题。第一，公民是一个政治法律概念，公民与国家相联系，而且与现代国家相联系。虽然公民的概念早在古代希腊已经提出，但不是真正意义上的公民。从中国来看，古代典籍中甚至没有公民一词。公民概念在中国出现是宪政运动的产物，虽然也是舶来品，客观上表达了中国人追求现代国家的政治要求。但是这一政治要求由于百多年的战争和传统文化的影响迟迟没有实现，直到 20 世纪 80 年代以后，经过二三十年国家法制建设和国家政治体制改革，终于在国家的宪法上明确写上：中华人民共和国实行依法治国，建设社会主义法治国家。这意味着我们的国家真正走上了现代法治的道路。公民，就是国家通过法律赋予中国人的法律人格。然而，虽然每一个中国人都拥有公民的资格，但并不意味着每一个人都能意识到自己公民的地位，意识到作为公民所享有的权利和承担的义务，高等院校里的大学生也不例外。公民意识实质就是国家意识，是国家认同的思想基础，对于国家的政治发展至关重要，所以，培育公民意识是现代国家都不容轻视的政治任务，对于缺乏法治传统的我国来说，培育公民意识亦即国家意识的任务更为重要、更为艰巨，需要做大量的宣传教育工作。第二，培育公民意识需要道德教育的途径。公民属于政治法律的范畴，何以公民教育需要道德的介入？以笔者之见，与公民的主体性特点有密切关系。公民不同于自然人的关键在于，公民与国家有着不可分割的联系，这种联系既确定了公民与国家之间的利益关系，也确定了公民对国家的期望和国家对公民的要求。从我国来看，一方面社会主义国家的性质决定了国家与公民在根本利益上的一致性，国家应尽最大力量去维护公民的基本权利、满足公民（人民）各种需要；另一方面，国家的这些能力则来自于公民社会性活动的成果。但是，国家与公民之间的齿唇相依并不意味着两者是完全统一的，国家与公民之间根本利益的一致也不能排除两者之间存在着不一致，因为国家的活动与公民个体的活动毕竟是不同的活动，国家追求的整体利益和公民追求的个人利益也存在着某种不包容性。对此，需要有一种调节机制予以调整，避免矛盾的扩大，促进相容整合。公民教育的目的之一就是协调个人与社会、个人与国家的关系。必须指出的是，这种调节机制主要不能是强制命令的，更多期望于主体意志的自愿。那就是说，这种调节机制主要不是法律政治形式的，而是道德形式的，这也就是现代公民道德产生的原因。公民道德涉及的是公民与国家之间的道德关系，但良好道德关系的实现更主要的在于公民个体的道德素养，而公民道德素养具有极强的主体性，非强制所成，而是教育引导、道德感化、环境熏陶、自我趋求的结果。如公民意识，不是仅仅靠懂得一些法律知识和法律威慑力所能建立的，还需要公民主体道德良知的推动。现实生活中具有法律知识的人未必一定具备公民意识、国家意识。如个别渎职犯罪的司法人员，这些人不是不知法，而是知法犯法，因为他们缺失最基本的道德良知，也就不会有起码的公民意识、国家意识，以致走向犯罪。所以，应当重视最基本的道德教育，看到道德教育在公民意识培育中的意义。

再次，从大学生的道德现实提出公民道德教育的必要性。大学生是公民中的知识群体，应具有良好的道德素养。大学生的良好道德素养一方面来自中小学阶段学习道德的积累，另一方面又需要大学求学期间持续不断地吸收道德养料，才能不断地完善自我的道德人格，这就决定了大学道德教育的必要性。大学生公民道德教育的必要性还因为不容忽视的大学生的道德现状而显得重要和迫切。近年来关于"道德滑坡"还是"道德爬坡"又起争论，与此相联系的对大学生的道德评价再一次引起社会的关注。主张"道德滑坡"观点的人不在少数，据网上调查，认为当前中国道德状况很糟糕的人数不少。对大学生的道德评价也不乐观，否定的居多。虽然网上调查的数据未必完全准确，但是大学生存在着令人担忧的道德问题，有的甚至是比较严重的道德问题，这是不争的事实。据一些专家调查，大学生，至少是"为数不少"的大学生的道德状况，尤其是社会公德状况，存在着"失范"现象。如语言粗野成为时髦；不守秩序，强词夺理；放荡不羁；污染环境，互相攀比；考试作弊等等。97.74％的大学生自述他们在骑车、驾驶机动车或行走在交通路口遇到红灯或有交通警察时"不闯红灯"，但在夜间没有警察也无人看见时，这一比例大幅度下降，从97.74％降到了56.44％。[①]值得注意的是，上述道德问题并不涉及"见义勇为"、"无私奉献"等高境界的道德选择，而是最基本的公德行为，是道德底线的问题。大学生的底线道德出现问题，确实与我们这个时代的特点有密切关系，包括全球化的因素，包括市场经济的因素。但是，不管是哪些因素对大学生产生影响，教育都必须正视教育对象存在的问题，从"育人为本"的原则出发，加强大学生的道德引导，尤其要针对大学生的道德现实，加强具有底线道德属性的公民道德教育。

二

在我国，最早提倡公民道德教育的是蔡元培先生，时间在1912年7月。根据蔡元培先生的教育思想，1912年9月北京政府教育部公布的《教育宗旨令》中规定了学校道德教育的要求[②]，但其中公民的概念并不明确，其贯彻也因当时国家的战乱而无从落实。从当时蔡元培提出公民道德教育至今已近百年，今天在高校进行公民道德教育的宗旨与前者大不相同，但有一点是共同的，都是强调最基本的学校道德教育。

公民道德教育就其概念来看，包含两部分的内容：公民道德和公民道德教育，公民道德是教育实施的内容，因此，对公民道德的研究是研究公民道德教育的前提。

不可否认，公民道德首先是由西方国家提出来的，但从其发展来看，公民道德

---

① 杜悦."道德滑坡"还是"道德爬坡"？[N].中国教育报，2003－07－17.
② 蔡元培.蔡元培全集：第2卷［M］.北京：中华书局，1984：263.

及其教育已成全球性的趋势。公民道德的思想萌芽于古希腊、古罗马，中世纪的思想家虽然在一定程度上继承了亚里士多德的公民美德思想，但由于中世纪的政治制度和政治关系，原始意义上的公民道德已发生了变化，演变成教会控制下的宗教道德，由此开启了西方国家道德教育的传统，即由宗教（主要是基督教教会）来承担道德教育的任务。中世纪实行的是政教合一的政治制度，教会实际上代表着国家来实施道德教育，不过是以天主神圣的名义进行的。资产阶级革命打破了宗教教会对国家的控制，但仍然保留了教会负责道德教育的传统，并把道德问题看作是私人的领域，国家不直接干预此类事务。因此，公民道德在西方曾经淡化过一段时间，提到更多的是市民道德，严格来说，市民道德有别于公民道德，强调的是市民个人道德。公民道德再一次被西方国家重视，与西方现代化发展有密切关系。20世纪下半叶，二战后的西方开始了新一轮的现代化，这次现代化是与高科技的互动下推进的。现代化的结果是对传统社会的超越，形成不同于传统社会的新特点。其中最深刻的后果莫过于个人与社会关系的变革。现代化一度产生的辉煌是人的解放与个性张扬，并且一度被喧染到了极致。而人的解放所发挥的能量足以令人震撼：生产力以百倍的速度呈几何级地发展，城市吞没了乡村，高楼取代了森林，家庭解体率不断"创高"，"消费主义"消解了人的创造性，"自由"丢失了其本质——责任。这就是现代化所带来的所谓现代性的特征。不难看出，现代性具有双重后果：一方面使物质文明得到了高度发展，另一方面精神领域呈倒退趋势，传统文化受到严重的冲击。资产阶级学者曾津津乐道的被指称为资本主义精神的新教伦理也被抛弃得差不多了，代之而起的是"欲望的完全释放"和"绝对自由"，道德相对主义盛行，社会政治风波此起彼伏，政府丑闻不断，国家权威不再，资本主义秩序真是到了"礼崩乐坏"的地步。于是，重新审视现代化的得失、积极地寻求调整现代生活、整合个人与社会（国家）的关系，成为西方国家文化建设的重要内容，公民道德及其教育被提上了国家的议事日程。那就意味着，道德不纯粹是个人德性的问题，同样具有国家的意义，应包含的国家对公民的行为要求。由此而可推知，公民的道德教育不仅仅是宗教社团的义务，更主要是国家的责任。国家主要通过政府的教育部门承担起公民道德教育的责任。

公民道德及其教育之所以形成全球趋势也与全球的现代化浪潮分不开。就我国来说，除了前面所述及的国家法治化因素之外，最主要的还是市场经济与现代化的原因，即使国家法治的发展也根源于市场经济和国家现代化。这是研究公民道德必须注意到的时代条件。

虽然公民道德具有普世性的特点，但由于世界各国进入现代化的时间前后不一，现代化的程度不同，再加上国家制度和历史文化的不同，各个国家对公民道德的解释有很大的差异，公民道德有其各自的特点，我们国家也不例外。这就是说，我国的公民道德既包含世界共同性的道德内容，也必然保持中国社会主义的道德特色。其一，公民道德是我国社会主义道德的组成部分。我国社会主义道德建设的目的是通过提升人们的道德素养来促进人的全面发展、促进社会主义社会的发展，为社会主义现代化和市场经济健康发展提供精神动力和道德秩序。公民道德虽然是社会主义道德体系中的基础部分，但与社会主义的其他道德一样，始终坚持社会主义的价值原则。其二，我国公民道德应具有中国道德文化的特点。一般认为，现代公民道德属于公共道德，而中国传统道德文化是一种私德文化，公德资源可觅者极少，但不能以此否定传统文化在公民道德建设中的意义。事实上，世界各国的公民道德都保持着本国文化的传统。我国传统道德虽然私德性较浓，但智慧的德性伦理并不悖于公德伦理，还能丰富公民道德的内容，同时只有传承传统文化的公民道德才能在民众中产生文化的亲和力，使公民道德教育更贴近国情和民意。其三，公民道德全民性的特点。公民道德的主体是公民，我国法律规定，凡具有中华人民共和国国籍的自然人都是我国公民。公民道德就是全体公民的道德，不分党派阶层，不分贫富贵贱，不论地位声望，凡是公民，道德尺度皆为同一。可见，公民道德具有全民性的特点，属于全民道德。其四，公民道德基础性的特点。在我国社会主义道德体系中，公民道德属于基础道德或底线道德。作为面向全体国民的公民道德，其伦理要求当以体现大多数民众的道德意愿为尺度，既要考虑到民众对道德要求的理解水平，又要关注到民众对道德要求的接受程度，就是人们通常说的底线道德。其五，公民道德规范性的特点。公民道德规范性的特点，一方面与公民道德属于基础道德、底线道德有关系，另一方面公民道德与国家意志的紧密联系不无关系。公民道德虽然具有全民道德的特点，体现大多数人的道德意愿，但公民道德又具有强烈的国家色彩。这不仅体现在公民道德涉及公民与国家之间的道德关系，而且又是以国家的名义加以提倡，在形式上体现为国家对公民规范性的道德要求。可以说，这是公民道德区别于其他道德最突出的特点。

论证及此，已经触及到公民道德教育的主要问题，即公民道德教育的内容，亦即公民道德的内容。2001年中央发布的《公民道德建设实施纲要》规定了我国公民道德的内容，提出了20个字的规范要求。这一次中央关于加强大学生思想政治教育工作会议所提出的高校公民道德教育的内容与《公民道德建设实施纲要》的要求完全一致，就是"以基本道德规范为基础，深入进行公民道德教育"。基本道德规范也是20个字，"引导大学生自觉遵守爱国守法、明礼诚信、团结友善、勤俭自强、敬业奉献的基本道德规范，养成良好的道德品质和文明行为。"① 基本道德规范虽寥寥20个字，其中不乏有时代突破的思想火花，对于全球化背景下的高校思想政治教育，提供了新思路。第一，基本道德规范体现了德治与法治相结合的精神。德治与法治相结合，两者的结合点在哪里？笔者以为，公民道德就是两者的结合点。基本道德规范的第一条"爱国守法"，既是道德要求，也是现代法治的基本要求，即通过对公民行为的道德引导，达到对法治精神的支持。第二，体现了社会主义道德与普世伦理相结合。基本规范中的"敬业奉献"体现的是以为人民服务为核心的社会主义道德精神，而"守法""诚信"则是世界公认的基础文明。第三，体现传统优秀道德与现代伦理相结合。基本道德规范不仅继承了我国历史上优秀道德传统，如"明礼""友善"等德目，也提出了与市场经济、现代化发展同步性的道德要求，如现代意义上的"诚信""自强"等道德要求，反映了道德与时俱进的特点。

基本道德规范确实也包含了丰富的道德内容，涵盖了四方面的道德关系。第一，公民与国家的道德关系。"爱国守法"是最直接明确的公民道德的规范表述，因为公民道德本该是国家出于维护国家和社会的整体利益而对本国公民提出的其在国家政治和社会公共生活中的道德规则，是公民对国家应尽的道德义务。公民对国家的积极义务就是热爱自己的国家。爱国不仅是一种情感要求，更是一系列爱国行动。如讲究公共卫生就是爱国的行为表现，通常被称为"爱国卫生"。2002年肆虐中华的"非典"事件，再一次证明，公共卫生绝不是个人的私事，而是关系国家稳定和民族发展的国家公事。法律是国家意志的体现，公民守法才能保证社会秩序和国家利益，因此，遵法守法是公民接受国家法治的基本义务，能否守法在一定程度上反映了公

---

① 中共中央国务院发出《关于进一步加强和改进大学生思想政治教育的意见》[N].人民日报，2005-01-19.

民对国家的道德态度。第二，公民之间的道德关系。现代社会公民之间的联系是多方面的，所发生的道德关系也是多方面的，但主要的道德关系有两种：市场范围内的道德关系和非市场意义的道德关系。现代化与市场经济体制的建立使公民之间市场化的交往越来越广泛、越来越普遍化。如何使市场范围内的交往有序合理、有助于社会主义市场经济的健康发展，必然提出市场的道德规则，以此来规范人们的交往行为，"明礼诚信"就是市场交往的基本道德原则。诚信曾是中国古代道德"五常"之一，但在今天，诚信已不限于个人的美德，而是现代社会生活尤其是市场经济的道德基础。虽然市场经济中人们的交往都带有利益的动机，但无论是交往过程的本身还是利益的最后实现都需要交往者抱有诚实的态度和守信的行为，作假和失信必然扰乱市场秩序，破坏人们正常的交往，损害人们合法获利的权利。明礼则要求人们在市场的交往中文明礼貌、相互尊重、遵守公共秩序。现实生活中，公民之间除了市场范围内的交往之外，还有非市场内容的交往。所谓非市场意义的交往，指的是物质利益之外的交往，这种交往在生活中是大量存在的。在非市场意义的交往中，除了明礼诚信仍需要发挥道德作用外，更要倡导公民之间的"团结友善"。现代化虽然创造了国家飞速发展的奇迹，提高了社会成员的生活水平，使人们过上了富裕的生活，但也带来了某些不安全、不稳定的因素，加上"天有不测风云，人有旦夕祸福"。在这种情况下，需要公民之间互帮互助、慈善扶弱、爱心帮困、共同抗击各种灾难，营造温馨和谐的道德环境。第三，公民与社会的道德关系。公民与社会的道德关系主要通过公民的职业活动体现出来的。公民的职业活动是一种社会性的活动，也是公民与社会联系的重要纽带，如何对待自己的职业、如何从事职业工作，从某种意义上就是一个人对待社会的态度。基本道德规范中的"敬业奉献"要求公民爱岗敬业，在本职工作的岗位上对社会作出奉献。第四，公民与自我的道德关系。"勤俭自强"准确地说是指人的一种美德，是人对自我的道德要求。作为美德，"勤俭自强"具有历时性、普世性的特点，不管时代转化、国家变更，"勤俭自强"的道德永远都是需要的。勤俭在市场经济条件下的意义在于勤能致富、勤能成就事业、勤能自强；相反，懒则弱、懒则穷、懒则堕。节俭与浪费、奢华相对立，俭能养德、奢则败德，俭又是积财、事业成功的条件之一。在当前消费社会里，俭的道德意义更重要。节俭并不否定消费的意义，但是正确的消费应有合理的度，消费不等于浪费，合理的消费是必要的，过度的消费就是不合理的，奢糜则会导致堕落。节俭的美德能帮助人们理性地选择消费、合理地进行消费。"自强"亦是中华民族传统美德,今天在市场经济竞争十分激烈的社会里,个体尤其需要自强。自强的道德内涵是自立奋进,不依赖他人,用自己的双手创造自己的未来。

三

高校公民道德教育并不限于上述内容,但是正如中央工作会议所指出的,基本道德规范是公民道德教育的基础,因此高校公民道德教育应该着重于基本道德规范的教育。但是,如何进行基本道德规范的教育,使之卓有成效,并非容易之事,其中有不少问题是值得研究的。问题之一,教育中如何避免道德说教,使道德教育具有一定的感染力,能够吸引大学生的道德关注?道德规范的特点是对人们行为的规约,因此道德规范教育就有其教育上的特殊性:既要把规约性的道德知识告知教育对象,同时包含了对教育对象的行为要求,即要求教育对象不仅仅了解道德知识,更重要的是将道德知识转变成自我道德行为,含有你必须怎样做的要求。这种内含命令式要求的教育通常面临两大困难:一是教育对象对教育内容不感兴趣。一方面基本道德规范的文字表达简洁明了,稍有文化的人都能看懂;另一方面基本道德规范的知识趣味性不强,更缺乏某些知识的神秘性。二是具有命令式要求的道德教育很容易导致道德说教。道德说教在某种浓厚宗教环境中或许有一定价值,但在民主法治的现代社会是违背教育规律的。因为道德说教必然在学生中产生教师居高临下的感觉,形成师生间的距离,有距离的教育只有当施教者具备道德权威的条件下才可能出现学生接受教诲的结果,但是我们不能期望每一个思想政治教育者都是道德圣人。道德说教还可能给教育对象产生陈词滥调之感,愈发降低了学生学习的兴趣,影响道德教育的效果。问题之二,高校公民道德教育如何区别于中小学的公民道德教育,满足大学生的道德学习要求?基本道德规范作为公民道德要求,其教育具有普适性。我国学校思想政治教育不仅要求高校开展公民道德教育,中小学也有同样的要求,这不仅加大了大学公民道德教育的难度,同时也提出了大学如何进行不同于中小学的公民道德教育。如果雷同于中小学,无疑会降低教育的吸引力,影响教育的效果;如果不同于中小学,在更高层次上实施公民道德教育,应该拿出什么样的教育方案?问题之三,高校公民道德教育如何直面社会道德现实,克服思想政治教育与现实脱离的倾向,为大学生未来的发展充实足够多的道德力量？问题之四，公民道德教育如何处理好与其他思想政治教育之间的关系，如何实现内容上的相通性，形成教育的合力？等等。

高校公民道德教育面临的问题决不限于上述，只是以上问题比较突出，急待研究。细观上述诸个问题，都涉及到公民道德教育有效性的问题。任何教育的初衷都期盼教育目标的实现，即获得教育的有效性，公民道德教育也不例外。问题在于，教育的有效性本身也是一个需要研究的问题，有效性不是一个抽象的概念，应是具体内容的理解，诸如有效性的标准及评价、有效性实现的程度、有效性实现的条件等等。总之，要围绕有效性的种种方面进行公民道德教育的研究。

基本道德规范的教育如何产生良好的教育影响，可作如下的尝试：一是拓展教育内容知识点。毫无疑问，基本道德规范的内容属于道德学的知识范畴，但在实施教育时不能局限于道德知识的范围，就道德规范而论道德要求，而应展开与其相关的知识面，如法学、政治学、社会学、历史学，甚至自然学科的知识，丰富道德规范的知识内容，使其不再是干巴巴的道德教条，增强道德教育知识的趣味性。苏格拉底说"知识就是美德"，要使学生在接受知识的过程中感悟道德的真谛。二是改变教育方式，以师生交流法取代教师传授法。由于道德规范命令式的内质，一般的道德教育方式极易造成道德说教，引发教育对象的厌烦，影响教育效果。为了避免道德说教，教师可采取与学生同样的角色，即学习者的角色，教师对道德规范的讲解表现的是教师自身的道德体会，因此教育的整个过程是一个交流学习道德体会的过程。交流的方式改变了师生之间教育地位的落差，使道德规范中的道德命令不仅仅是对学生的要求，同样也是对教师的要求，使学生在一个平等对话、自由交流中认识道德的价值。三是教师言行一致的人格施教。这是道德教育特殊性所要求的。交流方式还仅仅是技巧的问题，只有人格教育才是道德教育的本身。大量的道德教育经验表明，教师的道德人格是最有效的道德教育资源。道德学习始终需要典范的引导，公民道德典范就是自觉遵循基本道德规范的好公民，教师应当成为也能够成为好公民，成为学生敬重的道德榜样。当然，教师的典范作用是不需要张扬的，但却是实实在在地存在着，并且直接作用于被教育者，使学生从教师身上感悟到道德的力量。与此相反，缺乏良好道德人格的教育者，其道德施教必然失败，因为教师提供的自身的道德范本与其讲授的道德要求不一致，使学生产生道德真假的疑问，信其师，抑或信其道？无法判断和选择，只会得出假道学的结论。教师人格施教并不是新的提法，几乎所有的道德教育家都强调人格施教的重要性。对于高校的公民道德教育来说，要把人格施教真正地形成教育内容和手段，就必须加强思想政治教育教师的师德管理，把不具备师德要求的人不准上讲台作为一项制度定下来，严格执行。

高校基本道德规范教育如何区别于中小学，具有高校公民道德教育的特点，在一定程度上也关系到道德教育的质量。显然，教育内容是共同的，都是20个字的基本道德规范，但是教育对象有很大的不同，这就应该根据不同的对象有针对性地进行教育。高校的教育对象与中小学教育对象不同在于，前者是成人，后者是未成年人。在道德方面，现代大学生虽然还不够成熟，如基本公德意识薄弱、自由散漫而不屑公共规则，但相对于未成年人，大学生已经积累了一定的道德经验，具备独立的道德意志，道德评价意识强烈。根据大学生走向成人或已经成人的特点，高校的道德教育则不能停留在道德告知的层面和感性活动的阶段，应把教育的重点放在道德理性的思考上。现在高校思想政治教育有一种不好的倾向：取悦学生。教育中用趣味性代替思想性，用活动代替教育，把吸引学生兴趣等同于教育的有效。不要说这种做法难以达到的道德教育的真正目的，还会把高校的道德教育下降到中小学的层次上，怎么能产生好的教育效果呢？当然，不是说高校的道德教育不能搞各种活动，但是活动不能停留在趣味性上，更主要的在于思想性。就基本道德规范教育来说，中小学主要通过各种活动达到道德认知和习惯认同，大学的教育则在前教育的基础上，结合社会道德变化和大学生活中的道德问题，帮助和引导大学生深入理解基本规范的价值内涵，理解基本道德规范对社会生活和自我生活的道德意义，在这个过程中逐渐形成道德信念。基本道德规范虽寥寥20个字，但却蕴涵着丰富的社会内容和深刻的人生哲理；它不仅规范人们的行为，而且引导着人们人生的信念，没有理性的导入，没有深入的思考，基本道德规范只是20个字而已，只是一种行为约束而已，只有在理性思考的基础上，遵循基本道德规范的行为才是真正的道德自觉。因此，大学道德教育的重点不是感性活动，而是理性思考。考量高校公民道德教育的成效标准不是生动性如何，不是听课率多少，不是活动有多少，而是能否启迪大学生的道德思考，促使他们思考社会的道德、思考自我的道德、思考自我选择的每一个行为的道德价值。而这一切是难以用普通的量表作出评价的。

当然，"育人为本"是高校思想政治教育的原则，高校公民道德教育的最终目的落实在人的问题上，促使大学生养成良好的道德品质和文明行为，促使大学生素质的全面发展。从道德发生学来看，道德品质形成是一个逐渐的过程，与人的成长相联系，是人生道德经验积累的结果。正是在这个意义上，人们把道德教育说成是养成教育。然而人的道德品质的养成到了成年，应该养得差不多了，为什么成年的大学生还有一个品质养成问题呢？笔者认为，第一，大学生刚刚进入成年的养成阶段，个体品格还不稳定，养成教育还必须持续一个阶段。第二，大学生中高比例的独生子女的因素，当代大学生缺乏良好道德品质形成的环境条件和磨难过程，使道德品质养成的时间延长，到了大学成年时尚未完成养成过程。第三，当代大学生的成长过程正是我国社会大变革、大变动的时期，社会道德本身也存在着古今中外的文化冲突与交融，道德理念也在变动之中，形成较有共识的社会道德体系直到2001年才出台。变动中的文化对青少年的影响就是延迟了他们道德上的成熟。所以，道德养成教育在大学还是必要的。

然而，大学生毕竟已经成年，成年人的养成教育要比未成年人的养成教育要困难的多，而且也不能套用未成年人的养成教育。从我国大学生的道德水平来看，大多数人的道德品质处于良好的养成过程中，但确实也存在着前面所例举的不文明习惯和不良的道德行为，这些习惯和行为不利于大学生养成良好的道德品质。从大学生存在的道德问题来看，突出的是道德情感尤其是羞耻感的缺乏。大学生道德品质的养成教育重点就是羞耻心教育，促使大学生形成道德责任感。应该说，这一教育与基本道德规范的教育完全一致。羞耻感，孟子称"羞恶之心"（即羞耻感——作者注）为"义"，指良心中的道德责任感，是对自己做了不符合道德规范的事，而产生的自责的道德意识，是最基本的道德品质。羞耻教育与批评乃至必要的惩罚相联系，同时需要正义的舆论环境。但是，现在有些高校的教师取悦学生已经到了不敢批评学生、不敢处理学生的地步，有的甚至为学生的作弊造假说话开脱，结果个别学生作弊不处理，或从轻发落，致使其他学生感到诚实吃亏，又对犯纪无所顾忌，作弊成风由此而起。在这样大家都不知羞耻的环境里，羞耻之心如何养成？不过，教师取悦学生也事出有因，与学校的评教体制有关，当然这不是本文要讨论的主题。但说明羞耻教育决不是单纯的道德教育问题，还涉及到学校的管理体制、教师的道德素质、校风班风诸多方面的因素。就高校公民道德教育的本身而言，应当坚持羞耻教育，引导大学生养成最基本的道德责任感。

高校思想政治教育是个系统的整体，以基本道德规范为基础的公民道德教育只是其中的一个部分，因此只是单独研究基本道德规范教育是不够的，有必要联系思想政治教育的其他部分来思考公民道德教育，形成教育合力。对于基本道德规范教育来说，需要理想信念教育的支持。因为基本道德规范是做人的基本行为要求，但首先立足于做什么样人的理想信念之上，没有做什么样人的价值观指导，如何做人则是没有方向的，也就没有了追求自我良好道德品质的动力。同样，理想信念要具体落实在如何做人上。基本道德规范教育与爱国主义民族精神教育也有密切关系：一是基本道德规范的内容是有传统的背景、民族的和时代的因素，了解传统文化才能理解今天的道德，了解民族的演变才能接受社会的规范。二是民族精神是文化之根、国家之魂，只有深切爱国爱民族的人才会自觉履行"爱国守法"为基础的公民道德责任，同样爱国主义的民族精神必然体现在人日常的道德行为里。最后，基本道德规范教育与人的其他方面素质的教育也都存在互融互通的关系，是公民道德教育实施过程中始终不能忽略的教育要素，尽可能地容纳于公民道德教育之中。

简析新形势下大学生道德教育新问题[*]

进入新世纪，学生道德教育面对的是一个快速变化的时代。在社会多变的形势下，社会各种因素的新变化都可能引发人们道德理念的变化，或者产生出新的道德问题。高校大学生随着学习生活大小环境的变化，随着社会对大学生期望的改变，他们面对的是新的人生矛盾。现实的人生矛盾不可避免地会影响大学生的道德观念，形成新的道德问题，包括大学生某些道德行为上的偏差，以及大学生在道德判断和道德选择上的迷惘。对此，如果道德教育不能及时准确地捕捉到学生在道德方面出现的新问题，还是按部就班地实施传统道德教育的话，可能导致教育过程与学生的道德问题对不上号，这就会出现道德教育的盲点。所以，高校道德教育要经常研究学生的思想波动，及时把握大学生的道德动向，有针对性地进行道德教育。在社会多变的新形势下，大学生道德关注的方向有所改变，并由此产生如下一些新的人生问题、道德价值观问题。

一、 生命道德的问题

生命道德属于人生观的问题。人生观教育一直是思想道德教育的重要内容，但是以往存在着把人生观教育简单化的问题，以至人生观教育的内容几十年没有大变。其实，由于人生本身的丰富复杂性，产生的人生问题和人生观念也必将是多种多样的，随着人生环境的变化，人生观和人生问题也会出现新情况，由此决定了人生观教育也要与时俱进。为什么把今天大学生的人生观问题以生命道德的问题提出来？

* 余玉花.简析新形势下大学生道德教育新问题 ［J］.思想教育研究，2010（06）：41－44.

这是因为当今大学生所面临的人生问题与以前有所不同，更突出大学生在生命问题上的道德困惑。

自从 30 年前"潘晓的一封信"提出大学生人生观问题后，高校一直坚持大学生人生观教育。在 30 年里，国家一直处于变革转型之中，但是社会转型在世纪之交发生了可以称之为关键性的变化，这种变化使 21 世纪前后的大学生的人生轨迹完全不同，由此而产生的人生求问也有所不同。

第一，人生社会环境不同。21 世纪前，大学生身处的社会环境是国家从计划经济向市场经济转变的改革震荡期，现代化刚刚起步，国家还比较贫困。处在这样环境中的大学生更关注的是国家的前途命运，在他们的道德观念中反映的是对国家前途的信心态度，以及个人对国家责任的担当。当时大学生的人生期望是：争取国家社会对大学生个人价值的重视，发挥他们在社会改革和发展中的积极作用。那时的大学生为了引起社会对他们的重视，都积极参与社会政治活动，发表社会改革的观点。而一旦感到社会对自身价值不重视，或者他们某些行为背离了社会法度而遭到社会批评时，便会感到委屈、不被理解，人生迷惘不可避免。可见，20 世纪大学生的人生问题与国家前途问题结合为一体，这是时代使然。

而 21 世纪大学生所处的时代发生了很大变化。中国已经进入法治社会和市场经济的轨道，虽然改革仍在继续，但完全是在有规划、有秩序的情况下进行的，现代化使中国崛起是世界公认的事实。当代大学生是在国家比较富裕的条件下从事学业，他们享受到了改革开放现代化的成果，比前辈大学生幸福得多。但另一方面大学生面临的是深度改革带来的人生课题，那就是学生之间的激烈竞争。当代大学生关注的重点不仅仅是国家的前途，因为这一点没有疑义，他们中的绝大多数人相信在共产党领导下中国未来发展的美好前景。与 20 世纪的大学生比较来说，当代大学生更关心的是与自己切身利益直接相关的国家政策的走向；他们深度关心的是自我，是自我在学校和未来社会中的竞争力。如果竞争失败或不利，他们就会对自身能力产生怀疑，对人生未来信心不足。因此，当代大学生的人生问题直接指向自我及自我的生命体。

第二，个体生活环境经历不同。与 20 世纪大学生不同，21 世纪的大学生大多出生于独生子女或少子女的家庭中，大多数学生的生活条件都比较好。即使是贫困家庭的孩子，在"再苦也不能苦孩子"的理念下，也得到家庭分外的爱护；同时，这一代人又正赶上国家对教育投入加大，受教育的条件和学习的环境都比以前的大学生要优越得多、顺利得多。但是，当代大学生在享受优越物质条件的同时，也承担着他们不完全理解的精神负担，那就是来自家庭的过高期望。独生子女的大学生，父母对他们倾注了家庭全部的希望，有的甚至把自己年轻时未能实现的理想寄托于大学生子女身上；来自贫困家庭的大学生则负有帮助家庭脱贫的沉重负担。家长盼望孩子成龙成凤的愿望完全能够理解，但是这种从小感觉得到的精神压力很容易造成大学生的心理疾病，只要有一点火星就可能引发灾难。大学生日常生活中的非理性行为，如疯狂上网、频繁换恋人、寻衅吵架，大多数是为了发泄，排解心中的郁闷。有的还有自虐、自杀的念头和行为。根据调查，有相当高比例的学生在十分痛苦的情况下会有自杀的想法。这种情况在以前是极为罕见的。

当代大学生所处的社会家庭环境造就了他们独特的人生轨迹，并且影响着大学生对自我与自我生命的态度。必须指出的是，大学生对生命价值的淡漠不仅仅反映在对自我生命的态度上，也体现在对他人和动物生命的态度上。大学生调查中有一项问题"当你遭到同学当众侮辱时的看法"，虽然50%以上的学生选择"宽容他、忍耐着"，但也有少数学生选择了"杀死他或伤害他""报复他"，反映出一种可怕的倾向。另外，大学生虐待动物的事件在媒体上也多有报道。总之，大学生生命道德问题应引起高度的重视，加强高校生命道德教育刻不容缓。

二、职业选择与职业道德问题

高校扩招导致21世纪每年产生数百万的毕业大军，2002年145万，2003年212万，2004年280万，2005年338万，2006年413万，2007年495万，2008年512万，2009年531.1万。随着毕业生的大幅增加，就业成为大学生一进大学就需要考虑的大问题。

在对刚进大学的一年级新生的调查中，对"你最关心的问题"的回答，排位第一的是"就业前景"。为了"毕业不失业"，不少大学生"未雨绸缪"，早早开始了准备，有的学生忙于考证，以增加竞争筹码；有的积极参加各种社会活动，积累工作经验；有的想方设法争取实习岗位，为将来进该单位创造条件。大学生为顺利就业着想而做上述准备，只要不影响学习也无可厚非。但是，大学生在就业、择业方面也暴露了某些道德方面的问题。一是冲击学业的问题。有的学生整天在外面忙忙碌碌，学习不能静下心来，甚至缺课逃课，以致有的学生因学分未满而不能毕业；有的学生作业、论文拼拼凑凑，敷衍了事。二是诚信问题。最突出的就是给履历加水包装甚至造假。诚信问题还反映在大学生的择业和就业后的频频跳槽上。市场经济条件下，几种岗位之间的选择和职业流动本属于正常现象，但是，大学生的职业选择和跳槽不少是以违约为前提的，有的学生辞职连招呼都不打，害得聘用单位十分被动。来自职业市场的信息反馈，违约跳槽的现象屡见不鲜。三是职业理想中存在的问题。大学生心目中理想的职业不是从自我条件、事业发展或社会需要来考虑，而往往抱着一种"求高薪、求安稳、求轻松"的心理来选择职业，反映出一部分大学生不愿吃苦、不愿创业的道德态度，以至出现"不理想的职业不就业"，宁愿在家待业的"啃老一族"。

以上种种反映出大学生在择业和就业上的道德问题。这些问题一方面暴露出大学生职业道德观念薄弱，另一方面也反映出道德教育在职业伦理教育方面的薄弱点。目前高校为了应对毕业生大潮，都开设了"就业指导课"。但是"就业指导"主要是从经济的角度为大学生提供就业信息，或从公共关系的视角讲授就业面试技巧，很少有职业道德方面的教育。相反，个别教师传授的某些就业技巧却悖离道德，给学生不恰当的引导，应当引起注意。

三、性道德问题

"性"在中国传统文化中是一个比较隐晦的问题，通常在教育中不直接涉及。在高校的德育课里有婚恋道德和家庭美德教育，但并不直接讨论性的问题。20世纪八九十年代，高校曾经盛行"西方理论热"，其中弗洛伊德心理学和批判学派的性革命、性自由等理论使中国学子开始直面性问题。但是，性的话题并没有在高校引起持续性的反响。原因在于，弗洛伊德和批判学派的性理论都比较艰深，没有一定的理论功底是很难读懂他们的书的，理解就更难了。

但是，自从大众媒体现代化与市场经济结合后，广告和媒体产品为了吸引眼球，往往以情色为卖点，再加上某些性学专家的"普及宣传"，"性"不再羞羞答答、躲躲藏藏，终于从古老文化的蚕茧中破壳而出，成为到处可见的东西：图片、视频、文字，乃至实物。性话题、性节目在各种媒体上频频"亮相"，节目的内容也越谈越隐深，越做越暴露，大有"晒性隐私"之势。而媒体的制作人认为，性节目是挑战传统、题材开放的一种创新举措。在他们看来，在一个开放的时代里，性的问题不必隐晦，完全可以成为大众讨论的话题。这种所谓性开放创新的思路正是来自一度盛行于网上的某种性开放理论。性开放理论、媒体不加掩饰的性节目，以及网络上的性话题对大学生的影响极为巨大。大学生晚上卧谈会经常是性主题，甚至有大学生发生性关系，大学生中性犯罪时有所闻。

当然，以科学的态度来看，谈"性"并无不可。性是自然人性的一部分，也是人类社会内容的重要来源。人类因为性才有爱情、家庭和社会，性对人类是如此的重要和珍贵，所以需要珍视人类的性、维护性安全，由此而产生了性隐私。这种具有伦理意义的性隐私不因社会的开放而丧失其价值。相反，社会越是开放越是需要性隐私，性隐私的伦理价值也越加突出。之所以强调性隐私的价值，在于性隐私对于个人来说是个体人格形成的重要源泉之一。性隐私具有一定程度的排他性，是一个人独立于他人并拥有尊严的体现，维护性隐私也就是维护人的尊严，这也是现代法律维护隐私权的重要根据。性隐私是人类文明进步的需要，因而成为道德羞耻感形成的源泉。人类的发展史和儿童的成长史皆证明了人的羞耻感和文明度来源于对性隐密的需要，无论是自我的或是他人的性暴露，都是人的羞耻感所不能容忍的，只有无耻之人才会赤裸裸地津津乐道性行为、性生活。所以马克思说，从人的性态度和性关系中"可以判断出人的整个文明程度。"①

性需要道德来维护，这是由性问题的特殊性决定的。性具有生理本能的冲动性对人产生双重伦理后果。这种被弗洛伊德称之为"里比多"的性冲动，虽然是人们快乐产生的源泉之一，但同样具有极大的破坏性，也是人们性犯罪的根源之一。当然，性冲动不会无缘无故地发生，而是在一定条件下发生的。例如，异性情感的激发、性器官的观视和触摸、性语言的挑逗等，都可能引发人的性冲动。性冲动造成的后果可能是不道德的。高校大学生缺乏性与性道德知识，在性的问题上需要正面的引导。但是，目前，高校性道德教育却是个空白点，道德教育应当及时补上这个空白点。

---

① 马克思.1844 年经济学哲学手稿［M］.刘丕坤，译.北京：人民出版社，1979：72.

四、破解问题：道德教育的新课题

上述大学生人生道德观上所出现的新动向对高校道德教育提出了新课题。但是时下高校道德教育对大学生的新道德问题尚没有引起足够的重视和相应的对策，存在着教育上的盲点。教育上的盲点主要有两个方面。

一方面，面对大学生新的道德问题，道德教育内容没有及时更新，出现道德教育的空白点。就目前高校道德教育的内容来看，大都没有安排生命道德、职业道德和性道德的教育内容。而大学生本身则是十分渴望这些与个人发展极为密切的道德引导。以生命道德教育为例，在 1 553 份样本的大学生调查中，在"大学是否需要开设生命与道德教育课程"的问题上，有高达 75％以上的大学生认为"非常有必要"和"比较有必要"。但是，在教育对象如此迫切的需要之下，大学教育却处于一种滞后的状态。

另一方面，面对大学生新的道德问题，教育的针对性不强，技术性的教育遮蔽了道德教育。大学生在对待生命、职业和性关系等方面所存在的道德问题，教育学术界并非完全麻木，也有积极的回应。不仅有研究探讨的文章问世，亦也不少德育教师尝试在教育中予以引导。然而，大多数的研究仅停留于大学生新的人生困惑的表面现象，而没有深入到问题的源头，没有抓住大学生道德问题的本质，由此而形成的教育对策也往往是头痛医头、脚痛医脚的权宜之计。而目前德育盛行的技术性教育之风更进一步模糊了道德教育的界线，加剧了道德教育的盲目性，削弱了大学德育对大学生道德引导的作用。如，大学生对待生命与性的消极态度，不少人把其简单归结为心理问题，从而把心理指导作为教育的主要内容。在职业问题上同样存在着以技巧的传授代替道德教育的倾向。而事实上，无论是漠视生命的态度、热衷于性的肆情，还是职业问题上的非道德意向，主要是观念性的问题，而非下意识的心理与技术问题。这其中或许存在某些心理问题，但心理问题仅是"果"，而非"因"；是现象，而非本质。因此，心理指导和技术指导固然也需要，但不能从根本上解决大学生人生道德上的困惑。心理指导和职业技术指导在德育中只能是辅助性的，不能以辅代主，忽略最主要的道德教育。

针对当前大学生道德教育存在的问题，应从以下三个方面寻求破解问题的对策：

第一，要深入研究大学生思想动态。高校道德教育的盲点提出了深入研究大学生道德动态的必要性，也提出了道德教育不断创新的必要性。对于我们所处时代的变动性和大学生思想道德观念的变动性，在学界是有共识的。但是，对于大学生思想道德变动的内容以及变动缘由的把握则是不够的，因而就难以真正地了解大学生现实的思想道德需要，实施有针对性的道德教育。也就是说，加强对大学生思想道德观念动态性的深入研究是克服道德教育盲点的首要之举。

第二，大学生道德教育要增添新内容。本文所提出的生命道德、职业道德和性道德是与当代大学生人生发展密切相关而且是大学生十分关注而时常困惑的道德问题，应纳入高校道德教育的课程内容。当然，补充道德教学内容将涉及以下两个问题。一是教育者必须对生命道德、职业道德和性道德本身的内容加以研究，特别要结合大学生的实际进行研究，以及这些内容的教学教育研究，包括如何进行教育，如何把握教育的"度"都极有讲究，需要精心的设计。二是课程教学教育的可行性。目前"思想道德修养和法律基础"课是对大学生进行道德教育的主渠道课程，可在课程的相关部分加入新的内容，如人生观和价值观中可增加生命道德的内容；在社会道德中增强职业道德的份量；在家庭美德中添加性道德的内容。另外，以这些内容为主开设公共选修课和公共讲座，或在相关的人文课程中增添三大道德的内容。

第三，加强日常生活中的教育与引导。除了课程教育以外，辅导员亦可在日常学生管理和学生日常生活中进行有的放矢的引导。大学生的道德困惑往往和他们所经遇的事件、生活相关，存在于他们的生活之中。因此，道德教育除了课程教学给予系统的道德理念教育之外，日常生活的引导教育不能缺少。日常生活中的道德教育不仅具有隐性的特点，而且能使大学生有切身经验之感受，是不能忽略的教育渠道。

论以社会主义荣辱观为核心的学校廉洁教育 [*]

学校廉洁文化教育是全社会反腐倡廉的重要组成部分。学校开展廉洁教育，不仅可以直接影响学生的心灵、学生的性格和品质，更有助于学生在成长过程中树立正确的世界观、人生观和价值观。学校廉洁教育主要是廉洁文化的教育，因此必须遵循学校教育的规律性，根据青少年学生人生发展的不同阶段的不同特点来实施廉洁教育。学校廉洁教育的目的是教育青少年学生树立起正确的荣辱观、金钱观、审美观，其中最主要的观念是人的荣辱观，所以荣辱观的教育是学校廉洁教育的核心内容。

一、学校廉洁文化教育的必要性和可能性

中共中央关于《建立健全教育、制度、监督并重的惩治和预防腐败体系实施纲要》是一项具有战略性的反腐倡廉举措，《纲要》提出廉政文化要进校园，完善反腐倡廉宣传教育工作格局，形成反腐倡廉教育的强大合力，牢筑拒腐防变的思想道德防线。学校廉洁教育又被称为"廉政文化进校园"或"反腐从娃娃抓起"。

学校廉洁教育是否有必要，这是一个首先要解决的认识问题。学校廉洁教育是国家廉政建设的一个组成部分，这已成为全世界的共识。2003 年 10 月，第 58 届联大通过了《联合国反腐败公约》，其中便包含开展"包括中小学和大学课程在内的公共教育"的内容。建立健全教育、制度、监督并重的惩治和预防体系，青少年廉洁

---

[*] 余玉花.论以社会主义荣辱观为核心的学校廉洁教育 [J].江西师范大学学报（哲学社会科学版），2008（01）：13‑16.

458　　探索——余玉花文集

教育是不可或缺的一部分。青少年廉洁教育是着眼于未来的效果，是从长效机制上来思考的举措。当然，青少年廉洁教育客观存在的成人环境、社会风气是不能轻视的影响廉洁教育因素，但我们不能因为成人社会存在着问题而放弃对孩子们的教育，成人社会存在的道德问题恰恰反证了对孩子们进行教育的紧迫性。这是其一。

其二，现实校园不良道德现象的存在提出了学校廉洁教育的必要性。学校生活只是青少年生活的一部分，他们还生活在家庭生活中以及公共社会生活中，而且开放的时代使校园与社会并不存在严格意义上的精神篱笆墙，成人社会的各种价值取向和道德行为都会对青少年产生影响，其中有积极健康的，也有消极颓废的。由于青少年正处在世界观、人生观、价值观的形成、发展、定型的关键时期，他们对社会的认识、人生的看法、价值的取向以及个性的形成，受到各个方面的影响。这个时期，他们在思想层面接受什么样的教育、形成什么样的理念，在其一生中都会打下不可磨灭的印记。因此，在学校开展廉洁教育，不仅可以直接影响学生的心灵、学生的性格和品质，更有助于学生在成长过程中树立正确的世界观、人生观和价值观。

不可否认腐败是社会的癌症，也不可否认反腐败斗争的艰巨性，更不可否认成人社会腐败现象对孩子们恶劣的影响，这些影响可能消解和降低学校廉洁教育的效果，但不能因为存在这些不良影响而停止应该进行的工作。另一方面，成年人对未成年人的影响也要有辩证的洞察。在反腐倡廉等教育问题上，成年人与未成年人的影响并非是单向的，而是双向的。成年人的道德行为对未成年人有教育影响，同样未成年人的思想行为也会对成年人发生教育影响，尤其在独生子女家庭里，更不能轻视未成年人对成年人、子女对父母的倒置教育影响。如果学校廉洁教育是成功的，势必能促进家庭、社会廉洁之风的形成。根据透明国际组织公布的 2003 年度世界各国政府腐败情况调查结果，政府最清廉的国家是芬兰。政府清廉与公民的道德素质水平高密不可分，而芬兰公民的道德素质正是得益于良好的学校教育环境，得益于从儿童开始的公民道德教育。

这说明学校廉洁教育不仅对提高学生道德素养是有作用的，而且还能促进社会文明和政府清廉。当然，教育往往着眼于未来，特别是深入人内心世界的德育工作决非一朝一夕的事情，其效果也不是立马能够显现出来的。但是，只要积极地去努力，采用好的方法和手段，廉洁教育必然能产生出积极的效果。

二、 学校廉洁教育的涵义及其特殊性

学校廉洁教育的提出具有显而易见的社会政治背景，它是在廉政建设的背景下提出来的。但是"廉洁"不同于"廉政"，"廉洁教育"与"廉政建设"也是有区别的。"廉政"与"廉政建设"指向的是与政权及其制度相联系的政治伦理，而"廉洁"是关乎个体性的伦理，"廉洁教育"则是特定的教育活动。讨论学校廉洁教育首先要明确教育主题的内涵，这样才能避免学校廉洁教育问题上的模糊性，使学校廉洁教育在一个更为理性和主动的态势下进行。

学校廉洁教育的中心概念或主题是"廉洁"，但是从教育的特点来看，学校廉洁教育只能是一种文化性的教育，因此，廉洁教育也是廉洁文化的教育。对"廉洁"与"廉洁文化"的讨论应该是学校廉洁教育研究的出发点。

"廉洁"的基本语义是"清白"，这里廉洁的"清白"仅仅针对人而言，是对个体人格品质的道德评价。当然，廉洁之清白还有用之于对政治活动的评价，例如"廉洁政治"（clear government），其实质还是对政治人的道德评价。需要指出的是，"廉洁"虽然是个体的人品指向，但不是指一般意义上的"洁身自好"，因为就"廉"而言，它总是在一定的政治关系中才具有的道德品格，因此"廉"与"贪"相对立。正是这种政治意义上的理解，"廉洁"历来是官员的道德要求，而非对百姓的要求，今天仍然如此。然而，将廉洁引入学校教育后，其政治上的含义则应被更广泛的涵义所取代，就是说，在学校廉洁教育的视域下，对廉洁的内涵要有一种广义的解释。

廉洁作为个体的德性品质，最基本的内涵有两点：一是物质东西使用上的态度，那就是节俭、节约的意识，行为表现上则是对物质财富包括各种资源的不浪费、对物质生活的不奢侈、日常生活中的合理消费等；二是在精神人格方面，追求清白正直的人格气节，不贪名利、不受贿赂、坚守法纪，同时还包括自立自强自尊自律的做人品格。但是从现代社会发展对人的道德要求来看，廉洁的内涵在上述两点的基础上还有很大的拓展，可以体现为多方面的内容。如，节俭的意识又与"勤奋"和"劳动"的观念相联系，因为后者将关系节俭意识形成的可能条件，如果没有勤劳道德观念和实际的行为支持，节俭的意识和习惯则很难形成。又如，正直的品格与诚实、平等、正义感、原则性、自律性相联系，廉洁应当包含上述内容。廉洁内涵的

拓展一方面是由于时代的因素，现代社会对人的廉洁不仅仅限于个人的洁身自好，更多体现在一个人对社会、对他人的道德态度上；另一方面，教育视野中的廉洁不是简单的评价对象，而是作用于教育对象的人格要素，因而教育中的廉洁不是孤立的美德，而是与多种道德要素相互渗透、相互作用的道德范畴，不能从狭隘的意义上去理解。从现代性的视角来概括廉洁，必须要梳理廉洁与相关概念之间的异同，才能确定廉洁的合时代性。由于"廉"不仅有"清"的涵义，更有"少"的意思在里面，所以古代伦理中的"廉洁"强调的是官员"两袖清风，一身正气"，推及之民间的是克勤克俭的美德，更多强调物质上的节省，甚至甘于清贫。但是在市场经济的今天，廉洁的合现代性即从现代生活的实际出发，承认廉洁并不否定对富裕美好生活的追求，廉洁也不意味着与市场经济中的合理消费相对立。倡导廉洁不等于提倡贫困，廉洁所提倡的节俭不反对人们合理的生活消费，不反对人们对美好生活的物质享受，廉洁反对的是消费过程中不必要的浪费。廉洁提倡勤劳、艰苦奋斗，让学生在勤奋中热爱劳动，培养劳动的观念，同时也使他们认识到物质财富、幸福生活来之不易。但是，廉洁要求的勤劳与艰苦奋斗并不是刻意地去使人们痛苦，而是在面对无法避免困难时具有承担困难的意志能力。市场经济条件下讲廉洁必须包含守法敬法的理念，这是现代社会廉洁的法度底线。

进行廉洁教育必须区分廉洁与廉洁文化。廉洁与廉洁文化当然是密切联系的，但两者还是有所不同。廉洁主要指人的德性，是个体自我养成的内在品质，而个体对廉洁领悟的水平、内化的程度、践履与否都可能是有差异的，因此廉洁教育不是拿廉洁的德性本身来教育，而主要指廉洁文化的教育。廉洁文化则是指廉洁知识化、社会化的形态，包括关于廉洁的知识、观念和理论，廉洁德性的行为表现，廉洁制度上的表现，廉洁伦理的社会性评价（如文学艺术中的廉洁形象、社会舆论中的廉洁评价），等等。廉洁文化与教育活动相吻合，在教育实践中才具有可操作性。廉洁教育其实质就是廉洁文化的教育。

廉洁文化教育并不限于学校，而是一项全社会的教育任务，家庭、企业、政府机构、社区都有廉洁教育的责任。但从教育学的视角来看，即使是同一样教育的内容，由于教育领域的不同，尤其是教育对象的不同，教育的目标、教育的方法和教育的手段都应有所不同。虽然学校与社会（企事业、家庭、居住社区、社团组织）在廉洁教育上有密切联系，相互之间还有彼此的依赖关系，也不乏教育上有某些共同点，但毕竟属于不同的领域，因此必须有不同的教育思路。这就需要我们从学校思想道德教育的特点，从在校青少年的身心特点和接受教育的可能性出发，从理论与实践的结合上探索学校廉洁文化教育的特殊性。

首先，学校廉洁教育与社会廉洁教育的针对性不同。勿庸讳言，廉洁教育是在国家反腐败的背景下提出来的，中共中央关于《建立健全教育、制度、监督并重的惩治和预防腐败体系实施纲要》正是出于与腐败斗争需要的战略举措。因此，社会上的廉洁教育尤其是与权力相关的组织，如政府部门、司法部门、企业的管理部门密切相关，其廉洁教育的针对性很明确，那就是针对腐败的问题进行思想道德教育。社会廉洁教育就是直面腐败现象，向人们敲响思想道德和法治的警钟，强化人们防范腐败的意识。

相对于社会，学校是一块净土。从学校教育对象——学生来说，特别是中小学生，基本上不存在腐败问题，他们的心灵还是比较纯洁的。因此，学校廉洁教育不能更多地引述社会腐败现象作为教育的案例。因为一味针对腐败的教育，可能产生相反的作用：一是容易产生以偏概全的错觉，把局部的腐败看作是社会的全部，影响青少年对社会的信心；二是青少年学生模仿性很强，很可能对腐败案中的离奇隐秘刺激产生好奇心，从而去模仿，就如青少年嗜看反暴力的电视片以后可能模仿暴力行为一样。因此，学校的廉洁教育应当着重对学生进行廉洁的正面教育。也就是说，学校廉洁教育的针对性要实事求是，针对学生的实际来进行教育，而不能把社会中什么东西都拿到学校教育中来。

其次，学校廉洁教育必须遵循学校教育的规律性。社会中的廉洁教育基本上是属于成人世界的，并且是在一个非学校环境中间断性地进行的。因此，社会廉洁教育本质上还是以法治型教育为主，即使道德意义上的廉洁教育也只能是舆论监督中的教育和自我良心省醒的教育。从某种意义上可以说，任何一个成人都是自我道德的教育者，廉洁教育也不例外。

学校廉洁教育则不同。第一，学校教育有明确的教育者与被教育者，在廉洁教育中，学生是教育的对象。不管现代教育理论如何强调学生的主体作用，在学校的教育关系中，学生始终处于教育对象的位置上。学生在学校教育中的特定角色，一方面是因为学生是处于成长中的人，到学校来就是为了寻求知识包括人生方面知识的，换句话说，就是来接受教育的。另一方面，处于学习过程中的学生需要有人传授知识和引导人生，由此而提出了教育者（教师）及其教育责任的问题。模糊教育者与被教育者的界限，则谈不上学校教育。第二，学校是一个知识文化传授的场所，本身就处在正规教育的环境中。学校教育有其自身合规律性的课程设置和教育安排，廉洁教育进校园只有契合于已进行的学校教育安排，其教育才是可行的。由此可见，学校廉洁教育与社会廉洁教育有很大的不同，了解和把握学校廉洁教育的特殊性是有效开展学校廉洁教育的前提。

再次，学校廉洁教育要根据学生的身心特点来设计。学校廉洁教育包括了大中小学，教育对象年龄跨度很大。因此，从廉洁教育的可行性和有效性出发，必须考虑学校廉洁教育对象的实际差异，根据青少年学生人生发展的不同阶段的不同特点，研究不同层次学校廉洁文化教育的目标层次、内容深度、表现形式、方法手段等，既要考虑各个阶段教育的侧重点和针对性，又要注重廉洁教育的连贯性，使之贯穿于学生在校的整个生涯。

三、荣辱观是学校廉洁教育的核心内容

从中央反腐败的战略来看，学校廉洁教育无疑是我国建立反腐预防体系的重要组成部分，因此反腐可以看作是学校廉洁教育的政治目的，学校廉洁教育服从于国家反腐败的整体目的。但是，如前所述，学生不存在直接的腐败问题，所以反腐的政治目的具体到面向学生的廉洁教育则需要转换，即转换为学校廉洁教育的直接目的。

学校廉洁教育的目的是培育学生廉洁观念，而教育的根本在于培育学生的为人之道，即着眼于学生道德品性的培育。廉洁是为人处事的美德，是做人的应守之道。学校廉洁教育的责任就是通过教育使学生从小懂得做什么样的人，认同廉洁，以廉洁为荣，使廉洁的观念深入到孩子们的内心中去，随着一个人求学层次的提高，各级学校不断强化学生的廉洁意识，使廉洁真正成为学生成长中的人格内容。需要指出的是，廉洁观念不仅仅是懂得廉洁的知识，知廉洁还只是外在的，尚没有成为人性的一部分，学校廉洁教育的目的是要把廉洁以及与此相关的德性走进学生们的心里，成为他们骨子里面的东西，成为他们抵抗社会诱惑的本性。学校廉洁教育从根本上说，就是教育和帮助青少年学生树立起正确的一系列人生价值观，其中最主要

的观念是人的荣辱观，所以，荣辱观的教育是学校廉洁教育的核心。

之所以将社会主义荣辱观作为学校廉洁文化教育的核心内容，除了出于国家政治导向之外，更重要的是荣辱观确实与廉洁教育有着极为密切的关联。

首先，荣辱观是青少年辨别是非善恶的标准，这是青少年能够接受廉洁教育的重要前提。为什么廉洁教育要以辨别是非善恶的荣辱观为基础呢？因为廉洁教育不是一般意义上的知性教育，而是带有强烈的价值目的性的教育。对于学生即教育对象来说，知道什么是廉洁虽重要，但更重要的是知道人为什么要"崇廉敬洁"、为什么要"拒贪斥污"。荣辱观以强烈的道德意向回答了廉洁对人的意义：廉洁品行是人的荣耀所在，而与贪欲相联系的思想行为则将给人带来耻辱。因此，只有在荣辱感受介入于廉洁教育之中，才能在一个价值多元化的社会里，提高学生辨别是非的道德能力，明白追崇事物的价值所在，才可能在内心建立起以廉为荣、以贪为耻；以俭为荣、以奢为耻；以勤为荣、以懒为耻；以自强为荣、以不劳为耻；以守法为荣、以违法为耻；以美为荣、以丑为耻的观念。

其次，正确的荣辱观是青少年抵制社会不良诱惑的精神力量。不难发现，现代社会充满着种种诱惑，学校的围墙无法阻挡不良社会力量渗入，因为学校与社会并不绝缘，学校也具有社会存在的种种问题，只是程度不同而已。所以，学校的学生也身处于社会诱惑之中，这些诱惑不同程度地侵蚀青少年稚嫩的心灵。要使青少年学生增强抵抗社会诱惑的力量，则需要在廉洁教育中加强社会主义荣辱观的教育，因为正确的荣辱观是人们产生精神抵抗力的道德源泉。荣辱观念特别是耻辱心是人内心深处十分强烈的道德情感，与人的尊严甚至生命相联系。古人云："士可杀，不可辱。"以此可看到耻辱的力量。培养青少年的知耻心是非常重要的，知耻能使人的意志变得坚强，所谓"知耻近于勇"，强烈的耻辱感促使人产生极大的勇气去抵挡不道德的诱惑，克服不健康的心理欲求，而且勇于去做道德荣耀的事，哪怕困难重重也无所畏惧。

再次，正确的荣辱观是培养做人德性的基础。学校廉洁教育从根本上是为了培养学生良好的道德品性，教育他们学会做真正的人。而做人的底线就是人的耻辱心。古人认为，羞耻是人性的重要体现，也是区别人与非人的标准："无羞恶之心，非人也。"有耻是做人的基本价值，无耻则失去了人的价值。廉洁做人的德性有很多，而有耻是人求德的第一步，也是守护人之为人的底线。一旦无耻，人心就像溃坍的堤坝，胆大妄为，什么不道德的事都敢做，甚至践踏法律。当然，耻辱的内容与感悟也是有时代差异的。就今天而言，社会主义荣辱观是当今时代培育人之耻的社会尺度。

以上论述皆已证明社会主义荣辱观在学校廉洁教育中的重要性。社会主义荣辱观不仅是学校廉洁教育的核心内容，而且应当贯穿于学校廉洁教育的全过程。

环境道德及其教育问题*

一

环境作为一个道德问题的提出，是近十年来的事情。过去道德只涉及人与人的关系，未及人与自然的关系。对于人来说，自然环境只是作为人类活动的空间条件或满足人类目的的手段而存在。长期以来，在人们的观念中，人与自然环境的关系是改造与被改造的关系。人是改造的主体，自然环境是被改造的客体，主体的人根据人类生存和发展的需要，通过劳动来作用于自然界，改变它的面貌，创造有利于人类生活的自然环境和人类需要的物质财富。同时，人类主体的力量通过改造自然环境的客体而体现出来。

但是，当人类按自己的愿望，利用人类智慧制造的工具和各种手段，无限制地开发自然，在展示人类智慧力量并产生辉煌成果的同时遭到自然的报复，产生了环境问题：沙漠化使绿洲的面积缩小；洪水肆虐，灾害频频；江河湖泊断水枯竭；水体大气污染，危害人体健康；等等。自然界向人类亮起了红灯。正如恩格斯所指出的："我们不要过分陶醉于我们对自然界的胜利。对于每一次这样的胜利，自然界都报复了我们。"①

环境道德提出了重新审视人与自然的关系，提出了如何对待环境的问题。反思过去的环境观念，那种"以人类为中心"，把自然仅仅看作被改造对象的观点显然是片面的。那种观念错误地把人与自然的关系对立起来，忽视了人类所无法改变的自

---

* 余玉花.环境道德及其教育问题［J］.社会科学，1999（11）：51-54.

① 中共中央马克思恩格斯列宁斯大林著作编译局.马克思恩格斯选集：第3卷［M］.北京：人民出版社，1972：517.

然生态发展变化的"客观规律",因而也忽视了自然环境存在的道德价值。现在转变人对自然环境的态度,就要树立"人是自然之友"的新观念,重建人与自然环境的新关系。从伦理方面来看,应该在道德的意义上建立人与环境的关系,那就意味着道德关系不再局限于人与人之间,而必须扩展到自然领域,人应该善待环境,人同样对自然环境负有道德责任。

正是基于这样的认识,从 20 世纪 70 年代起,国际上兴起了环境道德的潮流。20 世纪 80 年代开始的可持续发展的研究,进一步推动了环境道德的理论研究和实践推广。可持续发展理论从跨时空视角,把发展的理论建立在环境伦理的基础上,提出了人类在发展中不仅要讲究经济效率,而且要关注生态平衡和社会公平。具体说,在空间上,要实现人口、经济、社会、资源和环境等五大要素的协调发展;在时间上,既要考虑当代人发展的需要,又要考虑后代人发展的需要,不以牺牲后代人的利益来满足当代人的利益。可持续发展的理论深刻揭示了人与自然矛盾上所蕴函的人类代际关系,从而确认人与自然的伦理关系,肯定了环境道德对人类发展的重要意义。

二

我国改革开放以后,受国际潮流的影响,学术界开始关注生态伦理,进而产生了中国环境道德理论。我国环境道德的产生最早与生态学研究有密切关系,科学家们从生态系统的平衡性要求出发,呼吁人类的道德关怀应当普及到自然界,建立合理开发自然、满足生态平衡的伦理秩序。而进一步引起人们对环境问题普遍重视的是由于经济发展所带来的环境污染和生态破坏。我国在 1994 年编制的《中国 21 世纪议程——中国 21 世纪人口、环境与发展白皮书》从发展的角度回答了如何对待环境的问题。可持续发展观本身也已经内涵着最基本的伦理要素,即合理地处理人与环境关系的问题。

环境道德所涉及的方面很多,其基本职能主要有三方面:一是揭示人与自然之间的道德关系,帮助人们改变对自然环境的传统观念,认识环境的道德价值,建立人与自然环境和谐发展的道德关系;二是探讨人对环境的责任,明确人在自然界中应扮演的角色,以及人对环境行为所承担的权利和义务;三是确定环境道德价值目标，制定人类对待环境的行为规范，以调节人与环境的关系。

环境道德的目标是为了保护人的生存和发展，因而环境道德建设正越来越受到全世界的重视。然而，不可否认的是，环境道德建设尚未引起我国广大民众的充分注意，人们的环保意识还相当薄弱，破坏生态平衡、污染环境、浪费资源的行为依然屡禁不止。造成这种现象的原因是多方面的。其一，经济利益的诱惑。自然资源、自然环境是人们从事经济活动获得经济利益不可缺少的条件，尤其是现在，随着自然资源的减少，越是天然的东西越是珍贵，越能获得丰厚的收益（如原木、野生动物等）；利用天然环境可大大减少生产成本（如向天空、江河湖海排污等），人们为了追求眼前的特殊经济利益，顾不得对环境可能造成的破坏。其二，环境影响的间接性、非即时性所致。就个体人们对环境的破坏性利用而言，总是局部的、少量的，这种破坏所造成的严重性往往不是即时即地就能反映出来。如黄河上游对森林的砍伐，当地人当时并没有感到对他们的生活有什么不利的影响，甚至认为这是摆脱贫困、走向富裕的捷径。但是，这种破坏性的砍伐行为导致黄河中下游的断流和洪水暴发。正因为环境破坏所造成的不良后果不是当事人即时即地所能感受到的，也就难以产生环境保护的紧迫感，更谈不上形成自觉保护环境的道德意识了。其三，长期形成的陋习使然，这在个人的不良行为中尤为突出。现实生活中不讲环境卫生的习惯是长时期形成的，没有强有力的道德自觉性是难以克服的。其四，观念问题。与环保相悖的观念有如下几种：一是过去"人定胜天"观念的影响，仍把自然视作人类征服的对象，这种观念所产生的结果是无节制地开发自然，造成对环境的破坏。二是环境无偿论的思想，认为使用环境最为经济的，谁都可取用，不用白不用。三是环境与己无关的思想。虽然现代人也希冀生活在良好的环境里，但总认为环境的好坏是政府的事情，不是个人所能左右的。现实中有这样的现象：自己家里干净无比，对周围脏乱环境则视而不见、无动于衷。

环境保护是一个世界性的新课题，对于中国广大民众来说还比较陌生，人们甚至还没有意识到环境问题的严重存在。据国家环保总局 1998 年所做的一项调查表明，我国大多数人对环境问题不太重视，只把它列为"中国面临的问题"的末几位，有将近 30％的人认为我国环境污染"不太严重"和"没问题"。由此可见，中国正面临着环境教育的严峻局面，必须开展一场环境保护的启蒙运动，大张旗鼓地进行环境道德的宣传教育，使环境问题家喻户晓，让环境道德深入人心。

（三）

环境教育作为世界性的课题，有许多问题值得人们研究，如教育的对象、教育的性质和形式、教育的方法和途径，等等。

对中国来说，环境教育的任务是全民性的，而不仅仅是针对青少年的。环境教育固然要从小抓起，但如果本身负有教育责任的人，如家长、孩子敬佩仿效的对象等缺乏环境意识，那将造成对青少年教育的事倍功半。另外，环境问题的紧迫性不能等待孩子们长大以后再解决，必须从现在做起。那就意味着所有的成人都应该是环境教育的对象。据报道，目前我国公民的环境意识"老不及少"，青年不及少年儿童，中年人不及青年人，老年人不及中年人。这说明对成年人的环境道德教育更为重要。

正因如此，环境教育不能局限于学校教育，而应是社会性范围的教育。我国目前主要通过大众传播媒体进行环境教育，例如世界环境日的报道、严重破坏环境事件的曝光等。这确实不失为环境教育的良好途径，但仅限于此还是不够的。这里还有一个教育观念转变的问题。传统教育通常被理解为教育者传授、受教育者被动学习的过程，而现代教育则日益成为受教育者主动学习的过程。当人们没有意识到某个问题的时候，或者没有意识到某些问题是与自己相关的话，是不可能产生学习兴趣的。教育重在激发人们的学习兴趣，并提供学习的内容和条件。尤其是社会性的环境教育，不可能有学校系统的学习督导机制，那就更要注重教育的激发力，发挥学习者的主观能动性。环境问题对所有人的生存和生活质量都有利害关系，只要引导得法，必定能引起大家的关注。

如果说现代教育的特点是主动性学习的话，那么，全民性环境教育的要求就是参与性。环境教育的根本目标是动员全体民众都来关心环境、爱护环境、保护环境，这一目标本身就包含着参与的要求；而广大群众也只有在参与环保的过程中，才能学到他所应该学习的。例如，全民卫生活动、绿化活动、家园建设活动、环境知识竞赛、走进大自然、保护母亲河等有组织的环保活动使群众在参与的过程中得到难以忘怀的教育，根本不需要说教，参与就是学习，活动本身可以传导很多知识性的信息，并且教育人们什么是应该做的，什么是不应该做的。但动员民众参与环保活动也需要精心策划和组织。这种组织活动不单单由政府、学校来承担，可以发挥多方面的积极性，大众传播媒体、群众团体甚至商界企业也可以承办，而城市社区和农村村落组织这类活动可以达到最大的参与面和最好的教育效果。

四

环境教育从根本上说是人的素质的教育。早有明智人士指出，人类所面临的生态环境的危机在一定程度上是人本身的危机，是人类没有发展自身的素质和能力，听任蕴藏在自身内部的各种巨大潜能休眠的结果。因此，只有提升人类的自身素质，包括科学文化素质和道德素质，才能解决人与自然的矛盾。环境教育必须着眼于人的素质的提高，这是无可争议的。当然，环境教育更直接的目的是保护环境。因此可以说环境教育的目标有两个，即提高人的素养和加强环境保护。这两个目标是有内在联系的。其中人的素养是最根本的，是实现环保必不可少的主体条件，因为只有通过素质教育才能提高人的环境道德意识，并最终达到保护环境的目的。当前要注意的是，在提升环境价值的呼声下，出现将人和环境双重主体化的倾向，诸如动物权利论、生物平等主义以及生态中心论等。环境教育要避免那种否弃以人为目标的做法。尽管环境道德提出了环境的道德价值，要人们对自然环境倾注爱心和善良，但这一切是通过提高人的价值，即提高人的道德素养才能达到的。从另一方面来看，在全球环境变化，人的生存发展遭到严重威胁之时，环境道德素养应是当代人必具的素质之一，环境教育的使命就是促使人们尽快形成和完善这样的道德素质。从这种目的出发，环境教育的内容可以从两方面展开。

第一，环境科学知识的教育。这可以说是具有启蒙意义的。现实生活对环境所造成的破坏绝大多数出于对自然环境的无知。对于大多数人来说，环境只是自在的物质空间，是人类生活不可缺少的条件，人类世代就是从自然中获取生存所需要的东西而延续下来的；他们认为自然界宏大无比，足以提供人类所需要的一切，至于对人类向大自然进军会产生什么样的后果则一无所知，或者只凭经验知道一些肤浅的表面现象。对自然科学的无知造成人们环境意识的缺失。因此，为了培植人们的环境意识，环境教育首先要把现代科学和环境知识作为教育的基础内容，以此来提高人们环境科学的素养。

生态学和系统论等自然知识是人们建立环保意识的知识源泉。现代生态科学能够向人们提供地球生物圈的知识，揭示人与自然环境相互作用的生态规律。马克思说："不以伟大的自然规律为依据的人类计划，只会带来灾难。"① 学习了解自然规律，能够提高遵循规律办事的自觉性，减少盲目性，避免违背规律的行为发生。生态平衡的理论则告知人们，自然生态是一个具有自我组织的复杂系统，这决定了它的变动带有整体牵连的特点，局部物质或能量的过分缺失，会"牵一发而动全身"，导致生态系统失衡、倒退乃致崩溃。其结果危及的是人类的生存发展和生活质量。通过学习科学知识，能帮助人们了解建立生态文明的意义，增强资源节约意识、环境保护意识、节制生育意识。如果我国广大的民众懂得一些生态学和系统论的知识，就会大大降低对环境的破坏程度。

第二，环境道德方面的教育。人的环境素养是一个综合性的质量指标，环保知识是其基础，环境道德则是核心。具备环保知识当然是人们树立环境意识、选择环保行为不可缺少的前提，但是仅仅掌握环保知识还是不够的，没有道德上的指导，人的行为就不一定规范在环保的主题内。因为人们对环境的滥用还由于经济利益的原因。在市场经济情况下，人们进行经济活动时，效益是其追求的首要目的，同时，所有的"经济人"还面临着激烈的市场竞争，只有低成本和高效益才能使其在竞争中取胜。正是在经济利益的驱动下，人们竞相开发"免费"的自然资源，因而引发环境灾难。从伦理的角度看，人们利益之争所造成的与环境的冲突，涉及的是个人或个别企业的利益与社会公共利益的关系。经济行为过分急功近利，只顾及眼前利益、本位利益，而不顾及社会整体利益和长远利益，是不符合现代伦理要求的。环境伦理并不反对人们对环境的经济利用，但认为无论是资源还是空间环境都是有限度的，对其的利用都应以资源的再生和环境的自净或良性循环的可能为前提，并着眼于人类的长远发展。这就是说，从事经济活动的人们应当具有这样的环境道德观念，使用环境时应当兼顾眼前利益与长远利益、个人局部利益与社会整体利益，保证自然环境长期持续地造福人类。当然，环境道德观念不限于利益方面的合理理念，还包括对自然环境应有价值的肯定和尊重，热爱自然与亲和自然的道德态度，以及保护自然、维护生态平衡的道德责任感等。而环境教育正是为了促使人们培植和形

① 马克思，恩格斯.马克思恩格斯全集：第31卷［M］.北京：人民出版社，1972：251.

成环境道德观念。

　　环境道德教育除了环境道德观念上的培植之外，还需要行为规范上的指导。现实告诉我们，人们的环境道德素养与他们的行为习惯有密切关系，比如生活中不讲卫生的行为习惯、大手大脚浪费资源的行为习惯，以及各种损坏环境的行为习惯。要提高人们的环境道德水平，道德教育应当帮助人们扭转上述不良行为习惯，指导人们养成符合环境道德要求的良好习惯。

和谐社会构建过程中的思想政治教育*

构建社会主义和谐社会是我们党在关键时期提出的事关全局性的一项重大任务。毫无疑问，构建和谐社会涉及社会发展的各个方面，是一项系统性的工程。在这个系统的运作中，思想政治教育处在一个什么样的地位？思想政治教育对和谐社会的构建能起何种作用？思想政治教育如何适应和谐社会的需要而有所作为？这是思想政治教育研究者必须探讨和回答的新问题。

一

构建社会主义和谐社会思想的提出是我党对新时期社会发展趋势的科学认识和合理构想，也是我党对马克思主义社会观的理论创新。但是，对这个问题，党并没有停留在社会理论的层面上，而是把它作为执政党在现时期需要实践的重大课题提出来，从这个意义上看，构建社会主义和谐社会可以说是党治国执政的目标之一。作为执政党的政治任务，构建社会主义和谐社会应当成为党和政府各级组织必须贯彻执行的行动原则和工作目标，同样也应当成为思想政治教育的工作目标。但是，宏观的理想性的目标与特定领域工作目标还是有距离的，如果两者之间缺乏内在联系的话，理想目标很可能成为没有实践内容的口号。因此，必须研究思想政治教育与社会主义和谐社会之间的联系，探寻思想政治教育在和谐社会构建过程中的功能地位，使思想政治教育能对和谐社会的建设具有实质性的意义。

＊　余玉花.和谐社会构建过程中的思想政治教育［J］.思想·理论·教育，2005（07）：4-7.

从社会学的视角来看，构建社会主义和谐社会是对社会结构要素、社会发展要素、社会利益要素进行合理的再组合，使之达到平和、协调、衡度和共富，避免社会发展中的失衡片面无序和对立。构建和谐社会无疑将关涉到社会的方方面面，与经济、政治乃至精神文化都有密切关系，可以说，构建社会主义和谐社会是一个宏大的系统性社会工程。在这个社会系统工程中，思想政治教育应作何种定位？首先要指出的是，社会主义和谐社会的构建并不是一种独立特行的活动，而是与其他社会性的活动相互依撑、互为因果、齐头共进的。正如胡锦涛同志所指出的，"构建社会主义和谐社会同建设社会主义物质文明、政治文明、精神文明是有机统一的，要通过发展社会主义社会的生产力来不断增强和谐社会建设的物质基础，通过发展社会主义民主政治来不断加强和谐社会建设的政治保障，通过发展社会主义先进文化来不断巩固和谐社会建设的精神支撑，同时又通过和谐社会建设来为社会主义物质文明、政治文明、精神文明建设创造有利的社会条件"①。和谐社会与三大文明的有机统一不仅仅在于建设之中的互为条件，而且在建设结果上互为印证。对三大文明的考查可以发现物质文明、政治文明和精神文明诸文明都有一个共同的特点，即都具有和谐社会构成的实体要素和表征。也就是说，上述文明活动与活动的结果都可能是和谐社会的组成部分，而且相互之间具有某种直接性。与此不同，思想政治教育不是组成社会要素的实体性活动，即非实体要素的社会性活动，不能从社会的要素成分中直接体现自身。思想政治教育这一特点提出了思想政治教育在和谐社会构建系统中的功能定位问题。

在一个社会里，实体要素的社会性活动是构成某种社会的基本元素，是社会发展的主要内容，但是这并不意味着非实体要素的社会性活动对社会发展是无足轻重的。事实上，缺少了思想政治教育这样的非实体要素的社会性活动，不仅实体要素的社会性活动要受到影响，而且社会发展本身则难以达到和谐。例如，物质文明活动如何贯彻社会和谐的指向？这是带有自发性特点的物质性活动自身难以解决的，必须要借助于思想政治教育，将以经济活动为主要内容的物质性创造活动导入文明有序的轨道。又如，政治文明和精神文明活动虽然是自觉性的活动，但是由于这两类活动具有强烈的目的性特点，使其活动的取向呈现出纷繁不一的态势，尤其在市

---

① 胡锦涛.在省部级主要领导干部提高和构建社会主义和谐社会能力专题研讨班上的讲话［N］.人民日报，2005－02－20.

场经济和现代化的条件下，价值观的多元化是不争的事实。自然，不是所有的价值取向都符合社会和谐的要求，有些价值取向甚至与社会和谐要求完全相悖，这就需要思想政治教育发挥整合的作用，引导各种价值追求不偏离主流社会和谐价值的导向管道，在异中求同，以正压邪，消除各种不和谐的因素，确保社会和谐的发展。由此可见，思想政治教育虽然只是非实体要素的社会活动，但其对社会实体要素活动的积极影响是客观存在的，从而也证明了思想政治教育对于构建社会主义和谐社会的价值意义，即社会主义和谐社会的建立离不开思想政治教育的社会性活动。

但是，思想政治教育在和谐社会构建过程中究竟处在一个什么样的地位，其对和谐社会的功能价值如何才能体现？顺着前述的思路，一方面必须承认，思想政治教育属于非实体要素的社会性活动，思想政治教育活动本身不能直接体现社会结果，也就是说，在结果形态的和谐社会里直接看不到思想政治教育本身的痕迹，因为思想政治教育的价值已经转化为实体要素的社会性活动。另一方面也要看到，在社会主义和谐社会的构建过程中，思想政治教育不仅是需要的，而且是显性的社会化活动，有其独特的社会功能和表现形态。概而言之，思想政治教育在社会主义和谐社会的构建中具有转换性的功能。具体说来，第一，将党关于和谐社会构建的思想转化为实体要素的社会性活动之中。众所周知，任何实体要素的社会活动都是人的活动，三大文明的创建活动也不例外。虽然社会各类文明活动都有其自身特殊的活动规律，但由于人的参与和主导，客观上社会文明活动都存在主体性的倾向，问题在于主体性倾向的内容、内容的来源和如何发生。思想政治教育则是要通过自己的工作，也就是实施人的思想政治教育，将党构建和谐社会的思想转化为活动者的思想，进而转化为社会文明活动主体性的指导倾向，使构建社会主义和谐社会真正贯注于社会文明活动之中。第二，在三大社会文明之间实现和谐社会思想的传递和转化。"和谐"不是事物独立型的状态，而是在事物的联系互动中体现出来的。三大文明之间本身也有一个联系互动、和谐发展的问题。如在经济活动中如何导入精神理念的问题，又如精神文明的创建不能脱离实际物质条件并能够满足现代经济的发展要求等。然而，如何实现相互的沟通和支持？当然有很多的办法和途径，但从我国现实的情况来看，思想政治教育是最普遍而有效的方式。也就是说，三大文明之间的信息沟通和互助要求，大多是通过思想政治教育获得传递，从而促进三大文明之间的和谐发展。

上述对思想政治教育在构建社会主义和谐社会中的功能地位的探讨是在我国追求和谐社会的大框架内（主要是与三大文明的关系）思考的结果，是对思想政治教育的社会功能地位的事实认定，既不夸大思想政治教育在构建社会主义和谐社会中的功能地位，也要看到思想政治教育具有无其他可代替的独特价值。当然，思想政治教育对和谐社会的作用远不限于上述，事实上，思想政治教育对和谐社会的作用是多方面的。

第一，思想政治教育为社会主义和谐社会的建设提供思想政治保障。这个问题可从两方面来理解：其一，正确传释党构建社会主义和谐社会思想的政治内涵。和谐社会从其字面上来看，是一个国家追求的社会目标，但在我国，构建社会主义和谐社会也是党的政治目标，因此和谐社会的提出具有深刻的政治意义。对我党来说，提出构建社会主义和谐社会表达了党的执政意图，党的执政意图与广大民众对社会的期望是一致的，从一定意义上说，和谐社会要求提出的本身是代表和体现最广大人民群众的意愿和利益，因而也能为广大群众所接受和拥戴。这是党执政的政治基础，也是和谐社会构建的政治保证。但是，这一政治价值意向需要阐释和表达、宣传和告知。党正是通过党的思想政治教育的工作机制和教育管道，使构建社会主义和谐社会的政治内涵以及党的执政意图得到正确的阐发，使关于社会主义和谐社会构建的思想家喻户晓、深入人心。其二，积极有效地进行社会主义和谐社会的价值导向，使社会主义和谐社会的思想成为社会大众追求的理想信念。社会主义和谐社会的思想说到底是我党提出的社会价值观。这一价值观的提出自然有其科学的依据和伦理的价值。首先，经过20多年的改革开放和现代化建设，我国已经初步具备了建设和谐社会的物质基础和其他各种社会条件。这说明和谐社会的提出有其现实的客观根据，也是建设和谐社会的信心之源。其次，经济的快速发展同时也产生了不少社会矛盾，包括社会各阶层的收入差距的拉大而出现的社会不平衡、开发自然能力的提高加剧了人与自然的紧张度、现代化与社会风险的同步引发了不安全感、民主的进程与权力的竞争成为政治冲突的焦点等，这使消解社会矛盾的理念即和谐的理念必然成为社会主导的理念，是满足人们伦理需要的理念。特别要指出的是，在当前社会存在各种各样价值思潮的情况下，党关于和谐社会价值观的主导显得分外重要。但是，党关于和谐社会的价值观真正能够在社会发展中起主导作用，则需要社会广大民众认同和谐的价值观，并能转化为自我的价值理念，使之落实在行动中。而价值认同和观念转化的工作很大程度上依赖于思想政治教育的有效性，特别是社会主义和谐社会理想信念教育的有效性。

第二，思想政治教育为社会主义和谐社会的建设创设良好的政治环境。和谐社会的建设需要多方面的条件，良好的政治环境则是其中不可缺少的条件之一。当然，良好的政治环境本身有丰富的读解，思想政治教育也不可能解决所有的问题。如政治制度的建设和改善则是良好政治环境的一部分，但这归属于制度改革的范畴，不属于思想政治教育的工作对象。思想政治教育在创设良好政治环境中的作为，主要作用于人的思想教育工作来达到的。当前，和谐社会建设所需要的政治环境就是稳定的政治环境。"稳定压到一切"是对稳定重要性的注解。① 一方面，和谐社会必定是一个政治稳定的社会，政治稳定是和谐社会的标志之一；另一方面，和谐社会的建设必须要有稳定的政治与社会秩序。中国近代之所以落后于世界，经济社会的落后固然是招致挨打的根本原因，除此之外，战争与政治动乱也是其中的原因之一。历史警示我们，动荡不安的政治环境不仅没有社会的和谐可言，甚至连追求和谐的机会都不存在。正因如此，中央把稳定看作是中华民族走向复兴、走向和谐社会的必要条件。当代中国经济的发展带来的国家腾飞举世瞩目，但是遏制中国崛起的声浪也不绝于耳，加上国内发展进程中带来的种种矛盾，客观上存在不稳定的因素。因此，思想政治教育的使命之一，就是通过深入细致的思想工作以及各类政治教育活动，确保稳定大局，为社会主义和谐社会的建设创造良好的政治环境。

第三，思想政治教育为社会主义和谐社会创造和谐的条件。前已论及，当前中国社会存在着诸多矛盾，包括人与社会集体、人与社会他人、人与自我的矛盾，其中人际之间的矛盾特别复杂，这些矛盾的存在或处理不当，都可能引发社会的不安定，影响和谐社会的建设。思想政治教育主要是培育人的工作，在育人的过程中，可以化解各类与人相关的社会矛盾，创造社会和谐的条件。思想政治教育化解社会矛盾的作用是通过其特有的教育方法和途径来实现的。如思想政治教育特有的耐心

---

① 中共中央文献编辑委员会.邓小平文选：第 3 卷［M］.北京：人民出版社，1993：284.

细致的说服工作、循循善诱的疏导工作、热情合理的调解工作去化解教育对象之间的各种矛盾。当然，强调和风细雨的教育方法是化解各类矛盾的主要方法的同时，并不排斥其他的包括强硬的教育方法。例如，主持正义的批评教育的方法，为了抑制邪恶，甚至采取必要的惩罚手段等。由于这些方法和手段都着眼于"育人"，因而都可能有效地化解人的矛盾，达成和解与和谐相处。

三

构建社会主义和谐社会对于思想政治教育来说，不仅仅在于思想政治教育对和谐社会的建设能产生多大的作用，更在于思想政治教育本身如何适应和谐社会建设的要求。也就是说，思想政治教育也有一个理念转变的问题，即根据和谐的理念来设定思想政治教育的目标，不断改进思想政治教育的内容和方法，提高工作效率，以满足社会主义和谐社会建设的需要，真正发挥思想政治教育在和谐社会建设中的作用。

首先，确立人与社会和谐发展的教育理念。思想政治教育的目标在于人的发展，但是如果人的发展脱离社会的要求，则本身不符合社会和谐的要求。人与社会和谐发展有两层涵义：一是强调人与社会发展具有目的的一致性。过去的思想政治教育虽然也承认人与社会的一致性，但教育过程中更多看到的是两者的矛盾性（不可否认，人与社会的矛盾性是永远存在的，社会和谐的过程也是一个不断解决矛盾的过程），而忽视一致性的方面。在矛盾性为主的教育理念之下，教育的过程往往在对立的思维中展开，其结果很容易引起教育对象的反感，产生对立情绪，与教育初衷适得其反。其实，在个人与社会的关系、个人与社会发展要求上，既有矛盾的一面，亦有一致的方面，一致的方面即是和谐的方面。思想政治教育要善于发现人与社会和谐一致的方面，肯定人与社会和谐一致的发展意义，以和谐的思路引导教育对象去理解个人与社会的关系。二是强调人与社会和谐发展的教育价值。过去的思想政治教育往往忽略和谐的教育价值，更多主张思想斗争的教育方法。把"和"理解为不讲原则、和稀泥或教育软弱的表现。其实这是对和谐的曲解。如前所述，人与社会的和谐主要指两者的一致性。从人的接受心理来看，人们通常乐于接受和谐一致的关系解读，这也为化解矛盾铺垫了良好的思想基础，为矛盾的解决提供了可能性。

可以这么说，以和谐一致为基础的教育方法去解决思想政治领域的各种矛盾可能会产生更好的教育效果。

其次，提高思想政治教育的"和谐"度。在一个大力倡导和谐的社会里，作为承担推进社会主义和谐社会构建任务的思想政治教育本身是否也有一个和谐的问题呢？答案不言自明。对于思想政治教育自身和谐的问题，确实值得反思。长期以来，思想政治教育给人一种高高在上、居高临下的感觉，一种空洞说教的印象，似乎与社会现实、与教育对象隔了一层，显得不太贴近、不够融通。虽然对思想政治教育这类的感觉与印象也存在着某种偏见，但客观而论，上述评价也非空穴来风，在思想政治教育领域和教育过程中确实存在着令社会感到不和谐之处，例如陈旧的教育内容、背离教育对象发展要求的思想灌输、为满足某种形式的需要而进行的形式主义教育等。产生这些问题的原因很多，既有历史上"左倾"政治造成的遗患，也有政治与教育体制不尽合理的因素，既有社会对思想政治教育的偏见而带来的某种对峙，也有本学科领域的学术素养、教育素养的水平问题。除去各种外在的原因，思想政治教育应反观自身，探讨如何提高思想政治教育与社会的和谐度。对此，笔者以为，提高思想政治教育的和谐度固然关涉诸多方面，而最直接可行的方案是中央提出的"三贴近"要求。因为只有贴近生活、贴近实际、贴近学生（教育对象），才能发现思想政治教育与社会现实的共同点，了解教育对象全面发展的实际需要，从而找到思想政治教育的契入口，在此基础上设计思想政治教育的可行性方案，使思想政治教育能够真正满足社会与人发展的需要。问题在于思想政治教育"三贴近"的要求不能流于形式，而应成为有效果的教育行动。

再次，架构思想政治教育和谐体系。思想政治教育内在的和谐性是思想政治教育获得有效性的重要条件。我国思想政治教育是个大系统的德育概念，包括学校教育和社会教育两大块，在每一大块内又有若干个教育子系统。以学校教育为例，按教育对象的学历层次来分，有基础德育（中小学德育）、职业学校德育和高校德育。在每一层次德育中又有不同教育形式的分工。如在高校德育系统中，有思想政治理论课程的德育，有专业课中的德育，还有学生管理中的德育等。如果思想政治教育各个子系统之间缺乏必要的联系、和谐一致的教育指向，以及合理互动的教育支持，则不可能产生有效的教育结果，甚至会消解德育的教育影响。长期以来，基础德育与高校德育的内容选择与衔接问题一直没有得到很好的解决，以致造成学生对德育接受的疲劳感，不仅使德育声誉受损，而且使德育的目的和效果打了折扣。高校专业课教育与思想政治理论课的不和谐也是影响德育效果一个问题。应该说，这些问题已经引起中央高层的重视，在党的十六号文件中提出了全员育人的德育要求，但是具体落实还需要研究。其中要研究的一个重要课题是：如何整合思想政治教育各个子系统，克服德育子系统之间的不和谐，以内在的教育和谐形成思想政治教育的合力。

简论干部道德观教育[*]

要贯彻"以德治国"要求，一个重要任务就是加强干部道德建设、干部的道德素质如何直接影响到社会道德风气，并直接关系到治国的效果。因此，以提高干部道德素质为目标的干部道德建设就显得分外重要，而加强干部道德建设的起点应着眼于解决干部的道德观问题。

当前，干部队伍中存在的种种问题，特别是群众最为痛恨也是对党和国家危害最大的腐败问题，固然是由多种因素造成的，包括干部管理体制的缺陷、选拔干部机制的不完善等原因，但就干部本身而言，是道德素养下降、道德品质堕落所致，而其深层的原因是干部道德追求，即道德价值观念的问题。一些干部之所以利用职权侵吞国家和人民的财产，或者对群众的疾苦视而不见、冷漠无情，是因为这些人追求的是"当官做老爷""权即钱"的道德价值观。在这种道德价值观念的支配下，其行为指向必然是官僚主义、以权谋私。

在干部道德建设问题上，有的同志注意到体制优化的环境作用，这无可非议。干部管理体制改革、合理的干部流动机制都是必要的，亦是改革的重要内容，在一定程度上能够遏止不道德行为的发生，但如果把干部道德素质的提高仅仅寄托在体制的优化上就会陷入"一点论"。体制、环境的好坏对人的道德品质会产生重要影响，但不是决定性的。今天，虽然干部队伍中出现了一些腐化堕落分子，但也不乏品德高尚、为人民和国家鞠躬尽瘁死而后已的好干部。他们生活在同样的体制下，为什么道德品性竟有如此大的差别呢？这说明单从体制去看问题是不够的，还要考虑道德主体的价值选择，是主体道德意向、道德信念使然。这是其一。其二，过于

---

* 余玉花.简论干部道德观教育［J］.党建研究，2002（06）：35－36.

强调体制因素则可能给行为不道德者找到为自己辩解的依据，事实上有些人正是以体制不完善、社会环境不好来开脱自己的不道德行为，抚慰由此而产生的不安心理。其三，体制改革、环境优化需要一定的时间，我们不可能坐等体制优化而使干部道德水平自然上升，况且人的道德品质也是不可能自然而然地形成和提高的。其四，以唯物辩证法的观点来看，任何一种体制都可能存在缺陷和漏洞，要充分发挥好体制的作用，关键还在于人自觉配合制度的要求。如果没有人的道德自觉，好的制度也难以发挥其作用。以法为例，这是制度性的行为规范。迄今，我们已经建立了一整套法律制度，涉及社会生活的方方面面。但是，为什么还是有人敢于以身试法呢？一方面是制度有漏洞，有可乘之机，人的侥幸心理作祟；另一方面是贪婪无度、迷恋声色的人生追求使他们伸出了肮脏的手。可见，仅靠法治是不够的，还需要德治的渗入，德法并举。由此，我们可以看到加强干部道德观教育的重要性。

干部道德建设的目标是从整体上提高干部道德素质，这也需要把干部道德观的教育放在重要的位置上。在人的道德品质的结构中，道德观（道德意识）居于前导和支配的地位，情感、意志、及至行动皆由观念引导所致。道德情感，例如人的同情心、羞耻心总是在一定认识基础上形成的。道德意志，即人的品格中的坚韧性、抗诱惑性的道德力量，也不是天生自发的，而是形成信念的道德观支持的结果，没有道德信念的支持，意志也会崩溃，决不可能持久。至于道德行为，更是道德观指导的结果。因为道德行为是主体自觉的行为，具备自觉性才体现为"实践精神"。这里要注意把道德上的"知"与道德观区别开来。道德上的"知"对于道德观的形成必不可少，但不等于道德观念。"知"未必导致行，而道德观才是促使道德行为产生的向导。因为"知"只是外在的明白某种道理，不一定包含自我的道德要求，道德观则进了一步，是把"知"提升为自我要求，成为一种内在的道德追求，并且体现在日常的道德行为中。

社会主义市场经济条件下干部应具有什么样的道德观？联系道德观的体系性要求和现实生活中的突出问题，我以为当前应强化以下道德观念教育。

第一，官即民的平民观念。这是道德平等观念对干部的要求。社会主义市场经济，无论是社会主义的本质，还是市场经济的特性都提出了人际平等的道德要求。平等对群众来说是争取的道德目标，对干部来说是应该实践的道德要求。但由于我国有上千年的封建历史，"官本位"的影响还未肃清，有些人一走上领导岗位，便端出了官架子，自以为高人一等，吃五喝六，不把群众放在眼里。"官本位"不仅是一种等级观念，而且包含着"升官发财"的思想。有的干部一旦看到别人的收入高过自己，心态就不平衡，就想方设法捞横财。可以说，"官本位"是干部腐败的一个道德根源。摒弃"官本位"的有效方法莫过于倡导平民观念。平民，平等公民也。社会主义社会公民人人平等，干部也是公民，没有高人一头之说。相反，干部还应带头做优秀公民。毫无疑问，群众欢迎平民化的干部，社会主义市场经济需要具有平民观念的干部。

第二，权力即服务人民的观念。干部特别是公共行政部门的干部拥有一定的权力，这是工作所需要的。但是权力是什么？如何理解它？这里就有道德观念的问题。执政党的宗旨、社会主义国家和政府的性质都决定了其权力服务于社会、服务于人民。对此，毛泽东、邓小平都有为人民服务的精湛论述，江泽民同志"三个代表"的思想也贯穿着服务人民的观点。倘若干部没有建立服务人民的道德观念，个人权势欲望强，就可能滥用权力，倒置权力和服务的关系，把为人民服务、对人民负责的权力变成为个人谋私、个人施威的权力。虽然权力还是权力，但权力的性质完全变了，脱离了社会主义的轨道。因此，强化服务观念应是道德教育内容之一。

第三，诚实守信的道德观念。诚实守信是社会主义市场经济健康发展的基本要求，亦是社会主义道德的基本要求。干部建立诚实守信道德观念在今天更具有紧迫性。因为，社会上大量的假冒伪劣现象正冲击着市场经济秩序，冲击着做人的基本准则，亟需干部带头来扭转。假冒伪劣现象的道德根源之一就是缺乏诚信。诚信应是干部必备的道德素养，无此观念，其他道德则无从谈起。需要指出的是，诚信的道德要求，还包括反对各类华而不实的形式主义，追求真实性和实实在在的道德态度。

第四，公正无私的道德观念。干部手中大多掌握着一定的权力，如何运用权力，解决好各种问题，公正性是非常重要的道德保证。公正与偏私相对立。群众十分痛恨的是，干部因私而不行公正，以致关系网、裙带关系等不正之风盛行。所以，干部有公正的观念并付诸实践，才能取信于民。

关于当代大学生西方理论热的思考[*]

大学生西方理论热是当今中国令人瞩目的一大社会现象。对此，有种种议论。有人惊呼马克思主义的权威性遭到了严重的冲击；有人担忧这股资产阶级思想冲击波将会腐蚀这代大学生的心灵；更有人愤怒：为什么把这些反面的东西介绍进来？也有人主张，要赶快研究对策，采取相应措施；自然也有人断言大学生西方理论热意味着一种历史的进步。

究竟应当如何估计和认识大学生西方理论热呢？至少有两个问题值得我们思考：其一，大学生西方理论热的出现是否必然的？如果是必然的，其根基在哪里？其二，为什么西方理论在中国大学生中具有如此大的吸引力？其魅力何在？需要加以研究。

一、大学生西方理论热的必然性

中国当代大学生中出现西方理论热无疑是社会各种因素交合的结果，但不可否认，这种现象的出现有其必然的规律，绝不是昙花一现的现象，而是有着深刻的社会历史原因。

(一) 西方理论进入中国的历史必然性

西方理论进入中国是一个必然的趋势，只是时间早晚而已，以下几个方面可予以证明。第一，精神生产的世界性。人类的生产有物质性生产和精神性生产两大类。许多事例都证明精神生产具有世界性的特点，知识没有国界。精神生产的这一特点

───────────

* 余玉花.关于当代大学生西方理论热的思考［J］.学校思想教育，1988（03）：53-56.

到了近代更为明显。

第二，中国历史的教训证明了精神生产世界性的趋势。中国历史告诉我们什么呢？一百多年前，西洋人用大炮轰开中国的大门并实现对中国的瓜分时，也提供了中国人看世界的条件。以中国共产党为代表的有志之士，漂洋过海，在大洋彼岸，在世界的西半球寻找救国救民的真理。他们接触过无政府主义、实用主义、进化论……经过筛选、比较和实践，最后确定马克思主义能给中国带来希望的曙光，并且产生了中国的马克思主义——毛泽东思想。试想，倘若没有当初西方理论的引进，怎么会有马克思主义在中国的传播呢？也不可能产生毛泽东思想。

中国历史还告诉我们：封闭的城堡式的精神生活必然落后。历史告诉我们一条真理：经济落后要挨打，精神生产落后同样要挨打。过去几十年，中国封闭的城堡式的精神生产使我国的精神产品远远地落后于时代。中国大陆出版物的种类和数量甚至比不上台湾地区，政治、经济、教育、哲学等理论研究落后于苏联。封闭式的精神生产还影响了人才的产生。如果说，几百年前的封建社会还能容许民族独立精神生产的话，那么现今世界的要求已将这种可能彻底否定，不符合世界性趋势的民族在这个世界里将无立足之地。我们民族的精神生产除了进入世界性的体系中别无他路。

第三，中国社会的发展需要引进西方理论。1978年开始的改革开放，这是中国经济复兴，民族腾飞的唯一出路。经济改革以发展社会主义的商品经济，政治改革以发展社会主义的民主。无论是经济改革还是政治改革，都不是单纯的一种技术性的问题，而是与人们的思想观念密切联系的，改革首先遇到的问题正是来自陈旧观念的障碍。要保证改革的顺利进行，必须要有相应的思想观念的变革。研究转变时期的观念变化，可以通过中西文化比较，通过对西方从农业经济走向工业都市化的转变期间的思想材料中得到借鉴和启发，以加快思想观念转变的速度，适应改革的需要。

上述几点证明了西方理论进入中国的历史必然性，这个历史必然为中国大学生的西方理论热提供了客观的条件。

（二）大学生探索西方理论的必然性：对域外文化饥渴感的结果

在中国之所以出现大学生西方理论热，不仅在于西方理论进入中国的必然性，而且在于大学生主观追求的必然性，即大学生对西方学说产生兴趣也是必然的，这个必然表现为大学生对域外文化的饥渴感。

第一，历史反思的需要。十年文化大革命给中国人民带来的灾难是众所周知的。如果说从这场动乱中找出一些对人有益的方面的话，那么它唯一的益处是给人以思考的价值。抚痛思痛，社会和个人的悲剧迫使大学生思索生活，思考人生，对历史进行严肃的反思，反思需要反思的武器。"阶级斗争""斗私批修"已经失去了现实指导的意义，大学生渴望的是关于人的问题、人生价值、自我存在、生活意义的哲学指导。文化大革命的教训使大学生深深体会到，要避免被愚弄的下场，就必须多元地探讨社会和个人的价值体系。中国自东汉开始，历来独尊儒道，罢黜百家，文化大革命也不例外。对中国传统思想的反感、抵触，大学生产生了对西方文化的好奇感、探究心，希望从外来文化中探寻自己所需要的东西。西方文化关于人性人道、个性发展的思想学说便显得格外的新鲜、有魅力，成为大学生贪食的精神营养物。

第二，现实思考的需要。现实向人们提出了新的问题：中国强盛之路究竟在何处？什么是经济腾飞的首要条件？不仅这些中国经济和社会发展的问题让大学生思考不尽，而且随着改革的高潮和低谷的重叠出现，随着社会主义商品经济发展而来的各种社会问题，包括人与人之间的复杂关系、个人的人生问题，也接二连三地出现在大学生面前。为何踌躇满志献身改革者，得到的却是冷水浇顶？千丝万缕的关系网、人情网、红眼病、妒忌症使有志之士施展不了才华。有的人哀叹：生活的路愈走愈窄，有的人感到生活"没劲"。

提出了"为什么"，就要寻找答案，理论是解题的钥匙。对于中国现阶段提出的各种社会政治、经济、道德以及个人生活问题，中国没有现存的理论，大学生的目光再一次转向西方，种种过去未接触过的西方理论，中国大学生都想进行一番探索，希图从中找到解决中国问题的"尚方宝剑"，希望用理论之舵驾驭人生之舟。

第三，国内马克思主义研究的落后是大学生域外文化饥渴感的症结所在。历史和现实的反思，必然产生大学生对理论的饥渴。但是，饥渴的目标倾向国外，其原因还在于国内马克思主义理论研究的落后。马克思主义产生在一百多年前的西方，马克思主义虽是真理，但是真理是发展的，马克思也不可能准确地预计到一百多年后世界发展的形势。另外，社会发展到今天，各门学科的发展以及新学科的产生都提出了新的问题，这也难以在马克思主义理论中寻到现成的答案。因此，马克思主义要能解决当代世界问题，解决当代中国问题，就必须发展理论，就是说要加强对马克思主义理论的研究。

但是，我国理论界在这方面的工作令人不满意。有的学科成了解释政策、注释经典的学科，不注重理论本身的研究。最近几年虽有好转，但是理论落后，一时难以出现新的飞跃。国内理论研究既然不能解燃眉之急，那么转向世界、转向西方必然无疑。

其实，马克思主义在现实碰到的问题，不仅仅是中国的问题，在东欧、苏联等其他社会主义国家也遇到了类似的问题。即使在资本主义世界里，马克思主义也被重新提出来研究。因此，只有在世界范围内思考问题，才不致目光短浅、孤陋寡见。

由于国内马克思主义研究的欠缺，以及面向世界的现代要求，致使大学生把研究理论的触角伸向世界、伸向西方，进行全方位、多元化的探索，这就是当代大学生对域外理论饥渴的症结所在。

二、大学生西方理论热的轨迹：大学生关注的问题

大学生西方理论热固然有其历史的必然性，但是西方理论之所以能够在东方民族引起如此大的反响，不能不承认理论本身的内在力量，不能不承认西方学说在一定程度上满足了中国大学生的文化需求。自然，并不是所有的西方理论都得到了中国大学生的青睐，有不少学派的理论在大学生的学习探索过程中被淘汰、被否定。那么，哪些学说对大学生特别有吸引力？为什么有吸引力？大学生西方理论热点是哪些？其变化是否有规律？

（一）大学生西方理论热的轨迹

大学生西方理论热萌发于 1979 年，其后有不同时期的热点和热点转移。

首先是存在主义萨特热，同时伴有西方早期人文主义的读书热。当时西方现代存在主义的书籍翻译过来尚不多，真正接触萨特哲学原著的学生并不多。但是，萨特的思想通过他的文艺作品及其他的读书渠道，在大学校园广泛流传。有些学生衡量学术水平高低的标志就是看文章演讲中是否引用了西方著作中的观点，并以萨特的话为上乘。萨特逝世和潘晓人生观问题的讨论更把这股热流推向高潮。1981 年初，萨特的话剧《肮脏的手》在上海上演之后，在青年学生中轰动一时。这一出描

写政治斗争的戏居然在演出的一月中场场客满，没能看到演出的纷纷设法找剧本"补看"。萨特热主要是对十年动乱的反思，重视追求个人的地位和价值，多少带有悲观主义的色彩。

其次是科学主义思潮热。1983年经济改革全面展开，从南中国传来了"深圳特区建成"的消息，使大学生们为之振奋。一时，"深圳速度""深圳精神"成为大学生谈论的中心。与此同时，以美国未来学家托夫勒的《第三次浪潮》为代表的西方社会学、心理学和未来学等书涌进中国。顿时，《第三次浪潮》《大趋势》成了大学生阅读的主要书籍。中国科技大学温元凯在上海高校作报告，几乎被看成了中国的托夫勒。大学生通过这些西方社会的科学书籍，宏观了解了世界科技革命发展的现状和前景，看到了科技在生产力发展中的作用，他们认为在未来的中国发展中，知识分子决定中国的未来，知识分子是社会的中心力量。这个思考从本质上看同萨特热的思考具有相同的意义，只是前者是伤痛自我的反思，后者是振奋自我的反思。这股热潮的结果是大学生知识分子从象牙塔走向社会，不少人奔赴特区，寻找自我价值展现的场所，高潮是1985年的"青海热"。

科学主义思潮尚未冷却，接着而来的是弗洛伊德-尼采热。弗洛伊德和尼采在萨特热时在大学生中已有一定影响，但是当时主要的热点是存在主义，1985年后，弗洛伊德和尼采热的兴起，既同引进他们的书籍有关，也同这段时期在校主要是小年龄的大学生有关。20世纪80年代的小大学生大都未经历过社会的磨炼，十年内乱的记忆又是模模糊糊的，他们碰到的社会课题是改革。从他们个体来说，进入大学，正处于青年中期的断乳期，自我意识强烈，活动精力旺盛。他们一方面要探索自身生理和心理的秘密，另一方面又要了解自我在社会中的作用。他们的经历使得人生之路、社会变革、个人价值在他们思想中一片空白，他们需要填补空白，于是弗洛伊德的性本能、潜意识及尼采的价值创造论使他们感奋不已，如获至宝。

上面是对十年来大学生理论热点粗线条的勾勒，是几个主要的热点。实际上，除了上面的三大热点之外，还穿插有西方马克思主义热、马克思主义回归热、东西方文化比较热等。同时，这三大热点的有些内容也是相互交叉的。

另外，大学生西方理论热点的形成和转移不是一个简单的过程，原因很是复杂，它不仅同某个学派的理论引进有关，同时也和国内社会环境、国内的社会思潮有着密切的联系。如萨特热形成的社会背景是拨乱反正的历史大转折时期。实践检验真理标准的大讨论第一次冲破了沉闷的思想空气，思想开禁，中国大地上首先升起的是理论怀疑主义、批判主义之风。否定之余必须思考。大学生中的高层次开始接触西方早期人文主义思想和十八世纪法国人道主义，最后他们在萨特的理论中找到了激起心灵共鸣的焦点。

（二）大学生的需要和西方学说的魅力

西方学说引起中国大学生的共鸣，至少说明了这些理论能够满足大学生的思想需要，说明了理论本身内在的魅力，因此对理论本身的剖析是不可忽略的。

第一，否定性的思想。尼采这位处在世纪转折点上的哲学家，其哲学的一个特点就是否定性和批判性。尼采把自己哲学的任务规定为"重估一切价值"。尼采说："一切价值的重估——这就是我关于人类最高自我认识行为的公式，它已经成为我心中的天才和血肉。"① 彻底地反对一切传统，毫无保留地打破任何偶像。这就是尼采哲学。尼采反传统的战斗精神对于长期被传统所束缚并想挣脱出来的人确实有一种兴奋之感。早在"五四"时期，中国就有过尼采热。20世纪80年代，尼采在中国大学生中再次热起来，他的反传统的否定观是最根本的原因。当今中国，新旧交替，在实现农业经济向现代化转变的过程中，破除传统的束缚是关键的一着。青年人历来是反传统的尖兵。尼采反传统的态度彻底、尖厉，毫无所惧，自然博得了大学生的赞赏。有的学生听了介绍尼采思想的讲座后感到痛快极了："真过瘾，够刺激！"然而，大学生只看到尼采的否定观在反传统方面有合理的地方，却没有看到尼采是从虚无主义出发反传统。如果循着尼采的思想走下去，不仅要否定过去的人类文化，而且会否定现实的一切。

萨特存在主义哲学同样充满了否定的情调。萨特的自由概念就具有否定的特点，否定过去，否定现在，包括否定自我的现存状况，向将来谋划。萨特的否定观与尼采的不同。尼采要否定历史，否定历史上曾经存在过的一切道德价值。而萨特的否定作为个人自由的一个特点，是对自我状况的否定，是对个人而言的。萨特的否定观对大学生很有吸引力，他们确信只有对自我的否定才能达到自我的超越，成为新的有价值的人。他们对自我的现状不满，对自己身上传统的劣根性深痛恶绝，深感

---

① 周国平.尼采：在世纪的转折点上 ［M].上海：上海人民出版社，1986：475.

有否定之必要，在否定之中追求自我的价值。西方学说中的否定思想迎合了大学生的反传统、不满社会现状（包括自我现状）的心理。

第二，人性和人生价值的思想。西方理论思潮关于人的学说和人生价值的观点对青年影响最大。过去，人的学说、人道的思想在我国一直遭到批判，结果造成现实生活对人的漠视、人性的压抑。文化大革命对人性的践踏达到了无以复加的地步。人格的侮辱感、个性的压抑感一旦接触西方的人性理论，就如火山爆发，喷泻而出。尼采的"成为你自己""你应当成为你之为你者""做自己的主人""忠实于自己"被大学生奉为至理名言。人道主义的自由、平等、博爱的学说，弗洛伊德性本能，伊浦蒂斯情结像一缕自然清风唤醒了大学生的人性意识。

萨特存在主义中人的自由的学说和自由选择的观点更被大学生奉为人生哲理。萨特把人作为哲学的出发点，他要通过研究人的生活、命运、处境来提高人的价值，他认为自由存在的个人高于世上的一切其他存在。他提出"存在先于本质"的命题，认为人之初一无所有，人是通过个人对未来的谋划，也就是通过人的自我选择创造人的自身，这样的个人自由、自我选择是绝对自主的，不依赖社会道德标准，也不依赖其他人的帮助，而是自己为自己选择的标准，所以人是命定自由的。处于孤立无援的自由人无法和他人沟通，因为你同他人接触，很可能成为"为他的存在"，那就是不自由的，所以他人即地狱，人生和世界都是荒谬的、可悲的。

萨特的这种充满了激奋而又悲观的人生哲理是对西方社会二次大战中人的境况反思的结果。无独有偶，三十年后，中国大学生也要对文革中人的境况进行反思。于是，萨特的哲学便道出了20世纪70年代末中国大学生的心声。有位大学生说："强调人的存在，追求人的自尊和价值这种关于'人的学说'是每个人，尤其是刚踏上社会的青年不清楚又想弄清楚的。它比较符合一般大众心理并抓住了人和人生之间的关系，从而使这些学说给人一种介入现实或与实际结合的感染力。"

如果说萨特的哲学在人生价值的自由和选择上迎合了大学生的心理，那么弗洛伊德的性理论则解答了大学生在青春期所碰到的人生困惑。进入青春期的青年人性机能成熟，性意识觉醒。过去，人的这种生理、心理的自然变化奥秘被视为黄色区域，是个禁区，真是渴望了解又无法了解，成为青年人生的一大苦恼。弗洛伊德的性理论把人类这讳莫如深的性问题裸现在人们的眼前。不管弗洛伊德把性本能说成是世界的基础是多么荒谬，也不管伊浦蒂斯情结同道德的关系是多么牵强，至少弗洛伊德打开了禁区，满足了青年人渴望了解性问题的需要。

第三，非理性主义的哲学观。尼采的学说、萨特存在主义、弗洛伊德主义都充满了非理性的色彩，这也使中国大学生十分倾心。意识中非理性存在的揭示是现代科学的一大成果，确实对生活中的某些问题的认识、看法，单用理性难以解释清楚，有些只能体验、领会而难以言传。西方现代哲学家肯定了非理性的认识功能，说明了哲学认识论的研究深入到更为精细微小的领域。大学生非常欣赏非理性的思想，认为非理性的东西更贴近生活，贴近自然，而自然的东西是真的，真的东西也就是美的和善的。然而，大学生们却忽略了非理性主义者肯定非理性作用的前提是否定理性的认识作用，因此，非理性主义并非完美的哲学。

上述西方思想家的观点和思想方法以及他们理论中所提出的问题与大学生所要探求的社会——个人问题有某种一致性，因而满足了大学生理论追求的心理需要。当然，青年大学生的好奇心、求新意识、赶时髦的心理也是西方理论能在大学生中流传的原因之一。

三、结 束 语

从前面的分析中足以看到，西方思潮在大学生中引起强烈反响是有其必然性的。对于必然性的东西采取堵的措施是无益的。何况，西方学说中尚有值得我们思考的合理内容，有其认识上的理论价值。

马克思主义的本性是开放的、发展的，所以才有生命力。我们思想政治工作者应该主动接触西方思潮，研究西方理论，借用西方理论中的研究成果服务于思想工作。同时，这也是思想政治工作者掌握同大学生对话的理论本钱。只有我们本身把握了西方思潮，才能引导大学生全面地、准确地了解和分析西方思潮。大学生最需要的是理解，我们要理解大学生的意愿，尊重他们的探索精神和理论选择，同时引导他们用正确的哲学方法去分析西方理论，克服学习和选择上的盲目性、片面性；引导他们立足中国的实际，进行理论的思考。事实上，马克思主义的威望已在学生中出现了回升的趋向，出现了马克思主义回归热，这恐怕同大学生的理论探索是分不开的。

论十八岁成人仪式的教育意义 [*]

　　成人是人类十分看重的一个问题，历来以隆重的仪式表现之。早在原始社会，氏族和部落就已经创立成人仪式，后来，这一习俗一直在民间流传，或以宗教的形式进行，或以世俗家庭的形式进行。成人仪式作为上海市团市委在高中学生中进行的一项思想品德教育是很有意义的。成人仪式是一种成人教育，是对即将成人的未成年人所实施的教育活动，它有助于青少年健康地步入成人社会，对青少年正在形成的道德观、人生观、价值观都会产生积极的影响。

一

　　成人的过程在人的一生中具有重要的意义。我国《民法通则》把满十八周岁的公民视为成人，并赋于其选举权和被选举权的政治权利，以及其他的民事行为能力。然而，十八岁仅是划分人生阶段的一个年龄界限，一个统一的标准，事实上成人是个过程，并不限于十八岁这一年，而是在十八岁前后。十八岁前后的成人过程是人发展中经历重大变化的人生阶段，对人未来的发展举足轻重。

　　第一，人在这一过程中将要实现自我角色的重要转化。成人之前，人处于孩童阶段，虽然人出生后即进入了社会化的进程，但孩童的社会角色是非独立的，处于父母、家庭的监护之下，生活的大小事情基本上由父母作主与打理。在这样的环境下，孩童的自我意识是不清晰的，自我的感觉随着大人的感觉而浮动。而十八岁以后，人就是一个独立的社会人了，他既可以独立地表达自我的要求，又必须独立面

---

[*]　余玉花.青春·脚步［M］.上海：华东师范大学出版社，2001.

对生活，自我决断行为可否，独自承担行为后果。成人的过程就是非独立的自我向独立自我的转变过程。社会角色转变是否顺利？转变的结果是积极还是消极？对人未来的发展至关重要。

第二，人在成人过程中将经历人生任务、人生选择的重大转变。十八岁前，人生任务比较简单，主要接受基础教育，活动范围主要在校园里。在这个少年儿童的人生阶段里，人生选择极为单一有限。对孩子们来说，他们只有在初中毕业后有一次升学的选择机会，以及根据自己兴趣爱好业余学习某类技巧性活动的选择，即使这样极为有限的选择，往往也是由父母代其完成的。对孩子们来说，除了学习，他们感受不到人生的其他任务，感受不到人生选择的滋味。十八岁后，人将走上人生的多重路口：升学还是就业？升入什么学校？到什么部门就业？都需要成人者自我作出决择。虽然父母家长仍会提供帮助，但最后的决定则是当事人本人。

第三，这样的自主选择对人来说既体会到了自由，又会感到作出决择的不易，甚至有一种沉重感。十八岁后，人承担的任务也是多重的：继续求学深造（现代社会要求终身学习）、从业工作、恋爱成家、社会工作等。从单一的学习任务到多重的人生课题，从几乎不存在选择机会的人生状况到必须在纷繁复杂的情况下选择人生事务，将是一个多大的人生变化，但这在成人过程中是必须经历的。可以说，人只有经历了这个社会化的人生转变，才算真正达到了成人。

第四，成人的过程是人的生理、心理发生质的变化的非常时期。十八岁前，人的身心尚不健全，处在发育过程中，特别是心理比较单一和单纯。成人后身心发育成熟：人身体的各种器官的生理机能达到成熟指标，包括人的身高体重、性征、体内各种器官；人的心理机能包括自我意识、思维能力、性意识、责任能力、道德意志能力达到社会化指标。不过，身心发展中，生理成熟是一个自然过程，而心理发展不纯粹是自然性的，内含更多的社会因素，所以心理发展不仅是能力指标的问题，还有一个健康与否的问题。这个问题把握得好不好，转变得成功不成功，关系到成人后的人格健康问题。现在，成人过程中的心理问题越来越突出，心理发展滞后往往影响成人的进度。

第五，成人的过程正是人的思想信念形成、人生目标确定的过程，是人的人生观、世界观、价值观完成独立形态的时期。一句话，是人的精神追求确定内容的时期。而追求什么样的思想境界，选择什么样的理想信念将决定未来人生的走向。

总之，成人及其过程是人生的一个重要转折点，是一个人确立自我、走向社会、发展自我的关键时期。这个阶段的完成才可以说是真正意义上的人生起始，即进入了成人社会的人生阶段。由于成人在人生发展中的决定意义，人们历来重视成人问题，举行种种形式的活动，以引起人们特别是成人社会对青少年成人之事的关注。

二

成人是人必然经历的人生过程，但是青少年自身对这个问题未必有清晰的认识，即便他们已经进入了成人的过程。大多数青少年还是按照原有的思维来看待他们的生活、理解周围的一切，浑然感受不到成人社会的逼近。也有一些早熟懂事的孩子意识到自己即将成为大人，然而，他们中的大多数人并不因为将进入成人队伍而欢欣鼓舞，通常他们留恋无忧无虑的孩童生活，对自己必须跨入的成人社会更多的是充满着疑惑、不适应、困难，甚至恐惧。在高中学生中存在着一种忌谈十八岁的现象，十八岁的中学生，特别是女生，十分忌讳别人询问岁数，他们小心翼翼地避谈十八岁，最好十八岁永远不要来到，最好永远不跨过十八岁的门槛，反映了他们害怕成人、不知如何成人的心理。

成人虽然是每个青少年自身经历的人生，但是，成人的必要性、重要性，以及如何成人的问题却不是青少年个体能力所能解决的问题，也不仅仅是他们个人的责任，家庭和社会负有更主要的责任，尤其是社会责任更大。处于成人过程中的青少年不久将是祖国社会的栋梁。青少年成人的顺利与否、健康与否都将关系到社会未来发展方向、质量和速度。如何成人是一门学问，需要研究，社会应当承担起这个研究成人问题的责任，并且在青少年中开展成人问题的教育，给予必要的指导和点拨，使他们顺利、健康地完成成人的转变。

成人教育自古就有。为了使青少年意识到成人的必然性，古代先辈们创立了隆重的成人仪式，告知成人的不可避免性并要求作好成人的准备。但是，过去的成人仪式显得粗弊、野蛮，甚至摧残人性，使青少年更惧怕成人，是落后文化的产物。但撤去成人仪式中野蛮粗俗的具体做法，应该承认成人仪式中具有合理的教育成分，至少它能唤起青少年成人的意识，让他们作好成人的思想准备。现代成人教育的意义远远不止这些，虽然教育形式也采用了成人仪式，但在成人仪式中贯注了更丰富的教育内涵。它不仅帮助青少年认识到成人的必然性和成人成才的意义，帮助他们建立自觉的成人意识，作好成人的思想准备，同时指导青少年以健康的心态、正确的人生观念去选择正确的成人之路。

对青少年进行成人教育在今天显得尤其重要，这是因为青少年在成人的过程中将面临种种人生矛盾和困难，这些矛盾和困难由于时代变革和社会转型而更为加剧。前已述之，成人过程是人生发生重大转折的阶段，儿童世界与成人世界是两个完全不同的世界，前者被社会关爱、呵护，后者却要面对各种复杂的社会关系、独立承担社会各种责任，这个变化太大了。在这个转变中，青少年的身心、思想观念都会受到震荡、矛盾冲突，成人世界使他们不知所措，不知如何融入这个新的社会天地。他们在新人生的岔路口彷徨、犹豫不决、停步不前，多么希望有人向他们伸出援助之手，提供人生帮助。成人教育正是对青少年求助之声的回应，符合青少年成长的需要。可见，成人教育不是无关紧要的额外之事，而是不可缺少的教育课题。

上海市团市委组织开展以十八岁成人仪式为名的成人预备期教育是成人教育的成功尝试，它借用了古代成人仪式的形式，同时作了新时代内容的创新，以青少年成才为主题，形成一整套系列化活动的教育模式，开拓成人教育的新途径。特别值得一提的是，活动以十八岁成人仪式为名，既与我国法律规定的公民成人年龄相一致，又贴近中学生的实际，活动形式别具一格，易为高中学生所接受。从青少年教育视角来看，十八岁成人仪式有其不可低估的教育意义。

第一，培养公民意识和公民精神。在我国，人一出生就获得了法律所赋予他的公民资格，但是认识到自我拥有公民资格的意识则在成人前后，而且是学习受教育的结果。公民精神也不是自发形成的，同样是教育培养的结果。十八岁成人仪式以爱国为主线，通过领取居民身份证、参加社会志愿者活动、面对国旗宣誓等一系列活动，使中学生在体验"成人"的过程中去感受成人的意义，从而引导中学生建立和强化自我的公民意识、法治意识、社会意识和国家意识，培养中学生维权履责、服务奉献的公民精神。公民意识和公民精神本质上是成人意识，是我国现代成年公民应该具备的公民素质，但由于以往缺少这方面的教育，成年人未必都具备公民的素养，这是我国民主政治发展缓慢的原因之一。十八岁成人仪式从处于成人预备期的中学生着手抓成人教育，在各种成人活动中灌注公民意识和公民精神，这正是国家培养现代公民所需要的教育。而对参加仪式活动的中学生来说，由于即将成年，公民意识和公民精神的教育培养对于他们成长为合格的公民则不可缺少。

第二，培养成人意识和社会责任感。成人意识虽然与公民意识有一定的联系，但又不同于公民意识。公民意识是基于对法律授予的权利义务的理解而形成的社会意识，成人意识则是与人的身心发展成熟相联系的社会意识。成人意识通常被称之为"大人意识"，与"孩童意识"相对立，表明人的成熟、独立、富有责任感。成人意识使人认识到自我与外界的关系，能够自觉审视自己行动正确与否，理性地思考自我与社会他人的关系。成人意识尤其使人感觉到作为社会人的独立自主性，感到作为成人的责任感。不言而喻，成人意识是成年人应具有的意识，是成人的基本标志。在通常的情况下，成人意识随着人的生理、心理的发育成熟而逐渐形成，但是心理的成熟不仅与人的生理发育相关，而且与人的生活经历有密切联系，这些都将影响成人意识的形成速度。现代中学生由于家庭经济条件的优裕，营养丰富，生理发育普遍提前，但另一方面，现在的中学生大多成长于独生子女和少子女的家庭，加上某种封闭程度的学习生活，缺少生活磨练，使得中学生的心理发育相对滞后，这在一定程度上影响他们获得成人意识，以至人们对中学生的评价是：人高马大像大人，但言语行动仍是孩子样。十八岁成人仪式活动促使学生走向社会、积极参与社会生活，从而增加了中学生社会实践、人生磨练的机会，这必然有助于中学生培养成人意识和社会责任感，加快他们的成人进程。

第三，培养做人的道德观、价值观和人生观。做一个什么样的人？如何做人？这些都是成人不可回避的人生课题，亦是在一定的道德观、价值观和人生观的指导下来完成的。由于社会转型，社会上做人的观念形形色色，良莠皆有，不同程度地冲击着青少年的思想，影响他们健康成人。十八岁成人仪式活动包含着正确道德观、价值观和人生观的引导：向国旗宣誓，教育青少年忠于祖国，把个人的命运与国家的命运紧紧相联；志愿者活动教育青少年学会关心社会、关心他人，懂得爱人、奉献爱心；"一帮一"结对子活动则培养青少年互助精神；"未来建设者奖章"评选活动激励青少年热爱劳动、积极上进。上述所有的活动皆教育学生去追求有意义的人生。总之，成人教育有助于青少年树立正确的道德观、价值观和人生观，促使他们在成人的过程中，对人生充满着激情，热爱生活，热爱民众，积极创造有价值的人生。

在中学里开展十八岁成人仪式活动，对中学生进行成人教育，其教育意义不可低估。但是，如何搞好这项活动，提高教育效果也是值得研究的。

首先，形式如何与内容有机结合，从而实现教育目的。十八岁成人仪式仅仅是教育的形式，形式应服务于教育内容，因此在成人教育中，其教育内容是主要的，是进行这项活动首先需要考虑的，也是具体实施这项活动时主要关注的问题。十八岁成人仪式是一种成人教育，但是成人恐怕不是教育的真正目的。事实上，成人是一个自然的过程和结果，对于个体来说，只是时间早晚的问题而已。成人教育的着眼点是"如何健康成人？""成为一个什么样的人？"，这些是关系到成人素质的问题，也就是一个人的思想道德素质。因此，思想道德素质教育是成人教育的真正目的，亦是十八岁成人仪式活动的教育内容。在十八岁成人仪式系列活动中，都应该贯注这一素质教育的精神，把教育形式与教育内容紧密结合，不能注重了形式而忽视了内容，不然可能本末倒置，教育目的难以实现。

其次，活动的形式、方法要适合中学生。提出内容的重要性并不意味着形式无足轻重。形式当然也是重要的，它是内容的载体，没有适宜的具有吸引力的形式，教育目的也难以实现。十八岁成人仪式的各项活动要贴近中学生思想、身心的实际，特别要考虑到中学生的接受心理，采用中学生喜闻乐见的形式，力求丰富多彩、生动活泼，切忌刻板和说教。不能因为是成人教育，而将成人的教育模式搬到中学里，包括组织社会志愿者活动也要注意这个问题，不是所有志愿者活动都适合中学生，应该有所选择。另外，活动的开展要遵循教育的规律，根据中学生身心发展的不同阶段循序推进。

再次，成人教育创新问题。十八岁成人仪式的教育活动历时十年，积累了很多宝贵的经验，形成了一整套规范化、系列化、普及化的模式，这是难能可贵的。但是十年来，思想道德教育的大环境发生了极大的变化，在高科技的推动下，影视的大众化、电脑的普及、网络社会的形成在中学生面前展现的是一个令人眼花缭乱的新世界，加上社会转型带来的多种价值观念的碰撞，这些都会对中学生的成长产生影响，使他们的思想观念呈现出时代的新特点。对此，成人教育必须根据新的形势和青少年思想变化的新特点，在原有的基础上有所创新，开拓成人教育的新路子，从而达到教育的有效性。成人仪式活动不仅要追求形式新颖，而且要富有时代感，针对性和震撼力，在中学生的心目中留下深刻的印象，使之成为个人历史的一部分，难以忘怀。

拓展青少年思想道德教育研究的新视域[*]

——评《大众文化与青少年思想道德教育》一书

大众文化对青少年思想道德的影响越来越大，而传统的思想道德教育体制把重点放在学校，对于青少年思想道德教育的社会文化环境的影响认识不足，还不能很好地适应这种新形势的要求。青少年思想道德建设必须强调走出校园，与社会建设结合在一起，重点研究大众文化对青少年思想道德建设提出的新课题及其对策。日前，由上海师范大学周中之教授主编的《大众文化与青少年思想道德教育》（上海教育出版社 2009 年版）一书就在这些方面进行了探索与创新。该书是教育部人文社会科学重点研究基地——上海师范大学都市文化研究中心项目、上海市教委人文社科重点规划项目的最终成果，并获得上海市文化发展基金的出版资助。

为了搞好"大众文化与青少年思想道德教育"项目的研究工作，由周中之教授领衔的研究团队参加了上海市委宣传部、上海市精神文明建设委员会办公室组织的大型调研活动，就网络文化、影视文化、消费文化和动漫文化对青少年思想道德建设的影响进行了全面的调查研究，形成了比较有分量的研究报告，获得了有关专家的好评。不仅如此，项目团队还主办了"当代中国文化发展与价值导向"和"当代青年文化发展中的价值导向"两次全国学术研讨会，为学术研究的交流创造了良好的条件。该研究成果一改传统的青少年思想道德教育重点在学校，而对青少年思想道德教育的社会环境的影响认识不足的状况，特别关注大众文化这一当前影响青少年思想道德建设的重大环境因素。深入研究和分析了网络文化、影视文化、消费文

---

* 余玉花.拓展青少年思想道德教育研究的新视域——评《大众文化与青少年思想道德教育》一书 [J].思想理论教育，2010（09）：94－95.

化、动漫文化、短信文化、舞蹈文化等与青少年密切相关的大众文化形态对青少年思想道德建设的双重效应，在此基础上提出了相应的对策措施。总之，从某种意义上来说，该成果拓展了青少年思想道德研究的新视域。

一、认为大众文化是影响青少年思想道德建设的重大社会环境因素

当今社会是以多元文化为前提的，各种文化相互激荡，对人们的思想道德观念产生深刻的影响，其中以大众文化为甚。大众文化是采取时尚化方式运作、以现代传媒特别是电子传媒为介质大批量生产的当代文化消费形态，其中网络文化、影视文化、广告文化、流行歌曲等是其核心内容。大众文化对青少年思想道德建设之所以会产生重大影响，一方面是因为大众文化的背后有着强有力的经济支持，另一方面，青少年渴望了解外部世界，追求幸福的人生，大众文化在一定程度上与他们的人生梦想相吻合，满足了他们求新、求变、求时尚的心理需求。因此，大众文化成为青少年生活的一部分，也是影响青少年思想道德建设的重大社会环境因素。由于现代科技和商业的发展，大众文化对青少年的思想影响已超过以往任何时候。电影、电视、广播、报刊对青少年生活方式的影响占据首要位置。但是，青少年思想道德建设的内容、形式、体制还与这种形势不相适应，对青少年思想道德建设的环境因素的研究还缺乏一个良好的平台。尽管许多德育工作者分别从大众传媒、网络、青春偶像等角度分类进行研究，取得了不少有价值的成果，但还缺乏对影响青少年思想道德建设的社会环境进行深入的整体研究。作为社会环境因素的大众文化，其形式和内容的变化是非常迅速的，我们需要对已经出现的网络、消费现象进行研究，但还难以改变思想道德建设在现实生活中"滞后"的情况。只有拓展新的理论视域，在此基础上总结出规律性的东西，才能更好地进行前瞻性的研究，掌握青少年思想道德建设的主动权，开拓新思路。

二、提出必须突破传统的将大众文化与思想道德教育对立起来的观念，注重从大众文化的形式和内容中吸取有益的元素

对大众文化的伦理评价，国内外的学者有不同的观点。美国著名文化学家丹尼

尔·贝尔在《资本主义文化矛盾》中认为大众文化的实质是大众享乐主义，使道德堕落，他的批判具有深刻性。但也有一些西方社会学家为大众文化辩护。在国内，一些学者曾经认为大众文化是一种文化伪币和精神鸦片，与青少年思想道德建设是相对立的，大众文化危害了青少年的思想道德健康。在普通老百姓中，也有相当一部分人持相同的观点。而该书认为，大众文化已成为人们生活的一部分特别是青少年生活的一部分，我们对大众文化的评价必须立足于客观现实。必须辩证地分析大众文化对青少年思想道德建设的作用，清醒地看到大众文化是鱼龙混杂的，既有起负面作用的糟粕，但也有起正面作用的良品，当然也有些是中性的。在青少年的思想道德建设中，要改变将其与大众文化对立的观点，充分运用大众文化中许多对思想道德建设有益的形式、内容和方法，扩展阵地，更新方法。人们往往认为主旋律的教育不吸引人，在很多情况下是因为我们太拘泥于某种传统的形式，又受制于传统的思想政治教育板起脸来教育人的思维模式，在改进方法方面缺乏进取心。正面的教育和为青少年所接受的、生动活泼的形式是应该统一起来，也是可以统一起来的。大众文化在社会生活中的广泛影响，推动了传播学等理论的发展。在青少年思想道德建设中，必须研究国外传播学的理论，并吸取其中符合中国国情、能为我所用的内容。遗憾的是，青少年思想道德建设与传播学理论的结合方面的工作，我们做的还很少。在当前形势下，要开拓青少年思想道德建设的新视域，必须重视和加强这方面的工作。

三、分析了大众文化对青少年思想道德建设提出的新课题

一是社会在拉动消费需求、繁荣经济的同时，也会对青少年的人生价值观产生消极影响，要将消费伦理观念的教育与人生观教育、生态环境教育结合起来，实现身心的和谐、人与自然的和谐，使青少年的思想道德建设符合和谐社会的要求。二是青少年追求理想、渴望成功，但不是所有的青少年都能出人头地，甚至"一夜成名"。大众传媒的造神运动使一些青少年陷入了人生误区。要引导青少年正确对待"青春偶像"，培育良好的人生心态，正确地进行人生定位，从而为和谐社会建设打下现实的基础。三是网络上的思想道德教育我们已做了不少工作，主要是"祛邪"的工作，这是需要的，今后还需要加强，但"扶正"的工作还很薄

弱。当前，青少年的"网瘾"问题有愈演愈烈的趋势，这一问题的解决还缺乏一个行之有效的对策。要分析和研究网络坏境下青少年思想道德教育的特点，允分发挥网络在青少年思想道德教育中的"扶正"功能，让网络中出现更多的为青少年所欢迎的形式和内容。

第五编

瞿秋白之探

瞿秋白与马克思主义中国化 *

一

　　研究瞿秋白与马克思主义中国化的关系，首先有一个对马克思主义中国化的理解问题。笔者认为，马克思主义中国化与中国化的马克思主义是两个不同的概念，虽然两者之间存在着共同性，存在着你中有我、我中有你的密切联系，但不能由此把两者看作是同一的概念，而忽视两者的区别。马克思主义中国化是一个动态的、过程性的概念，指的是中国马克思主义形成的运动过程。中国化的马克思主义是一个确定性的具有成果标志的概念。如毛泽东思想、邓小平理论和"三个代表"思想都是中国化的马克思主义，都是马克思主义中国化的结果，是马克思主义中国化在某一阶段标志性的成果。没有马克思主义中国化的理论探索和创造，则不可能有中国化的马克思主义理论成果的产生；另一方面，正是这些杰出的中国化的马克思主义理论成果，体现了马克思主义中国化的意义和成就。从马克思主义中国化的成果即中国化的马克思主义来看，通常由最杰出的理论贡献者的名字命名；而从马克思主义中国化的过程来看，则凝聚着许多优秀马克思主义思想家、理论家的心血，是全党智慧贡献的过程。

　　区别马克思主义中国化和中国化的马克思主义不同的涵义，不仅仅为了学术概念的准确性，更是为了追寻中国马克思主义形成的历史轨迹，从中国马克思主义艰难曲折的历程中，获得深刻的历史启迪，促进马克思主义进一步中国化；同时也尊

---

*　　余玉花.瞿秋白与马克思主义中国化［M］//江苏省瞿秋白研究会.瞿秋白的历史功绩.北京：中国文联出版社，2005：24-30.

重历史，记住那些在马克思主义中国化的过程中曾作出重大贡献的老一辈革命家、思想家，缅怀他们，使今人更感到马克思主义中国化的责任重大，更要思考如何把他们开创的社会主义道路更坚定地走下去。

马克思主义中国化，从其过程来看，是中国共产党人在马克思主义的指导下，研究中国革命和领导中国革命的过程，实际上就是中国革命理论创建和中国革命实践的过程。这个过程可以直观地理解为，在马克思主义的旗帜上不断演化出中国特色的理论色彩，并回答和指导中国革命和以后中国社会主义建设的问题。马克思主义革命真理产生在西方世界，而中国与西欧，不仅空间距离极为遥远，而且历史文化完全不同，这就必然提出一个十分现实而棘手的问题：马克思主义革命真理适不适合东方世界的中国，能否被中国人所接受，能否真正成为中国革命的指导思想？对于刚刚诞生的中国共产党及其领导人来说，这是当时需要破解和回答的最主要的问题。第一，没有先例可援。第二，以往引进西方思想的运动无一例外都失败了，包括孙中山的辛亥革命。第三，当时社会思潮众多，马克思主义面临各种流派的攻击和统治集团势力的压制。在如此艰难的情况下，中国共产党着手进行马克思主义中国化的工作，这是一项宏伟巨大的建设工程，需要一大批优秀的共产党人共同努力才能完成。陈独秀、李大钊、邓中夏、蔡和森等等那些耳熟能详的名字，都在马克思主义中国化的过程中刻下不可磨灭的功绩，瞿秋白也是其中杰出的一员，在党早期马克思主义理论创建中对马克思主义中国化作出卓绝贡献。

二

瞿秋白对马克思主义中国化的一大功绩是，在引进和宣传马克思主义方面做了大量的工作。从马克思主义中国化的过程来看，马克思主义中国化在不同的时期有着不同的演化任务和要求。在中国革命早期，马克思主义中国化的一个重要的任务就是在中国共产党内和民众中广泛地宣传马克思主义。这个任务直接面临两个问题：一是宣传什么？二是怎么宣传？第一个问题涉及到如何介绍马克思主义的思想，第二个问题是通过什么途径来宣传马克思主义。无论是解答哪一个问题，党都面临着很大的困难。虽然说十月革命一声炮响给中国带来了马克思主义，但当时主要是报纸上对俄国革命事件的描述和介绍，至于究竟什么是马克思主义，什么是社会主义，对中国人来说非常陌生，即使在党内真正了解马克思主义的人也不多，只限于大学中留学归来的马克思主义的信仰者。其中一个原因是介绍马克思主义思想的文章还不多，翻译过来的马列原著就更少。当时影响大的是陈望道1920年翻译的《共产党宣言》，首次印了1 000册。

建党初期，翻译介绍马克思主义也受到从哪里引进马克思主义的问题。当时除了北大马克思学说研究会根据图书馆外文资料做过一些零星翻译之外，大多数马克思主义的原著来自日本。因为党创建时相当一部分成员是曾在日本留过学的知识分子，陈独秀、李大钊、董必武等人皆留学过日本。其中著名的"三李一陈"，即李大钊、李达、李汉俊、陈望道，在日本留学时接受、研究马克思主义，他们回国后带来不少马克思主义文献，包括《共产党宣言》。为什么马克思主义传入中国"取径东洋，转道入内"？李达回忆录中有这样一段话："当时马克思、恩格斯的著作很少翻译过来，我们只是从日文上看到一些。中国接受马克思主义得自日本帮助很大，这是因为中国没有人翻译，资产阶级学者根本不翻译，而我们的人又都翻译不了。斯大林的东西当时就更见不到，直到1926年，斯大林的文章，大家也见不到。"[1] 但是从日本引进的马克思主义也有不足之处。一是李汉俊等人在日本所接受的并非"正宗"的马克思主义，而是"东洋流派"的马克思主义。他们所接触到的不完全是马恩的经典原著，更多的是日文本的第二手著述。二是李达、李汉俊和陈望道不久相继脱党，在一定程度上也影响他们宣传的思想，虽然他们在大学里，依然坚持马克思主义理论的研究和宣传。

而俄国革命的发生，产生了列宁主义，证明马克思主义的成功，因此，从马克思主义的胜利之地——俄国引进马克思主义被认为是"正宗"的途径，当时中国急需从俄国引进马克思主义（包括俄国革命的经验），这需要既有坚定的马克思主义的信仰又精通俄语的知识分子来承担，但在20世纪20年代初这样的人才凤毛麟角。1922年陈独秀到苏联参加共产国际第四次代表大会时遇到瞿秋白，瞿秋白具备旅俄的经历、良好的理论素养和高水平的翻译能力，正是党所急需的人才，于是陈独秀动员瞿秋白回国，希望他在党的理论宣传战线一展身手。瞿秋白不负所望，回国后

---

[1] 中国社会科院现代史研究室，中国革命博物馆党史教研室."一大"前后：中国共产党第一次代表大会前后资料选编［M］.北京：人民出版社，1980：244.

办刊物报纸、撰写政论、翻译各种文献、办校讲学，来宣传马克思主义。

首先，瞿秋白通过介绍世界革命的情况让中国民众了解马克思主义。从1922年到1925年，瞿秋白从"共产国际"、"苏联经济政治"、"德国及土耳其"三大方面，介绍了在马克思主义指导下的世界发生的变化，介绍世界革命，让民众了解中国革命的世界背景，其中重点宣传共产主义与苏联政治经济变化的关系。为了让人们直接认识俄罗斯革命后的共产党的经济政策，他翻译列宁在共产国际第四次大会的报告《俄罗斯革命之第五年——新经济政策》。如此全面详尽地介绍世界革命和苏联革命的情况，这在当时是不多见的。这些文章大多登在《新青年》、《民国日报》、《向导》和《东方杂志》等报刊上，在党内和民众中产生很大的影响。

其次，瞿秋白通过翻译和研究全面介绍了马克思主义的理论。关于马克思主义的理论是当时中国共产党十分缺乏因而也是最需要的东西，是如何指导中国革命的思想武器，更是马克思主义中国化的前提。瞿秋白1927年亲自编定的《瞿秋白论文集》中的第七部分"马克思列宁主义的理论问题"可以一览其系统，涉及了四个方面的内容：一是唯物论与社会科学，精辟阐述马克思主义的唯物论和历史观，提出了科学共产主义就是马克思主义的第三个组成部分，并十分明确地指出了实践的观点是"马克思主义整个儿的系统形成之动机"[1]。其中社会科学概论，系统地阐发了马克思主义关于社会历史的基本观点，包括社会与自然的关系、经济基础与社会制度的演变、政治与阶级斗争、各种意识形态的特点和本质，以及社会各种现象联系的客观性等等。二是列宁主义介绍。这部分主要翻译了斯大林的《列宁与列宁主义》、列宁主义与中国的国民革命，详细介绍列宁的思想和他的思想对俄国革命的意义。三是关于国家与民族问题，其实也是阐发列宁的思想，瞿秋白之所以把它单列出来，目的是要同我国的民族革命的问题联系起来，其中特别强调"民族问题与殖民地问题之间的关系"[2]。四是现代东西文化的问题。专门论述马克思主义的文化观，结合当时中国文化界正进行的东西方文化的激烈争论，提出社会主义文明的思想。瞿秋白是我党全面介绍马克思主义理论的第一人。

再次，瞿秋白在介绍马克思主义的同时开始了马克思主义的中国化。考虑到马

---

[1]　瞿秋白.瞿秋白论文集［M］.重庆：重庆出版社，1995：967.

[2]　瞿秋白.瞿秋白论文集［M］.重庆：重庆出版社，1995：1053.

克思主义理论十分深奥和西方思维的色彩，对于习惯于东方思维和文化水平普遍不高的中国人（党内也同样如此）来说存在着一定的困难。对此，瞿秋白在翻译马列文献时，尽可能地用中国人的语言习惯、简洁通俗地来表达，既不失马克思主义的精神实质，又能使具有一般文化程度的人读得懂，明白马列的思想观点，使更多的人了解马克思主义、接受马克思主义。除了通过通俗易懂的翻译促进马克思主义的广泛传播以外，瞿秋白还直接撰写马克思主义理论的 ABC 来宣传马克思主义。毫无疑问，撰写的前提是研究，是瞿秋白对马克思主义的理解和体会，因此，所撰写的文稿必然印下中国思想家的痕迹，这也可以看作是一种马克思主义中国化，至于瞿秋白结合中国社会的情况来阐发马克思主义的观点、与政敌论战中运用和坚持马克思主义观点，那更属于马克思主义中国化了。

三

瞿秋白对马克思主义中国化的第二个功绩，是他和其他的老一辈革命家一起将马克思主义应用于中国实际，探索中国革命的道路，为中国马克思主义理论——新民主主义革命理论的形成作出卓越的贡献。

马克思主义中国化，一是运用马克思主义的立场、观点和方法，研究中国社会的实际问题，提出解决问题的方案并付之于实践；二是运用马克思主义的立场、观点和方法去总结中国的实践经验，揭示出中国社会发展规律，进一步来指导中国革命或建设，使之形成具有中国特点的马克思主义理论。简言之，马克思主义中国化就是把马克思主义同中国实际结合起来，形成中国特色马克思主义的过程。

当然，马克思主义中国化在中国发展的不同阶段解决的中国问题也是不一样的。瞿秋白所在的年代中国正处于民族危难空前、国内矛盾尖锐、民众苦难深重的时候，用革命的手段改革国家社会是当时中国唯一的出路。但是革命目标和对象是什么？如何进行革命？都是中国马克思主义者必须回答和解决的艰难课题。瞿秋白是党内最早思考这些问题并做出马克思主义解答的思想家之一，也是党内最早开始马克思主义中国化研究与运用、创立中国革命理论的思想家之一。

早在 1923 年，他从苏联回来投身国内革命斗争，就注意将马克思主义的革命思想应用于中国革命的实践，科学分析中国社会的性质，总结革命斗争的经验教训，思索中国革命的道路。从 1923 年到 1930 年瞿秋白所写的政论有 200 万字之多，对中国革命的性质、革命的前途、革命的领导阶级、革命的策略、革命的手段、中国革命与世界革命的关系等问题，都作了极其深入的研究，提出了马克思主义的政治见解。

对于中国革命究竟是一种什么性质的革命，在 20 世纪初的中国还是一个模糊的问题，各种见解都有，甚至引发过长达十年的论战。1923 年瞿秋白在分析中国国情的基础上提出中国革命是资产阶级性质的革命，"民权主义革命是资产阶级的"。① 1928 年瞿秋白在反思 1927 年大革命失败后所产生的对革命形势的"左"倾估计的教训后，在党的六大上和 1931 年与"中国托派"的论战中，再一次坚持了中国革命民主主义的性质，革命的任务是推翻帝国主义和封建势力，"驱逐帝国主义者，达到中国真正底统一"，"推翻地主阶级私有土地制度"。② 但是资产阶级性质的民主革命并不导致中国资本主义前途。中国资产阶级民主革命有其特殊性，特殊在于中国的国情是一个半封建半殖民地的社会，资本主义发育不够彻底，民族资产阶级没有脱离依附的软弱地位，无法独立承担革命的责任，也无法领导民族革命走入资本主义；特殊性还在于中国革命当时所处的世界革命的形势，由于十月革命的胜利，开辟无产阶级革命和殖民地与半殖民地的民族革命的新时代，使中国的民族革命成为世界革命的一部分，因此，中国"革命虽是资产阶级的，胜利却不会是资产阶级的，"③ 中国革命胜利的前途，不能不超出资产阶级性的范围，而过渡于非资本主义的发展。

对于中国民主革命领导权的问题，瞿秋白是党内较早提出无产阶级领导权思想的理论家，在《自民权主义至社会主义》《中国国民革命与戴季陶主义》《五卅中资产阶级与无产阶级之互争领袖权》等一系列的文章中，以强有力的事实论证无产阶级领导中国民主革命的必要性和可能性，批驳党内放弃革命领导权的观点。在无产阶级领导革命的原则下，瞿秋白在大革命时期又根据中国革命的实际情况，坚持国共合作，建立统一战线，以对抗强大的敌人。

关于中国农民和土地革命的问题，他已经认识到中国农民问题的重要性，在

① 瞿秋白.瞿秋白选集［M］.重庆：人民出版社，1985：72.
② 瞿秋白.瞿秋白文集（政治理论编）：第 6 卷［M］.北京：人民出版社，1996：245.
③ 瞿秋白.瞿秋白论文集［M］.重庆：重庆出版社，1995：234.

《国民革命中之农民问题》一文中指出"中国国民革命的意义，是在解放农民"，并且提出解决农民问题的具体办法，包括用政治手段实现"耕地农有""武装农民、建立农民政权"等。瞿秋白看到中国亿万农民对于革命的巨大力量，他总结五卅运动的失败原因之一，在于没有农民参加，因而提出"工人阶级与农民联盟来做国民革命的先锋和领导者"，[①] 他还通过对毛泽东的农民研究的支持来表达自己对农民问题的重视。

瞿秋白关于革命武装斗争的思想产生于五卅运动和大革命失败的教训，可以说，是残酷的阶级斗争使瞿秋白认识到党建立革命武装的重要性。《中国革命中之武装斗争问题》一文详细阐述了他的武装革命的思想，论证了革命战争的必要性、中国共产党武装平民、建立革命军队的紧迫性，并且付诸实践。"南昌起义"打响了中国共产党领导下的武装革命的第一枪，诞生了人民军队。正是武装革命才使新民主主义革命取得了最后的胜利，诞生了中华人民共和国。

瞿秋白关于中国革命的理论，对于当时十分缺乏中国革命理论的中国共产党来说十分重要，加上瞿秋白身负党内重任，这些思想有的形成了党的决议或党的文件，直接指导中国革命，对中国革命的发展有着重大的贡献。值得指出的是，上述中国革命的理论，都是在瞿秋白运用马克思主义的唯物史观和辩证唯物论对中国国情和社会特点分析的基础上得出的。瞿秋白十分明白马克思主义与中国革命实际结合的重要性，"革命的理论永不能和革命的实践相离"，自觉地承担起"应用马克思主义于中国国情的工作，不可一日或缓"。[②] 这些理论其本质是马克思主义的，但其内容和形式又是中国特色的，这些理论本身体现的就是马克思主义中国化。

四

瞿秋白对马克思主义中国化的第三个功绩是，他以自己研究马克思主义理论并运用于中国革命实践的经验，包括失败的实践经验，推动了中国马克思主义的发展。历史表明，马克思主义中国化并不是一帆风顺的，对中国革命的认识也出现过偏差

---

① 瞿秋白.瞿秋白选集［M］.北京：人民出版社，1985：278.
② 瞿秋白.瞿秋白论文集［M］.重庆：重庆出版社，1995：2.

甚至错误，中国革命的实践也有挫折和失败，但是许多真理性的理论正是由失败和教训换来的，因此可以说，马克思主义中国化不仅与成功的革命经验相联系，而且与失败也有着某种不解之缘。

毋庸讳言，瞿秋白对于中国革命的认识并非都是真知灼见，甚至他的某些理论还曾给革命带来过损害。例如，1927年提出的革命对象包括了中国资产阶级，提出"无间断革命论"，认为，中国资产阶级性质的民权主义革命能直接转变到社会主义革命，这些思想形成了全国各地武装起义的政治决定。然而南昌起义、秋收起义、广州起义先后失败，证明这样的认识脱离了中国革命的实际。瞿秋白本人也在实践中认识到自己的错误，很快放弃了错误的理论。

对革命实践中发生的一些错误，要通过分析产生错误理论和错误实践的历史条件，从而做出客观的评价。瞿秋白的"左"倾思想和武装暴动的决定，直接的原因是蒋介石、汪精卫背叛革命屠杀共产党人和革命群众的白色恐怖，使瞿秋白得出了资产阶级走向反动的结论。间接原因来自党内，瞿秋白认为，蒋介石得逞与党内陈独秀的妥协退让不无关系，瞿秋白在反对党内右倾时矫枉过正，强烈的反抗意识以致理论上"左"倾激进，行动上出现了盲动性。此外，还与共产国际的"左"的思想指导也有很大关系。但是，武装反抗国民党反动派的理论号召和直接的行动在当时不可避免。事实上，当时的武装暴动虽然大多数都失败了，但确实也振奋了党的战斗精神，重新集结起党的队伍，扭转工农群众中的恐慌和悲观，推动革命继续前进。

革命过程中不可避免的失败和错误，意味着这些失败和错误对于马克思主义中国化也是不可避免的。正因为南昌起义、秋收起义和广州起义的失败，才有我党对中国革命道路的重新思考和选择，才有了毛泽东拉队伍上井冈山、才有了朱毛会师、才有了建立农村根据地等。由此而见，失败提供了教训，提供了警示，提供了思考，对于马克思主义中国化来说，失败也是其过程的一部分，因为马克思主义中国化就是一个探索和总结经验教训的过程。

瞿秋白革命生涯中，在其探索中国马克思主义的过程中，他所有探索的思想结晶包括不够成熟的部分乃至错误的成分，都在马克思主义中国化过程中烙下了深深的痕迹。瞿秋白在马克思主义中国化过程中，以自己的不懈探索促进了马克思主义的中国化。

瞿秋白伦理思想探微*

一

瞿秋白的伦理观首先是旗帜鲜明地反对封建社会的旧道德、旧文化。针对当时东方文化派对传统旧道德文化的鼓噪，瞿秋白尖锐地指出，中国旧社会旧文化的本质是宗法社会的文化，它的内容就是"一大堆的礼教伦常"。正是这些传统的仁义道德阻碍了社会和文化的发展，应当予以揭露和否定。

第一，伦理纲常是封建社会扼杀人性的工具。瞿秋白指出，宗法社会的"礼教伦常其实是束缚人性的利器"[①]。封建宗法制度正是借助孔教的三纲五常、尊尊卑卑、君臣父子之道对百姓实行精神统治，泯灭了多少自由思想的火花和美好的情感。

第二，旧伦理纲常与科学对立，是科学进步的障碍。针对东方文化派高举孔儒伦理武器攻击现代科学，瞿秋白首先捍卫科学对于社会发展的意义。他正确地指出，"科学只是征服天行的方法"，科学本身无罪恶之分，只有在科学方法被少数人所垄断的社会里，或许会成为文明的对立物。然而，一旦"大多数人能应用科学"，则能促进"无产阶级文化的进步"，待阶级消灭时，科学则能增进全社会的福利，促进物质文明的发达、精神文明的舒畅和文化生活的自由。其次，瞿秋白论证了科学与宗法伦理的对立性。他认为，"颠覆一切旧社会的武器正是科学"[②]，因为科学内涵着社会平等和个性自由的要求，而宗法伦理恰恰是制造不平等、压抑个性自由的滥觞。

---

* 余玉花.瞿秋白伦理思想探微［J］.华东师范大学学报（哲学社会科学版），1999（01）：8－12.

① 瞿秋白.瞿秋白选集［M］.北京：人民出版社，1985：2.

② 瞿秋白.瞿秋白选集［M］.北京：人民出版社，1985：20.

所以，"真正的科学是颠覆东方文化之恶性的利器"①

第三，仁义道德的虚伪性。瞿秋白指出，仁义道德在统治者手里往往起着双重作用：一是束缚人民大众思想的绳索，二是标榜统治者所谓"土道仁政"的贴金布。正是后者掩盖仁义道德充当统治者帮凶的实质，蒙蔽了人们的眼目；正是后者，使劳动者身受精神束缚之苦却尚不知晓。

瞿秋白还揭示了封建道德文化产生的根源。他认为，孔教伦理乃是在农业、手工业自然经济基础之上的宗法制度的文化反映。"所谓伦常纲纪、阴阳五行同样是宗法社会或行会制度的表征而已。"② 他把"东方人的习静、养心、绝欲、诚意的功夫"归之于威严的封建君主的统治和农村经济生活的贫乏和困顿。"在如此恬静的农村生活里，威严的君主政治下，求不到什么'物'，所以只好养'心'，不会满欲，所以只好绝欲。"③

上述瞿秋白对道德文化的思考和分析虽然不无偏颇之处，有的不免牵强，如把"养心""绝欲"的伦理观念，过于简单地归之于人们求物不成、满欲不得的结果，但是，瞿秋白力图从经济和社会制度的根源上来说明道德文化产生的原因，力图把中国道德文化放在世界文化发展的范围里进行历史的思考，应该说有其合理之处。

二

瞿秋白并不是一般地反对伦理道德，他反对的只是维护旧制度、阻碍社会发展的旧伦理文化，因此他在批判宗法伦理的同时，提出了真道德的思想。所谓的真道德就是平民的道德，即是"仁义道德说之真正的平民化"。④ 瞿秋白不反对仁义，但它不应是少数统治者的道德伦理和统治手段，而应该成为平民的道德要求，这样的仁义道德才是真道德。

这里可以看出，瞿秋白在建立新道德的时候，十分注意吸取以往文化的思想资料，他批判旧道德保守反动的内容，但不否认其中存在合理的因素，并认为可以为

① 瞿秋白.瞿秋白选集 [M].北京：人民出版社，1985：19.
② 瞿秋白.瞿秋白选集 [M].北京：人民出版社，1985：11.
③ 瞿秋白.瞿秋白选集 [M].北京：人民出版社，1985：16.
④ 瞿秋白.瞿秋白选集 [M].北京：人民出版社，1985：18.

新阶级所用。他曾明确地说过："新阶级也必定采取旧社会里确系多数人共同生活的良好道德，使社会生活有规划的良好习惯，以为现时阶级斗争及改造经济的工具。新社会从旧社会演化出来，并非从天而下的，将来的共产主义是社会几千年进化、积累共同生活之组织习惯的总成绩。所以新阶级的道德并非与旧社会绝对相反的，不过可以同一手段而目的根本不同罢了。"①

瞿秋白认为，平民化的真道德"与科学本非相消的"，而是相辅相成的。这可以从两者对社会的共同功用，以及发展中相互支持相互需要得以证明。首先，真正的道德和真正的科学都具有破除陈旧与迷信、促进社会发展的作用。需要指出的是，瞿秋白讲的科学不限于自然科学，也包括社会科学，特别是社会科学的方法。真道德，既然是平民大众追求平等公正、自由幸福的新道德观，必须与孔教旧道德针锋相对，又往往是民主运动的先导和催化剂。其次，真道德与真科学是互为支持，相携共进的。瞿秋白时常把道德之平民化与科学之社会化相提并论，并且认为两者在发展过程中应"同时并呈"，这是因为科学要达到社会化，不被少数人垄断，需要真道德为之舆论；而道德要实现平民化，则需要科学提供正确思考的方法，所以，"不得不双方并进"。

真道德，作为平民无产阶级的道德无疑是一种新道德观，那么，这种新道德观的价值内涵是什么呢？瞿秋白认为，真道德的价值意义在于其能促进每个人个性的自由发展。从这一点出发，真道德必然反对阻碍扼杀个性发展的宗法伦理纲常。也正是这个原因，真道德要成为社会普及的道德，非经过社会革命不可，"要达到此种伟大的目的，非世界革命不可"。依此可见，从某种意义上说，真道德还只是一种理想中的未来道德。

瞿秋白理想中的真道德的社会形式是社会主义文明。瞿秋白的道德理想和他的文化理想是一致的，或者说他的文化理想包含了他的道德理想。社会主义文明虽然是文化的概念，但包含了伦理的内容，瞿秋白在这个概念中确实倾注了他为之追求的道德理想。我们可通过瞿秋白对社会主义文明的阐述来探视他的真道德理想。

社会主义文明是瞿秋白运用历史唯物主义的观点，考察人类社会文明史而得出的结论。瞿秋白认为，人类由劳动而创造的文明从一开始就是技术文明即物质文明，

① 瞿秋白.瞿秋白论文集［M］.重庆：重庆出版社，1995：930.

它主要体现为劳动工具的制作。技术通过劳动不断发展，"既有制作工具的技术，便精益求精，技术的范围也日益扩大"。因此技术文明是社会进化的主要动力，也是精神文明的基础。瞿秋白根据技术文明发展的程度和特点，把现代技术文明分为三种类型，分属于三个时期，它们是：封建时代的文明、资产阶级文明和无产阶级的文明。瞿秋白认为，"技术有神秘性便是封建时代的文明，技术有科学性便是资产阶级的文明，技术更进而有艺术性便是无产阶级的文明"①，无产阶级文明即是社会主义文明，是技术文明的最高形式，它是社会规律发展的必然结果。

社会主义文明建立在科学的基础上，必然否定"玄妙不可测度"的封建制度的文明；资产阶级的技术文明虽然有科学性，但其科学性"仅仅限于自然现象"，因而是不全面、不和谐的文明；社会主义文明则"以扩充科学的范围为起点，而进于艺术的人生，集合的谐和的发展"。瞿秋白说，文明的最高境界是艺术文明，其主要特征是谐和圆满：人与自然的谐和圆满，人与人关系的谐和圆满，以及个体人生的圆满快乐，充满着艺术性。瞿秋白信心百倍地告知人们："社会主义的文明是热烈的斗争和光明的劳动所能得到的"，当人类从必然世界跃入自由世界的时候，"科学的技术的文明便能进于艺术的技术文明"。从瞿秋白对社会主义艺术文明的描绘，可以看出，那是一个真善美的世界，"那不但是自由的世界，而且还是正义的世界；不但是正义的世界，而且还是真美的世界"。②

三

瞿秋白的伦理思考包含着他的人生思考，他坚持用唯物史观来说明人生观的问题。瞿秋白指出，唯物史观体现的就是科学精神，而所谓的科学就是对客观存在的规律的揭示和认可，遵循规律办事，科学的职任便在于发现这些公律。他认为，无论是自然界还是人类社会都存在着"因果律"，虽然社会历史进程中的主体是有目的的人，但是"历史之中无数不同的倾向及行动互相冲突，其结果却与无意识的自然界毫无差异"，一切动机，无论是个人的抑或是群体的，皆有其背后的原因和相互的

① 瞿秋白.瞿秋白选集［M］.北京：人民出版社，1985：94、97.
② 瞿秋白.瞿秋白选集［M］.北京：人民出版社，1985：109.

联系，那就是规律的必然性。人生的追求属于意志的范围，但不是绝对自由的，同样要探悉"公律"、利用"公律"，只有"探悉社会现象里的'必然'的因果律"，意志才能自由，才能实现自己合理的理想。①

瞿秋白探究了人生观产生的根由。他从社会心理、政治制度对人生观形成的影响，最后找到了经济关系和科学技术（瞿秋白说的科学技术实际就是生产力——作者注）这根本的原因。他认为，人在同自然界的斗争中，积累各种技术而形成科学知识，而科学技术的发展"必定影响于经济关系，经济关系又渐渐确定新的政治制度，变更人与人之间的斗争阵势"，当政治较稳定的时期，大家"便有大致相同的对于人生及宇宙的概念"，而"至有新技术、新科学、新斗争之时，便能发生新人生观。这是人生观之所以有时代的不同之原因，新旧阶级之间的阶级斗争，是人生观带有阶级特性的原因。②由此瞿秋白揭示了人生观这一社会现象的最后原因在于经济，说明了社会意识形态是社会物质经济条件的产物，驳斥了玄学派的"先天的义务意识"和"超科学情感"的唯心主义观点。瞿秋白也批评了胡适实用主义的人生观。他认为，实用主义人生观只承认一些实用的科学知识和方法，而不承认科学的真理，否定历史发展客观必然性。其结果，必然与玄学殊途同归，一切行为都成为盲目无意识的侥幸行动。

瞿秋白在强调经济决定论的同时，并不否认伟大人物在新人生观产生中的作用。他指出，当新旧阶级斗争激烈爆发之时，"伟大的个性能先见此新人生观"，并且凭借新科学知识，使其"个性的人生观"推广而成时代的人生观。但是个性是社会孕育的结果，任何天才都无法跳出社会为其设置的环境。伟大的个性之所以能"自由"地形成观点，是因为他能适应社会的新变化，特别是能运用科学知识去认识历史流变的"必然的因果"；强调科学知识在人生观形成和变更中的作用，认为，"科学的因果律不但足以解释人生观，而且足以变更人生观。"③

瞿秋白还对人生目的、群己关系的问题都进行了思考。在群己问题上，瞿秋白反对绝对利己主义人生观，主张群己统一，利己与利他的统一。他分别从事实的层面和价值的层面来阐述自己的观点。在事实的层面来看，人的社会本性决定了人

① 瞿秋白.瞿秋白选集［M］.北京：人民出版社，1985：122.

② 瞿秋白.瞿秋白选集［M］.北京：人民出版社，1985：124、126.

③ 瞿秋白.瞿秋白选集［M］.北京：人民出版社，1985：126.

"不能跳出当代社会而给以'绝对自己'的观点为立足地",绝对的利己主义的人生观只能存在于无社会的矿物世界里,因为离开社会,个人则无利可图。个人和社会客观上存在着不可分离的关系。一方面,"无'我'无社会,无动的我更无社会";另一方面,"无交融洽作的,集体而又完整的社会与世界,更无所谓'我'"①。个人与社会的交融性产生的结果则是"人类往往以利己主义出发而得利他主义的结果"。这可以从人的行为来看,最初人们的动机是利己的,"初民个人依利己主义而向自然进攻",但是人在同自然的斗争中"不得不结合共产部落",否则将无法达到利己的目的,而当个人与集体共同奋斗时,他的行动就不纯粹是利己的,也包含着利他的成分。从利益的角度来看,利己利他的统一,也是个人利益与阶级利益的统一,甚至阶级利益与人类利益的统一。以无产阶级为例,无产阶级也有其阶级个性因而也有其阶级的利益,无产阶级对现存制度的斗争都是从本阶级利益出发的,这可以说也是一种利己主义。但是无产阶级在争取自我阶级利益的斗争中觉悟到:"非解放人类直达社会主义不能解放自己",于是无产阶级非得把解放全人类作为阶级追求的目标,这个目标的本质是利他主义的。②

在价值层面上,瞿秋白认为,从认识群己关系,从利己利他相一致的客观事实出发,使其成为一种自觉的人生追求,这便进入了一个自由的领域。对个人而言,应认识到自己是"集体的一分子",明了自己的责任。他本人身体力行这一人生观,"我自然只能当一很小很小无足重轻的小卒,然而始终是积极的奋斗者"。"我自是小卒,我却编入世界的文化运动先锋队里,他将开全人类文化的新道路。"③

瞿秋白科学人生观的理论坚持了唯物主义的思想路线,但是,瞿秋白人生观理论也有片面或极端之处,如过分强调决定论和社会因素,忽视了个体选择目的的能动作用;过分强调科学知识对人生观的作用,忽视了人的情感对人生观的重大影响。

在群己关系上,瞿秋白提出集体主义思想,强调集体的作用,反对个人主义倾向。"无产阶级之革命思想的指导,当然是集体的工作",而每一个革命者哪怕是革命领袖也只是"这集体中的一个个体"④。他反对不恰当夸大个人、夸大领袖作用的

---

① 瞿秋白.瞿秋白诗文选 [M].北京:人民文学出版社,1982:165.
② 瞿秋白.瞿秋白选集 [M].北京:人民出版社,1985:126.
③ 瞿秋白.瞿秋白文集(文学编):第1卷 [M].北京:人民文学出版社,1985:213.
④ 瞿秋白.瞿秋白选集 [M].北京:人民出版社,1985:311.

倾向，反对党内个别人的专横跋扈、压制不同意见的家长制作风，坚持"无产阶级政党的集体的领导作用"。他反对突出个人的英雄史观，认为英雄作为先进的个性是在社会斗争中产生的，只是社会或阶级的历史工具而已，英雄的伟大之处，则在于他们较一般人先觉察到历史发展的趋势，但并不意味着可以超乎群众之上，伟人不过在执行部分的历史使命罢了。况且，伟人作用的发挥还必须通过群众运动来实现。

不难发现，瞿秋白的集体主义有其特定的含义，侧重于个人与集体群众的作用问题，更强调集体群众的作用，这与今天社会着重于利益关系的集体主义有所不同，是那个特定时代提出的道德课题。但是，瞿秋白集体主义中关于提倡尊重群众，反对官僚主义家长制的思想，并不因时代的变迁而失去道德意义，至今仍有其伦理的价值，值得继承和发扬。

瞿秋白是新民主主义革命理论的开拓者*

瞿秋白是中国共产党著名的马克思主义理论家。他较早地运用马克思主义的基本观点来寻找中国革命的规律，解决中国社会的根本问题，为形成中国化的马克思主义革命理论——毛泽东思想作出了杰出贡献。尤其是对毛泽东新民主主义革命理论的形成，起了开拓者和奠基者的作用。

新民主主义革命理论是马克思主义中国化的产物，是中国共产党对马克思主义理论发展的伟大贡献。新民主主义理论作为中国共产党人探索中国革命道路的科学总结，确实是全党智慧的结晶，是党的宝贵的思想财富。毛泽东是新民主主义革命理论的集大成者。是他集中了全党的智慧，总结了其他领导人的理论成果，完整准确地阐述了新民主主义理论的基本思想和全部内容，并成功地运用这一理论，赢得了新民主主义革命的伟大胜利。然而，在新民主主义革命理论的形成和发展过程中，特别是在中国革命的早期，不少革命家对这一理论进行过艰苦的探索，瞿秋白就是其中杰出的代表。

中国共产党领导下的中国新民主主义革命的历史既是辉煌壮丽的，又是十分艰难曲折的，革命经历过失败、低潮、危机，但最终从困境中崛起，走向胜利。可见，中国新民主主义革命有一个发展的过程，革命发展呈现出阶段性的特点。同时，革命发展的过程又是中国共产党人探索革命规律的过程，而产生的理论成果就是新民主主义理论。因此，新民主主义革命的理论也有一个提出、形成、完善的历史过程，呈现出发展的阶段性。从党对革命指导的历史划分，可分为毛泽东前领导时期和毛

---

* 余玉花.瞿秋白是新民主主义革命理论的开拓者［J］.上海党史与党建，2001（01）：38－40.

泽东领导时期，遵义会议为划分的标志。新民主主义理论的发展则有其自身的规律和特点，大致可分为三个阶段：从党成立到党的六大前后，是新民主主义理论提出的阶段；六大之后到毛泽东《新民主主义论》发表是新民主主义理论的形成阶段；以后是这一理论的进一步完善的阶段。瞿秋白对新民主主义革命理论的贡献主要是在提出阶段，他早于毛泽东和其他领导人对这一理论的基本思想进行了论述，他是这一阶段的杰出代表。而毛泽东是形成和完善阶段的杰出代表，他高于瞿秋白和其他领导人对新民主主义理论体系作了科学概括和论证，使之成为马克思主义理论宝库的重要内容。

新民主主义理论提出的阶段，正是党领导下的中国革命的初始阶段，无论理论上，还是实践上都不成熟，对于中国革命的规律尚处在探讨摸索中。当时，中国共产党面临最困难的问题是中国革命没有现成的答案，急需革命理论的指导，因此建立中国革命的理论是那时最为紧迫的一项任务。瞿秋白是我们党内最早了解苏俄十月革命和最早学习马克思列宁主义的领导人，所以，当开创中国革命理论的任务历史地落到了早期共产党人肩上的时候，瞿秋白自觉地担当起中国革命的理论探索任务，并成为他义不容辞的历史责任。

在新民主主义革命理论的提出阶段，瞿秋白的理论贡献最突出，是他比较系统地学习了马克思列宁主义的理论和苏俄十月革命的经验，并介绍到中国来；是他比较全面深入地研究了中国革命问题，形成较为系统的关于中国革命的思想；是他呕心沥血致力于党的理论建设，在短短的七年里写下了三百多万字的政论文章和著作，可以说当时无人及其项背。1985年在纪念瞿秋白就义五十周年的大会上，杨尚昆代表党中央评价瞿秋白："在党还十分缺乏马克思主义理论和革命实践经验准备的幼年时期，他担负了中国革命道路开拓者的重大责任，他没有辜负时代和人民的托付，为寻求中国革命的真理、为开创中国革命的大业，贡献了毕生的心血乃至整个生命，作出多方面的卓越贡献。"[1] 1999年在纪念瞿秋白诞生一百周年的座谈会上，尉健行在讲话中指出："他为传播马克思主义，在中国共产党早期从事理论建设，作出过巨大贡献。""他为提高全党理论水平呕心沥血，勤奋笔耕，运用马克思主义基本原理分析中国的实际国情，对中国革命的基本问题进行广泛而深入的钻研，提出许多精

---

[1] 杨尚昆.在瞿秋白同志就义五十周年纪念会上的讲话 [N].人民日报，1985－06－19.

辟的见解，为党的思想理论建设作了大量奠基性的工作。"①

中国共产党创建时期，身负改造中国社会革命重任的共产党人对于中国革命的主要问题是什么、革命究竟如何进行、革命的前途又怎样等问题并不清楚，因此急迫的任务是要探索一条中国革命正确的道路。这个探索不仅是革命实践的问题，更重要的是理论上的探索，因为"没有革命的理论，就没有革命的行动。"1923年瞿秋白从苏俄归来，便将主要的精力投入于党的理论建设。从这一年起，瞿秋白在《新青年》《前锋》《向导》等党的理论刊物上连续发表论文，阐述了对中国革命问题的一系列的看法，表达了他的新民主主义的革命思想。

第一，研究中国国情、分析中国社会性质。研究中国社会的状况，即中国国情，这是探讨中国问题和中国革命的出发点。瞿秋白在《东方文化与世界革命》《帝国主义侵略中国之各种方式》《中国资产阶级的发展》《中国之地方政治与封建制度》等文章中比较全面地考察了中国社会政治经济状况。他指出中国经济是封建"宗法社会之'自然经济'"，但是中国自然经济遭到了帝国主义列强的蛮横破坏。这种破坏，使中国经济发生了畸形的发展，也使中国社会的性质发生了畸形的变化，使中国沦为"国际的殖民地"。但是帝国主义入侵又没有使中国彻底殖民地化，而是半殖民地化。对此，瞿秋白非常详尽而令人信服地分析帝国主义使中国成为半殖民地的经济和政治的原因。在考察经济状况的基础上，他分析了由此而形成的中国社会的阶级关系，以及各阶级对革命的态度。瞿秋白对中国国情研究的科学方法与基本观点，与毛泽东1925年12月发表的《中国社会各阶级的分析》的观点基本一致。

第二，论证中国新民主主义革命性质及其特殊性。中国的民主主义革命始自于辛亥革命，而"五四"以后世界政治格局发生了极大的变化，中国工人阶级在中国共产党领导下，开始在中国的政治运动中发挥作用。在俄国无产阶级已经开辟了社会主义革命新时代、建立起社会主义社会的情况下，中国革命的性质是否还是民主革命？无产阶级在革命中究竟扮演什么样的角色？革命的前途是怎么样的？这一系列的问题正是诞生不久的中国共产党必须回答的问题，也是党制定革命纲领和策略的理论前提。当时党内对这个问题有各种看法。有的认为，中国反封建的斗争开始

---

① 纪念瞿秋白同志诞辰一百周年座谈会［N].人民日报，1999-01-30.

不久，革命仍是资产阶级领导的民主主义革命；也有的认为，中国应该跟随世界革命的潮流，党应当领导人民进行社会主义革命等等。为了搞清这些问题，年轻的瞿秋白读了大量的马列著作，结合中国实际和世界形势进行理论思考，于1923年写下《自民权主义至社会主义》一文，初步回答了中国革命的性质、革命领导权问题，以及民主主义革命与社会主义关系等问题。

在这篇文章中，瞿秋白明确指出，中国自"五四"以来的革命是反帝反封建的资产阶级性质的民主革命，革命的任务是推翻帝国主义和中国的军阀官僚统治。亦就是在世界无产阶级革命时代的中国"民权主义革命是资产阶级的"。瞿秋白关于革命性质和革命任务的思想，在以后写的许多论文中一再予以强调。大革命失败后，党内曾发生过关于中国社会性质的论战，瞿秋白在论争中坚持上述观点。他在《中国革命是什么样的革命》一文中指出，大革命失败后，中国革命的性质和任务都没有变，因为中国民主民族革命的任务均未完成。因此，"中国革命现阶段底性质是资产阶级民主革命"，革命的任务则是"驱逐帝国主义者，达到中国真正底统一"和"铲除中国的半封建的土地关系"。①

瞿秋白又指出，中国资产阶级民主革命不是一般的民主革命，它不同西欧资产阶级革命，而有其特殊性。他根据当时中国和世界发展的两个方面得出中国资产阶级革命特殊性的论断。首先，他把中国革命的问题放在世界范围来思考。他认为，帝国主义对中国的侵略使中国沦为半殖民地，那么"中国的仇敌是列强资产阶级"，从而使中国革命具有国际的性质。同时中国面对强大的国际资产阶级，因而"中国平民的民族民权主义，没有国际民主主义是决不能实现的。"而俄国十月革命的胜利，开辟了世界无产阶级革命和殖民地半殖民地的民族革命的新时代，"中国无产阶级所处的时代是世界革命的时代，全世界无产阶级已经开始争取政权，他不得不赞助各殖民地的国民运动"。② 正因为中国革命是世界革命的一部分，所以"中国革命虽是资产阶级性的，然而他与世界无产阶级联盟而反抗列强帝国主义。他的胜利的前途，不能不超出资产阶级性的范围，而过渡于非资本主义的发展。"其次，中国资产阶级民主革命的特殊性还在于国内阶级力量的对比。一方面是中国资产阶级太弱，

---

① 瞿秋白.瞿秋白文集（政治理论卷）：第5卷［M］.北京：人民出版社，1998：78.
② 瞿秋白.瞿秋白选集［M］.北京：人民出版社，1985：83.

不可能领导民主革命达到最后的胜利。另一方面是,"五四"之后中国无产阶级登上了政治舞台,"中国革命得着了新的生命,绝人的生力军,自然开辟出新的发展道路。""所以革命虽然是资产阶级的,胜利却不会是资产阶级的。"① 这里瞿秋白对中国革命特殊性的分析,实际上说明中国革命是一种不同于一般民主革命的新民主主义革命,他的理论论证与毛泽东1939年《中国革命和中国共产党》一文中对新民主主义革命的理论界定基本上是一致的。

第三,提出了无产阶级革命领导权。无产阶级革命领导权的问题是新民主主义革命理论的核心,瞿秋白对此认识是比较早的。1923年他为中共三大起草的党纲中,便提出"此革命之中,只有无产阶级是唯一的、最现实的、最先进的、最彻底的力量"的观点,但被陈独秀修改掉了。此外,他在《新青年》创刊词、《现代劳资战争与革命》、《自民权主义至社会主义》等文中都已提出无产阶级在民主革命中的领导地位的问题。如果说瞿秋白关于无产阶级革命领导权的思想在五卅运动前还多少带有理论分析的话,那么五卅运动之后则完全是革命实践的科学总结。五卅之后,他写下了《五卅运动中之国民革命与阶级斗争》《义和团运动之意义与五卅运动之前途》《五卅中资产阶级与无产阶级之互争领袖权》等文章,更加明确提出:"中国革命即使是资产阶级性的民权革命,也非由无产阶级取得领袖权不能胜利。"② 瞿秋白在论证无产阶级是中国革命领导阶级的同时,指出无产阶级领导既不是"天然"存在的,而需要通过斗争才能得到的,并且指出无产阶级要能争得领导权,需要无产阶级政党运用正确的策略才能达到。

瞿秋白对中国革命的统一战线和农民问题,以及中国革命战争、武装斗争等问题,都作了开拓性研究,提出了创建性的观点,作出了出色的理论贡献。

在中国共产党创建时期,探讨新民主主义革命理论问题并卓有建树的众多领导人中,为什么瞿秋白成为这一理论阶段的杰出代表呢?这是因为其他领导人对中国革命问题的思考,从理论建树来看,侧重于某些方面,如农民问题、革命领导权问题等,而瞿秋白对中国革命的理论思考则较为系统、较为全面。从中国革命的性质问题、统一战线问题、革命领导权问题、农民土地革命问题,到武装斗争、游击战

---

① 瞿秋白.瞿秋白论文集 [M].重庆:重庆出版社,1995:234.
② 瞿秋白.瞿秋白选集 [M].北京:人民出版社,1995:320.

争、建立革命政权等新民主主义革命的主要问题，瞿秋白都结合中国的实际，进行了马克思主义的理论分析，得出了较为正确的结论，奠定了中国新民主主义革命的理论基础。可以说，在早期共产党内，如此全面系统阐述中国革命理论的，只有瞿秋白。

瞿秋白对中国革命系统的理论思考，在大革命失败前，他对自己的理论探讨有一个总结，那就是1927年初，他将自己从1923年1月至1926年底在《向导》《新青年》《前锋》《民国日报》等报刊上发表的主要文章汇编为《瞿秋白论文集》。从这个论文集可以看出，瞿秋白关于中国革命的理论已经形成一定的系统。他在自序中说："我现在收集四年来的著述付印，目的是在于呈现中国的马克思主义者应用革命理论于革命实践上的成绩，并且理出一个相当的系统，使读者易于找着我的思想的线索。"[①] 他把论文分成八类：中国国民革命问题、帝国主义与中国、买办阶级之统治、国民会议与五卅运动、北京屠杀后国民革命之前途、世界社会革命的问题、马克思列宁主义的理论问题、赤化漫谈。前五类涵盖了中国革命的基本问题，是他对中国新民主主义革命思想初步系统的概括。大革命失败后，瞿秋白总结革命失败的教训，写了大量的文章，继续探索新民主主义革命理论，他起草的党的六大报告《中国革命和中国共产党》系统表述了他的思想。

瞿秋白之所以成为新民主主义理论提出阶段的杰出代表，从他主观的因素看，主要有两方面：一是他个人努力奋斗的结果。许多人都认为瞿秋白具有理论天赋，青少年时期他就读了很多书，接触了各种思想理论和中外思潮，打下了良好的学业功底。中国共产党创建前后，瞿秋白又较早较系统地接受马克思主义的理论训练，理论功底十分深厚。但他的理论成果的产生，最重要的还在于他的勤奋，他对革命事业的忠诚和无私奉献。他那孜孜不倦地笔耕，自觉献身于党的理论建设的精神为全党所公认。首先，他深感理论建设对中国革命的重要性、紧迫性。他在《瞿秋白论文集》自序中说：中国革命的实践"正在很急迫的催迫着无产阶级的思想代表，来解决中国革命中之许多复杂繁重的问题。"其次，他把革命的理论建设、马克思主义中国化看作是自己不可推卸的历史使命，具有极强的革命责任感。他说："这不但是中国无产阶级之最高命令，不能不服从；而且是中国民族——国民革命之利益所

---

① 瞿秋白.瞿秋白选集［M］.北京：人民出版社，1995：311.

要求的。"所以,他要求自己在"日常斗争中间,力求应用马克思主义于中国的所谓国情。"再次,他为履行这神圣的责任而奉献出自己的一切。从 1923 年起,他在极其困难危险的条件下,坚持在繁忙紧张的领导工作之余,研究中国革命的理论,即使生病也不停息,他说:"应用马克思主义于中国国情的工作,断不可一日或缓"。正是在这种精神支配下,才会有理论上的巨大收获。

瞿秋白对创建新民主主义革命理论重大贡献的另一因素,同他当时承担的工作以及他在党内的影响有关。1923 年 1 月瞿秋白从苏俄回国后,在党内主要负责理论宣传工作,是《新青年》《向导》《前锋》《布尔什维克》等中共中央机关刊物的主编,或主要撰稿人。在这些刊物上几乎每期都有瞿秋白的文章,有时一期上有他数篇文章,其内容就是直面发生着的各种革命问题,提出共产党人的见解和革命策略。他还是早期党中央重要文件的主要起草者,从党的三大到党的六大期间,中共中央的许多重要文件都是出自瞿秋白之手。这就使他在建党初期有可能比较全面思考中国革命问题,使他的革命思想在党内产生较大的影响,使他的理论影响比其他领导人要大得多。

瞿秋白对新民主主义文化理论的贡献[*]

　　新民主主义文化是新民主主义理论的重要组成部分，它是自"五四"运动到新中国成立我们党领导的文化运动成果集成，代表了新民主主义革命时期的先进文化，也是中华民族优秀文化的一部分，为新中国成立以后的文化发展提供了优秀的文化资源，也是今天创建和发展先进文化不可缺少的文化资源。新民主主义文化既然是新民主主义革命的产物，因此它是在新民主主义革命的过程中逐渐形成的。许多老一辈的革命家、思想理论家都为此作出了贡献。作为党的早期革命理论家、文学家，瞿秋白为新民主主义文化的创立作出了巨大的贡献。瞿秋白对新民主主义文化的贡献是多方面的：一是新民主主义文化的指导理论方面，二是新民主主义文化理论方面，三是新民主主义文学理论方面（包括文学创作），四是新民主主义文化的领导实践方面。由于篇幅所限，本文集中论证瞿秋白在新民主主义文化理论上的贡献。

一

　　瞿秋白短暂的一生留下了五百多万字的文化遗产，但在丰厚的著述中并无"新民主主义文化"这个概念。新民主主义文化的概念是毛泽东提出的，时间在瞿秋白逝世五年之后。那就提出一个问题：如何看待瞿秋白思想与新民主主义文化的关系？为了说明这个问题，有必要对新民主主义文化作一了解。

　　什么是新民主主义文化？毛泽东在《新民主主义论》一文中概括："所谓新民主

---

[*]　余玉花.瞿秋白对新民主主义文化理论的贡献 ［C］//江苏省瞿秋白研究会、纪念瞿秋白同志诞辰 105 周年学术研讨会论文集.华东师范大学法政学院，2004：6.

主义的文化，一句话，就是无产阶级领导的人民大众的反帝反封建的文化。"① 毛泽东的这一界定，确定了新民主主义文化的性质和内容。新民主主义文化首先是革命的文化，这是由当时中国革命的任务所决定的。当时中国是一个半封建半殖民地的社会，入侵中国的帝国主义不仅在经济上、政治上和中国的地主买办官僚阶级相勾结，剥削压迫中国的劳苦大众，而且在文化上也结成反动同盟，"帝国主义文化和半封建文化是非常亲热的两兄弟，它们结成文化上的反动同盟，反对中国的新文化。"② 中国革命反帝反封建，建立新社会的政治经济任务，要求有与之相应的文化来对抗帝国主义和封建阶级的反动文化，服务于中国革命斗争的需要。那就意味着新民主主义文化应当反映革命斗争的实际，甚至就是革命斗争的一部分。这也就确定了新民主主义文化的内容。其次，毛泽东还提出，新民主主义文化不同于旧民主主义文化的一个重要区别，在于新文化运动是在中国共产党领导下进行的。"在'五四'以前，中国的新文化运动，中国的文化革命，是资产阶级领导的，他们还有领导作用"，在"五四"以后，"这种文化，只能由无产阶级的文化思想即共产主义思想去领导，任何别的阶级的文化思想都是不能领导的"③。再次，新民主主义文化是民族的新文化。毛泽东指出，新民主主义文化应该具有中华民族的特性，虽然新文化要大量吸收外国的进步文化，但要根据中国的情况加以合理的消化，即使马克思主义的理论应用于中国的实践，也要和民族的特点相结合，始终保持我们民族的形式。最后，新民主主义文化是科学的大众的。毛泽东对新民主主义文化的概括是全面而科学的，是中国马克思主义文化理论的珍宝，对中国新民主主义革命的成功发挥了重大的作用。但这个理论的形成，确实凝聚了包括瞿秋白在内的一大批革命理论家的才华和心智。上述毛泽东所概括的新民主主义的绝大部分内容，瞿秋白都曾涉猎过，不仅有许多首创的思想，而且做了大量有效的宣传新文化的工作。毛泽东在《新民主主义论》中就谈到，在第一次国共合作时，以共产党《向导周报》、国民党的《民国日报》等"共同宣传了反帝国主义的主张，共同反对了尊孔读经的封建教育，共同反对了封建古装的旧文学和文言文，提倡了以反帝反封建为内容的新文

---

① 毛泽东.毛泽东选集 [M].北京：人民出版社，1964：659.
② 毛泽东.毛泽东选集 [M].北京：人民出版社，1964：655.
③ 毛泽东.毛泽东选集 [M].北京：人民出版社，1964：659.

学和白话文。"① 而瞿秋白正是负责《向导周报》的编辑工作，并为此积极撰稿。这仅仅是瞿秋白对新民主主义文化贡献的极小部分，更多的是他对新民主主义文化理论的贡献。

二

瞿秋白对新民主主义文化形成的作用首先是其对新文化指导理论的重大贡献。一种新文化的形成必然有其客观的原因，反映了社会客观发展的需要。但是如何能够认识到这种需要和要求，使其变成文化的形态，则人的主体作用非常重要。文化不可能是自然形成的，而是人努力的结果，因而文化体现着人的目的。新民主主义文化的形成也不外如此。中国新民主主义文化既是当时中国社会经济政治斗争的产物，又是在中国共产党的领导下建设的结果。毫无疑问，党领导新民主主义文化建设必然是在共产党的意志指导下来进行的。中国共产党对新民主主义文化的指导思想是什么？毛泽东说："这就是中国共产党人所领导的共产主义的文化思想，即共产主义的宇宙观和社会革命论。"② 然而，虽然当时的中国共产党人通过十月革命的胜利已经接受了共产主义思想的指导，但还没有完全地把握马克思主义的理论体系，更没有形成中国特色的指导理论。因此，当务之急，必须进行文化指导理论的研究和建设。党的早期领导人大都研究过新文化建设的指导理论，如李大钊、陈独秀等等，其中瞿秋白由于分管理论和宣传工作，把主要的精力都投之理论建设上，倾注了大量的心血，作出了卓越的贡献。

瞿秋白对文化指导理论的研究大致有三个方面。一是 1923 年回国后，瞿秋白受党中央委托，负责和参与三份刊物的编辑工作，筹办《新青年》季刊，并任主编，主编中央机关刊物《前锋》，担任《向导》的编辑工作。瞿秋白在这些刊物上发表了大量的政论文章。阐发马克思主义的思想，并且结合中国革命的实际，提出马克思主义的见解。他所写的《新青年之新宣言》《世界的社会改造与共产国际》《自由世界与必然世界》《东方文化与世界革命》《世界社会运动中共产主义之发展史》《现代

---

① 毛泽东.毛泽东选集 ［M］.北京：人民出版社，1964：626.
② 毛泽东.毛泽东选集 ［M］.北京：人民出版社，1964：658.

文明问题与共产主义》等文章分析精辟、思想深刻，具有相当高的马克思主义理论水平，为党对新文化的指导奠定了理论基础。这些思想和理论通过以上刊物以及其他报纸传播到全国。二是1924年瞿秋白受命参与筹建上海大学，任教务长兼社会学系的系主任，他亲自为学生授课，在上海大学，他撰写了《现代社会学》和《社会哲学概论》。这两本书全面阐述了历史唯物主义的基本观点。对此，陈铁健先生评价道："如果说李大钊、陈独秀主要是在社会基本矛盾方面传播了唯物史观，那么瞿秋白则传播了唯物史观的全部内容。"① 三是1925年至1927年，瞿秋白在紧张危险的地下工作之余，以及患病住院期间又有一批理论研究成果问世。包括《唯物论的宇宙观概说》《马克思主义之意义》《列宁主义概说》等著述。

瞿秋白的这些卓有成效的理论研究，拓展了李大钊、陈独秀理论研究的范围，初步形成了中国马克思主义思想，使我们党有了中国特色的指导理论，这对于急需正确理论指导的中国革命和新文化运动实在是太重要了。瞿秋白的这些思想也为后来毛泽东更加全面概括新民主主义理论包括新民主主义文化的理论打下了基础。毛泽东关于马克思主义的论述多少可以看到瞿秋白思想的痕迹，如关于中国革命和中国共产党的问题、关于矛盾的思想、关于理论联系实际的思想等等。

三

瞿秋白关于文化和文学的理论是我党最早理解的新民主主义文化的内容之一。新民主主义文化建设的一个重要问题是新文化本身的理论构建，这对处于革命战争状态下的中国共产党来说是一个非常困难的任务。它要求理论创建者必须具有多方面的素养，既要有革命理论的深厚功底，又要有文化乃至文学上的造诣。瞿秋白具备这样的条件。瞿秋白不仅是革命家、理论家，而且又是文学家。瞿秋白是"五四"以来新文学运动的倡导者、实践者，曾有大量的文学作品问世。这些都是瞿秋白能够承担中国新文化研究所具备的主体条件，再加上瞿秋白积极自觉地投身于新文化建设的研究，因而产生了许多研究成果，为我党的新民主主义文化理论的形成奠定初步基础。

---

① 陈铁健.瞿秋白传［M］.上海：上海人民出版社，1986：157.

瞿秋白对新民主主义文化理论最直接的贡献有两大方面：一是关于革命文学的理论，其中包括现实主义创作原则的思想，关于艺术阶级性的思想；二是关于艺术目的性的理论，提出著名的文艺大众化的思想。

瞿秋白在文学理论上的建树主要在20世纪30年代。30年代初，瞿秋白从政治领导岗位转向文学阵地，他发现，"五四"开始的新文学运动进展不大，尤其是革命文学运动处于低弱的状态，显然这是缺乏文学理论素养和有力的组织领导所致。为了推动革命文学运动的发展，瞿秋白与鲁迅一起领导左翼文学运动的同时，翻译介绍了大量的马克思主义文艺理论和苏俄作家的作品，探讨了革命文艺发展中的重大理论问题，开展合理的文艺批评，形成"五四"以来我国革命文学运动的又一个高潮。瞿秋白编译的《现实——马克思主义文艺论文集》是我国第一部介绍马克思主义文学理论的著作，开我国马克思文艺理论研究之先河，并直接指导了当时中国革命文学运动的发展。

瞿秋白在文学艺术上坚持现实主义的创作原则，反对主观唯心主义的文学观，这一思想直接来源于马克思主义的文学理论。1933年瞿秋白在翻译恩格斯、列宁和普列汉诺夫的文艺论著的同时，写下了《马克思、恩格斯和文学上的现实主义》《恩格斯和文学上的机械论》《文艺理论家的普列汉诺夫》《拉法格和他的文艺批评》等评介性的论文，阐发了现实主义文学思想。

瞿秋白对客观的现实主义文学创作原则的理解为：是对于事实上的阶级斗争，特别是广大群众的历史斗争，作现实主义的描写，而这种描写"要能够发露真正的社会动力和历史的阶级的冲突，而不要只是些主观的淋漓尽致的演说。"真实地反映生活，揭露客观存在的各种矛盾，特别是现实社会生活的矛盾，这就是瞿秋白所读解的现实主义创作方法的精神。瞿秋白认为，文学创作贵在真实，虽然文学作品是作家思想创造的结果，但如果离开了真实性，作品必然苍白无力，缺乏艺术的魅力。然而这个文学创作的精神在当时还没有被人们普遍认识。由于中国的无产阶级文学尚处在初创时期，不少革命文学家，尤其是青年文学家创作热情很高，他们急于通过文艺作品向群众宣传革命的道路，但往往从概念出发，生搬硬套，凭空构想，表面上人物慷慨激昂，实质上空洞无物。这是缺乏对生活的认识所致，结果"用一些慷慨激昂淋漓尽致的空谈，来掩盖自己对于社会现实生活的糊涂观念"。瞿秋白指出，没有对生活切实的认识，"也就不会有切实的改造现实底意识上的武器"，"剩下的只是空洞的革命情感主义"。①

瞿秋白认为，现实主义方法不是只记录一些事实，只描写当时社会的"现实主义的性格"，而是要写出"典型化的个性"和"个性化的典型"，即"表现典型的环境之中的典型的性格"。所谓典型的描写与刻画，是指文学创作中的艺术独特表现力。真实性是一个具有普遍意义的创作方法，但是要达到真实性除了从生活出发以外，还要有艺术上的独特创意，才能再现真实，产生强的艺术感染力。这是瞿秋白对恩格斯"典型性格"的理解，实际上内含了艺术创作中真实性与创造性的统一，一般与个别统一的思想。

但是，客观的现实主义的文学并不意味着没有政治倾向。针对当时中国文坛上出现的把现实主义曲解为"写实主义""客观主义"等文学观点，瞿秋白指出，现实主义不同于客观主义和写实主义，后者借"真实""客观"的要求而否定文学的倾向性；前者则完全承认文学有政治倾向。"所以马克思和恩格斯所主张的文学，正是善于表现革命倾向的客观的现实主义的文学。"②

瞿秋白关于文学的现实主义思想是我党最早的文学思想的理论表述，瞿秋白关于文学真实性、革命倾向性，及艺术表现的典型性思想至今对文学艺术的创作仍有理论的指导意义。毫无疑问，瞿秋白的思想对毛泽东的文学思想有很大的影响。上述观点可以在毛泽东的《新民主主义论》《在延安文艺座谈会上的讲话》中找到共同点。但是瞿秋白文学理论也有不足之处，那就是把现实主义的创作方法归属于资产阶级，认为"无产作家应当采取巴尔扎克等等资产阶级的伟大的现实主义艺术家的创作方法的'精神'，但是，主要的还能够超越这种资产阶级现实主义，而把握住辩证法唯物论的方法。"③ 这样瞿秋白就用"辩证唯物主义"取代了"现实主义"，把哲学上的方法论与文学上的创作方法混为一谈。毛泽东克服了瞿秋白的不成熟，他在《延安文艺座谈会上的讲话》中指出，"一般的宇宙观也并不等于艺术创作和艺术批评的方法"，"学习马克思主义，是要我们用辩证唯物论和历史唯物论的观点去观察世界，观察社会，观察文学艺术，并不是要我们在文学艺术作品中写哲学讲义。

---

① 瞿秋白.瞿秋白诗文选［M].北京：人民文学出版社，1982：496.
② 瞿秋白.瞿秋白文集：第4卷［M].北京：人民文学出版社，1986：4.
③ 瞿秋白.瞿秋白文集：第4卷［M].北京：人民文学出版社，1986：18.

马克思主义只能包括而不能代替文艺创作中的现实主义"。①

瞿秋白文艺理论另一思想是坚持艺术阶级性、工具性的观点。他在《文艺的自由和文学家的不自由》一文里论述了文艺的社会作用，"一切阶级的文艺却不但反映着生活，并且还在影响着生活；文艺现象是和一切社会现象联系着的，它虽然所谓意识形态的表现，是上层建筑之中最高的一层，它虽然不能够决定社会制度的变更，它虽然结算起来始终也是被生产力的状态和阶级关系所决定的——可是，艺术能够回转去影响社会生活，在相当的程度内促进或者阻碍阶级斗争的发展"。② 正是看到了艺术的社会作用和对阶级斗争的影响力，瞿秋白反对"纯粹艺术"论、"超越利害关系的艺术"论、"无所为而为的没有私心的艺术"论，而是"无条件的肯定艺术的阶级性，承认艺术的党派性"，认为"艺术是阶级斗争的锐利的武器"。

在瞿秋白看来，文艺对政治（阶级斗争）而言，始终受阶级意识的影响并成为某个阶级手中重要的工具，甚至认为艺术是政治的"留声机"，"文艺也永远是，到处是政治的'留声机'。问题是在于做哪一个阶级的'留声机'，并且做得巧妙不巧妙"，"每一个阶级都在利用文艺做宣传"。③ 不过，瞿秋白讲这些话并不是真的把艺术看作政治的留声机，而是强调艺术的工具性。"艺术——不论是哪一个时代，不论是哪一个阶级，不论是哪一个派别的——都是意识形成的得力的武器，它反映现实，同时影响着现实。"他认为无产阶级应该认识到艺术的工具性，运用文艺的武器开展阶级斗争。"所以新兴阶级要革命——同时也就要用文艺来帮助革命。这是要用文艺来做改造群众的宇宙观和人生观的武器"，因此"要努力去取得这种武器"。④ 如果用历史的眼光来看，瞿秋白在当时提出艺术的工具性，强调艺术为无产阶级斗争服务的观点是正确的，这是由当时特定的时代课题所决定的。他谈论艺术也必然要与他的政治观、政治需要相联系，何况当时确实是一个政治斗争决定国家前途、决定艺术出路的年代，艺术必须面对政治，为政治服务。

瞿秋白对新民主主义文化的一个重大贡献是提出了文艺大众化思想。瞿秋白是20 世纪 30 年代积极倡导"文艺大众运动"的思想家。当时，瞿秋白帮助"左联"

---

① 毛泽东.毛泽东选集［M］.北京：人民出版社，1964：831.
② 瞿秋白.瞿秋白选集［M］.北京：人民出版社，1985：503.
③ 瞿秋白.瞿秋白选集［M］.北京：人民出版社，1985：513.
④ 瞿秋白.瞿秋白选集［M］.北京：人民出版社，1985：511.

发动了文艺大众化的讨论，他自己撰写了《大众文艺和反对帝国主义的斗争》《上海战争和战争文学》《普洛大众文艺的现实问题》《大众文艺的问题》《再论大众文艺答止敬》等文章，参与了讨论。瞿秋白在文章中对文艺大众化的意义、大众文艺的内容、形式、语言运用等方面进行理论上的探讨，阐述了他的文艺大众化思想。这一观点几乎是毛泽东在延安提出的"大众的文化""文艺为大众服务"思想的雏形。

文艺大众化是一个文学革命朝什么方向发展、为什么的问题。中国现代的文学革命始自梁启超的白话小说，瞿秋白认为这是中国现代历史上第一次文学革命，但由于远离大众而很快流产了。以新文化运动著称的"五四"运动是第二次文学革命。瞿秋白认为"五四"文学革命的意义在于要创造新的文学和新的言语，但瞿秋白认为"五四"文学革命是不彻底的。因为"五四"所开创的新文学和新式白话只适合上层阶级，并不普及下层平民，尽管"五四"提出了"平民文学"的口号，但对大众没有多大影响。正因为第二次文学革命不彻底，所以需要第三次文学革命。第三次文学革命的旗帜就是无产阶级领导的大众文学或大众文艺。瞿秋白在《大众文艺和反对帝国主义的斗争》一文中，连用三个同样的惊叹句："革命的文艺，向着大众去！"明确表示文学革命的方向。

为什么无产阶级的文学运动是大众的呢？首先是由无产阶级的地位所决定的。无产阶级处在社会的最底层，能够代表最广大群众的利益。其次也是最重要的，劳动民众的文化革命同无产阶级的政治斗争一脉相承，"这种文化上的战斗，是和一般政治经济斗争联系着的，是总的革命斗争中的一个队伍。"① 因为文艺是阶级斗争的工具，"文艺应当是改造社会底整个事业之中的一种辅助的武器"，革命文艺必须服从无产阶级斗争的需要。中国当时革命的形势就是要发动广大的人民大众，宣传大众，武装大众。总之，通过文艺的形式动员全国人民大众参加无产阶级革命斗争，这是文艺大众化在当时最重要的意义。

然而，瞿秋白文艺大众化的思想并不局限于"文艺工具论"的水平上，他真心诚意地站在人民大众的立场上，提出文艺应当为民众服务的思想。他在多篇文章中指出，革命的作家应当深入到群众中去，"去研究大众现在读着的是些什么，大众现在对于生活和社会的认识是什么样的，大众现在读得懂的并且读得惯的是什么东西，

---

① 瞿秋白.瞿秋白文集：第 3 卷［M］.北京：人民文学出版社，1989：38.

大众在社会斗争之中需要什么样的文艺作品"。① 当时有的人对文艺大众化提出疑义，认为不能够把艺术降低了去凑合大众的程度，只有提高大众的程度，来高攀艺术。瞿秋白批驳了这种论调，认为这种观点与大众文艺格格不入。他说，大众文艺"不是应该给文学家服务，而是文学家应当给群众服务"。他要求"革命的作家要向群众去学习"，创造群众的言语，"站到群众的'程度'上去，同着群众一块儿提高艺术的水平线"。②

这就提出了作家在创作作品时应有的立场与思想感情的问题。他认为作家必须树立起文艺为大众服务的思想，深入到群众中去，去观察生活，体验生活，而不能保持那种浮萍式的"气派"，既不知道工人贫民的生活，又没有社会生活的根基，以为凭灵感就有"天才"的创作。瞿秋白指出，这种主观主义的创作态度不但不可能产生出受大众欢迎的生动的艺术作品，作品甚至带上了轻视大众的资产阶级意识的痕迹。无产阶级的文艺不需要虚伪，不需要任何理想化，不需要任何自欺欺人的幻想，不需要矫揉造作的罗曼蒂克，他需要的是切实地了解现实，在行动斗争中去团结人民大众，武装人民大众。因此作家必须深入群众生活，深切地了解现实生活，才能产生无产阶级的大众文艺作品。

在文艺为人民大众服务的前提下，瞿秋白阐述了大众文艺的内容、形式和大众文艺的语言。他从当时革命斗争的需要出发，认为艺术内容的目的是"在意识上、在思想上、在所谓人生观上去武装群众"，由此而规定大众文艺的题材：一是鼓动作品；二是为着组织斗争而写的作品；三是为着理解人生而写的作品。大众文艺的形式，瞿秋白从人民大众的实际出发，大胆提出革命的大众文艺可以利用旧文艺形式的优点。他认为，旧文艺"在形式上有两个优点：一是它和口头文学的联系，二是它是用的浅近的叙述方法"，其结果可以普及到不识字的群众。这对革命文艺很重要。瞿秋白十分重视文学革命中的语言问题。他认为语言问题不解决，文学作品仍充斥着群众看不懂、听不懂的语言，那么文艺大众化只是一句空话。因此，大众文艺的问题首先从语言革命开始，新的文学革命必须致力于语言文字的改革，创造大众的语言。他指出，中国的文学革命首先是从语言文字的改革开始的，是胡适提倡

---

① 瞿秋白.瞿秋白文集：第 3 卷［M］.北京：人民文学出版社，1989：14.

② 瞿秋白.瞿秋白选集［M］.北京：人民出版社，1985：459.

写白话文揭开了"五四"新文化运动的第一页。但是"五四"的白话虽然比旧文言进了一大步，却并没有完成语言革命的任务。由于语言的障碍，文学仍然是少数人的文学，几万万群众仍旧和文化生活割离开来。"所以新的文学革命不但要继续肃清文言的余孽，推翻所谓白话的新文言，而且要严重地反对旧小说式的白话，旧小说式的白话真正是死的言语。"① 因此必须倡导写活的语言，讲活人的话。活的语言的标准就是"读出来可以听得懂"。瞿秋白认为普通话可以作为"读出来听得懂"的新语言来推广，他甚至认为普通话就是无产阶级创造的通俗性的语言。它贴近广大群众的语言习惯，大多数人都能听得懂，所以革命的大众文艺，尤其应当从运用最浅近的无产阶级的普通话开始。中国文学发展的历史证明，瞿秋白以倡导普通话来推动文学语言的改革进而推动大众化文艺的发展是十分有远见的思想，在今天仍然有其积极的意义。不可否认，瞿秋白文艺大众化思想也有其局限性，表现为：对中国文艺的实践把握不够，理论探讨不深，"拿来"的成份较多。毛泽东的新民主主义文化思想正是对这些不足之处的纠正和提高。但是，瞿秋白毕竟"初步构筑了'中国化'的马克思主义文艺理论体系，开创了中国文艺思想史的新时代，既为中国现代作家提供了科学的理论武装，又历史地推动了中国现代文学的健康发展，这本身就已是十分巨大的历史贡献"②。

---

① 瞿秋白.瞿秋白文集：第 3 卷［M］.北京：人民文学出版社，1989：16.
② 瞿秋白纪念馆编.瞿秋白研究：第 1 期［M］.上海：学林出版社，1989：181.

瞿秋白现实主义文学观探析*

瞿秋白的文学理论是他集革命理论家和文学家为一体的产物。作为一个文学家，瞿秋白是"五四"以来新文学运动的倡导者、实践者，写下了大量的文学作品，从纪实文学到散文、从诗歌到杂文，倾注了他对文学艺术一片衷情与挚爱；作为一个革命理论家，他不仅要探求文学园地的奥秘，寻找缪斯王国的规律，而且必然把自己的革命使命感赋予文学，即他的文学包含着他为之奋斗的革命理想，简言之，他所追求的理想文学是无产阶级革命文学，他本人称之为人民大众文学。而瞿秋白把握文学、论证文学理想的思想武器则是马克思主义的文学原则，他本人称之为"客观的现实主义文学"。

一

瞿秋白在文学艺术上的一个基本观点，是坚持现实主义的创作原则，反对主观唯心主义的文学观，这一思想直接来源于马克思主义的文学理论。1933年瞿秋白在翻译恩格斯、列宁和普列汉诺夫的文艺论著的同时，写下了《马克思、恩格斯和文学上的现实主义》《恩格斯和文学上的机械论》《文艺理论家的普列汉诺夫》拉法格和他的文艺批评》等评介性的论文，阐发了他的现实主义文学思想。

瞿秋白认为，现实主义是马克思主义文学理论的基本原则。他在《马克思、恩格斯和文学上的现实主义》一文中指出，马克思、恩格斯非常看重文学上的现实主

＊　余玉花.瞿秋白现实主义文学观探析［J］.创作评谭，2000（02）：24 - 26.

义，他们比较赞赏那些现实主义的作家。例如，恩格斯给哈克纳斯女士的信中，称赞巴尔扎克："我认为他比较过去的，现在的，将来的一切左拉都要伟大的多，他是伟大的现实主义的艺术家，他在《人的滑稽戏》那部大著作里面给了我们一部最好的法国'社会'的现实主义的历史。"① 马克思也赞赏像狄更斯一类的英国现实主义文学家，说他们是"英国现代的最好的一派小说家，他们的很明显很巧妙的描写，暴露了这个世界的政治的社会的真相，比一切政治家，社论家，道德家所写的东西都要更多些"。马克思和恩格斯都反对"塞勒（今译席勒）化"，鼓励"莎士比亚化"，这可不是他们个人的兴趣，而是他们对于文学上两种创作方法的原则意见，那就是鼓励莎士比亚的现实主义，反对塞勒浅薄的浪漫主义。可见"他们所赞成的是'客观的现实主义的文学'"②。

瞿秋白对客观的现实主义文学创作原则的理解为：是对于事实上的阶级斗争，特别是广大群众的历史斗争作现实主义的描写，而这种描写"要能够发露真正的社会动力和历史的阶级的冲突，而不要只是些主观的淋漓尽致的演说"。巴尔扎克等作家的高明之处，在于他们的现实主义方法暴露了资本主义发展的内部矛盾。"这种勇敢的公开的暴露'揭穿假面具'的手段，正是马克思恩格斯在资产阶级的和小资产阶级的现实主义里面所看重的地方。所以他们要号召当时的社会主义作家，去向巴尔扎克学习点儿什么东西"。③

通俗地说，真实地反映生活，揭露客观存在的各种矛盾，特别是现实社会生活的矛盾，这就是瞿秋白所读解的现实主义创作精神。瞿秋白认为，文学创作贵在真实，虽然文学作品是作家思想创造的结果，但如果离开了真实性，作品必然苍白无力，缺乏艺术的魅力。然而这个精神在当时还没有被人们普遍地认识。由于中国的无产阶级文学尚处在初创时期，不少革命文学家，尤其是青年文学家创作热情很高，他们急于通过文艺作品向群众宣传革命的道理，但往往是从概念出发，生搬硬套，

① 瞿秋白.马克思、恩格斯和文学上的现实主义［C］//瞿秋白文集：第4卷［M］.北京：人民文学出版社，1985.
② 瞿秋白.马克思、恩格斯和文学上的现实主义［C］//瞿秋白文集：第4卷［M］.北京：人民文学出版社，1985.
③ 瞿秋白.马克思、恩格斯和文学上的现实主义［C］//瞿秋白文集：第4卷［M］.北京：人民文学出版社，1985.

凭空构想，表面上人物慷慨激昂，实质上空洞无物。这是缺乏对生活的认识所致，结果用一些慷慨激昂淋漓尽致的空谈，来掩盖自己对于社会现实生活的糊涂观念。瞿秋白指出，没有对生活切实的认识，"也就不会有切实的改造现实底意识上的武器"，"剩下的只是空洞的革命情感主义。"① 瞿秋白提出现实主义的创作方法，强调作品的真实性，就是要求作者能够深入地了解生活，从生活出发进行创作，而不是"用一些抽象思想，例如善与恶，勇敢和懦弱，公德与自私等等，来支配他的作品里的'英雄'"。② 他联系中国某些描写革命斗争的作品，通常是"没有失败，只有胜利；没有错误，只有正确"的"革命团圆主义"，以及把一切现实生活里的现象都公式化的"脸谱主义"，认为这些比马克思批判的拉萨尔的塞勒化的浅薄浪漫主义"更粗浅十倍"。

瞿秋白认为，现实主义方法不是只记录一些事实，只描写当时社会的"现实主义的性格"，巴尔扎克之所以能够暴露资本主义和贵族的真相，是如恩格斯所指出的巴尔扎克写出了"典型化的个性"和"个性化的典型"，即"表现典型的环境之中的典型的性格"。③ 这所谓典型的描写与刻画，是指文学创作中的艺术独特表现力。真实性是一个具有普遍意义的创作方法，但是要达到真实性除了从生活出发以外，还要有艺术上的独特创意，才能再现真实，产生强大的艺术感染力。这是瞿秋白对恩格斯"典型性格"的理解（并非我国文革期间"塑造高、大、全典型"的意思），实际上内含了艺术创作中真实性与创造与个性。

但是，瞿秋白认为，客观的现实主义的文学并不意味着没有政治倾向的。事实上马克思和恩格斯不但不反对这种"倾向"，而且非常之鼓励文学上的革命倾向。瞿秋白针对当时中国文坛上出现的把现实主义曲解为"写实主义""客观主义"等文学观点，批评道："仿佛只要把现实的事情写下来，或'纯粹客观地'分析事实的原因结果，就够了。这其实至多也不过是自欺欺人的'客观主义'，或者还是明知故犯的假装的客观主义。"他明确指出，现实主义不同于客观主义和写实主义，后者借"真

① 瞿秋白.瞿秋白诗文集［M］.北京：人民文学出版社，1982：496.
② 瞿秋白.马克思、恩格斯和文学上的现实主义［C］//瞿秋白文集：第4卷［M］.北京：人民文学出版社，1985.
③ 瞿秋白.马克思、恩格斯和文学上的现实主义［C］//瞿秋白文集：第4卷［M］.北京：人民文学出版社，1985.

实""客观"的要求而否定文学的倾向性；前者则完全承认文学有政治倾向。"所以马克思和恩格斯所主张的文学，正是善于表现革命倾向的客观的现实主义的文学。"① 瞿秋白指出，马克思恩格斯不反对文艺作品的革命倾向，他们鼓励文学创作的现实主义态度，是要反对那种脱离现实斗争的主观主义的倾向，即塞勒化的浅薄的浪漫主义。"他们反对浅薄的'有私心'的作品；他们尤其反对主观主义唯心论的文学"②。

瞿秋白说"不要忘记现实主义的要素"，并不是要抛弃一切热情和理想。"只有庸俗的实际主义者，才会只管今天的饭碗或者明天的饭碗，只顾个人的衣食住行；而不要一切理想，不要热情和鼓励，不要'理论'和'幻想'，不要'发议论'或所谓'哲学化'真正的现实主义——不做资产阶级'科学'底俘虏的现实主义，应当反映到这现实世界之中的伟大的英勇的斗争，为着光明理想而牺牲的精神，革命战斗的热情，超越庸俗的尖锐的思想，以及这现实的丑恶所激发的要求改革，要求光明的'幻想'，远大的目标。问题是在于怎样把这些情感和理想建筑在现实生活的基础之上。"③

瞿秋白是坚持文学艺术倾向性的。他认为真实地反映现实，并不是毫无选择地描写现存的事实，这里有一个如何把握真实本质的问题。他引用高尔基的"两种真实论"，来阐明自己的思想。瞿秋白说，天下的事实多得很，高尔基认为可以概括为两种真实："一个是临死的，腐烂的，发臭的；另外一个是新生的，健全的，在旧的'真实'之中生长出来，而否定旧的'真实'的。"无产阶级现实主义的文学当然应该歌颂新生的健全的真实，否定、摒弃腐烂的真实。这就是文艺的革命倾向性，就是作家把革命理想倾注于文学作品的创作态度。他说："革命的作家总是公开地表示他们和社会斗争的联系；他们不但在自己的作品里表现一定的思想，而且时常用一个公民的资格出来对社会说话，为着自己的理想而战斗。"他评价鲁迅具有鲜明的倾向性，"鲁迅的现实主义决不是第三种人的超然的旁观的所谓'科学'态度。善于读他的杂感的人，都可感觉到他的燃烧着的猛烈的火焰在

---

① 瞿秋白.马克思、恩格斯和文学上的现实主义［C］//瞿秋白文集：第4卷［M］.北京：人民文学出版社，1985.
② 瞿秋白.瞿秋白诗文集［M］.北京：人民文学出版社，1982：497.
③ 瞿秋白.瞿秋白选集［M］.北京：人民出版社，1985：549.

扫射着猥劣腐烂的黑暗世界。"①

　　上述瞿秋白关于文学上的现实主义思想是正确的，他的真实性、革命倾向性，及艺术表现的典型性思想至今对文学艺术的创作仍有理论的指导意义。

二

　　瞿秋白所追求的文学现实主义是无产阶级现实主义，因此他不满足停留在资产阶级现实主义的层面上。他认为马克思恩格斯所肯定的巴尔扎克等作家的现实主义只能当作一种"文化遗产"来对待，因为巴尔扎克的作品"的确能够暴露资产阶级和资本主义发展的内部矛盾"，但这仅仅是"资产阶级的革命的现实主义的最高的表现"。无产阶级作家可以学习一点巴尔扎克的现实主义的创作方法，但不能停留在这一步，更不能简单地去模仿。在瞿秋白看来，资产阶级的现实主义不能够描写真正的工人阶级的斗争，由于他们资产阶级意识使然，"他们就始终不能够了解工人阶级的斗争和目的，不能够明白平民群众，尤其是无产者的人物，典型和性格，尤其是集体性的新式英雄。"

　　这个评判当然是对的。资产阶级作家由于他们的阶级立场，不能够理解无产阶级革命目的的合理性，也就不能够描写无产阶级对资产阶级斗争的伟大事实和英雄人物。然而作家的阶级意识和创作方法并不是一回事，方法作为一种手段具有一定的独立性，并不归属于某一阶级。但是瞿秋白却把现实主义的创作方法归属于资产阶级，无产阶级应该有自己的创作方法。于是，瞿秋白认为"无产阶级作家应当采取巴尔扎克等等资产阶级的伟大的现实主义艺术家的创作方法的'精神'，但是，主要的还能够超越这种资产阶级现实主义，而把握住辩证法唯物论的方法"。② 这样瞿秋白就用"辩证唯物主义"取代了"现实主义"，把哲学上的方法论与文学上的创作方法混为一谈。革命的作家懂得唯物辩证法固然是重要的，有助于更深刻认识社会和更准确地把握社会矛盾，但是不能用认识世界的普遍方法去替代文学创作的具体

---

①　瞿秋白.马克思、恩格斯和文学上的现实主义［C］//瞿秋白文集：第4卷［M］.北京：人民文学出版社，1985.

②　瞿秋白.马克思、恩格斯和文学上的现实主义［C］//瞿秋白文集：第4卷［M］.北京：人民文学出版社，1985.

方法。对这个问题，毛泽东就区分得比较清楚。他在《在延安文艺座谈会上的讲话》中很明确地指出："一般的宇宙观也并不等于艺术创作和艺术批评的方法"，"学习马克思主义，是要我们用辩证唯物论和历史唯物论的观点去观察世界，观察社会，观察文学艺术，并不是要我们在文学艺术作品中写哲学讲义。马克思主义只能包括而不能代替文艺创作中的现实主义"。①

瞿秋白把唯物辩证法作为无产阶级文学的创作方法，是受当时苏联"拉普"（即"俄罗斯无产阶级作家协会"）影响所致。"拉普"作为一种国际性的文艺思潮，错误地把作家的世界观和创作方法混淆起来，认为作家先要掌握马克思主义的哲学，然后按辩证法进行创作。这就抹杀艺术创作的独特性，艺术也就不成其为艺术了。瞿秋白当时受此影响，认为唯物辩证法文学创作方法比资产阶级现实主义创作方法要高出一个阶段。但事实上，这一提法与他前述的现实主义观点是存在矛盾的，而且他也没有对唯物辩证法的创作方法进行论证和阐述。在文学实践中他更多的也是贯彻现实主义创作方法的。由此可见，唯物辩证法的创作方法仅是他不成熟的提法而已。

瞿秋白文学理论上不成熟还表现在：他批评浅薄浪漫主义之时，有把浅薄浪漫主义与浪漫主义创作方法混淆之误；他在强调现实主义重要性之时，把现实主义与浪漫主义对立起来，扬前抑后。

造成瞿秋白理论上不足的原因有两点：一是对浪漫主义问题理论研究不够。"瞿秋白当时未能对浪漫主义这个复杂问题作全面、深入的考察，没有看到它虽然侧重抒发主观感情，虽然不着力于描写客观外界，但不等同于唯心主义，也并非一定建筑在唯心主义的哲学基础之上。"② 其实瞿秋白自己在文艺创作和文艺批评中并没有完全否定浪漫主义手法，这可以从他大量的作品中得到佐证。但是他在理论上的思考确实是欠妥的。这使他把浪漫主义简单地归结到"主观主义唯心论的文学"，或者与空想的狂热的"浪漫谛克"相等同。二是同当时激烈的阶级斗争和无产阶级革命的任务有关。瞿秋白所处的时代正是中国阶级斗争异常激烈的时候，作为无产阶级的革命家，他在思考文学问题的时候，必然要从无产阶级斗争利益出发，要求文学

---

① 毛泽东.毛泽东选集［M］.北京：人民出版社，1968：831.

② 王铁仙.瞿秋白论稿［M］.上海：华东师范大学出版社，1984：133.

能够"暴露社会发展的内部矛盾"，"最深刻的最切实的了解社会发展的遥远的前途"，"了解和描写无产阶级和贵族地主的残余以及资产阶级之间的斗争。"① 所以必然注重现实主义的创作手法，而轻慢浪漫主义，甚至把浪漫主义看成与无产阶级斗争的严峻形势格格不入而摒弃浪漫主义。

瞿秋白的文艺理论虽然受"拉普"影响，但又不同于"拉普"。"拉普"理论是重政治轻艺术，或者说为了政治而舍弃文学的艺术性。瞿秋白则不然，他是重视艺术的，认为文学艺术在社会生活特别是阶级社会里发挥着重要的作用。他在《文艺的自由和文学家的不自由》一文里论述了文艺的社会作用，"一切阶级的文艺却不但反映着生活，并且还在影响着生活；文艺现象是和一切社会现象联系着的，它虽然是所谓意识形态的表现，是上层建筑之中最高的一层，它虽然不能够决定社会制度的变更，它虽然结算起来始终也是被生产力的状态和阶级关系所决定的，——可是，艺术能够回转去影响社会生活，在相当的程度内促进或者阻碍阶级斗争的发展。"② 正是看到了艺术的社会作用和对阶级斗争的影响力，瞿秋白反对"纯粹艺术"论、"超越利害关系的艺术"论、"无所为而为的没有私心的艺术"论，而是"无条件的肯定艺术的阶级性，承认艺术的党派性"，认为"艺术是阶级斗争的锐利的武器"。在瞿秋白看来，文艺对政治而言，始终受阶级意识的影响并成为某个阶级手中重要的工具，甚至认为艺术是政治的"留声机"，"文艺也永远是，到处是政治的'留声机'。问题是在于做哪一个阶级的'留声机'，并且做得巧妙不巧妙"，"每一个阶级都在利用文艺做宣传。"③ 不过，瞿秋白讲这些话并不是真的把艺术看作政治的留声机，"文艺的反映生活，并不是机械的照字面来讲的留声机和照相机"，而是强调艺术的工具性。"艺术——不论是哪一个时代，不论是哪一个阶级，不论是哪一个派别的：都是意识形态的得力的武器，它反映现实，同时影响着现实。客观上，某一个阶级的艺术，必定是在组织着自己的情绪，自己的意志，而表现一定的宇宙观和社会观；这个阶级，经过艺术去影响它所领导的阶级，并且要捣乱它所反对的阶级。"他认为无产阶级应该认识到艺术的工具性，运用文艺的武器开展阶级斗争。

---

① 瞿秋白.马克思、恩格斯和文学上的现实主义［C］//瞿秋白文集：第4卷［M］.北京：人民文学出版社，1985.
② 瞿秋白.瞿秋白选集［M］.北京：人民出版社，1985：503.
③ 瞿秋白.瞿秋白选集［M］.北京：人民出版社，1985：513.

"所以新兴阶级要革命，——同时也就要用文艺来帮助革命。这是要用文艺来做改造群众的宇宙观和人生观的武器"，因此"要努力去取得这种武器"。①

如果用历史的眼光来看，瞿秋白在当时提出艺术的工具性，强调艺术为无产阶级斗争服务的观点是正确的，这是由当时特定的时代课题所决定的。人们不能苛求一位日益为严峻政治斗争殚精竭虑的政治家面面俱到地论艺术。他谈论艺术也必然要与他的政治观、政治需要相联系，何况当时确实是一个政治斗争决定国家前途、决定艺术出路的年代，艺术必须面对政治，为政治服务。这样看问题的话，就很容易理解瞿秋白的文学理论为什么坚持现实主义而否弃浪漫主义，他是要运用艺术的武器为无产阶级的斗争服务。但从服务上看，瞿秋白简单地把浪漫主义归结为"主观主义唯心论"，否定浪漫主义的创作方法，终是不妥的。

尽管有如此瑕疵，瞿秋白现实主义的文学理论在我国现代文学理论研究中却是一座丰碑，它是"五四"以来现实主义新文学运动的总结，并进一步推动现实主义思潮的发展，在现代文学理论发展史上产生了深远的影响。正是瞿秋白关于现实主义的论文发表之后，不少探索现实主义的论文和论著相继发表。例如，周扬的《关于"社会主义的现实主义与革命的浪漫主义"——"唯物辩证法的创作方法"之否定》《现实主义试论》，胡风的《什么是典型和类型》，以至于后来毛泽东的《在延安文艺座谈会上的讲话》等。同时在文学艺术界开展了"关于艺术典型问题""关于创作方法与世界观关系问题"的讨论，从 20 世纪 30 年代起一直延续到解放以后。

---

① 瞿秋白.瞿秋白选集 [M].北京：人民出版社，1985：511.

八七会议与中国革命的走向

——兼论瞿秋白的历史功绩[*]

八七会议对于中国革命具有历史里程碑的意义。从八七会议起，中国共产党转变了自己在中国革命舞台上扮演的角色，开始作为一支完全独立的政治力量发挥作用，从而完全改变了中国革命的进程，进而改变了中华民族的历史命运，使中国走上了社会主义的道路。

八七会议对于中国革命的意义在于，使中国革命朝"非资本主义发展"前途跨出了关键的一步。虽然八七会议在中国共产党发展历史上不是一次正规的中央会议，而是在革命遭到惨重失败、党和革命处于极其危险的情况下所召开的"中央紧急会议"，但是，会议所作出的武装反抗国民党反动派、开展土地革命等决定，确实在危难之际挽救了革命，而且促使中国革命出现转折，为中国争取"非资本主义发展"奠定了可能性的条件。

关于中国革命的前途是否应该是"非资本主义发展"，学界有不同的见解和纷争。本文不介入这个问题的讨论，而是基于中国革命发展的实际轨道和现实结果，即中国客观取得了"非资本主义发展"事实的基础上，来回溯历史，探讨八七会议在中国革命发展前途中的作用。

讨论这个问题首先涉及中国革命"非资本主义发展前途"提出的可能性，中国革命前途问题的可能性，与中国革命的性质密切相关。

中国革命属于什么性质的革命？毛泽东在抗日战争时期撰写的《新民主主义论》

---

* 余玉花.八七会议与中国革命的走向——兼论瞿秋白的历史功绩［J］.瞿秋白研究文丛，2007（01）：16 - 23.

中明确指出，从 1919 年的"五四"运动开始中国革命是新民主主义革命。他说："中国革命的历史特点是分为民主主义和社会主义两个步骤，而其第一步现在已不是一般的民主主义，而是中国式的、特殊的、新式的民主主义，而是新民主主义"。① 新民主主义革命仍然属于民主主义革命的范畴。一般的民主主义革命是指 17—18 世纪西欧国家发生资产阶级领导的、以推翻封建统治政权、确立资产阶级统治地位的民主主义革命，因此，一般民主主义革命又称之为资产阶级革命。从中国来看，1911 年孙中山领导的推翻满清王朝，旨在建立中国资产阶级政权的革命即属于一般民主主义革命。新民主主义革命由于其仍属于民主革命的范畴，因而革命的性质是资产阶级的。但尽管如此，新民主主义革命显然不同于一般民主主义的革命，是一种特殊形态的革命。

问题在于如何理解新民主主义革命之新？杨奎松教授从革命追求的结果来理解，他认为："历史上的民主主义，是为资本主义的发展开辟道路的。共产党人在民主主义四个字前面冠以'新'字的目的，就是想要在承认民主主义革命的历史任务的前提下，追求一个非资本主义的发展前途。"因此，新民主主义问题的产生，首先就是同中国非资本主义发展道路的问题联系在一起的。"② 显然，"非资本主义发展前途"与共产党的历史使命相联系，共产党的奋斗目标就是要以社会主义取代资本主义，如十月革命那样。但是，在当时半封建半殖民地的中国，革命的主要任务是反帝反封建，革命性质是民主主义革命，特别是中国资产阶级的政党——国民党已经形成且力量比共产党强得多，并在一定程度上领导着中国革命。在这种情况下，中国革命能否获得"非资本主义的前途"？

对此，中国共产党内尽管也出现过如陈独秀等的无信心的倾向，但绝大多数的共产党人还是抱有信心，包括瞿秋白在内的党内理论家专门进行理论的论证。瞿秋白在 1923 年撰写的《自民权主义至社会主义》，从理论上论证了中国革命"非资本主义前途"的可能性；毛泽东的《新民主主义论》更是以新民主主义的思想明确中国非资本主义未来的可能性，甚至必然性。无论是瞿秋白，还是毛泽东，他们都认为中国革命可以走向"非资本主义发展"，是因为当时已经具有两个重要的条件。一

---

① 毛泽东.毛泽东选集［M］.北京：人民出版社，1967：626 - 627.
② 杨奎松.毛泽东为什么放弃新民主主义——关于俄国模式的影响问题［J］.近代史研究，1997（04）：139.

是由于当时中国革命所处的世界时代背景，那就是第一次世界大战和十月革命后所形成的世界革命的条件。由于新生的社会主义国家可以支援落后国家的革命，则使中国革命成为世界革命的一部分，"世界的社会革命同时必努力提携中国的国民运动；中国国民运动里的最大多数的社会力量因之可以急速的长成，而与世界社会革命结合"①。毛泽东也强调："在社会主义国家已经建立并宣布它愿意为了扶助一切殖民地半殖民地的解放运动而斗争的时代，在各个资本主义国家的无产阶级一天一天从社会帝国主义的社会民主党的影响下面解放出来并宣布他们赞助殖民地半殖民地解放运动的时代，在这种时代，任何殖民地半殖民地国家，如果发生了反对帝国主义，即反对国际资产阶级、反对国际资本主义的革命，它就不再是属于旧的世界资产阶级民主主义革命的范畴，而属于新的范畴了；它就不再是旧的资产阶级和资本主义的世界革命的一部分，而是新的世界革命的一部分，即无产阶级社会主义世界革命的一部分了。"②

二是中国的无产阶级登上了革命的舞台，能够承担起领导革命的责任。无产阶级能否成为革命的领导者，这是判断中国民主主义革命是新是旧的标准，也是中国革命能否争取"非资本主义发展前途"的关键条件。如果说，世界社会主义革命背景是一个外在条件的话，那么中国无产阶级对革命的领导是内在的条件，这是决定性的条件。因为无产阶级如果还没有形成革命的领导阶级，或者无产阶级尚不能掌控革命领导权的话，那么中国民主主义革命则不可能被导向"非资本主义发展前途"。问题是，当时的中国无产阶级是否具有了革命领导权？毛泽东认为，在1919年"五四"运动以后，"虽然中国民族资产阶级继续参加了革命，但是中国资产阶级民主革命的政治指导者，已经不是属于中国资产阶级，而是属于中国无产阶级了"③ 这一判断是基于对中国社会各个阶级分析的前提下作出的，特别是在对中国民族资产阶级软弱、无力承担起革命领导责任的分析基础上提出的。当然这里讲无产阶级领导实际就是共产党领导。因为一个阶级要在革命中体现自己的力量，则需要通过一定的组织形式来表现，在现代就是政党组织。因此，共产党在中国民主主义革命中的领导权决定着中国革命的走向，决定着中国革命能否实现"非资本主义

① 瞿秋白.瞿秋白选集 ［M］.北京：人民出版社，1985：88.
② 毛泽东.毛泽东选集 ［M］.北京：人民出版社，1967：628-629.
③ 毛泽东.毛泽东选集 ［M］.北京：人民出版社，1967：633.

前途"。

上述可见，中国革命的"非资本主义前途"是新民主主义革命的应有之义，但是"非资本主义前途"能否实现却与中国共产党的革命领导权紧密联系在一起的。回到本文讨论的主题上，即回到1927年的八七会议，考察八七会议前后中国共产党的革命领导权实际掌控的情况，以及对革命前途的影响。

应该说，对于革命领导权，中国共产党从其建立起，就意识到它的重要性。然而，认识上的重视不等于事实上的拥有，况且还存在着对革命领导权认识上的谬误，如彭述之的"工人阶级具有天然领导权"之说。在八七会议之前，由于建党之初，党的力量还十分幼弱，尽管党的工作者积极组织农运和工运，但是对革命的推动还不具有实质性的。正是由于党的力量的薄弱，在共产国际的指导下，同时由于孙中山的"联俄、联共和扶助农工"三大政策的推出，共产党与国民党第一次实现国共合作，开始了轰轰烈烈的大革命运动。但是合作的形式是共产党员加入到国民党组织里去。共产党的不少干部进入了国民党的高层，对于改造国民党、推动国民党革命起了很大的作用。但是，这种形式的国共合作，与其说是"根据于现时实际经济动象而改造国民党，使从模糊的革命主义进于真正的民权革命及民族革命主义"，还不如说是借壳生蛋，因为"我们参与其事，我们阶级的政治独立性便亦建立，而得日趋巩固"。① 这也从另一个方面反映了我党当时力量的弱小。

当然，力量的弱小与领导权的存有确实有关联，但两者并不能划等号。因此，我们要探讨的是，在八七会议之前，我党是否已经掌握了中国民主革命的独立领导权？这里涉及对独立领导权的理解。1927年"4.12"政变以后，瞿秋白在《论中国革命中之三大问题》一文中专门探讨了无产阶级领导权的问题。他认为，中国共产党过去对无产阶级革命领导权的理解比较狭隘，"仅仅指群众运动中的领导权，至于政权与军权是在无产阶级领导以外的，现在这个无产阶级领导权初创的形式已经不够了"，通过残酷的斗争，他认识到政权和军权才是实质性的革命领导权，因而呼吁"现在无产阶级应当参加革命的政权，应当指导革命中的武力"②。毛泽东在《新民主主义论》里论证中国无产阶级之所以是中国民主革命的政治指导者时，不仅举证

---

① 瞿秋白.瞿秋白选集［M］.北京：人民出版社，1985：87.
② 瞿秋白.瞿秋白选集［M］.北京：人民出版社，1985：364.

"打倒帝国主义的口号和整个中国资产阶级民主革命的彻底的纲领，是中国共产党提出的"，特别指出"土地革命的实行，则是中国共产党单独进行的"。[①] 而土地革命则是在苏维埃政权下进行的。毛泽东所论证的无产阶级对革命领导权掌控的实例已经是八七会议以后的事了。

因此，革命领导权应是指握有革命物质力量的指导权、决定权、指挥权等实质性的领导权。只有掌控了实质性的革命领导权，才可能成为革命的舵手，才有可能把中国革命导向"非资本主义发展前途"。

以此来看，八七会议以前，我党尚不具备这样实质性的领导权。当然这不是说，当时共产党完全没有领导权，但至多只有宣传群众的领导权。1926年7月党的第三次中央扩大执行委员会的《中央政治报告》也承认："说到我们党的状况，在全国一般的宣传上，固然有很大的影响，但我们的力量和实际行动，还在小团体与群众的党的过渡期间，要跑到领导革命的地位，还须更大的努力。"[②] 但客观地说，当时也存在着获得领导权的可能性。那就是在国共合作的1924年，国民党的地方党部除了广州和上海，几乎完全操纵在共产党员手里。然而，由于陈独秀在革命领导权问题上的右倾思想，以及孙中山的逝世，国民党右派上台，排挤打击共产党员，以至丧失了夺取革命领导权的良好机会。但这也从另一个侧面说明了，与国民党力量的对比上，特别是军事力量的对比上，共产党还处在一个弱势的地位。至于大革命的失败，中国共产党第一次遭到毁灭性的打击，其原因是复杂的，但是共产党手中没有实质性的领导权则是最根本的原因。

八七会议深刻总结了大革命失败的教训，作出一系列决策，包括清算陈独秀轻视乃至放弃革命领导权的错误，确定土地革命和武装反抗国民党反动派的总方针，部署秋收起义等重大斗争。从此，中国共产党终于拥有了自己的革命武装，在土地革命中建立起苏维埃革命政权，才真正拥有了中国革命的实质性的领导权。尽管党的革命领导权一开始并不强，在后来的革命过程中也曾经被打压得危机重重，但始终坚持武装和政权的独立性（即使第二次国共合作的抗日战争中也保持一定程度的独立性），从而保证了党对民主革命的影响力、领导力，使中国革命的航船朝"非资

---

① 毛泽东.毛泽东选集［M］.北京：人民出版社，1967：633.
② 冯建辉.从陈独秀到毛泽东［M］.北京：中央文献出版社，1998：28.

本主义前途"的方向发展。

八七会议力挽狂澜，扭转中国革命航向，在革命危难之际形成的以瞿秋白为杰出代表的领袖班子功不可没。瞿秋白之所以能有如此的革命胆略，敢于承担起艰难的领导责任，完成中国革命的转折，自然与他的马克思主义理论修养，与他的深刻洞察力和敏锐性，与他对革命的忠诚分不开。关于中国革命的性质、中国革命发展的前途，特别是革命领导权的问题，他早在1923年发表的《中国资产阶级的发展》《自民权主义至社会主义》等政论中就有深刻的分析，指出革命领导权的重要性。如果说，这些文章主要还属于理论分析的话，经过后来的革命实践，特别是经历了五卅运动、上海工人起义等惨烈斗争，他对革命领导权的重要性有了进一步认识。将革命领导权不仅仅看作是党对民众的影响力，党积极主动地宣传、组织工运、农运的活动；不仅仅在于共产党人在国民党组织中争夺话语权的问题，而且关注到革命领导权的有效形式和物质依托，尤其看到了武装力量对于无产阶级政党革命领导的意义，"政治上以革命民众的政党为主体，军事上以正式的革命军队为主体，从事于革命的作战……，而后中国平民才有彻底解放的希望"①。他对建立中国共产党领导的革命武装有着非常强烈的愿望。

另外，瞿秋白认识到，革命领导权一定要以建立政权为目标，否则共产党只是被看作是一个群众性的组织。他迫切希望通过武装起义，建立中国共产党自己的政权，即苏维埃组织。他完全认识到在一个以农民为大多数的国家里，农民对于革命的意义，因此中国的苏维埃政权就是工农政权。建立革命政权是土地革命能够深入的必要条件，同样苏维埃政权才是保证中国革命的"非资本主义发展"。"工农兵代表苏维埃，是一种革命的政权形式，即是保证工农民权独裁制直接进于无产阶级社会主义独裁制的政权形式；这种形式之下，最容易完成从民权革命生长而成社会主义革命的转变，而且是保证中国之非资本主义发展的唯一转变。"② 可以说，瞿秋白以革命武装和革命政权来实现革命领导权的思想在八七会议上变成了党的重大的决策，开启了党领导中国新民主主义革命波澜壮阔的新一章。

需要指出的是，八七会议所作出的武装暴动、土地革命、建立苏维埃政权等决

---

① 瞿秋白.瞿秋白选集［M］.北京：人民出版社，1985：286.
② 瞿秋白.瞿秋白选集［M］.北京：人民出版社，1985：399.

定，是在清算陈独秀右倾机会主义的基础上提出的。对于陈独秀右倾机会主义错误，瞿秋白在大革命失败之前即已察觉，并提出批评。公正地说，瞿秋白与陈独秀两人都是光明磊落的共产党人。但是，他俩在中国革命的性质、发展前途和农民运动等方面确实有不同的观点，存在着分歧。瞿秋白与陈独秀的分歧主要集中在革命领导权的问题上。作为中国共产党的领袖，陈独秀当然希望共产党能够成为中国革命的领导者，但是由于他对中国革命持"二次革命论"的观点，认为在资产阶级民主革命中，无产阶级及其政党只能去帮助、促进资产阶级革命，而不是"包办革命"。在这样的思想指导之下，自然不会在革命斗争中积极主动地争取领导权，在国共合作中更是处处退让，以致当蒋介石、汪精卫先后背叛革命、大肆屠杀共产党人和革命群众时束手无策，给革命带来了巨大的损失。

与陈独秀的观点不同的是，早在1923年瞿秋白起草的"三大"党纲中就提出了革命领导权的问题，但被陈独秀删改掉了。党的五大前后即1927年他针对陈独秀轻视、甚至放弃革命领导权的思想和做法，写下了大量的文章，包括《谁能领导革命》、《中国革命之共产党内问题》等文章，论的重点就是革命领导权的问题，一再告诫"中国革命只有无产阶级能领导到胜利的道路上去"。然而，这些呼吁在陈独秀的右倾路线中被淹没了。残酷的事实证明了陈独秀路线的错误。瞿秋白历史功绩在于，第一，他在八七会议之前关于革命领导权的理论为八七会议清算陈独秀右倾主义路线奠定了思想基础；第二，在八七会议上，他与新一届的领袖班子把革命领导权的理论转变为革命决策和革命实践，发动起义建立工农武装、发动农民开展土地革命，从而获得了抵挡包括国民党在内的各种敌对势力的力量，中国共产党的革命领导权才能在现实的层面上得到实现；第三，在八七会议上决定和发动武装斗争，一扫反革命大屠杀造成的悲观失望的情绪，增强了民众革命的信心，在惊涛骇浪之中，中国共产党的中流砥柱作用突显无疑，由此扭转了危局，中国革命有了新希望，跨上新征程。

不可否认，激烈反抗时更多的是无所畏惧的激情，而往往不够冷静，思考和做法不够谨慎和周密。瞿秋白1927年底到1928年的政论文章，有激情的号召、深刻的分析，但也有对时局的误判，如"革命高潮到来论""民族资产阶级反动论"等，就如他在《中国共产党第六次代表大会政治决议案》中所总结的：具有盲动主义的倾向，这也不可避免地给革命带来了损害。这说明如何用好革命领导权的问题还需要在实践中继续探索。这个探索也是艰难曲折的。

瞿秋白的中西文化论 *

　　在中国现代文化史上，有一重要的现象与文化发展息息相关，那就是中西文化（即东西文化）论争。中西文化论争由来已久，十六世纪末西方传教士利玛窦等来华传教，在中国人面前展现了未所见闻的西式文化，传统文化以及华夏中心主义文化观受到了挑战，从而揭开了中西文化争论的序幕。张岱年先生等在《中国文化与文化论争》一书中指出，十六世纪以来的文化论争，按其演变的线索可分为四个阶段。第一阶段是从明万历年间传教士来华到清朝的雍正年间；第二阶段是从鸦片战争爆发到"五四"运动前夕；第三阶段是从"五四"运动到新中国成立；第四阶段从1981年起。① 瞿秋白所处的时代是第三阶段的前期。

　　"五四"前后开始的第三次中西文化论争是由当时国内国际一系列大事件促成的。鸦片战争以后，中国在世界上处于屈辱的地位，在西方文化强权的光环下，东方人引以为豪的中国文化也黯然失色。但第一次世界大战，西方列强狗咬狗的争斗，撕破了西方文明的面具，重新激起了国人东方文化的优越感。然而，"巴黎和会"使中国更为屈辱，于是爆发了反帝反封建的"五四"运动。此时邻国爆发了十月革命并取得了胜利。这些事件的发生，引起了忧国忧民的知识分子对中西文化的反思，由于各人对文化的理解不同，形成了东方派和西方派的东西方文化论争。论争围绕着"以何种文化拯救中华民族"的问题展开。"五四"运动高举科学民主的旗帜，从一定意义上说是引进西方文化，肯定西方文化。以胡适、陈序经为代表的一部分从西洋留学回来的知识分子认为，要改变中国落后贫穷现状，必须学习西方，不仅学

---

*　余玉花.瞿秋白的中西文化论［M］//瞿秋白纪念馆.瞿秋白研究.上海：学林出版社，2002（12）：197－211.

①　张岱年，程宜山.中国文化与文化论争［M］.北京：中国人民大学出版社，1990：349.

习西方"科学救国"，还要学习西方的政治制度等等，胡适提出 Wholesale Westernization 即"全盘西化"。以梁启超、梁漱溟、章士钊为代表的东方文化派不仅反对全盘西化，并以第一次世界大战为依据，说明西方文化的破产，批评"科学万能论"，主张用东方文化来拯救西方文化，避免中国重蹈西洋文化的覆辙。在十月革命的影响下，"五四"运动后迅速崛起的中国共产党的思想代表也加入了这场论争，表明中国马克思主义者对文化的态度。瞿秋白关于中西文化的理论就是这场论争的产物。

一、东西文化的差异

东西方文化有差异，这是文化论争各方都认可的。但是文化差异的实质是什么？孰优孰劣？看法就不一样了。东方文化派比较多的从文化的民族性来说明东西方文化的差别，认为"西洋文明与吾国固有之文明，乃性质之异，而非程度之差"。梁漱溟在题为《东西文化及其哲学》的讲演中，从人生哲学的角度对东西文化进行比较。他认为文化是民族生活样式的体现，生活就是一种"意欲"，各民族"意欲"不同，因而文化也不同。他分析了代表文化发展三种"意欲"。西方意欲强烈，奋力追求物质享受；印度意欲向后，主张"禁欲"；中国意欲持中，主张中庸之道，因此以孔子为代表的中国文化是世界文化发展的方向。章士钊认为中西文化区别在于立国之本不同。西方是工国，中国是农国，由此而决定了政治道德习惯等文化上的歧异。他主张以农立国，倡导"兴礼节欲，知足戒争，归真返朴"的传统文化来避免欧美"弱肉强食""个人本位"的西方文化。这里暂且不论东方文化派理论的合理与否，有一点是明确的，那就是瞿秋白论战的对象是东方文化派，他提出了与东方派完全不同的观点。

瞿秋白断然否定东西方文化的差异是文化性质上的、发展动力上的差别，而赞同东西方文化的差异是时代差别的观点。他在《东方文化与世界革命》一文里表明自己的观点："东西方文化的差异，其实不过是时间上的"，"是时间上的迟速，而非性质上的差别。"① 瞿秋白得出这个结论，主要基于他对文化概念的理解。他认为

---

① 瞿秋白.瞿秋白选集 [M].北京：人民出版社，1985：9.

"所谓'文化'是人类之一切'所作'"。它包括四个方面,"一、生产力之状态,二、根据于此状态而成就的经济关系,三、就此经济关系而形成的社会政治组织,四、依此经济及社会政治组织而定的社会心理,反映此种社会心理的各种思想系统"。① 显然,瞿秋白所理解的文化是社会生产方式和社会形态的统一,其中生产力是最基本的文化动力,生产力发展的水平决定了文化发展的水平。据此,瞿秋白认为文化发展的这一规律乃是"人类社会之发展有共同的公律",一切民族文化发展均是如此。就此而言,东西方民族的文化没有本质的差别,"东方和西方之间,亦没有不可思议的屏障"。对于现存的东西方文化差异,瞿秋白认为,那是由于东西方不同民族在不同的自然条件下,生产力发展的速度不同,而处于不同经济阶段所导致的。简而言之,东西方文化差异是发展程度不同的结果。他说:"西方文化,现已经资本主义而至帝国主义,而东方文化还停滞于宗法社会及封建制度之间",正是这种时代的落差使东西方文化显示出不同性。②

瞿秋白研究东西方文化差异的目的是为了批判东方文化派。在瞿秋白看来,东方文化属于封建宗法的文化,与西方的资本主义文化相比,落后整整一个时代。但是东方派却抱着传统文化不放,为其大唱赞歌,并以此来否定科学民主的新文化。因此瞿秋白认为有必要对传统东方文化作一番剖析。

瞿秋白认为,中国东方文化包含了三种元素。第一种元素是宗法社会之"自然经济"。他指出,一家一户的自然经济在中国普遍存在,不仅农家手工业仍是"中国宗法社会的经济基础之一",即使在很大的城市里也保存着不少"家庭手工业","至于农业上之土地制度、义庄制度、族有制度等之宗法社会的色彩,尤其明显"。在这样的自然经济条件下产生的文化无非是"伦常纲纪、阴阳五行",同西方中世纪的"行会""教会"式的文化没什么两样,与时代已经格格不入,应该进入历史陈列馆才对。

第二种元素,是畸形的封建制度之政治形式。瞿秋白指出,虽然中国经济文化屡遭外强破坏,但经济上的发展仍然未脱宗法社会的"半自然经济"。在这种经济条件下,政治体制的畸形就不可免。"政治上虽屡见统一的君主专制政体,其实并非真

---

① 瞿秋白.瞿秋白选集 [M].北京:人民出版社,1985:16.
② 瞿秋白.瞿秋白选集 [M].北京:人民出版社,1985:9.

正的集权政府"，而是"勉强建成立于一盘散沙之上的'中央政府'"。辛亥革命打击了封建势力，但没有能够完成资产阶级革命的任务。结果"封建制度的余势大盛"，在加上"中国资产阶级的稚弱，统一君主的败落，各'地方'区域内的经济发展，及外国帝国主义的利用，有此四端可乘，于是军阀割据制度形成，而所谓'统一的'中国遂崩坏分裂。中国社会乃逆世界潮流，由'民主革命'反退向封建制度"。他列举军阀统治下劳工平民遭受剥削压迫种种景况，指出军阀制度"不但简直和封建诸侯相似，而且比封建诸侯更可怕"，有力证明中国社会正逆流退向封建制度。他反问道："中国'东方文化派'的学者所要保存的，是否此等肮脏东西，人间地狱？"①

第三种元素是殖民地式的国际地位。瞿秋白指出，经济落后的东方国家受到先进国家的资本主义文化的入侵，"遂不得不成为此等国家的殖民地"。西方资本主义在形成之初是反封建的，但侵入其他弱小国家时，反而与殖民地的封建势力勾结起来，来维持自己的统治。中国的情况尤其可忧，帝国主义列强的瓜分，已经成为国际的殖民地。帝国主义在中国扶植军阀势力，扶植买办集团，这一切都是"力求合于他自己的目的"。在帝国主义及其走狗军阀的统治下，中国平民没有集会、结社、罢工自由，更谈不上组织工会了。外国资本家甚至放出狼狗来噬咬罢工的工人。这种地位，东方文化哪里还有优越性可谈？

上述三点皆说明了，宗法社会的文化早已处于崩坏状态之中，"中国的文化，宗法社会，已经为帝国主义所攻破；封建制度，已经成帝国主义的武器，殖民地的命运已经注定，现在早已成帝国主义的鱼肉"②，而东方文化派还在为宗法文化竭力拥护，宣扬"伦常纲纪，孝悌礼教"，歌颂东方人"和平好让""习静、养心、绝欲、诚意"的美德。瞿秋白一方面用历史唯物主义观点说明东方民族的这些思想文化是特定物质生产关系的产物，另一方面指出了东方派企图以仁爱美德来限制西方文化的自不量力的可笑做法。但是瞿秋白并不全盘否定东方文化。他说，东方文化本有其可爱之处，曾一度为社会维持生产秩序之用，但是"他现在已不能适应经济的发达"，当经济生活在帝国主义强逼之下，还要倡导"合于伦理，注重人生的东方文

---

① 瞿秋白.瞿秋白选集［M］.北京：人民出版社，1985：13.

② 瞿秋白.瞿秋白选集［M］.北京：人民出版社，1985：17.

化"无异于培养奴隶心理，"所以是东方民族之社会进步的障碍"。①

瞿秋白从历史唯物论的观点出发，揭示文化产生的物质经济根源，指出文化的时代特征及文化功能的历史局限性，批判东方文化派理论的不合时宜性，应该说是正确的。但是他把文化差异性仅仅归结为时代差异，这是需要研究商榷的，理论界也一直有不同的看法。因为文化是具有复杂社会因素的现象，既被时代打上深深的印痕，更内涵民族习俗和心理的独特秉性，但瞿秋白只承认文化的古今之别而否认文化的东西差别，其片面性是不言而喻的。另外，瞿秋白用经济决定论的观点来解释复杂的文化内涵，解释不同民族的文化现象，似乎也过于简单。文化有受制于经济基础的一面，也有独立发展的一面，研究文化差异时，两方面都不可忽视。瞿秋白过重于注意前者，轻于后者，不能不说是个缺憾。张岱年、程宜山认为："以为文化的一切特性、特点都有经济上的原因。这是对历史唯物主义的机械的形而上学的曲解"，正如恩格斯所指出的："说经济因素是唯一决定性的因素，那么他就是把这个命题变得毫无内容的、抽象的、荒诞无稽的空话。"② 所以张岱年等认为"瞿秋白企图将中西文化的一切差异都归结为经济的原因，其在方法上的错误是非常明显的。"同时也指出，瞿秋白的观点在年幼时代共产党人中有很大的代表性。③

二、物质文明和精神文明

在东西文化论争中，当时人们把物质文明归之于西方文化，把精神文明归之于东方文化，两种文明的冲突就是东西方文化的冲突。问题在于，西方的物质文明来势凶猛，冲破了东方文明的精神防线，"礼教之邦的中国遇着西方的物质文明便彻底地动摇，万里长城早已失去威权，闭关自守也就不可能了"。但是"中国的士大夫却始终不服这口气，还尽嚷着东方的精神文明，要想和西方的物质文明相对抗"④。为了回击东方文化派对物质文明及科学技术的攻击，瞿秋白写了《现代文明的问题与

---

① 瞿秋白.瞿秋白选集 [M].北京：人民出版社，1985：19.
② 中共中央马克思恩格斯列宁斯大林著作编译局编.马克思恩格斯选集：第 4 卷 [M].北京：人民出版社，1972：477.
③ 张岱年，程宜山.中国文化与文化论争 [M].北京：中国人民大学出版社，1990：116.
④ 瞿秋白.瞿秋白选集 [M].北京：人民出版社，1985：93.

社会主义》一文，阐述了文明的本质及其发展历史，着重探讨了科学的技术文明，并提出了人类文明发展的方向。

瞿秋白认为，文明是人类劳动的创造，它与技术相伴而生，共同发展。人类的祖先为了生存，制作了开发自然的各类工具，那些原始的石斧弓箭，"便是技术的开始，亦就是文明的开始"。可见文明一开始就是与技术相联系的，没有技术文明，人类是很难在自然界生存下去的。瞿秋白讲的技术实际上就是生产力水平的体现，而生产力总是不断在发展的，新的技术也就不断地出现，同时新文明也不断被创造出来。

不过，瞿秋白指出，新文明的产生总是以对旧文明的某种破坏为前提的，这是因为技术有一个被谁掌握、被谁利用的问题。统治者阶级往往控制了技术来达到统治受治者的目的。但在瞿秋白看来，受治者并非永远与技术无缘，当社会经济处于激变的时候，就有可能使"受治者一面受新技术的训练而强盛，一面渐占社会里举足可以轻重的地位，于是突出当时旧社会关系的范围，而创造新文明"①。实际上是受治阶级通过阶级斗争夺取了技术（文明）的控制权，并以此为武器创造了新文明。例如法国大革命就是经过阶级斗争，资产阶级的新文明便代替了封建制度的旧文明。

由于技术文明体现的是人类对自然的威权，"是征服自然和增高人类权力的利器"。尽管利用掌握它的人不同，但就文明本身而言，是所有的人都需要的，即使那些"最高尚有道德知识的精神文明派"也时时刻刻离不开物质文明，它也不因被对立阶级使用过而加以破坏和否定。只有垂死没落的阶级才觉得进步的可怕，因为可能"危及旧社会关系，所以才高呼'向后转'，还要自命为精神文明"。根据对文明本质的揭示，瞿秋白认为，物质文明不属于西方的专利，东方民族也有物质文明，只是东西方物质文明发展的阶段和程度不同而已，"所谓西方的物质文明，实际上说来与东方文明毫无区别：中国的舟车宫室与西方的电灯电话只有数量程度上的不同"②。同样，精神文明也不是东方独有，因为精神文明是物质文明的产物，并受着物质文明的统辖。西方既然有物质文明，那必定有相应的精神文明。东方派把物质文明归之于西方，把精神文明归之于东方，将两者对立起来显然是不正确的。

瞿秋白否认东西方文明有物质和精神上的区别，但他指出人类物质文明发展有不

---

① 瞿秋白.瞿秋白选集［M］.北京：人民出版社，1985：94.
② 瞿秋白.瞿秋白选集［M］.北京：人民出版社，1985：96.

同的阶段性，技术文明有先进和落后之分。他认为东西方文明的区别主要是物质文明发展阶段的不同。中国的物质文明即技术文明还处于神秘性的封建时代，而西方资产阶级的技术文明，科学成份多，增加了人类的威权。因而要比封建时代的文明进步得多。具体表现为："思想上不承认君权、神权、父权、师权——中国的所谓'天地君亲师'一概扫除；学术已非'祖传'或'神授'，而是理智的逻辑的；技术亦就不专赖熟练或天才，而渐重原理"，因此"科学文明很有民权主义的性质。"由于西方的技术文明进入了比东方文明高一层次的阶段，即科学文明的阶段，而科学则能极大地推动社会的进步，创造丰富的物质财富，因此西方的物质文明显得尤为突出。相比之下，处于封建时代的中国文明科学性程度小，社会物质财富要匮乏得多。总而言之，在瞿秋白看来，东西方文明的差别是物质文明程度的差别，是发展文明阶段上的差别。

但是，既然西方资产阶级科学文明是如此的先进和优越，为什么还会遭到东方文化派的鄙视，被斥责为"科学无能""科学破产"呢？其实这种指责不仅来自东方派的批评，同样遭到了西方人士的批评，典型的代表人物就是卢梭和托尔斯泰。卢梭曾非常尖锐地批评资产阶级文明："我们的心灵，随着科学艺术的进步而日益堕落，……奢侈、荒嬉、奴性都是我们应受的罪，因为我们只想逃出无知无识的乐园。"① 托尔斯泰也是激烈反对技术文明的，他攻击现代的掘煤业，说那"黑黝黝的煤，正是这黑色文化的黑心"②。对此，瞿秋白进行了具体的分析。在他看来，科学技术本身不是十全十美的，它有一定的局限性。这种局限性首先表现在科学技术只能解决人与自然的关系，提高人类征服自然的能力，却不能解决人与人之间的关系。瞿秋白说："技术和机器，说是能解放人类于自然威权之下。这话不错，然而他不能调节人与人之间的关系。资本主义时代的科学尤其只用在人与自然之间的技术上，而不肯用到或不肯完全用到人与人之间的社会现象上去。"③ 其次，科学不能够帮助人类完全战胜自然。瞿秋白指出，资本主义的科学技术文明，一方面为人们提供了各种物质享受，另一方面这种享受却降低了人的机体对自然的免疫能力。"野蛮人裸体的生活能受酷寒盛暑而不生病；文明人锦绣裹着却还要病痛，若是遇着那般的酷寒盛暑，非死不可。"古代人"几千里的旅行也要步行，打仗的时候是肉搏，往往受

---

① 瞿秋白.瞿秋白选集［M］.北京：人民出版社，1985：96.

② 瞿秋白.瞿秋白选集［M］.北京：人民出版社，1985：97.

③ 瞿秋白.瞿秋白选集［M］.北京：人民出版社，1985：100.

伤之后不久便痊愈了"。而"现代人享有文明生活,要防御气候的变更,要缩短空间的距离都用技术,体格反而不强健了"。再次,物质文明造成人们精神上的堕落。科学技术推进了工业的发展、城市的发展,同时也形成激烈的相互竞争,高度紧张的社会生活,心理疾病、精神病患者的数量急速增加。这种现象在城市、在高等阶级中尤其突出。因此,瞿秋白断定:"单单现代工业式的技术发展,并不能'从残酷的自然之下解放人类'。"复次,物质文明的发达刺激了人们对物质利益的关注之心,产生了马克思所揭露的那种"拜物教"的心理。瞿秋白指出:"人对于物质生活的关心并不因为技术发达而减少:技术的发明愈多,人类的物质的需要也愈多,如此转辗推移,永无止境。"可见,"文明人不但没有从物质生活解放出来,反而更受物质需要各方面的束缚锁系"①。最后,科学技术被统治阶级所利用,成为他们称霸世界、剥削欺压穷人的手段。瞿秋白说:"科学只是征服天行的方法。在少数人垄断此种方法之结果的社会里,方法愈妙,富人愈富,预示社会中阶级斗争愈激烈,国际间战祸愈可惨,因此以为是科学方法本身的罪恶。"② 第一次世界大战即是一例。资本主义国家利用科学技术造的先进武器,相争世界市场,战争给人类带来了一场劫难。

由于科学技术事实上已经给人类带来灾难和邪恶,于是引来了"精神文明派"的一片反对声,他们情愿回到"草昧时代"去,而不能容忍科学技术带来的种种"恶行"。瞿秋白的分析则要表明,科学(物质文明)本身不存在邪恶,邪恶是垄断科学技术的少数人所造成的结果,但是人们往往把这些罪过归之于科学技术。瞿秋白指出,不可否认,资产阶级的科学文明使社会进入更高的一个阶段,科学文明内在的民主主义性质,确实把人从封建统治之下解放出来。但是科学文明意味着对封建文明的否定,对旧社会的冲击,势必要损害封建贵族阶级的利益,这就会引起一部分力图维护封建统治秩序人士的反对。他们自然要攻击科学文明,主张向后转,开倒车。于是他们以精神文明作为武器,来攻击物质文明。瞿秋白分析道:"以全社会而论,技术文明始终只能解放一部分的人。贵族受这文明的打击:在欧洲危害了他们的师权(儒者),所以决然要求放弃物质文明。"③

① 瞿秋白.瞿秋白选集 [M].北京:人民出版社,1985:102.
② 瞿秋白.瞿秋白选集 [M].北京:人民出版社,1985:20.
③ 瞿秋白.瞿秋白选集 [M].北京:人民出版社,1985:103.

通过以上分析，瞿秋白认为，资产阶级科学文明不是最好的最高阶段的文明，人类文明还必须发展，达到社会主义的文明。

三、世界社会主义的艺术文明

瞿秋白认为，资本主义科学文明的最主要的问题有两个：一是科学技术不能解决人与人的关系；二是科学被少数人所垄断、所利用，以至科学不能为人类大多数人造福，甚至还给人类带来了灾祸。后一个问题恐怕更为主要。要扭转这种状况，就要打破科学垄断的局面，扩展科学的范围，推进文明的进一步发展。瞿秋白认为，人类的技术文明共有三种形式："技术有神秘性便是封建时代的文明，技术有科学性便是资产阶级的文明，技术更进而有艺术性便是无产阶级的文明。"[①] 这三种文明实际上就是人类文明发展的三个阶段。资产阶级文明向前发展就是无产阶级的社会主义文明。

作为文明发展的最高阶段，社会主义文明能够克服资本主义技术文明的缺陷，充分扩充科学，使之真正为社会服务。他说："社会主义的科学正是彻底的以因果律应用之于社会现象，或所谓'精神文明'的。不但封建制度文明之'玄妙不可测度'的神秘性，应当推翻；就是资产阶级文明之'仅仅限于自然现象'的科学性，也不能不扩充。科学文明假使不限于技术而推广到各方面，既能求得各方面之因果，便有创造各方面谐和的艺术文明之可能。"[②] 瞿秋白认为，社会主义阶段的文明，科学技术的发达会在一定程度上影响社会关系。他说，虽然科学技术发展的结果还"不能使人从自然的威权之下解放出来，然而能使人与人之间的关系成一新形式"。在这种情况下，一方面，人通过发达的科学技术而研究出自然现象的因果关系，"遂能部分的征服自然"，人因社会关系的变化进而研究社会现象的因果关系，"那时便能克服社会现象里的'自然性'，求得各方面谐和的发展。"瞿秋白概括说："社会主义文明，以扩充科学的范围为起点，而进于艺术的人生，集合的谐和的发展。"[③]

但是，社会主义文明不是自然实现的，而要通过激烈的社会革命。因为资本主

① 瞿秋白.瞿秋白选集［M］.北京：人民出版社，1985：97.
② 瞿秋白.瞿秋白选集［M］.北京：人民出版社，1985：106.
③ 瞿秋白.瞿秋白选集［M］.北京：人民出版社，1985：107.

义社会少数人对科学技术的垄断权决不会轻易放弃。他们正充分利用科学技术剥削本国的穷人，还到处称霸，推行殖民主义。西方资产阶级在殖民地同样实行科学的垄断，"竭力阻止殖民地人研究真正的科学，唯恐弱小民族因真得科学文明而强盛"。① 资产阶级垄断科学技术，便堵塞了文明发展的道路。因此打破科学垄断，是实现社会主义文明的前提条件。

需要指出的是，瞿秋白的社会主义文明是世界范围的文明，实现社会主义文明的社会革命也是世界性的革命。瞿秋白这一思想来自于他对文化问题的两个观点。

第一，东西方文化无本质差异论。前已述及，瞿秋白认为东西方文化的差异主要是时间阶段上的差异，是文明程度上的差异，是文化落后与先进的差异，并不存在文化性质的区别和不同质文明的区别。他认为人类文明发展是有规律的，而人类文明发展的共同方向是社会主义文明，是世界大同的文明。瞿秋白曾详细描绘了大同文明的蓝图：科学技术发达不再用于军事技术；也不用于无谓的奢侈品；而用于社会生产，使"实用的生产力大增，生产组织完全变更，一切城市文明的积弊，可以用规划经济政策逐步消灭。不但推翻君神父师之权，并且推翻'黄金权'分配机关和生产机关都能渐成集合制度，世界的各区域内只要有统计调查的互相报告，一切政府法律都可以废止，而节省现代工业社会所枉费的许多人力。技术的发展当然能成为各方面的无所偏畸的；精神文明自然也能真正改善，以致于'大同'。人生的体育、智育都可以充分的得科学的原理而变易"②。显然，社会主义文明是全世界物质文明和精神文明高度统一的文明。

第二，帝国主义使东西方文化发展进入同一个轨道。尽管瞿秋白否认东西方文化有质的区别，但他还是承认东西方文化有时间阶段上的差异，有落后与先进之别。问题在于，东西方这种几乎是时代性差别的文化类型，如何共同步入世界文明的殿堂？瞿秋白认为帝国主义使东西方文化进入同一轨道提供了可能性。他指出，帝国主义战争，西方资本主义对东方的入侵，已经缩小了东西方文化的时空差距，甚至已经融合为一，"帝国主义沟通了全世界的经济脉络，把这所谓东西方两文化融铸为一；然亦就此而发生全人类的文化"。③ 这就使世界文明走向大同提供了可能性。

① 瞿秋白.瞿秋白选集［M］.北京：人民出版社，1985：18.
② 瞿秋白.瞿秋白选集［M］.北京：人民出版社，1985：108.
③ 瞿秋白.瞿秋白选集［M］.北京：人民出版社，1985：19.

第三，世界革命是实现世界文明大同的必然途径。如果说世界帝国主义战争使世界文化的同一具备了可能性，那么反对帝国主义的世界革命则使世界文化大同的实现具有了必然性。瞿秋白指出，西方资产阶级到了帝国主义阶段，开始走向反动，走向反科学。因为"科学文明是资产阶级的产儿，然而亦就是破毁资产阶级的起点。"资产阶级在反封建时竭力提倡科学，要求民主主义，一旦取得了统治地位，便会反过来反对科学和民主。"强国得以从容不迫先经所谓'民主主义'，而后重返于绝端反对民主主义的帝国主义，先经科学的文明而后重返于反对科学的市侩主义。"① 他指出，世界资产阶级阻碍科学、阻碍民主的反动性只有经过无产阶级革命才能解决。这个革命必然是世界范围的。由于帝国主义已经使东西方联成一体，殖民地民族的民主解放运动"当与世界的无产阶级革命相融合而为一"，"同进于世界革命。此种趋势，此种新革命文化的先驱，正就是杀帝国主义的刽子手"②。瞿秋白认为，东西方联合起来的世界革命不仅是必需的，而且符合社会发展的客观要求。他说："只有世界革命，东方民族方能免殖民地之苦，方能正当的为大多数劳动平民应用科学，以破宗法社会、封建制度的遗迹，方能得真正文化的发展。"③ 总而言之，正是反对帝国主义的世界革命才能使东西方文化共同进入世界社会主义文明。

　　综观瞿秋白的文明观，他用历史唯物主义的观点阐述文明产生的社会经济根源，他对资本主义文明的辩证分析，他的物质文明和精神文明统一的观点，他对未来文明发展方向的理论推断，都是正确而合理的。但他过分强调了文明的世界统一性，而忽略了各民族文明发展的特殊性。这个问题与他东西方文化差异的理论，本质上是一致的。

---

①　瞿秋白.瞿秋白选集［M］.北京：人民出版社，1985：18.
②　瞿秋白.瞿秋白选集［M］.北京：人民出版社，1985：20.
③　瞿秋白.瞿秋白选集［M］.北京：人民出版社，1985：21.

瞿秋白：开辟中国革命道路的先行者[*]

一、中国革命危难之际的领袖

1927 年对于中国共产党和中国革命都是不寻常的一年。这一年的 4 月 12 日国民党蒋介石举起屠刀对共产党实施屠杀政策，接下来是 5 月的"马日事变"，7 月汪精卫在武汉召开"分共会议"公开背叛革命。短短几个月，上百万的共产党人和革命群众倒在了血泊中，党的基层组织绝大部分被破坏。年轻的中国共产党遭到几乎是毁灭性的重创，党面临着巨大的生存危机，中国革命处在迷茫的十字路口。在危急关头，中国共产党必须要有新的方针和新的对策，以摆脱革命面临的危机。年轻的瞿秋白承担起危难时际的领导重任。

7 月 13 日瞿秋白秘密前往庐山，与鲍罗廷、张太雷、李立三、邓中夏商定发动南昌起义的动议。8 月 1 日，南昌起义枪声响起，打响了中国共产党领导下的武装革命的第一枪。8 月 3 日，瞿秋白主持中央常委扩大会，提出以土地革命和武装暴动的抗争对策，并决定召开紧急全委会通过决策并告知全党。8 月 7 日，中央紧急全委会在武汉召开，通过了三项议程：一是通过了《中共八七会议告全党党员书》。二是通过了瞿秋白代表中央常委会所作的党的新任务报告和一组决议案。报告肯定了八一南昌起义，强调武装反抗反革命的重要性，部署了继南昌起义之后的秋收起义和广州起义等重大的革命斗争。报告尤其重视土地革命，认为最重要的是从土地革命中造出新的力量来，并且必须以军队来发展土地革命。三是选举了临时中共中央政治局。瞿秋白、苏兆征等 9 人为政治局委员，邓中夏、周恩来和毛泽东等 7 人

---

* 　余玉花.瞿秋白：开辟中国革命道路的先行者［N］.社会科学报，2011－06－09.

为政治局候补委员，瞿秋白为主席。

八七会议对于中国革命来说，具有历史里程碑的意义。第一，会议所作出的武装对抗国民党反动派、发展土地革命等决定，重新振奋起党的战斗精神，扭转了党内一度弥漫的悲观主义情绪和党外群众对我党的疑惑，重新集聚起党的队伍，确实在危难之际挽救了革命，挽救了党。第二，由于八七会议，中国共产党终于拥有了自己的革命武装，在土地革命中建立起苏维埃革命政权。从这时候起，中国共产党才真正拥有了中国革命实质性的领导权。尽管党的革命领导权一开始并不强，在后来的革命过程中也曾经被打压得危机重重，但始终坚持武装和政权的独立性（即使第二次国共合作的抗日战争中也保持一定程度的独立性），从而保证了党对民主革命的影响力、领导力，中国共产党从此扭转了从其建党以来在中国革命舞台上扮演的角色，开始作为一支完全独立的政治力量发挥作用。第三，八七会议之后，党拥有自己的武装力量获得了中国革命的领导权，从而完全改变了中国革命的进程，使中国革命朝"非资本主义发展前途"跨出了关键的一步，进而改变了中华民族的历史命运，促成中国社会主义前途的实现。

八七会议力挽狂澜，使中国共产党绝地而起，扭转中国革命航向的巨大历史贡献，不能不归功于在革命危难之际形成的中共第二任领袖班子，瞿秋白是其杰出的代表。瞿秋白之所以能有如此的革命胆略，于危难之中承担艰难的领导责任，完成中国革命的转折，与他坚定的革命信念和对中国革命无比忠诚，以及瞿秋白所具有的马克思主义理论修养，对中国社会深刻洞察和革命发展的敏锐性是分不开的。

二、马克思主义中国化早期的探索者

在中国现代思想发展史中，特别是中国马克思主义思想发展史中，瞿秋白思想是其中不可缺少的一环。是他，最早从俄国引进了马克思主义理论的火种，系统而全面地宣传马克思主义。1920 年他以《晨报》特约记者的身份赴苏俄采访，写下了大量采访通讯，介绍新生的社会主义俄国，歌颂马列主义的胜利。1923 年回国后，他翻译介绍了马克思、恩格斯、列宁、斯大林等的一些重要著作，在他主编的《新青年》杂志上撰文宣传马克思主义；在他主持的上海大学社会学系专门开设马克思主义课程，他亲自编写讲义并上课讲授，他编的讲义直到1934年仍是中央党校的主要教材。又是他，最早开始马克思主义中国化的研究与运用，探寻中国革命理论和革命道路。如果尊重历史，就不得不承认：瞿秋白是马克思主义中国化的开创者。因为是他最早系统地运用马克思主义研究中国的国情，对中国社会的性质和特点进行了深入的探讨与科学的论述；是他最早阐述中国革命的民主主义性质以及中国革命的世界背景；是他最早提出中国无产阶级在民主革命中的"领袖地位"，提出无产阶级革命领导权的问题；是他最早把农民问题的重要性写进了党纲；是他最早从理论上阐述武装斗争的必要性，并且导致了南昌起义的枪声。这些问题都是在民主革命进程当中运用马克思主义理论考察研究的结果，同时还是同形形色色来自敌营的反马克思主义的和来自内部的非马克思主义的思潮进行思想斗争的结果。瞿秋白在马克思主义中国化的创建中，他的理论不乏真知灼见，这在当时极需理论指导的中国革命早期是极为重要的，而且为后来者继续马克思主义中国化打下了良好的基础。自然，作为开创者，他的思想中也有不成熟乃至失之偏颇的观点，即使这些不成熟的思想，也为后来的思想家提供了借鉴和反思的价值。离开瞿秋白的理论创建，马克思主义中国化将是不完整的。

马克思主义中国化是一个广泛的概念，并不限于革命的思想，虽然革命的思想是当时中国社会实践最为迫切的。瞿秋白运用马克思主义对社会科学进行系统的理论探索，其研究领域之广，涵盖了哲学、伦理学、社会学、经济学、政治学、宗教学、中外文化比较、文学等领域，并且卓有成效，留下了五百多万字的著述。他在上海大学讲授社会科学课程时写的《社会科学概论》《社会哲学概论》《现代社会学》，是我国现代思想史上重要的社会科学著作。他是我国提出应用社会学理论的第一人，亦是我国完整阐述辩证唯物主义和历史唯物主义统一观的第一位思想家，是我国最早提出"理论联系实际"思想的理论家。

特别需要一提的是他在文学上的贡献。瞿秋白在文学上有很高的造诣，早在"五四"时期，他就创作了优美生动、激荡人心的散文游记。20世纪30年代，他的杂文的犀利性差不多达到了鲁迅的水平，可以用鲁迅的笔名去发表；他是翻译的高手，从"五四"起，他就开始翻译俄苏文学家的作品，30年代达到了高峰。他的译作是一流的，鲁迅评价他译作水平："中国尚无第二人"；他是评价鲁迅的第一人，开鲁迅研究之先河；30 年代，他与鲁迅一起，开创了左翼文化运动的繁荣，粉碎了国民党反动派的文化"围剿"；他提出了现实主义文学创作理论，他倡导了"文艺大众化"的思想，成为我国革命文学的开拓者和奠基人之一。

论瞿秋白的人文精神[*]

研究瞿秋白的人文精神不仅在于颂扬瞿秋白，也是为了更好地传承中华民族的优良品格，服务于当代中国的社会主义精神文明建设，推动中国特色的社会主义精神文化的发展。

一、人文精神释义

讨论瞿秋白的人文精神，首先有一个对人文精神的梳理界定的问题。人文或人文精神是近代以来世界思想文化界讨论的热门话题，也是当今中国精神文明建设的热门话题。既然是热门话题，一方面说明其重要以至参与讨论者众多，另一方面，参与者的众多必然是众说纷纭，见仁见智，不一而足。有人统计，学术文献中关于人文精神的解释多达40多种。应该说，这是研究中的可喜现象，各抒己见，百家争鸣，繁荣学术。但是，回到我们这个具体研究的课题，则带来了困难。所以，根据瞿秋白研究的需要，提出笔者对人文精神的理解。

关于人文精神，诸多解释大致可以概括为六种：第一种是"价值说"，认为人文精神的核心是揭示人的生存意义，对生命的关怀，体现人的价值和尊严；第二种是"理性精神说"，认为人文精神的内涵包括科学追求真理、自由人道地行善，以及注重于民主公道的理性精神；第三种是"类型说"，认为人文精神指的是人的精神的一种基本类型，是相对于科学精神而言的，如果说科学精神是求"真"，那么人文精神就是求"善"；第四种是"精神境界说"，认为人文精神是一种崇高的道德境界，体

*　余玉花.论瞿秋白的人文精神［J］.徐州工程学院学报，2010，25（04）：38－42.

现为传统文化中"修身齐家治国平天下"的社会使命感；第五种是"人的发展说"，认为人文精神是以满足人的全面发展为中心的追求精神，是人的发展的内在动力；第六种是"精神文化说"，认为人文精神是人类以真善美的价值理想为核心的道德情操、思维品质、文化准则的总和。上述六种人文精神的释义都具有相通共性的方面，只是强调的侧重点不同而已，对于我们研究瞿秋白的人文精神有很大的启发性。

人文精神从字面上来看，是由人文与精神组合而成，是人文方面的精神。所谓精神，是指人特有的意识内质，包括人的智力的、信仰的、道德的和审美的品质，其最大的特点是自由性，虽然精神内容来自物质生活，但真正的精神是自由的，任何外在的强制都难以改变其内质，除非其内质本身已发生了变化。精神自由是人的目的性产生的主观条件，也是人能够借助物质条件提出超越现实的理想目标的主观条件，这同样也是人活动的动力产生之源泉；其次是意志性特点，就是毅力、坚韧力、忍受力等品质，是人克服困难、战胜自我最主要的精神品质；第三个特点是创造力，创造力是人的精神品质的重要体现。现实世界无论是人化的物质世界还是精神文化世界都是人创造的结果，没有创造则没有世界，以此亦可看出人类精神力量的价值。

精神品质是从人类产生之日起就具有的，并随着人类实践活动的拓展和深入而获得不断的发展。不仅人类精神的能力随着人类历史的发展而发展，尤为需要指出的是，精神的内容也在人类发展中获得丰富，使其更贴近人发展的需要。可以说，精神的发展是人类逐渐远离动物世界更为文明化的过程。然而，人类的精神发展是在付出代价中实现的，其中充满了真假、美丑和善恶的斗争。人文精神就是在这样的斗争中提出来，这就需要对人文进行历史的解析。

如果从文化上理解人文，人文即是关于人的文化或体现人要求的文化。比如，人在日常生活的吃穿住行方面有着与动物完全不同的要求，这可以说是人文的特征。人文还体现在人在处理人与社会、个体与家庭，以及个体之间关系时被称之为礼仪、道德方面的要求。但是，这样的人文要求很快就出现了分歧，这种分歧源于利益所得和社会地位的差异。如存在于封建社会金字塔式的等级差异，在统治阶级看来是十分符合礼仪要求的，但底层的百姓大众则感到十分的不合理，剥削人的制度更是很不人道。这样一来，仅仅从习俗文化上来理解人文就远远不够了，经济利益与政治要素引入人文便不可避免。众所周知，西方文艺复兴时期的人文主义思潮是资产阶级思想家发起的，打的是复兴古希腊人文化的旗帜，强调关于人的文化的意义，与宗教神学文化相对抗，但其实质是政治意义的，服务于资产阶级反对封建统治斗争的需要。当然这一斗争符合历史发展的要求，因而也推进了人文或人文精神的发展。

总之，人文虽可简略地概括为关于人追求人发展的文化，但是人文包含着丰富的内容，既有对人的生命及其发展一般价值的理解，同时交叉着经济的、政治的、民族文化的乃至宗教信仰的种种印记。在人文或人文精神中，道德要素是人文的核心要素，往往是人文精神评判的主要标尺。但是，由于道德绝大多数是与其他社会因素结合在一起的，因此，并没有完全一致的道德标准。这说明人文与人文精神具有复杂性，并且要从历史发展的具体过程中去理解它研究它，因为不同的人、不同的时代对人文的理解与追求可能是迥然不同的，人文精神的体现亦是不同的。

从马克思主义的立场来看，人文精神是人类为实现人的解放与发展的理想信念、价值准则以及勇于实践的奋斗精神。人文精神的核心是为了人，即"以人为本"，但是马克思主义所追求的不是抽象的、单纯物质享受的、矫情分裂的人的目标，而是人的社会解放和人的自身解放相统一、人的物质需要与人的精神追求相统一、人的理想与实践相统一的人文目标。正是在这样的目标中才能体现出人文的价值性、精神的崇高性、发展的全面性、实践的客观性。马克思主义人文精神的理解是探讨瞿秋白人文精神的出发点。

二、 瞿秋白思想作品中的人文精神

作为对人类价值追求的意识倾向，人文精神可以从两方面体现：一个是思想表达，一个是行为表达。瞿秋白的人文精神的思想表达主要体现在其文学作品、理论著述之中。

(一) 革命理论中的人文精神

瞿秋白是马克思主义思想家、理论家，在中国共产党早期革命中，他在传播、阐释马克思主义的理论方面做了大量工作，他对中国革命研究的理论成果为马克思主义中国化做出了重大贡献。在这些革命理论中，瞿秋白不仅深刻揭示了中国社会

变革的必然性、中国民主革命的目标、革命的领导权、道路与策略，而且展现了他坚持马克思主义的人文立场。瞿秋白的人文思想与他的革命思想是一致的，是两者有机的统一。革命理论中的人文思想体现为马克思主义解放人的崇高理想和解放人的实践路径，而非虚幻的、假仁假义的"仁爱"学说。

首先，瞿秋白明确指出，中国革命的目的是解放平民。他在多篇政论文中指出，中国"无产阶级的斗争是为着全体平民的"，"无产阶级以最大的毅力为全体平民的事业而奋斗"①。他认为，中国国民革命的问题就是解决帝国主义列强对中国的侵占、中国封建统治对平民的压迫与剥削的问题。他不止一次地强调，中国民主主义革命的本质，就是民权主义。他在《中国革命史之新篇》一文中分析三民主义内在关系时指出，民生民权两主义对于民族主义更为根本，"民生民权不达到，则民族主义亦不能达到。因为假使中国人民没有得到政权，则政权必落在军阀手里，他们必然勾结列强以压人民，故民权主义不达到，民族主义亦不能达到"②。在瞿秋白看来，争取人民的权力和权利是革命最根本的人道，是人文最本质的体现。

其次，瞿秋白坚持中国平民的解放只有通过革命斗争的方式来解决的观点。瞿秋白从历史发展与当时中国严酷的阶级斗争现实出发，认为民权不是施舍来的，平民的解放只能靠平民自身的斗争才能实现。面对国民党右派和国家主义派主张"阶级合作"的"仁爱说"，和反对马克思主义关于阶级斗争的理论，瞿秋白愤然驳斥这种虚伪的"仁爱"。他以"五四"到五卅运动在中国发生的残酷血腥的事实，以工人阶级和劳苦大众所处的双重压榨，有力地证明了阶级斗争的客观存在。他揭露说，国民党右派和国家主义派口口声声讲"仁爱"，但是他们自己却"努力从事于'阶级斗争'，站在资产阶级地位来反对工人的阶级斗争"③。对于国家主义派对马克思主义阶级斗争理论的攻击，瞿秋白严正地表明，共产党人并不是喜欢阶级斗争，而是阶级斗争客观存在，工人阶级没有工人阶级斗争则无"仁爱"之有。他举例说明：中国工人阶级在五卅运动的时候，以几十万人的斗争力量，才"逼使段政府不得不拟议工会条例，上海总商会也不得不代行电请。等到帝国主义者和军阀摧残了工人运动，工人的大规模的斗争被停止了，段政府和总商会便不肯'仁爱'，不肯提起工

---

① 瞿秋白.瞿秋白论文集［M］.重庆：重庆出版社，1995：95.
② 瞿秋白.瞿秋白论文集［M］.重庆：重庆出版社，1995：113.
③ 瞿秋白.瞿秋白论文集［M］.重庆：重庆出版社，1995：208.

会条例了"①。瞿秋白指出，"共产党不但不反对资本家仁爱，而且只有共产党能够使资本家仁爱，只有工人阶级的阶级斗争能够使资本家仁爱"②。

（二）文学作品中的人文精神

瞿秋白不仅是无产阶级革命家、理论家，而且是文学家。他热爱文学，倾情于艺术创作；他勤于笔耕，在短暂的人生中留下了上百万字的文学作品，在 20 世纪二三十年代中国文坛上有他的一席之地。瞿秋白的文学作品形式多样、题材丰富，在这些文学作品中闪烁着人文精神的光彩。他文学作品中的人文精神主要体现在下述方面：

第一，对人生价值的思考。在瞿秋白早期作品中，正值其青年人生观形成之际，较多的是对人生方面的思考，这些思考受到当时新文化运动和俄国民主主义文学作品的影响，也是他自身人生思想的真实流露。瞿秋白对人生思考是放在社会的大背景下来理解的。在《饿乡纪程》中，他把复杂的社会生活看作是"生命的大流"，每个个体的人生都在这"生命的大流"中。他写道："人生都是社会现象的痕迹，社会现象都是人生反映的蜃楼。"③他认为，文学作品应当反映生活，特别应该反映广大劳动阶级的生活。杨之华在《回忆秋白》一文中讲到：瞿秋白"主张大家应当去了解劳动人民的人生，了解他们的痛苦和要求，做到用文学去为劳动人民的人生服务"④。他探讨了人生追求与环境的关系："人生的经过，受环境万千现象变化的反映，于心灵的明镜上显种种光影，错综闪烁，光怪陆离，于心灵的圣钟里动种种音响，铿锵递转，激扬沉抑。"⑤

但是，人生的意义是什么呢？瞿秋白首先批判了长久以来的"世间的不平等性"的实际生活，使社会个体的生活失去其独立应有的光彩。瞿秋白创作的《心的声音》《爱》《远》《劳动》等文学作品，集中描写了最底层劳动者生活：饿极了不得不乞讨的老人、为生计叫卖生意的街头小贩、被人使役的女佣、马路上的拉车夫、城市中

---

① 瞿秋白.瞿秋白论文集［M］.重庆：重庆出版社，1995：207.
② 瞿秋白.瞿秋白论文集［M］.重庆：重庆出版社，1995：206.
③ 何乃生.瞿秋白随想录：坦荡人生［M］.广州：花城出版社，1992：12.
④ 杨之华.回忆秋白［M］.北京：人民出版社，1984：105.
⑤ 何乃生.瞿秋白随想录：坦荡人生［M］.广州：花城出版社，1992：53.

的担粪夫等，表现了他们的痛苦人生，表达了对不公平社会人生的愤慨。在此基础上，瞿秋白提出人生的价值在于有一个平等的社会地位，"生活的意义于客观上常处于平等的地位"①。

第二，人道主义思想。瞿秋白的人道主义思想，一是主张解放妇女，男女平等。瞿秋白有一篇文章叫《小小一个问题——妇女解放的问题》，揭示中国妇女所承受的"许许多多精神上的桎梏"，对于社会对女人的种种责难，他深刻指出，那不能简单地把责任都归至女人，其根子在于腐烂的社会，"奢侈和淫靡只是一种社会崩溃腐化的现象，绝不是原因。私有制度的社会本来把女人也当作私产，当作商品"②。他批评文学家轻视妇女问题，把妇女问题视为小问题，认为应当用文学来揭露妇女遭受压迫的不平等状况、呼吁妇女的解放是"文学家的责任呵！"③ 二是坚持无产阶级立场，深刻批判御用文人所谓的人道主义文学。针对某些文学家在人道主义文学的幌子下，假惺惺地要做"被压迫着苦难者的朋友"之言说，瞿秋白在杂文《狗道主义》一文中犀利地批驳道："这种文学不能够是人道主义的，因为'被压迫者'自己没有资格对自己讲仁爱，没有可能也没有理由对压迫者去讲什么仁爱的人道主义。"④ 他毫不客气地讥讽胡适维护统治阶级王道仁政的"人权论"，是以国民牺牲自由安心做奴隶的代价来争取所谓"国家的自由和平等"，他把这种奴才气十足的文学鞭挞为狗道主义文学。

第三，文学作品中的人性。瞿秋白文学作品中对人性的描写是多样的，有细腻描写人的情感的，如济南大明湖畔父子离别所体现的浓浓亲情；"哭母诗"中的母爱与孝母之情；《弟弟的信》《家书》中的兄弟姐妹之间的思念之情；给王剑虹"情书"诗抒发的爱情；《饿乡纪程》中记载的朋友间深厚友情的人性；更多的是表现中国先进分子激奋担当责任，勇于牺牲的革命人性。除此之外，也刻画了残暴屠戮、媚权投机、嫉恨怨悱、贪婪凶残、刻薄尖钻、颓废放荡的丑恶人性。对于后者，瞿秋白持以否定批判的立场，体现了瞿秋白尊重生命、疾恶如仇的人文态度。

---

① 何乃生.瞿秋白随想录：坦荡人生［M］.广州：花城出版社，1992：53.
② 何乃生.瞿秋白随想录：坦荡人生［M］.广州：花城出版社，1992：93.
③ 何乃生.瞿秋白随想录：坦荡人生［M］.广州：花城出版社，1992：92.
④ 何乃生.瞿秋白随想录：坦荡人生［M］.广州：花城出版社，1992：98.

三、 瞿秋白行为实践中的人文精神

对于瞿秋白来说，人文精神不仅仅是一种思想的存在，不仅仅体现为理论著作与文学作品的智力成果，去教化别人的，而完全是其本人真实的精神写照，是瞿秋白自我人生的精神追求，这种思想精神体现在瞿秋白革命奋斗的一生中，所以他的人文精神是实践的、现实的。也就是说，瞿秋白人生实践中的人文精神与其思想是一致的。前面阐述的文学作品中的人文精神，既反映了他的思想，同样也践履于瞿秋白的人生实践之中。

(一) 热爱生命，追求人性之美

瞿秋白对生命的热爱不是流露于表面的，而是深藏于心灵深处，是目睹生命屡遭毁灭之下的深深维护。少年时期瞿母的突然离世，瞿秋白第一次直面生命的失去，对他的生命观是强烈的震撼，一方面他发现了生命的脆弱，另一方面也增强了他维护生命对毁灭生命的恶势力斗争的决心。若干年后，当一些青年以自杀来抗议社会的黑暗时，他明确地表示反对自杀，认为积极的斗争才能体现生命的力量。他呼吁青年人坚强起来，"不要叫社会杀你，不要叫你杀了社会，不要叫社会自杀。……你要在旧宗教、旧制度、旧思想的旧社会里杀出一条血路"①。

瞿秋白对生命之爱、人性之爱体现在他爱自己的亲人、朋友和同志，尤其对年幼的生命。瞿独伊虽不是他的亲生女儿，但他视为己出，百般爱护。他那首题赠予独伊《小小的蓓蕾》的诗饱含着一个父亲对女儿的挚爱之情，也饱含着他对幼小生命的心爱与呵护，充满了对孩子们未来的期望。他追求自由的爱情。他说："没有爱就没有生命。谁怕爱，谁躲避爱，他不是自由人"，"我们要一个共同生活相亲相爱的社会"②。他所追求的情爱是那样的甜美与热烈："我只是想着你，想着你的心——这是多么甜蜜和陶醉。我的爱是日益的增长着，像火山的喷烈。"③ 长征开始与战友分别之际，瞿秋白不顾自己身体有病和即将面临的危险，把自己的好马和强

---

① 瞿秋白.瞿秋白文集：第 2 卷［M］.北京：人民出版社，1988：3.
② 梦花.瞿秋白自传［M］.南京：江苏文艺出版社，1996：128.
③ 梦花.瞿秋白自传［M］.南京：江苏文艺出版社，1996：134.

壮的马夫换给参与长征的同志，倾注了他对战友的一腔情谊。

瞿秋白追求人性之美体现在他对自我精神严格要求与自我批判精神。他不断躬身自问："我应该成为什么？"他要求自己·"'我'不是旧时代之孝子顺孙，而是'新时代'的活泼稚儿。"他要求自己是"活着"而不是仅仅"生存着"。"我自然只能当一很小很小无足重轻的小卒，然而始终是积极的奋斗者。"① 他时时解剖自己，特别是精神上的自我修养，批判心灵路程上曾有的人生迷茫，努力脱离"士"的阶级思想，抵御现代"文明"的恶俗影响。即使生病住院时也不例外，生怕自己身体上的不适带来精神上的懈怠，成为脱离现实生活"多余的人"。在《饿乡纪程》和《赤都心史》中多处记录了他对自我严格改造的要求，《多余的话》也反映了他自我批判的精神。

(二) 献身革命，坚持信仰的人格精神

瞿秋白自从 1921 年进入俄罗斯接触社会主义思想之后，特别是参加共产国际第三次代表大会和第四次大会之后，他的世界观、人生观发生了根本的改变。尽管瞿秋白在俄的两年新生的苏维埃正处在战后的困难时期，物质匮乏，经济恢复刚刚开始，社会各种管理还在摸索阶段，但是瞿秋白通过亲身经历和深刻思考，已完全接受了马克思主义，认识到社会主义是人类发展的方向，从而坚定了社会主义的信念，决定投身于"共产主义人间化"这一"伟大而艰巨的工程"。从此开始，他对马克思主义的信仰始终未变，即使在最严酷的白色恐怖之下，在遭到来自革命阵营的诽谤迫害之际，在敌人威逼诱惑面前，始终没有动摇，直到生命的结束。

在马克思主义信仰之下，他全身心投入挽救中华民族于危亡、拯救中国人民于危难的革命事业。从俄国回来后，他立刻承担起中国共产党的理论建设和宣传工作，笔耕不止，战斗不止，仅从 1923 年到 1927 年瞿秋白在《新青年》《向导》《布尔什维克》等刊物上发表了二百多篇文章，达一百多万字，到他牺牲之前，在 15 年的革命生涯里，为党和中国革命贡献了五百多万字的理论思想与文学作品，为马克思主义中国化做出了伟大的理论贡献。在这个过程中，他呕心沥血，不顾患有严重的肺病忘我地工作，即使在住院期间也不停息。这种献身精神是何等的崇高。瞿秋白献

---

① 何乃生.瞿秋白随想录：坦荡人生〔M〕.广州：花城出版社，1992：74.

身革命的精神还体现在 1927 年革命遭到毁灭性破环的历史关键时刻，年仅 28 岁的他挺身而出，勇挑革命领导重任，决策三大起义，带领党杀出一条血路来，从而开辟中国武装革命的道路。

瞿秋白的人格精神更是感天动地，令人景仰。瞿秋白被捕后，敌人使出各种伎俩，威胁利诱，逼迫瞿秋白就范。在生死之间，历史见证了作为马克思主义信仰者——瞿秋白高贵的灵魂与无法撼动的精神力量，瞿秋白毅然选择了死。他笑对死神，慨然赴死，从容就义，保持了共产党人崇高的气节。临刑前写下的《多余的话》，曾被诬陷为背叛的证据，但是只要不是无知和别有用心，我们看到的是瞿秋白对党的忠诚，他的信仰不可改变；是磊落的胸怀，敞开了对某些"真理"的疑问；是人格的磨砺，严厉解剖自己，清算自己一生的过错。这需要何等的勇气，这正是瞿秋白完全彻底、无私无畏人格的体现。

四、结语：弘扬人文精神

瞿秋白的人文精神是中国共产党的宝贵精神财富，也是中华民族优秀精神传统之部分。瞿秋白是新民主主义革命时代的人物，瞿秋白的人文精神也有着革命年代具体实践的特殊痕迹，但是，作为中华民族精神文化的组成部分，瞿秋白的人文精神具有跨时代的意义。瞿秋白的人文精神传达的是，什么是人生的意义，生命的价值；信仰在人生追求中的重要性；维护人格是人之为人的根本，坦诚、无私、清白是必须坚持的人格底色；自我的人与社会的人的统一，在社会的事业中才能实现真正的自我，等等。这一切在现代化的今天仍然是人们需求解答的人生课题。由于物质的丰裕和生活的安逸，信仰已现危机，对财富的过度崇拜，人性已被漠视，因此高扬人文精神已成为当今社会文明的重要课题。人文精神不是抽象的理论，也非空洞的口号，它应该是具象的，可学习并具有感染力量的。从这一点来看，瞿秋白的人文精神有其现实的意义。

如何看待佛学对瞿秋白思想的影响[*]

瞿秋白对真理的探索过程中，曾经潜心研究过佛学。从时间上看，大概是在 1917 年到 1919 年三年间，是瞿秋白从家乡出来，进北京到"五四"运动之前，正是他思想上最枯寂、最苦闷的三年。在这段时间里，瞿秋白为了寻找社会人生答案，用功研究哲学，"为哲学研究不辍，一天工作十一小时以上的刻苦生涯"，^① 其中包括佛学。瞿秋白研究佛学的兴趣来自于他表哥周君亮的引导。1917 年春，瞿秋白曾到湖北黄陂二姑母家住过一段时间。表哥周君亮对诗词、佛学有很深的研究，瞿秋白和周君亮经常讨论社会、人生和政治等问题，周君亮常常用佛理进行解释，引起了瞿秋白对佛学研究的兴趣。他研读过《大乘起信论》《成唯识论》《大智度论》等佛学经典著作。佛学中的人生哲理、思辩的玄妙确实吸引了瞿秋白，并在其影响下，渗入瞿秋白的思想中。

与老庄思想比较接近的佛学对瞿秋白思想的影响主要体现在他的文学作品里，尤以早期作品和晚年作品最为明显。在瞿秋白文学作品中，佛学禅理，警句谶语时有所现，早期创作的《饿乡纪程》《赤都心史》尤为多见。《饿乡纪程》开卷（一）以《无涯》一诗作引，而这首诗则是充满着佛理禅意：

　　　　蒙昧也人生！

---

* 　余玉花.如何看待佛学对瞿秋白思想的影响［J］.常州教育学院学报（社会科学版），2000，
　　18（02）：7 - 11.

① 　何乃生.瞿秋白随想录：坦荡人生［M］.广州：花城出版社，1992：24.

霎时间浮光掠影.

晓凉凉露凝,

初日熹微已如病。

露消露凝,人生奇秘。

却不见溪流无尽藏意;

却不见大气瀁洄有无微。

罅隙里,领会否,个中意味?

"我"无限。"人"无限。

笑怒哀乐未厌,

漫天痛苦谁念,

倒悬待解何年?

知否? 知否? 倒悬待解,

自解解人也;

彻悟,彻悟,饿乡去也,

饿乡将无涯。①

这首诗的前两段对人生的认识,无疑受到了佛教"无常社会观"的影响。人生变化莫测,似光如影,无法捉摸。人生奇秘,就像朝露,太阳一出就不见了,但却反复的出现,真是奥妙无穷。有学者认为,这与《金刚般若波罗蜜经》四句偈:"一切有为法,如梦幻泡影,如露亦如电,应作如是观"同一观点。笔者以为,既有相同处,亦有不同处。那就是瞿秋白还提出了问题:"领会否,个中意味?"后两段中的"倒悬""彻悟""自解解人"皆是佛教用语,解人倒悬,就是助人脱离苦海。

《去国答〈人道〉》开头两句"来去无牵挂,来去无牵挂!"原出于清初邱园所作戏曲《鲁智深醉闹五台山》中鲁智深的唱段:"漫揾英雄泪,相离处士家。谢慈悲剃度在莲台下。没缘法转眼分离乍。赤条条来去无牵挂。那里讨烟蓑雨笠卷单行?一任俺芒鞋钵随缘化!"蕴涵着出家人彻底无求的人生态度。

《皓月》(题画赠苏菲亚·托尔斯泰女士):皓月落沧海,碎影摇万里。生理亦如

① 瞿秋白.瞿秋白文集:第1卷 [M].北京:人民文学出版社,1985:6.

斯，浩波欲无际。① 给人一种禅空无限的想象。

瞿秋白还常常以佛教的警句诚告自己，注意修炼心性。旅俄期间由于物质的匮乏和工作的紧张，结果病倒了。在疗养院养病期间，心情烦闷。当他发现自己"心智不调，请寻一桃源，避此秦火"，马上告诫自己"心智不调。无谓的浪漫，抽象的现实，陷我于深渊；当寻流动的浪漫，现实的现实。不要存心智相异的'不正见'。"② "不正见"是佛经中的用语，是"恶见""邪见"之意。

在他的作品中所见的佛语和人生哲理还有："生活的意义只有两端：在此现实世界内的世间生活，与超此现实世界上的出世间生活。如其无能力超脱一切，就只能限制于'现实'之内，第六识（意识）的理解所不能及之境界，却为最浅薄最普通的'现实感觉'所了然不误的。"③ "第六识"就是正宗的佛学用语。

他在探讨世界变化"自资本主义，帝国主义动而至社会主义，至'新式的'现代无产阶级化"的问题时，认为"全宇宙不过只这'求安而动'的过程。安与不安的感觉，又只在前'五识'及第七识上显现，以为行为最后的动机。第六识（意识）的动机是粗象而且虚伪谬误的。而社会的意识（社会的第六识）尤其常常陷于伪造幻象错觉。动的过程只有直觉直感于'实际'时显其我执（第七末那识）的功能。"④ 这里前"五识"、第六识、第七识全是佛教用语。前五识指眼、耳、鼻、舌、身。第七识（"末那识"）即"意根识"，具有"恒审思量"的特点，它既是第六识（意识）的根源，也是第八识（"含藏识"）联系前六识的桥梁。佛教认为：人发生"我执"的谬误和烦恼、就在于"末那识"的作用。

他阐发从自然到社会的认识："万流交汇，虚涵无量，——未来的黄金世界，不在梦寐，而在觉悟，——觉悟融会现实的忿，怒，喜，乐，激发，坦荡以及一切种种性。"⑤ 这段话里不仅用了佛语，而且体现了佛意。

瞿秋白在生命最后期间所作的七首诗词更是充满了佛理。《浣溪沙》中的"廿载沉浮万事空，年华似水水流东"。《梦回》中的"何事万缘俱寂后，偏留绮思绕云

---

① 瞿秋白.瞿秋白文集［M］.北京：人民文学出版社，1985：137.
② 瞿秋白.瞿秋白文集［M］.北京：人民文学出版社，1985：220.
③ 瞿秋白.瞿秋白文集［M］.北京：人民文学出版社，1985：83.
④ 瞿秋白.瞿秋白文集［M］.北京：人民文学出版社，1985：58.
⑤ 瞿秋白.瞿秋白文集［M］.北京：人民文学出版社，1985：221.

山"。《无题》中的"斩断尘缘尽六根，自家且了自家身"。《忆内》中的"夜思千重恋旧游，他生未卜此身休"。还有《偶成》中的"已忍伶俜十年事，心持半偈万缘空"。其中"六根""半偈"完全是佛教用语，"六根"指眼、耳、鼻、舌、身、意，与其相应的是"六尘"，即色、声、香、味、触、法。"半偈"出自《涅槃经》，其意是"诸行无常，是生灭法；生灭灭已，寂灭为乐"。

赴刑途中，他说："人之公余稍憩，为小快乐；夜间安眠，为大快乐；辞世长逝，为真快乐也！"真正是看穿生死，笑对死亡。

在瞿秋白的笔名中亦可看到佛学影迹。瞿秋白共用过 101 个笔名，其中"巨缘""维它""屈维它""韦护""维嘉"等近十个笔名与佛学有关。

二

瞿秋白研究佛学不是为追求所谓心灵的解脱，而是为了寻找人生的答案，"研究佛学试解人生问题"可说是带着某种使命感的。由于瞿秋白是带着试解人生的目的去探讨佛学的，因此研究本身包含着积极的因素。瞿秋白在黄陂读佛经时曾说过："老庄是哲学，佛经里也有哲学，应该研究。知识不妨广泛，真理是探索出来的。"[①] 可见瞿秋白是为了探索真理而去研究佛经的。

因此，他研究的佛经也是有所选择，吸取的是其中合理性的东西。佛经繁浩，佛教流派众多，瞿秋白并不是盲目地信从。他比较喜欢禅宗佛学的思辩性，欣赏的是大乘佛教"菩萨行的人生观"。大乘佛教否定小乘佛教修行自渡的观点，主张利他普渡大众的菩萨行。菩萨是梵文菩提萨捶的音译简称。据《金刚经简注本》注释："福慧双修曰菩萨。又自利利他大觉有情之义，泛指上求佛道之众弟子也。""菩萨行的人生观"就是指"上求菩提（觉悟），下化有情（众生）""不为自己求安乐，但愿众生得离苦"的人生追求。菩萨行的人生观非常符合瞿秋白的心愿。他从自己的身世之变深深感受到芸芸众生之苦，痛恨社会不公和自私自利的人与人的关系，他发愿菩萨行，修炼自己，拯救众生。瞿秋白曾用过一个笔名叫"屈维它"，是"韦护"的谐音。他用这个名字时曾对作家丁玲说："韦护是韦陀菩萨的名字，他最是嫉

---

① 周君亮.瞿秋白同志在黄陂［J］.山花，1981（07）：22-24.

恶如仇，他看见人间的许多不平就要生气，就要下凡去惩罚坏人，所以韦陀菩萨的神像历来不朝外，而是面朝着如来佛，只让他看佛面。"① 由此可见瞿秋白研究佛学的心意所在；但是瞿秋白菩萨行发愿不是像佛教徒那样仅仅是出世的空愿，他的目标则在现实的世界中，他"研究佛学试解人生问题，而有就菩萨行而为佛教人间化的愿心。"他说，他之所以要"努力于'出世间'的功德，"为的是"做以文化救中国的功夫"。瞿秋白本身的行动也证明了这一点。

1920 年，他应《晨报》之邀，冒着生命危险，奔赴那战争硝烟未消且冰天雪地饥寒交迫被称为"饿乡"的苏俄。他带着出世的精神而去，"我这次'去国'的意义，差不多同'出世'一样"，"我现在是万缘俱寂，一心另有归向了。一挥手，决然就走！"但却承担着入世的抱负，是为"担一份中国思想再生发展的责任"。②

所以瞿秋白研究佛学，接受菩萨行的人生观，并没有陷入不能自拔的宗教泥潭，相反佛学中的思想精华一定程度上激发了他洞察社会的智慧。瞿秋白说，正是"菩萨行的人生观，无常的社会观渐渐指导我——光明的路"，以至于"'五四'运动陡然爆发，我于是卷入旋涡。"③ 这就说明，瞿秋白自己认为，佛学的研究对他的人生社会的探讨是有所帮助的，至少对他人生观的进步是有帮助的。可以看到，在菩萨行人生观的指引下，他严格要求自己，整理思想方法、清除"私我"的观念，逐渐树立起为大众服务的人生观。在当时中国社会思想极为紊乱摇荡之际，瞿秋白却能够"以整顿思想方法入手，真诚的去'人我见'以至于'法我见'"，并且领先他人一步"领会得唯实的人生观及宇宙观"。难能可贵的是，他把思想付诸于实践，冒险西行敢为天下先，他说，"决然想探一探险，求实际的结论，在某一范围内的真实智识，——这不是为我的，——智识和思想不是私有权所能限制的。"④ 瞿秋白菩萨行的人生观并没有导致厌世避世的结果，而使他回向生活。他说："我'回向'实际生活"。"回向"是佛学用语。所谓"回向"有三种：第一是回己向他，把自己修得的善业尽施于众生，只愿他人离苦，不求自己乐业。第二是回因向果，悉发菩提心，庄严佛净土。第三是回事向理，就是向于实际，"世世常行菩萨道"。瞿秋白讲的

---

① 杨之华.忆秋白［M］.北京：人民文学出版社，1982：146.

② 瞿秋白.瞿秋白文集：第 1 卷［M］.北京：人民文学出版社，1985：31.

③ 瞿秋白.瞿秋白文集：第 1 卷［M］.北京：人民文学出版社，1985：25.

④ 瞿秋白.瞿秋白文集：第 1 卷［M］.北京：人民文学出版社，1985：31.

"回向"类似了第三种。实际上瞿秋白这一回向实际的思想已经包含着唯物主义的因素。这是他旅俄途经哈尔滨，对哈尔滨经济生活一番考察而提出的感想。他认为："一切真理——从物质的经济生活到心灵的精神生活——都密切依傍于'实际'，由客观立论，更确定我的世间的唯物主义……心灵的安慰，物质与精神的调和，——宇宙动率的相映相激——赖于人类的'实际动力'，'实际动力'能应付经济生活的'要求'及'必需'，方正是个人，民族，人类进化的动机。"① 这就是瞿秋白回向实际的真实思想。

瞿秋白的菩萨行不在避世，而在于"救中国"，这是许多学者都认可的。但是菩萨行毕竟救不了中国，正如美国学者保罗·皮科威兹所说的："瞿秋白在北京从事的传统佛教研究是相当有意思的，因为它没有忽略物质世界受苦的人民，强调精神与有限世界的结合。菩萨行就是作为已经得到精神解脱的人，放弃尘世间的欢乐生活，从苦难中回到自由世界中来。当瞿秋白说到菩萨行而为'佛教人间化'的时候，他实际上就涉及到大乘教关于在物质世界创造一个乌托邦的精神世界的理想了。"② 瞿秋白最终抛弃了注重心灵世界的佛学理想，而在现实的生活中选择了马克思主义。

三

瞿秋白曾受佛学思想影响是事实，而且在他成为马克思主义者以后还有所体现（牺牲前），这就引出了如何评价瞿秋白的问题。有人认为，瞿秋白身上的佛学思想是消极的因素，有损于作为马克思主义者的光辉形象，主要指瞿秋白在狱中所写的诗词和《多余的话》。当然也有不同观点，认为他的佛学思想是合乎时代逻辑的，与马克思主义思想有同一性，是瞿秋白丰富多彩思想的组成部分。这里涉及到两个问题，一个是如何看待佛学，一个是佛学对瞿秋白的影响究竟是消极的还是积极的。

佛学包括佛教是完全不同于马克思主义的思想体系，哲学上归属于唯心主义阵营。对于宗教，马克思曾批判是毒害人民的"精神鸦片""心灵的枷锁"。这个批判是正确的。尽管西方的宗教改革运动也曾掀起过革命的狂澜，但最终使人成为信仰

① 瞿秋白.瞿秋白文集：第1卷［M］.北京：人民文学出版社，1985：52.
② 保罗·皮科威兹.书生政治家［M］.谭一青，季国平，译.北京：中国卓越出版公司，1990：17.

的囚徒。瞿秋白在 1924 年《社会科学总论》一书中对宗教的本质也作出过正确的评价："宗教的作用本是自欺欺人"，"唯心论式的宗教根底，仍旧是非分析的乱猜测的信仰"，"资产阶级要用这些宗教信念及教会宣传去蒙蔽民众，消磨他们的革命情绪。"① 佛教是东方的宗教，然而它本质上与西方的宗教是一样的。但这是否意味着宗教及其学说就毫无价值？当然不是的。马克思是从思想的革命性、阶级性的意义上来批判宗教的，他并没有否定宗教及其学说的文化价值。事实上，宗教在人类文化中地位独特，是历史文化的载体，"种种政治、经济、哲学、艺术、科技甚至法律与军事等行为大量地通过宗教渠道纵横于整个社会"，"作为社会观念总和的文化曾以宗教作为自身的载体在历史的长河中泛波"。② 就佛学而言，它的哲学具有很强的思辩性，包含丰富的朴素的辩证法思想。瞿秋白在《饿乡纪程》中所提到的无常的社会观，就是强调社会变化的观点。佛学认为世间一切事物，都处在生起、变异、坏灭的过程中，迁流不息，绝无常住性。佛学不仅哲理深刻，而且艺术璀璨，中国佛教诗画艺术是人类文化宝库里不可多得的艺术财富。

佛学对瞿秋白的影响是多方面的，主要是文化方面的积极影响。佛学的思辩性促使瞿秋白更为机敏和睿智，佛学的艺术形式使瞿秋白的文学作品充盈独特的美学意蕴，菩萨行的人生观使瞿秋白立下救劳苦大众的宏愿。

自然，佛学也曾带给瞿秋白灰色的思想，一度使他非常注重精神世界，"政治思想绝对不动我的心怀。思想复古，人生观只在于'避世'"，甚至满足于心灵上"渐渐得一安顿的'境界'"。他曾说："我们对社会虽无责任可负，对我们自己心灵的要求，是负绝对的责任的。"③ 但是激烈的社会斗争使瞿秋白很快从心灵的世界中走出来，旅俄的实践使他深深认识到："只有实际生活中可以学习，只有实际生活能教训人，只有实际生活能产出社会思想。"④ 毅然与佛学世界观割断了关系，接受了唯物主义的世界观。所以佛学唯心主义对瞿秋白的影响不大，仅是很短暂的一段时间。

问题在于如何看待那些佛意缭绕的狱中诗，有人认为，正是这些诗降低了瞿秋白作为马克思主义革命者的格调，有复归佛教境界之意向。对这个问题究竟怎么看？

① 瞿秋白.瞿秋白论文集［M］.重庆：重庆出版社，1989：932.
② 马德邻，吾淳，汪晓鲁.宗教，一种文化现象［M］.上海：上海人民出版社，1987：213.
③ 瞿秋白.瞿秋白文集：第 1 卷［M］.北京：人民文学出版社，1985：31.
④ 瞿秋白.瞿秋白文集：第 1 卷［M］.北京：人民文学出版社，1985：93.

有一点是清楚的，瞿秋白的这些诗都表示他对"死"的态度，那就是无畏无惧，从容面对。但是他没有用革命的词藻，而是用了"空""俱寂""逍遥"等佛学用语，体现了对生死的"渗透"。这些词句的使用丝毫无损于他的革命意志，丝毫不能否定他死的性质——为革命而死。相反，这些诗都寄寓了极深的人生哲理，既表达了他不能为革命再工作的遗憾，"偏留绮思绕云山"；也表示了唯有一死谢党的时候，毫不犹豫去迎接"伟大的休息"的情怀。都说诗言志，瞿秋白的诗当然也寄托了他的志向与情怀，但那是他即将"绝灭"前夕的抒情，因此他的诗总是与生死相关，诗意曲折隐晦，瞿秋白恐怕别人误会，在他的绝笔文句里作了交代：

> 1935 年 6 月 17 日晚，梦行山径中，夕阳明灭，寒流幽咽，如置身仙境。翌日读唐人诗，忽见"夕阳明灭乱山中"句，因集句得《偶成》一首：
>
> > 夕阳明灭乱山中，
> >
> > 落叶寒泉听不穷。
> >
> > 已忍伶俜十年事，
> >
> > 心持半偈万缘空。
>
> 方欲提笔录出，而毕命之令已下，甚可念也。秋白曾有句："眼底云烟过尽时，正我逍遥处"，此非词谶，乃狱中言志耳。秋白绝笔。

瞿秋白的绝笔明明白白地告诉人们，他的狱中词句虽用佛语，但不能作佛学的解释，乃是共产党人视死如归、义无反顾生死观的诗化表达，这同"为革命，砍头只当风吹帽"的豪情是一样的。据当时报纸报道：瞿秋白走向刑场途中，"谈笑自若，神色无异"，"酒半乃言曰：'人之公余为小快乐，夜间安眠为大快乐，辞世长逝为真快乐。我们共产党人的哲学，就是鞠躬尽瘁，死而后已。'"。[①] 这便是对"眼底云烟过尽时，正我逍遥处"的最好注解。

所以，根据瞿秋白就义前后的所作所为去读他那些狱中诗，那么在这些诗词中，我们看到的是一个超越自我、看透生死、彻底革命的伟大灵魂。

---

① 瞿秋白.瞿秋白研究文集［M］.北京：中共党史资料出版社，1987：278.

真诚一生　精神永存[*]

2015 年的 6 月 18 日是革命先驱瞿秋白英勇就义 80 周年，缅怀先烈不仅仅是为了纪念，更是为了继承他们的理想与精神。在瞿秋白身上汇聚着那个年代革命家和知识学者特有的气质和品格，无论是政治论著还是文学作品、无论是领导革命的实践过程还是因于魔窟面临死亡的抗争都散发着革命的气息：那种血雨腥风中的阶级斗争；那种为了民族前途不惜献身的英勇气概……。这一切对于今天的人们来说，是那么的遥远、那么的不现实。今天似乎已远离了残酷的阶级斗争，社会也不倡导随时献身的英勇壮举（极个别特殊情况除外），人们纷纷为谋利而奔忙，包括一般民众与拥有公权的官员。这是否意味着，瞿秋白等革命者的精神已经过时？是否意味着，今天对先烈的纪念仅仅是为了感恩他们给后代带来了好时光？那当然是不够的，事实上瞿秋白先烈所具有的精神并非只有革命性的一面，还包括具有人类追求的人格德性的方面，如信从真理、敬业奉献、追求真诚等等，这些气质和品格是贯穿时空的，在任何时代都是社会需要和推崇的，昨天、今天和明天。尤其是瞿秋白贯穿他一生的真诚品格尤为令人感佩，这与当今社会一些官员披着共产党员和党员干部的外衣却干着损公肥私的腐败虚伪品行形成强烈的对照，同时在社会道德出现诚信危机的当下，真诚品格对所有的当代人都是难得的道德遗产，值得探讨与学习。

一

瞿秋白的真诚品格首先体现为对革命事业追求之真。瞿秋白生活的时代国土破

＊　余玉花.真诚一生　精神永存［J］.瞿秋白研究文丛，2015（01）：2－11.

碎、社会分裂、经济凋敝、民不聊生，如何拯救国家和黎民？如何改变中华民族的命运？具有民族使命感的中国知识精英都在苦苦寻找那救国的良方，当时有主张立宪保皇的，也有"驱除鞑虏"的革命运动，当然也有随同苏俄十月炮声带进中国的革命。而实际上当时混乱的中国各种各样的革命事件都在发生。究竟哪个革命符合中国的实际需要，能够真正救中国出苦海，把中国带向光明呢？瞿秋白觉得不能茫然追随，他要寻找一种值得追求的真革命。瞿秋白与当时大多数的爱国青年苦苦探求。他在北京俄文专修馆求学期间"如饥似渴地学习和研究过多种思想和学说，试图从中寻求人生的答案、救国的途径。"① 同时他积极参加各种反帝反封建的活动，包括"五四"爱国主义运动。瞿秋白还积极参加当时的进步团体，"五四"之后进入马克思主义的研究团体。由于机缘，1920 年瞿秋白获得了赴苏维埃俄国采风的机会，从而能够亲身体验考察社会主义革命，并接受了马克思主义思想，"从托尔斯泰式的无政府主义很快就转到马克思主义"②，他在苏联加入共产党，进而明确了自己追求的革命事业。

瞿秋白之所以接受马克思主义，决定以中国共产党的一员去追求中国革命的未来，是因为在他看来，中国共产党领导的中国革命是解决中国问题的真革命。为什么瞿秋白追求真革命？在他的著作中多处使用真革命这个词，强调真革命因为存在假革命，在当时中国存在着各种自诩是革命的党派，打出各种各样的革命旗号，但其中鱼龙混杂，有投机革命的，也有以谋取私利为目的的，有的是半吊子革命，甚至还有在革命旗号下行复辟旧王朝的，真假难辨。

所谓真革命，就是真正以摧毁压在中国社会之上的帝国主义势力和中国反动派为目的的革命，是解放劳苦大众的革命，是追求中国光明前途的革命。瞿秋白所说的真革命就是中国共产党领导的中国革命。真革命当然有其标准，真革命的实施也须具备必要的条件：第一，真革命运动的性质是平民革命，亦即由平民参加和为了平民的革命。尽管当时中国革命的性质还是民主主义革命，但是在世界社会主义革命浪潮中，中国民主主义革命必然以大多数平民利益为奋斗目标。瞿秋白指出，"封建军阀之下首先要的是平民革命。"因此，"无产阶级的斗争是为着全体平民的"，无产阶级革命

---

① 朱钧侃，刘福勤，钱璟之，赵庚林.总想为大家辟一条光明的路——瞿秋白大事记述［M］.南京：南京大学出版社，1999：83.

② 瞿秋白.瞿秋白文集政治理论编：第 7 卷［M］.北京：人民出版社，1991：701.

的任务就是要"以最大的毅力为全体平民的事业而奋斗，领导全体平民。"① 平民革命的性质是根据当时中国的国情而提出来的，中国共产党领导的革命的长远目标是追求社会主义社会，即废除私产、消灭阶级，个人获得自由发展的社会，"等到私产绝对废除，阶级消灭时，科学愈发明，则体力劳苦的工作愈可减少，全社会的福利愈可增进；物质文明愈发达，经济生活愈集中，则精神文明愈舒畅，文化生活愈自由，为'求生'的时间愈少，则为'求乐'的时间亦愈多了。那时，才有真正的道德可言，不但各民族的文化自由发展，而且各个人的个性亦可以自由发展。"②

第二，中国真革命的主体力量必须是劳动阶级。瞿秋白在《〈新青年〉之新宣言》中指出，"中国的真革命，乃独有劳动阶级方能担负此等伟大使命。"③ 瞿秋白对中国革命的理解并做出这样的结论，一方面与马克思的思想是一致的，即无产阶级的阶级属性决定了无产阶级是真正彻底革命的阶级，即使他们在参加资产阶级革命过程中也是如此。瞿秋白在《自民权主义至社会主义》一文中多处引马克思对无产阶级革命性的评价。如，"工人阶级都是真正的全国利益的代表，""工人阶级却是真正诚意的在可能范围内促进革命的阶级。"另一方面这一结论也是有事实根据的，"中国社会中近年来已有无数事实，足以证明此种现象：即使资产阶级的革命，亦非劳动阶级为之指导，不能成就；何况资产阶级其势必半途而辍，失节自卖，真正的解放中国，终究是劳动阶级的事业"。④ 所以真革命其本质是劳动阶级的革命事业。1923 年他评价与共产党合作之前的国民党，只是一个"浪漫的革命的政党，首领制个人主义的义侠策略，哥老、同盟会的祖传"，⑤ 因此不具有真革命的条件。正是基于上述的理解，瞿秋白与当时的毛泽东等人坚持中国革命中无产阶级的领导权，反对陈独秀放弃无产阶级领导权的思想路线。

第三，中国真革命应有科学理论指导。在瞿秋白看来，中国的真革命不是想当然的活动，也不可照搬他国的模式，"中国新思想的幼稚时期已过。现在再也可以不

---

① 瞿秋白.瞿秋白选集［M］.北京：人民出版社，1985：71.
② 瞿秋白.瞿秋白选集［M］.北京：人民出版社，1985：20.
③ 瞿秋白.瞿秋白选集［M］.北京：人民出版社，1985：2.
④ 瞿秋白.瞿秋白选集［M］.北京：人民出版社，1985：3.
⑤ 瞿秋白.瞿秋白选集［M］.北京：人民出版社，1985：84.

用搬出种种现成的模型，勉强要中国照着他捏。"① 真革命关键要有科学方法的指导，"用科学的方法，试解剖中国的政治经济，讨论实际运动。"② 面对当时中国流行的无政府主义、基尔特主义等形形色色的"革命理论"，瞿秋白指出，指导中国真革命的理论应是科学的理论，而"真正的科学，绝不是玄虚的理想"，"当严格的以科学方法研究一切，自哲学以至于文学，做根本上考察，综观社会现象之公律而求结论。"科学理论说到底就是"改造社会的真理"③，是有助于革命成功的理论。当革命"实际行动之时，尤须时时不忘科学的方法、缜密的考察，因时因地而相机进行。"④

上述瞿秋白关于真革命的理解和观点可能见仁见智评论不一，但就瞿秋白当时真实思想而言，就是想投入能改变中国命运的真革命之中，而这个真革命就是中国共产党领导的新民主主义革命。

二

当瞿秋白认准自己所追求的事业是真革命后，便全身心投入，奉献自己的赤诚之心，瞿秋白革命的一生是他对革命事业赤诚无私的写照。一个人赤诚与否主要在于一个人对其所倾向的事业是否无条件的奉献和行动上的全身心投入。有的人也愿意奉献革命，但是要讲条件，这就谈不上赤诚。赤的词意不仅有红色的含义，更包含彻底"无"的意思，所以赤诚是无条件的忠诚。瞿秋白对其信仰的革命的赤诚就是一种无条件的忠诚。

第一，毕生奉献中国革命。从 1921 年在苏联加入共产党到 1935 年在福建就义，革命生涯 15 年。在 15 年中他根据革命工作的需要或是负责中央刊物《新青年》《向导》以及《布尔塞维克》《热血日报》等其他刊物的主编工作，或是承担大学专业筹建和教育工作，或是进入国民党担负起国共合作的任务。他奉命进入党中央领导核心，起草了大量党的重要决议、工作规则、档案制度、工作报告和组织领导革命斗

<hr />

① 瞿秋白.瞿秋白选集［M].北京：人民出版社，1985：5.
② 瞿秋白.瞿秋白选集［M].北京：人民出版社，1985：4.
③ 瞿秋白.瞿秋白选集［M].北京：人民出版社，1985：7.
④ 瞿秋白.瞿秋白选集［M].北京：人民出版社，1985：21.

争活动。

他为革命到处奔波，即使在新婚妻子身患重病之时仍以革命工作为重，忍痛别离病妻，奔赴广州参加国民党的　大，爱妻病逝后，他埋藏内心的悲痛，匆匆赶往广州投入反击国民党右派的斗争。1927年中国共产党人与革命群众遭遇蒋介石、汪精卫反革命残酷屠杀，党的组织被破坏殆尽，白色恐怖遍布全国，在这样的危急关头，瞿秋白临危受命肩负大任，毅然承担起危难时刻的领导责任，召开了扭转中国革命危机的"八七"会议，建立临时中央政治局，确定土地革命和武装反抗国民党反动派屠杀政策的总方针，南昌起义、秋收起义和广州起义的枪声，振奋起党的战斗精神，扭转了党内弥漫的悲观主义的情绪和党外群众的疑惑，使中国革命的航船走出浅滩，重新起航。

瞿秋白当时的英勇作为，既要有勇气，更需要忠诚。他的赤诚还表现在来自党内的误解和打击之下，不计得失，默默承受个人委屈，克服病痛折磨，继续做他能做的事，并且在文艺领域开辟新的革命阵地。最后，瞿秋白甘愿为中国革命献出宝贵的生命。当时他才36岁，仍是风华正茂的年华，他又是那么有才华，所以国民党派出一个个所谓的劝降高手来做瞿秋白的"工作"，试图诱使瞿秋白放弃革命的信仰。但是瞿秋白就是瞿秋白，生命宝贵于人只有一次，亲情也是弥足珍贵的，但是决定献身于中国革命的瞿秋白怎会为了贪恋生命而放弃自己的信仰？在生死之际，他毫不犹豫选择走上刑场，用鲜血去祭奠革命的未来，用最彻底的方式表达了对革命的忠诚。

第二，呕心沥血奉献才华。瞿秋白原初是一个热爱文学的文艺青年且具有天赋，受家庭的影响，早在少年时期就开始了文学诗歌的创作，在"五四"新文化运动中更是创作了大量的文学作品，从《饿乡纪程》《赤都心史》到《一种云》，从散文到诗歌，倾注了瞿秋白对文学艺术的挚爱。但是当瞿秋白加入革命队伍成为革命者之后，文学对他来说，不再是文人单纯性的吟诵，不仅作品中渗入了革命的理想情怀，并且文学承负着革命的使命，服务于革命的需要，使之成为无产阶级的革命文学、人民大众的文学。因而在瞿秋白的遗作中不仅能看到他编译的中国最早的马克思主义文学理论的著作《现实——马克思主义文艺论文集》，看到他写下的《马克思、恩格斯和文学上的现实主义》《恩格斯和文学上的机械论》《文艺理论家的普列汉诺夫》等文艺理论性的文章，而且看到他大量倡导文艺大众化具有建构性的论文。他研究歌曲的现代化革命化、研究语言的平民化、改革戏剧的表演形式，这些都是为了用文艺的武器去武装人民群众，他甚至像鲁迅一样使用杂文的形式，那也是投向敌人的武器。总之，瞿秋白将自己最擅长的文学纳入中国革命的需要。对此，现代的人们可以做出各种赞赏或批评的评价，但是瞿秋白必须如此行为，那是他对革命忠诚之信念所决定的。

瞿秋白对革命的耿耿忠心见证于其对于革命活动的忘我投入和巨大的成果上。瞿秋白在党内承担多项重要任务，但主要承担的是理论建构和教育宣传工作，这两项工作在建党初期都是极为重要的，尤其是理论建构工作在当时显得特别的重要和急迫。正如瞿秋白所说："革命实践的需要，正在很急切的催迫着无产阶级的思想代表，来解决中国革命中之许多复杂繁重的问题。"[①] 问题在于，理论工作并不是党内人人都能胜任的，需要从事者多方面的知识素养：首先是懂外语。当时翻译过来的马克思主义经典著作极少，所以翻译理论著作就是一项难度挺大的工作；其次，要有理论功底。马克思主义作家们思想深邃，理论也精深，没有一定理论功底的人难以理解和把握马克思主义的思想精髓；再次，要懂得中国社会和革命发展的实际。理论建构不是重复马克思主义的原话，而是要根据中国的历史社会的实情，构建中国化的马克思主义，如果对中国国情不甚了解或者一知半解，则不可能提出有中国特色的马克思主义理论。具备这样条件的人在当时的中国共产党内可谓是凤毛麟角，当然瞿秋白是具备上述条件的优秀者之一，因而承担此项任务当仁不让。为了满足党对革命理论的急迫需求，瞿秋白研究中国社会的演变、密切关注革命的发展趋势和时事变化，同时全力以赴、夜以继日伏案工作，即使生病住院也不停下手中的笔，在短时间内就拿出了译稿、政论和社会理论等累累成果。仅 1923 年到 1926 年短短三年时间瞿秋白就完成了 90 余万字的《瞿秋白论文集》，这是一种什么样的速度，要明白当时可没有计算机，完全靠一笔一划写出来的，但是瞿秋白竟然做到了。如果没有革命信仰的支持，没有"应用马克思主义于中国国情的工作，不可一日或缓"[②] 对自己的紧迫要求，那是不可能的。从中我们可以看到瞿秋白对革命工作无私的献身精神，他以自己的行动实现与信念思想的一致性。

---

① 瞿秋白.瞿秋白选集［M］.北京：人民出版社，1985：21.
② 瞿秋白.瞿秋白论文集［M］.重庆：重庆出版社，1995：2.

三

真诚根本来说是人格品质，是做人的要求，其中包含着真实求诚的两重内涵。真诚这种看似每个人都能在生活中重复的品行却往往难以终生把握，并且最容易遭到来自人性自身的破坏，被作假、虚伪和背弃所吞噬。因此，磨练真诚的人性，坚守一生的真诚人格可谓十分不易，需要坚忍的意志、宽容大度的胸怀、坦荡磊落的心境、克服虚妄利欲的冲动、不屈服任何强力逼迫包括死亡的威胁。在瞿秋白的身上我们看到了真诚的人格，看到了真诚的人格贯穿了他的一生，彰显出他是一个大写的人，一个真正的人。

瞿秋白的真诚人格在事业上，除了上面已谈及的赤诚奉献以外，突出体现在以下几个方面：第一，真诚面对错误，敢于承担责任。瞿秋白在党遭受重创之际，挑起了领导中央的重任，在反抗国民党反革命武装的过程中，一度误判革命形势，认为革命高潮来临，开启了我党盲动主义的先河，给革命造成一定的危害。此项犯错虽然是误判所造成的，属于认识上的问题。尽管如此，瞿秋白丝毫没有诿过饰非，而是坦诚错误、改正错误、力求减少错误给党带来的危害。文献资料显示，瞿秋白一再对盲动主义的错误进行自我检查，对其造成的损失自责不已，至死都不肯原谅自己，在就义前写下的《多余的话》中还在历史的回顾中剖析自己存在的弱点和问题。

第二，坚持说真话。说真话本是极寻常的事，但是在高压权势之下讲真话是不容易的，只有坚守坚强人格的人才能无所畏惧，坚持实话实说。这里略举两例。一例是1927年党的五大会议上，瞿秋白对陈独秀右倾机会主义的批评。批评陈独秀这对瞿秋白来是要有勇气的，不仅陈独秀在党内资格最老，并且一直担任着党的总书记，权威很高，而且陈独秀对瞿秋白有引荐和提携之恩，这对瞿秋白是一个严峻的考验。瞿秋白并没有因此而放弃原则，他以革命前途为重，实事求是地指出了陈独秀的错误，为此，他甚至做好了最坏的准备，"斩首是中国皇帝的东方文化，是中国的家常便饭。但是我要做一个布尔塞维克，我将服从真正列宁主义的纪律，我可不怕皇帝制度的斩首。我敢说：中国共产党内有派别，有机会主义。……如果再不明白公开的揭发出来，群众和革命要抛弃我们了。我们不能看党的面子，比革命还重。"[①] 他依然将批判右

---

① 瞿秋白.瞿秋白选集［M］.北京：人民出版社，1985：332.

倾机会主义的文章《中国革命中之争论问题》发给每个与会代表，讲出了其他同志想说而不敢说的真话。二例是处理苏联中山大学"江浙同乡会"风波。这个风波的挑起者是王明，王明的背后有校长米夫的支持。但是瞿秋白不信邪，顶着巨大的政治压力，客观调查情况，实事求是地推翻了苏联当局对所谓"江浙同乡会"的结论，洗清加在学生们身上的不实诬名。

第三，真情告白。瞿秋白被引起争议的是他临终前写下的那份《多余的话》。为什么即将就义，还要留下"多余"的文字？瞿秋白开宗明义点出意图："知我者，谓我心忧"①，心里的忧虑要不要讲？瞿秋白觉得不得不讲，他希望趁生命还没有结束的时候，写一些埋藏在心底里的真心话。问题在于瞿秋白心忧的是什么？不少关于《多余的话》的研究认为，瞿秋白在其中主要还是表白了自己的信仰，更多的是对自我的无情解剖。这没有错，但是这些不足以解释"心忧"的问题。笔者以为，瞿秋白心忧的还是党内不正当的斗争关系，那种把同志当敌人往死里整的做法。这种残酷的内斗瞿秋白亲身领受过，并且看到其给党带来的巨大损害，这是他感到分外忧愁的。但是如何提出这个问题也是令人心忧的，一方面它不能直白，不能让敌人嗅闻到什么；另一方面是否会引起党内误解。但是瞿秋白对党的事业的忠诚和他本身的人格秉性使他必须要讲，于是他用对自身解剖的方式传递了他对党的忧虑。《多余的话》是瞿秋白对党存在问题的真情告白，这份东西后来确实引起了诸多的误解，给他带来了名誉上的伤害，但是历史证明了瞿秋白的心忧不是多余的，至今仍有其借鉴的价值。在这份泅蕴着鲜血的文献中，可以看到的是瞿秋白真诚的人格。

瞿秋白在为人方面更能体现出他真诚的人格。真诚人格来自于人的善良，善与诚不可分。瞿秋白无论是对待党内同志还是生活中与其他人的交往都平等和蔼，真诚待人，即使担任党的领导职务时也同样如此。例如，陈独秀在党的五大后离开了领导岗位，并且被共产国际定位"托洛斯基分子"，被开除出党，有的人就此与陈划分界限不再往来。但是瞿秋白一直很敬重陈独秀，即使在1927年不得不批判陈独秀右倾错误时，也注意维护陈独秀的威信。"八七"会议后他还去看望陈独秀，听取他的意见。以后也经常寻找机会去探望陈独秀，请陈写文章，登载在《布尔塞维克》上。对待李立三也同样如此。他根据共产国际的指示批评李立三的激进冒进主义路

———————————

① 瞿秋白.瞿秋白论文集［M］.重庆：重庆出版社，1995：2.

线，但是从不像王明那样对自己的同志实行残酷斗争、无情打击。

　　很多细节也反映出瞿秋白的善良与真诚。长征队伍出发时，人民教育部副部长徐特立来向瞿秋白告别，战友分别依依不舍。瞿秋白发现徐特立的马瘦弱，立即把自己那匹膘肥体壮的大白马换给徐特立，并且让饲养员跟随一起走，徐特立和年轻的饲养员都被瞿秋白艰难之际处处为别人着想的革命真情所感动。

悲壮而崇高的一生

——读《瞿秋白传》有感[*]

2011 年 6 月，王铁仙主编、刘福勤为副主编的《瞿秋白传》，由人民出版社出版了。这部传记，一方面受惠于 20 多年来瞿秋白研究的积累，有丰富而较为全面的资料论证予以支持；另一方面得益于传记作者的精心作传布局，使读者在读史识人的同时，精神上和情感上得到极大满足。

一

《瞿秋白传》呈现给读者的是一个完整的革命家、理论家和文学家的形象，展现了瞿秋白在那个年代里叱咤风云、悲壮仰天的英雄气概和博学多才、建树文坛的多彩人生。

瞿秋白首先是一个革命家。他自从 1921 年 5 月加入联共（布）党组织起，到 1935 年 6 月在福建长汀英勇就义，其青春和生命是同中国现代革命紧密联系在一起的。作为一个革命家，瞿秋白的革命生涯始于参加"五四"运动，承转于参加共产国际三大。1922 年 11 月，来俄参加共产国际四大的陈独秀慧眼识才，力邀瞿秋白回国，共事革命；1923 年初，瞿秋白回到国内进入中共中央机关工作，从此成为一个职业革命家，并很快在革命实践中成长为中共早期的领袖人物之一。他出席了党的三大、四大、五大和六大，从四大起进入党的核心领导层；他参与组织和领导了

---

* 余玉花.悲壮而崇高的人生——读《瞿秋白传》有感 [J].徐州工程学院学报，2011，26（05）：13 - 15.

第一次国共合作、上海五卅反帝运动、左翼文化运动等一系列革命斗争。

瞿秋白对中国革命最为重要的贡献是：在大革命失败、中共面临溃散的危机局面下，主持召开了"八七"会议，决定以武装斗争反抗国民党反动派的屠杀政策，以土地革命探寻中国革命的新路径，由此开启了中共领导中国革命的新的一页。此时，瞿秋白年仅28岁，他和他的同志们经受住了党自成立以来的第一次血与火的严峻考验。在中国共产党的历史上，"八七"会议是一次具有重大转折意义的重要会议，它是中共成长发展史上的重要一环，没有"八七"会议，是难以想象党在其后的发展的。诚然，"八七"会议后党在城市发动的武装起义均以失败告终，但正是在这个过程中，党打出自己的旗帜，中共拥有了自己的武装，起义失败的教训促使党把革命重心转向农村。不可否认，在国民党向共产党人举起屠刀之时，为情势所迫，瞿秋白组织领导的革命抗争确有盲动性的一面，但当他注意到这种倾向后，很快便予以纠正。所以，不能因一时之错而否定或淡化瞿秋白的历史功绩。《瞿秋白传》对此作出了实事求是的合理评价。

瞿秋白作为中共早期领导人之一，其对中国革命有过重大贡献，但在历史上，他的革命事迹和贡献曾一度被强令取消宣传，乃至文革中被当作"叛徒"而遭毁墓和批判，其中由头皆缘于他在被国民党囚押于长汀牢狱时所写的《多余的话》。围绕《多余的话》的质疑，关键在于：《多余的话》是不是瞿秋白出卖灵魂的自白书？20世纪80年代以前，人们对《多余的话》的评价基本上持否定或批判的态度，文革中正是以此认定瞿秋白是叛徒的。1979年陈铁健在《历史研究》上发表"重评《多余的话》"，把对《多余的话》视为瞿秋白叛变的证据提出了质疑，不久，中共中央纪律检查委员会纠正了文革时期诬加于瞿秋白的叛徒的结论。关于《多余的话》，《瞿秋白传》大量引证了20世纪30年代报道过瞿秋白案的媒体文章，涉及的报刊有《逸经》《华侨日报》《中央日报》《社会新闻》《福建时报》《救国时报》《国闻时报》《大公报》《福建民报》。这些报道内容相互印证，一方面证明了《多余的话》确实为瞿秋白所写，另一方面从国民党的视角印证了瞿秋白被捕后，不仅无"悔过"之意，而且有"包藏颠倒黑白之蓄意"，认为瞿秋白"至死不变"，仍与国民党为敌，且手段"狡猾恶毒"。这就证实了《多余的话》是瞿秋白在身份暴露后留下的一份回顾自己人生经历并大胆进行自我解剖的手稿。从《多余的话》中可以看出，在一种低沉的情绪之下，是严厉无情的自我解剖，包括藏于内心深处的疑虑担忧、矛盾痛苦，这样的反思是需要极大勇气的，只有像瞿秋白这样坦诚、正派的人，才敢于、才能够写出这样的"多余的话"。毫无疑问，《多余的话》无关乎党的秘密，无损于党的事业，绝非是所谓叛变的自白书。

问题是，瞿秋白为什么要在临终前写下这份明知会在党内外引起猜测、疑忌的《多余的话》？《瞿秋白传》作者认为，从某种单一的动机，如"忏悔""检讨""殉情"等角度来看《多余的话》，都难以真实地反映出瞿秋白写作该文的动因。传记作者提出，《多余的话》是"一部复杂深刻而又隐晦的作品，它的写作动机是一个多层面的复合系统"，要从瞿秋白从事革命时所处的国际背景、他对其所献身事业的思考、其真诚的人格特征、他对党内严酷斗争的反思等视角，多层面地考察《多余的话》的写作动机。传记作者并不讳言瞿秋白性情上存在的弱点与不足，认为《多余的话》中隐含着矛盾的二元结构，这与瞿秋白自谓是"二元人物"完全契合。一个是有困惑、无奈、情绪低沉的瞿秋白；另一个是作为革命志士的瞿秋白，信念坚定，视死如归，从容就义。真实的瞿秋白，其实就是这"两个"瞿秋白的胶着融合。这一评价是客观公道的，它为我们还原了一个真实的瞿秋白。

瞿秋白是中共早期不可多得的马克思主义理论家。瞿秋白作为记者在苏俄采访期间，开始系统地研究马克思主义。他在主编《新青年》、参与编辑《向导》等刊物时，写下了大量的马克思主义政论文章，至1927年共发表了200多篇文章，达100多万字。

瞿秋白作为中共早期的马克思主义理论家，阐发和宣传了马克思主义的哲学观、经济观、政治观、社会观和文化观；他对中国革命的重大理论贡献，是初步将马克思主义的基本原理与中国革命的实际相结合，较早地对马克思主义中国化进行了探索，并在关于中国社会和中国革命的性质、革命领导权、革命策略、农民问题和革命武装等问题上，形成了一些正确的观念和认识。瞿秋白关于中国革命的思想，拓展了党的创始人李大钊和陈独秀的理论研究的视野，为后来毛泽东全面建构中国特色的新民主主义革命理论提供了思想资源。

瞿秋白多才多艺，情感世界丰富。他热爱文学，耕耘于文学园地，创作和翻译了大量的文学作品。早年纪实性作品《饿乡纪程》和《赤都心史》，以其对自己心路历程的呈现而别具一格；他的诗歌充满爱的情怀，而诗词集句更富有哲理；他的杂文风格神似鲁迅，辛辣深刻、入木三分；他通晓俄文，是位高产的翻译高手，无论是文论还是文学作品，都能驾轻就熟地将其译介给国人，连鲁迅也为之钦佩。他在文学艺术和文化上的成就还包括：现实主义的文学理论观、文艺大众化观、批判主义的美学观、中西文化比较观，等等。

二

作为人物传记，《瞿秋白传》力图客观、全面、准确、真实地再现瞿秋白的一生，再现瞿秋白的思想、革命活动、历史贡献和文学成就。传记的客观性体现在：第一，作者充分利用史料作传，结论来自史料的相互印证，而非主观的推测。如前所述，《瞿秋白传》用大量史料来证明《多余的话》符合瞿秋白的写作风格，确系出于瞿秋白之手而非敌人篡改之作。又如，关于瞿秋白主张将争取无产阶级革命领导权写入党的三大党纲中的问题。传记作者指出，这里的无产阶级革命领导权指的是共产国际无产阶级领导，而不是中国共产党领导，从而澄清了史实。再如，在"江浙同乡会"风波的问题上，过去通常认为，该事件是米夫、王明与瞿秋白结怨的结果，以致六届四中全会上米夫和王明对瞿秋白采取了残酷打击。传记作者忠于事实真相，不因米夫和王明对瞿秋白的打击而罔蔽事件的真相，指出当时处理该事件的是向忠发，而不是米夫和王明。第二，对传主的评价客观公正，实事求是，不夸大、不过分，对瞿秋白不文过饰非。如，瞿秋白对胡秋原的批判，以往对此问题基本上是一边倒，大多肯定瞿秋白对胡秋原批判的合理性。《瞿秋白传》则不是简单地肯定，而是进行细致的分析，一方面肯定瞿秋白对胡秋原的"虚伪的客观主义"进行批判的必要性，即胡秋原在民族危难之时，无视革命文学与代表国民党政权的文化势力之间斗争异常激烈的事实，以所谓纯粹的作家自炫，客观上帮了反动势力；另一方面也指出瞿秋白对胡秋原的批判过于偏激，以阶级斗争的眼光来评价文学，否认文学有非阶级的社会娱乐功能。

《瞿秋白传》不仅史料丰富、全面从而更具客观性，而且具有很强的理论学术性。传记史论结合，以史为线，以论为点；述评结合，叙述为本，评价为质；传主与时代结合，传主为体，时代为境，立体式地呈现出瞿秋白悲壮而又崇高的一生。传记不乏创新之处，新观念、新成果屡有所见。

首先是史料新。传记中充实了大量首次面世的新史料。这些史料包括新公布的联共（布）、共产国际密档、国内外相关当事人的回忆录等。如胡秋原的《瞿秋白的悲剧·序》、钱穆的《八十忆双亲师友杂记》。

其次是评述新。通过对新史料的解读，传记作者对一些历史史实作了新的评述。例如，传记评述指出，瞿秋白关于游击战争和建立根据地的思想，是在1927年11月临时中央政治局扩大会议上最早提出的，"这和八七会议以来一系列的决策、探索、坚毅卓绝的斗争一样，对于中国革命新道路的开辟做出了开创性的贡献。"传记根据联共（布）、共产国际密档的材料，揭示了瞿秋白在斯大林和共产国际的压力下的诸多无奈之举。如，当时斯大林和联共（布）出于反"右倾"斗争的需要，以组织纪律为由迫使瞿秋白重新"修订"已经为党代会通过的政治决议。这也反映出在当时不平等的党际关系背景下，无论是中共还是瞿秋白，其在政治选择上的被动性和困难性。类似的评述还体现在，大革命时期，介于陈独秀和鲍罗廷之间的瞿秋白，常常是在二人的矛盾关系中尴尬而又为难地工作着。传记作者认为，搞清楚当时复杂的历史背景和瞿秋白所处的历史境遇，将更有助于我们认清瞿秋白思想发展的脉络。

再次是结论新。《瞿秋白传》中提出了许多新见解、新结论。对于瞿秋白早期的文学作品《饿乡纪程》和《赤都心史》，传记作者提出了与以往不同的新看法。关于这两部文学作品，过去着重从政治角度进行评价，而《瞿秋白传》则认为，"瞿秋白在《饿乡纪程》和《赤都心史》中，实现了自己的写作意图，它们清晰勾画了自己的心程，表现了鲜明的个性，堪称真正的文学作品"，而非简单的宣传社会主义的作品，因为当时瞿秋白还没有真正接受马克思主义，因此不可能产生宣传社会主义的自觉性。又如，关于瞿秋白唯物主义世界观的形成问题。《瞿秋白传》在以往研究的基础上做出了新的解释，认为瞿秋白的唯物主义世界观不仅来自书本，更来自实际生活。在苏俄考察期间，瞿秋白除了在理论上深入研究科学社会主义学说之外，还广泛深入到苏俄各个阶层，全面了解苏俄的社会生活，借此来深入理解社会主义理论，由此成就了他的"世间的唯物主义"。瞿秋白对中国汉字改革有过深入研究，主张汉字拉丁化。《瞿秋白传》认为，瞿秋白关于文字改革的研究，意义深远，1955年全国文字改革会议上把"国语"改为"普通话"，是受瞿秋白汉字改革思想的影响所致，由此提出"瞿秋白创制汉语拉丁化的努力和成果，应当与他推动左翼文艺运动发展的杰出贡献一起载入史册。"

最后是内容新。内容新体现为两个方面：一是在以往研究的基础上，细化了对相关事件和瞿秋白的革命活动过程情节的叙述。如，瞿秋白在杭州与胡适的会面。《瞿秋白传》不仅详细描述了陈独秀写信给胡适向他介绍瞿秋白之事，并且描述了瞿秋白在俞平伯的陪同下拜访胡适的过程，这些细节描述使事件更加真实可信。二是增添了新的内容。《瞿秋白传》增添了瞿秋白在党史研究和党史教育方面贡献的内容。传记认为，瞿秋白的著作《中国革命和中国共产党》就是从建党到中共"六大"的党史。在瞿秋白之前，蔡和森也写过《中国共产党史的发展（提纲）》，但是，瞿秋白撰写的党史不仅时间跨度长、阐述全面，而且突出"史"的特点，几乎成为后来党史研究者撰写党史的范本。1929 年，瞿秋白率先在莫斯科中国劳动者共产主义大学成立了中共党史研究室，并亲任研究室主任。传记认为，"瞿秋白对中共党史研究机构有创始之功，而且以实事求是的历史主义的科学态度，以严谨、过细、高效的学风和调查研究方法，为此后的中共党史研究立则创例。"1929 年末至 1930 年 6月，瞿秋白还专门编写了《中国共产党历史概论》12 讲，在莫斯科列宁学院和"劳大"讲授，瞿秋白是党史教育的首创者。这些内容是以往瞿秋白研究中没有得到反映的，是瞿秋白研究的新成果。

第六编

时 论 之 探

新时代实践雷锋精神的光辉榜样[*]

今天是毛泽东同志发表"向雷锋同志学习"题词40周年纪念日。伟大而平凡的
共产主义战士雷锋把有限的生命投入到无限的为人民服务中去，实践了全心全意为
人民服务的宗旨，他那崇高的共产主义品德和无私奉献的精神，为后人树立了一个
光辉的典范。

40年来，雷锋的名字在神州大地家喻户晓，雷锋精神深入人心，感染了一代又
一代人。近日，上海的大街小巷传颂着"城市英雄"陈卫国和季心开"碧血丹心铸
警魂、披肝沥胆惩凶顽"的感人事迹，无疑就是这样一种精神的生动体现。面对歹
徒的威胁和残暴，民警陈卫国、季心开无所畏惧，忠诚而坚定地履行着人民警察的
职责，用鲜血和生命守护城市的安全，荡涤城市的污垢，用他们英雄的壮举谱写出
城市精神的新歌。人们悼念英雄、学习英雄，敬仰他们的英勇斗志和感天动地的献
身精神。这充分证明，英雄主义永远具有震撼人心的力量，建设时代的英雄壮举更
是难能可贵，更令人敬仰和感佩。

在当今社会生活发生了深刻变革的新的历史条件下，我们应该怎样学雷锋？发
生在我们身边的陈卫国、季心开的感人事迹，就是一个很好的回答。雷锋精神的意
义在于，在平凡与伟大、个人与国家、有限的生命与无限的为人民服务之间找到了
结合点。

毫无疑问，两位英雄给予人们最直接的震动是他们勇敢的牺牲精神、是不畏强
暴的英勇气概。

但只要细细考察英雄壮举的整个过程，我们就不难发现，陈卫国、季心开英雄

---

* 余玉花.新时代实践雷锋精神的光辉榜样［N］.文汇报，2003－03－05.

壮举的源泉，是他们对人民警察职业一种无比敬业的精神。警察的职责是打击犯罪、维护城市和民众的安全，正是这一强烈的使命感，使两位英雄在凶残歹徒的致命袭击之下，不畏惧、不退缩，在生命垂危之际，仍牢牢抓住歹徒不放松，不惜血洒大地……由此可见，爱岗敬业、恪尽职守，是他们不怕牺牲的英雄壮举的道德力量。在英雄身上所闪耀的敬业精神正是我们城市所要倡导的时代精神。

敬业精神是城市精神在职业生活中的要求和体现。我们每个人要学习雷锋，发扬雷锋精神，关键要坚持"岗位学雷锋"，真正使雷锋精神扎根在社会主义建设的每一个岗位上。对于上海来说，城市的发展和城市精神的培育，始终是与现代化经济活动和现代职业活动相联系的。后者不仅是塑造城市精神的基础和重要的实践途径，而且是城市精神提出与存在的意义所在。市场经济条件下的城市现代化，提供给人们的就业环境是自由自主的，这为人们热爱自己的岗位提供了可能性；另一方面，市场经济双向服务的特点，又提出了对他方负责的伦理要求，这一要求是在对本职工作尽责尽力的过程中实现的，这就是爱岗敬业的职业道德。这一职业道德变成从业人员的自觉追求，那就是敬业精神。

敬业精神的核心，是从业人员强烈的责任意识和职业意识。而学雷锋，最根本的也就是要用雷锋精神提高自身素质，像雷锋那样刻苦学习。敬业精神对社会有着两方面的积极作用：一是推动产生良好的工作效果和优质的经营效益，二是提升职业价值和人的素养。这两大作用都是现代城市文明不可缺少的精神力量。作为一种职业道德，敬业精神具有普适性，是各行各业都应倡导的职业精神。我们不仅仅在面对危险的严峻时刻需要敬业精神，更要在各种平凡细小的职业活动中倡导敬业精神。敬业精神本来就是在日常工作岗位上积蓄而成的。陈卫国、季心开两位英雄的勇于献身的敬业精神，就不是一时所成，而是他们平时热爱岗位、认真工作中逐渐养成的。英雄的战友回忆说，两位英雄平时就脚踏实地，值班接处警中的点滴小事上工作责任心都很强，危急时刻都能挺身而出。所以，对我们来说，倡导平凡工作中的岗位责任意识、业务优质意识等职业态度更为重要，因为这既是培育敬业精神的主要途径，也是敬业精神得以体现的主要方面。

敬业精神应该成为新时代上海城市精神的重要内容。对一座城市来说，其精神内涵既体现在轰轰烈烈的英雄壮举上，同时还蕴涵在城市生活的于无声处。这就是人们通常讲的城市的底蕴、城市的魅力。雷锋精神，归根到底就是全心全意为人民服务的精神。我们培育城市精神，就要自觉从这样扎实的基本功做起。各行各业都要建立起以岗位责任为核心的职业道德规范，推崇爱岗敬业的工作态度，创造职业道德评价的良好氛围，使敬业精神的培育落到实处。

陈卫国、季心开以他们英雄壮举，给我们树立了新时代实践雷锋精神的光辉榜样。这一榜样的重要意义还在于他们是人民警察，是国家公共行政人员，因此，他们榜样的意义远远超出了他们个人的价值。公共行政人员的职业的对象是社会公众，他们的工作道德态度直接关系到对公众的引导作用。因此，公共行政部门和公共行政人员的职业道德水平和敬业精神，在整个城市精神的培育中显得更为重要，应该走在各行各业的前面。而今英雄以他们宝贵的生命和鲜血，展示了上海公务人员的敬业精神，相信这一精神必将在上海的公务部门蔚然成风，在上海的各个行业蔚然成风，凝聚成上海宝贵的精神财富。

成年公民的社会责任

——谈未成年人的思想道德建设 *

中共中央在近日召开的"全国加强和改进未成年人思想道德建设工作会议"上，号召全党全社会共同做好未成年人思想道德建设工作，因为这项工作关系到党和国家事业不断发展、中华民族素质提高的大问题。未成年人的思想道德建设的重要性不言而喻，问题在于如何使全社会的成年人都认识到这一问题的重要性，从而承担起对未成年人思想道德教育的社会责任。

谈到未成年人的思想道德教育，人们惯常的思维是，那是学校的事情。不错，学校是实施未成年人思想道德教育的主渠道，推进这项教育工程学校义不容辞。但是，仅仅靠学校的教育是远远不够的，如果没有全社会的支持和参与，学校的思想道德教育可能产生事倍功半甚至前功尽弃的结果。这决不是危言耸听，现实中就不乏有"5天不抵2天"之说。虽然学校应当反思其教育效果不佳之原因，改善其教育的手段和方法，提高教育的有效性。但另一方面，社会（当然是成年人社会）更应当反思：为什么社会给予未成年人的思想道德影响是与学校教育相反的？产生了抵消的作用？换句话说，学校之外的成年人对未成年人的成长，特别是他们思想道德的发展是否应当承担起社会的责任？

毫无疑问，答案是肯定的。社会成年人对未成年人思想道德教育所负有的社会责任，不仅仅是道德意义上的，而且是法律规定的义务。值得注意的是，这次中央会议和文件中对青少年思想道德教育问题用词的变化，将"未成年人"取代了传统使用的"青少年"一词。"青少年"是一个社会学的概念，"未成年人"则是地地道

＊ 余玉花.成年公民的社会责任——谈未成年人的思想道德建设［N］.文汇报，2004－05－28.

道的法律用语。可以说，中央是从法治视角来提出少年儿童的思想道德教育问题的。那意味着，要求全社会做好未成年人思想道德建设工作不仅仅是政治上的号召，同样是法律上的要求。《中华人民共和国未成年人保护法》第三条规定："国家、社会、学校和家庭对未成年人进行理想教育、道德教育、文化教育、纪律和法制教育，进行爱国主义、集体主义和国际主义、共产主义的教育，提倡爱祖国、爱人民、爱劳动、爱科学、爱社会主义的公德，反对资本主义的、封建主义的和其他的腐朽思想的侵蚀。"第五条规定："保护未成年人，是国家机关、武装力量、政党、社会团体、企业事业组织、城乡基层群众性自治组织、未成年人的监护人和其他成年公民的共同责任。"

从法理上看，社会成年公民之所以要承担起对未成年人思想道德教育的责任，首先是基于民族与国家接续的需要。未成年人是祖国的未来，寄托着国家的希望，未成年人的素质决定着国家未来的命运。但是，未成年人承接国家重任的思想道德素质不是自然形成的，而是在成年人的引导下形成的，成年公民的行为不管是有意或是无意都将影响未成年人的发展走向，客观上就在影响国家未来的发展。由此可见，成年公民与未成年公民之间的关系已经不是一般意义上的人与人之间的关系，而是成年公民与国家的关系。正是本着国家发展的要求，本着每一个成年公民对国家都负有责任的要求，法律规定了社会成年公民必须承担对未成年人思想道德教育的责任。其次是基于爱护未成年人，促进他们健康全面发展的需要。相对于成年人，未成年人的特点是不成熟，他们的身心处于发展过程中，他们发展所摄取的信息来自外界，来自成人世界，而未成年人不成熟的身心，使他们对外面世界的各种信息缺少分辨和选择能力，良莠皆收或不可免。如果成年人提供给他们的信息，特别是不良的思想道德方面的信息，则会造成对未成年人的伤害，造成他们发展的不全面甚至畸形发展。就此而见，未成年人在与成年人的交往中，用法律的话来说，未成年人处于一个弱势的状态，他们较为被动地接受来自成人社会的各种影响。正因为未成年人在他们社会化的过程中的弱势地位，社会公正原则要求国家法律必须保护他们，使他们的健康全面发展有一个良好的社会环境，那就是通过对成年公民设定义务来达到对未成年人的法律保护。

成年公民对未成年人思想道德教育应尽的法律义务，通过两个方面来实现。第一，通过成年公民自身良好的思想道德品行，为未成年人作出榜样。作为成年公民应该认识到，追求个人思想道德品行的善良，并不单纯是个人喜好自愿的问题，而是一项严肃的法律责任。由于成年社会思想道德环境的优化与否，关系到给未成年人的健康成长创造一个什么样的精神发展的氛围，因此，成年公民对未成年人思想道德教育的法律责任应当转化为个人的道德修养。成年公民道德上的追求和行为上的表率，不仅仅是自我价值实现的需要，更是未成年人发展的需要，亦即国家发展的需要。第二，为未成年人思想道德发展提供优质的精神食粮，至少不能伤害未成年人的身心健康。以经济的眼光来看，未成年人的发展需求确是一个很大的能产生丰厚利润的市场。不可否认，在市场经济条件下市场赚钱的合理性，但是赚钱的前提，是提供产品与服务的合理性与合法性。市场为未成年人提供优质的精神食粮，满足了未成年人思想道德发展的需要，从而达到了法律要求。法律对市场经商赚钱的最低要求是，不能危害未成年人的身心健康。我国《未成年人保护法》第二十三条规定："营业性舞厅等不适宜未成年人活动的场所，有关主管部门和经营者应当采取措施，不得允许未成年人进入。"第二十五条："严禁任何组织和个人向未成年人出售、出租或者以其他方式传播淫秽、暴力、凶杀、恐怖等毒害未成年人的图书、报刊、音像制品。"第二十六条规定："儿童食品、玩具、用具和游乐设施，不得有害于儿童的安全和健康。"

令人不安的是，成年公民在履行上述法律义务中，存在着程度不同的不负责任的情况。有的成年公民不讲道德修养，特别在公共场所缺少修养的举动，如争抢公共座位、乱窜马路、吵架打斗等，给未成年人带来不好的影响。更有甚者，为了一己私利，昧着良心，出售不利于未成年人思想道德发展的书报、影视图片；开设少儿不宜的网吧，诱惑未成年人深陷其间。这些缺德违法的行为，不仅没有尽到对未成年人思想道德教育的责任，反而造成了很坏的负面影响。

对于上述问题，不少有识之士呼吁"教育者先受教育"，认为提高成年人的思想道德水平是未成年人思想道德教育的前提和基础，这固然是不可缺少的重要举措。但如何使其产生有效的结果，还需要借助法治的力量，对成年公民失责违法的行为采取责任追究制，对违法者要有制裁措施，不能听之任之。由此强化成年公民的法律意识，提高他们对未成年人思想道德教育的法律责任感，促使成年公民更好地履行对未成年人思想道德教育的义务，形成未成年人思想道德健康发展良好的社会环境。

学校廉洁教育的目的是什么[*]

为了落实中共中央《建立健全教育、制度、监督并重的惩治和预防腐败体系实施纲要》的精神，教育部决定在大中小学开展廉洁教育活动，并于今年下半年在北京、天津、上海等城市开始试点工作。由于反腐倡廉是社会民众最关注的问题之一，此举一经报道，立即引起热烈的议论。在这些议论中，除了支持赞同的以外，也有一些带有置疑的声音。置疑者并不否定"廉洁教育从娃娃抓起"的动机合理性，置疑的是学校廉洁教育对当前的反腐斗争究竟有多大的效果。认为：其一，反腐主要是成人社会的政治问题，对孩子们的教育并不能解决腐败问题；其二，当前反腐关键的问题是要有惩罚腐败行为的制度机制，要用硬手段，而不能寄希望于廉洁教育来抵挡腐败的风气；其三，当成人社会的腐败尚未遏止前，孩子们在不良风气的包围之下，廉洁教育有多大的效果。认为"在汹涌的社会文化面前，学校教育构筑起来的道德防线往往显得不堪一击"，因为"进入课堂的廉洁教育无法触动腐败民俗学的根基与力量源泉，只能进行些许虚弱无力的抵抗。"甚至认为"对学生个人而言，进行廉洁教育未必能保证他未来远离腐败。"置疑者还有一种担心，认为现在学生的课业负担已经够重，廉洁教育的加入会否加重孩子们的学习负担。置疑的观点未必完全正确，但提出的问题值得探讨，至少有两个问题需要讨论的：第一，如何看待学校的廉洁教育，学校廉洁教育要解决什么问题？第二，如何开展廉洁教育，廉洁教育是否加重了学生负担？

学校廉洁教育，作为国家廉政建设的一个组成部分，"反腐败从小抓起"并无不当，这已成为全世界的共识和举措。2003年10月，第58届联大通过了《联合国反腐败公约》，其中便包含开展"包括中小学和大学课程在内的公共教育"的内容。建

* 余玉花.学校廉洁教育的目的是什么［N］.文汇报，2005－09－16.

立健全教育、制度、监督并重的惩治和预防体系，青少年廉洁教育是不可或缺的一部分。确实不能仰赖学校廉洁教育来解决眼前的腐败问题，但是从反腐败的艰巨性、长期性来看，则必须看到学校廉洁教育的重要性。青少年廉洁教育正是着眼于未来的考虑，如果从效果上来考虑这个问题的话，青少年廉洁教育正是从长效机制上来思考的举措。当然青少年廉洁教育的成人环境、社会风气是不能轻视的影响教育的条件，但我们不能因为成人社会存在着问题而放弃对孩子们的教育，成人社会存在的道德问题恰恰反证了对孩子们进行教育的紧迫性。另一方面，在反腐倡廉等教育问题上，成年人与未成年人的影响并非是单向的，而是双向的。成年人的道德行为对未成年人有教育影响，同样也会产生相反的影响作用，那就是未成年人的行为也会对成年人发生教育影响，尤其在独生子女家庭高比例的城市里，更不能轻视未成年人对成年人、子女对父母的倒置教育影响。在现实生活中，这种倒置教育影响，如小手牵大手，后辈带前辈的事例并不少见。如果学校廉洁教育是成功的，势必能促进家庭、社会廉洁之风的形成。根据透明国际组织公布的 2003 年度世界各国政府腐败情况调查结果，政府最清廉的国家是芬兰，政府清廉与公民的道德素质水平高不可分，而芬兰公民的道德素质正是得益于良好的学校教育环境，从儿童开始的公民道德教育。

把学校廉洁教育看作是反腐廉政建设的重要一环是必要的，但仅仅限于这个认识还是不够的，根本在于要以廉洁教育为抓手，培育学生为人之道。芬兰案例的启迪价值在于：学校廉洁教育应着重于学生的公民德性的养成，着眼于人的品性培育。廉洁，是为人处事的美德，是做人的应守之道。学校廉洁教育的责任就是通过教育使学生从小懂得做什么样的人，认同廉洁，以廉洁为荣，使廉洁的观念深入到孩子们的内心中去，随着一个人求学层次的提高，各级学校不断强化学生的廉洁意识，使廉洁真正成为学生成长中的人格内容。有人认为，廉洁道理人人都懂，腐败分子也懂得道理，但人性的缺陷使其不能抗拒诱惑。言外之意，廉洁教育效果可疑。首先要指出的是，懂得廉洁并非拥有廉洁，当廉洁尚未成为一个人的信念时，廉洁只是外在的，还没有成为人性的一部分，因而缺乏廉洁信念的人性确实难以抵抗诱惑。这就提示我们的教育，学校廉洁教育不能满足于让学生知道什么是廉洁，不能满足于学生会讲廉洁话，会唱廉洁歌，尽管这也是需要的，但这些只是教育的外在形式或途径，不是教育的目的和本质。学校廉洁教育的目的是要把廉洁以及与此相关的德性走进学生们的心里，成为他们骨子里面的东西，成为他们抵抗诱惑的本性。本着这样的目的，相信学校教育具有这样的教化力量，同时社会应该支持教育拥有这样的力量。

这种达至深入骨髓的廉洁本性的教育，有别于一般知识性的教育，后者只要受教育者理解和学会运用即可，传授和训练即可达到目的。廉洁本性的教育则不同，是一种促进、激发受教育者内化性学习的教育。内化性学习的一个前提条件是，学习者对所学习的对象有认同感。认同感的产生有多种渠道：有舆论产生的认同、偶像产生的认同、体验产生的认同、关怀产生的认同、习俗产生的认同、知识力量产生的认同、信仰产生的认同，以及外来强力产生的认同等等。据此，学校廉洁教育要根据学生认同感形成的规律，创设各种使学生认同廉洁品格的教育条件，促使学生廉洁认同感的产生。

不过，廉洁认同感的形成只是廉洁本性内化性学习的必要条件，还不是廉洁本性内化的充分条件。一种品格人性化的充分条件是当事人对这种品格不仅认同，而且产生好感，被其深深吸引，产生强烈的拥有期盼，为获得其有而无怨无悔地执着追求，即人们通常称之为一个人主观上的需求。因此，学校廉洁教育必须研究如何使廉洁本性变成学生的主观要求。根据"人往高处走"的人性向善的特点，在教育过程中让每一个学生都建立具有向往"廉洁"善良本性的教育理念。这样的教育理念不仅贯注在德育课的过程中，也应当贯注于学校所有的课程中。"从善"和"能善"应该成为所有教师对学生一视同仁的职业理念。在此教育理念的指导下，学校可以设计一系列肯定学生具有廉洁善良本性、鼓励学生展示廉洁善良本性的教育活动，以促进学生从善的愿望、发展学生从善的能力和自信心。

由上述对学校廉洁教育特点的分析可知，廉洁教育是一种全方位渗透式的人性教育，而不是那种纯粹课业式的知识教育（尽管廉洁教育中也包涵着知识）。因此廉洁教育不以课程为形式，不以增加课时为手段，不应成为学生的学习负担。作为学校德育的组成部分，廉洁教育与现有的德育课程结合起来，渗透于学校所有教育的全过程，包括教学活动、校园文化、党团活动、学生社团和各类兴趣小组的活动。基于各级学校学生的年龄差异和不同的身心特点，学校廉洁教育应有不同的特点的教育形式，但教育精神和理念是一致的。基于廉洁品性形成的复杂艰难性，学校廉洁教育必须持之以恒，而不是运动式的一阵风。相信：坚持不懈，廉洁教育必有成效。

偶像应具有的内质[*]

　　"超女""好男儿"是现代大众文化的表现形式。大众文化的特点是大众参与性，所谓的"想唱就唱"即是如此，人人可以报名登台表演，但是并非想唱就能登台表演，所以引入了比赛的手段。虽然并不是人人都能上荧屏想唱就唱，但大众文化的活动蕴涵着人人可唱的可能性。大众文化的另一特点是丹尼尔·贝尔指出的舞台与观众距离的消失。这是大众文化大众参与性的另一种表现，即台上与台下的互动，这种互动通过现代信息网络使其广泛化，更为大众化。自己不能登台"想唱就唱"者却有一个决定谁在台上唱下去的权利，即"拇指权"。这是"超女""好男儿"在年轻人中红火起来的重要原因，满足了年轻人的文化参与激情。任何时代的年轻人都有这样的激情，但表现方式是不一样的，"超女""好男儿"以及类似的大众文化是当今时代激情的表现形式。

　　年轻人激情的表达不仅要有形式，而且要有表达的对象，那就是偶像。偶像不是这个年代独有的现象，但是对偶像的狂热却是以往任何时候、任何时代都无法相比的。偶像是一个值得关注的问题。偶像在《辞海》中的解释是：盲目崇拜的对象。原始意义的偶像是用土木金石制成的神像，今天的偶像则是活生生的青年迷恋的对象。其实历来的青年偶像大都是演艺界的明星，"超女"虽然是大众电视的娱乐活动，但其本质还是一种大众造星活动。青年人之所以愿意成为某星的"粉丝"，追捧某星，是因为偶像有自己所喜爱的东西，寄托着自己的某种理想，具有理想化的自我在里面。尽管在狂热的追星浪潮中，"粉丝"也会失去自我，变得十分不理性甚至可笑愚昧，但是应该看到的是，追求偶像是激情青年的需要，无论从对喜爱偶像的

＊　余玉花.偶像应具有的内质 ［J］.道德与文明，2007，（03）：73－74.

勇敢无畏的维护，还是在 PK 对抗形式中对自己偶像的竞争者即他人偶像的贬低甚至谩骂的行为中都可以获得证明。

偶像现象提出了一个"什么样的偶像是值得喜爱的"问题。梅依《聊赠一支春——李宇春麈谈》以自己的欣赏品位，提出了标准：一是歌唱得好，二是形象美，三是心地善良。第一个标准涉及专业，但也有大众欣赏口味不同的问题，当然专业人士作一些辅导也未尝不可。第二个标准是非技术的美学问题，也是李宇春引起诸多非议的地方（如中性人的打扮）。这关涉人的审美心理。梅依为她所作的辩护则始终以"小女子"之称谓表示其女性的特点，用心极其良苦。在我看来，女性"粉丝"对李的追崇与李的扮相风格有关，颠覆传统对女性"嗲、媚、丽"的美的标准（男性的审美标准），具有一定程度的反叛性。这种反叛是对男性社会对女性美标准的反叛。而李宇春最终成功地成为"超女"，离不开女性"粉丝"的力挺，从中亦可看到现代女性力量的增长。我们关注的是梅依提出的第三个标准，即心地善良，也就是道德美、心灵美的问题。梅依以大量的事例证明李宇春美好的道德品行，以此作为李宇春获得众多人气的根本原因，同时也以此来号召更多的人成为"玉米"。这正是偶像以什么来获得大众喜爱的关键问题，也是我们讨论这本书的价值所在。

当然，明星偶像获得大众喜爱不仅仅在于他（她）的道德人品，还需要美妙的歌喉、精湛的表演、可人的形象等等，因为他（她）不是一个纯粹的道德楷模，艺术魅力始终是令人喜爱的元素，离开艺术元素则成就不了明星。但另一方面明星偶像的道德素质也应当成为大众喜爱的重要因素。这里有两方面需要思考的问题。一是明星本身应以什么样的形象示于公众，献给喜欢你的"粉丝"。明星偶像作为公众人物本身应承担一份道德示范的责任（西方国家也重视艺人的人品素养，如对国家的敬诚、对公益的热心等），艺人的管理部门有责任对明星提出道德责任的要求，对其进行艺术职业上的和为人之道的道德教育。同时明星艺人的道德表现应当成为社会道德舆论关注的对象。二是公众应该追捧什么样的明星。不能不看到的是，明星一方面是他们个人艺术上努力追求的结果，另一方面在现代大众文化中，明星也是大众追捧的结果，特别是在媒体网络手段的参与下，更是如此。这里对大众提出如何造星的道德要求，实际上是大众的艺术欣赏品位和道德理念的问题，同样也关系到社会风气的问题。当大众文化通过荧屏进入千家万户的时候，推崇什么样的偶像就不仅仅是"粉丝"的事情，实际上是倡导一种什么艺术品位和道德风气的问题。这种风气直接决定了我们时代推崇的偶像应具有什么样的内在品质。

社会舆论应有助于推动明星偶像良好品质的形成。对"粉丝"的偶像崇拜需要一定的引导，从这一点来说，梅侬尽了一位具有理性思维的诗人的责任，使人产生敬意。明星道德上的自我追求与大众道德要求的一致性是明星偶像道德品质发展的最佳路径。这方面的报道不少：如濮存昕投身于艾滋病防治、宣传活动；王菲李亚鹏建立"嫣然天使基金"；林心如收到的生日大礼是"粉丝"用四万新台币拍下的爱心小熊，四万元钱全部捐给需要帮助的孩子。明星们的道德善举使他们的"迷"不仅爱他们的作品，更爱他们的人，同时也带动了良好的社会道德风尚。

从广电总局禁播性节目谈起 *

    9月5日，国家广播电影电视总局发布通报，针对四川人民广播电台、成都市人民广播电台制作播出肆意渲染性生活、性经验、性体会、性器官和吹嘘性药功能等淫秽不堪的"五性"节目，进行了通报批评，并责令停播。《通报》要求，各级广播电视播出机构不得以任何理由和名目策划、制作和播出违背伦理道德、亵渎科学文明的节目栏目。凡涉及性生活、性经验、性体会、性器官和性药功能等的节目栏目，一律不得策划、制作、播出，正在制作、播出的必须立即停止。我们为广电总局的《通报》叫好。

    近年来，性话题、性节目在各种媒体上频频"亮相"，节目的内容也越谈越隐深，越做越暴露，大有"晒性隐私"之势。大众媒体热衷于性隐私，其背后自然出于经济利益的考量。因为性是人的社会关系和人自身最隐私的部分。所谓隐私，既是私性的，又是隐密的，不为他人所知的东西。既为隐私，又常常为人们所好奇，尤其是尚不谙人事的青少年对其好奇心更为强烈。性隐私不同于其他隐私，还具有某种生理刺激性，好奇加上刺激，通常能带来高收视率和听众群，从而能给主办媒体带来高额的广告定单。某些媒体正是抓住了性节目对媒体受众独有的吸引力，为了追逐经济利益，罔顾大众媒体的伦理责任，肆意而为，殆害大众特别是青少年。

    然而，需要深究的是，大众媒体在性节目的制作、播出上如此的"胆大妄为"，是否仅仅出于经济利益的趋动呢？除了追求广告定单之外，还有没有其他的原因呢？我们认为，除了经济的因素以外，还有两个原因：一是媒体之间的竞争。媒体竞争的主要标志是高收视率和高收听率，这使一些媒体挖空心思去制作能吸引人们眼球

* 余玉花.从广电总局禁播性节目谈起［N］.文汇报，2007‑09‑19.

和迎合受众心理（包括庸俗心理）的节目，于是性成为媒体争相制作的主要题材之一。二是某种开放性理论对媒体的影响。我们注意到，有些媒体制作性节日似乎有其正当理由，那就是媒体的制作人把性节目看作是挑战传统、题材开放的一种创新举措。在他们看来，在一个开放的时代里，性的问题不必隐晦，完全可以成为大众讨论的话题。这种所谓性开放创新的思路正是来自一度盛行于网上的某种性开放理论。问题不在于性的保守与开放之争，而在于对于性开放的理解、性开放的目的、性开放的程度和范围，以及性开放对社会的伦理责任。

不可否认，中国传统性文化是保守的，而传统性文化的保守性主要就是对妇女的性压迫和性奴役。无论是"大红灯笼高高挂"还是男子的"妻妾成群"无不是女性受奴役的真实写照。因此，对传统性文化革命性的举动应该是对妇女性痛苦的解除，使妇女在法律的保护下，获得婚姻自主和性权平等。然而，性开放理论对现代社会卖淫嫖娼、换妻、"一夜情"、"包二奶"等行为的容忍和纵容，以及泛滥于书刊视频上的色情文化，无不以丧失妇女的性人格为代价的。从这一点来看，性开放与性保守在本质上没有大的区别，即没能使妇女获得真正的性解放。

性开放理论的不严谨性还造成了社会对性开放的滥用，大众媒体无限度、无节制地制作、播放性节目即是典型一例。性的问题不是不可以讨论，我们当然反对传统文化中视性为禁区的做法，在社会转型的过程中，与这个时代的许多问题一样，人们对性问题有种种不同的看法，需要通过讨论来得到合理的结论，这些当然没有疑义。但是性问题的讨论必须要有限度：第一，性问题讨论只能在成人之间进行，未成年人不宜参与；第二，性问题的讨论应选择适当的场所进行，其报道要慎重；第三，大众媒体不能报道传播性行为、性生活细节的内容；第四，性科学知识的节目应遵循私密无害的原则。

为什么要以谨慎的态度对待性问题，反对过于开放的性理论？这是由性问题的特殊性决定的。首先，性具有生理本能的冲动性对人产生的双重伦理后果。这种被弗罗伊德称之为"力比多"的性冲动，虽然是人们快乐产生的源泉之一，但同样具有极大的破坏性，可以说也是人们性犯罪的根源之一。当然，性冲动不会无缘无故地发生，而是在一定条件下发生的。例如，异性情感的激发、性器官的观视和触摸、性语言的挑逗等等，都可能引发人的性冲动。广电总局所禁止的"五性"节目，就是属于可能诱发性冲动的节目。这些节目对于控制能力弱的青少年来说，不利于他们身心健康发展。其次，性不仅具有生理功能的自然性，而且是人类社会内容的重要来源。著名的医学家吴阶平指出，"性行为和性功能本质上并不仅是生物学性的，而且没有任何别的方面比性领域更能充分表现出精神和肉体之间的相互作用。性是诸因素，包括自我力量，社会知识，个性和社会准则等与生理功能密切结合的一个高度复杂的体系。"人类因为性才有不同的性别，才有爱情、家庭和社会，性对人类是如此的重要和珍贵，所以需要珍视人类的性、维护性安全，由此而产生了性隐私。这种具有伦理意义的性隐私不因社会的变化如社会的开放性而丧失其价值，相反，社会越是开放越是需要性隐私，性隐私的伦理价值也越加突出。

性隐私对于个人来说，是个体人格形成的重要源泉之一。性隐私具有一定程度的排他性，是一个人独立于他人并拥有尊严的体现，维护性隐私也就是维护人的尊严，这也是现代法律维护隐私权的重要根据。性隐私是人类文明进步的需要，因而成为道德羞耻感形成的源泉。人类的发展史和儿童的成长史皆证明了人的羞耻感和文明度来源于对性隐密的需要，无论是自我的或是他人的性暴露，都是人的羞耻感所不能容忍的，只有无耻之人才会赤裸裸地津津乐道性行为、性生活。现实中大多数贪官正是从性羞耻感的丧失而走向堕落的。所以马克思说，从人的性态度和性关系中"可以判断出人的整个文明程度。"

性隐私对于社会来说，是家庭和社会和谐稳定不可缺少的条件之一。现实生活中存在的色情、卖淫等行为都是对性隐私的破坏，不仅腐蚀人的心灵，摧毁人的羞耻感，危害了社会风气，使人荣辱不分，美丑颠倒，更会冲击家庭的情爱关系，造成不稳定的因素。因此，维护性的隐密性和隐私权，在一定意义上就是维护社会家庭的和谐稳定，人人都有责任，作为大众媒体更应责无旁贷，自觉履行人类对性私密维护的伦理责任。

任何困难都难不倒英雄的中国人民 *

  5月12日发生在四川的汶川大地震通过媒体屏幕，让我们目睹了一场袭击人类生命的巨大灾难：地动山摇的瞬间，房屋倒塌、家园被毁，数万生命被淹没于瓦砾之下；即使侥幸逃生的人，也因交通、通讯、电网、水源遭到毁灭性的破坏，加上余震不断，生命仍然面临着死亡的威胁。当我们悲悼于同胞的死难，感叹于灾难的无情之时，媒体屏幕也让我们目睹了一幅幅惊心动魄、与死神争夺生命的英雄壮举的画面：十余万解放军、武警、消防官兵，从空中、水上、陆地直插震区；数千名医务工作者、媒体工作者，还有不计其数的志愿人员，一支支救援队伍从全国各地聚汇灾区，为抢救生命争分夺秒，为抢救生命竭尽全力乃至献出自己的生命。他们的壮举再一次体现了中华民族和中华儿女"手足相助、不怕牺牲、勇于奉献"的大无畏精神，他们的壮举再一次使我们感受到英雄主义的震撼力和永恒的价值！他们的壮举再一次激发了中国人众志成城、战胜灾难的巨大力量。正如胡锦涛总书记代表中国人民表达的坚强意志："任何困难都难不倒英雄的中国人民！"

  中华民族是一个充满英雄主义气概的伟大民族。什么是英雄主义？英雄主义是人类超越性的卓越品格和难能可贵的精神，这是人类能够战胜各种困难险境的主体条件。英雄主义的超越性指的是人们为了某种神圣使命，而采取超越常规行为的精神力量，包括对环境条件的超越、人的生理条件的超越和人的心理条件的超越，表现的就是人的英勇无畏、不惧艰难、敢于挑战危险、不怕牺牲、承负常人难以承受的痛苦和压力等精神力量。在这次抗震救灾中，正是英雄主义的超越性壮举一次次战胜了难以想象的艰难险阻、一次次地创造着抗灾抢险的奇迹，也一次次震撼着亿

---

* 余玉花.任何困难都难不倒英雄的中国人民［N］.文汇报，2008 - 05 - 21.

万人的心扉。

英雄主义总是与英勇的人民子弟兵相联系。我们难以忘怀：5月14日11时47分，空军某部15勇士在茂县上空4999米处冒险成功空降。4999米空降是一个什么样的概念呢？4999米是一般跳伞高度的5倍，而且是在没有气象引导、没有地面指挥、天气条件极端恶劣的情况下进行的，勇士们随时都有生命危险，没有超越性的勇气与意志是无法完成的。而正是勇士们的英勇行为，才为灾区打通了生命救治之路。我们难以忘怀：救灾的官兵为了将灾民急需的物质送到灾区，为了尽快抢救危难的伤员，背着60余公斤的器材和各种给养，冒着余震、泥石流，爬陡坡、过险桥，几过生死关，在"疾进！突破！抢救！"的信念之下，徒步急行军90多公里，给断绝音信数日的灾民带去了生的希望和来自中央及全国人民援助的暖流，而年轻的战士累得都快虚脱了。消防官兵在瓦砾中救人时，为了确保被困人员的安全，防止造成二次伤害，往往舍弃工具，用双手去挖刨，竭尽全力抢救遇险群众。亲人解放军就是这样，用超强的意志、用血肉之躯打开一条条生命通道。

在这次抗震救灾中，英雄主义精神同样体现在医务工作者、教育工作者、媒体工作者，以及不知名的志愿人员身上。我们难以忘怀：面对20多万的伤病员、数千名重伤者，医务工作者日以继夜的工作，尽力解除伤者的痛苦，面对垂危的伤者，白衣天使与死神作最后的博击，一次次把生命从死亡线上挽救过来。都江堰人民医院的医护人员家里也遭遇了地震的灾难，亲人遇难，孩子尚在瓦砾之下，生死未卜。但是他们克服巨大的感情痛苦，义无反顾地投入到救治伤员的行列之中，这就是中国医生的牺牲精神。我们难以忘怀：刘汉小学的肖晓川等9名老师携带无家长认领的71名学生在无水无粮无工具的情况下，翻越三座海拔最高达2000多米的大山，历经两天一夜，最后把孩子们安全带到了绵阳城，创造难以置信的奇迹。我们难以忘怀：是媒体使我们真切感受到灾难的惨烈、灾民的痛苦、生命的珍贵、团结的力量。这次大灾能够在最短的时间把全国人民的力量凝聚到抗震救灾上来，除了中央正确领导和布署外，媒体工作者功不可没。媒体工作者那种不顾安危，勇敢深入灾难第一线的采访报道，同样也体现了中国传媒人的英雄主义。我们不能忘怀：无数志愿者无条件奔赴震区英勇救灾，虽然我们不知道他们的姓名单位，他们是无名的英雄主义者。不能忘的还有灾区受灾人的互救，他们没有被地震灾难吓倒，他们从瓦砾下爬出来，流着眼泪去救助还在瓦砾下的乡亲同胞。

今天，当我们在国殇之日哀悼在大地震中死难的同胞时，更不能忘记那些在灾难中奋勇献身的英雄：四川省汶川卧龙特别行政区森林公安局副局长、二级警督王刚。5月16日，王刚同志在执行救灾物资卸载警戒任务过程中，因抢救一名可能被直升机螺旋桨击中的女记者，不幸被直升机尾部击中，壮烈牺牲，年仅42岁。在抢修青川至绵阳的道路中，再次余震导致道路再次发生塌方，200余名抢险队员遇难于泥石流之中。当地震袭来，校舍摇摇欲坠之时，敬爱的老师以血肉之躯护卫着自己学生的生命。伟大的母亲在关键时刻毅然以舍弃自己的生命来争取孩子生命的希望。还有更多的人包括中学生在救助同胞中献出了自己的生命。

这些英雄主义的壮举闪烁的都是人性的光芒，亦是人性的力量。正是对生命的热爱和珍重，才使他们敢于超越生命、挑战极限、牺牲自我，不怕任何艰难险阻，产生无穷的力量和勇气。哀悼逝者，缅怀英雄，当化悲情为力量，高扬英雄主义的精神，继续奋斗，夺取抗震救灾的全面胜利。

明于荣辱之分，弘扬社会正气*

　　胡锦涛在最近一次讲话中提出社会主义荣辱观的内容，即坚持以热爱祖国为荣、以危害祖国为耻，以服务人民为荣、以背离人民为耻，以崇尚科学为荣、以愚昧无知为耻，以辛勤劳动为荣、以好逸恶劳为耻，以团结互助为荣、以损人利己为耻，以诚实守信为荣、以见利忘义为耻，以遵纪守法为荣、以违法乱纪为耻，以艰苦奋斗为荣、以骄奢淫逸为耻。"八个为荣、八个为耻"集中体现了社会主义社会的价值取向，全面确立了社会主义社会是非善恶的道德标准，明确了什么行为是社会应该倡导的，什么行为是社会应当摒弃的。这对于涤清社会风气、重树社会纲纪、推动社会主义道德建设是极为重要的。

　　近三十年来，社会转型和国家改革开放促进社会的巨大进步。社会进步不仅体现在社会经济的快速发展，也体现在社会的开放度以及人的观念的更新。但是观念的开放与更新也带来了多元价值观的碰撞和价值评判的困难性，以至出现社会性的价值迷惘和寡廉鲜耻的现象。在现实社会中，道德相对主义的盛行降低了社会道德的权威性，同时也降低了社会成员的道德感。其典型表现在，年轻人追崇各种"明星"却没有荣耀感、各种腐败（政治腐败、学术腐败、考场作弊等）的当事人只有后悔却没有羞耻感，而存在于社会中的"该耻不耻，不耻却耻"的种种丑陋使我们社会蒙上了道德污垢。社会道德的蒙羞提出了一个值得深思的问题：在一个自由开放、快速发展的社会里应倡导什么样的道德风气、应有什么样的社会价值导向？过去也曾提出过多种社会价值导向的设计方案，但有的价值导向过于单一，无法辐盖社会各个领域；有的道德标准偏重崇高德性，难以公共大众化。"八荣八耻"社会主

*　余玉花.明于荣辱之分，弘扬社会正气［N］.解放日报，2006－03－16.

义荣辱观从个人或团体与国家的关系、从公职人员与民众的关系、从个人或团体对待科学的态度、从个人对待劳动的态度、从个人与他人或团体的利益关系、从个人的诚信义利观、从个人或团体与法纪的关系，以及个人的苦乐态度上全面提出社会主义的价值观、人生观及其评价标准，这就克服道德标准单一、偏高的不足之处，但又吸纳以往道德导向方案中的合理内涵。社会主义荣辱观的提出，将扫涤道德相对主义的阴魅，在多元的价值观中突出社会主义的价值标准，明确社会主义社会倡导的道德行为和价值追求，引导社会各阶层人员在各种不同的道德关系中作出正确的道德选择。

"八荣八耻"社会主义荣辱观是现代中国社会主义道德建设的产物，其内容不仅针对时弊，具有很强的现实性，而且有鲜明的社会主义立场。以荣辱观来确定社会道德的界线则充满了中华道德文化传统的智慧。中国古代最早提出荣辱概念的是孟子，"仁则荣，不仁则辱。"（《孟子·公孙丑上》）在这里，荣辱既是区分行为道德与否的社会标准，形成社会舆论力量；荣辱又是道德主体的心理感受，是良心的自我评价，因此具有强烈的冲击性。尤其是耻辱，与人的生命相连，必须誓死捍卫，"士可杀，不可辱。"这里的耻辱还是来自外界他人的，而古人更强调对自我过错的羞耻心，提出"知耻"的要求。孔子首创"行己有耻"（《论语·子路》），认为有耻的人才能承担起社会的责任，"不辱君命"。孟子不仅将羞耻作为良心的重要内容，而且是判断人与非人的道德标准，"无羞恶之心，非人也"。（《孟子·公孙丑上》）晚清时代的龚自珍更是把社会个人之耻与国之耻联系起来，指出，如果天下人无耻，"则何以国?"

古人之所以重视"耻辱"的道德意义，在于"有耻"是人内在的道德底线，是人之为人的标志。一个人可以缺乏智慧，也可能无大作为，但不能无耻，无耻就如同孟子所说是"非人也"。试想，一个人连人之为人的东西都不在乎了，那是十分危险的，就可能无所顾忌什么坏事都能干得出来。同时"有耻"也是建立其他德性的良心基础，正如陆九渊所言："耻存则心存，耻忘则心忘。"（《朱子语类》卷九十四）正因如此，古代的道德教育十分重视以羞耻心为基础的道德修养，特别强调一个人"知耻"良心的培养。

不知从何时起，耻辱之心在我们这个重羞耻的国家渐渐淡忘，在开放与经济的名义下，在金钱和美色面前，羞耻竟然不堪一击。人们追求所谓的"荣耀"而不屑言耻，荣辱分离，实际上是"荣誉"之下的无耻，令人感到可怕的是社会对无耻的麻木，鲜见对无耻的鞭挞与痛斥。与此相反的是，某些传道之人（教育者）也"不以耻为耻"。无耻不仅损害着人的尊严，而且殆害着我们的社会和国家。因此，重建耻辱时不我待。胡锦涛"八荣八耻"社会主义荣辱观的提出，正是对人与社会道德缺失的关注与修复。"八荣八耻"，荣耻相对，不仅明确荣辱的时代内容，更重要的是肯定了耻辱在市场经济和现代化条件下的道德价值，因而重建了民族与国家腾飞的道德基础。

当然，社会主义荣辱观在社会生活中真正发挥作用还需要做很多工作。首先要广泛宣传"八荣八耻"社会主义荣辱观的内容，使之家喻户晓、人人皆知；其次，通过媒体的手段，使之成为现实道德生活中的舆论力量，使荣誉回归真实，使知耻蔚然成风，真正起到社会道德价值导向的作用；再次，通过各种教育手段和途径，培育民众社会主义的荣誉感和道德羞耻心。这最后一条是最不容易的然而却是最重要的工作，只有社会民众在内心深处建立起社会主义的荣辱观，才能形成民族和社会的道德力量，在社会和国家生活中发挥出巨大的精神作用。

信仰通信（二则）*

一、宗教与信仰

小莹好！

久未见面，收到你的来信真是非常高兴。听说你最近对信仰问题感兴趣，这与我的研究碰到一起去了，我们有了共同的话题，不妨互通观点，对话交流吧。

你认为信仰对一个人的发展十分重要，我非常赞同你的观点。人的精神内在需要一种向上的引导，仰望星空、崇尚高远，才使人不满足当下，追求未来，锻造新的自我。信仰之下，人们才能发现世界之神奇、生活之丰富、人生之意义，才不会被世俗物性缠住前进的步伐，心中始终怀着人生奋斗的目标。生活中如果有人表明："我是有信仰的人"，往往令人肃然起敬，刮目相看。为什么？因为有信仰的人对自己有要求，他的人生必有目标，他的行为必有原则，而不是随意地打发时光，得过且过人生。我敬佩有信仰的人，并引之为人生榜样。

问题在于，信仰为什么会具有如此巨大的力量？有人说，因为人们信仰的对象往往具有神圣的色彩、强大的感召力，于是，充满神秘与神圣色彩的宗教便成为人们对信仰存在的普遍理解。确实，宗教是较为普遍性的信仰对象，尤其在具有宗教文化传统的西方国家，信仰与宗教密切联系，宗教是人们精神寄托的主要形式。

不过，信仰与宗教有关系，并不意味着宗教是信仰的唯一对象，对人产生感召力和值得人们崇敬仰慕的事物并不限于宗教。事实上，先进的知识理论、价值观念，甚至杰出的人物或者道德楷模都可能对人们形成强大的精神影响力，从而成为人们

---

* 余玉花.信仰通信（二则）［M］//刘建军.信仰书简.北京：中国青年出版社，2012.

信仰的对象。以马克思和他的学说为例。马克思是无神论者，他创立的马克思主义理论揭示了社会发展的规律，指出了无产阶级乃至全人类走出阶级剥削阶级压迫的方向和解放人的道路。这一理论不具有神性和神秘性，是一种具有真理性和崇高价值性的科学社会理论，同样是一种造福于人类的理论。事实证明，马克思主义理论的实践改变着世界和现代人的命运，所以马克思主义自然成为人们信仰的对象。早在 20 世纪初，中国先进的共产党组织和先进的共产党人信仰马克思主义，以马克思主义为指导，带领中国的劳苦大众，为拯救苦难的祖国，抛头颅、洒鲜血，浴血奋斗，打出了一个新中国。今天，马克思主义继续指引中国人进行现代化建设，改革开放 30 多年中国取得的辉煌成就再一次印证了马克思主义的巨大魅力，是值得信仰的科学理论。

可见，信仰并不属于宗教专有，把信仰宗教专有化、独占性的观点不仅反映了这种观点片面性的宗教立场，也狭隘了信仰的内涵，封闭了人们信仰自由选择的大门，存有误导性，不具有信服力。

但是，宗教即信仰的观点谬传很广，影响人们对信仰真实性的理解，对马克思主义的信仰也形成了很大的冲击。即使那些已经加入共产党的自喻为马克思主义者的人对信仰问题也迷惑不解，不能坚定自己的信仰，在马克思主义与宗教之间犹疑不定。就如你来信中提到的"看到身边有些党员甚至党员干部也有信奉佛教、天主教的，会到庙里烧香或到教堂做礼拜"，所以你疑惑："他们的宗教信仰会与马克思主义的世界观冲突吗？"

应该说，会有冲突的。首先，马克思主义与宗教是两种完全不同的思想体系，在世界观上，所有的宗教都属于唯心主义思想体系，宗教的神灵观、天国地狱论都是非真实非现实的，是根据人们的愿望想象夸大虚构的结果。德国著名的唯物主义哲学家费尔巴哈非常深刻地揭示了基督教的本质，指出：上帝是人塑造出来的，天国也是人设计的。把人的想象杰作宣传为先于人类、高于人类的神圣世界，这便是宗教需要披上神秘面纱的原因之一。仔细考察宗教，不难发现，几乎所有的宗教都具有浓厚的艺术色彩。宗教的艺术性一方面对人有极大的感染力，另一方面宗教的艺术性的特点也说明了宗教非真实非现实的本真面目。马克思主义属于唯物主义的思想体系，坚持追求科学真理的立场，对人类社会和发展过程进行真实的揭示和科学预测。其次，几乎所有的宗教都带有神秘性和神圣性，而马克思主义的使命之一是揭示神秘性、批判神圣性。马克思主义的实践观是揭露神秘性的有力武器。马克思指出，社会生活是实践的，凡是把理论引向神秘主义的神秘东西都能在社会实践中得到解决。再次，马克思主义以促进人的全面发展为目标，给人以积极奋进的精神鼓励，主张个人通过与社会的结合，把握个人发展命运的主动权。而宗教对信徒的精神抚慰更多是赐予性质的，并且在形式上是居高临下的，其结果必然强化信徒对教会的依赖性而非自主性。费尔巴哈说，依赖感乃是宗教的根源。

由此可见，马克思主义信仰与宗教信仰是性质根本不同的两种信仰。接受马克思主义信仰的人一般不太可能再去信仰宗教，共产党的政治纪律也不允许共产党员去信教，共产党员信仰宗教无疑是背离马克思主义信仰的。

然而，共产党员信奉宗教，或在寺庙烧香拜佛的原因也要具体分析，不能一概而论。在我看来，这里存在一个真假信仰的问题。如果一个共产党员或者党的干部，真的信仰宗教甚至加入宗教团体，那意味着其对马克思主义的信仰是假的，党的组织应该依据党章对其批评教育或劝其退出党的组织。但也不排除另外一种情况：那就是其宗教信仰不是真的。有的党员干部虽然参加过一些宗教活动，进庙也烧香磕头，但未必是信仰使然。有的只是借此形式表达一些心愿，类似于人们过生日的时候，点燃蛋糕蜡烛的许愿。其无关信仰，仅是心愿表达方式而已，不必妄加指责。

在复杂的生活中，人有一些期望、有些私人性的心愿要表达是很正常的事。由于私密，自然不能公开表达，或不能向一般人甚至至亲好友表达，但是表达又是必须的，于是那些静谧特殊的场所就成为表达心愿的最好环境，而那些非现实性偶像（神像、灵牌，包括蜡烛之类的物品）就成为最合适的诉求对象。中国传统文化中，庙会和以祭祖为代表的祭祀活动是人们表达心愿的主要形式，但是祭祖形式在文革中被彻底破坏（最近在慢慢恢复，如清明扫墓），于是旅游景点上的寺庙便成了人们许愿的热门场地。到此一游，顺便烧支香许个愿也成了一大风景。

所以要区别真假信仰。信仰虽然要借助外在的形式尤其是宗教信仰，形式是某种宗教的象征，膜拜是宗教最具有特征的形式。但是信仰的本质是内心的信念，形式并非是主要的，有些形式甚至与信仰本身相悖而带有虚假性。对于马克思主义信仰来说，不注重形式，注重的是理性的理解、内心的真信和实际的行动。

当然区别马克思主义信仰与宗教信仰，坚持马克思主义信仰并不是完全否定、排斥其他信仰。在马克思主义看来，宗教尽管存在着虚幻性和非科学性，但是宗教是社会矛盾的历史产物，是不依个人的意志而出现的社会客观现象，当宗教存在的社会条件还没有消失之前，是无法消灭宗教的。另外，宗教也并非一无是处。宗教在某种意义上也反映着世界。如，早期的世界三大宗教都曾经揭露和反映人类遭受的苦难。但是如何看待苦难，宗教不可能像马克思主义那样揭示出苦难的真正根源。至于如何走出苦难，宗教更是无能为力的。在今天和平年代里，宗教的慈善活动和劝人行善的道德有助于修养人性和社会稳定，具有一定的合理性。所以，在社会主义社会里，法律允许合法的宗教组织开展合法的宗教活动，鼓励宗教为社会服务，宪法保护公民信仰自由。但是，如果打着宗教的旗帜敛财，或者像法轮功那样危害社会的邪教，法律应严厉打击，自然那已不是信仰的问题了。

关于信仰，要谈的实在太多，不是一封短信能以尽意的，希望以后有机会见面时深聊，今天就此搁笔。

顺致安好！

您的朋友：余玉花

5 月 25 日

二、物质、精神与信仰

晓风：您好！

来信收悉。感谢您的信任，希望与我讨论信仰的问题。据我了解，您来信中所提出的问题是不少当代青年人的理论疑惑之一，非常值得讨论。

您的问题是，"有种观点认为，唯物主义即唯物质、唯现实、唯金钱至上，唯心主义则是崇尚精神、信念和信仰。那么，在当今物质充裕、精神匮乏的时代，鼓励人们追求信仰，是否应当推行唯心主义？"

您引述的观点存在着两个问题：一是对唯物主义与唯心主义内涵的理解是错误的，因而对唯物主义与唯心主义两者对立的区别也是不准确的。二是把信仰归之于唯心主义也是不恰当的。

关于第一个问题，把唯物主义与唯物质、唯心主义与唯精神相提并论是对唯物主义与唯心主义的极大误解。这里需要讨论什么是唯物主义、什么是唯心主义的问题。

唯物主义与唯心主义是哲学上两大对立的理论形态，早在古代，已有唯物论与唯心论之争，是哲学家们对于世界本质不同认识而形成的对立性的理论。如，西方古希腊德谟克利特的原子论和柏拉图的理念论就是古代西方的唯物论和唯心论。在西方哲学史上，唯物主义与唯心主义的理论对垒比较明显。但是唯物主义与唯心主义的本质区别在哪里？是否如问题中所认为的唯物主义崇尚物质，唯心主义崇尚精神呢？恩格斯1889年发表的《路德维希·费尔巴哈和德国古典哲学的终结》一书，对此问题作了非常清晰的界说。恩格斯指出，人类对世界的种种认识通过哲学的概括，主要集中在存在（物质）与思维（精神）的关系问题上，就是关于"世界本质是什么？"如何认识的问题。存在与思维关系具体来说，就是我们所赖以生存的世界究竟是不依人的意志而自然存在的呢，还是由杰出天才的思想或某种神灵（如上帝）创造出来的？凡是坚持自然界自在的、人本身是自然界发展的产物、人的思想来源于现实世界的观点就是坚持了唯物主义的立场；相反，认为人与世界是神灵创造的、精神决定人与世界的观点就是唯心主义的立场。

当然关于世界本原问题的探讨并非是纯粹的哲学探智那么简单，哲学问题与政治问题密切相关。西方近代哲学上的唯物论与唯心论的争论反映的是当时要求革命的资产阶级与保守的封建统治阶级之间的斗争，后者的理论武器就是宗教神学即上帝创造世界的观点。

虽然，唯物主义坚持世界本原的物质性，唯心主义坚持世界本原的神创性，但两者主要在事实命题上的争论，是揭示世界本真面目的不同见解，与崇尚物质享受与精神追求并非一回事。崇尚什么是人们主体追求的问题，属于精神范畴领域。事实上，唯物主义者并不都是追求物质享受的，他们中间怀有崇高理想者和献身主义者大有人在。马克思就是最有力的一例证明。马克思是彻底的唯物主义，然而他追求"解放全人类"的理想是多么的高尚远大，他的精神力量具有时空的穿透力，至今影响和改变着这个世界。但是马克思在物质上是贫困的，他的贫困一方面来自当时资本主义社会的剥削和政治迫害，另一方面也有马克思不以物质享受为人生追求的因素。同样，唯心主义者中也不乏崇尚物质享受的人，有些口口声声自认是上帝虔诚的信徒却贪婪无比，大肆篡夺和挥霍社会财富，是不折不扣的物质金钱崇拜者。

可见，不能简单地将唯物主义与唯物质、唯心主义与唯精神相等同。把唯物主义说成是唯物质或者物质至上，那是望文生义。唯物主义的本质内涵是指一种客观认识世界的方法，即大家熟知的"从实际出发，实事求是"的思维方法和认识态度。由于客观实在特别是自然界具有物质形态，所以用"唯物主义"表达这一方法的特征。或许，唯物主义中的"物"用"存在"来表达可能更好，更加准确，不容易产生误解。

不过，在西方历史上还真出现过把唯物主义等同于唯物质主义，"把唯物主义理解贪吃、酗酒、娱目、肉欲、虚荣、爱财"等龌龊行为，"而把唯心主义理解为对美德、普遍的人类爱的信仰"的情况。恩格斯批判唯物质主义是"庸人的唯物主义"，① 因为这种所谓的唯物主义与唯心主义的理解并不是哲学世界观意义上的观点，而是人生目的意义上的价值观点。这种歪曲唯物主义与唯心主义本质区别的理论出台，源自于西方中世纪教会维护美化宗教信仰的需要和诽谤攻击唯物主义的偏见。

需要指出的是，庸人唯物主义亦是庸俗唯物主义，在今天并没有绝迹，现实中也存在着某些大肆鼓吹物质享受和追逐金钱为实惠性、务实性的理论，俨然表现出一副"唯物主义"的派头，而将倡导理想信念则鄙视为"务虚""空洞"和不实在。庸人唯物主义的实质是唯物质主义、唯享乐主义，与真正的唯物主义毫不相干，但其却有很大的思想腐蚀性。所以年轻人应当学习唯物主义，将庸人唯物主义与真正的唯物主义甄别开来，而且要拒斥庸人唯物主义，批判其社会危害性。

关于第二个问题，信仰与唯心主义的关系。来信说，"在物质充裕、精神匮乏的时代，鼓励人们追求信仰"，这是正确的。但是，把信仰归之于唯心主义则是不恰当的。前已讲到，唯心主义只是一种认识世界的方法，虽然，唯心主义的世界观也会导致某种信仰的产生，但是唯心主义不等于信仰，信仰也不等于唯心主义。恩格斯指出，关于人类理想的信念、信仰的追求，与唯物主义和唯心主义的对立绝对不相干。那么信仰究竟是什么？人为什么需要信仰？

信仰属于精神现象，体现为人的一种精神寄托、一种追求。信仰从字面上解

---

① 中共中央马克思恩格斯列宁斯大林著作编译局.马克思恩格斯文集：第 4 卷 ［M］.北京：人民出版社，2009：286.

释，"信"指内心相信或信奉，"仰"则是崇敬仰慕，无论是相信还是崇敬心理，都是个体人内在较为高级的思想精神活动，是人的主体性的体现。但是信仰主体内在精神活动的对象是外在的，或是宗教中的神灵，或是某种人生说教，或是某种知识体系，甚至某种物体如金钱都可能成为信仰主体的信仰对象。简言之，信仰是指人对自身之外的某种事物、理论学说、观念形态持相信敬仰并为之追求的心态。

信仰作为精神意识，与人类对物质的仰赖一样成为人与人生不可缺少的组成部分。人的生存首先需要物质条件的支持，所以物质生活始终是人的第一需要。但是人这种生物的特殊性在于人还有思想意志，丰富的想象力将人的思考引向未来、憧憬美好，甚至异想天开，追求新奇，需要有精神上的充实感。这是人与动物最大的区别，也是人之为人的最主要的特征。可见，物质需求不是人追求的唯一生活目的，人还有精神上的追求。为什么物质丰裕的今天，人们还感到不幸福不满足呢？就是因为物质充足无法取代人对精神的渴求，精神世界的匮乏甚至比物质的匮乏更令人焦躁不安、痛苦不堪，因此建设精神文化更具有紧迫性。

当然，人的精神追求是多方面的，对于人来说，信仰是进入内心深处的具有持久性的精神感受，令人感到内心的充实与满足、生活的希望和美好，以及人生的价值与力量，信仰与理想等一起构成现实人不可缺少的的精神支柱。

但是，建立什么样的信仰，如何建立信仰也是一门深奥的学问。上面的讨论可知，信仰虽则是人主体的精神追求，但是信仰的对象亦即信仰的内容来自于社会，所有的信仰都具有社会性。信仰本质上是主体的价值追求，然而什么事物、什么理论、什么社会生活是有意义的，值得一个人信赖，值得你羡慕，从而值得你去追求？不仅仅在于个人的思考和愿望，也在于个人思考对社会精神生活的参照，特别要参考前辈和他人精神生活追求的经验总结。

因而，信仰的建立是一个学习和选择的过程，既有自己过去人生经历中积累起来的生活体悟，还有社会各种信仰学说、社会价值观念以及他人信仰的影响，是自我在各种精神因素综合影响下选择的结果。尽管信仰是个体人一种高级的精神意识，但是信仰的建立也有盲从和理性的区别，这往往取决于个体精神追求的价值倾向、生活趣味和理性水平。在今天多元文化时代里，面对林林总总各不相同的信仰体系，信仰的选择面临着更多的困难。事实上，信仰也有好坏之分、合理与否的问题，这对初涉社会的年轻人来说，需要学会甄别信仰，不能盲目地信从某种脱离社会实际的天花乱坠的信仰诱惑，理性地探询信仰的意义，选择以追求真善美为目标的、对社会发展有利的、有助于个人身心健康发展的信仰，来建立自我信仰的精神世界。

上述是我对信仰的一些见解，与您交流。

祝好！

您的朋友：余玉花

2012 年 5 月 30 日

以美导善　以美启真　全面育人 [*]

　　如何培育健全人格的学生？是学校教育的责任，也是功利主义盛行的社会里学校教育面对的难题。华东师范大学附属枫泾中学坚持学校美育，以美育推动德育与智育，通过"化美育人"来提升学生的人格素养。枫泾中学以育人为目标的美育不局限于某一方面的美学教育，而是注重教育对象多方面美的感受能力的培养。学校总结多年美育的经验，创造性地提出"欣赏他人美，创建自己美；感受自然美，营造人文美；体验艺术美，塑造人格美；探索科学美，成就人生美"的八美育人目标。这八美涉及自然美、艺术美、科学美和人的形象与精神美，涵盖了真善美，即人全面发展的人格素养要求，符合全面育人的素质教育目标。

　　以美导善、以美启真，即以美育促动德育与智育，关键在于美育所具有的特殊魅力。美的事物使人产生的愉悦感、欣喜感与人心灵深处的人性情感具有融洽性，因为爱美、追求美是人的天性，人对美有天然的向往性与接受性。美育帮助审美对象去发现美、辨别美、感受美，是蔡元培所称之为"感性的陶养"的教育。正是基于美育的特殊功能，美育具有比德育更为有效的教育结果。虽然不能简单地将美育等同于德育与智育，但可以将善引入于美，亦可由美启智，因而美育能够"与智力相辅而行，以图德育之完成者也。"（蔡元培语）枫泾中学将艺术教育与德育相结合，对教育内容进行审美化改造，提升了德育的可接受性。为促进学科知识的有效教学，枫泾中学将"美"渗透课堂教学的全过程，追求"情智相长"

[*]　余玉花.为枫泾中学美育教材写的序//胡丁慧.高中生美学基础读本［M］.北京：中国文联出版社，2013.

的教育效果。

总之，枫泾中学创设的"以美导善、以美启真"的育人模式是值得总结与倡导的。另外，枫泾中学开展的美育本身也是值得关注的，因为如何开展审美教育也是需要探讨的。

爱美之心人皆有之，但是爱美未必懂得美，美的素养需要培育。然而，如何开展美育，取得良好效果？枫泾中学进行了探索，我们面前这本《高中美学基础读本》是他们这几年美育实践成果的总结。在这本充满诗情画意的读本中，我们所看到的是耕耘积累的硕果，其中既有普遍性美育规律的理性思考，也有特殊性的经验感受。美育是一种特殊性的教育，是理性知识与经验感受融合的教育。美育当然包含着美的知识的传授。美是什么？需要概括与提炼；但美育又不是纯知识教育。什么事物是美的？是一种情感的、经验的传递与熏陶。对学生来说，则是一种感悟性的学习。学习美的特殊性提出了美育如何营造有利于学生去感悟美的教育氛围。枫泾中学的美育尝试不失为一种有启示意义的教育探索。

首先，充分利用学校特色形成美育氛围。美术教育是枫泾中学的特色教学，学校以此为美育的抓手，将美术教育从美术班推向全校学生，开设"综合美术课程"，通过"人人会绘画、个个懂欣赏"，使每个学生都浸染于艺术的熏陶之中，提升学生的艺术修养与审美情趣。

其次，充分利用学校所在区域文化营造美育环境。枫泾中学地处金山枫泾镇，枫泾是一个文化古镇，历史上文人墨客辈出，留下了丰富的美的杰作；新中国成立后，著名的金山农民画蜚声世界。枫泾不仅人杰，而且地灵，枫泾山水本身就是一幅美不胜收的风景画。枫泾中学的美育课充分挖掘古镇美文化的资源进行美的教育。在《高中美学基本读本》中，无论是自然美、人文美，还是艺术美的内容都满溢着枫泾文化美。如诗如画的环境营造了学生感受美的氛围。

再次，引导学生在生活中发现美。生活中充满美，如何让学生发现美、辨别美？枫泾中学善于从学生熟悉的事物与日常生活事件中加以美的引导教育。如，从校树的枫叶领悟精神美，从校服看服饰美，从学校的美术展示厅谈艺术美等等。学生在这些贴近自己生活的事物与事件中认识美、欣赏美，不仅发现美就在自己身边，感悟生活之美，而且培育了辨别美的能力。

当然，教材读本仅仅是教育的一个条件，美育的实施还有许多需要探索的环节，包括美育的教学组织、教学过程的设计，美育的设计如何符合学生的接受能力与审美心态等。而成功的美育更取决于美育教师的审美水平与教学能力。我们相信，枫泾中学的教师孜孜追求"以美育人"和"美善相谐、美真互融"的素质教育目标，通过他们创造性的辛勤劳动，必将结出更为丰硕的美育成果。